Becker, Haberfellner, Liebetrau – EDV-Wissen für Anwender

Mario Becker
Reinhard Haberfellner
Georg Liebetrau

# EDV-Wissen für Anwender
## Das Informatik-Handbuch für die Praxis

Verlag Industrielle Organisation

| | |
|---|---|
| 1. Auflage (1981) | 1.– 4. Tsd. |
| 2. verb. Auflage (1982) | 5.– 9. Tsd. |
| 3. unv. Auflage (1984) | 10.–11. Tsd. |
| 4. unv. Auflage (1985) | 12.–14. Tsd. |
| 5. unv. Auflage (1986) | 15.–17. Tsd. |
| 6. vollst. überarb. u. erw. Aufl. (1987) | 18.–22. Tsd. |
| 7. unv. Auflage (1987) | 23.–28. Tsd. |
| 8. unv. Auflage (1988) | 29.–35. Tsd. |
| 9. vollst. überarb. u. erw. Aufl. (1990) | 36.–43. Tsd. |
| + Nachdruck 91/93/94 | 44.–54. Tsd. |
| 10. vollst. überarb. u. erw. Aufl. (1995) | 55.–61. Tsd. |
| 11. überarbeitete Auflage (1997) | 62.–66. Tsd. |

© 1997 Orell Füssli Verlag, Zürich, für Verlag für Industrielle Organisation, Zürich
Umschlag: Lisa Etter, Zürich
Druck: Schüler AG, Biel
Printed in Switzerland

ISBN 3 85743 992 0

# Inhaltsverzeichnis

Vorwort zur 11. Auflage ............................................. VII
Vorwort zur 1. Auflage (1981) ....................................... IX
Autoren ............................................................. XI

### Teil I: Grundlagen der modernen Informatik

**Einleitung** ....................................................... 7
1. Der Computer als System ......................................... 8
2. Hardware – Geräte führen die Arbeit aus ........................ 18
3. Software – Anweisungen steuern die Arbeit ...................... 40
4. Datenorganisation .............................................. 85
5. Datenkommunikation ............................................ 120
6. Computertypen und ihre Einsatzgebiete ......................... 140
7. Geschichte und Ausblick ....................................... 179

### Teil II: Vorgehenskonzepte für die Abwicklung von EDV-Projekten

1. Einleitung und Übersicht ...................................... 191
2. Allgemeines zu Phasenkonzepten ................................ 195
3. Phasenkonzept für die EDV-Planung auf der «grünen Wiese» – simultane Planung von Hard- und Software ................................ 205
4. Phasenkonzept für die Entwicklung von Individual-Anwendungs-Software (IASW) ....................................................... 246
5. Phasenkonzept für die Beschaffung von Standard-Anwendungs-Software (SASW) ....................................................... 250
6. Für und Wider zu den Phasenkonzepten .......................... 251
7. Prototyping ................................................... 254
8. Versionenkonzept .............................................. 258
9. Literatur ..................................................... 259

### Teil III: Methoden für die EDV-Praxis

1. Projektmanagement ............................................. 270
2. Terminplanung ................................................. 298
3. Das Pflichtenheft ............................................. 314
4. Evaluation .................................................... 322
5. Kosten/Nutzen/Wirtschaftlichkeit .............................. 343
6. Rechtsverhältnisse im Informatik-Bereich ...................... 365
7. Priorisierung ................................................. 392
8. CASE .......................................................... 399
9. Psychologische Aspekte der EDV ................................ 404
10. Darstellungstechniken ........................................ 424
11. Formularsammlung ............................................. 436

**Teil IV: EDV-Management**
1. Von der Unternehmensvision zum Informatik-System .............. 462
2. Aufbauorganisation und Aufgaben einer zentralen Abteilung
   «Organisation und Informatik» ............................... 468
3. EDV-Möglichkeiten ........................................... 478
4. Strategischer Einsatz der Informatik ........................ 491
5. Informatikstrategie ......................................... 505
6. EDV-Betrieb bei einer dezentralen Informatikstelle .......... 518
7. Erfolgskontrolle in der Informatik .......................... 528
8. Sicherheit der EDV .......................................... 536
9. Berufe der Datenverarbeitung ................................ 547

**Teil V: Fallstudie «Elektra»**

Liste der Aufgaben und Lösungen ................................. 560
1. Einleitung .................................................. 561
2. Fallschilderung ............................................. 562
3. Phase: Strategie und Initialisierung (I) .................... 568
4. Phase: Vorstudie (V) ........................................ 578
5. Phase: Grobkonzeption und Evaluation (G) .................... 604
6. Phase: Detailkonzeption (D) ................................. 657
Schlusswort zur Fallstudie «Elektra» ............................ 669

Glossarium ...................................................... 671

Literaturverzeichnis ............................................ 705

Index ........................................................... 711

## Vorwort zur 11. Auflage

Das hier vorliegende Buch erfreut sich sechzehn Jahre nach seiner Erstauflage einer steten Nachfrage. Bisher haben über 60 000 Exemplare den Weg zum Leser gefunden und die 11. Auflage konnte jetzt gedruckt werden.

Der Leserkreis hat sich stetig erweitert, in den letzten Jahren speziell auch in Deutschland und Österreich. 1989 in Englisch unter dem Titel «Electronic Data Processing in Practice» veröffentlicht, wurde es vom Verlag John Wiley & Sons im englischen Sprachraum vertrieben. Das Buch dient einer steigenden Anzahl von Schulen der Wirtschaftsinformatik, von Ausbildungsinstituten der Computerhersteller und Grossfirmen als Lehrbuch. Beim angestammten Zielpublikum – beim EDV-Anwender und seinem Informatikspezialisten – ist es ein verlässliches Werkzeug im Berufsalltag geworden.

Die Ursachen dieses Erfolges müssen nicht weit gesucht werden: Zusammenstellung, Vollständigkeit und Struktur des Inhalts, leichte Verständlichkeit ohne Oberflächlichkeit und Sorgfalt der Ausführung werden von den Lesern nach wie vor positiv beurteilt, ebenso der Nutzen bei der Lösung der vielen täglichen EDV-Probleme. Der Erfolg verpflichtet uns aber selbstverständlich auch dazu, den Inhalt laufend zu aktualisieren.

Für die jetzt vorliegende 11. Auflage wurde das Buch wiederum ergänzt. Durchwegs wird auf die neuen Techniken der Datenübertragung eingegangen, das «Internet» wird ausführlich beschrieben, neue Erkenntnisse zur Priorisierung wurden verarbeitet, Glossar und Literatur weiter aktualisiert. Die 11. Auflage baut auf der vollständig überarbeiteten und erweiterten 10. Auflage (1995) auf, die in allen wesentlichen Teilen neu konzipiert worden war.

Neu war dort Teil IV mit dem Titel «EDV-Management» aufgenommen worden. Er trägt der Tatsache Rechnung, dass immer mehr EDV-Anwender sich vor die Aufgabe gestellt sehen, für zentrale oder dezentrale EDV-Stellen Verantwortung mitzuübernehmen. Sie brauchen deshalb Kenntnisse über den Aufbau, die Gliederung, die Möglichkeiten und Aufgaben und den Betrieb solcher Stellen. Auch über die Informatikstrategie, das Business Process Engineering und über die Stellung der Informatik im Wettbewerb der Unternehmen wünschen sie eine grundlegende Orientierung.

Teil I, der die Grundlagen vermittelt, wurde aktualisiert und mit neuen EDV-Plattformen und -Architekturen ergänzt. Die Vernetzung der Systeme, Client-/Server-Systeme, objektorientierte Programmierung und objektorientierte Datenbanken waren neu aufgenommene Themen.

Teil II behandelt vor allem das Phasenkonzept zur Abwicklung von EDV-Projekten. Die Rollen des Problemlösungszyklus und des Prototyping im Rahmen des Phasenkonzepts wurden klargestellt. Zum Vergleich mit dem Phasenkonzept wird das «Versionenkonzept» herangezogen.

Auch im Teil III wurden die nötigen Aktualisierungen vorgenommen – in der 10. Auflage besonders bei den «Rechtsverhältnissen im EDV-Bereich» und bei den «Darstellungstechniken». Das Kapitel «Kosten/Nutzen/Wirtschaftlichkeit» wurde überarbeitet und mit den Aspekten der kritischen Erfolgsfaktoren und dem strategischen Einsatz der Informatik verbunden. Zwei Kapitel wurden hinzugefügt. Das eine beschäftigt sich mit der Zuteilung von Prioritäten an Projekte bei beschränkten Ressourcen. Eine solche «Priorisierung» kann heute mit einem Software-Werkzeug erarbeitet werden, das detailliert beschrieben wird. Das zweite neue Kapitel behandelt «CASE» (Computer Aided Software Engineering) und diskutiert, was man von ihm erwarten darf.

Völlig neu erarbeitet wurde für die 10. Auflage die Fallstudie (Teil V). Sie trägt den modernen EDV-Plattformen Rechnung, berücksichtigt den Ansatz der koordinierten Dezentralisierung, zeigt eine Anwendung des «Business Process Reengineering» und geht nunmehr von der Aufgabenstellung aus, ein veraltetes EDV-System durch eine neue Informatiklösung zu ersetzen. Wie bisher werden die Leser durch eine Reihe von Aufgaben mit Lösungen zum Selbststudium motiviert.

Welchen Charakter hat dieses Buch? Ist es ein Lehrbuch, ein Handbuch, ein Buch der Rezepte, eine Anleitung, ein Lexikon? Ein Kritiker wollte den Grund seines Erfolges analysieren und stellte die Vermutung auf, dass es gekauft wird, weil man darin fünf Bücher in einem bekommt. Diese Vermutung trifft unsere Absicht recht gut. Dieses Buch soll Verwendung finden: *als Lehrbuch* der Grundlagen zur Einführung, *als Handbuch* zur Steigerung der Kompetenz des Anwenders, der in EDV-Projekten mitarbeitet und vielleicht auch EDV-Verantwortung übernehmen soll, und *als Werkzeug für Informatiker*, die bei ihren Anwendern gutes Verständnis suchen.

Wir schliessen mit einem Dank – vor allem an unsere Leser, die durch ihr Interesse diese weitere Neuauflage ermöglicht haben. Einige haben uns geschrieben und wichtige Anregungen vermittelt. Und herzlich danken wir allen, die am Werk mitgearbeitet haben: den Autoren der Spezialkapitel und des Glossars, unseren Sekretärinnen und Grafikern, den Herstellern, die uns Fotos ihrer Systeme überliessen, dem Verlag und der Druckerei. Damit verbinden wir den Wunsch, dieses Buch möge weiterhin vielen in Studium und Beruf ein verlässlicher Helfer sein.

Mario Becker, Reinhard Haberfellner, Georg Liebetrau

Zürich und Graz, im Sommer 1997

## Vorwort zur 1. Auflage

Der Kreis der Anwender von Datenverarbeitungssystemen ist sehr gross geworden. Die Ursache dafür liegt in der technologischen Entwicklung. Sie hat bewirkt, dass die Ansprüche der Computer an ihre Umgebung stark gesunken sind. Ausserdem haben sich die Kosten dieser Anlagen sehr verringert. Heute ist auch jedes mittlere und kleine Unternehmen in der Lage, EDV-Systeme wirtschaftlich einzusetzen. Jedoch muss dieser Einsatz sorgfältig vorbereitet und wohlorganisiert betrieben werden. Ein planloses Vorgehen, ein Computereinsatz ohne organische Verbindung zur notwendigen Rahmenorganisation kann mehr schaden als nützen. Der Anwender der EDV muss sich Kenntnisse erarbeiten, die ihm zusammen mit eigenen Erfahungen nach und nach die notwendige Kompetenz in EDV-Angelegenheiten verleihen. Man kann die Datenverarbeitung nicht den Spezialisten allein überlassen; ein kompetenter Anwender muss sie anregen und steuern. Die wichtigste Zielsetzung dieses Buches ist aus diesem Bedürfnis abgeleitet worden: *die Erhöhung der EDV-Kompetenz der Anwender*. Das Buch richtet sich zunächst an die EDV-Anwender auf allen Ebenen des Unternehmens in Mittel- und Kleinbetrieben. Dem Manager werden die Grundlagen für den Entscheidungsprozess vermittelt; der Mitarbeiter erfährt, was alles getan werden muss, bis ein EDV-Projekt erfolgreich abgewickelt ist.

Doch dieses Buch soll auch eine weitere Zielgruppe ansprechen: EDV-Leiter und Organisatoren in Grossunternehmen, die Kommunikationsschwierigkeiten mit ihren Auftraggebern in den Fachabteilungen vermeiden wollen. Hier finden sie zur Förderung des Verständnisses ein didaktisch gut aufbereitetes Schulungsmittel mit Übungen in Form einer Fallstudie.

Es gibt mehrere Gründe dafür, warum Mitarbeiter des Betriebswissenschaftlichen Instituts (BWI) der ETH-Zürich dieses Buch verfasst haben. Sie sind seit langem in der EDV tätig und verfügen zusammen über einige Jahrzehnte Computer-Erfahrung bei Herstellern und Anwendern. Das Institut ist seit einigen Jahren erfolgreich in der EDV-Beratung, -Planung und -Realisierung in Industrie und Verwaltung tätig. Dabei stehen die Gesamtaspekte des EDV-Einsatzes im Vordergrund: Erstellung der Gesamtkonzeption und der Pflichtenhefte, Evaluation der offerierten Anlagen und Projektleitung während der Einführung. Schliesslich führt das BWI jährlich mehrmals das Seminar «Erfolgreiche EDV» durch, an dem die Autoren als Dozenten mitwirken und u.a. die Probleme der EDV-Anwender diskutieren. Dieses Seminar ist auf ein sehr positives Echo der Kursteilnehmer gestossen. Das vorliegende Buch enthält eine erweiterte Fassung des dort vermittelten Stoffes.

Die EDV-Technik ist sehr schnellebig, die letzten Jahrzehnte brachten die Entwicklung vom elektromechanischen Relaisrechner über den Einsatz der Elektronenröhre bis zum Mikroprozessor. Wie aktuell kann der Inhalt eines EDV-Buches in solch einer Umwelt bleiben? Dieses Buch hätte auch zehn Jahre früher geschrieben werden können und vielleicht manche Enttäuschungen bei der Einführung von EDV-Systemen erspart. Was sich mit der Zeit ändert, sind die Technologie und das Preis-/Leistungsverhältnis der Maschinen, die Methoden der Betriebssysteme und die Eigenschaften der Programmiersprachen. Mit diesen Veränderungen haben sich aber vor allem die Spezialisten auseinanderzusetzen. Das für den Anwender wesentliche Wissen, das hier vermittelt werden soll, umfasst die allgemeinen Grundlagen und die organisatorischen und praxisbezogenen Aspkte der EDV. Sie werden noch viele Jahre gültig bleiben.

Prof. Ernst Brem

Zürich, Sommer 1981

# Autoren

### Dr. sc. techn. Mario Becker

Studium des Maschinenbaues und der Betriebswissenschaften; 1971 Promotion an der ETH Zürich auf dem Gebiet des Operations Research.

Von 1962 bis 1977 in einem Grosskonzern der Maschinenindustrie, Beschäftigungsschwerpunkte in leitender Funktion: Organisation, Systemanalyse und Programmierung, Operations Research, «PPS», «Methoden und Verfahren». Von 1977 bis 1996 Gründer und Leiter der Beratungsabteilung «Informatik» an der Stiftung für Forschung und Beratung am BWI/ETHZ (Betriebswissenschaftliches Institut der ETH Zürich). Seit 1996 Mitbegründer und Geschäftsführer der Unternehmensberatung imcz – Informatik Management Consulting Zürich, eine Nachfolgeorganisation der Stiftung BWI/ETHZ. Beratungsschwerpunkte: Informatik-Checkups, Informatikstrategien und -Gesamtkonzepte, Realisierung und Einführung, Coaching, Schulung.

### Univ.-Prof. Dr. sc. techn. Reinhard Haberfellner

Studium des Maschinenbaues und des Wirtschaftsingenieurwesens an den Technischen Hochschulen Wien und Graz von 1959 bis 1965. Danach bis 1979 Mitarbeiter in der Beratungsabteilung am Betriebswissenschaftlichen Institut der ETH Zürich. Beschäftigungsschwerpunkte waren Organisation, Planung, Planungsmethodik (Systems Engineering), Rationalisierung. Im Jahre 1973 Promotion an der ETH Zürich. 1979 bis 1994 ordentlicher Professor für Unternehmungsführung und -organisation und betriebliche Datenverarbeitung an der Technischen Universität Graz. Seit 1995 Generaldirektor des Medienhauses Styria in Graz.

### Dipl.-Ing. Georg Liebetrau

Nach dem Studium der Elektrotechnik an den Technischen Hochschulen Graz und Wien von 1957 bis 1962 Entwicklungsingenieur in der Elektroindustrie in Wien und Basel. Von 1962 bis 1968 bei IBM (Schweiz): Einführungs- und Anwendungsunterstützung für den Computereinsatz und Ausbildungstätigkeit im technischen Bereich, Leiter der Abteilung «Systems Engineering». Seit 1969 selbständig als beratender Ingenieur für Informatik und EDV mit Tätigkeitsschwerpunkt in Industrie und Energieversorgung. Seit 1978 freier Mitarbeiter an der Stiftung für Forschung und Beratung am Betriebswissenschaftlichen Institut der ETH Zürich mit Lehrtätigkeit und Beratungsaufgaben in Industrie und Verwaltung.

Teil I

# Grundlagen der modernen Datenverarbeitung

*Was man zu verstehen gelernt hat, fürchtet man nicht mehr.*
*(Marie Curie)*

# Teil I: Grundlagen der modernen Informatik

| | | |
|---|---|---|
| **Einleitung** | | 7 |
| **1.** | **Der Computer als System** | 8 |
| 1.1 | Grundlegende Eigenschaften | 8 |
| 1.2 | Daten und Information | 10 |
| 1.3 | Das Programm | 13 |
| 1.4 | Das EDV-System | 14 |
| 1.5 | Literatur | 17 |
| **2.** | **Hardware – Geräte führen die Arbeit aus** | 18 |
| 2.1 | Eingabegeräte | 18 |
| 2.2 | Zentraleinheit | 23 |
| | 2.2.1 Komponenten der Zentraleinheit | 23 |
| | 2.2.2 Aufbau und Arbeitsweise der Mikroprozessoren | 25 |
| | 2.2.3 Moderne Aspekte von Mikrocomputern | 26 |
| 2.3 | Externe Speicher | 27 |
| 2.4 | Ausgabegeräte | 33 |
| 2.5 | Geräte zur Datenfernübertragung | 37 |
| 2.6 | Literatur | 39 |
| **3.** | **Software – Anweisungen steuern die Arbeit** | 40 |
| 3.1 | Programme | 40 |
| 3.2 | Programmiersprachen und Übersetzer | 43 |
| | 3.2.1 Maschinensprache | 43 |
| | 3.2.2 Maschinenorientierte Sprachen | 44 |
| | 3.2.3 Problemorientierte Sprachen | 44 |
| | 3.2.4 Abfragesprachen und Anwendungsgeneratoren | 45 |
| | 3.2.5 Sprachen zur Wissensverarbeitung | 46 |
| | 3.2.6 Kategorien der Programmiersprachen | 47 |
| | 3.2.7 Übersetzer (Compiler) | 47 |
| | 3.2.8 Interpreter | 48 |
| | 3.2.9 Vielsprachigkeit | 49 |
| | 3.2.10 Programm-Kompatibilität | 50 |
| 3.3 | Programmiertechnik und Programmstruktur | 50 |
| | 3.3.1 Die zwölf Stationen der Programme | 50 |
| | 3.3.2 Modulare Programmierung | 57 |
| | 3.3.3 Strukturierter Entwurf, strukturierte Programmierung | 58 |
| | 3.3.4 Subroutinentechnik | 60 |
| | 3.3.5 Einheitliches Programmkonzept | 61 |
| | 3.3.6 Objektorientierte Programmierung | 61 |
| 3.4 | Anwenderprogramme | 65 |
| | 3.4.1 Individualprogramme | 65 |
| | 3.4.2 Standardprogramme | 65 |

|   |   |   |   |
|---|---|---|---|
| | 3.4.3 | Formen der Anwenderprogramme | 66 |
| | 3.4.4 | Programmieraufwand | 68 |
| 3.5 | Dienstprogramme | | 69 |
| | 3.5.1 | Umsetzen von Daten | 69 |
| | 3.5.2 | Sortieren, Mischen, Selektieren, Testhilfen | 69 |
| | 3.5.3 | Datenreorganisation | 70 |
| | 3.5.4 | Bibliotheksverwaltung | 70 |
| | 3.5.5 | Eingabe-/Ausgabepufferung | 70 |
| 3.6 | Betriebssysteme | | 70 |
| | 3.6.1 | Aufgaben und Aufbau des Betriebssystems | 71 |
| | 3.6.2 | Spezifische und neutrale Betriebssysteme | 74 |
| | 3.6.3 | Betriebsarten | 75 |
| | 3.6.4 | Verarbeitungsformen | 77 |
| | 3.6.5 | Lokale Verarbeitung und Fernverarbeitung | 80 |
| | 3.6.6 | Kombination von Betriebsart und Verarbeitungsform | 81 |
| 3.7 | Literatur | | 84 |

**4. Datenorganisation** ..... 85
4.1 Datensatz ..... 85
4.2 Datei ..... 86
    4.2.1 Allgemeines ..... 86
    4.2.2 Sequentielle Organisation ..... 91
    4.2.3 Direkte Organisation ..... 95
    4.2.4 Virtuelle Organisation ..... 101
4.3 Datenbank ..... 104
    4.3.1 Warum werden Datenbanken gebraucht? ..... 104
    4.3.2 Datenmodellierung ..... 107
    4.3.3 Die Strukturen der Datenbanken ..... 110
    4.3.4 Was gehört zu einer Datenbank? ..... 115
    4.3.5 Was Datenbanken bieten ..... 116
    4.3.6 Verteilte Datenbanksysteme ..... 116
    4.3.7 Objektorientierte Datenbanken ..... 118
4.4 Literatur ..... 119

**5. Datenkommunikation** ..... 120
5.1 Datenübertragung ..... 120
5.2 Lokale Netze ..... 125
    5.2.1 Einführung ..... 125
    5.2.2 Die Topologie lokaler Netze ..... 127
    5.2.3 Übertragungstechnik ..... 127
    5.2.4 Steuerung des Zugriffs ..... 128
    5.2.5 Geschlossene und offene lokale Datennetze ..... 128
    5.2.6 Geräte am lokalen Netz ..... 129
    5.2.7 Beispiel eines lokalen Netzes: Ethernet ..... 130
    5.2.8 Die Verbindung von Netzen ..... 130

| | | |
|---|---|---|
| 5.3 | Datennetze zur Fernübertragung | 132 |
| | 5.3.1 Allgemeines | 132 |
| | 5.3.2 Die öffentliche Leitung im privaten Netz | 133 |
| | 5.3.3 Dienste in öffentlichen Netzen | 133 |
| | 5.3.4 Das öffentliche Datenpaketvermittlungsnetz | 134 |
| 5.4 | Die Normung von Datennetzen | 135 |
| 5.5 | Das Internet | 137 |
| 5.6 | Literatur | 139 |
| | | |
| **6.** | **Computertypen und ihre Einsatzgebiete** | **140** |
| 6.1 | Computertypologie | 140 |
| 6.2 | Personal Computer | 143 |
| | 6.2.1 Begriffserklärung | 143 |
| | 6.2.2 Arbeitsweise des Mikrocomputers | 144 |
| | 6.2.3 Hardware und Konfigurationen | 150 |
| | 6.2.4 Betriebssysteme | 155 |
| | 6.2.5 Programmwerkzeuge und Hilfsprogramme | 156 |
| | 6.2.6 Kriterien für die Anschaffung von Personal Computern | 158 |
| | 6.2.7 Der Einsatz von Personal Computern | 160 |
| 6.3 | Client/Server-Systeme | 161 |
| | 6.3.1 Begriffserklärung | 161 |
| | 6.3.2 Betriebssysteme | 162 |
| | 6.3.3 Offene Systeme | 163 |
| | 6.3.4 Konfigurationen der C/S-Systeme | 163 |
| | 6.3.5 Einsatz | 166 |
| 6.4 | Minicomputer (Small Business Systems) | 167 |
| | 6.4.1 Charakteristik | 167 |
| | 6.4.2 Konfigurationen von Minicomputern | 169 |
| | 6.4.3 Einsatzgebiete der Minicomputer | 170 |
| 6.5 | Grosscomputer | 172 |
| | 6.5.1 Charakteristik | 173 |
| | 6.5.2 Einsatzgebiete | 173 |
| 6.6 | Integrierte Architekturen | 174 |
| 6.7 | Literatur | 178 |
| | | |
| **7.** | **Geschichte und Ausblick** | **179** |
| 7.1 | Von der Antike bis Hollerith | 179 |
| 7.2 | Von Zuse bis v. Neumann | 180 |
| 7.3 | Vier Computergenerationen | 182 |
| 7.4 | Ausblick | 183 |
| 7.5 | Literatur | 186 |

# Einleitung

Die Spezialisten eines Fachgebietes sind gewohnt, mit ihresgleichen zu diskutieren und dafür eine Fachsprache zu benützen, die durch prägnante Begriffe eine knappe Ausdrucksmöglichkeit erlaubt. Schwierigkeiten ergeben sich, sobald der Spezialist dem Nichtfachmann Erklärungen geben will. Wie zwischen einem Mediziner und seinem Patienten, so wird auch eine Verständigung zwischen EDV-Spezialisten und EDV-Anwendern nur unter gewissen Voraussetzungen möglich sein. Der Spezialist wird versuchen müssen, sich allgemein verständlich und deutlich auszudrücken und Erklärungen ausführlich abzugeben. Der Anwender wird diese Erklärungen besser verstehen können, wenn er die wichtigsten Grundkenntnisse bereits mitbringt.

Der Teil I dieses Buches soll in erster Linie dem Anwender helfen, sich in die Grundlagen der EDV einzuarbeiten. Es wurde alles in den Stoff aufgenommen, was ein Anwender wissen sollte – darüber hinaus auch einiges, was ihn interessieren könnte: so z.B. die verschiedenen Arten von Datenorganisationen und die Möglichkeiten der Datenübertragung. Das Inhaltsverzeichnis lässt den Aufbau dieses Teiles erkennen: Ein einleitendes Kapitel gibt einen ersten Überblick. Die folgenden Kapitel vermitteln das Grundwissen, getrennt nach Geräten (Hardware), Programmierung (Software), Datenorganisationen und Datennetzen. Es folgt ein Kapitel, das den verschiedenen Computertypen gewidmet ist. Und abschliessend wird mit Geschichte und Ausblick den grossen Konstrukteuren und Denkern die schuldige Achtung erwiesen und versucht, die eine oder andere Sternstunde der Entwicklung anzudeuten.

Der Grundlagenteil dieses Buches wurde nicht für EDV-Spezialisten geschrieben. Deshalb wurde auf eine lückenlose Vollständigkeit verzichtet: Das zahlentheoretische, schaltungstechnische und elektronische Fundament der Computer wird nicht erörtert. Dem Anwender soll das Verständnis für EDV-Systeme vom Gesamtüberblick her bis zum wichtigen Detail geboten werden. Der Spezialist wird mit diesen Ausführungen vielleicht ein Hilfsmittel erhalten, sich seinem Gesprächspartner gegenüber klarer verständlich zu machen. Die im folgenden behandelten Themen umfassen die grundsätzlichen Belange, die Basis und die Wurzeln der EDV – es sind Themen, die nicht veralten werden.

# 1. Der Computer als System

Computer sind Maschinen. Sie sind Maschinen einer besonderen Art, denn sie befassen sich nicht mit der Verstärkung von Kräften, der Umformung oder Verlagerung von Material, der Umwandlung oder dem Transport von Energie und ähnlichen materiellen oder energetischen Vorgängen. Computer haben die Aufgabe, Daten zu behandeln (zu bearbeiten, umzuformen, zu lagern, zu trasportieren), sie sind *Datenverarbeitungsmaschinen*.

Solche Maschinen bestehen aus vielen verschiedenen Teilen, die auf vielfältige Art zusammenarbeiten. In diesem Abschnitt sollen die Grundelemente des Computers und die Beziehungen zwischen ihnen dargestellt werden. Dies führt dann zum Verständnis der wesentlichen Eigenschaften von EDV-Systemen.

## 1.1 Grundlegende Eigenschaften

Das Wort «Computer» wird mit «Rechner» ins Deutsche übersetzt. Sicher ist jedoch nicht jeder Rechner, etwa ein Taschenrechner mit den vier Grundrechnungsarten, auch ein Computer. Unter einem Computer wird ein System verstanden, das wohl rechnen kann, aber noch viele zusätzliche Anforderungen erfüllen muss. Er hat nicht nur Zahlen, sondern auch Texte zu bearbeiten. Er ist also nicht nur ein Rechner, sondern ein Gerät zur Bearbeitung aller Arten von Daten.

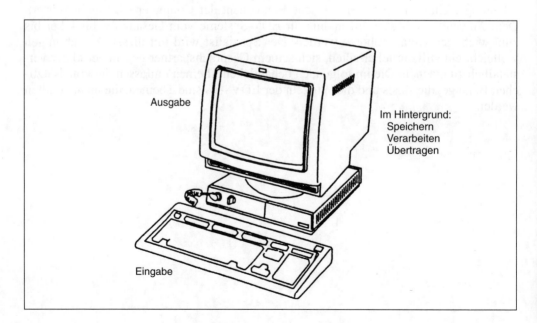

*1.1.1   Die Bildschirmstation verbindet Benützer und Computer.*

# 1. Der Computer als System

Der Arbeitsplatz eines Berufstätigen, der in seiner Arbeit von einem Computer unterstützt werden soll, wird mit einer Bildschirmstation ausgerüstet. Solche Bildschirmstationen (sie werden auch *«Bildschirmterminals»* oder kurz *«Terminals»* genannt) sind heute die gängigen Verbindungsstellen vom Mensch zum Computer. Der Benützer lernt meistens schnell, wie er sein Terminal bedienen muss und was er alles damit machen kann. Zunächst sieht man, dass das Gerät aus zwei Hauptteilen besteht: Eine *Tastatur* dient der *Eingabe*; ein *Bildschirm* ermöglicht die *Ausgabe* von Daten.

Eingabe und Ausgabe sind aber nur Start und Ziel aller Abläufe. Hinter dem Terminal steht ein Computer, der die Verarbeitung zu vollziehen hat. Zunächst erkennt der Benützer, dass er viele Daten, die er einmal eingegeben hat, später wieder am Bildschirm ansehen kann. Der Computer ist also in der Lage, zu speichern; er ist unter anderem ein *Speicher* für Daten. Weiters ist zu erkennen, dass aus eingegebenen und gespeicherten Daten bestimmte Resultate berechnet werden können, wie zum Beispiel aus Stückzahl mal Einheitspreis der Rechnungsbetrag. Jetzt ist der Computer tatsächlich ein *«Rechner»*. Ähnliches lässt sich auch mit Texten tun, man kann sie teilen, aneinanderhängen oder umformen. Zusammenfassend kann man das Rechnen mit Zahlen und das Manipulieren von Texten als *Verarbeiten* von Daten bezeichnen. Die Vorgänge im Computer, wie Eingabe der Daten, ihre Speicherung, Verarbeitung und Ausgabe, müssen automatisch ablaufen und dabei sinnvoll gesteuert werden. Diese Steuerung wird durch *«Programme»* bewirkt; das sind Folgen von Befehlen, die wie Daten im Computer gespeichert werden. Auf der Tastatur befindet sich eine Gruppe von Tasten, die nicht der Eingabe von Zeichen dient, deren Betätigung jedoch die Arbeit eines Programms auslöst. Dies sind die *«Funktions- oder Befehlstasten»*.

Weitere Beobachtungen bei der Arbeit am Terminal zeigen, dass der Computer falsche Eingaben erkennen und zurückweisen kann. Gibt man zum Beispiel ein Datum mit «29.2.1995» ein, so wird die Fehlermeldung «Datum falsch» erscheinen, was bei der Eingabe «29.2.1996» nicht der Fall sein wird. Daraus folgt, dass ein Computer die Fähigkeit hat, sich je nach Situation verschieden zu verhalten: er kann *«logische Entscheide»* treffen. Dazu kommt, dass er *fehlerfrei* und *sehr schnell* arbeitet.

Jeder Computer kann eine Vielfalt von Peripheriegeräten bedienen – nicht nur Terminals, sondern auch Drucker, Zeichenmaschinen und viele andere. Er kann, wenn das verlangt wird, auch Verbindungen zu anderen Computern herstellen und dadurch Informationen senden und empfangen. Diese Möglichkeit der *«Übertragung»* ist die Voraussetzung für den Aufbau von *Datennetzen*.

**Die Grundeigenschaften des Computers**

Als Zusammenfassung zeigt die folgende Liste, welche Funktionen und Eigenschaften gefordert werden:

– Einlesen, Speichern und Ausgeben von Daten, die aus Zahlen oder Texten bestehen können
– Rechnen (Addition, Subtraktion etc.)
– Bearbeiten von Texten
– Programmierbarkeit (Einlesen, Speichern und Durchführen von Programmen)
– Ausführen bedingter Befehle (logische Entscheide)
– Schnelligkeit (Millionen von Operationen pro Sekunde)

- Sicherheit, d.h. keine unbemerkten Rechen- und Übertragungsfehler
- Anschlussmöglichkeiten für Peripheriegeräte
- Übertragungsfähigkeit zu anderen Computern

Die Eigenschaften des Computers gehen weit über das «Rechnen» hinaus. Für das elektronische Rechnen mussten die Rechenoperationen in kleine, elementare Schritte zerlegt werden. Es ergab sich, dass diese Elementarschritte nicht nur für das Arbeiten mit Zahlen, sondern allgemein für das Arbeiten mit beliebigen Daten verwendbar waren. Die Folge war der Schritt vom *«Rechner»* zum *«Datenverarbeitungs-System»*.

## 1.2 Daten und Information

In diesem Abschnitt soll den beiden Fragen nachgegangen werden:

> «Was sind Daten?»
> «Was ist Information?»

Am einfachsten scheint es, Daten so zu definieren, wie man Mengen durch die Aufzählung ihrer Elemente beschreibt: «Daten setzen sich aus alphabetischen und numerischen Zeichen zusammen, Daten sind Texte oder Zahlen». Daten bestehen demnach also aus Buchstaben und Ziffern, die zu Worten, Texten, Zahlen zusammengeführt wurden. Hinzu kommen noch die *logischen Daten «wahr»* und *«falsch»*, die zur Bearbeitung logischer Abhängigkeiten gebraucht werden.

Die oben beschriebenen Daten sind digitale Daten (sie bestehen aus Ziffern und Zeichen). In der Technik und den Naturwissenschaften ist eine andere Art von Daten viel wichtiger: die *analogen* Daten; sie bestehen aus kontinuierlichen Funktionen. (Eine elektrische Temperaturmessung z.B. liefert analoge Daten, wenn sie die Temperatur proportional in eine Spannung umwandelt: Temperatur und Spannung ändern sich kontinuierlich). Ab hier sollen in diesem Buch unter «Daten» jedoch immer «digitale Daten» verstanden werden. Diese digitalen Daten lassen sich immer durch Ziffern, Buchstaben oder Zeichen darstellen.

**Daten sind nicht Information**

Wenn man ein Datenelement «22» betrachtet, so kann es ganz verschiedene Bedeutung haben:

22  Nummer einer Autobuslinie
22  eine Uhrzeit
22  ein Kalendertag
22  Preis für eine Ware
22  eine Hausnummer
    usw.

Ein Datenelement bekommt erst Bedeutung durch einen Zusammenhang:

- steht 22 auf einer Tafel vorne an einem Autobus, so weiss man: «Autobuslinie 22»
- steht 22.00 auf einer Digital-Armbanduhr, so weiss man:«Uhrzeit 22»
- steht 22 am Zettel eines Abreisskalenders, so weiss man: «22. Monatstag» usw.

Man sieht daraus zweierlei:

– Der Ort, wo das Datenelement steht, kann ihm eine Bedeutung zuweisen,
– Datenelemente benötigen einen Datenträger.

Ein Datenelement, dem eine Bedeutung zugeteilt wurde, stellt jedoch noch immer keine Information dar. Zusätzlich muss noch bekannt sein, ob die Aussage des Datenelementes zusammen mit seiner Bedeutung *wahr* oder *falsch* ist und welche Zusatzbedingungen und weitere Aussagen vorausgesetzt werden.

Ein Kalender mit dem Zettel «22. Juli» sagt noch lange nicht, dass heute der 22. Juli ist – dafür müssen seine Blätter regelmässig und auch heute abgerissen worden sein.

Das Datenelement 22 und seine allfällige Bedeutung «Hausnummer» ist noch keine Information. Auch «Nelkenweg 22» sagt noch nichts. Erst die Aussage «Peter Huber wohnt in Basel, Nelkenweg 22» ist eine Information; aber auch das nur, wenn klar ist, ob die Aussage wahr ist und eindeutig feststeht, um welchen Peter Huber es sich handelt.

**Daten sind Elemente der Information**

Daten sind also nicht Informationen, sie sind jedoch Informationselemente. Informationen werden aus Daten (und anderem) aufgebaut. Andere Informationselemente sind Bedeutungen (z.B. «Preis»), Einheiten (z.B. «DM»), Beziehungen zwischen Daten (z.B. Zusammengehörigkeit von Namen und Anschrift), Wahrheitsgehalt (*wahr* oder *falsch*) u.a.m.

Je mehr Beziehungen zwischen den Daten bestehen, desto grösser ist der Informationswert einer Datenmenge. Ein Datenelement ist nur sinnvoll, wenn es neben dem Wert auch die Bedeutung und in vielen Fällen eine Masseinheit zugeordnet erhält.

**Datenträger**

Datenträger sind alle Medien, die zur *Speicherung* und zum *Transport* von Daten verwendet werden. Ein Blatt Papier, ein Bildschirm, ein Magnetband, eine elektromagnetische Schwingung, ein Gleichstromimpuls, eine Luftdruckschwankung – alles das kann als Datenträger benützt werden. Besonders interessieren hier Datenträger, die bei EDV-Anlagen verwendet werden.

Datenträger können Daten

– dauernd speichern (z.B. Papier),
– vorübergehend speichern (z.B. Disketten),
– oder sehr kurz abbilden, d.h. nur während eines Transportes bewahren.

Das klassische Beispiel eines Datenträgers war die Lochkarte, die nahezu ein Jahrhundert (von 1890 bis ca. 1975) der Datenverarbeitung unentbehrliche Dienste erwies. Heute hat sie ihre Bedeutung verloren, einerseits wegen der Dialogverarbeitung mit Bildschirmgeräten, andererseits wegen des Einsatzes besserer Datenträger, vor allem der Disketten.

## Numerische und alphabetische Daten

Eine Einteilung der Daten erfolgt häufig nach der Zusammensetzung ihrer Zeichen:

– *Numerische Daten* stellen Zahlen dar, sie bestehen aus den Ziffern 0 bis 9. Oft schliesst man auch die Vorzeichen (+ –) und den Dezimalpunkt (·) ein.
– *Alphabetische Daten* umfassen alle Gross- und Kleinbuchstaben eines Alphabets.
– *Alphanumerische Daten* fassen numerische und alphabetische Daten zusammen, die noch durch sogenannte *Sonderzeichen* (das sind Satzzeichen, Währungskurzzeichen, Operationszeichen und ähnliche) erweitert werden können.

## Identifizierende, quantifizierende und deskriptive Daten

Man kann Daten auch nach dem Zweck unterscheiden:

– *Identifizierende Daten* erlauben dem Computer, jeden Geschäftsfall bzw. jedes Objekt eindeutig von einem anderen zu unterscheiden. Typische identifizierende Daten sind Personalnummern, Belegnummern, Artikelnummern usw.
– *Quantifizierende Daten* geben Auskunft über Menge, Grösse oder Gewicht; mit ihnen kann gerechnet werden.
– *Deskriptive Daten* liefern eine verbale Präzisierung der identifizierenden Daten; sie können lediglich unverändert in der eingegebenen Form wieder ausgedruckt werden.
– *Textdaten* sind den deskriptiven Daten ähnlich, sie sind jedoch manipulierbar, sie können erweitert, verbunden, gekürzt oder abgeschnitten werden.

## Stammdaten und Änderungsdaten

Daten können nochmals unterschieden werden, und zwar nach der Häufigkeit ihrer Veränderung:

– *Stammdaten* ändern sich gar nicht oder sehr selten. Dazu gehören bei Personen z.B. Geschlecht und Geburtsdatum. Auch Namen, Adressen, Zivilstand rechnet man üblicherweise zu den Stammdaten.
– *Änderungsdaten* hingegen passen sich immer wieder einem neuen Sachverhalt an und ersetzen dabei ältere Daten. Es kann sich um qualitative Änderungen handeln (z.B. Familienstand) oder um quantitative Änderungen (z.B. Monatslohn).

Damit soll die Beantwortung der Frage «Was sind Daten?» vorläufig abgeschlossen werden. Aber:

## Was ist Information?

«Information ist die Kenntnis von Sachverhalten und Vorgängen», wenn man sich auf diese Bedeutung in der Umgangssprache beschränkt (DIN 44300). Eine ähnliche Definition führt weiter und sagt: «Als Information wird zweckbezogenes Wissen bezeichnet, das man beim Handeln im Hinblick auf gesetzte Ziele benötigt.» Oder: «Informationen sind Abbildungen von Gegenständen und Vorgängen realer und nicht realer Art, die in irgendeiner Weise für die Zielerreichung von Bedeutung sein können.»

Der Mensch verwendet Information, um sich zu orientieren und zu entscheiden, da er nicht immer und überall gegenwärtig sein kann, um sich unmittelbar ins Bild zu setzen.

Information ist an Bilder, Buchstaben, Zeichen als Hilfsmittel gebunden: Solche «Daten» sind Elemente der Information. Die Elemente müssen zueinander in Beziehung gesetzt werden, um Information zu erzeugen.

EDV-Systeme sind nicht nur «Datenverarbeitungsanlagen», die auf die Ebene der Zeichen und Ziffern beschränkt bleiben. Durch Vereinbarungen der Benützer erhalten die Datenwerte Bedeutung. EDV-Systeme können Beziehungen zwischen Daten suchen und finden und damit neue Information schaffen. Sie müssen heute als «*Informations-Systeme*» bezeichnet werden.

## 1.3 Das Programm

Ein Programm ist eine Folge von Instruktionen, die einen Computer zur Lösung einer bestimmten Aufgabe befähigt. Ein Programm ist eine Arbeitsvorschrift für Datenverarbeitungsanlagen, es besteht aus einer Menge von Befehlen.

Programme können in zwei Gruppen eingeteilt werden:
1. *Anwendungsprogramme.* Sie erfüllen spezielle Aufgaben (z.B. «Erstellen einer Preisliste für Taschenmesser») und werden vom Anwender selbst oder von einem Softwarehersteller geschrieben.
2. *Systemprogramme.* Ihre Aufgabe ist es, die EDV-Anlage zu steuern und ihren wirtschaftlichen Betrieb zu ermöglichen. Beispiele für Systemprogramme sind: Übersetzer für Programmiersprachen, Sortierprogramme, Programme für Code-Umwandlung etc. Alle Systemprogramme einer EDV-Anlage zusammen bilden das *Betriebssystem*.

Ein *Anwendungsprogramm* umfasst alle gleichbleibenden Teile eines Ablaufs:
– die *Eingabebefehle,* jene Stellen also, bei welchen die individuellen Daten zugeführt werden.
– *Speicher- und Rechenbefehle,* welche sich aus *Operationen, Konstanten* und den über die Eingabebefehle eingelesenen *Daten* zusammensetzen.
– *Ausgabebefehle,* Stellen also, an denen (Zwischen-) Resultate ausgegeben werden.

Programme werden von entsprechend ausgebildetem Personal angefertigt, den Programmierern.

**Das Programmieren**

Das Erstellen von Programmen nennt man Programmieren. Programme werden in einer «Programmiersprache» niedergeschrieben und dem Computer eingegeben. Die Programmiersprache stellt die Verbindung zwischen dem Programmierer und dem Computer her, der Programmierer kann seinen Willen darin ausdrücken und dem Computer Befehle erteilen. Das Niederschreiben der einzelnen Befehle nennt man auch «Codierung», es ist das Programmieren im engsten Sinn. Doch zum Programmieren als Ganzes gehört mehr:

– Das zu lösende Problem muss untersucht und für die Programmierung vorbereitet werden. Dieser Arbeitsgang heisst *Analyse*.

- Es muss daraus ein programmtechnischer Lösungsweg entwickelt werden. Diese Phase ist der *Programmentwurf*.
- Die Lösung muss codiert werden (*Codierung*).
- Dann folgen *Programmtests, Inbetriebnahme* und *Dokumentation* (Erstellen der Programmbeschreibung).

Analyse und Programmentwurf sind die wichtigsten und anspruchsvollsten Arbeiten der Programmierung. Die Codierung ist hingegen eine eher schematische Tätigkeit, bei der es vor allem auf Exaktheit ankommt, nicht aber so sehr auf Kreativität. Sehr bewährt haben sich solche Arbeitsorganisationen, bei denen Analyse, Programmentwurf und Codierung von derselben Person (oder demselben Team) durchgeführt werden. Es entfallen Verständigungsprobleme zwischen Analyse und Codierung, und eine Art Rückkopplung von der Codierung zur Analyse ergibt sich von selbst.

**Die Programmbibliothek**

Die fertiggestellten Programme werden in einer Sammlung aufbewahrt, die man Programmbibliothek nennt. Eine Programmbibliothek ist ein kompliziertes Gebilde. Sie besteht aus:

- Programmen, die auf einem maschinell lesbaren Datenträger gespeichert sind.
- Dieser Datenträger mit den Programmen kann ständig mit der EDV-Anlage verbunden sein. Dann ist der Datenträger eine Magnetplatte, und die entsprechenden Programme können in jedem beliebigen Augenblick vom Computer benützt werden.
- Ist der Datenträger nicht ständig angeschlossen – die Programme sind dann z.B. auf Magnetbändern oder Disketten gespeichert – ermöglicht erst ein manueller Eingriff (z.B. Einspannen des Magnetbandes) die Benützung eines Programms.
- Dokumentation. Darin werden alle Programme im Detail beschrieben, damit jeder Fachmann in der Lage ist, die Programme zu verstehen. Zur Dokumentation gehören: Programmablaufplan, verbale Beschreibung des Programms, Definition der Daten (ihre Struktur und Stellung, Masseinheit, Bedeutung), eine Liste des Programms, eine Bedienungsanweisung für den Operator am Computer und eine Benützungsanweisung für den Anwender (z.B. für den Sachbearbeiter im Verkauf, der eine Preisliste erstellen will).

## 1.4 Das EDV-System

Wenn von EDV-Systemen oder allgemein von Systemen gesprochen werden soll, so muss der Begriff «System» definiert werden.

Unter einem System soll eine Menge von Elementen verstanden werden, die gegenüber ihrer Umgebung abgegrenzt ist. Die einzelnen Elemente stehen in bestimmten Beziehungen zueinander. Durch zweckmässiges Zusammenfügen oder Unterteilen von Systemen können grössere oder kleinere Systeme entstehen.

Ein EDV-System ist in vielen Fällen gegenüber seiner Umgebung deutlich begrenzt. Es besteht aus einzelnen Funktionseinheiten, die als kleinere Systeme oder Subsysteme angesehen werden können und die sich in der Gestalt verschiedener, einzelner Schränke im Computerraum präsentieren. Die Funktionseinheiten bestehen wiederum aus verschiedenen Werken, diese wiederum aus Gliedern, die sich in einzelne Elemente unterteilen lassen.

Die Menge der Elemente in einem System lässt sich also hierarchisch unterteilen. Dies ist jedoch nicht wesentlich. Wesentlich ist nur, dass unter einem System eine abgegrenzte Anordnung von irgendwelchen Gebilden verstanden werden soll, die aufeinander einwirken.

**Die Struktur des EDV-Systems**

EDV-Systeme sind sehr deutlich in zwei Subsysteme unterteilt: in Hardware und Software.

Die *Hardware* umfasst alle elektrischen, elektronischen und mechanischen Teile des Systems, alles was man sehen und greifen kann. Hardware ist die Sammelbezeichnung für die physischen Bestandteile einer Datenverarbeitungsanlage.

Die Hardware allein ist *kein* System, da sie ohne das andere Subsystem, ohne die Software, nicht funktionsfähig ist. Üblicherweise unterteilt man die Hardware in Funktionseinheiten, wie dies in Abbildung 1.1.2 dargestellt ist (Zentraleinheit, Eingabegeräte usw.).

Die *Software* enthält alle Massnahmen, die den Betrieb des Systems steuern: Betriebsprogramme und Anwendungsprogramme und darin eingeschlossen Ideen, Algorithmen, Rechenmethoden, Lösungsverfahren. Software ist die Sammelbezeichnung für alle Programme eines EDV-Systems. In Abbildung 1.1.2 sind ebenfalls die wesentlichen Funktionseinheiten der Software dargestellt.

**Das Zusammenspiel**

Alle Funktionseinheiten der Hardware und der Software bestehen aus einer grossen Anzahl von Elementen. Als solche Elemente können etwa angesehen werden:

– eine Programminstruktion oder
– ein elektronisches Schaltelement (z.B. eine Speicherstelle).

Zwischen den vielen einzelnen Hardware- und Software-Elementen gibt es eine sehr grosse Zahl von Beziehungen, die bei der Arbeit des EDV-Systems aktiv werden.

Zur Abwicklung einer Arbeit in einer EDV-Anlage werden in der Regel mehrere Programme zusammenarbeiten, auf jeden Fall werden Verbindungen zwischen dem Anwenderprogramm, dem Betriebssystem (den Systemprogrammen) und den Hardwareteilen bestehen. Der Anwendungsprogrammierer muss nicht auf jedes Maschinendetail Rücksicht nehmen. Schon an einem einfachen Beispiel wird das deutlich:

*Einlesen eines Datensatzes vom Magnetband:*

*Der Programmierer schrieb einen einzigen Befehl, z.B.*

LIES BAND PERSDAT.

*Dies sei ein Befehl, den die EDV-Anlage verstehen kann und der bedeuten soll, dass Daten vom Magnetband einzulesen sind. Die Daten seien in einen Speicherbereich mit dem Namen PERSDAT (= Personaldaten) abzulegen. Der Befehl LIES BAND wird be-*

*wirken, dass das* Betriebssystem *ein Programm zur Steuerung der Magnetbandeinheit in Betrieb setzt, und es wird folgendes geschehen:*

– *Die Magnetbandeinheit wird eingeschaltet.*
– *Der Band-Transportmechanismus kommt in Gang und führt ein Bandstück bestimmter Länge am Lesekopf vorbei.*
– *Jedes einzelne Zeichen wird dabei elektronisch gelesen.*
– *Das Band wird angehalten.*

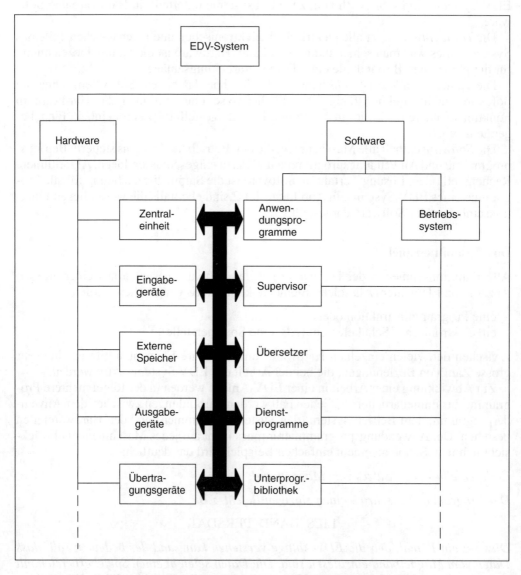

*1.1.2 Die Struktur von EDV-Systemen*

- *Jedes gelesene Zeichen wird auf Richtigkeit geprüft. Im Falle eines Fehlers wird eine nochmalige Lesung desselben Bandstückes veranlasst.*
- *Der Code jedes Zeichens wird für die vorgeschriebene Darstellung im Hauptspeicher umcodiert.*
- *Die Zeichen im neuen Code werden im Hauptspeicher abgelegt, nachdem jede einzelne Adresse dafür berechnet wurde (die dem Feld PERSDAT entspricht).*
- *Die Vollendung der Operation wird gemeldet. Daraufhin kann das Anwenderprogramm weiterlaufen.*

Im obigen Beispiel ist zu erkennen, wie verschiedene Elemente zusammenarbeiten: ein Anwenderprogramm, ein oder mehrere Systemprogramme, die Hardware der Magnetbandeinheit und der Zentraleinheit. Dabei waren die Hardwareteile dem Systemprogramm, dieses wiederum dem Anwenderprogramm untergeordnet.

Derartige Unterordnungen sind nicht gleichbleibend, die hierarchischen Beziehungen zwischen den Elementen sind verschieden, je nachdem, welche Funktionen gerade ausgeführt werden. Hier die gewünschte Ordnung aufrechtzuerhalten, ist Aufgabe des Supervisors oder Monitors. Er ist als verantwortlicher «Dirigent» in jedem Betriebssystem vorhanden. Dem Supervisor in der Software entspricht das Leitwerk oder Steuerwerk in der Hardware der Zentraleinheit.

In der Abbildung 1.1.2 sind die Beziehungen zwischen den Systemelementen als dick gezeichneter Kamm von Pfeilen dargestellt. In diesen Beziehungen liegen die Funktionen des EDV-Systems. Es wurde gesagt, dass Hardware ohne Software sinnlos ist. Genausowenig sinnvoll ist aber auch ein EDV-System ohne Beziehung zur Umwelt, ohne Beziehung zum Menschen. Erst die Verknüpfung der beiden Systeme «EDV» und «Mensch» ergibt ein sinnvolles Gebilde, das man als brauchbares «Informationssystem» bezeichnen kann. Dabei stellt der Mensch seine

- Kreativität

und der Computer seine besonderen Talente

- Schnelligkeit
- Unermüdbarkeit
- Genauigkeit

in den Dienst gemeinsamer Aufgaben. Wenn der Benützer sein Können mit der richtigen Hardware und Software zusammen zum Einsatz bringt, sind der Vielseitigkeit lösbarer Aufgaben fast keine Grenzen gesetzt.

## 1.5 Literatur:

1) W. Schiffmann, R. Schmitz: Technische Informatik.
2) P. Rechenberg: Was ist Informatik?
3) H.J. Schneider (Hrsg.): Lexikon der Informatik und Datenverarbeitung.
4) J. Kohlas, H. Waldburger: Informatik für EDV-Benützer.

## 2. Hardware – Geräte führen die Arbeit aus

Die Definition der Hardware wurde im ersten Kapitel gegeben: Es ist die Sammelbezeichnung für die physischen Teile der EDV-Systeme. Dazu gehören die Zentraleinheit, Geräte für die Ein- und Ausgabe und das Speichern von Daten und schliesslich Geräte für die Datenübertragung.

Die Funktionseinheiten müssen nicht unbedingt auch selbständige physische Einheiten sein, sie können beliebig kompakt zusammengebaut vorkommen. Die Miniaturisierung der elektronischen Bauteile ist so weit fortgeschritten, dass vollständige Zentraleinheiten in einer Zündholzschachtel Platz finden. Doch auch hier ist der Mensch das Mass aller Dinge und bedingt Mindestgrössen für Tastaturen, Bildschirme und Schriftgrössen von Druckern.

Ein Aspekt ist allen Geräten eines EDV-Systems gemeinsam: der der *Sicherheit*. Daten werden gelesen, gespeichert, transportiert, umgeformt und ausgegeben. Dabei haben die Daten immer die Gestalt eines Codes, beim Transport durch Leitungen sind es elektrische Impulse, ähnlich dem Morse-Alphabet der Telegraphie. Nirgends im ganzen System dürfen Impulse (oder Teile eines anderen Codes) verlorengehen oder hinzukommen, ohne dass es bemerkt wird. Deshalb werden Sicherheitscodes verwendet, die das System vor dem Verlust oder dem Hinzutreten von Impulsen bei einzelnen Zeichen schützen. Und dieser Schutz muss sich gleichmässig auf alle Teile erstrecken, nur dann ist das System als Ganzes auch geschützt. Eine bekannte Methode dafür ist die *Paritäts-Prüfung*. Dabei muss jedes Zeichen aus einer geraden (oder ungeraden) Anzahl von Impulsen bestehen, was durch Hinzufügen oder Weglassen eines zusätzlichen Prüfimpulses bewerkstelligt wird. Ist die Parität nicht erhalten geblieben, bemerkt und meldet das EDV-System den Fehler.

Die einzelnen Teile der Hardware zeigt Abb. 1.2.1 im Überblick.

### 2.1 Eingabegeräte

Einem EDV-System müssen Daten zugeführt und von diesem eingelesen werden können. Dies geschieht entweder direkt vom Menschen aus über eine Tastatur oder indirekt über einen Datenträger (Disketten, Magnetband, gedruckter Beleg, Markierungsbeleg, Beleg mit Handschrift).

**Off-line oder on-line**

Ein Anwendungsbeispiel: Ein Einzelhandelskaufmann geht durch sein Geschäft und erfasst die Bestellungen, die er bei der Zentrale aufgeben will, mit einem tragbaren Datenerfassungsgerät im Taschenrechnerformat. Erst am Abend wird die Bestellung aus dem Datenerfassungsgerät an die Zentrale übertragen. Bei der manuellen Datenerfassung war das Erfassungsgerät mit dem Computer nicht elektrisch verbunden, sie erfolgte «off-line».

Wird hingegen ein Beleg mit einem Belegleser gelesen, der die Daten dem Computer in Form von elektrischen Impulsen zuführt, so nennt man diese Verbindung oder Betriebsart «on-line».

# 2. Hardware – Geräte führen die Arbeit aus

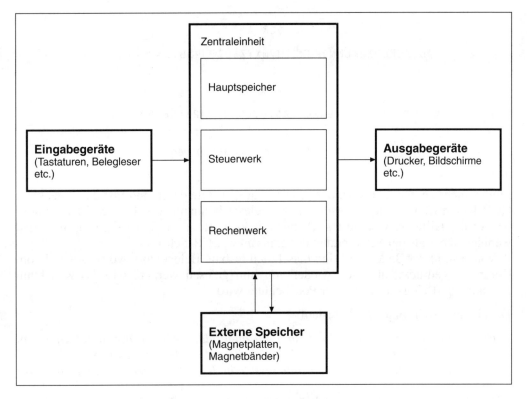

*1.2.1   Die Hardware des EDV-Systems*

## Die Tastatur

Das wichtigste Eingabegerät ist heute die Tastatur. Sie kommt praktisch immer kombiniert mit einem Ausgabeteil vor (z.B. einem Bildschirm). Die Eingabetastaturen ähneln den Tastaturen gewöhnlicher Schreibmaschinen. Manchmal ist zusätzlich eine Zifferntastatur vorhanden. Immer gibt es weitere Funktionstasten mit denen man die direkte Verbindung zum Computer herstellt oder unterbricht und bestimmte Funktionen oder Programme aufruft.

## Belegleser

Belegleser dienen dem *direkten* Einlesen von Daten aus Dokumenten, Belegen, Rechnungen, Inventarlisten usw. Dabei kann folgendes gelesen werden:

– Markierungen (Striche) an bestimmten Stellen,
– Druckschrift gemäss Normen (OCR-A oder OCR-B),
– Schreibmaschinen- oder Druckschrift,
– Handschrift.

Um eine möglichst klare Unterscheidung der Buchstaben zu erreichen, wurde ursprünglich die sogenannte OCR-A-Schrift entworfen, welche allerdings ästhetischen Anforde-

```
              OCR A
ABCDEFGHIJKLMNOPQRSTUVWXYZ 0123456789 -.,

              OCR B
ABCDEFGHIJKLMNOPQRSTUVWXYZ 0123456789 -.,
```

*1.2.2   Maschinell lesbare Schriften*

rungen nicht zu genügen vermochte. Die heutigen Belegleser sind fast durchwegs auf OCR-B-Schrift ausgerichtet. Moderne Belegleser können gedruckte Schriften beliebiger Art mit Hilfe des Computers erkennen, jedoch erfogt die Erfassung langsamer und weniger sicher als bei Verwendung der genormten OCR-Schriften.

Von besonderer Bedeutung sind maschinell lesbare Belege dort, wo sie sowohl vom Computer gedruckt, als auch wieder von ihm gelesen werden, wie das z.B. beim Einzahlungs-Beleg-Verfahren der Post benützt wird.

Dabei ergibt sich folgender Kreislauf:

– *Ein Gläubiger druckt seine Rechnung mit angeschlossenem Einzahlungsschein mit dem Drucker des Computers in OCR-B-Schrift und sendet sie seinem Schuldner.*
– *Der Schuldner zahlt mit dem Einzahlungsschein den geforderten Betrag bei der Post ein.*
– *Der Computer der Post liest mit seinem Belegleser den Einzahlungsschein, schreibt den Betrag dem Konto des Gläubigers gut und sendet einmal wöchentlich alle Gutschriften gesammelt auf einem Magnetband an den Gläubiger.*
– *Beim Gläubiger schliesst sich der Kreis: Sein Computer liest das Magnetband der Post und verbucht die Zahlung automatisch.*

Ein derartiger Zahlungsverkehr ist mühelos, schnell und fehlerfrei.

**Scanner**

Scanner sind Geräte zur Erfassung von Bildern (Zeichnungen, Fotos, Schriftstücke). Die Bilder werden zeilenweise abgetastet, die Zeilen wiederum in Punkte zerlegt, denen Farb- oder Helligkeitswerte zugeordnet werden. Die im Bild enthaltene Information kann so in elektrische Impulse umgewandelt werden, die als Bitmuster (oder Bildpunkte, «Pixel») gespeichert und vom Computer weiterverarbeitet werden können. Für die Weiterverarbeitung wird das Bitmuster durch ein entsprechendes Programm interpretiert (Beispiel: Einlesen und Erkennen von handschriftlichem Text).

**Weitere Eingabegeräte**

Es gibt wichtige weitere Eingabegeräte, die als Datenträger magnetisierbares Material verwenden: Magnetbänder, Magnetbandkassetten, Disketten, Magnetplatten. Diese Datenträger dienen sowohl der Eingabe als auch der Ausgabe und werden zusammen mit ihren Lese-/Schreibgeräten im Kapitel der «Externen Speicher» behandelt.

2. Hardware – Geräte führen die Arbeit aus

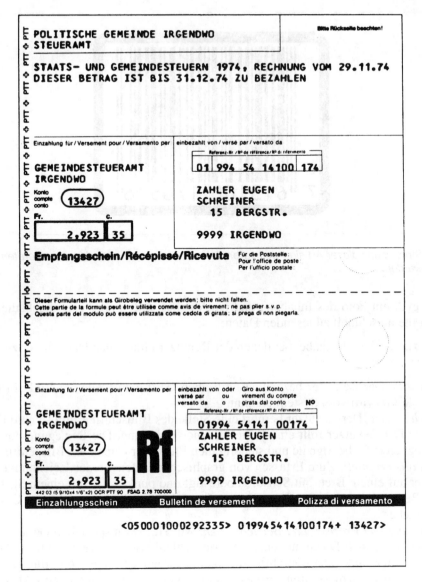

*1.2.3  Rechnung mit Einzahlungsschein in OCR-B Schrift für Belegleser:
Der Beleg wird vom Drucker einer EDV-Anlage erstellt. Er kann ohne handschriftliche Ergänzung zur Einzahlung verwendet werden. Maschinell eingelesen wird nur die unterste Zeile, die alle wichtigen Daten zusammenfasst.*

- *Etikettenleser:* Sie funktionieren wie Markierungsleser, nur hat der Datenträger die Gestalt einer Etikette, die an beliebigen Gegenständen befestigt (angehängt, aufgeklebt) werden kann.
- *Ausweisleser:* Sie sind sehr verbreitet und werden für die Zutrittskontrolle, Präsenzzeiterfassung und als Kreditkarte eingesetzt. Eine Kunststoffkarte zeigt Personalien

*1.2.4 Strichcodes dieser Art sind weit verbreitet und können mit optischen Lesegeräten erfasst werden.*

und evtl. ein Foto des Inhabers, und ein Magnetstreifen oder ein eingebauter Chip trägt die maschinell zu lesenden Daten.

Geräte zur direkten Eingabe, bei denen der Benützer ohne einen Datenträger zu benützen, direkt eingibt:

– *Lichtstift:* Der Benützer bezeichnet mit einem Stift eine Stelle am Bildschirm und diese Stelle wird vom System erkannt.
– *Touch screen:* Der Benützer berührt eine Stelle des Bildschirmes mit seinem Finger.
– *Maus:* Der Benützer rollt eine Kugel in einer Halterung. Die Bewegung der Kugel erzeugt elektrische Signale und steuert einen Pfeil oder Cursor am Bildschirm.
– *Digitalisiertablett:* Zum Erfassen von graphischen Daten werden Zeichnungen oder Bilder auf einem Brett mit Sensoren befestigt und punktweise mit einem Stift durch den Benützer berührt. Die Koordinaten der einzelnen Punkte werden im Computer gespeichert.
– *Erfassung von Prozess- und Betriebsdaten:* Mit Hilfe von speziellen Geräten (Interfaces) lassen sich Daten aus einem Betriebsablauf wie z.B. Temperaturen, Drücke, Flüssigkeitsstände oder -Durchflussmengen, Bewegungen (z.B. von Lifts, Transportgütern), kurz alle messbaren Grössen oder Ereignisse, dem Computer direkt zuführen und dort verarbeiten oder speichern.

Die Liste von Eingabemöglichkeiten und -geräten ist nahezu unerschöpflich. Dem Benützer steht bei Bedarf entweder ein geeignetes Gerät listenmässig zur Verfügung oder es kann eines mit bestehenden Bauteilen relativ einfach entwickelt werden.

## 2.2 Zentraleinheit

### 2.2.1 Komponenten der Zentraleinheit

Als Zentraleinheit eines Computers bezeichnet man die Gesamtheit von

- Steuerwerk (auch Leitwerk oder Steuereinheit),
- Rechenwerk (auch Recheneinheit),
- Hauptspeicher (auch Arbeitsspeicher),
- Festspeicher für Mikroprogramme und
- Kanälen.

In den Abschnitten 2.2.2 und 2.2.3 werden Aufbau und Arbeitsweise von Mikroprozessoren beschrieben. Die dort dargelegten technischen Grundlagen gelten für alle Arten von Computern, Unterschiede bestehen nur in Baugrössen und Leistungszahlen.

**Das Steuerwerk**

In der Hierarchie der EDV-Hardware steht das Steuerwerk an der Spitze. Es hat die Befehle der Anwender- und Systemprogramme zu interpretieren und für deren Ausführung zu sorgen. Das Steuerwerk hat im wesentlichen zwei Aufgaben:

- Es steuert die internen Vorgänge innerhalb der Zentraleinheit (Datentransport von einer Speicherstelle zu einer anderen, von einer Speicherstelle zum Rechenwerk usw.)
- Es steuert den Datenverkehr zwischen Zentraleinheit und den peripheren Geräten (Eingabe-, Ausgabegeräte, externe Speicher) und bedient sich dafür der Kanäle.

**Das Rechenwerk**

Die Hauptfunktion des Rechenwerkes ist die Durchführung von Rechenoperationen an numerischen Daten innerhalb der Zentraleinheit. Es sind verschiedene Arten von Rechenoperationen möglich, die von der Darstellung der Daten im Hauptspeicher abhängen.

Ausserdem befasst sich das Rechenwerk noch mit Verknüpfungsoperationen bei nichtnumerischen Daten, also etwa mit dem Zusammenstellen von Texten für eine zweckmässige Ausgabe.

Die dritte Aufgabe sind logische Operationen zur Vorbereitung von logischen Entscheiden: Vergleichen und Prüfen von Datenpaaren auf grösser, kleiner oder gleich. Das Ergebnis der Vergleichsoperationen befähigt dann das Steuerwerk zu bedingten Sprüngen.

**Der Hauptspeicher**

Ein Haupt- oder Arbeitsspeicher ist Bestandteil jeder Zentraleinheit. Er wird aus Halbleiterchips zusammengesetzt und hat die Aufgabe, Programme und Daten aufzunehmen und für die Bearbeitung unmittelbar bereitzustellen.

## Festspeicher für Mikroprogramme

Jede Instruktion eines Programmes, die vom Steuerwerk ausgeführt werden muss, kann in eine Folge von Einzelschritten aufgelöst werden, die nacheinander durchzuführen sind. Man bezeichnet die Summe der Einzelschritte für eine Instruktion als Mikroprogramm, jeden Einzelschritt als Mikrobefehl. Die Mikroprogramme sind in einem Festspeicher enthalten (als ROM bezeichnet: «Read Only Memory»), auf den sehr schnell zugegriffen werden kann.

## Kanäle

Um Daten von der Zentraleinheit zu den peripheren Geräten und umgekehrt zu transportieren, benötigt man ein Leitungssystem. Man nennt solche Leitungen Kanäle. Heute werden Kanäle nicht mehr von einer Einheit zur anderen geführt, sondern stellen Sammelschienen oder Datenstrassen dar, an die alle Peripheriegeräte und die Zentraleinheit als gleichberechtigte Teilhaber angeschlossen sind. Einen derartigen Kanal nennt man *Bus*.

## Bits und Bytes

Zentraleinheiten haben im wesentlichen zwei Kenngrössen:
- die Zykluszeit, d.i. die Zeitdifferenz zwischen zwei Speicherzugriffen, massgebend für die Arbeitsgeschwindigkeit (ausgedrückt in MIPS – Millionen Instruktionen pro Sekunde).
- die Speichergrösse, gemessen in Kilobytes oder Megabytes. Dies ist näher zu erläutern.

Ein *Bit* (Abkürzung für «binary digit») ist die kleinste Speichereinheit einer EDV-Anlage, sie kann nur die Werte «0» oder «1» enthalten. Das Bit bildet die Grundlage der binären Verschlüsselung von Zeichen und auch die Grundlage eines speziellen Zahlensystems für Computer (Dualsystem).

Als Beispiel stelle man sich eine Signallampe vor. Sie kann leuchten («1») oder nicht («0») und führt dann Strom oder nicht. Diese Darstellung lässt sich wie bei Lampen so auch in allen elektrischen Geräten und damit auch im Computer einfach realisieren.

Kombiniert man mehrere Bits, lassen sich umfassendere Aussagen machen: Ein Beispiel ist die Verkehrsampel.

Um genügend verschiedene Zeichen darstellen zu können, hat man sich auf eine Kombination von 8 bit geeinigt und nennt diese Kombination *1 Byte*. Dieses kann *ein* Zeichen aufnehmen, wobei man unter 256 Zeichen wählen kann: alle Ziffern, alle Gross- und Kleinbuchstaben, Sonderzeichen. Jedes Byte bildet eine Speicherstelle. Bei vielen Computerkonstruktionen wird jedem Byte noch ein 9. Bit zugeordnet, dem eine Überwachungsfunktion zukommt.

Man nennt 1024 Bytes = 1 Kilobyte,
1024 Kilobytes = 1 Megabyte,
1024 Megabytes = 1 Gigabyte,
1 Gigabyte entspricht rund 1 Milliarde Bytes.

## 2.2.2 Aufbau und Arbeitsweise der Mikroprozessoren
(nach Prof. H. Tarschisch)

Die Halbleiterelektronik wurde durch die Erfindung des Transistors im Jahre 1948 begründet. Bis in die frühen sechziger Jahre hatte sich das neue Bauelement dank kleinem Volumen und niedriger Verlustleistung weitgehend durchgesetzt und konventionelle Bauelemente, wie z.B. Röhren, weitgehend verdrängt. Dann begann jedoch erst der grosse Aufschwung, mit der Erfindung der sogenannten «integrierten Schaltung», die eine Vielzahl von Transistoren und Widerständen auf einem Siliziumplättchen (englisch «Chip») von wenigen Quadratmillimetern Fläche unterbringt und miteinander zu einer kompletten funktionsfähigen Schaltung verbindet. Die Technologie der integrierten Schaltungen entwickelte sich in den folgenden Jahren rasch von kleiner Integrationsdichte (small scale integration, SSI), mit verhältnismässig wenigen Transistoren pro Chip, zur heutigen «very large scale integration» (VLSI), die Hunderttausende von Transistoren auf einem Chip unterbringt.

Ursprünglich wurden hochintegrierte Schaltungen vor allem für Speicherbausteine verwendet, die in grosser Zahl in der Computertechnik zum Einsatz kommen. Dies führte zu Beginn der siebziger Jahre dazu, dass man Bausteine grosser Komplexität entwickelte, die jedoch universell einsetzbar sind.

Aus diesen Bausteinen wurden sogenannte Mikroprozessoren und Mikrocomputer entwickelt, die heute als Bauteile in der gesamten Hardware der EDV vielfältig eingesetzt werden.

– Ein *Mikroprozessor* ist eine integrierte Schaltung, die die CPU eines Mikrocomputers enthält.
– *Mikrocomputer* nennt man die Zusammenschaltung eines Mikroprozessors mit anderen integrierten Schaltungen wie z.B. Speicher, Ein-/Ausgabe-Schnittstellen etc.
– Ein *Einchip-Mikrocomputer* ist eine integrierte Schaltung, die neben der CPU alle übrigen notwendigen Funktionseinheiten enthält.
– Ein *Mikrocomputer-System* ist die Verbindung eines Mikrocomputers und peripherer Einrichtungen (Hardware) mit Programmen und Programmierhilfen (Software). In der Sprache des Anwenders sind dies Personal Computer oder Workstations.

Mikrocomputer werden heute für alle Computer, ausser für die Zentraleinheiten der Grosscomputer eingesetzt. Dank der modernen, leistungsfähigen Mikroprozessoren sind heute Arbeitsplatzcomputer realisiert, welche notwendige Rechnerleistung direkt auf den Bürotisch bringen und so die grösseren Computertypen entlasten. Dank lokaler Netze (Local Area Networks, LAN) bleibt der Zugriff zu den letzteren dennoch gewahrt.

Mikrocomputer werden aber auch sehr oft zur Steuerung von Prozessen verwendet – man denke nur an die heute schon allgemein übliche Steuerung von Haushaltgeräten wie Waschmaschinen usw.

Zweifellos übt der Mikrocomputer mit seiner ständig wachsenden Leistungsfähigkeit einen starken Druck auf die grösseren Computer aus. So gibt es heute schon Mikrocomputersysteme, die man auf Grund ihrer Leistungsfähigkeit eindeutig in die Gruppe der Minicomputer einstufen muss.

## 2.2.3 Moderne Aspekte von Mikrocomputern
(nach Prof. H. Tarschisch)

Mikrocomputer finden ihr Hauptanwendungsgebiet im Personal Computer. Über den prinzipiellen Arbeitsablauf im Mikrocomputer und über dessen Aufbau wird deshalb im Kapitel der Personal Computer (Abschnitt 6.2.2) berichtet.

Die Leistungsfähigkeit der Mikrocomputer wird laufend gesteigert. Man findet folgende Massnahmen:

### a) Cache-Memory

Cache = Versteck

Die eingehende Untersuchung von Programmen hat gezeigt, dass sehr oft Programmschleifen durchlaufen werden. Das bedeutet, dass in einem Programm dieselben Befehle mehrmals nacheinander ablaufen. Um die Geschwindigkeit dabei zu steigern, führt man heute oft einen zusätzlichen, sehr schnellen Speicher, eben das sogenannte Cache-Memory, ein. Ein Cache-Memory ist viel kleiner, aber ca. 10mal schneller als der Arbeitsspeicher. Es enthält Kopien von Inhalten der im Programm zuletzt benützten Adressen. Wenn beim Programmablauf die meisten Zugriffe auf das Cache-Memory erfolgen (sog. Hits), wird die Programmausführung viel schneller sein, als wenn diese Zugriffe auf den relativ langsamen Arbeitsspeicher stattfinden.

### b) Pipelining

Eine weitere Methode um die Arbeitsgeschwindigkeit zu steigern, stellt das sogenannte Pipelining dar. Ein Prozessor arbeitet einen Befehl so ab, dass er zuerst den Befehlscode holt und anschliessend den Befehl durchführt. Beim Pipelining geht man nun derart vor, dass während der Ausführung eines Befehls bereits der nächste Befehl in den Prozessor – eben in diese Pipeline – geholt wird. Durch diese Überlappung wird die Arbeitsgeschwindigkeit erheblich erhöht.

### c) Multiprozessor-Systeme

Weil die Prozessoren heute sehr preiswert sind, liegt es nahe, Systeme zu bauen, die mehrere Prozessoren enthalten. Diese arbeiten als «Spezialisten», führen also ganz spezifische Programme durch. Neben einem gemeinsamen, allgemeinen Arbeitsspeicher, der für alle Prozessoren vorhanden ist, verfügt meistens jeder Prozessor noch über einen eigenen, nur ihm zugänglichen Speicher. Damit ist es möglich, an gewissen Aufgaben parallel, d.h. mit mehreren Prozessoren gleichzeitig zu arbeiten.

### d) Signalprozessoren

Dabei handelt es sich um spezielle Prozessoren mit sehr grosser Arbeitsgeschwindigkeit. Sie führen z.B. Multiplikationen in Bruchteilen einer Millionstelsekunde durch und werden ausser für Hochgeschwindigkeitssteuerungen in speziellen Anwendungen der Gebiete Telekommunikation, Bild- und Sprachverarbeitung etc. eingesetzt.

### e) CISC- und RISC-Architekturen

Im Laufe der Rechnerentwicklung erhielten die neueren Computer immer komplexere Befehle und damit ein immer umfangreicheres Befehlsrepertoire. Man spricht dabei von CISC-Maschinen (CISC = Complex Instruction Set Computer). Untersuchungen haben jedoch gezeigt, dass beinahe kein Programmierer das volle Befehlsrepertoire beherrscht, sondern jeder seine eigenen, ihm geläufigen Befehle benutzt. Die CISC-Maschinen werden zwangsläufig langsamer, weil die Decodierung der vielen Befehle zeitaufwendig ist. In neuerer Zeit sind deshalb vermehrt RISC-Maschinen (RISC = Reduced Instruction Set Computer) untersucht und gebaut worden. Diese verfügen nur über ein beschränktes Befehlsrepertoire. Die Befehle werden aber sehr schnell ausgeführt. Moderne RISC-Mikroprozessoren weisen eine Rechengeschwindigkeit von einigen 10 MIPS (MIPS = Millionen Instruktionen pro Sekunde) auf.

## 2.3 Externe Speicher

Man verwendet externe Speicher für die langfristige Speicherung grösserer Datenmengen.

Eine klare Unterscheidung zwischen *Ein-/Ausgabegeräten* und *externem Speicher* ist problematisch: Ist ein mit Daten beschriebenes Magnetband ein externer Speicher oder ein Datenträger für ein Eingabegerät? Tatsächlich ist die Unterscheidung subjektiv.

Die externen Speicher sind ein weiteres Mitglied der Speicherhierarchie, umfassen Speichergrössen von 500 000 bis zu einigen Milliarden Bytes (oder Zeichen), die Zugriffe liegen im Bereich von 1 Millisekunde bis 5 Minuten. Die lange Zugriffszeit hat ihren Grund darin, dass für den Zugriff zu einem bestimmten Datenelement oft Bewegungen des Lese-/Schreibmechanismus und auch des Datenträgers notwendig sind. Die Speicherung der Daten erfolgt durch Magnetisierung geeigneter Datenträger.

**Der Magnetbandspeicher**

Er speichert Zeichen auf Band mit Hilfe der Magnetisierung. Das Magnetband besteht aus dem gleichen Material wie die handelsüblichen Tonbänder, ist jedoch breiter; die Speicherung von Daten, d.h. die geordnete Magnetisierung des Magnetbandes erfolgt auf analoge Weise wie beim Tonband: Dort spricht man von einem «Tonkopf», hier von einem «Lese-/Schreibkopf».

Das Magnetband ist 12,7 mm breit ($^1/_2$ Zoll) und normalerweise 730 m (2400 Fuss) lang. Zum Schreiben und Lesen dienen 9 Schreib- und 9 Leseköpfe, über die das Band hinweggezogen wird. Die Daten befinden sich dadurch auf 9 parallelen Spuren, jeweils 1 Byte (oder Zeichen) wird im selben Augenblick geschrieben oder gelesen. 8 Spuren tragen die Daten, die 9. Spur ein Prüfbit.

Die «Beschriftung» des Magnetbandes geschieht mit grosser Geschwindigkeit. Bei einer weit verbreiteten Bauweise wird bei jedem Schreibbefehl das Band beschleunigt, bei erreichter Höchstgeschwindigkeit magnetisiert und wieder gestoppt.

Der Aufwickelmechanismus des Bandes ist vom Bandtransport an den Lese-/Schreibköpfen getrennt, um das Band möglichst schnell beschleunigen und abbremsen zu kön-

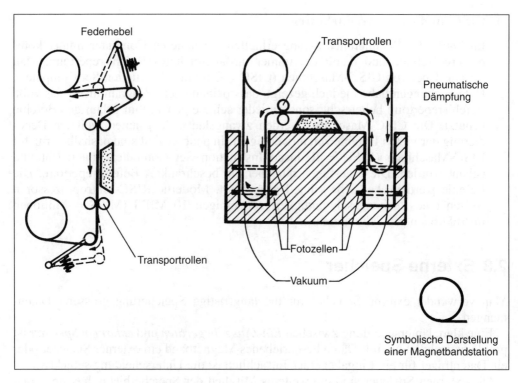

*1.2.5   Magnetbandstation mit verschiedenen Dämpfungssystemen*

nen. Vor und hinter den Köpfen befindet sich je eine Bandschlaufe, so dass nur das kurze Stück des Bandes zwischen den Schlaufen beschleunigt werden muss.

Der Schreibvorgang kann dadurch überprüft werden, dass geschriebene Zeichen sofort wieder gelesen werden. Zu diesem Zweck sitzen die Leseköpfe hinter den Schreibköpfen. Entsteht beim Schreiben ein Fehler, so wird ein Block sofort nochmals geschrieben.

Magnetbänder haben Kapazitäten bis zu 180 Megabyte (Zeichen) pro Spule, abhängig von Aufzeichnungsdichte, Blocklänge und Länge des Bandes.

Eine Weiterentwicklung des Magnetbandes ist das *Streamer tape,* bei dem die Schreib- und Lesevorgänge ohne Anhalten und Wiederanlaufen vor sich gehen. Diese Vorgänge erfolgen vielmehr kontinuierlich und deshalb sehr schnell. Der Einsatz derartiger Magnetbänder setzt grosse Arbeitsspeicher und hohe Verarbeitungsgeschwindigkeiten voraus. Streamer tapes werden häufig zum Sicherstellen (Kopieren) des Inhaltes von Magnetplattenspeichern verwendet.

Man kann ein Magnetband fest in ein Gehäuse einbauen, um den Bandwechsel zu erleichtern oder zu automatisieren. Damit erhält man eine *Magnetband-Kassette* (MTC, Magnetic Tape Cartridge). Die Kassetten werden bei Computern aller Grössenklassen verwendet, im Vordergrund stehen aber Personal Computer und Workstations. Sehr wirtschaftlich ist hier der Einsatz von digitalen Audiokassetten, auf denen bis zu 2500 Megabyte gespeichert werden können.

*Zugriffsart:* Das Magnetband lässt nur einen seriellen Zugriff zu. Das heisst, wenn man auf einem Band den 3967. Block lesen möchte, so muss man das Band von Anfang an lesen, die Blöcke zählen und damit fortfahren, bis man beim gewünschten Block angelangt ist.

Das Magnetband ist ein sehr platzsparendes und kostengünstiges Speichermedium für alle diejenigen Fälle, bei denen serieller Zugriff möglich ist.

**Der Magnetplattenspeicher**

Die Magnetplatte hat mit der Grammophonplatte wenig gemeinsam:

- Während bei der Musikplatte die Musik (= «Daten») endgültig in die Oberfläche eingetragen wird, erfolgt die Beschriftung der Magnetplatte – ähnlich wie beim Magnetband – durch Magnetisierung.
- Die Aufzeichnung auf Musikplatte erfolgt spiralförmig; bei der Magnetplatte in konzentrischen Kreisen.

Die Platte wird von der Steuereinheit in (z.B. 16) Sektoren aufgeteilt. Ein Datenblock kann nur bei einem Sektor beginnen, sich aber über mehrere Sektoren hinziehen, d.h. ein Datenblock beansprucht eine ganzzahlige Anzahl Sektoren.

Ein Lese-/Schreibkopf bewegt sich mit hoher Geschwindigkeit in radialer Richtung hin und her und wählt so jene Spur an, auf der er Daten lesen oder schreiben soll. Die Magnetplatte/der Magnetplattenstapel rotiert permanent. Für die mittlere Zugriffszeit auf einen Sektor ist somit vor allem die Start-/Stoppzeit des Lese-/Schreib-Kopfes bzw. des Kammes ausschlaggebend.

*Zugriff:* Während beim Magnetband nur sequentiell auf die Daten zugegriffen werden kann, verfügt die Magnetplatte über ein Merkmal, das sie mit dem Zentralspeicher vergleichbar macht: den *direkten Zugriff*. Obgleich dieser Direktzugriff bedeutend lang-

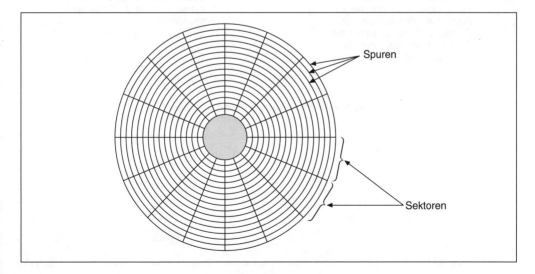

*1.2.6   Sektoren und Spuren einer Magnetplatte*

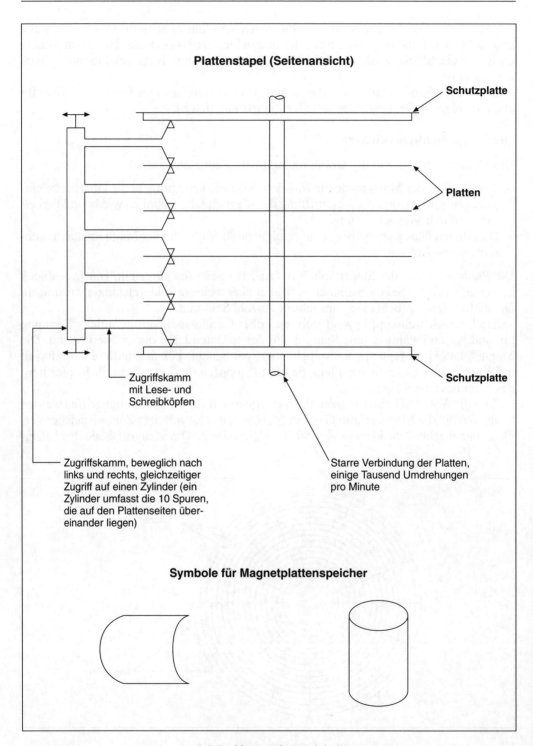

*1.2.7 Magnetplatteneinheit*

2. Hardware – Geräte führen die Arbeit aus 31

samer ist als der Direktzugriff innerhalb der Zentralspeichereinheit, so kann hier doch von einer *echten Erweiterung* des internen Speichers durch den sogenannten *externen Speicher* gesprochen werden.

Die effiziente Anwendung des Direktzugriffes ist allerdings in der Programmierung recht aufwendig. Wohl kann ein Programm an jede Stelle der Platte springen; woher soll es aber wissen, was auf jedem Sektor der Platte abgespeichert ist? Die Antwort darauf wird im Abschnitt «Direkter Zugriff» gegeben werden.

Plattenspeichereinheiten sind in verschiedenen Bauformen eingesetzt:

– mit den erwähnten positionierbaren Köpfen,
– mit Festköpfen (für jede Spur ist ein eigener Lese-/Schreibkopf vorhanden),
– mit auswechselbaren Plattenstapeln,
– mit festen Platten.

Auswechselbare Plattenstapel bieten die Möglichkeit, die Daten ähnlich wie bei Magnetbändern zu archivieren oder Daten durch Kopien sicherzustellen.

Die Zugriffszeiten für Magnetplattenspeicher liegen bei 3 bis 100 Millisekunden, die Kapazitäten zwischen 10 und 2000 Millionen Bytes (Zeichen).

Mit dem Begriff *Winchester disk* bezeichnet man einen Magnetplattenspeicher, dessen Platten als Datenträger fest im Gerät eingebaut sind, sich also nicht wechseln lassen.

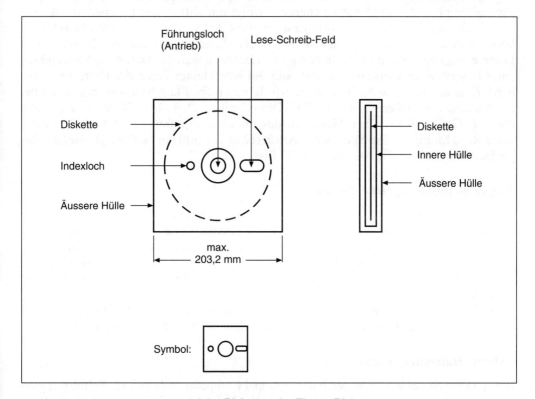

*1.2.8 Diskette oder Floppy Disk*

Diese Magnetplattenspeicher zeichnen sich durch geringe Abmessungen, hohe Speicherdichte und niedrige Preise aus. Sie werden deshalb hauptsächlich für Personal Computer verwendet. Dort bezeichnet man sie auch als «Hard disk».

*Disketten* (Floppy disk). Bei den Disketten handelt es sich um eine wohlfeile und bescheidene Abart der Magnetplatte. Die Diskette ist flexibel, hat 80 bis 200 mm Durchmesser, ist aus Kunststoff (biegsam) hergestellt und mit einer magnetisierbaren Schicht versehen. Sie ist ständig in einer doppelwandigen, biegsamen Hülle oder in einer festen Kunststoffkassette aufbewahrt, die die nötigen Öffnungen für den Antrieb und den Lese-/Schreibkopf aufweist. (Abb. 1.2.8)

Die Platte ist beidseitig magnetisierbar und hat auf jeder Seite z.B. 77 Spuren, die wieder in mehrere Sektoren eingeteilt sind. Die Kapazität einer Diskette geht bis zu 2 Mill. Bytes, die Zugriffszeit liegt bei 100 Millisekunden.

Disketten haben sich sehr schnell verbreitet. Dank ihrem günstigen Preis können nun auch kleine Computer mit Direktzugriffsspeichern ausgerüstet werden. Ausserdem können Disketten einfach und gefahrlos transportiert werden (Postversand), sie eignen sich daher als Datenträger zur Verbindung Datenerfassungsgerät-Computer oder Computer-Computer.

**Optische Plattenspeicher**

Digitale optische Platten bieten eine sehr hohe Speicherkapazität und geringste Speicherkosten pro Bit. Die Datenspeicherung erfolgt mit Hilfe eines Laserstrahls, der die Oberfläche der Platte für jede Speicherstelle eines Bits verdampft oder strukturell bleibend verändert. Aus diesem Grund sind optische Platten nur einmal beschreibbar. Das Lesen erfolgt optisch und kann beliebig oft wiederholt werden. Durch die Verwendung eines Laserstrahles wird erreicht, dass nur ein sehr kleiner Fleck der Platte verändert wird. Eine magnetische Aufzeichnung würde viel mehr Platz beanspruchen. Man bezeichnet diese Speichermedien als CD-ROM (Compact Disk Read Only Memory) oder OROM (Optical Read Only Memory), das Speicherverfahren heisst WORM (Write Once Read Multiple). Die Speicherkapazität reicht von 300 bis 3200 Megabyte, die Zugriffszeit liegt zwischen 100 und 1000 Millisekunden.

*Magneto-optische Speicherplatten*

Mit einer Hybridtechnik hat man erreicht, dass die Vorteile der Wiederbeschreibbarkeit des magnetischen Verfahrens mit der hohen Speicherdichte des Laserverfahrens kombiniert werden. Die Aufzeichnung erfolgt im Zusammenwirken von Erhitzung durch einen Laserstrahl und Magnetisierung. Sie ist voll reversibel. Das Lesen erfolgt auch hier rein optisch. Die Speicherkapazität liegt bei 600 Megabyte, die Zugriffszeit bei 100 Millisekunden.

Wichtige Vorteile aller optischen Speicherplatten sind ihre Unempfindlichkeit gegenüber äusseren Einflüssen und ihre hohe Lebensdauer von 10 Jahren und mehr.

**Externe Halbleiterspeicher**

Bei mobilen Systemen im Bereich der Personal Computer (Notebooks, Palmtops) werden auch externe Speicher eingesetzt, die auf der Halbleitertechnik beruhen (Solid State

Memory). Sie werden als Einsteckkarten im Format der PCMCIA (Personal Computer Memory Card International Association) gebaut. Ihr Funktionsprinzip entspricht den Halbleiterspeichern in den Arbeitsspeichern der Zentraleinheiten. Es wird eine extrem hohe Speicherdichte angewandt. Da der Speicherinhalt flüchtig ist (Flash Memories), verfügt jede Speicherkarte über eine interne, wiederaufladbare Stromquelle.

Die folgende Tabelle soll einen Vergleich der externen Speicher mit dem Hauptspeicher gestatten:

| Speicherart | Kapazität in Millionen Bytes (Zeichen) | Mittlere Zugriffszeit in Sekunden |
| --- | --- | --- |
| Magnetband | 180 bis 3600 | >100 |
| Magnetbandkassette | 2500 | >100 |
| Diskette | 2 | 0,1 |
| Magnetplatte | 2000 | 0,04 |
| Optische Platten | 5200 | 0,5 |
| Halbleiterspeicher | 64 | 0,0000001 |

## 2.4 Ausgabegeräte

Die Ausgabe von Resultaten ist das Ziel und der Zweck der Datenverarbeitung. Will man die Resultate dem Menschen sichtbar ausgeben, so eignen sich dafür Maschinen, die schreiben, zeichnen, sprechen oder andere hörbare oder sichtbare Signale ausgeben können. Zu diesen Maschinen gehören:

- Bildschirme
- Drucker
- Zeichenmaschinen (Plotter)
- Mikrofilmmaschinen
- Sprachausgaben
- Signallampen u.a.m.

Es gibt auch solche Ausgabegeräte, die maschinell lesbare Datenträger erstellen, wie Magnetbänder oder Disketten.

### Der Bildschirm

Bildschirme sind heute die wichtigsten Geräte zur Ausgabe. In vielen Fällen werden sie mit einer Tastatur kombiniert und bilden eine Bildschirmstation, die den Dialog des Benützers mit dem Informationssystem ermöglicht. Spezielle Bauarten machen sogar den Bildschirm selbst zur Eingabe tauglich: Lichtstifte (Light pen) oder Berührungssensoren (Touch screen).

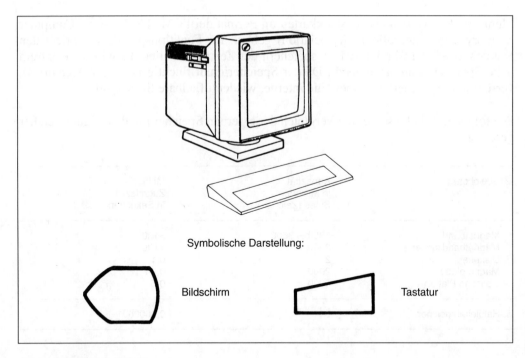

*1.2.9 Bildschirmstation:*
*Bildschirmstationen sind Dialoggeräte, d.h. kombinierte Ein-/Ausgabegeräte. Meistens verfügen sie sowohl über einen Bildschirm als auch über eine Tastatur.*

**Der Schnelldrucker (Zeilendrucker)**

Der übliche Schnelldrucker bedruckt Endlospapier (also eine «endlose» Papierbahn, welchen durch eine Perforation in Blätter eingeteilt ist). Das Drucken erfolgt gleichzeitig für eine ganze Zeile. In einen solchen Schnelldrucker lassen sich beliebige Formate bis zum Format A2 (Hochformat) einspannen. Die häufigsten Formate sind A3-quer (Höhe: 72 Zeilen, Breite: 132 Zeichen) und A4-hoch (Höhe: 72 Zeilen, Breite: 80 Zeichen).

Die auf einem Computerpapier zusammengestellten Informationen können sich aus drei Elementen zusammensetzen:

- dem Vordruck, mit welchen jedes Blatt vom Papierlieferanten bedruckt ist (z.B. ein Rechnungsformular mit dem Briefkopf der Firma)
- vom Computer gedruckte konstante Texte (z.B. Bestellungsbestätigung. «Wir danken Ihnen für den Auftrag und werden diesen zu Ihrer vollen Zufriedenheit ausführen...»)
- die individuellen Resultate eines Geschäftsvorfalls (z.B. Stück, Artikel-Nr., Artikel-Bezeichnung und Preis des bestellten Artikels).

Im Bestreben, einerseits möglichst die hohen Preise für die Drucker zu senken und anderseits eine akzeptable Druckgeschwindigkeit zu erhalten, wurden die unterschiedlichsten Drucksysteme entwickelt:

- Beim *Kettendrucker* bewegt sich eine Kette mit hoher Geschwindigkeit über der zu bedruckenden Papierzeile. Auf der Kette sind alle verfügbaren Zeichen aufgereiht. Befindet sich ein Zeichen der rotierenden Kette über der gewünschten Stelle des Papiers, so schlägt ein Hammer auf der Papierrückseite das Papier gegen das Zeichen. Auf der Rückseite des Papiers befinden sich also in der Regel 132 Hämmer dieser Art.
- Beim *Drucker mit Typenstange* sind die Lettern auf einem Stab angebracht, der sich vor dem Papier hin und her bewegt. Auch hier wird der Druckvorgang durch einen Hammerschlag bewirkt.
- Eine sprunghafte Erhöhung der Druckgeschwindigkeit bringt der *Laserdrucker* (Seitendrucker). Bei ihm wird auf elektrostatischem Weg eine ganze Seite (inkl. variable, gespeicherte Vordrucke) auf einmal hergestellt. Das Mitkopieren der Vordrucke macht das Wechseln von Endlosstapeln mit verschiedenen Vordrucken überflüssig. Diese Schnelldrucker erlauben auch das beidseitige Bedrucken des Papiers. Für Grossrechenanlagen gibt es Laserdrucker mit sehr grossen Leistungen, deren Preis allerdings auch um einiges über demjenigen anderer Schnelldrucker liegt. Für kleinere Systeme und Personal Computer gibt es jedoch preisgünstige Laserdrucker mit einer Leistung von etwa 6 Seiten pro Minute, die weit verbreitet eingesetzt und wegen ihrer Grafikfähigkeit geschätzt werden.
- Sehr preisgünstig sind *Matrix-Zeilendrucker,* bei denen das Schriftbild durch Hunderte von Nadeln, die durch ein Farbband auf Papier drucken, hergestellt wird. Diese Drucker haben eine Leistung von 300 Zeilen/Minute.

## Langsamere Drucker

Für viele Anwendungen besteht kein Bedarf für hohe Druckleistungen, dafür wünscht man aber schöne Schriften und günstige Preise. Hier kommen vor allem Matrix- und Tintenstrahldrucker zum Einsatz.

Beim *Matrixdrucker* besteht der Schreibkopf aus 7 bis 24 dünnen Nadeln. Die entsprechende Kombination der Nadeln wird durch ein Farbband auf das Papier geschlagen und druckt so ein Zeichen, als Folge von Punkten.

*Tintenstrahldrucker* (Ink jet printer) formen ebenfalls jedes Zeichen aus einer Menge von Punkten, die mit Tinte durch feine Düsen auf das Papier gespritzt werden. Sie arbeiten geräuschlos, haben eine sehr hohe Auflösung, können aber keine Durchschläge erzeugen.

Beim *Thermodrucker* wird das Papier an der gewünschten Stelle so erhitzt, dass sich die Farbe des Papiers in Form des gewünschten Zeichens verfärbt. Thermodrucker verlangen spezielles, wärmeempfindliches Papier. Sie arbeiten fast geräuschlos.

## Zeichenmaschinen

Besonders im technischen Anwendungsbereich ist oft eine Ausgabe vom Computer in graphischer Form, als Zeichnung, erwünscht. Diese Aufgabe ermöglichen Zeichenmaschinen (engl. «Plotter»). Bei einem sehr verbreiteten Modell wird eine Papierbahn an einem Zeichenstift vorbeigezogen, der wiederum quer zum Papiervorschub beweglich ist. Durch das Zusammenwirken beider Bewegungen kann jede beliebige Kurve gezeichnet werden. Die Bewegung erfolgt in sehr kleinen Einzelschritten, die Kurven sind aus kurzen Geradenstücken zusammengesetzt. Durch den Einbau mehrerer, verschiedenfarbiger Zeichenstifte lassen sich auch farbige Zeichnungen erstellen (Farbplotter).

**Mikrofilmausgabe**

Diese Ausgabeart ist auch mit der Abkürzung COM («Computer Output on Microfilm») bekannt. Wenn der Computer eine grosse Anzahl von Dokumenten erstellt, in die immer wieder Einsicht genommen werden soll, so wird die Aufbewahrung dieser grossen Papiermengen und das Auffinden der gewünschten Information ein Problem. In solchen Fällen kann der Computeroutput auf Mikrofilm festgehalten werden. Dabei enthält eine Filmkarte in Grösse einer Postkarte bis zu 1000 Seiten im A4-Format. Mit einfachen Lesegeräten können diese Filmkarten (engl. «Fiches») gelesen werden. Das COM-Verfahren ist sehr wirtschaftlich, da das Filmmaterial wesentlich billiger und platzsparender als das sonst benötigte Papier ist.

Die Mikrofilmausgabe arbeitet meist «off-line», d.h. das Gerät ist nicht direkt am Computer angeschlossen. Dieser erstellt vielmehr ein Magnetband, das dann wiederum vom Mikrofilmgerät eingelesen wird. Der Grund dafür liegt darin, dass die Filmgeräte sehr leistungsfähig sind und ein einziges solches Gerät für eine ganze Anzahl von Computern genügt.

COM kann teilweise Aufgaben von Datenbanken (Auskunftssystemen) ersetzen, so kann z.B. bei Versicherungen jeder Sachbearbeiter den gesamten Policenbestand in Form einer Mikrofilmkartei im Schreibtisch zur Verfügung haben. Besonders zweckmässig ist COM für die *Archivierung* grosser Dateien.

Es ist jedoch zu erwarten, dass in Zukunft die Verwendung von optischen Speicherplatten (mit sehr hoher Speicherkapazität) die Mikrofilmausgabe verdrängen wird.

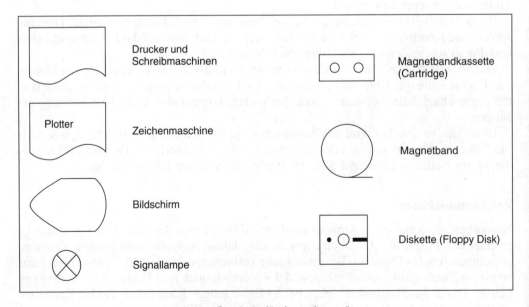

*1.2.10   Symbole für Ausgabegeräte*

## Weitere Ausgabemöglichkeiten

Auch *Sprachausgaben* sind möglich, die ähnlich einer sprechenden Uhr über Telefon Auskünfte über Kontostände, Lagerbestände und ähnliches geben können.

Im technischen Bereich sind *optische Ausgaben* gebräuchlich, so z.B. Signallampen oder sogar ganze Leuchtschaltbilder in Stellwerken der Eisenbahn oder in Schaltwarten der Elektrizitätswerke.

*Interfaces* sind Geräte zur Verbindung von Computern mit einer technischen Umwelt und deren Prozessen, wie Verkehrsflüssen, Transportstrassen, Öfen, chemischen Anlagen. Ausgabeinterfaces sind oft Digital-Analog-Wandler und formen digitalen Output vom Computer in analoge Grössen um, die wiederum zu Steuerzwecken eingesetzt werden können. Oft haben Computer verhältnismässig grosse Leistungen zu schalten, was mit dem Interface direkt nicht möglich ist. In solchen Fällen werden Bauteile der Leistungselektronik zur leistungsmässigen Anpassung eingesetzt. Damit ist zum Beispiel das Steuern von Motoren einfach realisierbar.

Die folgende Tabelle gibt einen Überblick über Leistungen und Datenträger der wichtigsten Ausgabegeräte.

Tabelle der Ausgabegeräte:

| Geräte | | Datenträger | |
|---|---|---|---|
| Bennenung | Leistung | Bennenung | Kapazität |
| Seitendrucker (Laserdrucker) | bis 20 000 Zeilen/Min. | Papier | 300 x 300 Punkte pro Quadratzoll |
| Zeilendrucker | bis 2400 Zeilen/Min. | Papier | 80–196 Zeichen/Zeile |
| Matrixdrucker | 50–300 Zeichen/Sek. | Papier | 80–196 Zeichen/Zeile |
| Tintenstrahldrucker | 10 Seiten/Min. | Papier | 360 x 360 Punkte pro Quadratzoll |
| Bildschirm | 10 000 Zeichen/Sek. | Bildschirm | 500–2000 Zeichen/Schirm |

## 2.5 Geräte zur Datenfernübertragung

Bei der Datenfernübertragung sind zwei Arten von Verbindungen üblich:

- Verbindungen zwischen einem Computer und einem entfernt stehenden Terminal (Datenstation). Dieses Terminal besteht zumindest aus einem Bildschirmgerät, je nach Komfort auch noch aus einem Drucker und anderen Ein- und Ausgabegeräten.
- Verbindungen zwischen zwei voneinander entfernt stehenden Computern.

Auf diese Verbindungsarten lassen sich auch die *Datennetze* zurückführen, die im Kapitel 5 näher beschrieben werden.

Die Grösse der Entfernung ist nahezu unbeschränkt, man denke an die Datenverbindung zu Raumsonden über viele Millionen Kilometer.

Bei irdischen Datenverbindungen werden heute zum Teil noch Telefonkanäle verwendet, die zwischen 250 und 1000 Zeichen pro Sekunde übertragen können (das Schreiben der 1920 Zeichen eines Bildschirms dauert demnach bis zu 8 Sekunden).

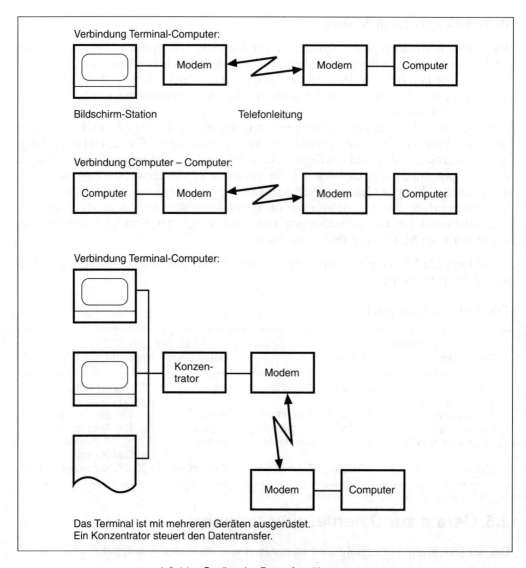

1.2.11   Geräte der Datenfernübertragung

Telefonleitungen sind dafür eingerichtet, Signale im hörbaren Bereich, also Stimmen oder Töne zu übertragen. Sollen Daten übertragen werden, so sind sie für die Telefonleitung vorzubereiten, d.h. in Töne umzuwandeln. Diese Aufgabe erfüllen sogenannte «Modems» (Modem = Modulator – Demodulator).

Ein *Modem* setzt die Impulse der EDV-Anlage (die Daten darstellen) in Töne und umgekehrt Töne einer Datenübertragung in Impulse für die EDV-Anlage um.

Sollen von einer entfernten Stelle aus mehrere Bildschirmgeräte über eine einzige Leitung mit einem Computer verbunden werden, so setzt man einen *Konzentrator* ein.

Der Konzentrator sorgt als Vermittlungsstelle im Knotenpunkt der Leitungen dafür, dass die zu übertragenden Datenblöcke in der richtigen Reihenfolge an die richtigen Stellen geleitet werden. (Abb. 1.2.11).

## 2.6 Literatur:

1) K. Bauknecht,
 C. A. Zehnder:     Grundzüge der Datenverarbeitung.
2) H. R. Hansen:    Wirtschaftsinformatik I.
3) H. Engesser (Hrsg.):    Duden Informatik.

# 3. Software – Anweisungen steuern die Arbeit

Der Begriff «Software» stellt die Sammelbezeichnung für alle Programme der EDV-Systeme dar. Im ersten Kapitel wurde bereits erläutert, dass die Software im wesentlichen aus den beiden Gruppen «Betriebssoftware» und «Anwendungssoftware» besteht und wie die Verbindung zwischen Software und Hardware hergestellt wird.

Auch bei der Software trat schon früh das Prinzip der Modularität in den Vordergrund. Soweit wie möglich werden Programme aller Art in Form einzelner Bausteine erstellt und diese bei gleichartigen Anforderungen immer wieder, aber häufig in verschiedenem Zusammenhang, verwendet. Software lässt sich – im Gegensatz zur Hardware – einmal in schrittweiser Verfeinerung nach und nach aufbauen und dann jederzeit relativ einfach abändern. So entsteht mit wenig Aufwand aus einem Baustein ein ähnlicher anderer, und die Anpassung an geänderte Bedürfnisse des Anwenders ist in vielen Fällen nicht schwierig.

Eine angenehme Eigenschaft der Software ist, dass sie nicht altert und daher Fehler nicht sporadisch auftreten oder als Abnützungserscheinung entstehen. Andererseits birgt jedoch jede Änderung eines Programmes die Gefahr in sich, dass ungewollt auch Fehler eingebaut werden. Deshalb soll die Anzahl von Änderungen in Programmen auf ein Minimum beschränkt bleiben. Dies kann der Anwender dadurch beeinflussen, dass er von Anfang an seine Anforderungen möglichst umfassend und detailliert beschreibt.

## 3.1 Programme

Ein Programm ist eine Folge von Instruktionen, die einen Computer zur Lösung einer bestimmten Aufgabe befähigen. Ein Programm oder eine Gruppe zusammengehöriger Programme machen den Computer zu einem spezialisierten Automaten für die Erfüllung individueller Anforderungen. Programme können zur Betriebssoftware oder zur Anwendersoftware gehören. Die Betriebssoftware ermöglicht und erleichtert den Betrieb eines Computersystems. Die Anwendersoftware realisiert die Bearbeitung, die der Anwender fordert. Eine etwas feinere Einteilung bildet drei Gruppen von Programmen:

- *Betriebssysteme:* Sie bilden die Brücke vom Anwenderprogramm zur Hardware des Computersystems und ermöglichen damit eine vereinfachte Anwendungsprogrammierung. Jede Anwendung arbeitet auf einem Computer durch das Zusammenwirken von Anwenderprogramm und Betriebssystem. Bei grösseren Systemen liefert der Hersteller der Hardware das zugehörige Betriebssystem mit. Bei Personal Computern kann man unter verschiedenen Betriebssystemen wählen, die von Softwarehäusern vertrieben werden. Im Abschnitt 3.6 wird dazu Näheres ausgeführt.
- *Dienstprogramme:* Zu ihnen gehören alle Programme, die viele Anwender benötigen, ohne Rücksicht auf ihr spezielles Anwendungsgebiet. Es handelt sich hauptsächlich um Programme, die in allgemeiner Form Daten manipulieren: ordnen, umwandeln, kopieren, sortieren, mischen, selektieren, prüfen, einlesen, ausdrucken, übertragen.

Dienstprogramme können ebenfalls vom Computerhersteller oder von einem spezialisierten Softwarehaus bezogen werden. Manchmal betrachtet man sie als Teil des Betriebssystems, es gibt jedoch einen deutlichen Unterschied: übliche Anwenderprogramme können ohne Betriebssystem nicht funktionieren, wohl aber ohne Dienstprogramme. Die Dienstprogramme werden im Abschnitt 3.5 genauer beschrieben.
- *Anwenderprogramme:* Sie machen aus dem Computer diejenige Maschine, die der Anwender wirklich haben will, die Maschine für Fakturierung, Lohnabrechnung, Lagerbewirtschaftung und vieles andere mehr. Im Abschnitt 3.4 werden diese Programme beleuchtet.

Die Aufgaben der Anwenderprogramme sind unendlich vielfältig und verschieden. Um etwas Übersicht zu gewinnen, kann man sie zunächst in zwei Bereiche unterteilen, die im folgenden kurz besprochen werden sollen: die *kommerziell-administrativen* und die *technisch-wissenschaftlichen* Anwendungen.

**Programme für kommerziell-administrative Anwendungen**

Der Einsatz der Informatik im kommerziellen und administrativen Bereich betrifft heute jeden von uns: Kontoauszüge, Telefonrechnungen, Kassenzettel, Lohnstreifen, Stromrechnungen, Versicherungspolicen, Zahnarztrechnungen, Autopapiere, Bussenzettel, Identitätskarten – alles wird vom Computer erstellt. Im grossen und ganzen hat man sich daran gewöhnt, mit dem Computer zu leben. Es gibt in diesem Bereich viele Arbeiten, die in Massen auftreten und nach immer gleichen, ziemlich einfachen Regeln abzuwickeln sind. Für diese Tätigkeiten liegt der Computereinsatz auf der Hand. Aber auch in relativ einfachen Anwendungen ist man vor Überraschungen nicht sicher. Manuelle Verfahren können nicht ohne weiteres auf eine Computerverarbeitung umgestellt werden, da sie nicht immer bis zur letzten Konsequenz gleichartig bearbeitet werden. Sie können vielmehr variieren, indem jeweils «besondere Umstände» oder plötzlich neu auftretende Voraussetzungen in Entscheide miteinbezogen werden. Dies wirkt einer Automatisierung entgegen und erschwert die Programmierung.

Ein weiterer Grund dafür, dass an Programme hohe Anforderungen gestellt werden, liegt in den vielfältigen Verknüpfungen der verschiedenen kommerziellen Einzelbereiche innerhalb eines Unternehmens. Diese Verknüpfungen müssen im EDV-System nachvollzogen werden. Es wäre ja unzweckmässig, Ausgabedaten des Programmes A (z.B. einer Gehaltsabrechnung) manuell wieder dem Programm B (z.B. der Finanzbuchhaltung) einzugeben. Diese Überlegung führte schon bald zur *«integrierten Datenverarbeitung»*, die hohe Ansprüche an die Programmierung stellt.

Für Programme im kommerziell-administrativen Anwendungsbereich können drei wichtige Anforderungen postuliert werden:
- Sie müssen Normalfälle effizient bearbeiten.
- Sie müssen Sonderfälle und neu auftretende Bedingungen behandeln können, sei es durch weitreichenden Programmausbau oder im Dialogverfahren durch das Eingreifen einer entscheidenden Person.
- Sie müssen die integrierte Verarbeitung durch eine geeignete Verknüpfung der Arbeitsgebiete innerhalb des EDV-Systems gestatten.

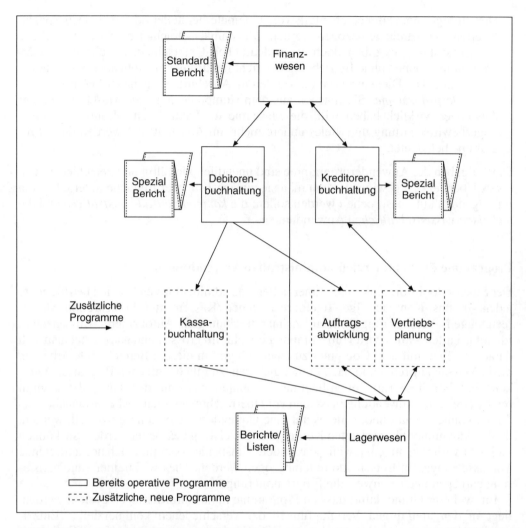

*1.3.1  Der Wunsch, mehrere Arbeitsgebiete «zu integrieren», führt zu einem komplexen System.*

## Programme für Wissenschaft und Technik

In den letzten Jahrzehnten konnten spektakuläre wissenschaftliche Probleme mit Hilfe der Computer bearbeitet und gelöst werden. Zwei der wichtigsten Ereignisse seien als Beispiel genannt: Sputnik (1957) und Landung auf dem Mond (1969). Die Wissenschaft stellt der Informatik immer wieder grosse Aufgaben. Hier einige Beispiele von heute:

– Berechnungen im Gebiet der Magneto-Hydrodynamik mit dem Ziel einer kontrollierten Kernfusion (die der Menschheit ein unendliches Energiereservoir erschliessen könnte, aber vielleicht nie gelingen wird),
– weltweite Wetterprognose für mehrere Tage mit grosser Sicherheit,
– Unterstützung des Einsatzes von Satelliten in der Geodäsie.

Dies sind Aufgaben, die jeden sofort sehr beeindrucken und durch Programme gelöst werden sollen. Aber es gibt eine grosse Anzahl von eher bescheidenen Anwendungen – man denke zum Beispiel an eine statistische Auswertung von Versuchen in der Landwirtschaft – die die Alltagsarbeit des Wissenschaftlers erleichtern oder gewisse Erkenntnisse erst ermöglichen und Nutzen bringen.

Die Lösung technischer Aufgabenstellungen bedingt für den Ingenieur meist einen hohen Rechenaufwand. Deshalb war der Ingenieur in früheren Zeiten darauf beschränkt, bei der Bearbeitung seines Problems eine einzige zulässige Lösung zu finden. Seine Hauptanliegen waren Fehlerfreiheit der Rechnung und Einhaltung von Normen und Vorschriften. Heute spielt der Rechenaufwand dank Computer und Programm keine Rolle mehr. Was ist die Folge? Der Ingenieur kann beliebig viele Varianten – zum Beispiel beim Entwurf einer Brücke – berechnen und vergleichen. Die beste Lösung in Hinsicht auf die Kosten oder die Umweltfreundlichkeit oder die Ästhetik wird er dann realisieren. Der Einsatz geeigneter Programme brachte die Optimierung der Konstruktionen mit sich. Ohne sie wären die Fortschritte in der Raumfahrt oder im Flugzeugbau undenkbar.

Programme zur Überwachung und *Regelung von Prozessen,* die auf spezialisierten Prozessrechnern arbeiten, haben grosse wirtschaftliche Bedeutung. Früher wurden Industrieanlagen, Maschinen, Haushaltsgeräte und ähnliche Einrichtungen durch mechanische Regler oder elektrische Relais gesteuert. Heute werden einfache und komplizierte Regelungen mit dem Computer abgewickelt. Seit der Einführung der Mikroelektronik können Prozessrechner so klein sein wie ein Fingernagel und für jedes beliebige Gerät brauchbar gemacht werden. Beispiele sind: Nähmaschine, Fotoapparat, Armbanduhr. Prozessrechner und ihre Programme steuern und regeln, schonen die Umwelt, steigern die Qualität von Produkten und können das Leben erleichtern. Wenn man bei einer Heizung die Ölzufuhr den Temperaturverhältnissen genau anpassen kann – und das schon im vorhinein – und die Luftzufuhr genau darauf abstimmt, so können Kosten und Luftverschmutzung minimiert werden. Prozessrechner können derartige Optimierungen bewirken, wenn ihren Programmen mathematische Modelle zugrunde liegen.

## 3.2 Programmiersprachen und Übersetzer

Programmiersprachen dienen der Formulierung von Verarbeitungsvorschriften für Computer und sind damit eine wichtige Schnittstelle zwischen EDV-Systemen und Anwendern. Es gibt heute mehr als tausend verschiedene Programmiersprachen. Programmiersprachen werden nach verschiedenen Kriterien gruppiert, nach ihrem Denkschema klassiert, in Generationen eingeteilt – für manchen Informatiker ein professionell interessantes Vorgehen, für den Anwender zum Teil unerheblich. Im folgenden sollen deshalb nur die wichtigsten Begriffe zu diesem Thema besprochen werden.

### 3.2.1 Maschinensprache

*(Sprache der 1. Generation, imperative Sprache)*

Jeder Computer versteht nur eine Sprache unmittelbar: die für ihn speziell entworfene *Maschinensprache.* Jede Maschinensprache (Instruktionsrepertoir) ist «binär verschlüsselt», d.h. sie besteht nur aus den beiden Zeichen «0» und «1». So heisst z.B. für einen bestimmten Prozessor INTEL 80486 der Befehl *Addieren* binär verschlüsselt: $\boxed{10000110}$. Diese Sprache ist für den Menschen nahezu unbrauchbar. Ein Programmierer könnte nur mit grösster Mühe und grossem Zeitaufwand ein ganzes Programm in Maschinensprache schreiben.

Da die Maschinensprachen als erste zur Verfügung standen, als man die ersten Computer einsetzte, bezeichnet man diese Sprachen auch als Sprachen der «1. Generation».

Man hat zur Erleichterung der Programmierarbeit symbolische Programmiersprachen entwickelt, die der Ausdrucksweise und Vorstellungsart des Menschen besser angepasst sind. Hier unterscheidet man wieder zwei Arten:

– *maschinenorientierte* Sprachen (sog. *Assembler*) und
– *problemorientierte* Sprachen (auch «höhere Programmiersprachen» genannt).

### 3.2.2 Maschinenorientierte Sprachen

*(Sprachen der 2. Generation)*

Die Assemblersprachen entsprechen weitgehend den Maschinensprachen, nur sind die Ketten von 0 und 1 durch verständliche Worte ersetzt. So lautet der obige Binärbefehl für das Addieren in der Assemblersprache $\boxed{\text{ADD M}}$ (add memory to accu). Aber jeder Assemblerbefehl entspricht genau einem Maschinenbefehl und jeder Maschinentyp hat seine *eigene* Assemblersprache. Man benötigt zum Programmieren in Assembler eingehende Kenntnisse der Maschine, und der Aufwand für die Programmierarbeit ist gross. Fehlersuche und Änderungen sind schwierig. Aber dem entgegen stehen zwei grosse Vorteile: Assemblerprogramme brauchen wenig Platz im Speicher und laufen sehr schnell. Die Assemblersprache wird deshalb für sehr oft ablaufende Programme, vornehmlich für Systemprogramme, verwendet.

### 3.2.3 Problemorientierte Sprachen

*(Sprachen der 3. Generation)*

Diese Sprachen geben dem Programmierer ein ausgezeichnetes Ausdrucksmittel in die Hand.

Sie verwenden für die Instruktionen englische Worte; ein bestimmter Formalismus ist jeweils einzuhalten. Die Handhabung ist meist so komfortabel, dass viele Programmierer auf das Zeichnen von Programmablaufplänen verzichten und ihre Codierung ohne diese schreiben. Man hat für verschiedene Anforderungen verschiedene Programmiersprachen definiert. Die folgenden sind die wichtigsten (in alphabetischer Reihenfolge):

– ADA, Programmiersprache zur zuverlässigen und transparenten Codierung grosser Programmsysteme. Enthält Konzepte von PASCAL und verschiedener anderer Sprachen. Uneinheitlich, Übersetzung aufwendig.
– ALGOL (Algorithmic Language), mathematisch orientierte Programmiersprache, an Hochschulen entwickelt und angewendet; wenig verbreitet.
– APL (A Programming Language), mathematisch orientierte Sprache, speziell im Dialogbetrieb verwendet, besonders geeignet für Vektor- und Matrizenrechnung.

- BASIC (Beginners All Purpose Symbolic Information Code), Sprache für alle Aufgaben, für Dialogverarbeitung besonders geeignet, sehr leicht erlernbar, besonders bei Personal Computern verbreitet.
- C, Programmiersprache mit Eigenschaften und Elementen der problemorientierten und der maschinenorientierten Programmiersprachen. Der Sprachumfang ist bescheiden, weshalb die Übersetzung schnell erfolgt. C wird oft anstelle der Assemblersprache eingesetzt.
- C++ ist eine Erweiterung der Programmiersprache C mit Möglichkeiten der objektorientierten Programmierung (siehe Abschnitt 3.3.6). C++ wird hauptsächlich für die Systemprogrammierung, das heisst für die Programmierung von Betriebssystemen und Dienstprogrammen, verwendet.
- COBOL (Common Business Oriented Language), Sprache für kaufmännische Anwendungen, sehr gut ausgebaute Sprache besonders für Dateizugriff, Ein- und Ausgabe, Programmiersprache mit der weitesten Verbreitung.
- FORTRAN (Formula Translator), Sprache hauptsächlich für mathematische und technische Aufgaben, älteste höhere Programmiersprache (seit 1954), einfach zu erlernen und anzuwenden, weit verbreitet.
- MODULA-2: Aus PASCAL entwickelte Sprache mit wichtigen Verbesserungen. Ein Modulkonzept erleichtert den bausteinmässigen Programmbau. Rasche und einfache Übersetzung.
- PASCAL, Sprache für numerische und nichtnumerische Aufgaben, besonders für die Methode der strukturierten Programmierung geeignet, Entwicklung von Prof. Wirth, ETH Zürich, 1969.
- PL/1 (Programming Language Number One). Sprache für erfahrene Programmierer, sowohl im kaufmännisch-administrativen als auch mathematisch-technischen Bereich, sehr reichhaltig, für anspruchsvolle Anwendungen vielfach verwendet.
- SMALLTALK, einfache Programmiersprache für objektorientierte Programmierung (siehe Abschnitt 3.5.6). Da sie wohl leicht zu erlernen, die Laufzeiten der Programme jedoch recht hoch sind, wird Smalltalk vornehmlich für das Prototyping (siehe Teil II) eingesetzt.

### 3.2.4 Abfragesprachen und Anwendungsgeneratoren

*(Sprachen der 4. Generation)*

Mit der Verbreitung von Datenbanken und dem Zunehmen der Datenfernverarbeitung entstand das Bedürfnis, Datenbestände auf einfache Weise abfragen, manipulieren und auswerten zu können. Diesem Bedürfnis entsprechend wurde eine Reihe von Softwareprodukten auf den Markt gebracht, die die verlangten Fähigkeiten mehr oder weniger zur Verfügung stellen. Einheitliche Kriterien, die ein solches Produkt als Programmiersprache der 4. Generation qualifizieren, gibt es jedoch nicht. Viele sogenannte 4GL-Systeme erlauben lediglich Abfragen von Datenbeständen, was in vielen Fällen nicht genügt. Erweiterte Fähigkeiten ermöglichen zusätzlich das Verändern der Datenbestände und – wenn sie eine Entscheidungshilfe sein sollen – auch eine Auswertung, zum Beispiel in der Form von Tabellen-Kalkulations-Systemen. Derart umfassende Systeme bezeichnen ihre Hersteller oftmals als «Anwendungsgeneratoren».

Man teilt solche Softwareprodukte oberhalb der Programmiersprachen der 3. Generation ein, da sie in vielen Fällen die Möglichkeit bieten, mit einem einzigen Befehl das zu bewirken, wozu in einer problemorientierten Sprache eine ganze Subroutine geschrieben werden müsste. Die Hersteller schlagen oft vor, die Sprachen der 4. Generation direkt dem Benützer zur Verfügung zu stellen. Damit dieser sie aber auch richtig einzusetzen vermag, wird er wohl einen erheblichen Lernaufwand auf sich nehmen müssen.

Einige Beispiele für Software dieser Kategorie:

- FOCUS, ein universell einsetzbares Standardwerkzeug zur individuellen Datenverarbeitung (IDV),
- IFPS (Interactive Financial Planning System), eine Planungssprache,
- ICU/GDDM, ein Werkzeug für Geschäfts-Grafiken,
- QMF (Query Management Facility), ein Abfragesystem für Datenbanken auf Basis der Datenbanksoftware DB2,
- MANTIS und NATURAL, datenbankorientierte Anwendungsentwicklungssysteme, die von der Hardware und Betriebssoftware weitgehend unabhängig machen.

Weitere Namen in dieser Gruppe sind AS, MAPPER, NOMAD2, ORACLE, SPECTRA und UNIFY. Die angeführten Produkte stellen nur einen Teil des erhältlichen Angebots (für Grossrechner) dar. Ständig erweitert sich die Angebotspalette, die besonders im Bereich der mittleren Systeme und Personal Computer unübersehbar ist. Die bewährten und gängigen Systeme sind überdies so bekannt wie Automarken, und es erübrigt sich hier eine Wertung.

Der Einsatz der 4GL hat sich auf zwei Einsatzbereiche gerichtet: Einerseits soll der hochgestellte Laie ein Werkzeug für seine Entscheide erhalten, andererseits der spezialisierte Programmierer seinen (teuren) Aufwand beim Kodieren reduzieren können.

Anwender von Sprachen der 4. Generation haben festgestellt, dass bei der professionellen Anwendungsentwicklung von Dialogsystemen auf Sprachen der 2. und 3. Generation verzichtet werden kann. Bei Massendatenverarbeitungen hat man jedoch mit nicht unbeträchtlichen Laufzeitverlängerungen zu rechnen.

### 3.2.5 Sprachen zur Wissensverarbeitung

*(Sprachen der 5. Generation)*

Die Sprachen der 1. bis 4. Generation verarbeiten als Information Zahlen und Texte. Für die Anwendungen im Gebiet der Künstlichen Intelligenz bei Expertensystemen geht es um etwas anderes: Dort ist Wissen herzuleiten und zu verarbeiten. Für diese Aufgabe werden neue Programmiersprachen entwickelt, die Algorithmen der Wissensbildung (etwa nach den Gesetzen der Logik) zu implementieren gestatten. Vertreter dieser Generation, die erst am Anfang der Entwicklung stehen, sind:

- PROLOG (Programming in Logic), eine prädikative Programmiersprache (Erklärung siehe unten). Das eigene Wissen über ein Problem kann formuliert werden, und der Computer versucht damit, Antworten auf neue Fragestellungen zu finden.

– LISP (List Processing Language), eine funktionale Programmiersprache (siehe unten), die auf der Theorie linearer Listen aufbaut und unter anderem im Umgang mit Formeln zum automatischen Beweisen eingesetzt werden kann.

Anwendungen derartiger Programmiersprachen in Expertensystemen können zur Zeit erprobt werden bei Diagnosen von Krankheiten, Diagnosen von Fehlern technischer Systeme, zur Konfiguration von Geräten bei der Interpretation von Messdaten und bei der Überwachung technischer Prozesse. Weitere Einsatzmöglichkeiten sind wohl vorherzusehen, liegen aber noch in weiter Zukunft.

### 3.2.6 Kategorien der Programmiersprachen

Neben den «Generationen» der Sprachen kann man auch verschiedene «Kategorien» unterscheiden:

– *Imperative Sprachen:* Sie bauen Programme als eine Folge von Befehlen auf. Im Zusammenhang mit den Befehlen stehen «Variablen», die bei den Maschinensprachen als Speicherstellen oder -bereiche implementiert sind. Eine imperative Sprache befiehlt etwa in folgender Weise: «Suche alle Kunden, bei denen die Postleitzahl der Adresse mit der Ziffer 8 beginnt, und drucke eine Liste in alphabetischer Reihenfolge der Familiennamen!» Alle Sprachen der 1. bis 4. Generation gehören zu dieser Kategorie.
– *Funktionale Sprachen:* Hier wird jedes Programm als eine Funktion betrachtet, die beliebig komplex sein kann. Eine solche Funktion wird aus einfacheren Unterfunktionen aufgebaut. Die Sprache liefert einen Baukasten einfacher Grundfunktionen. Ein Vertreter dieser Sprache ist LISP.
– *Prädikative Sprachen:* Bei diesen wird das Programmieren als das Beweisen in einem System von Tatsachen und Schlussfolgerungen implementiert. Der Programmierer definiert eine Menge von Fakten und eine Menge von Regeln, die das Herleiten neuer Fakten beschreiben. Aufgabe des Computers ist es dann, die Behauptung eines neuen Faktums als richtig oder falsch zu erkennen. Die Sprache PROLOG gehört in diese Kategorie.

Alle Programme, die in einer höheren Sprache geschrieben werden, müssen in einem ersten Arbeitsgang vom Computer in seine eigene Maschinensprache übersetzt werden. Es gibt dafür zwei Möglichkeiten: Übersetzer (Compiler) oder Interpreter. Beim Übersetzungsvorgang werden die Quellenprogramme bereits eingehend auf formale Fehler untersucht, die dann sofort behoben werden können.

### 3.2.7 Übersetzer (Compiler)

Sie übersetzen ein Quellenprogramm, das in einer höheren Sprache (z.B. FORTRAN) geschrieben ist, *als Ganzes* in ein Maschinenprogramm. Ein Compiler ist ein Programm, das als Eingabedaten ein Quellenprogramm benutzt, als Verarbeitung dieses in ein Maschinenprogramm übersetzt und als Ausgabe das Maschinenprogramm erstellt (z.B. *auf Magnetplatte speichert und druckt*).

Das so entstandene Maschinenprogramm (auch Objektprogramm genannt), das irgend etwas zu rechnen oder zu bearbeiten hat, kann dann mit seinen eigenen Daten (in einem zweiten Arbeitsgang) ausgeführt werden.

Das einmal übersetzte Programm wird im Maschinencode gespeichert und steht dann beliebig oft zur Durchführung zur Verfügung.

### 3.2.8 Interpreter

Auch er übersetzt ein Quellenprogramm in die Maschinensprache, jedoch nicht als Ganzes, sondern Instruktion für Instruktion. Und dies geschieht bei jedem Ablauf des Programms immer wieder. Es wird nur das Quellenprogramm in die Programmbibliothek aufgenommen und bei jeder Durchführung des Programms jeder Befehl jedesmal neu in die Maschinensprache übersetzt. Interpreter sind nur bei Dialogsprachen üblich

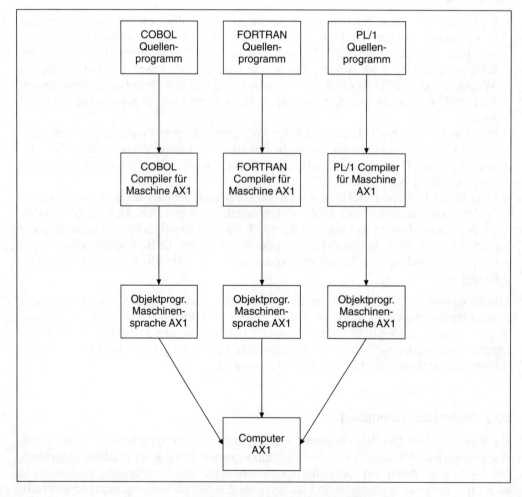

*1.3.2   Die Vielsprachigkeit von Computern*

(APL, BASIC), können bei jedem Quellenprogrammbefehl Fehler sofort feststellen und melden. Die Programme laufen in der Ausführung langsam. Interpreter kommen daher nur bei Personal Computern und bei Teilnehmerrechensystemen (viele Benützer im Dialogverkehr an einer Maschine) zur Verwendung.

### 3.2.9 Vielsprachigkeit

Es ist durchaus möglich, einen Computer in verschiedenen Sprachen zu programmieren.

Für denselben Computer kann ein kommerzielles Problem (*Exportpreisliste*) in COBOL, ein technisches Problem in FORTRAN (*Biegelinie eines Trägers*) und ein gemischtes Problem (*Maschinenbelegungsplan*) in PL/1 geschrieben werden. Voraussetzung ist nur, dass der Computer für alle diese Sprachen je einen Übersetzer (Compiler) besitzt.

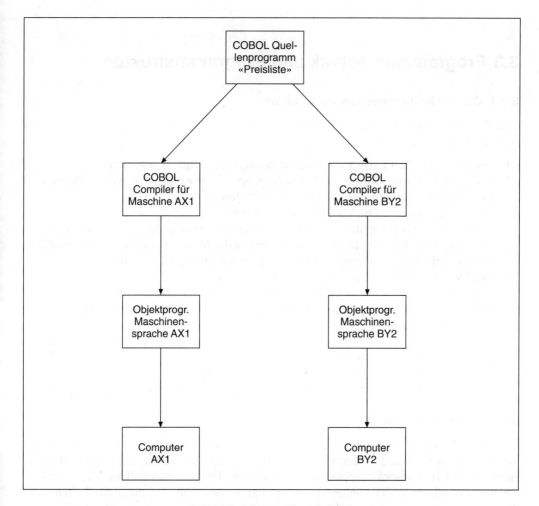

*1.3.3   Programm-Kompatibilität*

## 3.2.10 Programm-Kompatibilität

Unter Kompatibilität oder Verträglichkeit von Programmen versteht man die Eigenschaft, dass Programme, die für einen Computer geschrieben wurden, ohne Änderung auch für einen ganz anderen Computer verwendet werden können. Die problemorientierten Programmiersprachen haben diese Möglichkeit weitgehend geschaffen.

Voraussetzung dafür ist, dass die Compiler der verschiedenen Maschinen die gleichen Anforderungen an das Quellenprogramm stellen. Das ist bei genormten Sprachen (FORTRAN, COBOL) der Fall.

Wenn Programme nicht (ohne Änderungen) von einem Computer auf einen anderen übertragen werden können, sind kleinere oder grössere Anpassungsarbeiten zu leisten, um eine Übernahme zu ermöglichen. Als *Portabilität* bezeichnet man den Grad der Übertragbarkeit. Je besser die Übertragbarkeit ist, desto höher ist die Anpassungsfähigkeit und desto geringer ist der Anpassungsaufwand.

## 3.3 Programmiertechnik und Programmstruktur

### 3.3.1 Die zwölf Stationen der Programme

Das Entstehen und der Betrieb jedes Programmes folgt einem Weg, auf dem zwölf Stationen liegen. Das sind:

1. *Analyse:* Das Problem ist zu erfassen, darzustellen und zu analysieren.
2. *Programmentwurf:* Unter Berücksichtigung der maschinellen Möglichkeiten ist eine programmtechnische Lösung zu erarbeiten.
3. *Test des Entwurfes:* Die Lösung wird überprüft.
4. *Codierung:* Das Programm wird geschrieben. Es entsteht das Quellenprogramm.
5. *Umwandlung:* Das Quellenprogramm wird in die Maschinensprache umgewandelt. (Der Begriff «Maschinensprache» wurde im Abschnitt 3.2.1 erklärt.)
6. *Binden:* Das ablauffähige Programm wird erzeugt.
7. *Test:* Das Programm wird definitiv auf logische Fehler untersucht.
8. *Dokumentation:* Programmbeschreibung, Bedienungsanweisung und Benützungsanweisung werden fertiggestellt.
9. *Inbetriebnahme:* Der Programmierer übergibt das Programm dem Rechenzentrum oder dem Anwender zur Produktion.
10. *Produktive Läufe:* Das Programm wird verwendet.
11. *Wartung:* Allfällige Fehler werden behoben, gewünschte Änderungen werden eingebaut.
12. *Ausserbetriebsetzung.*

Der hier skizzierte Weg der «Lebensphasen» eines Programmes, soll im folgenden detaillierter besprochen werden. Weitere Erklärungen einzelner Arbeitsschritte sind auch im Teil II (Phasenkonzept) enthalten. Für die Erklärungen soll zum Teil ein Beispiel – «Preisliste für Taschenmesser» – benützt werden. Ein Computer mit Tastatur und Bildschirm, Disketteneinheit oder Magnetplatte und Drucker steht zur Verfügung.

3. Software – Anweisungen steuern die Arbeit

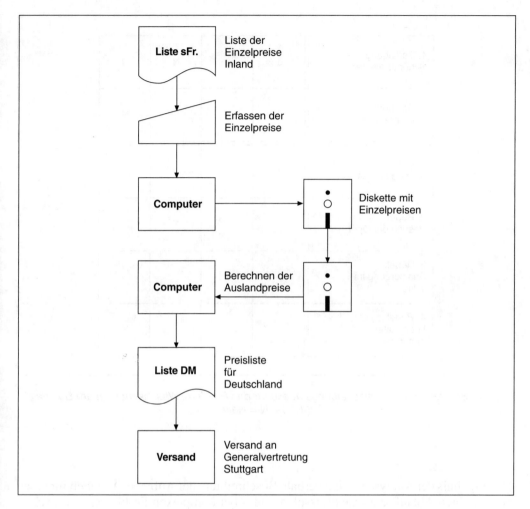

*1.3.4  Datenflussplan für die Erstellung einer Export-Preisliste*

## 1. Schritt: Analyse

Für die Analyse von Problemen in EDV-Bereich gibt es verschiedene Hilfsmittel. Ein Beispiel dafür sind

– *Datenflusspläne* (graphische Darstellung eines Informationsflusses; zeigt Art der Datenträger und notwendige Bearbeitung; die Darstellung erfolgt mit genormten Symbolen (Abb. 1.3.4) und
– *Entscheidungstabellen* (sie machen komplizierte Entscheidungssituationen übersichtlich und stellen ihre vollständige Bearbeitung sicher. Dies ist in der EDV unerlässlich). (Abb. 1.3.5)

| 1. Bedingung: Schönes Wetter | J | J | N | N |
|---|---|---|---|---|
| 2. Bedingung: Geld vorhanden | J | N | J | N |
| 1. Regel: Ausflug nach Arosa | X | | | |
| 2. Regel: Besuch der Oper | | | X | |
| 3. Regel: Spaziergang im Wald | | X | | |
| 4. Regel: Lesen alter Zeitungen | | | | X |

1.3.5   Beispiel für eine Entscheidungstabelle für das Problem: Was macht man am Sonntag?
(J = Ja; N = Nein)

Das Ergebnis der Analyse ist eine verbale Beschreibung der Aufgabe, Angaben für einen gewünschten Ablauf, ein Datenflussplan und – bei komplexen Problemen – Entscheidungstabellen. Zu dieser Phase gehört auch das Festlegen der Daten und ihre Zusammenfassung in Dateien. Darüber wird eingehend noch im 4. Kapitel berichtet.

## 2. Schritt: Programmentwurf

Der Programmentwurf ist eine sehr anspruchsvolle Aufgabe, es gilt die vorhandenen Wünsche in ein realisierbares Modell umzudenken. Dafür kann als Hilfsmittel ein Programmablaufplan dienen. Er zeigt – wieder mit graphischen Symbolen – die einzelnen Arbeitsschritte eines Programmes.

*Der Programmablaufplan für das hier behandelte Beispiel ist einfach (Abb. 1.3.6). Zunächst soll ein Datensatz eingelesen werden, der die Währungsbezeichnung und den Umrechnungskurs enthält. Dann ist die Titelzeile der Preisliste zu drucken. Nun folgt eine Programmschleife, in der jeweils die Preise für eine Sorte Taschenmesser gerechnet und ausgedruckt werden. Der letzte Datensatz wird erkannt (er kann zum Beispiel das Wort ENDE enthalten): Damit wird die Verarbeitung in den Schlusszweig gesteuert.*

3. Software – Anweisungen steuern die Arbeit

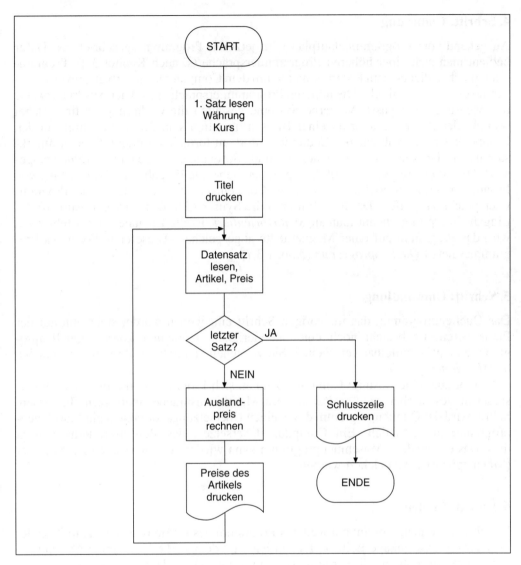

*1.3.6    Programmablaufplan für die Erstellung einer Export-Preisliste*

*Dies bewirkt die logische Entscheidung. Im Schlusszweig* werden noch die Zahlungsbedingungen ausgedruckt, dann soll das Programm zu Ende sein.

### 3. Schritt: Test des Entwurfes

Der Programmablaufplan wird «trocken» getestet, d.h. am Schreibtisch überprüft. Dabei werden Testdaten angenommen, und mit dem Bleistift in der Hand wird im Ablaufplan den entsprechenden Wegen nachgefahren. Ausserdem wird geprüft, ob alle Varianten und Möglichkeiten durch entsprechende Programmzweige behandelt werden.

## 4. Schritt: Codierung

Ausgehend vom Programmablaufplan wird jetzt das Programm «geschrieben». Dafür bedient man sich einer höheren Programmiersprache (s. auch Kapitel 3.2). Programmiersprachen dienen dem Programmierer, um dem Computer seine Arbeitsanweisungen verständlich zu vermitteln. Die höheren Programmiersprachen sind der Ausdrucksweise des Menschen angepasst. Moderne Systeme gestatten die Codierung on-line: Dabei schreibt der Programmierer an einer Bildschirmstation sein Programm direkt in den Computer, der ihn während des Codierens sofort auf formale Programmfehler aufmerksam macht. Um dies zu ermöglichen, wird als Software ein sogenannter *Editor* eingesetzt. Das ist ein Textsystem mit der Spezialaufgabe, die Eingabe und Bearbeitung von Programmcode zu ermöglichen und diesen Code entsprechend den Regeln der Programmiersprache zu prüfen. Da diese Editoren die Syntax (d.h. den formalen Aufbau) der Eingabe überprüfen, nennt man sie *syntaxorientiert*. Ist die Eingabe formal fehlerfrei, wird das Programm auf einer Magnetplatte abgespeichert. Diese erste Form des Programmes heisst *Quellenprogramm* (Abb. 1.3.7).

## 5. Schritt: Umwandlung

Das Quellenprogramm, das im vorigen Schritt eingegeben wurde, steht nun auf der Platte bereit. Es besteht noch eine Schwierigkeit: Computer können Quellenprogramme nicht unmittelbar verarbeiten. Sie verstehen nämlich nur ihre eigene Sprache: die *Maschinensprache*.

Es gibt aber eine Lösung: Computer können sich Programme, die in Programmiersprachen geschrieben sind, *selbst* in ihre Maschinensprache übersetzen. In diesem Schritt wird das Quellenprogramm durch einen Übersetzungsvorgang in ein Maschinenprogramm umgewandelt. Ein Compiler (Übersetzer) des Betriebssystems besorgt dies. Das entstandene Maschinenprogramm kann wieder auf einem externen Speicher (Magnetplatte) abgespeichert werden.

## 6. Schritt: Binden

Bei diesem Vorgang kommt ein weiteres Programm des Betriebssystems zum Zug: der «Binder» oder «Linkage Editor». Es werden jetzt dem vorher erwähnten Maschinenprogramm alle nötigen Hilfsprogramme angeheftet. Diese Hilfsprogramme besorgen dann z.B. das Lesen einer Zeile vom Bildschirm, die Steuerung des Druckers, Umwandlungen von Codes und vieles andere mehr. (Einige moderne Betriebssysteme führen das Binden immer zusammen mit dem Umwandeln aus, legen also die Schritte fünf und sechs zusammen.) Das Resultat ist nunmehr ein fertiges und vollständiges Programm, auf einem Datenträger gespeichert, jederzeit bereit, nach einem Aufruf die gewünschte Arbeit durchzuführen.

## 7. Schritt: Test

Jetzt werden mit dem Programm Versuche angestellt. Zunächst werden Testdaten vorbereitet (z.B. *für die Exportpreisliste verschiedene Währungen, Kurse und Preise),* dann

```
/* Exportpreisliste *** GL *** 14.2. *** V01 L01 */
EXPORT:  PROC OPTIONS(MAIN);
         DCL  WAEHRUNG      CHAR(5),
              KURS          DEC(8,4),
              ARTIKEL       CHAR(10),
              PREISFR       DEC(5,2),
              PREISEX       (5) DEC(8,2);
         /* 1.Satz lesen, Titel drucken */
         GET EDIT(WAEHRUNG,KURS)(A(5),F(8,4));
         PUT EDIT('1','Exportliste in ',WAEHRUNG,
         'Kurs ',KURS)((3)A,X(10),A,F(8,4));
         /* Schleife für alle Artikel */
         ARTIKEL = '';
         DO WHILE ARTIKEL ¬= 'ENDE';
              GET EDIT(ARTIKEL,PREISFR)(A(10),F(5,2));
              IF ARTIKEL ¬= 'ENDE'
              THEN DO;
                   PREISEX(1) = PREISFR * 100 / KURS;
                   PREISEX(2) = PREISEX(1) * 0.95;
                   PREISEX(3) = PREISEX(1) * 0.90;
                   PREISEX(4) = PREISEX(1) * 0.75;
                   PREISEX(5)=  PREISEX(1) * 0.67;
                   PUT EDIT(PREISEX) ((5)(F(8,2),X(3)));
              END;
         END;
         END;
```

*1.3.7   Quellenprogramm, in höherer Programmiersprache (hier PL/1) geschrieben*

wird das Programm ausgeführt, und die Resultate werden genau überprüft. Es geht um das Auffinden von Rechenfehlern und logischen Fehlern. Erkannte Fehler werden korrigiert, und der Test wird nochmals durchgeführt. Dies wird so lange wiederholt, bis keine Fehler mehr auftreten und möglichst alle Programmzweige durchlaufen worden sind.

Eine völlige Fehlerfreiheit kann jedoch *niemals* gewährleistet werden. Es ist immer möglich, dass die Testdaten unvollständig waren oder nicht alle Programmzweige durchlaufen wurden, die noch Fehler enthalten. Später in der Produktion können dann solche Fehler infolge einer bestimmten Datenkonstellation wirksam werden und Schwierigkeiten verursachen.

## 8. Schritt: Dokumentation

Das Dokumentieren muss mit der ganzen Programmierarbeit parallel laufen. Nach dem Abschluss der Testarbeiten und vor Inbetriebnahme muss die Dokumentation vervollständigt werden. Sie muss alles umfassen, was für das Verständnis des Programmes notwendig ist, wenn später einmal Fehlerbehebungen, Änderungen oder Erweiterungen am Programm vorgenommen werden sollen und der Autor vielleicht nicht mehr verfügbar ist. Ausserdem muss der Anwender Anweisungen für den Gebrauch des Programmes und der Operator Hinweise für die Bedienung des EDV-Systems erhalten.

Die Dokumentation soll daher folgendes umfassen:

- Beschreibung der Anforderungen
- Datenflussplan und Programmablaufplan
- Programmbeschreibung
- Beschreibung der Dateien (Datenbestände)
- Liste des Quellenprogrammes
- Bedienungsanweisung für den Operateur
- Benützungsanweisung für den Anwender.

In vielen EDV-Organisationen ist die Dokumentation die schwächste Stelle.

Jede Programmänderung muss in der Dokumentation eine Änderung oder Ergänzung bewirken. Für diese Arbeiten fehlt den Programmierern oft die Lust, manchmal die Zeit; häufig wird das Dokumentieren nach einer Programmänderung «vergessen». Die Folge solchen Vorgehens ist eine grandiose Unordnung: Eine Dokumentation ist zwar vorhanden, doch sie stimmt mit den Tatsachen (den laufenden Programmen im gegenwärtigen Zustand) überhaupt nicht überein. Für die Dokumentation gelten zwei einander zuwiderlaufende Forderungen:

1. Die Dokumentation soll vollständig (d.h. umfangreich) sein.
2. Die Dokumentation soll immer nachgeführt sein.

Die zweite Forderung muss erfüllt werden, sonst ist die Dokumentation wenig wert. Hat man Probleme mit den beiden Forderungen, ist es besser, im ersten Punkt Abstriche zu machen. Eine kurze Dokumentation, die aber ständig nachgeführt ist, nützt viel mehr als eine umfangreiche Dokumentation, die seit Jahren veraltet ist.

Bei der Überprüfung von EDV-Abteilungen kann aus dem Zustand der Dokumentation und der Art ihres Änderungsdienstes sehr weitgehend auf die Betriebssicherheit geschlossen werden.

## 9. Schritt: Inbetriebnahme

Die Programmabteilung (oder der Programmierer) übergibt das Programm samt Dokumentation im Rahmen einer Besprechung dem Rechenzentrum (oder dem Operateur). Auch der zukünftige Anwender ist bei dieser Übergabe anwesend, bei der allfällige Probleme, Terminwünsche und Fragen abschliessend besprochen werden. Bei grösseren Projekten wird zu diesem Zeitpunkt eine *Abnahmeprüfung* durchgeführt.

Das Rechenzentrum nimmt das Progamm definitiv in seine Programmbibliothek auf einem Magnetplattenspeicher auf. Nun steht das Programm jederzeit auf Anforderung dem Anwender zur Verfügung.

## 10. Schritt: Produktive Läufe

Die produktiven Läufe sind die Nutzungsphase des Programmes. Jetzt müssen sich die bisherigen Aufwendungen bezahlt machen. In dieser Phase erntet der Programmierer die Anerkennung des Anwenders, wenn er sein Programm zweckmässig, «benützerfreundlich» geschrieben hat. Aber sonst hat in dieser Phase der Programmierer mit seinem Programm nichts mehr zu tun – es sei denn, Fehler werden entdeckt oder Änderungswünsche ausgesprochen.

## 11. Schritt: Wartung

Die Software hat der Hardware einen grossen Vorteil voraus: Sie nützt sich nicht ab. Trotzdem ist eine Wartung notwendig. Noch Jahre nach Inbetriebnahme eines Programmes können bisher unentdeckte Fehler zutage treten. Ausserdem werden sich die Voraussetzungen und Anforderungen für die Programme ändern: Programmänderungen werden erforderlich.

In solchen Fällen müssen Eingriffe in Programmen vorgenommen werden. Ist der ursprüngliche Autor verfügbar und ist eine gute Dokumentation vorhanden, lässt sich ein derartiger Eingriff meist mit relativ geringem Aufwand (d.h. innerhalb einiger Stunden oder Tage) durchführen. Ist eines oder beides nicht erfüllt, kann ein Änderungswunsch undurchführbar werden. Als einziger Ausweg bleibt dann das Schreiben eines vollständig neuen Programmes.

## 12. Schritt: Ausserbetriebsetzung

Programme können Betriebszeiten von vielen Jahren erreichen, aber häufig wird bei einem Austausch der Hardware (Anschaffung eines neuen Computers) auch die Software erneuert. Auch im Normalbetrieb kann ein Programm nutzlos werden. Es wird dann aus der Programmbibliothek entfernt, die Anwender werden orientiert, und ein Exemplar der Dokumentation kommt ins Archiv.

### 3.3.2 Modulare Programmierung

*Die Betrachtungen sollen wieder von einem Beispiel begleitet werden, diesmal dem folgenden: Ein Mineralwasserlieferant bedient in seinem Bezirk eine grosse Kundschaft. Er liefert nur einen Artikel in einer Qualität und einer Verpackungseinheit: Mineralwasser «Aquasana» in Literflaschen, Verpackungseinheit ein Harass zu je 20 Flaschen. Die Lieferung erfolgt mit eigenem Fahrzeug bis ins Haus, periodisch alle zwei Wochen, das Leergut wird gleichzeitig zurückgenommen. Bisher erfolgte die Lieferung gegen Barzahlung. Auf Wunsch der Kundschaft sollen zukünftig Monatsrechnungen für Posteinzahlung erstellt werden. Der Mineralwasserlieferant will für die administrative Arbeit einen Personal Computer einsetzen, das Projekt ist bis zum Programmentwurf fortgeschritten.*

Nimmt ein Programmierer eine solche Aufgabe in Angriff, so überlegt er zunächst, in welche Teile das Problem zerlegt werden kann. Er hat den Wunsch, modular zu programmieren, d.h. die Lösung aus einer Reihe von *Programm-Bausteinen* zusammenzusetzen.

Die oben beschriebene Aufgabe wird zweckmässig in folgende einzelne Programme unterteilt werden:

- *Kundenmutations-Programm.* Es wird in der EDV-Anlage ein Verzeichnis aller Kunden zu führen sein, das für jeden Kunden die wichtigsten Daten enthält (Name, Adresse, Telefonnummer, Verzeichnis der offenen Rechnungen etc.) Dieses Verzeichnis muss (z.B. von einem Bildschirmgerät aus) verändert werden können: Neue Kunden kommen hinzu, alte Kunden ändern ihre Adresse etc.
- *Lieferschein-Programm.* Jede Lieferung wird vom Lieferchauffeur mit einem Lieferschein (Datum, Name des Kunden, Adresse, Liefermenge) gemeldet und mit diesem Programm in eine Liste eingetragen.

- *Rechnungs-Programm. Einmal monatlich werden aus den Lieferlisten Rechnungen erstellt, dabei wird die Adresse dem Kundenverzeichnis entnommen. Beim entsprechenden Kunden wird auch jede neue Rechnung eingetragen.*
- *Zahlungseingangs-Programm. Zahlungen erfolgen per Post mit maschinell lesbaren Belegen. Die Post teilt die Zahlungseingänge auf Disketten mit. Jede Zahlung wird vom Programm verbucht, d.h. beim entsprechenden Kunden eingetragen. Die Summe aller Zahlungseingänge wird berechnet und ein Beleg dieser Summe für die Buchhaltung gedruckt.*
- *Zahlungskontroll-Programm. Das Programm kontrolliert im Kundenverzeichnis alle offenen Rechnungen. Es druckt eine Liste aller Kunden aus, die Rechnungen seit 60 Tagen oder länger nicht bezahlt haben. Die Mahnungen erfolgen telefonisch durch das Personal.*

Aus obigem ist zu ersehen, dass schon sehr einfache Problemstellungen eine ganze Reihe von Programmen erfordern können. Die Aufgabe müsste zumindest in die beschriebenen fünf Bausteine oder Module zerlegt werden, um sie zweckmässig lösen zu können.

Der erste Schritt des Programmentwurfes ist immer das Zerlegen in diese besser bearbeitbaren einzelnen Teilstücke. Zu diesem Zweck trennt man gewöhnlich in folgende Bausteine auf:

- laufende Eingaben (z.B. Mutationen im Kundenverzeichnis)
- periodische Eingaben (z.B. Lieferscheinverarbeitung, Zahlungseingänge)
- laufende Verarbeitungen (z.B. tägliche Berechnung der Fahrrouten)
- periodische Verarbeitungen (z.B. Lagerinventar am Jahresende)
- laufende Ausgaben (z.B. tägliches Ausdrucken vorbereiteter Lieferscheine)
- periodische Ausgaben (z.B. Drucken von Rechnungen, Erstellen von Mahnlisten).

Aber dieses Auftrennen in Module geschieht nicht nur für die gesamte Aufgabe, sondern wiederholt sich wieder bei jedem Programm und jedem Unterprogramm. Es wird immer wieder versucht, zu modulieren, da kleine Aufgaben viel besser fehlerfrei gelöst werden können.

### 3.3.3 Strukturierter Entwurf, strukturierte Programmierung

Die bisher abgehandelten Ausführungen legen die Vermutung nahe, dass das Programmieren etwas ausserordentlich Komplexes, Schwieriges, letzten Endes Unübersehbares sein müsse, dass fast übermenschliche Konzentration und Kreativität benötigt werden, dass es eben eine nur sehr wenigen gegebene Kunst sei.

E.W. Dijkstra, ein niederländischer Informatiker, hat 1972 den Nachweis veröffentlicht, dass mit vier einfachen Grundstrukturen jedes beliebige Programm aufgebaut werden kann. Es genügt also, vier Bausteine zu kennen, mit deren Hilfe sich jede mit EDV lösbare Aufgabe durch geschicktes Zusammenfügen programmieren lässt.

Diese vier Grundstrukturen sind:

1. Folge oder Sequenz
   (Ereignisse folgen aufeinander, *z.B. die vier Zeilen einer Adresse werden hintereinander gedruckt*).

3. Software – Anweisungen steuern die Arbeit 59

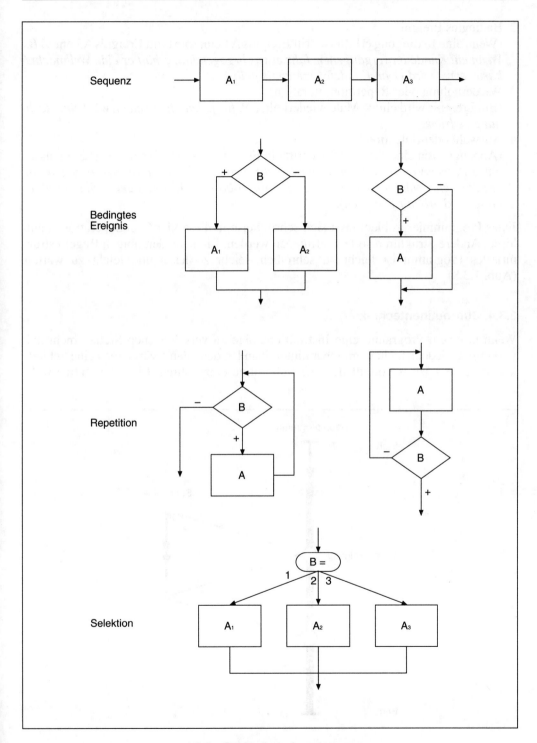

*1.3.8 Strukturierte Anweisungen*

2. Bedingtes Ereignis
(Wenn eine Bedingung erfüllt ist, tritt Ereignis A1 ein, sonst tritt Ereignis A2 ein. *Z.B.: Wenn ein Kunde im vergangenen Jahr etwas bezogen hat, erhält er eine Weihnachtskarte, sonst wird er im Kundenverzeichnis gelöscht*).
3. Wiederholung oder Repetition, Iteration
(Ein Ereignis wird einige Male wiederholt, *z.B. für jeden Lieferschein wird eine Rechnung gedruckt*).
4. Auswahl oder Selektion
(Abhängig von einer Steuergrösse tritt ein Ereignis aus einer Anzahl von Ereignissen ein, *z.B. wenn ein Kunde im Kalenderjahr weniger als 500 Flaschen bezogen hat, erhält er eine Neujahrskarte; hat er 501 bis 1000 Flaschen bezogen, erhält er einen Geschenkkorb mit Früchten*).

Jedes Programmierproblem lässt sich schrittweise in diese vier Grundoperationen auflösen. Andere Strukturen sollen vermieden werden. Ein nach den obigen Regeln strukturiertes Programm ist leicht zu schreiben, leicht zu lesen und leicht zu warten. (Abb. 1.3.8)

### 3.3.4 Subroutinentechnik

Wenn in einem Programm eine Instruktionsfolge an verschiedenen Stellen mehrmals vorkommt – jedoch nicht unmittebar hintereinander, denn dann würde man eine Schleife konstruieren – ist es vorteilhaft, eine Subroutine einzuführen. Eine Subroutine (oder

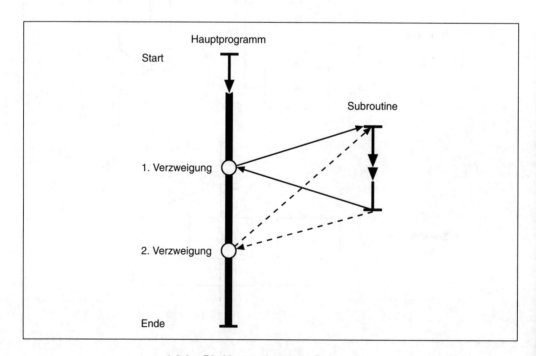

*1.3.9 Die Verwendung von Subroutinen*

Unterprogramm) ist ein Teilprogramm eines Hauptprogramms, in das von beliebigen Stellen des Hauptprogramms verzweigt werden kann. Nach Abarbeiten der Subroutine kehrt der Computer wieder ins Hauptprogramm zurück.

Der Vorteil dieses Vorgehens ist aus der Abbildung 1.3.9 ersichtlich, die Instruktionsfolge der Subroutine muss nur einmal gespeichert werden, obwohl sie zweimal durchlaufen wird. Damit wird Speicherplatz gespart. Ausserdem können gleiche Subroutinen in mehrere Programme aufgenommen werden, damit wird Programmierarbeit gespart.

Die Computerhersteller liefern in der Regel mit ihrer Software auch ganze Subroutinenbibliotheken, die allgemein übliche Probleme lösen und die in eigene Programme eingebaut werden können, ein Beispiel dafür wäre eine Auf-/Abrundungsroutine für Geldbeträge.

### 3.3.5 Einheitliches Programmkonzept

Es gibt für die Lösung jedes EDV-Problems immer verschiedene Wege, wie ein Programm erstellt werden kann. Innerhalb eines Unternehmens ist es jedoch zweckmässig, wenn ähnlich geartete Aufgaben von allen Programmierern auf dieselbe Art programmiert werden. Es sollen Programmierrichtlinien aufgestellt und eingehalten werden. Allerdings sollen sie nicht willkürlich nach Gutdünken eines Chefs festgelegt, sondern in gemeinsamer Arbeit den neuesten Erkenntnissen entsprechend aufgestellt werden. Wird möglichst einheitlich programmiert, so ist die Wartung und Änderung vereinfacht und die Einarbeit in die Programme anderer Autoren erleichtert.

Die Abbildung 1.3.10 zeigt einen Ablaufplan, der in vielen Fällen angewendet wird und eigentlich für den Programmaufbau charakteristisch ist. Man erkennt eine grosse Schleife, in der Daten einzeln immer wieder bearbeitet werden *(z.B.: aufgrund von Lieferscheindaten werden Rechnungen als Einzelausgabe gedruckt)*. Ganz am Anfang erfolgt eine Einleitung oder Initialisierung *(z.B. werden ein Total und ein Zähler auf Null gesetzt)*. Ganz am Ende wiederum erfolgt eine Schlussbehandlung *(z.B. könnte aus der Gesamtsumme aller Rechnungen und deren Anzahl ein durchschnittlicher Rechnungsbetrag errechnet werden, ausserdem ein Prozentsatz als Umsatzsteuer)*, darauf eine Schlussausgabe *(es werden die gerade errechneten Werte: Totalbetrag, Umsatzsteuer etc. ausgedruckt)*.

Es ist zweckmässig, eingelesene Daten immer einer *Plausibilitätskontrolle* zu unterziehen und sie nicht zu verarbeiten, wenn ein Fehler erkannt wird, sondern eine Fehlermeldung auszugeben *(z.B.: Es wäre sinnlos, aufgrund eines Lieferscheines über 0 Flaschen eine Rechnung für SFr. 0.00 auszudrucken!)*.

Auch im Beispiel der Abb. 1.3.10 ist gut zu erkennen, dass mit den oben beschriebenen Grundstrukturen «Sequenz», «Repetition» und «Bedingtes Ereignis» alles zu bearbeiten ist. Es könnte natürlich zweckmässig sein, Subroutinen einzuführen und die Einzelverarbeitung als Subroutine auszubilden. Dies wäre sinnvoll, wenn in einem anderen Programm dieselbe Einzelverarbeitung auch benutzt werden kann.

### 3.3.6 Objektorientierte Programmierung

Der objektorientierten Programmierung (abgek. ooP) liegt eine sogenannte *«objektorientierte Betrachtungsweise»* für Informationssysteme zugrunde. In der konventio-

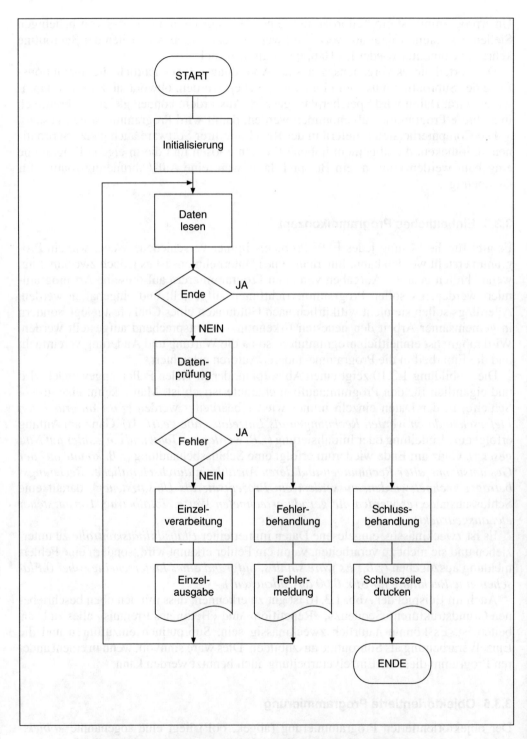

*1.3.10   Programmablauf für wiederholende Verarbeitung*

nellen, bisher allein üblichen Denkweise kannte man einerseits Daten und andererseits Programme, die aufeinander mehr oder weniger locker einwirkten. Dabei hatte der Programmierer immer in zwei Welten zu arbeiten: in der Welt der Programme (mit Code und programminternen Daten) und in der Welt der Datenbank. Dem steht entgegen, dass man Datenbestände eigentlich nicht isoliert betrachten kann, weil die Bedeutung ihrer Datenelemente von den Bearbeitungsprogrammen wesentlich abhängt.

In *objektorientierten Systemen* werden Programmcode und Daten in logischen Einheiten, den *Objekten,* zusammengefasst. Auf die Daten kann nur über den zu ihnen gehörigen Programmcode zugegriffen werden. Gemäss dieser Betrachtungsweise besteht ein Informationssystem aus einer Menge von *Objekten,* die mit Hilfe von *Botschaften* (man sagt auch *Nachrichten* dazu) aufeinander einwirken. Eine Botschaft an ein Objekt löst dort die Durchführung einer *Methode* (auch: Funktion oder Prozedur) aus. Diese Methode kann selbst wiederum Botschaften an weitere Objekte erzeugen.

Es bleibt natürlich dabei, dass jedes Automatisierungsproblem letzten Endes in Speicherinhalten (Daten) und auf diese wirkende Maschinenoperationen (Programme) zu formulieren ist. Neu ist die Zusammenbindung zu Einheiten, die man Objekte nennt und die man aus einem neuen Gesichtswinkel betrachtet und umschreibt. Ein Objekt besitzt einen internen *Zustand* und versteht eine Anzahl von *Botschaften,* bei deren Empfang sie gewisse *Methoden* ausführt. Man kann sich vorstellen, dass Botschaften den Programmaufrufen entsprechen, Methoden den Programmen und der Zustand einer Datenstruktur. Will man ein Objekt verwenden, muss man lediglich wissen, welche Botschaften es versteht und wie es auf diese reagiert. Zustand und Methoden können verborgen bleiben, sie sind «*eingekapselt*».

Gleichartige Objekte gehören einer «*Klasse*» an. Sie unterscheiden sich nicht hinsichtlich ihrer Botschaften und ihrer Zustandsstruktur, wohl aber hinsichtlich ihrer Werte. Man bildet weiter «*Ober-*» und «*Unterklassen*», wenn Mitglieder zweier Klassen gemeinsame Eigenschaften haben, die Mitglieder einer Klasse jedoch noch einige Eigenschaften zusätzlich. Objekte der Unterklasse erben dann die Eigenschaften der Oberklasse *(«Vererbung»).* Objekte können auch strukturiert sein: komplexe Objekte können aus Teilobjekten zusammengesetzt werden. Ein Beispiel für die genannten Begriffe zeigt Bild 1.3.11.

In der objektorientierten Programmierung werden Programme so geschrieben, dass sie nicht nur im klassischen Sinn in Modulen (Prozeduren, Unterprogrammen, Funktionen) strukturiert sind, sondern zusätzlich in Objekten und Klassen, die wie oben erwähnt miteinander kommunizieren können. Die Eigenschaften der Objekte unterliegen der Klassenhierarchie, der sie angehören.

Die geschilderte Betrachtungsweise verlangt eine *Datenabstraktion:* Die Datenstrukturen sollen unabhängig von der Darstellung der Daten durch ihre Operationen beschrieben werden. Das Ergebnis ist ein *abstrakter Datentyp,* bei dem Operationen und Daten als Einheit *(«Kapsel»)* angesehen werden. Die Veränderung der Daten ist nur durch Operationen innerhalb derselben Kapsel möglich. Zur Speicherung der Objekte genügen herkömmliche Datenbanken nicht, sondern es müssen spezielle «*objektorientierte Datenbanksysteme (ooDBS)*» geschaffen werden. Im Abschnitt 4.3.7 stehen weitere Angaben dazu.

Wenn Systemanalyse und Programmentwurf in herkömmlicher Weise erfolgen, wird es schwierig sein, objektorientiert zu programmieren. Die objektorientierte Betrach-

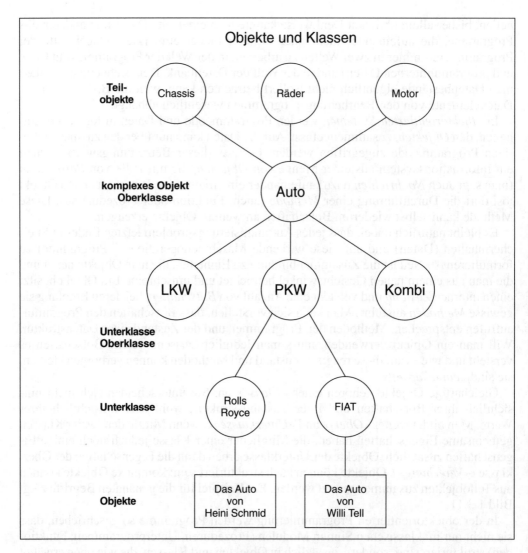

*1.3.11   Objekte und Klassen*

tungsweise muss deshalb diese Vorstufe der Programmierung einschliessen. Für die objektorientierte Programmierung stehen einige Programmiersprachen bereit, dazu gehören: C++, Smalltalk, CLOS, Eiffel. Die Anwendungsschwerpunkte liegen bei der Systemprogrammierung für Betriebssysteme und Dienstprogramme, im Prototyping, bei Expertensystemen, im Computer Aided Design (CAD) und in der Büroautomation. Man erwartet, mit Hilfe der objektorientierten Programmierung einige Hauptprobleme der heutigen Softwaretechnik lösen zu können, im besonderen sind dies die Wiederverwendung und Anpassung bestehender Softwarekomponenten für neue Aufgaben.

## 3.4 Anwenderprogramme

Anwenderprogramme sind Programme, die spezifische betriebliche Aufgaben erfüllen. Es sind zwei Gruppen zu unterscheiden:

- Programme, die von einem Anwender selbst oder nur für einen Anwender erstellt werden (Individualprogramme),
- Programme, die für mehrere Anwender gemeinsam erstellt werden (Standardprogramme).

### 3.4.1 Individualprogramme

Programme werden dann von einem Anwender für seine eigenen Zwecke selbst erstellt, wenn

- die Aufgabe sehr einfach ist und im eigenen Haus schnell programmiert werden kann,
- für die gestellte Aufgabe kein Programm eines anderen erworben werden kann, weil keines existiert,
- für die gestellte Aufgabe wohl ein Programm ausser Haus erworben werden könnte, infolge grosser Abweichungen von den Anforderungen die Anpassungsarbeiten jedoch zu umfangreich oder sogar unmöglich wären.

Wenn ein bewährtes Standardprogramm von einer erfahrenen Softwarefirma angeboten wird, so ist es immer unwirtschaftlich, trotzdem ein eigenes Individualprogramm zu erstellen. Das Kostenverhältnis liegt zwischen 5:1 und 50:1, d.h. eine Eigenentwicklung ist bis zu 5- bis 50mal teurer!

Wenn ein Individualprogramm entwickelt werden muss, so ist es deshalb noch nicht notwendig, eigene Informatiker anzustellen. Softwarehäuser und sogar manche Computerlieferanten sind bereit, Programme nach Mass zu schreiben. Sie können dabei oft Bausteine bereits bestehender Programme benützen, so dass die Massanfertigung unter Umständen recht schnell und preiswert erfolgt.

### 3.4.2 Standardprogramme

Standard- oder Kollektivprogramme lösen Aufgaben, die in vielen Unternehmungen in gleicher oder ähnlicher Problemstellung auftreten. In solchen Fällen ist es möglich, ein einmal geschriebenes Programm für viele verschiedene EDV-Anlagen zu verwenden. Häufig ist es notwendig, ein Standardprogramm dringenden, individuellen Wünschen einzelner Anwender anzupassen. Darauf nimmt man bereits beim Schreiben des Programms Rücksicht, indem man

- modular programmiert, d.h. die Programme aus einzelnen Bausteinen zusammensetzt und
- parametrisch programmiert, d.h. Parameter einführt, von denen die Struktur des Programms abhängig ist.

Viele Handelsunternehmungen benützen z.B. ein Standard-Fakturierungsprogramm. Da aber sehr auseinandergehende Wünsche für die Form und den Text der Rechnungen und Mahnungen bestehen, kann man

– durch modulare Änderungen den Text,
– durch parametrische Änderungen das Druckbild

den individuellen Wünschen entsprechend gestalten.

Standardprogramme werden entweder von dem Computer-Hardwarelieferanten oder von Softwarehäusern angeboten. Hat man die Absicht, weitgehend Standardprogramme einzusetzen oder eine Computeranlage ausschliesslich mit Standardprogrammen ohne eigene Informatiker zu betreiben, so muss das Angebot sehr genau geprüft werden. In einem solchen Fall ist eine Lieferung *aus einer Hand* für Hardware, Betriebssoftware und Standardprogramme unbedingt allem anderen vorzuziehen. Bei Schwierigkeiten oder Fehlern hat man es dann nur mit einem Lieferanten zu tun, und der Schwarze Peter kann nicht zwischen mehreren Mitspielern herumgeschoben werden.

Standardprogramme gibt es in zwei Stufen:

– anwendungsorientierte Ausführungen,
– branchenorientierte Ausführungen.

Ein Beispiel für ersteres wäre ein Programm «Lohnabrechnung», für letzteres ein Programm «Lohnabrechnung im Baugewerbe». Branchenorientierte Ausführungen benötigen weniger Anpassungsarbeit und sind – vorausgesetzt man habe die Wahl – selbstverständlich vorzuziehen.

### 3.4.3 Formen der Anwenderprogramme

Anwenderprogramme werden modular aufgebaut. Oft besteht eine Verarbeitung auch aus mehreren Durchläufen auf dem Computer, d.h. aus einzelnen, völlig selbständigen Programmen, die über Datenbestände miteinander verbunden werden. Der Output von Progamm 1 wird zum Input von Programm 2 usw. Ein Datenflussplan zeigt den entsprechenden Ablauf.

*Programme für den Dialogbetrieb:* Heute arbeiten nahezu alle Computersysteme im Dialogbetrieb, bei dem eine beliebige Anzahl von Benützern mit dem Computer über Bildschirmterminals kommuniziert und von diesem im Echtzeitverfahren mit sehr kurzen Wartezeiten bedient wird. Dialogprogramme müssen folgenden Anforderungen genügen:

– Die Benützer müssen gleichzeitig mit beliebigen Programmen arbeiten können.
– Die Antwortzeiten müssen kurz sein.
– Unzulässige Eingaben sind zurückzuweisen.
– Wenn ein Benützer einen bestimmten Datensatz ändert, darf ein anderer Benützer nicht gleichzeitig denselben Datensatz ändern können.
– Jede Transaktion darf nur vollständig durchgeführt werden. Eine teilweise Durchführung darf nicht stattfinden. Das heisst: Werden bei eine Transaktion (Beispiel: Überweisung eines Geldbetrages) durch einen Zwischenfall nicht alle betroffenen Datensätze geändert (Beispiel: Konto des Absenders, Konto des Empfängers), so ist die ganze Transaktion rückgängig zu machen.
– Am Bildschirm müssen dem Benützer Bedienungsanweisungen und Hilfetexte zur Verfügung stehen.

# 3. Software – Anweisungen steuern die Arbeit

| Element | Typische Anwendung |
|---|---|
| | Keine Eingabedaten:<br>π auf 40 Stellen berechnen,<br>*Zinstabelle:* Zins bei<br>    1, 2, 3 ... 20 Jahren<br>    pro 100, 200, 300 ... 50 000 Fr. |
| | «*Klassisches Programm*» (technisch-wissenschaftliche Probleme), |
| | Datenübernahme: gleichzeitig formale Tests.<br>Daten sortieren. |
| | Sortieren von Daten<br>Kopieren von Daten<br>Selektieren (auswählen) von Daten |
| | Mutationsprogramm mit gleichzeitigem Fehlerrapport («Mitarbeiter XXX auf Platte nicht vorhanden») |
| | Mischen ⎫<br>Vergleichen ⎭ von Daten |

1.3.12   *Charakteristische Elemente von Anwenderprogrammen:*
*Die Durchläufe können aneinandergereiht werden. Bildschirme, Magnetplatten, Disketten, Magnetbänder, Drucker etc. sind analog verwendbar.*
*Rechtecke bedeuten Programme, die übrigen Zeichen stehen für die Datenträger.*

*Programme für den Stapelbetrieb:* Neben dem Dialogbetrieb gibt es in den meisten Fällen auch Stapel- oder Batchverarbeitungen, die umfangreiche Arbeiten ohne Mitwirkung des Anwenders ablaufen lassen. Sie werden zum grössten Teil ausserhalb der normalen Arbeitszeit des Dialogbetriebes abgewickelt. Dies geschieht aus zwei Gründen:

– Der Dialogbetrieb soll nicht verzögert werden.
– Die Stapelarbeiten sollen nicht dadurch verzögert werden, dass einzelne Datensätze wegen des Dialogbetriebes (direkte Bearbeitung durch eine Benützer) gesperrt sind.

Beispiele für Stapelverarbeitungen sind: Sicherstellung der Datenbestände, Drucken langer Listen (Beispiel: Lagerinventar) oder vieler gleichartiger Dokumente (Beispiele: Rechnungen, Mahnungen).

In Abb. (1.3.12) sind charakteristische Elemente von Anwenderprogrammen dargestellt, wie sie immer wieder vorkommen. Jedes Element hat einen Durchlauf, mehrere Elemente können zum gesamten Ablauf einer Verarbeitung zusammengesetzt werden.

### 3.4.4 Programmieraufwand

Der Aufwand für die Programmierung ist in erster Linie Personalaufwand und hängt deshalb sehr stark von den persönlichen Fähigkeiten der Programmierer und ihrer Vorgesetzten ab. Zum Programmieraufwand gehört sowohl der Aufwand für das Erstellen als auch für das Warten der Programme. Er kann durch folgende Massnahmen niedrig gehalten werden:

– sorgfältige Vorbereitung (Analyse) bei Aufgabenstellung und Entwurf,
– Einsatz von besonders leistungfähigem Personal,
– zweckmässige Organisation von Programmprojekten,
– Verwendung problemorientierter Programmiersprachen,
– Einsatz moderner Programmiermethoden (modulare, parametrische, strukturierte Programmierung),
– sinnvolle Programmkonventionen (gleiche Programmierregeln für alle Programmierer innerhalb eines Unternehmens),
– Kodieren am Bildschirm im Dialogverfahren,
– Verwendung vorzüglicher Betriebssysteme,
– Erstellen einer einwandfreien Dokumentation.

Da die Hardware immer billiger geworden ist, seit es Computer gibt, andererseits die Anforderungen an die Software immer steigen, beanspruchen heute die Softwarekosten bei eigener Programmierung immer mehr als die Hälfte der Gesamtkosten.

Mit Hilfe der Methoden der *Software-Metrik* sollen die Aufwendungen für das Erstellen und den Unterhalt der Software besser abgeschätzt und überwacht werden. Bei grossen Anwendern hat sich das Verfahren der «Function Point Analysis» für die Prognose des Programmieraufwandes als nützlich erwiesen. Dabei werden jeder einzelnen Funktion eines Programmes Punkte zugeordnet, deren Summe auf den zukünftigen Programmieraufwand schliessen lässt. Die Komplexität der Aufgabenstellung, die speziellen Fähigkeiten des Programmierpersonals und weitere Einflussgrössen müssen berücksichtigt werden. Die Abhängigkeit des Aufwandes von den Funktionspunkten kann allgemein nur sehr grob angegeben werden. Um bessere Voraussagen zu erhalten, ist sie bei jedem Anwender empirisch zu ermitteln und laufend zu aktualisieren.

## 3.5 Dienstprogramme

Dienstprogramme (engl. «Utilities») haben die Aufgabe, Hilfsarbeiten und Bedienungstätigkeiten am Computer zu erleichtern. Man rechnet sie zu den Systemprogrammen, sie gehören demnach wie die Sprachübersetzer zur Software des Betriebssystems.

Die folgenden Arbeiten werden von den Dienstprogrammen besorgt:

### 3.5.1 Umsetzen von Daten

Im Rechenzentrum ist es immer wieder notwendig, Daten von einem Datenträger auf einen anderen zu übertragen, z.B. den Inhalt einer Diskette auf einem Drucker auszugeben oder eine Magnetplatte auf ein Magnetband zu kopieren. Solche Arbeiten sind täglich in den verschiedensten Kombinationen durchzuführen und werden von den Dienstprogrammen bewerkstelligt. Es handelt sich dabei jeweils um Aufgaben der Datenverwaltung und Datensicherung.

### 3.5.2 Sortieren, Mischen, Selektieren, Testhilfen

Auch das *Sortieren* von Daten ist ein Umsetzen und gehört zur Datenverwaltung. Aber im Gegensatz zum gewöhnlichen Kopieren wird hier beim Umsetzen auch die Reihenfolge der Daten verändert. Ist z.B. ein Kundenverzeichnis alphabetisch nach den Kundennamen geordnet, kann durch einen Sortiervorgang ein neues Kundenverzeichnis erstellt werden, das nach Postleitzahlen und Strassen geordnet ist, um etwa den Versand eines Kataloges vorzubereiten.

Das Umsortieren eines Magnetbandes ist in der Praxis nicht nur sehr häufig, sondern das Programmieren eines Sortierprogramms, das riesige Datenmengen in akzeptabler Verarbeitungszeit sortieren soll, erfordert auch eine Programmentwicklungszeit von Mannjahren. Die Computerlieferanten haben deshalb Sortierprogramme in die Utilities aufgenommen. Eingaben für ein Sortierprogramm sind:

– das unsortierte Magnetband,
– Angaben über den gewünschten Sortiervorgang und über die
– Länge der Datensätze.

Das *Mischen* ist dem Sortieren verwandt. Dabei werden zwei Datenbestände, die nach denselben Kriterien sortiert sind, so ineinandergemischt, dass ein einziger sortierter Datenbestand entsteht.

Beim *Selektieren* werden aus einem beliebigen Datenbestand gewisse Daten nach bestimmten Kriterien ausgewählt und ausgegeben (Beispiel: Ein Kundenverzeichnis ist auf Magnetplatte vorhanden – es soll eine Liste aller Frauen erstellt werden, die nicht in Grossstädten wohnen).

*Testhilfen:* Dienstprogramme bieten auch Unterstützung beim Austesten eigener Anwenderprogramme. Man unterscheidet

– statische Testhilfen: Listen, die den Inhalt des Hauptspeichers oder einer Magnetplatte in einem bestimmten Zeitpunkt abbilden, oder

- dynamische Testhilfen: Diese kommen zur Ausführung während das Programm im Teststadium abläuft, wobei nach Ausführung jeder Programmanweisung gewisse Ergebnisse (Inhalte von Speicherstellen, Zwischenresultate) ausgedruckt werden.
- administrative Testhilfen: Dienstprogramme können Testdaten erzeugen. Dies ist eine Vorbereitungsarbeit.

### 3.5.3 Datenreorganisation

Datenbestände auf Magnetplatten müssen in regelmässigen Abständen neu geordnet (reorganisiert) werden, um leere Plätze aufzufüllen und die Daten in ihre natürliche Ordnung zu bringen, damit sie möglichst schnell gefunden werden.

### 3.5.4 Bibliotheksverwaltung

Auch die Verwaltung der Programmbibliothek ist Sache von Dienstprogrammen. Es gibt Programme, mit deren Hilfe man neue Programme in die Bibliothek aufnimmt, in der Bibliothek ändert, alte Programme löscht, Verzeichnisse der vorhandenen Programme erstellt und Listen der Programme selbst ausdruckt. Bei Bildschirm-Dialogsystemen ist eine Bibliotheksverwaltung natürlich von diesen Geräten aus möglich.

### 3.5.5 Eingabe-/Ausgabepufferung (engl.: «Spooling»)

Die Leistung vieler EDV-Systeme wird wesentlich erhöht, wenn man den Umstand ausnützt, dass (langsame) Ein-/Ausgabeoperationen gleichzeitig überlappt mit (schnellen) Verarbeitungsoperationen ablaufen können. So kann zur selben Zeit, in der die Ausgabe der Arbeit 1 gedruckt wird, die Berechnungsarbeit der Arbeit 2 und das Dateneinlesen der Arbeit 3 laufen.

Voraussetzung ist jedoch eine sogenannte Pufferung der Ein- und Ausgabe: Beim Einlesen von Daten werden diese zunächst auf Magnetplatte gestellt. Die eigentliche Verarbeitung ist dann von der langsamen Peripherie (Ein-/Ausgabegeräte) unabhängig. Die Dienstprogramme sind hingegen für den Datenverkehr zwischen Peripherie und Magnetplatte verantwortlich.

Damit wurden die Hauptaufgaben der Dienstprogramme beschrieben. Die Computerhersteller sind sich seit langem der Wichtigkeit von Dienstprogrammen bewusst und liefern sie in der Regel in sehr guter Qualität. Je besser die verfügbaren Dienstprogramme eines Systems sind, desto einfacher können die unvermeidlichen Randarbeiten im Rechenzentrum ausgeführt werden. Dienstprogramme haben deshalb für den Computerbetrieb eine beachtliche wirtschaftliche Bedeutung.

## 3.6 Betriebssysteme

Als Betriebssystem bezeichnet man die Gruppe von Systemprogrammen, die man entweder für den Betrieb einer EDV-Anlage unbedingt benötigt oder die diesen Betrieb erleichtern. Ein Teil dieser Systemprogramme wurde bereits erläutert: Übersetzer und Dienstprogramme.

## 3.6.1 Aufgaben und Aufbau des Betriebssystems

Die Aufgaben der Betriebssysteme sind:

- übergeordnete Steuerung des gesamten Systems,
- Steuerung und Überwachung der peripheren Geräte,
- Vereinfachung der Programmierung,
- Vereinfachung von Routinearbeiten,
- Optimierung der Auslastung,
- Behandlung auftretender Fehler,
- Registrierung aller Arbeiten und Vorgänge.

Um diese Aufgaben möglichst gut zu erfüllen, werden die Betriebssysteme von ihrem Hersteller (der sie zumeist zusammen mit der Hardware liefert) regelmässig gewartet, d.h. Verbesserungen und Erweiterungen werden laufend nachgeliefert. Es ist deshalb von Zeit zu Zeit nötig, die Betriebssysteme gegen überarbeitete, neue Versionen auszutauschen.

Betriebssysteme schieben sich als Vermittler zwischen die Hardware und ihren Benützer. Viele Eigenschaften und Fähigkeiten «der Maschine» oder «des Computers» sind tatsächlich oft weniger Eigenschaften der Hardware selbst, sondern Eigenschaften des Betriebssystems. Betriebssysteme sind immer auf die besonderen Eigenschaften einer speziellen Hardware abgestimmt und von einem Computertyp zum anderen sehr unterschiedlich.

Die Programme der Betriebssysteme sind zum Teil ständig im Hauptspeicher vorhanden (Grundprogramme), zum Teil werden sie erst bei Bedarf von einer Magnetplatte in

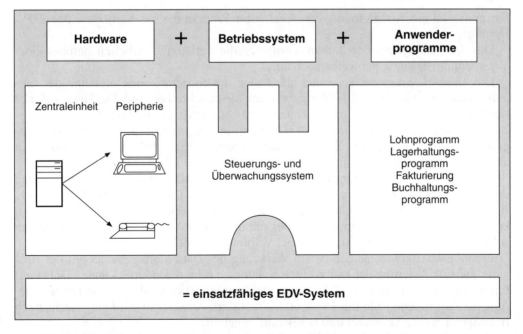

*1.3.13  Das Betriebssystem verbindet wie eine Brücke die Anwendungsprogramme mit der Hardware.*

den Hauptspeicher geladen (Zusatzprogramme). Der vom Betriebssystem im Hauptspeicher belegte Platz kann von Anwenderprogrammen nicht benützt werden.

Das Betriebssystem lässt sich unterteilen in
- Supervisor
- Organisationsprogramme
- Dienstprogramme
- Übersetzer
(Siehe dazu Bild 1.3.14)

### Supervisor (Überwachungsprogramm)

Der Supervisor ist das Hauptüberwachungsprogramm des Betriebssystems. Es steuert zentral das ganze EDV-System. In der Regel befindet sich der Supervisor ständig im Hauptspeicher. Als Steuerzentrum dirigiert er nicht nur die Betriebsprogramme, sondern auch die Anwendungsprogramme. Wenn mehrere Programme gleichzeitig aktiv sind, sorgt der Supervisor dafür, dass sie sich nicht gegenseitig stören. Der Supervisor wird durch Signale gesteuert (sogenannte «Programmunterbrechungen», engl. «Interrupts»), die entweder vorgeplant sind und vom Job-Management gesandt werden, wenn dieses etwas vom Supervisor will oder die automatisch erfolgen, wenn etwa ein Ein- oder Ausgabegerät eine Tätigkeit beendet hat. Je nach empfangenem Signal wird der Supervisor ein von ihm kontrollierbares Programm aufrufen und dafür ein anderes beenden, je nachdem welche Vorschriften und Prioritäten er einzuhalten hat.

### Organisationsprogramme

Sie umfassen ein Konglomerat verschiedenster Programme zur Steuerung des EDV-Systems.

Das *Job-Management* teilt dem Computer die verlangten Arbeiten gemäss einer Verarbeitungsstrategie der Reihe nach zu.

Das *Data-Management* verwaltet alle Daten des Systems, einschliesslich der Eingabedaten, die zu lesen, und der Ausgabedaten, die zu schreiben sind. Die Hauptaufgabe liegt in der Verwaltung der grossen Datenmenge auf den externen Speichern.

Ein *Recovery-Management* enthält Hilfsprogramme, um nach Maschinen- oder Programmfehlern, die zu einem Systemzusammenbruch geführt haben, wieder möglichst automatisch anfahren zu können. Es unterstützt ausserdem die Fehleranalyse.

*Zugriffsroutinen* sorgen für die Verbindung zwischen allen übrigen Programmen und der Peripherie der Hardware. Da die Peripheriegeräte (Drucker, Schreibmaschinen, Bildschirmgeräte, Datenfernübertragungsapparate usw.) physisch völlig verschieden konstruiert sind, in den Programmen aber mit denselben Anweisungen bedient werden sollen, benötigt man Zugriffsroutinen als Verbindungsbrücke.

*Datenbestandskontrolle.* Sie ist ein Werkzeug des Data-Managements mit der Aufgabe, zur Lokalisierung der Daten einen Katalog zu führen. Dadurch können Daten mit ihrem Namen, statt mit ihrer Adresse gerufen werden. Hier wird auch die Datensicherung als Zugriffskontrolle mit Passwörtern realisiert. Ausserdem wird der jeweils noch freie Speicherplatz verwaltet und bei Bedarf zugeteilt.

Der *Job-Verteiler* mit dem *Bedienungsverteiler* (engl. «Job Scheduler» und «Master Scheduler») sorgt für die Verbindung zwischen Betriebssystem und Personal, d.h. dem

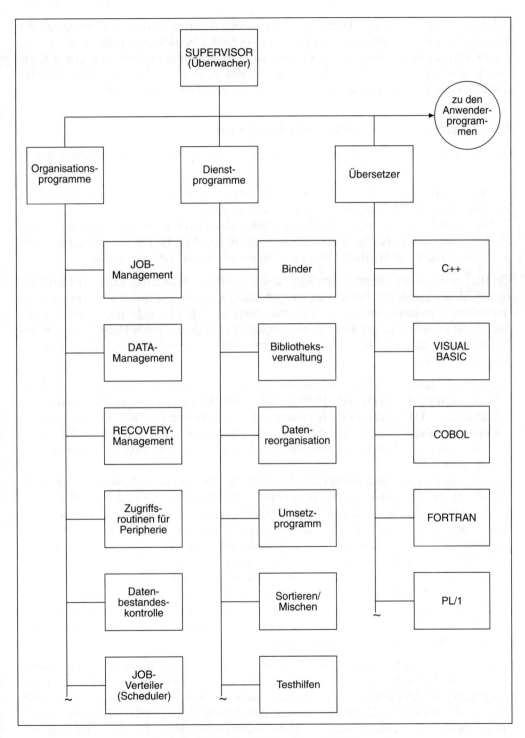

1.3.14  Beispiel für den Aufbau eines Betriebssystems

Operateur an der Konsole. Diese Verteiler sorgen dafür, dass das Betriebssystem die Anweisungen des Operateurs ausführt, wenn sie nach Überprüfung sinnvoll erscheinen.

Die Aufgabe der Dienstprogramme und Übersetzer wurden bereits in eigenen Kapiteln besprochen. In der Abb. 1.3.14 wird der Binder auch zu den Dienstprogrammen gezählt. Seine Funktion ist im Abschnitt 3.3.1 als 6. Schritt beschrieben.

### 3.6.2 Spezifische und neutrale Betriebssysteme

Betriebssysteme haben die Aufgabe, die Verbindung zwischen den Anwenderprogrammen und der Hardware herzustellen. Das bedeutet:

1. Die Anwenderprogramme müssen auf das Betriebssystem Rücksicht nehmen und mit diesem verträglich konzipiert und geschrieben werden.
2. Das Betriebssystem muss die Eigenschaften der Hardware berücksichtigen. Diese Bedingung kann aber auch umgedreht werden: Existiert bereits ein Betriebssystem, so kann man neue Hardware so auslegen, dass beide zusammenpassen.

Ein Betriebssystem ist dann *herstellerneutral,* wenn es mit unterschiedlicher Hardware verschiedener Hersteller verwendet werden kann. Kann es nur mit der Hardware eines Herstellers verwendet werden, ist es *herstellerspezifisch.* Das geht noch weiter: Kann das Betriebssystem nur mit einer ganz bestimmten Hardware eines Herstellers verwendet werden, ist es *produktspezifisch.* Dazu einige Beispiele aus den Bereichen verschiedener Systemgrössen:

- *MS-DOS:* Das ist ein herstellerneutrales Betriebssystem für Personal Computer. Seine Entwicklung geht auf das Jahr 1979 zurück, seit 1981 wird es von der Firma Microsoft vertrieben. IBM hat das Betriebssystem unter dem Namen PC-DOS für ihre Personal Computer übernommen, wodurch es besonders weit verbreitet wurde. Es ist ein «Single user»- und «Single Task»-Betriebssystem: ein Benutzer und ein Programm zu einer Zeit.
- *OS/2:* Dies ist ein Betriebssystem der IBM für ihre Personal Computer der Reihe PS/2, demnach produktspezifisch, ebenfalls «Single user» und «Single Task».
- *UNIX:* Seine Anfänge reichen bis 1969 zurück, seither ist es viele Male erneuert worden und hat eine Vielzahl von Ablegern gezeugt: Venix, Cromix, Xenix, Regulus und andere. Diese Verwandten waren erforderlich, um Anwenderprogramme über «UNIX» mit unterschiedlicher Hardware zu verbinden. UNIX ist hersteller- und produktneutral. Es ist ein «Multi user»- und «Multi Task»-System: Zur selben Zeit können mehrere Benützer mit dem System arbeiten und dabei mehrere Programme parallel laufen lassen. UNIX lässt sich sehr breit einsetzen: angefangen vom Einplatzsystem des Personal Computers über das ganze Spektrum der mittelgrossen Informationssysteme bis hin zum Grosscomputer.

Oberhalb des Bereiches der Personal Computer sind alle Betriebssysteme «Multi user»- und «Multi Task»-Systeme. Bei den mittelgrossen Systemen und bei den Grosscomputern sind Architektur und Spezifikationen der Hardware von Hersteller zu Hersteller und von Gerät zu Gerät verschieden. Aus diesem Grund sind die Betriebssysteme immer herstellerspezifisch und oft auch produktspezifisch. Da das Erstellen von Betriebssystemen einen überaus grossen Aufwand erfordert, helfen sich die Hardwarehersteller damit, dass sie Betriebssysteme oder Teile von diesen von anderen Herstellern übernehmen und sie an die Eigenschaften und Möglichkeiten ihrer Hardware anpassen. Die Gruppen der Betriebssysteme DOS, MVS und VM (siehe unten) sind zwar produktspezifisch, enthalten aber viele Komponenten, die ähnlich oder sogar identisch sind. Die folgenden Bemerkungen zur Übersicht:

- *OS/400:* Dies ist ein rein produktspezifisches Betriebssystem für die Familie der mittelgrossen Datenbankcomputer AS/400 der IBM.
- *DOS:* DOS steht für «Disk Operating System». DOS-Systeme wurden in den 60er Jahren entwickelt, als Magnetplattenspeicher in die Datenverarbeitung eingeführt wurden. Im Laufe der Entwicklung mussten immer neue Komponenten hinzugefügt werden: für grössere Speicher, neue Peripheriegeräte, Dialogverarbeitung, Fernverarbeitung, Datennetze, Datenbanken, neue Programmiersprachen, Multiprozessorsysteme und anderes mehr. Das alles läuft auch heute noch unter dem Mantel von DOS. Es ist nach wie vor weit verbreitet, wenn es auch einige Hersteller schon auf 50 Versionen und mehr ihres DOS gebracht haben.
- *MVS:* Diese Abkürzung steht für «Multiple Virtual Storage Operating System». Es ist das Betriebssystem für grosse Grosscomputer, ein System der Luxusklasse mit Möglichkeiten wie: Zusammenschalten mehrerer Zentraleinheiten, automatische Aufgabenverteilung, Programmoptimierung, virtuelles Speicherkonzept, automatischer Arbeitsablauf und Wiederanlauf nach Störungen. Für die Installation und die Benützung solcher Betriebssysteme ist speziell geschultes Fachpersonal erforderlich.
- *Virtual Machine VM:* Dies ist ein Betriebssystem für Grosscomputer und gestattet es, ein einziges EDV-System in mehrere, voneinander unabhängige Systeme zu unterteilen. Die Unterteilung ist virtuell (scheinbar), es bleibt bei einer Zentraleinheit mit einem Prozessor und einem Speicher. Unterteilt man ein EDV-System unter VM zum Beispiel in die Teile A, B und C, so kann

  - das Untersystem A als Computer mit MVS,
  - das Untersystem B als ein anderer Computer mit DOS und
  - das Untersystem C als ein weiterer Computer mit UNIX

  betrieben werden. Daraus ergibt sich als Vorteil, dass die einzelnen Informatiker und Benützer desselben Computersystems in einer von früher gewohnten, bekannten und einfachen Softwareumgebung arbeiten können, ohne sich mit den Ansprüchen eines Grosssystems herumschlagen zu müssen.

Der Aufwand für das Erstellen von Betriebssystemen und für die Schulung der Anwender ist gewaltig und lässt sich für grössere produktspezifische Betriebssysteme rein wirtschaftlich nicht verantworten. Daher darf für die Zukunft erwartet werden, dass die Betriebssysteme immer mehr vereinheitlicht und sogar genormt werden, wie dies für UNIX schon geschehen ist.

### 3.6.3 Betriebsarten

Ein Computer kann zur Abwicklung der Verarbeitung auf verschiedene Arten betrieben werden, die je nach Grösse und Leistungsfähigkeit des Systems und den Anforderungen ausgewählt werden.

## Monoprogramming (Single Task)

Wie der Name besagt, sind Monoprogramming-Betriebssysteme in der Lage, *ein Programm* mit seinem Eingabe- und Ausgabebereich durch die Steuereinheit zu überwachen, unabhängig von der Grösse des Programm-, Eingabe- und Ausgabebereichs. Man nennt diese Betriebsart auch «Single Task». Der Zentralspeicher wird auf das grösste vorkommende Programm ausgelegt; in allen übrigen Fällen ist er schlecht genutzt.

Je nach den Erfordernissen, welche über die Dateneingabe an die Verarbeitung gestellt werden, werden von der Magnetplatte das Organisationsprogramm (Steuerprogamm), der entsprechende Übersetzer oder die benötigten Dienstprogramme abgerufen. Es werden Bänder oder Disketten eingelesen oder Resultate gedruckt.

Da ein Programm nur Schritt für Schritt durchgeführt werden kann, ist immer nur *eine periphere Einheit gleichzeitig mit der Zentraleinheit in Verbindung* (es ist nur ein Kanal belegt): die Tastatur, der Bildschirm, eine Diskettenstation, eine Magnetbandstation, der Drucker, die Rechen- oder die Steuereinheit. Die peripheren Einheiten sind dadurch *ebenfalls schlecht genutzt*.

Andererseits ist das Betriebssystem für Monoprogramming einfach, schnell und platzsparend. Diese Betriebsart ist bei kleinen Rechnern (Personal Computern) und einfachen Anwendungen durchaus gebräuchlich.

## Multiprogramming (Multi Task)

Es ist möglich, in einem Computer mehrere Programme «gleichzeitig» laufen zu lassen. Mehrere Programme befinden sich also mit ihren Eingabe- und Ausgabebereichen im Speicher und werden von der Steuereinheit überwacht, d.h. die Steuereinheit überprüft ein Programm nach dem anderen daraufhin, welcher Programmschritt durchzuführen wäre und ob die hierfür benötigte Einheit frei ist.

Dabei ergeben sich Probleme z.B. beim Diskettenleser und Drucker. Einmal will dieses Programm einen Datensatz lesen, einmal jenes. Einmal ist Programm 1 bereit, eine Zeile zu drucken, einmal Programm 2. Um ein Durcheinander zu verhüten, müssen Programm und Eingabedaten als geschlossenes Ganzes vor der Verarbeitung auf Platte gelegt werden. Dies geschieht durch ein einfaches Input/Output-Programm. Umgekehrt werden auch die Outputs der einzelnen Programme auf Platte gelegt. Erst wenn ein Programm beendet ist und somit der ganze Output vorhanden ist, sorgt ein Input/Output-Programm für das Ausdrucken des gesamten Resultates auf dem Drucker. Diese I/O-Programme sind in der Regel selber eines dieser parallel bewirtschafteten Programme. Bei dieser Betriebsart ist es also nicht etwa so, dass alle Programme gleichzeitig arbeiten, sondern *eine* Steuereinheit überwacht mehrere Programme, so dass eine gewisse Überlappung im Betrieb erreicht werden kann. Die einzelnen Programme haben immer wieder zu warten, bis sich die Steuereinheit ihnen zuwendet.

Diese Art der Verarbeitung kann für das Input/Output-Programm unter Umständen nachteilige Folgen haben. Durch die ständige Wartezeit ist das I/O-Programm bei gewissen Konstellationen nicht mehr in der Lage, die Resultate, welche die anderen Programme laufend produzieren, ebenso laufend auszudrucken. Aus diesem Grunde wird diesem besonderen Programm vielfach eine eigene Steuereinheit zugewiesen, welche dafür besorgt ist, dass das Ausdrucken der Resultate keinen Wartezeiten unterliegt.

Die Steuereinheit behandelt die einzelnen Programme nicht immer mit gleicher Priorität. Die Prioritätenfestlegung wird durch den Benützer bestimmt. Zwei Prinzipien sind am häufigsten und werden meistens kombiniert angewendet:

- Prioritätenzuweisung nach Programmklassen: Emergency-Programme (zur Sicherung der Daten bei Stromunterbruch) kommen vor Betriebsprogrammen (z.B. Input/Output-Programmen); produktive Programme vor Programmen, welche noch in Entwicklung stehen usw.
- Selbstbestimmung der Priorität durch den Benützer: Der Benützer kann die Priorität erhöhen oder reduzieren, wobei ihm die Laufzeit dann ev. mit einem entsprechend höheren oder niedrigeren Kostensatz verrechnet wird.

**Multiprocessing**

Beim Multiprogramming konnten mehrere Programme zwar im gleichen Zeitraum, nicht aber gleichzeitig ablaufen, da nur ein Prozessor (Steuerwerk, Rechenwerk) zur Verfügung stand. Beim Multiprocessing sind mehrere Prozessoren mit ihren Steuer- und Rechenwerken vorhanden, die zum Hauptspeicher und den peripheren Geräten Zugang haben. Dadurch können mehrere Programme gleichzeitig ablaufen.

Wartezeiten ergeben sich bei den Programmen nur dann, wenn sie gleichzeitig Zugriff zu einem bestimmten Kanal beanspruchen, d.h. dieselbe Magnetplatte, denselben Drukker benützen wollen. Kann jedem Programm ein eigener Drucker, eine eigene Platte etc. zugewiesen werden, entstehen theoretisch keine Wartezeiten mehr. Umgekehrt entsteht natürlich sofort wieder das Problem der ungenutzten Hardware, wie es schon beim Monoprogramming erläutert wurde.

Beim Multiprocessing können alle Prozessoren gleichberechtigt sein, oder es kann ein Prozessor anderen übergeordnet werden. Multiprocessing hat besonders Bedeutung bei Verbundsystemen, in Rechennetzen und bei Client/Server-Architekturen (siehe Abschnitt 6.3).

### 3.6.4 Verarbeitungsformen

Die Verarbeitungsform gibt an, in welcher Beziehung die Zeitpunkte von Datenerfassung und Datenverarbeitung zueinander stehen. Es gibt prinzipiell zwei Möglichkeiten:

- Die Daten werden sofort, im Zeitpunkt ihrer Erfassung verarbeitet (schritthaltende Datenverarbeitung, Echtzeitdatenverarbeitung, engl.: «Real Time»). Dazu gehören alle Dialogverarbeitungen, bei denen der Benützer am Bildschirmterminal eine sofortige Reaktion des Computers auslöst.
- Die Daten werden gesammelt und periodisch gemeinsam verarbeitet (Stapelverarbeitung, engl.: «Batch Processing»).

**Stapelverarbeitung**

Die Zeitpunkte der Datenerfassung/Dateneingabe und der Verarbeitung fallen hier auseinander, die Daten werden gesammelt und zu bestimmten Zeitpunkten schubweise verarbeitet. Das hat zur Folge, dass bei Bestandesrechnungen (z.B. Lagerverwaltungen) die Bestände nur im Zeitpunkt der Verarbeitung nachgeführt sind, dazwischen jedoch nicht.

Wenn mit sequentiellen Speichern (Magnetbändern) gearbeitet wird, ist keine andere Verarbeitungsart als die Stapelverarbeitung möglich. Die Stapelverarbeitung genügt für solche Arbeiten, bei denen es entweder nicht auf Aktualität ankommt, oder bei solchen, die ohnehin schubweise ablaufen müssen, wie z.b. eine monatliche Gehaltsabrechnung.

Bei der Stapelverarbeitung wird ein Programm mit allen zur Durchführung benötigten Daten z.B. auf Disketten vorbereitet und eingelesen. In diesem Programm gibt es unter Umständen Plausibilitätstests, welche gegebenenfalls den vorzeitigen Programmabbruch verlangen. Nicht möglich ist hingegen bei der Stapelverarbeitung ein Unterbrechen der Verarbeitung, damit der Benützer bei einer fehlerhaften Verarbeitung nochmals eingreifen und der Verarbeitung einen anderen Verlauf geben kann, etwa durch Hinzfügen anderer oder korrigierter Daten oder durch Eintippen von Informationen über die Konsole.

Für die Stapelverarbeitung typisch ist also der Umstand, dass vom Programmbeginn bis zu seinem Ende kein Eingreifen durch den Menschen (ausser dem Abbruch) mehr möglich ist.

Nicht nur einzelne Programme können ohne Eingriff ablaufen, sondern ganze Programmketten.

Bei der Stapelverarbeitung (und im Monoprogramming) laufen Ein- und Ausgabegeräte zeitkonform zur Verarbeitung. Da ja nur *ein* Programm auf einmal durchgeführt werden kann, ist es nicht nötig, dass die Eingaben vorher auf Platte zwischengespeichert werden.

**Verarbeitungsform Remote Batch**

Diese Verarbeitungsform ist eine Abart der Stapelverarbeitung, wobei das verwendete EDV-System für Datenfernverarbeitung ausgebaut ist. Hierbei können Stapelverarbeitungen nicht nur mit lokalen Ein- und Ausgabegeräten durchgeführt werden. Es ist vielmehr auch möglich, solche Verarbeitungen aus beliebiger Entfernung mit Bildschirmgeräten oder anderen Datenendstationen durchzuführen.

Meist werden die Programme nicht übermittelt, sondern sie befinden sich bereits auf einer Magnetplatte beim Rechner. Von der Aussenstation her wird das Programm aufgerufen, und anschliessend werden die Daten zum System übertragen. Es erfolgt die Verarbeitung (die einige Zeit in Anspruch nehmen wird), während der die Datenfernverbindung unterbrochen werden kann. Zum Schluss werden dann die Resultate an die Aussenstation gesandt und dort ausgegeben.

**Echtzeitverarbeitung**

Bei der Echtzeitverarbeitung werden die eingegebenen Daten sofort, also wenige Augenblicke nach ihrer Erfassung, verarbeitet. Das ist von besonderem Vorteil immer dann, wenn der Computer ein möglichst aktuelles Abbild der Wirklichkeit enthalten soll. Die Dateien sind bei der Echtzeitverarbeitung immer nachgeführt und können von vielen verschiedenen Stellen her jederzeit abgefragt werden. Für Auskunftssysteme ist die Echzeitverarbeitung unerlässlich (z.B Lagerbestände, Kundenadministration, Platzreservierung). Als Speichermedium müssen Magnetplatten eingesetzt werden (wahlfreier Zugriff).

# 3. Software – Anweisungen steuern die Arbeit

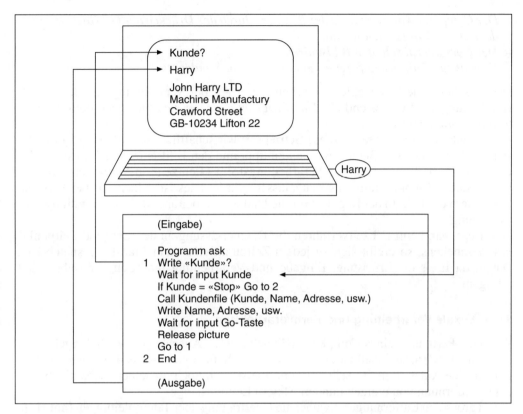

*1.3.15  Das Echtzeitverfahren ermöglicht Dialogsysteme:
Der Computer muss immer wieder auf die Eingabe des Benützers warten.*

Bei der Datenerfassung, die am Ort des Geschehens erfolgen soll (z.B. am Schalter, im Lager), können Erfassungshilfen des Computers nützlich sein. So kann dieser am Bildschirm Hinweise und Ratschläge für das Vorgehen geben und durch formale Prüfungen und Plausibilitätstests falsche Eingaben verhindern. Da die Datenerfassung im Dialog erfolgt, spricht man auch von Dialog-Verarbeitung.

*Abbildung 1.3.15 zeigt im unteren Rechteck ein im Computer gespeichertes Programm.*

– Der erste Befehl ist die Aufforderung, den Text «Kunde?» auf den Bildschirm zu schreiben.
– Als nächstes folgt ein «Wait for Input». Das Programm wartet, bis der Kundenname eingetippt ist.
– Der Benützer tippt nun den Kundennamen «HARRY» ein und markiert das Ende des Befehls durch die Übermittlungstaste.
– Das Programm testet nun, ob der Benützer das Wort «STOP» eingetippt hat. Da dies nicht der Fall ist, sucht er – mittels einer Subroutine – die Firma mit diesem Namen. Hat er sie gefunden, so schreibt er Name, Adresse usw. auf den Bildschirm.

- *Der Computer wartet nun, bis der Benützer durch das Drücken der GO-Taste kundtut, dass er die Adresse gelesen hat.*
- *Der Computer löscht den Bildschirm.*
- *Er geht zur Zeile 1 und fragt erneut nach einem Kunden usw.*

Der entscheidende Unterschied zwischen dieser Art der Verarbeitung und der Stapelverarbeitung wird offensichtlich: *Das Programm richtet sich* hier nach dem *Arbeitstempo des Benützers.*

Es erhebt sich die Frage, ob diese Betriebsart wirtschaftlich ist: Ein teurer Computer steht still, während der Benützer Daten eintippt und den Bildschirminhalt liest! – Dies wäre unwirtschaftlich, wenn die Verarbeitungsform «Echtzeit» in Verbindung mit der Betriebsart «Monoprogramming» zugelassen würde. Dies ist jedoch nur bei Personal Computern der Fall. In der Regel ist für die Dialogverarbeitung Multiprogramming Voraussetzung.

Verlegt man beim Echzeitverfahren die Datenerfassung an den Ort (und Zeitpunkt) des Geschehens, so ergibt sich zu jedem Zeitpunkt eine Aktualität der gespeicherten Daten, da Ereignis, Erfassung, Eingabe und Verarbeitung praktisch zur selben Zeit erfolgen.

### 3.6.5 Lokale Verarbeitung und Fernverarbeitung

Wenn die Peripherie eines Computers (Eingabegeräte, Ausgabegeräte, Dialoggeräte) in der Nähe der Zentraleinheit aufgestellt sind, spricht man von *lokaler Verarbeitung.* Das gilt für eine Aufstellung im selben Raum, meist auch noch im selben Gebäude, bis zu einer Entfernung von einigen hundert Metern Leitungslänge.

Bei grösseren Entfernungen – wobei die Übertragung über Telefonleitungen (mit Hilfe von Modems) oder über Datenleitungen erfolgt – spricht man von *Fernverarbeitung.*

**Lokale Verarbeitung**

Die Verbindung zwischen der Peripherie und der Zentraleinheit wird mit Hilfe von Kabeln vorgenommen, die der Computerlieferant zur Verfügung stellt oder die nach seinen Angaben beschafft werden. Die Datenübertragung stellt hier keine Probleme, die Möglichkeit von Übertragungsfehlern ist sehr gering, und jede Betriebsart bietet keine Schwierigkeiten, besonders ist auch der Dialogbetrieb mit Bildschirmgeräten recht komfortabel. Die Verarbeitung mittels lokaler Netze gehört in diesen Bereich.

**Fernverarbeitung**

Hier dienen zur Verbindung Telefonleitungen oder auch spezielle Datenübertragungsnetze (Telepac). Die Telefonleitungen können gemietet sein, dann handelt es sich um eine Dauerverbindung, die beliebig lang benützt werden kann und immer die gleiche Übertragungsqualität aufweist. Telefonverbindungen können aber auch für jede Datenübertragung neu hergestellt werden, wie für Gespräche benützt man dann das Wahlnetz. Die Verbindung hat in diesem Fall jedesmal eine andere Übertragungsqualität.

Es ist nicht ganz gleichgültig, ob eine periphere Einheit über ein kurzes Kabel direkt angeschlossen ist oder ob eine öffentliche Telefonleitung benützt wird. Die Gefahr von Fehlübertragungen und Störungen ist bei Telefonleitungen bedeutend grösser. Aus diesem Grund müssen bei der Fernverarbeitung zusätzliche Prüfmassnahmen angewandt werden, wobei durch Redundanz die meisten Fehler festgestellt werden können. Eine Methode ist, dasselbe Datenpaket zweimal hintereinander zu übertragen und am Empfangsort auf Übereinstimmung zu prüfen (es gibt auch noch bessere Methoden).

Auf jeden Fall wird sich zwischen Sender und Empfänger ein bestimmtes Ritual abspielen, das durch sogenannte «Protokolle» geregelt wird. Näheres darüber ist beim ISO-Referenzmodell in Abschnitt 5.4 zu lesen.

Besteht die Datenfernverbindung zwischen zwei Computern, ist das Realisieren des Protokolls mit Hilfe von Organisationsprogrammen mehr oder weniger einfach möglich. Ein Dialoggerät (Bildschirm) kann aber nicht einfach über eine Telefonleitung mit einem Computer verbunden werden. Es muss als Datenendstation über eine eigene Intelligenz verfügen, um dem Protokoll zu genügen und die nötigen Prüfungen und Fehlerbehandlungen durchführen zu können. Deshalb werden Geräte für die Fernverarbeitung in Aussenstationen mit eigenen Mikroprozessoren ausgerüstet.

**Dezentrale Verarbeitung**

Durch die grossen technologischen Fortschritte in der Datentechnik können neue Verarbeitungskonzepte realisiert werden. Die dezentrale Verarbeitung kann für bestimmte Branchen ganz neue Möglichkeiten eröffnen.

Dabei werden Aufgaben, die bisher in einer Zentrale durchgeführt wurden, an Aussenstellen verlagert. Nicht nur Verarbeitungen werden dezentralisiert, sondern auch Datenbestände. Ein Grossteil der Verarbeitungen wird mit den lokalen Datenbeständen dezentral durchgeführt.

Ein typisches Beispiel ist die Datenverarbeitung bei grossen Banken, die neben ihrem Hauptsitz zahlreiche Filialen betreiben: Bei der *zentralen Lösung* steht im Hauptsitz ein grosses Computersystem mit einer Datenbank, die u.a. alle Konten aller Kunden enthält. Die Filialen sind mit Dialogstationen und Schaltermaschinen ausgerüstet, und ein radiales Netz gemieteter Telefonleitungen verbindet sie mit dem Computer im Hauptsitz. Jede einzelne Bewegung in einem Konto geht über die Leitung, teuer und zeitraubend.

Bei einer modernen, *dezentralen Lösung* ist in jeder Filiale ein kleiner Computer vorhanden, mit einem externen Speicher für die Konten derjenigen Kunden, die im Bereich der Filiale ihren Wohn- oder Geschäftssitz haben. Der grösste Teil der Bewegungen geschieht jetzt nur mehr im lokalen Computer der Filiale, da die meisten Geschäfte von Kunden bei «ihrer» Filiale abgewickelt werden. Nur wenn ein Kunde in einer auswärtigen Filiale bedient werden soll oder wenn Arbeiten vollzogen werden, die die gesamte Unternehmung betreffen, muss eine Verbindung zur Datenübertragung zwischen Filiale und Hauptsitz hergestellt werden.

Das dezentrale System ist wesentlich sicherer, in vielen Fällen schneller und oft auch billiger als das zentrale System. Was dazu notwendig ist, ist ein ausgefeiltes Betriebssystem mit hohem Komfort, das an den Benützer in den Aussenstellen keine höheren Anforderungen stellt.

### 3.6.6 Kombination von Betriebsart und Verarbeitungsform

Für den praktischen Betrieb der EDV-Anlage wird eine der drei Betriebsarten (Monoprogramming, Multiprogramming, Multiprocessing) mit einer geeigneten Verarbei-

| Betriebs-arten | Verarbeitungsformen | | |
|---|---|---|---|
| | Stapel-verarbeitung | Remote Batch | Echtzeit-verarbeitung |
| Mono-programming | L | | |
| Multi-programming | L | F | L, F |
| Multi-prozessing | L | F | L, F |

L = Lokale Verarbeitung   F = Fernverarbeitung

*1.3.16  Die gebräuchlichsten Kombinationen von Betriebsart und Verarbeitungsform*

tungsform (Stapelverarbeitung, Remote Batch, Echtzeitverarbeitung) kombiniert. Die Tabelle in Abbildung 1.3.16 zeigt die gebräuchlichen Kombinationen.

**Stapelverarbeitung – Monoprogramming**

Hierbei erfolgt die Verarbeitung schubweise, wobei sich jeweils nur ein Programm zur Ausführung im Computer befindet.

Diese einfache Betriebsweise ist vielfach eingesetzt, besonders bei kleinen EDV-Anlagen. Dort spielt es auch keine Rolle, dass Zentraleinheit und periphere Geräte schlecht ausgenützt werden. Das Betriebssystem ist einfach, benötigt wenig Platz und wenig Verarbeitungszeit.

**Stapelverarbeitung – Multiprogramming und Multiprocessing**

Es handelt sich hier um eine schubweise Verarbeitung, wobei jedoch mehrere Programme im selben Zeitabschnitt (Multiprogramming) oder sogar gleichzeitig (Multiprocessing in mehreren Steuer- und Recheneinheiten) verarbeitet werden.

Multiprogramming und Multiprocessing sind Betriebsarten, die typisch für Echtzeitverarbeitung (z.B. Platzreservationssystem) geschaffen sind. Bei jeder Echtzeitverarbeitung, die meistens aus einem Dialogbetrieb besteht, gibt es aber daneben immer auch Stapelverarbeitungen. Jede Echtzeitverarbeitung ist mit Stapelverarbeitungen kombiniert, z.B. wird ein Platzreservationssystem bei Abschluss der Buchungen eine Belegungsliste der Plätze ausdrucken.

Beim Multiprogramming/Multiprocessing sind mehrere Programme gleichzeitig im Speicher. Natürlich können nicht gleichzeitig auch alle (beliebig viele) Eingabedaten im Eingabebereich mitgespeichert werden. Aus diesem Grunde werden alle Jobs grundsätzlich über das Input/Output-Programm auf Platte gelegt. Von dort her übernimmt die Steuereinheit die Programme nach vorgegebenen Prioritätsregeln in den Speicherbereich. Die während der Durchführung der Programme anfallenden Resultate werden ebenfalls zuerst auf Platte gelegt, von wo aus sie nach Abschluss eines Programms auf dem Schnelldrucker ausgegeben werden.

Die flexible Zuteilung des Speichers ändert also bei Stapelverarbeitung mit Multiprogramming/Multiprocessing nichts an der Tatsache, dass *jeder Job als Ganzes* vorbereitet, eingelesen und durchgeführt wird.

**Remote-Batch – Multiprogramming und Multiprocessing**

Diese Betriebsweise entspricht weitgehend derjenigen im vorhergehenden Absatz besprochenen Kombination mit Stapelverarbeitung. Die Auslösung einer Stapelverarbeitung erfolgt beim Remote-Batch nicht vom Operator an der EDV-Anlage, sondern von einem Benützer, irgendwo draussen an einer dezentralen Datenendstation, meist von einem Bildschirm aus.

Stapelverarbeitungen können die EDV-Anlage längere Zeit in Anspruch nehmen. Es werden also nur wenige Arbeiten sein, die ein aussenstehender Benützer derart wird auslösen dürfen, ausserhalb der Kontrolle des Operators im Rechenzentrum. Meist handelt es sich um Datensicherstellungsarbeiten (für die der Benützer am Bildschirm den günstigsten Zeitpunkt weiss) oder um das Ausdrucken von nicht zu langen Übersichtslisten in der Aussenstation.

**Echtzeitverarbeitung mit Multiprogramming oder Multiprocessing**

Die verbreitetste Anwendung der Echtzeitverarbeitung ist der Dialogbetrieb zwischen einem zentralen Computer und mehreren Bildschirmgeräten, die lokal (im selben Gebäude) oder aber entfernt (verbunden mit einer Telefon- oder Datenleitung) angeschlossen sind. Neben dem Dialogverkehr werden im Computer auch Stapelverarbeitungen durchgeführt, und das Betriebssystem muss mit Hilfe von Prioritäten eine möglichst komfortable Benützung ermöglichen.

Diejenigen Programme, die den Dialogverkehr bewerkstelligen (und Befehle «Wait for Input» enthalten), werden in der Regel mit der höchsten Verarbeitungspriorität versehen. Dies ist gerechtfertigt, weil diese Programme durch die langsame Arbeitsweise des Benützers sowieso den grössten Teil der Zeit inaktiv sind und weil lange Wartezeiten die Speditivität des Benützers stark beeinträchtigen.

Obgleich sich also die Steuereinheit während der inaktiven Zeit der Dialogprogramme den gleichzeitig laufenden Batchprogrammen zuwenden kann, schmälert die dauernde Blockade des Hauptspeichers durch inaktive Programme den Nutzeffekt einer Anlage. Deshalb werden in der Regel nur jene Dialogprogramme in dieser Art eingespeichert, welche praktisch keine Wartezeiten vertragen oder wenig Speicher beanspruchen.

Um den inaktiven Speicher möglichst klein zu halten, werden oft nicht ganze Programme in Bereitschaft gehalten, sondern nur ein sogenanntes Mainprogramm, welches je nach eingehender Anfrage das entsprechende Unterprogramm von der Magnetplatte zulädt. Diese Methode hat allerdings einen Nachteil: Trifft eine Anfrage ein, die das Laden eines Programmteils nötig macht, so kann dieses Laden erst erfolgen, wenn genügend zentraler Speicher vorhanden ist. Daher ist bei dieser Methode die Wartezeit des Benützers weniger von der Verarbeitungspriorität her bestimmt als vom Umstand, dass ein Batchprogramm den erforderlichen Speicher unter Umständen über längere Zeit belegt.

## 3.7 Literatur

| | |
|---|---|
| 1) E. Hering: | Software Engineering. |
| 2) G. Pomberger, G. Blaschek: | Grundlagen des Software Engineering. |
| 3) H. Engesser (Hrsg.): | Duden Informatik. |
| 4) M. Curth, E. Lebsanft: | Wirtschaftsinformatik in der Praxis. |
| 5) H.J. Schneider (Hrsg.): | Lexikon der Informatik und Datenverarbeitung. |
| 6) A.S. Tanenbaum: | Betriebssysteme. |
| 7) G. Platz: | Methoden der Software-Entwicklung. |
| 8) K. Frühauf, J. Ludewig, M. Sandmayr: | Software-Projektmanagement und Qualitätssicherung. |
| 9) G. Barth et al.: | 4. Software-Generation. |
| 10) N. Wirth: | Systematisches Programmieren. |
| 11) T. Gilb: | Software Metrics. |
| 12) M.A. Jackson: | Principles of Program Design. |
| 13) O.J. Dahl, E.W. Dijkstra, C.A.R. Hoare: | Structured Programming. |

# 4. Datenorganisation

Da Daten neben ihrem Wert auch Bedeutungen haben müssen und die Bedeutung sehr oft als Konvention der räumlichen Lage ihrer Speicherung zugeschrieben wird, ist eine definierte Ordnung im Datenbestand unerlässlich. Die Basis dafür ist der *Ordnungsbegriff* (auch Schlüssel, Key oder Name genannt), der Dateien, Sätze und Felder identifiziert. Mit Hilfe des Ordnungsbegriffes werden Datenmengen erkannt, verglichen und bearbeitet.

Die Ordnungsbegriffe können beliebig verschlüsselt werden, d.h. aus irgendwelchen Ziffern, Buchstaben und Zeichen bestehen. Sie werden für Datensätze immer so aufgebaut, dass sich eine Reihenfolge ergibt.

## 4.1 Datensatz

Es wurde bereits im Kapitel 1.2 ausgeführt, dass Daten nur in Verbindung mit einer Bedeutung sinnvoll sind. Um die Bedeutung beim Einlesen, Speichern und Ausgeben der Daten nicht angeben zu müssen, kann man dem Ort, an dem das Datenelement steht, die Bedeutung zuschreiben. Den Ort des Datenelementes bezeichnet man auch als Datenfeld oder kurz als Feld. Ein solches Feld ist Träger der Bedeutung. Zum Beispiel kann in einem Datensatz die Eintragung in den Bytes 41 bis 44 die Postleitzahl bedeuten. Ist in diesem Feld die Ziffernfolge 8472 eingetragen, so hat die Postleitzahl den Wert 8472, und dieses Datenelement ist vollständig bestimmt.

Unter einem *Datensatz* (engl. «Record») versteht man eine zusammenghörige Menge von Datenelementen. Als Beispiel kann man Personaldaten betrachten. Ein Personaldatensatz enthält Angaben zu einer Person, also etwa

- Familienname
- Mädchenname bei Frauen
- Vornamen
- Rufname
- Geschlecht
- Geburtstag
- Geburtsort
- Geburtsland
- Name des Vaters
- Name der Mutter

- Familienstand
- Postleitzahl des Wohnortes
- Wohnort
- Strasse
- Hausnummer
- Beruf
- Heimatort
- Muttersprache
- Nationalität
- Anzahl Kinder

Die Daten für eine Person bilden zusammen einen sogenannten *«logischen Datensatz»* (Abb. 1.4.1). Ein logischer Datensatz bilder eine Informationseinheit, er umfasst die Menge der Daten, die zu einem einzigen Objekt (Person, Sache) oder Geschäftsvorgang gehören. In einem logischen Datensatz sind alle Daten eines Geschäftsvorganges oder eines Objektes zusammengefasst.

Im Gegensatz zum logischen Datensatz steht der *«physische Datensatz»*. Er stellt die Menge aller Daten dar, die gleichzeitig einheitlich behandelt werden. Der physische

| 4111 | MILLER | ANTON FRANZ | ANTON | ............ | LAAX | D | CH | 3 |

Logischer Personaldatensatz einer Person auf Magnetband

| GAP | Datensatz MILLER | Datensatz MOELLER | Datensatz MUELLER | GAP |

Hier werden auf Magnetband drei logische Datensätze zu einem physischen Datensatz (oder Block) zusammengefasst. Ein GAP (Zwischenraum) trennt hier einen physischen Datensatz vom nächsten.

*1.4.1 Datensatz für Personaldaten auf Magnetband*

Datensatz ist oft gleich lang wie der logische, in vielen Fällen ist er aber länger. Das gilt besonders für Datensätze auf Magnetband (Abb. 1.4.1). Dort ist zwischen zwei Datensätzen ein Zwischenraum notwendig, um das Magnetband für den Lese-/Schreibvorgang zu beschleunigen und danach abzubremsen. Je länger jeder Datensatz ist, um so weniger Zwischenräume braucht man und um so mehr Daten haben auf dem Band Platz. Deshalb ist es vorteilhaft, mehrere kurze logische Datensätze zu einem langen physischen Datensatz zu vereinigen. Diese Methode heisst *Blockierung*. Ein Blockierungsfaktor gibt an, wieviele logische Datensätze in einem physischen Datensatz enthalten sind.

Der *Datensatz* ist Mitglied einer *Datenhierarchie*, er besteht aus mehreren *Datenfeldern oder Datenelementen*. Jedes Datenfeld umfasst wiederum mehrere Zeichen.

**Identifikation von Datensätzen**

Jeder Datensatz muss in der Regel von anderen Datensätzen zu unterscheiden sein, er trägt also häufig einen *Ordnungsbegriff* (Schlüssel, Key), wie ein Auto sein polizeiliches Kennzeichen. Es ist aber auch möglich, *beliebige* Felder innerhalb eines Datensatzes zur Identifikation und als Ordnungsbegriff zu benützen und die Datensätze danach zu sortieren.

Jede Identifikation hat den Zweck, ein Individuum herauszufinden und auszuwählen. Es ist ideal, wenn die physische Adresse eines Datensatzes als Identifikation verwendet werden kann, da dann ein direkter Zugriff zum individuellen Datensatz möglich ist. Ideale lassen sich nur hin und wieder verwirklichen. Im Kapitel «Direkte Organisation» wird Näheres ausgeführt.

## 4.2 Datei

### 4.2.1 Allgemeines

Eine Datei ist eine Menge von Datensätzen mit gleicher Feldfolge und Feldstruktur. Sie ist eine Sammlung von Daten mit gleichartiger Form und ähnlichem Inhalt.

# 4. Datenorganisation

Datei (engl. «File») ist ein Kunstwort, das in Anlehnung an das Begriffepaar Karte – Kartei aus dem Begriff «Daten» abgeleitet wurde.

Das Grundelement der Datei ist der Datensatz, der zusammengehörige Daten enthält, die einen beliebigen Gegenstand (Person, Geschäftsvorfall) abbilden. Dateien sind physisch auf einem Datenträger, in einem Speicher untergebracht. Dateien braucht man, um für bestimmte betriebliche Aufgaben (z.B. Fakturierungen, Lohnabrechnungen) alle benötigten Daten in zweckmässig zusammengefasster Form zur Verfügung zu haben.

In der Umgangssprache kann «Datei» am besten mit «Verzeichnis» übersetzt werden. Jeder Datensatz entspricht dann einer Zeile des Verzeichnisses. Man kennt in den Betrieben Kundenverzeichnisse, Artikelverzeichnisse, Angestelltenverzeichnisse, Lieferantenverzeichnisse, Vertreterverzeichnisse – für den EDV-Einsatz können daraus Kundendateien, Artikeldateien usw. gemacht werden.

## Dateiorganisation und Zugriffsart

Die beiden Begriffe «Dateiorganisation» und «Zugriffsart» werden mitunter verwechselt, sie sind jedoch deutlich zu unterscheiden.

Die *Dateiorganisation* bestimmt die Ordnung, in der die Datensätze auf dem Datenträger gespeichert werden. Man unterscheidet:

- *Sequentielle Dateien.* Die Datensätze werden hier fortlaufend in einer Kette abgespeichert. Typisches Beispiel ist die Speicherung von Daten auf Magnetband.
- *Direkt adressierbare Dateien.* Die Datensätze werden adressierbar abgespeichert, d.h. jeder Datensatz kann unmittelbar angesprochen werden. Solche Dateien werden auf Magnetplattenspeichern untergebracht. Hier kann jedem Datensatz eine physische Adresse zugeteilt werden, z.B. «Stammsatz Kunde Peter Sulzer, Spur 12, Sektor 7». Bei dieser Organisation ist man auf Inhaltsverzeichnisse angewiesen: Bei jedem Zugriff für das Lesen oder Schreiben muss die Software feststellen, an welcher physischen Adresse (Spur, Sektor) ein bestimmter Datensatz («Peter Sulzer») zu finden ist.

Die *Zugriffsart* hingegen gibt an, auf welche Weise auf die Datei «zugegriffen» wird. Der Zugriff (engl.: «Access») ist das Herausgreifen eines gespeicherten Datensatzes. Man unterscheidet auch hier zwei Arten:

- *serieller Zugriff* (auch: Reihenfolgezugriff). Bei dieser Art wird auf die Datensätze in derselben Reihenfolge nacheinander zugegriffen, wie sie physisch gespeichert sind. Ein Beispiel dafür ist das Lesen eines Magnetbandes. Auf sequentielle Dateien kann zur seriell zugegriffen werden. Ein serieller Zugriff ist auch auf direkt adressierbare Dateien möglich.
- *wahlfreier Zugriff* (auch: direkter Zugriff). Bei dieser Zugriffsart wird mit Hilfe einer Adresse der gewünschte Datensatz gefunden, ohne dass die Datei durchsucht werden muss. Das Beispiel dafür ist das direkte Lesen eines bestimmten Datensatzes von einer Magnetplatte.

## Länge der Datensätze

Innerhalb einer Datei können alle Datensätze die gleiche Länge oder verschiedene Länge haben. Man nennt dies

- feste Länge oder
- variable Länge der Datensätze.

Hat ein Datensatz keine fest gegebene Länge, so muss am Anfang eine Angabe darüber stehen, wie lang der Datensatz ist. Variable Längen sparen Speicherplatz im externen Speicher, benötigen jedoch mehr Verarbeitungszeit.

**Mehrfachspeicherung**

Es kann zweckmässig oder unzweckmässig sein, dieselben Angaben (z.B. Artikelbezeichnungen) zwei- oder mehrmals innerhalb eines EDV-Systems abzuspeichern. Das folgende Beispiel beleuchtet diese Problematik.

***Beispiel:*** *Bestellungen sollen abgespeichert werden. Eine Bestellung bestehe aus einem Bestellkopf (Kundenname, Datum, Lieferfrist, Zahlungsbedingungen usw.) und einer beliebigen Anzahl von Artikeln (Artikelnummer, Artikelbezeichnung, Stückpreis, Gesamtpreis usw.).*

*1.4.2 Abspeichern von Bestellungen:*
*Eine Datei, feste Datensatzlängen. Der Bestellkopf wird bei jedem Artikel immer wieder abgespeichert.*

*Dem Zwang zum einheitlichen Datensatz kann der Programmierer dadurch genügen, dass er aus dem Bestellkopf und einer Artikelzeile einen Datensatz bildet. Das hat zur Folge, dass der Bestellkopf so oft abgespeichert wird, wie verschiedene Artikel bestellt sind.*

*Nachteil dieser Speicherungsart: Die Bestelldaten ($B_1$ und $B_2$) müssen so oft abgespeichert werden, wie die Bestellung Positionen hat.*

*Um dieses wiederholte Abspeichern der Bestellkopf-Daten zu vermeiden oder zumindest zu verringern, kann der Programmierer auch einen Datensatz festlegen, welcher pro Bestellung z.B. fünf Artikel umfasst. Damit wird der Bestellkopf bedeutend weniger oft abgespeichert.*

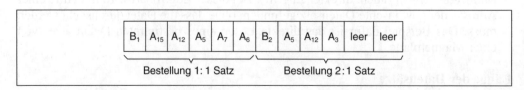

*1.4.3 Abspeichern von Bestellungen:*
*Eine Datei, feste Datensatzlängen. Jede Bestellung darf höchstens fünf Artikel enthalten.*

*Nachteile dieser Speicherungsart:*

- *Eine Sortierung nach Artikel (z.B. für eine Bedarfsstatistik) ist nicht mehr möglich, weil nicht mehr jeder Datensatz nur einen Artikel enthält.*
- *Durch eine unglückliche Bestellungsstruktur kann mehr Leerplatz entstehen, als durch die Einmalspeicherung des Bestellkopfes eingespart wurde.*

*Eine Aufteilung in zwei Dateien bringt beachtliche Speichereinsparungen.*

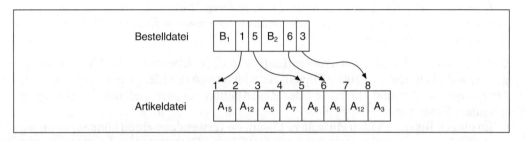

*1.4.4 Abspeichern von Bestellungen:*
*Zwei Dateien, feste Datensatzlängen. Werden in zwei Bestellungen gleiche Artikel bestellt, so werden die Artikel zweimal abgespeichert.*

Die Bestelldatei umfasst nur noch die reinen Bestelldaten, die Adresse, wo sich der erste Artikel dieser Bestellung auf der Artikeldatei befindet, sowie die Anzahl verschiedener Artikel. Auf der Datei der bestellten Artikel befinden sich die Artikel, welche zu einer Bestellung gehören, hintereinander mit der erforderlichen Anzahl, der Artikelbezeichnung usw. Werden allerdings in der Bestellung $B_2$ die gleichen Artikel bestellt wie in der Bestellung $B_1$, so wird der genau gleiche Artikel (mit unterschiedlichen Anzahlen) zweimal abgespeichert.

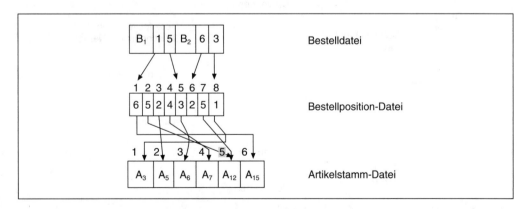

*1.4.5 Abspeichern von Bestellungen:*
*Drei Dateien, feste Datensatzlängen. Keine Wiederholungen: redundanzfreie Speicherung.*

*Die Artikelstamm-Datei kann nun wieder – im Gegensatz zur vorangegangenen Lösung – nach Artikeln sortiert werden. Damit von jedem sortierten Artikel auch der Bezug zur auslösenden Bestellung erhalten bleibt, muss die Bestellnummer in jedem Artikel enthalten sein.*

*Die Mehrfachspeicherung der Artikel, wie sie hier und in allen vorangegangenen Beispielen nicht vermeidbar war, kann umgangen werden, indem die Datei der bestellten Artikel nicht alle Angaben des Artikels enthält, sondern nur die Anzahl und die Adresse, unter welcher die allgemeinen Artikelangaben in der Artikelstammdatei zu finden sind.*

*Durch das letzte Speicherungsbeispiel konnte erreicht werden, dass keine Daten mehr doppelt gespeichert sind; es sind keine Redundanzen mehr vorhanden. Man spricht von redundanzfreier Speicherung.*

Der *Entwurf der Dateien* hat grossen Einfluss auf Speicherbedarf und Verarbeitungsgeschwindigkeit. Die günstigste Organisation hängt von der Menge der zu speichernden Daten, von der Art und Häufigkeit des Zugriffs und von der Stellung der Dateien im gesamten System ab.

Im obigen Beispiel hätten einfachere Lösungen verwendet werden können, wenn man eine variable Datensatzlänge gewählt hätte. Will man Dateien optimal auslegen, ist immer zu bedenken, dass jede Platzersparnis mit einer Zunahme an Verarbeitungszeit Hand

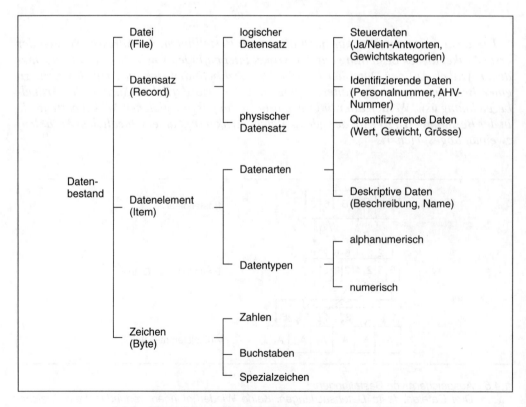

*1.4.6   Hierarchie und formale Struktur von Datenbeständen*

# 4. Datenorganisation

in Hand geht. Hat man nur eine Datei, so benötigt man nur eine Leseoperation, wenn man eine Rechnung aus den Bestelldaten erarbeiten will. Sind drei Dateien betroffen, braucht man drei Zugriffe, also etwa die dreifache Zeit. In vielen Fällen zielt man heute eher auf eine schnelle Verarbeitung, da genügend Speicherplatz meistens geschaffen werden kann.

Der Entwurf der Dateien ist ein wesentlicher Bestandteil der Analyse und muss vor oder gleichzeitig mit dem Entwurf der Programme vorgenommen werden.

Die Abbildung 1.4.6 gibt einen Überblick über die Hierarchie und den Formalismus von Datenbeständen.

### 4.2.2 Sequentielle Organisation

Bei der sequentiellen Organisation von Dateien sind die Datensätze in einer Kette oder Folge hintereinander abgespeichert. Die sequentielle Folge bezieht sich auf einen Ordnungsbegriff, der in jedem einzelnen der Datensätze enthalten ist und nach dem diese in aufsteigender oder absteigender Reihenfolge sortiert sind.

Beispiele für Ordnungsbegriffe sind: Kundennummer, Artikelnummer, Kontonummer, Policennummer, Postleitzahlen usw. Meistens werden numerische Begriffe verwendet, da diese schneller zu sortieren sind – aber dies muss nicht unbedingt so sein: Kontonummern, Policennummern, Postleitzahlen können ja auch aus Ziffern und Buchstaben zusammengesetzt sein.

### Zugriff

Auf sequentiell organisierte Datenbestände kann nur seriell zugegriffen werden. Als Datenträger dient häufig das Magnetband, aber auch auf Magnetplatten sind sequentielle Datenbestände möglich. Der serielle Zugriff ist gegenüber dem direkten Zugriff sehr umständlich. Soll gleichzeitig mit mehreren sequentiellen Dateien gearbeitet werden, sind aufwendige Vorarbeiten (z.B. Sortierpassagen) notwendig.

### Mutation sequentieller Daten

Ist in einer sequentiellen Datei die Änderung eines Datensatzes nötig, so muss (zumindest beim Magnetband) die gesamte Datei übertragen werden. Will man einen neuen Datensatz einfügen, so muss ebenfalls die ganze Datei auf einen anderen Datenträger übertragen werden, wobei der neue Satz an der entsprechenden Stelle eingefügt wird.

*Beispiel:* Auf einem Magnetband sind alle Telefonabonnenten mit der Fernkennzahl 061 gespeichert. Pro Abonnent ist die Telefonnummer und die Telefonbuch-Eintragung (Name, Vorname, evtl. Beruf, Adresse) festgehalten. Es handelt sich hier also um eine Datei mit vielen Datensätzen. Jeder Abonnent beansprucht einen Datensatz mit mehreren Feldern (Feld «Telefonnummer», Feld «Name» usw.).

Die Abonnenten sind auf dem Band nach aufsteigenden Telefonnummern sortiert, d.h. der Abonnent mit der niedrigsten Nummer steht am Anfang des Bandes. An diesem Magnetband sollen Mutationen vorgenommen werden; neue Abonnenten kommen hinzu, bestehende kündigen das Abonnement.

Bei der Mutation von Magnetbändern geht man so vor, dass man nicht das bestehende Magnetband verändert, sondern ein neues Magnetband erstellt, wobei man

- unverändert gültige Datensätze kopiert,
- zu verändernde Datensätze vor dem Kopieren verändert (Veränderung),
- nicht mehr gültige Datensätze nicht mehr kopiert (Löschung),
- neue Sätze an der entsprechenden Stelle dem Magnetband zuführt (Neuzugang).

Für die Mutation eines Magnetbandes werden das alte Magnetband und eine Diskette benötigt, auf der je Veränderungsanweisung ein Mutationsdatensatz aufgezeichnet ist. Diese Mutationsdatensätze müssen auf der Diskette so geordnet sein, dass das Magnetband sequentiell abgearbeitet werden kann, dass also kein Zurückspulen während der Verarbeitung notwendig ist. Den Mutationsdatensätzen muss das gleiche Sortierkriterium zugrunde liegen wie den Datensätzen auf dem Magnetband.

Das Mutationsprogramm versucht

- bei *Veränderungen* und *Löschungen* den entsprechenden Mutationsdatensatz auf der Diskette mit dem entsprechenden Datensatz des Magnetbandes zu paaren. Gelingt ihm dies, so führt es die Veränderung oder Löschung durch. Gelingt es wegen eines fehlerhaften Mutationssatzes nicht, so erfolgt eine Fehlermeldung («existiert nicht»).
- die *Neuzugänge* an der richtigen Stelle einzufügen. Existiert die genau gleiche Identifikation (in unserem Falle die Telefonnummer) auf dem alten Band noch nicht, so führt es die Einfügung anstandslos durch; existiert hingegen die Identifikation schon, so erfolgt eine Fehlermeldung («doppelt vorhanden»).

*Beispiel: Wie der Computer in der Lage ist, solche Mutationen durchzuführen, sei im folgenden skizziert:*

1. *Ersten Band-Datensatz lesen ($TELNR_{BAND}$ = 211111)*
2. *Ersten Mutationssatz lesen ($TELNR_{DISK}$ = 211111)*
3. Vergleiche:    Ist       $TELNR_{BAND}$      = $TELNR_{DISK}$
   *dann gehe nach 4*
                        $TELNR_{BAND}$      < $TELNR_{DISK}$
   *dann gehe nach 5*
                        $TELNR_{BAND}$      > $TELNR_{DISK}$
   *dann gehe nach 6*
4. Bei                $TELNR_{BAND}$      = $TELNR_{DISK}$
   *Datensatz verändert auf Ausgabeband schreiben.*
   *Ist $TELNR_{DISK}$ ein Neuzugang, dann Fehlermeldung:*
   *«schon vorhanden».*
   *Neue Mutation, neuen Bandsatz lesen. Gehe nach 3.*
5. Bei                $TELNR_{BAND} < TELNR_{DISK}$:
   *Über Datensatz $TELNR_{BAND}$ liegt keine Veränderungsmeldung vor.*
   *Unverändert auf Band schreiben.*
   *Neuen Datensatz lesen. Gehe nach 3.*
6. Bei                $TELNR_{BAND} > TELNR_{DISK}$:
   *Die $TELNR_{DISK}$ ist auf Band nicht vorhanden. Bei Neuzugang Satzinhalt auf Band schreiben, bei Veränderungen/Löschung Fehlermeldung «nicht vorhanden» drucken.*
   *Neue Mutation lesen. Gehe nach 3.*

# 4. Datenorganisation

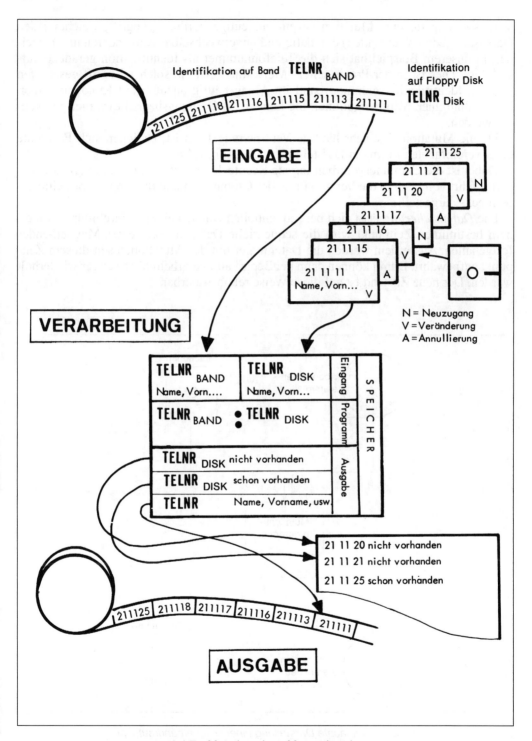

1.4.7 Mutation eines Magnetbandes

Voraussetzung für eine Mutation ist ein eindeutiger Ordnungsbegriff, welcher jeden Datensatz (jeden Abonnenten) eindeutig und unverwechselbar vom anderen unterscheidet. In unserem Beispiel hat sich die Telefonnummer als Identifikation geradezu aufgedrängt. Dies ist in der Praxis selten. Meist muss erst ein solcher Begriff geschaffen werden. Identifikationsnummern sind im Alltag häufig anzutreffen: Kundennummer, Personalnummer, Mitgliednummer. Sie können als Ordnungsbegriff eventuell verwendet werden.

Da die Mutation eine sehr häufige Verarbeitungsform ist, bedienen sich Fachleute einer vereinfachten Form der Darstellung (siehe Abb. 1.4.8).

Dabei ist die Computerverarbeitung als Rechteck dargestellt. Der Input (Band, Diskette) führt von oben in die Verarbeitung, der Output wird unterhalb des Verarbeitungsrechtecks dargestellt.

Die *Datensicherung* lässt sich bei sequentiellen Dateien einfach durchführen. Zu einem bestimmten Zeitpunkt wird die sequentielle Datei in Form eines Magnetbandes festgehalten. Ausserdem werden die Datenträger mit den Mutationen seit diesem Zeitpunkt aufbewahrt. Damit können dann bei Bedarf alle Verarbeitungen seither wiederholt werden. Der neue Zustand ist auf diese Weise rekonstruierbar.

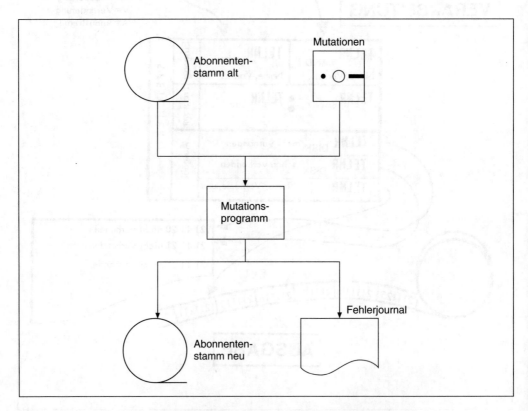

*1.4.8 Vereinfachte Darstellung einer Magnetbandmutation (Datenflussplan)*

Es ist üblich, alle sequentiellen Dateien an ihrem *Anfang* durch einen *Kennsatz* (engl.: «Label») zu identifizieren. Das geschieht, damit die richtigen Bänder verwendet und noch benötigte Bänder nicht vorzeitig überschrieben werden. Der Kennsatz enthält deshalb einen Namen, das Datum der Erstellung und ein Sperrdatum, vor welchem das Band nicht neu beschrieben werden darf.

*Vor- und Nachteile*

Als wesentliche Vorteile der sequentiellen Dateien gelten:

– das billige Speichermedium Magnetband,
– der einfache und schnelle Zugriff, wenn serielle Verarbeitung im Vordergrund steht,
– der geringe Platzbedarf für die Archivierung,
– die einfache Datensicherung.

Als Nachteile müssen hingenommen werden:

– der langsame Zugriff zu einem bestimmten Datensatz,
– die Notwendigkeit, die ganze Datei zu kopieren, wenn auch nur einzelne Sätze geändert werden.

### 4.2.3 Direkte Organisation

Bei der direkten Organisation, die einen sogenannten «wahlfreien» Zugriff erlaubt, existiert eine eindeutige Zuordnung zwischen den Ordnungsbegriffen der Datensätze und den Speicheradressen. Eine direkte Organisation ist deshalb nur auf addressierbaren Datenträgern möglich (Magnetplatte, Halbleiterspeicher, Diskette). Als Adresse bezeichnet man Angaben über die Position des Datensatzes auf dem Speichermedium (bei Magnetplatten z.B. Nummer von Spur und Sektor).

Bei der direkten Organisation einer Datei ist es möglich, «direkt» und daher rasch zu einem beliebigen Datensatz zuzugreifen. Man kann Änderungen vornehmen, ohne die Datei zu kopieren, da Datensätze gelesen, mutiert und wieder auf dieselbe Stelle geschrieben werden können, wo man sie gelesen hat.

Es gibt drei Möglichkeiten der direkten Organisation:

1. *Gestreute Datei.* Dabei entspricht der Ordnungsbegriff (z.B. eine Kundennummer) genau der Adresse, oder kann eindeutig in diese umgerechnet werden.
   *Beispiel: Ein Unternehmer hat 6000 Kunden mit den Kundennummern 1 bis 6000. Jedem Kunden entspricht in der Stammdatei ein Datensatz mit dem Ordnungsbegriff «Kundennummer», es gibt ebenfalls 6000 Records mit den Nummern 1 bis 6000. Will man zum Kunden Nr. 4313 zugreifen, holt man sich den 4313ten Datensatz. Gibt es den Kunden Nr. 2011 nicht, weil er gelöscht wurde, bleibt der 2011. Datensatz leer; er ist physisch vorhanden, enthält aber keine Daten.*
   Da Ordnungsbegriff und Adresse immer übereinstimmen (*der 4313. Satz betrifft den Kunden Nr. 4313*), muss der Ordnungsbegriff selbst im Datensatz *nicht* gespeichert sein.
   Da eine Anzahl von Datensätzen bei dieser Organisationsform leer bleiben, spricht man von einer «gestreuten Datei».

2. *Hash-Methode.* Wenn eine Datei zu stark gestreut ist, d.h. in der gestreuten Datei zu viele leere Sätze stehen würden (z.B. bei Verwendung des Namens als Ordnungsbegriff) ist die Hash-Methode besser als die erste. Durch ein mathematisches Verfahren (sog. Hash-Verfahren) werden die Datensätze möglichst gleichmässig auf einzelne Abschnitte der Datei (z.B. Spuren bei Magnetplatten) verteilt und innerhalb der Abschnitte sequentiell geordnet. Beim Zugriff wird aus dem Ordnungsbegriff der Abschnitt (Spur) errechnet, und innerhalb des Abschnittes wird sequentiell gesucht. Falls beim Hinzufügen eines Datensatzes in einem Abschnitt zu wenig Platz ist, wird auf eine sog. Überlaufspur ausgewichen.
3. *Index-sequentielle Methode.* Diese Methode ist ebenfalls geeignet, Lücken in der Datei möglichst zu vermeiden. Im Gegensatz zur Hash-Methode wird jedoch die Adresse des Speicherbereiches nicht aus dem Schlüssel (im Ordnungsbegriff) errechnet, sondern aus einer Tabelle (Inhaltsverzeichnis, Index) herausgesucht.
Innerhalb eines Speicherbereiches (z.B. Spur) sind die Sätze auch wieder sequentiell gespeichert. Wird eine indexsequentielle Datei erstmals erstellt, erfolgt dies sequentiell, wobei jedoch in jedem Speicherbereich Platz frei gelassen wird, um später noch Sätze hinzufügen zu können. Reicht letzten Endes der freie Raum nicht aus, so bedient man sich auch hier einer Überlaufspur. Im Laufe der Zeit wird die Zugriffszeit zu einem gewünschten Datensatz immer länger, da immer öfter Überlaufspuren aufgesucht werden müssen. Es ist deshalb üblich, solche Dateien periodisch mit einem Dienstprogramm zu «reorganisieren».

## Zugriff

Auf die direkt organisierten Dateien wird folgendermassen zugegriffen:

- *Direkter Zugriff* kann bei gestreuten Dateien erfolgen.
- *Direkt-serieller Zugriff* ist anzuwenden bei Hash-Dateien und index-sequentiellen Dateien. Dabei wird direkt auf einen Speicherbereich zugegriffen, innerhalb dieses Bereiches erfolgt dann ein sequentieller Zugriff zu den einzelnen Datensätzen.
- *Physisch-serieller Zugriff.* Auf alle direkt organisierten Dateien kann im Prinzip immer auch seriell zugegriffen werden. Physisch-seriell heisst: in der Reihenfolge, wie die Datensätze auf dem Datenträger stehen. Ein derartiger Zugriff ist bei allen Dateien möglich. Er wird gebraucht, um z.B. zur Sicherstellung eine ganze Datei von der Platte auf ein Band zu kopieren.
- *Logisch-serieller Zugriff.* Das heisst: Zugriff in der logischen Reihenfolge (z.B. in alphabetischer Ordnung). Eine solche Zugriffsmöglichkeit ist ebenfalls erwünscht, z.B. um eine geordnete Liste einer Datei auszudrucken. Der logisch-serielle Zugriff ist aber nur mit besonderen Massnahmen möglich – man denke an die gestreute Datei oder die Einrichtung von Überlaufspuren.

**Anwendungsbeispiel:** *Die index-sequentielle Organisationsform hat für Dateien die grösste Bedeutung, weshalb zum vollständigen Verständnis das folgende Beispiel aufgenommen wurde.*

*Das Telefonverzeichnis eines kleinen Dorfes sei auf einer Magnetplatte gespeichert und die Platte umfasse ausschliesslich dieses Verzeichnis. Die Darstellung könnte die folgende sein (Abb. 1.4.9):*

## 4. Datenorganisation

| | | | | | | | | | | | | |
|---|---|---|---|---|---|---|---|---|---|---|---|---|
| 1 | ABEL | 2 | GEORG | 3 | KASPAR | 4 | MEIER | 5 | RELLER | 6 | STOLL | 7 |
| 2 | ABEL | 8 | CADUFF | 10 | EGGER | 28 | ... ... | | FRICK | 65 | 3 |
| 3 | GEORG | 98 | GLOOR | 105 | GNAEGI | 112 | ... ... | | HAUSER | 125 | 4 |
| 4 | KASPAR | 140 | KOPP | 161 | LEBER | 182 | ... ... | | LOWITZ | 190 | 5 |
| 5 | MEIER | 203 | PLANZER | 211 | RAABE | 251 | ... ... | | RASPE | 280 | 6 |
| 6 | RELLER | 312 | RUBIN | 351 | SAMSON | 16 | ... ... | | STAMM | 431 | 7 |
| 7 | STOLL | 455 | STRAUB | 491 | UNGER | 511 | ... ... | | ZEHNDER | 562 | 0 |

| | | | | | | |
|---|---|---|---|---|---|---|
| 8 | ABEL | ROLF | BLUEMLIWEG 13 | SCHREINER | 44283 | 9 |
| 9 | BERG | PETER | HOWER STEG 41 | LAGERIST | 44225 | 10 |
| 10 | CADUFF | GIAN | DORFSTR. 68 | STUDENT | 44982 | 11 |
| 11 | CHRISTEN | HANS | HYDEGGWEG 17 | | 44371 | 12 |
| ⋮ | | | | | | |
| | MANN | FRED | ROEMERSTR. 37 | LEHRER | 44718 | 203 |
| 203 | MEIER | PETER | BASLERSTR. 12 | HAUSWART | 44612 | 204 |
| 204 | NICK | ROLF | SAALSTR. 19 | REGISSEUR | 44722 | 205 |
| 205 | OSER | VRENI | KIRCHWEG 68 | DR.MED. | 44776 | 206 |
| 206 | PIETSCH | WERNER | FIRSTRAIN 8 | | 44721 | 207 |
| 207 | PINO | PIERO | ALTWEG 38 | FRAESER | 44628 | 208 |
| ⋮ | | | | | | |
| 312 | RELLER | JAKOB | PETERSPL. 48 | SPENGLER | 44155 | 313 |
| 313 | ROHNER | HANS | BLUMENWEG 88 | KFM.ANG. | 44861 | 314 |
| 314 | ROTTER | FRED | KURVENSTR.123 | VERTRETER | 44151 | 315 |
| 315 | ROSSI | MARCO | KRONENSTR.113 | POLIZIST | 44288 | 316 |
| ⋮ | | | | | | |
| 422 | ZEHNDER | MAX | DAMMWEG 172 | INSTRUKTOR | 44776 | 423 |

*1.4.9    Telefonverzeichnis als index-sequentiell organisierte Datei*

*Auf der Platte befinden sich drei Dateien:*

- *Die* **Teilnehmerdatei** *beginnt in Zeile 8. Neben Name, Vorname, Adresse, Beruf und Telefonnummer gehört die Zahl rechts zum Datensatz. Diese Zahl gibt an, in welchem Datensatz sich der alphabetisch nächsthöhere Datensatz befindet. In unserem Fall ist die Datei alphabetisch aufsteigend geordnet.*
- *Zeile 2 bis 7 enthält das Inhaltsverzeichnis, die Indexdatei. Die* **Indexdatei** *gibt von einer Auswahl von Teilnehmern an, auf welchem Datensatz sich der betreffende Teilnehmer auf der Teilnehmerdatei befindet (z.B. «ABEL 8» bedeutet «Abel befindet sich in Record 8»).*
- *Auch diese Indexdatei ist – alphabetisch geordnet – in Datensätze eingeteilt. Die Zahl rechts gibt an, wo sich der alphabetisch nächsthöhere Datensatz befindet.*
- *Zeile 1 ist das «***Inhaltsverzeichnis des Inhaltsverzeichnisses***». Es gibt an, mit welchem Namen ein Datensatz der Indexdatei beginnt; («MEIER 5» heisst «Der Datensatz 5 enthält das Inhaltsverzeichnis ab Meier».)*

**Mutation der Datei:** *Es soll im folgenden gezeigt werden, wie mit dem Verfahren des index-seriellen Zugriffes eine Mutation durchgeführt wird. Am Computer ist eine Bildschirmstation angeschlossen, von der aus die Eintragung «ROTTER» im Telefonverzeichnis gelöscht werden soll.*

*Der Zentralspeicher des Systems sei gemäss Abb. 1.4.10 eingeteilt.*

| Bildschirm-Eingabe (BE)<br>Inhaltsverzeichnis des Inhaltsverzeichnisses (IIV)<br>Inhaltsverzeichnis (IV)<br>Teilnehmer (TN) | Eingabe |
| --- | --- |
| Programm | Progr. |
| Ausgabe | Ausg. |

1.4.10  Einteilung des Zentralspeichers beim Anwendungsbeispiel «Löschen Rotter»

*Der Eingabebereich lässt also Platz für:*

- *die Bildschirmeingabe*
- *den Datensatz des «Inhaltsverzeichnisses der Inhaltsverzeichnisse»*
- **einen** *Datensatz des Inhaltsverzeichnisses*
- **einen** *Datensatz des Teilnehmerverzeichnisses*

*Die Mutation läuft wir folgt ab: Der Benützer gibt über Bildschirm an, dass er den Satz «ROTTER» annullieren möchte. Das Programm lädt den Datensatz 1 in den IIV-Bereich.*

## 4. Datenorganisation

| | | | | | | | | | | | | | |
|---|---|---|---|---|---|---|---|---|---|---|---|---|---|
| BE | | | «Annullation Rotter» | | | | | | | | BE | | |
| IIV | Abel | 2 | Georg | 3 | Kaspar | 4 | Meier | 5 | Reller | 6 | Stoll | 7 | IIV |
| IV | | | | | | | | | | | | | IV |
| TN | | | | | | | | | | | | | TN |

*1.4.11 «Löschen Rotter»*

*Das Programm stellt fest: «ROTTER» liegt zwischen «RELLER» und «STOLL». Es greift deshalb auf den Datenstz 6 zu.*

| | | | | | | | | | | | | | |
|---|---|---|---|---|---|---|---|---|---|---|---|---|---|
| BE | | | «Annullation Rotter» | | | | | | | | BE | | |
| IIV | Abel | 2 | Georg | 3 | Kaspar | 4 | Meier | 5 | Reller | 6 | Stoll | 7 | IIV |
| IV | Reller | 312 | Rubin | 351 | Samson | 16 | ... | | ... | | Stamm | 431 | 7 |
| TN | | | | | | | | | | | | | TN |

*1.4.12 «Löschen Rotter»*

*Das Programm stellt fest: «ROTTER» liegt zwischen «RELLER» und «RUBIN». Es greift auf den Datensatz 312 zu.*

| | | | | | | | | | | | | |
|---|---|---|---|---|---|---|---|---|---|---|---|---|
| BE | | | «Annullation Rotter» | | | | | | | | | |
| IIV | Abel | 2 | Georg | 3 | Kaspar | 4 | Meier | 5 | Reller | 6 | Stoll | 7 |
| IV | Reller | 312 | Rubin | 351 | Samson | 16 | ... | | ... | | Stamm | 431 | 7 |
| TN | Reller | | Jakob | | Petersplatz | | 48 | | Spengler | | 44155 | | 313 |

*1.4.13 «Löschen Rotter»*

*Bis jetzt erfolgt jeder Zugriff direkt, d.h. das Programm wusste, welche Information es auf dem abgerufenen Datensatz erwarten durfte. Ab jetzt ist dies nicht mehr der Fall. Die Zahl 313 im Teilnehmersatz gibt lediglich an, dass der alphabetisch nächsthöhere Datensatz 313 ist. Ob dieser «ROTTER» heisst, geht nicht hervor. Ab jetzt geht das Programm seriell vor. Das Programm ruft also Datensatz 313 ab und überdeckt damit im Speicher die «RELLER»-Zeile durch «ROHNER».*

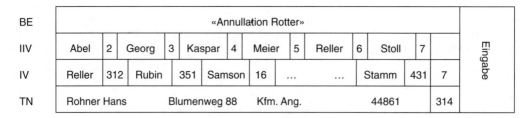

1.4.14   «Löschen Rotter»

*Erst beim nächsten Zugriff trifft es auf «ROTTER».*

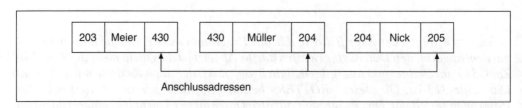

1.4.15   «Löschen Rotter»

Damit der Datensatz «ROTTER» gemäss Bildschirmeingabe annulliert werden kann, wird der Datensatz «ROTTER» nun nicht etwa auf der Platte gelöscht, sondern im Datensatz «ROHNER» wird die Folgeadresse 314 auf 315 abgeändert, d.h. «ROHNER» wird mit «ROSSI» verkettet; ein Zugriff auf «ROTTER» ist dadurch nicht mehr möglich.
  Analog wie oben geht das Programm bei **Veränderung** von Datensätzen vor.
  Bei **Neuzugängen** wird der neue Datensatz auf irgendeinen freien Platz auf der Platte geschrieben und durch entsprechende Anschlussadressen verbunden.

**Beispiel:** *Neuzugang Müller gibt folgende Änderungen auf Disk:*

– MÜLLER wird auf den freien Platz 430 geschrieben. Die Anschlussadresse (Zahl rechts) trägt den Wert «204» (denn NICK ist der alphabetisch nächsthöhere Datensatz).
– Bei MEIER wird die Anschlussadresse von 204 auf 430 geändert.

| 203 | Meier | 430 | | 430 | Müller | 204 | | 204 | Nick | 205 |

Anschlussadressen

1.4.16   Ein Neuzugang wird durch Verbindung mit Anschlussadressen ermöglicht.

## Sortierung

Direkt organisierte Dateien werden nicht physisch sortiert, wenn eine Reihenfolge nach einem neuen Ordnungsbegriff benötigt wird (z.B. wenn ein Teilnehmerverzeichnis ausgedruckt werden soll, das nach Telefonnummern sortiert ist). Ein spezielles «Sortierprogramm» erstellt statt dessen eine neue Indexdatei (ein Verzeichnis), die angibt, in welcher Reihenfolge die Datensätze abzurufen sind, damit sich die gewünschte neue Ordnung ergibt.

## Reorganisation

Mutationen bringen im Laufe der Zeit eine erhebliche Unordnung in die Index- und Stammdateien. Aus diesem Grund sind regelmässig Reorganisationsläufe (Verwaltungsarbeit mit Dienstprogramm) nötig. Dabei werden alle index-sequentiellen Dateien neu geordnet, wozu meist ziemlich viel Zeit (bis zu einigen Stunden) benötigt wird.

## Datensicherung

Bei Arbeiten mit direkt organisierten Dateien muss die Datensicherung besonders beachtet werden, da bei einem Maschinenfehler während der Verarbeitung meistens nicht festgestellt werden kann, wie weit man gekommen ist. Es bleibt ungewiss, welche Datensätze in den verschiedenen Dateien bereits bearbeitet wurden und welche noch nicht.

Bei sequentiell organisierten Daten könnte man jetzt die Arbeit einfach nochmals von vorne beginnen. Hier ist das in der Regel nicht möglich. Man muss vielmehr auf Sicherstellungen zurückgreifen, die alle Dateien in einem bestimmten Zeitpunkt festgehalten haben und alle Verarbeitungen seit damals wiederholen. Deshalb wird man möglichst häufig (täglich, oder vor jeder grösseren Verarbeitung) eine Sicherstellung vornehmen.

Für Sicherstellungen können direkte Dateien schnell seriell gelesen und auf Magnetband kopiert werden.

## Vor- und Nachteile

*Vorteile* der direkten Organisationsform liegen im

– Zugriff, mit dem sehr schnell ein bestimmter Datensatz gefunden werden kann,
– Mehrfachzugriff, bei dem mehrere Benützer (z.B. von mehreren Bildschirmen aus) und auch mehrere Programme nahezu gleichzeitig auf dieselbe Datei zugreifen können. Das ist bei Auskunfts- und Reservationssystemen (z.B. Platzreservierungssysteme der Fluggesellschaften) unbedingt notwendig.

*Nachteile* sind

– die relativ hohen Kosten der Datenträger,
– die umständlichen Massnahmen der Dateireorganisation und
– der erhebliche Aufwand für Datensicherung und Wiederanlauf nach Störungen.

### 4.2.4 Virtuelle Organisation

Diese Organisationsform bedient sich des «virtuellen Speichers» (engl.: «Virtual Storage», virtuell = scheinbar).

Ein virtueller Speicher entsteht aus dem Zusammenwirken von

- Haupt- oder Arbeitsspeicher (Halbleiterspeicher der Zentraleinheit),
- externem Speicher (Magnetplattenspeicher),
- Betriebssystem.

Die Benützung des Speichers geschieht in derselben Art, wie wenn ein ausserordentlich grosser Hauptspeicher verfügbar wäre. Alle Datensätze finden in diesem fiktiven, sehr grossen Hauptspeicher Platz. Auf jeden Datensatz und auch auf jedes Datenelement kann unmittelbar zugegriffen werden, jede serielle oder wahlfreie Zugriffsmethode ist möglich.

Doch der ausserordentlich grosse Hauptspeicher ist nur virtuell, nur scheinbar, nur eine Fata Morgana. In Wirklichkeit besteht er aus einem normal grossen Hauptspeicher und einem Magnetplattenspeicher. Das Betriebssystem sorgt nun dafür, dass beide Speichermedien wie eine Einheit funktionieren. Der Benützer kennt nur einen Speicher mit einer Adressierung.

Der virtuelle Speicher wird in Seiten (engl.: «pages») eingeteilt. Jede Seite ist gleich gross und umfasst ca. 2000 bis 64 000 Speicherstellen. Alle Speicherplätze haben virtuelle Adressen, die ihre Seite und die Stellung innerhalb ihrer Seite angeben. Zu einem bestimmten Zeitpunkt befinden sich einige dieser Seiten im Hauptspeicher (realer Speicher) und alle Seiten ausserdem im Hintergrundspeicher (virtueller Speicher auf Magnetplatte). Siehe Abb. 1.4.17.

Für eine Zugriff (um z.B. einen Datensatz zu lesen) steht im entsprechenden Programm eine virtuelle Adresse. Das Betriebssystem untersucht, ob sich die zugehörige Seite im Hauptspeicher befindet. Ist das der Fall, rechnet es die virtuelle Adresse in die reale Adresse des Hauptspeichers um und führt den gewünschten Zugriff aus. Befindet sich die gewünschte Seite nicht im Hauptspeicher, muss sie vom Hintergrundspeicher dorthin gebracht werden. Das Betriebssystem wählt einen Platz dafür aus, denn es muss ja eine andere Seite dafür auf die Platte gebracht oder überschrieben werden. Häufig wird diejenige Seite herausgenommen, die am längsten nicht benützt worden ist. Nachdem die neue Seite ihren Platz im Hauptspeicher gefunden hat, wird wieder die reale Adresse der Speicherstelle vom Betriebssystem berechnet und der Zugriff durchgeführt.

Das Auswechseln der Seiten, das Hin und Her zwischen Haupt- und Hintergrundspeicher, die Auswahl der Austauschseite, die Adressrechnung, der Magnetplattenzugriff – all das sind Aufgaben des Betriebssystems. Diese Aufgaben kosten Zeit, das Betriebssystem braucht Speicherplatz: Deshalb ist diese Organisationsform nur für grosse und leistungsfähige EDV-Systeme geeignet.

Besondere Probleme stellt auch die Datensicherung, denn hier lässt sich bei einem Systemausfall so gut wie gar nichts rekonstruieren, da alle Daten im Halbleiterspeicher zerstört sein können. Eine Sicherstellung kann nur durch eine vollständige Kopie des gesamten Systems in einem Ruhezustand auf Magnetbänder erfolgen. Auch das ist zeitlich eine sehr aufwendige Arbeit.

Aus diesen Gründen wurde die virtuelle Organisation anfangs nur für die Speicherung von Programmen verwendet. Da mussten Sicherstellungen nur nach Programmänderungen, also verhältnismässig selten, vorgenommen werden; sie betrafen auch jeweils nur das geänderte Programm. Schon hier waren die Vorteile gewaltig: Plötzlich konnten auch auf mittleren Computern beliebig grosse Programme verarbeitet werden.

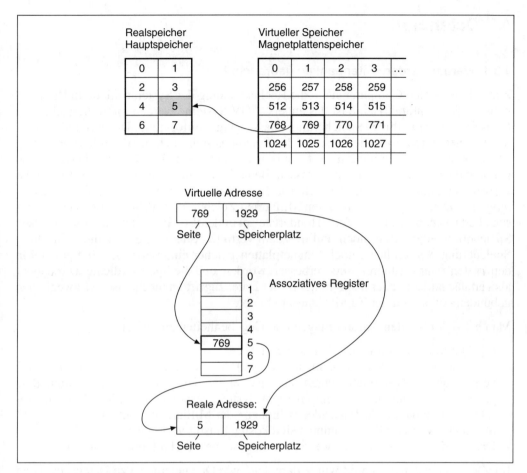

*1.4.17  Zusammenhang zwischen virtueller und realer Adresse:*
*Die Seite 769 des virtuellen Speichers wurde auf Seite 5 des realen Speichers übertragen. Im assoziativen Register wurde dies vermerkt. Jede virtuelle Adresse kann mit Hilfe des assoziativen Registers in eine reale Adresse umgewandelt werden, wenn sich die gesuchte Seite im Hauptspeicher befindet.*

Die virtuelle Organisation bringt jedoch auch für die Datenspeicherung sehr grosse Vorteile. Im technisch-wissenschaftlichen Bereich können Aufgaben mit grossen Tabellen und Matrizen einfacher programmiert werden. Da das Betriebssystem allein für die Verbindung Hauptspeicher–Plattenspeicher verantwortlich ist, ist ein freier Entwurf von Datenbanken möglich, die neben den Stammdateien oft viele Verknüpfungsdateien benötigen.

Mit Hilfe der virtuellen Speichertechnik bewegt sich der Programmierer in einem mehrdimensionalen Freigelände grosser Ausdehnung. Solche räumliche Freiheiten werden immer mit langen Laufzeiten erkauft, das ist auch bei der virtuellen Organisation nicht anders.

## 4.3 Datenbank

### 4.3.1 Warum werden Datenbanken gebraucht?

Zur Zeit der ersten Computer stand die Rechenleistung der Systeme allein im Rampenlicht der Betrachtung. Heute ist das anders: EDV-Systeme werden im vorherrschenden Mass für die Verwaltung (Speicherung, Klassierung, Umformung, Darstellung) von Informationen eingesetzt. Die Funktion des Rechnens steht nicht mehr im Vordergrund – ausgenommen bei Computern im technisch-wissenschaftlichen Einsatz. Dass dies so gekommen ist, liegt einmal im grossen Bedarf an Einrichtungen zur Informationsverwaltung, zum anderen in der technischen Entwicklung der Hardware. Sie hat es ermöglicht, Datenbestände von vielen Milliarden Zeichen und mehr zu speichern, abgespeicherte Daten in kurzer Zeit (Hundertstelsekunden bis Sekunden) in solch grossen Speichern wieder aufzufinden und trotzdem vertretbare Kosten einzuhalten. Für diese Speicherung werden heute noch Magnetplattenspeicher eingesetzt. Sie sind ja wohl in den letzten zwanzig Jahren stets verbessert worden, und die Speicherdichte wurde mehr als vertausendfacht, aber noch immer ist der Datenzugriff an mechanische Bewegungen gebunden – wodurch der Zugriff langsam bleibt.

Man hat sich nach den Anforderungen und Gegebenheiten zu richten:

– Informationsverwaltung ist überaus gefragt.
– Datenbestände werden erst dann zu aussagekräftigen Informationen, wenn sich nach verschiedenen Zusammenhängen ausgewertet werden können. Das bedingt, dass grosse Datenbestände in einem einzigen System gespeichert werden: Je nach Einsatzgebiet enthalten sie Tausende, Millionen oder Milliarden Zeichen.
– Speicher für grosse Datenvolumen sind kostengünstig verfügbar.
– Der Zugriff zu den Daten ist wegen der eingesetzten Technik noch langsam.

Im vorhergehenden Abschnitt wurde dargelegt, wie Datenelemente zu Datensätzen und Datensätze zu Dateien zusammengefügt werden. Was ist nun aber eine Datenbank? Eine Datenbank fasst alle Dateien einer bestimmten Anwendung oder sogar aller Anwendungen eines Unternehmens zu einem logischen System zusammen. Diese Zusammenfassung erfolgt so, dass ihre Glieder (Datenelemente, -sätze, Dateien) miteinander in sinnvolle Verbindung gebracht werden können. Ausserdem wird jede Information im Idealfall nur einmal gespeichert. Die Mehrfachspeicherung von Daten nennt man Redundanz. Eine ideale Datenbank speichert demnach ohne Redundanz. In der Praxis müssen die Anforderungen verkleinert werden: Man arbeitet mit «kontrollierter Redundanz». In einer Datenbank sind ausserdem die Daten so gespeichert, dass sie von Anwenderprogrammen formal unabhängig sind. Daten werden in einheitlicher und kontrollierter Art in die Datenbank aufgenommen oder in ihr verändert.

Man kann sich vorstellen, dass die Mutation von Daten bei Beständen von Millionen und Milliarden von Datenelementen einen gewaltigen Aufwand erfordert. Dieses Mutieren oder Ändern von Daten wird noch komplizierter, wenn dieselbe Änderung an mehreren Stellen durchgeführt werden muss (z.B. sei die Adresse von Herrn Peter Huber in drei Dateien gespeichert). Ausserdem kann die Mehrfachspeicherung oder Redundanz zu grossen technischen Schwierigkeiten führen, wenn durch einen Fehler die redundante

## 4. Datenorganisation

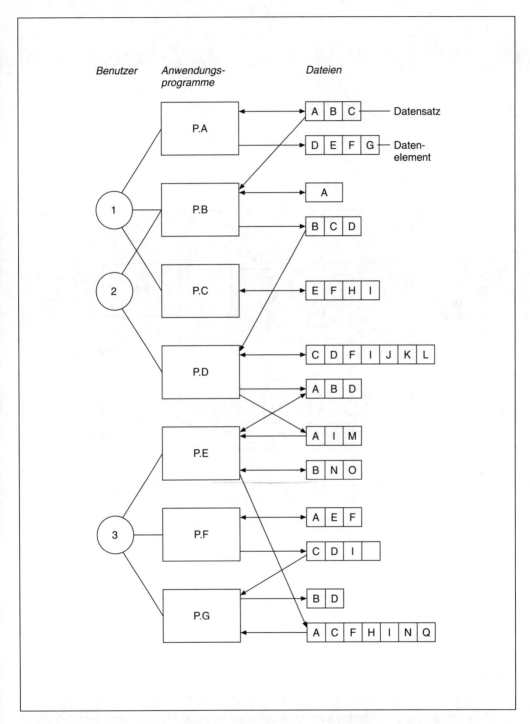

1.4.18 In diesem Beispiel arbeiten drei Benutzer mit sieben Programmen. Ihre Daten sind in 13 Dateien abgelegt. (Nach J. Martin: Einführung in die Datenbanktechnik)

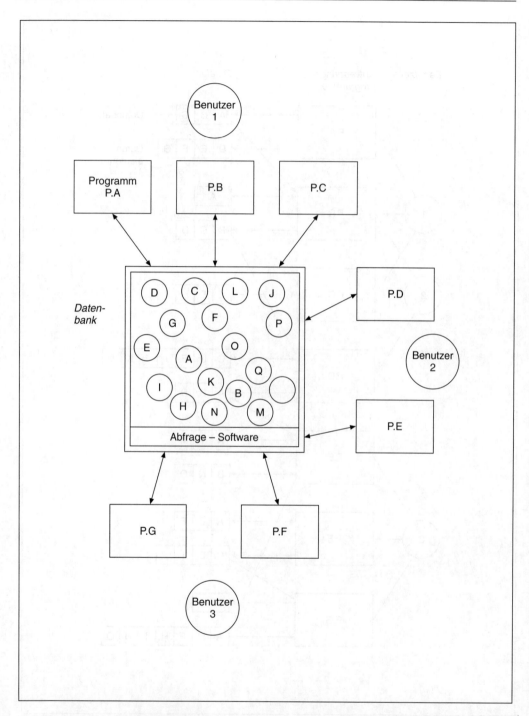

1.4.19 *In diesem Beispiel arbeiten wieder drei Benutzer mit sieben Programmen. Ihre Daten sind in einer idealen Datenbank ohne Redundanz gespeichert. Die Beziehungen scheinen einfach zu sein. (Nach J. Martin: Einführung in die Datenbanktechnik)*

Information nicht mehr gleich ist (z.B. wohnt Peter Huber gemäss Datei 1 in Chur, gemäss Datei 2 und 3 aber in Landquart – was soll gelten?) Betrachtet man ein Informationssystem mit Dateien *ohne* Datenbank, so ergibt sich das in Abb. 1.4.18 skizzierte Bild.

Die Darstellung zeigt, dass schon in einfachen Verarbeitungen (drei Benützer, sieben Anwendungsprogramme und 13 Dateien sind Zahlen für Kleinrechner–Mehrplatzsysteme, z.B. für Textverarbeitung mit Adressenverwaltung, Fakturierung und Zahlungskontrolle) die Beziehungen recht kompliziert werden. Man stelle sich nun ein System mit einigen hundert Dateien vor, wie es z.B. bei einer mittelgrossen Bank oder Versicherung im Einsatz stehen kann. Solche Systeme gibt es und sie funktionieren – aber dass sie funktionieren, kann eigentlich nur als Wunder angesehen werden.

Es war dieses komplizierte Netz von Beziehungen, das die Idee der Datenbank gebar. Wie man sich eine Datenbank vorzustellen hat, ist in Abb. 1.4.19 dargestellt.

Wiederum arbeiten mehrere Benützer mit mehreren Programmen und den verschiedensten Datenelementen. Jedes Datenelement ist nur einmal vorhanden, es gibt keine Redundanz. Die Beziehungen sind einfach – eine ein- oder zweibahnige Strasse von jedem Programm zur Datenbank, keine Kreuzungen. Als weiterer Komfort steht Abfrage-Software zur Verfügung, die die Programmierung zum Kinderspiel macht. Jeder Manager erhält seinen Bildschirm und holt sich mit Knopfdruck jede beliebige Information aus der Datenbank. Diese Darstellung überzeugt sofort. Leider ist sie ausserordentlich naiv.

Wo liegt der Haken? Es ist keine Kunst, alle Daten eines Unternehmens in einen grossen Behälter zu werfen. Aber man muss wissen, welche Daten man besitzt, wie man sie schnell findet und wie sie zueinander in Beziehung stehen. Und das ist das Problem! Eine Datenbank muss eine Struktur haben – das Strukturieren erfordert grossen Aufwand. Zwei wesentliche Schwierigkeiten sind zu überwinden:

1. Die Information muss möglichst rasch zur Verfügung gestellt werden. Dies läuft dem Wunsche zuwider, keine Redundanz in der Datenbank zuzulassen.
2. Die Datenbank-Struktur muss flexibel sein, d.h. man muss Datenelemente, Datensätze, Dateien ohne grossen Aufwand ändern und umbauen können – sonst kann die wirtschaftliche Entwicklung eines ganzen Unternehmens durch die EDV eingefroren werden. Dieser Wunsch nach Flexibilität widerspricht dem Wunsch nach Einfachheit.

Wie alle brauchbaren Instrumente der Technik, stellen einsetzbare Datenbanken einen Kompromiss dar: Sie sind einfacher als eine Vielzahl unzusammenhängender Dateien – sie haben eine kontrollierte Redundanz – die Zugriffszeiten sind annehmbar – die Struktur lässt sich ändern, solange man in gewissen Grenzen bleibt – es gibt Abfragesysteme mit recht guten Möglichkeiten – die Kosten für Hardware und Software sind tragbar – der Aufwand für ihre Einrichtung und Anpassung ist jedoch gross.

### 4.3.2 Datenmodellierung

Soll eine Datenbank für ein Informationssystem eingerichtet werden, müssen die dort aufzunehmenden Daten in eine bestimmte Ordnung gebracht werden. Mit Datenmodellierung bezeichnet man das Aufstellen eines Ordnungskonzeptes für Daten.

## 1. Schritt: ein Schema

Zunächst muss ein Schema entworfen werden, gemäss dem die Daten dann zu ordnen sind. Der Entwurf soll wirklichkeitsnah sein und unabhängig von der Hardware und Software, die schliesslich eingesetzt wird. Die Arbeit kann durch eine Modellvorstellung erleichtert werden. Das *Entity-Relationship-Modell* (abgek. ERM) hat sich als gut geeignet erwiesen, da es direkt durch relationale Datenbanken (siehe unten) realisiert werden kann. (Dieses Modell wurde 1976 von P.P.S. Chen vorgeschlagen.)

Das ERM verwendet zwei Bausteine: Entitäten (Entities), das sind Objekte, und die Beziehungen zwischen diesen (Relationships).

Eine *Entität* ist abgrenzbar und gehört einem begrenzten System an. Gleichartige Entitäten entsprechen einem *Entitätstyp*. Ist ein Entitätstyp durch konkrete Entitäten besetzt, so erhält man eine *Entitätsmenge*. Jeder Entitätstyp wird durch seine Eigenschaften beschrieben, die man *Attribute* nennt. Den Inhalt der Attribute nennt man deren *Ausprägung*. Beispiele dafür sind:

– Entitätstypen: Mitarbeiter, Projekte
– Entitäten: Mitarbeiter Fritz Meier
  Projekt Aufbau Messekoje
– Attribute von Entitätstypen: Tätigkeiten, Endtermin
– Ausprägung von Attributen: Maler, 1.9.1994

Die Beziehungen *(Relationships)* verknüpfen zwei oder mehrere Entitäten. Sie geben an, welche Beziehungen zwischen den verknüpften Objekten bestehen. Eine Beziehung kann wiederum durch Attribute näher beschrieben werden – das muss aber nicht der Fall sein. Beispiele für Beziehungen sind: «arbeitet mit bei», «liefert». Verknüpft man mit der ersten Beziehung die beiden Entitätsmengen «Mitarbeiter» und «Projekte», so könnte sich folgende Information ergeben: «Unser Mitarbeiter, Herr Fritz Meier (Maler) arbeitet (während einer Woche) mit im Projekt Aufbau Messekoje (Fertigstellung vor dem 1.9.1994).» Die zugeordneten Attribute (in Klammern) erweitern die Information.

Zwischen zwei Entitätsmengen (EM1 und EM2) können die Beziehungen einfach oder komplizierter sein. Zur schematischen Darstellung verwendet man gerichtete Assoziationen, wobei man meist vier Typen unterscheidet:

| Assoziationstyp *(EM1, EM2)* | Jeder Entität aus EM1 sind Entitäten aus EM2 zugeordnet: |
|---|---|
| 1 (einfach) | genau eine |
| c (konditionell) | keine oder eine |
| m (multipel) | eine oder mehrere |
| mc (multipel-konditionell) | keine, eine oder mehrere |

Um eine Beziehung vollständig zu typisieren, muss man jede Assoziation (EM1, EM2) mit ihrer Gegenassoziation (EM2, EM1) kombinieren. Daraus ergeben sich 16 mögliche Arten von Beziehungen. Im Bild 1.4.20 ist das Schema für Bestellungen einer Einkaufsabteilung als Beispiel dargestellt.

## 2. Schritt: das Datenmodell

Aus dem oben skizzierten Schema der Entitäten und Beziehungen lässt sich auf geradem Weg ein relationales Datenmodell verwirklichen. Wie später noch ausgeführt wird, sind die Bausteine eines solchen Modells einfache Tabellen. Demnach kann ein relationales Datenmodell dadurch geschaffen werden, dass man das Entity-Relationship-Schema durch Tabellen darstellt. Wie das zu machen ist, zeigt ebenfalls das Bild 1.4.20. Für jede Entität und jede Beziehung wird eine Tabelle aufgestellt, in welche die Attribute mit ihren Ausprägungen eingetragen werden. Die Beziehungen der einzelnen Zeilen in den Tabellen zu Zeilen in anderen Tabellen ergeben sich durch (gleichlautende) Schlüsselattribute.

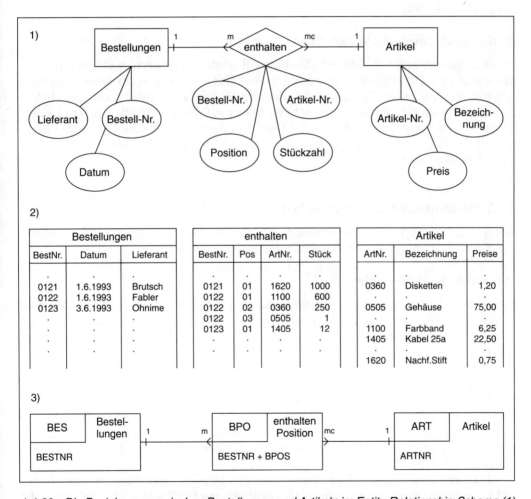

1.4.20  Die Beziehungen zwischen Bestellungen und Artikeln im Entity-Relationship-Schema (1) und im relationalen Datenmodell (2). Die letzte Darstellung (3) zeigt die übliche, vereinfachte Form für das relationale Modell.

## 3. Schritt: Normalisierung

Mit dem obigen Vorgehen erhält man ein Datenmodell, das alle Objekte eines begrenzten Systems mit ihren Eigenschaften und Zusammenhängen abbilden kann. Es wird aber auch vorausgesetzt, dass die enthaltenen Informationen schnell gefunden und verändert werden können. Und damit das erreicht wird, soll jedes Faktum (Eigenschaften, Tatsachen) im Datenmodell nur an einer einzigen Stelle festgehalten werden: Es ist Redundanzfreiheit gefordert.

Durch ein Vorgehen, das man «Normalisierung» nennt, führt man ein relationales Datenmodell (das ist eine Sammlung von Tabellen, die Entitäten und ihre Beziehungen beschreiben) in die sogenannte «dritte Normalform» über. Die physische Realisierung eines Datenmodells ist die Datenbank. Relationale Datenbanken in der dritten Normalform erfüllen die Anforderungen gut und sind in vielen Fällen der ideale Ansatz für die notwendige Ordnung.

### Realisierung: Ideal und Wirklichkeit

In der Regel müssen vom idealen Datenmodell Abstriche gemacht werden, wenn das Modell in eine Dantenbank mit hardware- und softwarespezifischer Umgebung umgeformt werden muss. Oft kann die absolute Redundanzfreiheit nicht eingehalten werden. Aber auch dann sollte man nicht für immer auf das Ideal verzichten und zweierlei zu Papier bringen: erstens das ideale Datenmodell und zweitens das realisierte Datenmodell. Das ideale Datenmodell kann als Leitbild für zukünftige Verbesserungen im Auge behalten werden.

### 4.3.3 Die Strukturen der Datenbanken

Am meisten verbreitet sind drei Strukturen für Datenbanken: die hierarchische Struktur, die Netzwerk-Struktur und schliesslich relationale Datenbanken.

### Hierarchische Datenbanken

In einfachen Fällen der Datenverarbeitung hat man es nur mit «flachen» Dateien zu tun, es gibt keine Hierarchie, alle Datensätze sind gleichberechtigt und enthalten dieselben Datenelemente, und alle Dateien sind gleichberechtigt. In anspruchsvolleren Fällen stehen jedoch die Datenelemente, -sätze oder Dateien zueinander in einer hierarchischen Beziehung. Nun können sie als Baum dargestellt werden.

Die Abb. 1.4.21 zeigt einen solchen Baum, das hierarchische Modell einer Datenbank. Die Datenelemente werden als Knoten, die Abhängigkeiten als ihre Verbindungslinien gezeichnet. Die Datenelemente bilden hierarchische Ebenen, die oberste Ebene hat nur einen Knoten. Jeder Knoten einer unteren Ebene hat in der nächsthöheren Ebene nur einen Knoten übergeordnet. Jeder Knoten kann in der nächstliegenden Ebene keinen, einen oder mehrere Knoten untergeordnet haben.

Als Beispiel ist in Abb. 1.4.21 die hierarchische Struktur eines Vereines gezeichnet.

Hierarchische Strukturen lassen sich in der Praxis der EDV sehr leicht realisieren, die Speicherung kann sequentiell erfolgen: «Die Söhne werden nach dem Vater abgespeichert». Andererseits ist es nicht möglich, mit dem hierarchischen Modell alle möglichen

4. Datenorganisation

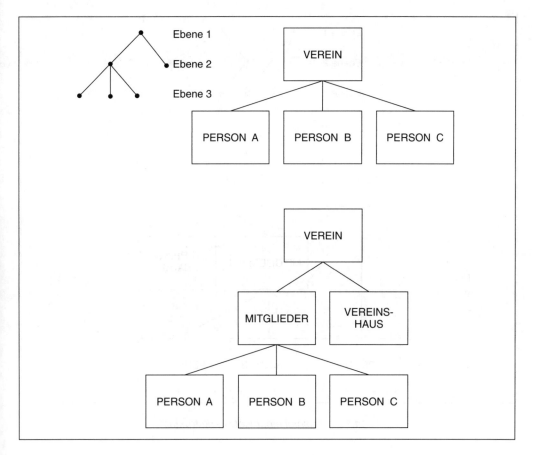

*1.4.21   Hierarchische Struktur*

Fälle von Beziehungen abzudecken, die der Anwender spezifizieren möchte. Es soll hier nur erwähnt werden, dass hierarchische Datenbanken grosse verarbeitungstechnische Vorteile gegenüber den anderen Modellen bieten, wobei vorauszusetzen ist, dass es die Anforderungen gestatten, dieses Modell zu verwenden. Als Beispiel: Die Datenbank IMS von IBM entsprach im Anfang dem hierarchischen Modell.

## Datenbanken mit Netzwerk-Struktur

Wenn ein Strukturelement (ein «Sohn») in einer höheren Ebene mehreren Strukturelementen (mehrere «Väter») zugeordnet ist, so liegt keine Baumstruktur, sondern ein Netzwerk vor.

Dies ist in Abb. 1.4.22 skizziert.

Wie auch aus dem Beispiel in Abb. 1.4.22 ersichtlich ist, lassen sich Netzwerkstrukturen auf mehrere nebeneinander bestehende Baumstrukturen zurückführen, wobei man allerdings eine geringere oder grössere Redundanz (Mehrfachspeicherung) in Kauf nehmen muss. Manche Realisierungen von Datenbanken benützen diese Möglichkeit,

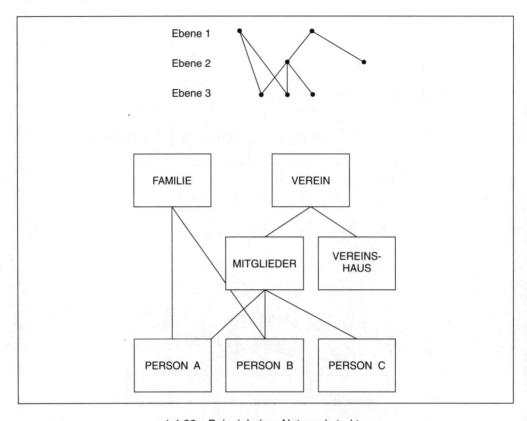

*1.4.22   Beispiel einer Netzwerkstruktur*

andere wiederum arbeiten mit Dateien, deren Beziehungen zueinander ebenfalls in Dateien abgespeichert werden.

Netzwerkstrukturen kommen der Praxis wesentlich näher als hierarchische Strukturen, mit einigen Kunstgriffen lassen sich sogar alle überhaupt möglichen Beziehungen zwischen Strukturelementen realisieren. Dafür geht die Einfachheit der Baumstruktur verloren. Für den Benützer hat dies längere Antwortzeiten zur Folge.

**Relationale Datenbanken**

Das Relationenmodell geht auf die uralte Anwendung von Tabellen zurück. Es ist ein sehr einfaches und leichtverständliches Modell für Datenbanken, ausserdem sind Relationen seit langem durch die mathematische Theorie erschlossen. Der Amerikaner E.F. Codd hat sich seit 1970 um die Verwendung des Relationenmodells für Datenbanken sehr verdient gemacht.

Im Relationenmodell werden in «flachen Tabellen» nur Daten, aber keine Beziehungen zwischen diesen explizit dargestellt. Beziehungen zwischen den Tabellen können jedoch durchaus hergestellt werden, nämlich durch das Vergleichen von Daten. Daraus ergeben sich die wesentlichen Eigenschaften relationaler Datenbanken:

# 4. Datenorganisation

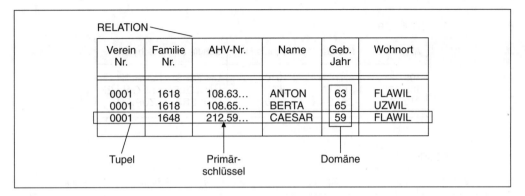

*1.4.23  Begriffe relationaler Datenbanken*

- einfache Speicherung,
- alle Beziehungen sind (implizit) realisierbar,
- Abfragen sind umständlich.

Die verwendeten Tabellen haben folgende Eigenschaften:

- Sie haben Spalten und Zeilen,
- jede Spalte hat einen eindeutigen Namen,
- die Spalten sind homogen, d.h. ihre Werte gehören zur gleichen Sorte,
- die Zeilen sind voneinander verschieden,
- jede Eintragung in die Tabelle ist ein Datenfeldwert,
- Zeilen oder Spalten können in beliebiger Reihenfolge betrachtet werden.

Die Tabellen haben demnach Ähnlichkeiten mit den herkömmlichen Dateien, wobei die Zeilen den Datensätzen entsprechen. Allerdings können Dateien nur «zeilenweise» (d.h. je Datensatz) betrachtet werden.

Die Abb. 1.4.23 zeigt eine einfache Relation und die für Relationen verwendeten Begriffe:

- Jede Tabelle wird als «Relation» bezeichnet.
- Spalten heissen «Domänen».
- Zeilen heissen «Tupel».
- Ein eindeutiger «Primärschlüssel» identifiziert die Tupel. (Alle anderen Datenfelder können als Sekundärschlüssel betrachtet werden. Sekundärschlüssel sind nicht eindeutig, sie definieren Zusammenhänge und dienen der Auswahl.)

Die Tabellen können sehr viele Spalten haben. Verschiedene Benützer einer Datenbank benützen unterschiedliche Mengen von Daten und unterschiedliche Beziehungen zwischen diesen. Deshalb muss es möglich sein, für bestimmte Benützer Untermengen von Spalten einer Tabelle herauszuziehen und damit kleinere Tabellen zu bilden. Andere Benützer werden sich wieder dafür interessieren, Daten aus verschiedenen Tabellen miteinander zu kombinieren. Auch dies muss möglich sein.

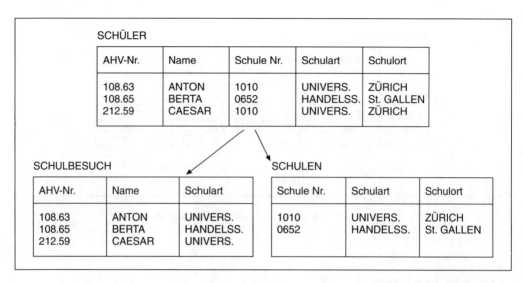

1.4.24   Die Relation «SCHÜLER» wird durch **Projektion** in zwei Relationen aufgeteilt.

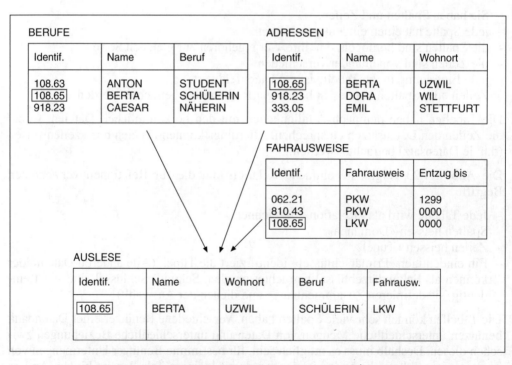

1.4.25   Aus den Relationen BERUFE, ADRESSEN und FAHRAUSWEISE wird durch die Operation **JOIN** ein Zusammenfügen der entsprechenden Daten bewirkt. Eine neue Relation AUSLESE wird erstellt.

Relationale Datenbanken bestehen demnach aus einer Menge zweidimensionaler Tabellen und den nötigen Operationen, um zwei Funktionen ausführen zu können:

- Spaltenauswahl oder «Projektion»,
- Verbinden von Tabellen oder «Join».

Relationale Datenbanken haben eine Reihe von Vorteilen:

- Sie sind einfach, d.h. leicht zu verstehen und leicht zu benützen.
- Sie sind flexibel und datenunabhängig.
 Relationen können geteilt oder zusammengefügt werden, neue Datenfelder können hinzukommen, neue Relationen können eingeführt werden. Dies bedingt keine Änderung in bestehenden Anwendungsprogrammen.
- Bei der Implementierung sind flache Dateien, wie sie hier als Relationen vorliegen, ohne Schwierigkeiten zu speichern.
- Der Datenschutz lässt sich recht gut bewerkstelligen. In der Regel erteilt man bestimmten Personen das Zugriffsrecht auf bestimmte Relationen.
- Für die Architekten relationaler Datenbanken steht eine vollständige Theorie (Relationenkalkül, Relationenalgebra) zur Verfügung.

Aber auch Nachteile müssen verzeichnet werden:

- Zugriffe sind in der Regel langsam.
- Für die praktische Arbeit muss Redundanz in Kauf genommen werden.
- Die Datenbank kann widersprüchliche Abhängigkeiten enthalten.

### 4.3.4 Was gehört zu einer Datenbank?

Allgemein betrachtet enthalten alle Datenbanken eine grössere Anzahl von Dateien, die wiederum teilweise eine sehr grosse Anzahl von Datensätzen enthalten können (Grössenordung: Millionen). Um mit diesen Daten arbeiten (suchen, lesen, schreiben) zu können, wird Software benötigt. Datenbanken bestehen demnach im wesentlichen aus zwei Teilen:

- *Datenbasis* (DB), d.i. die Menge aller gespeicherten Daten,
- *Datenverwaltungssystem* (DBMS = Data Base Management System), ein Softwarepaket zum Suchen, Lesen, Schreiben und für weitere Funktionen, die zur Ordnung und Benützung der Datenbasis erforderlich sind.

Alle Anwendungsprogramme greifen nicht direkt auf die Daten zu, sondern tun dies mit Hilfe des Datenverwaltungssystems. Der Programmierer der Anwendungsprogramme kann in seinem Programm Funktionen des DBMS aufrufen. Er liest nicht mit einem eigenen Befehl einen Datensatz aus der Datenbasis, sondern ruft eine Routine des Verwaltungssystems auf, das für ihn die gesuchten Daten findet, liest und bereitstellt.

Die Anwendungsprogramme erreichen somit die Daten nur indirekt, was den Vorteil mit sich bringt, dass zusätzliche Sicherheitsmassnahmen eingebaut werden können. Damit werden ungewollte Beschädigungen erschwert. Auch die Zugriffskontrolle wird in das Datenverwaltungssystem einbezogen. Nur Personen mit Zugriffsberechtigung – die mit einem entsprechenden Passwort nachzuweisen ist – dürfen in gewissen Dateien lesen oder gar schreiben.

Zur Benützung einer Datenbank gehört ausserdem eine

- *Datenmanipulationssprache* (DML = Data Manipulation Language), die eine Datenabfragesprache (SQL = Structured Query Language) enthält.

Die gespeicherten Daten dienen ja nur dann dem Benützer, wenn er sie wieder abfragen und bearbeiten kann. Diese Möglichkeit hat eine DML oder SQL zu bieten. Bei den Abfragen unterscheidet man zwischen standardisierten und freien Abfragen. Bei standardisierten Abfragen kann der Benützer die Frage am Bildschirm aus einem Menu wählen. Diese Frageart hat die grösste Bedeutung (Beispiel: Wie heisst und wo wohnt der Mitarbeiter mit der Personalnummer 220263?). Bei freien Abfragen wünscht der Benützer Angaben, die sich aus den Daten ermitteln lassen, die aber nicht von vornherein definiert sind. (Beispiel: Welche Studenten, die älter als 24 Jahre sind und im Kanton Glarus wohnen, erhalten ein Stipendium?). Damit solche Anforderungen erfüllt werden können, müssen vom Benützer einige Kenntnisse der Datenbank und von der Abfragesprache ein grosser Komfort verlangt werden.

### 4.3.5 Was Datenbanken bieten

Moderne Datenbanksysteme erfüllen die folgenden Anforderungen:

- Datenunabhängigkeit. Die Struktur der Daten und die physischen Speichermedien (Hardware) können geändert werden, ohne dass Änderungen an Anwenderprogrammen nötig sind.
- Kontrollierte Redundanz. Die Mehrfachspeicherung bestimmter Daten wird auf ein Minimum beschränkt.
- Beliebige Beziehungen zwischen den einzelnen Datenelementen.
- Datenschutz. Die Zugriffsberechtigung auf gewisse Daten ist auf gewisse Personen beschränkt.
- Beantwortung standardisierter und freier Anfragen in kurzer Zeit.
- Die Datenbank einer bestimmten Anwendung muss Verbindungen zu Datenbanken benachbarter Bereiche ermöglichen.

Datenbanken entwickeln sich kontinuierlich und haben ständig wachsende Aufgaben zu erfüllen. Neue Satztypen werden notwendig, und zusätzliche Datenfelder werden in bestehende Sätze eingebaut. Neue Abfragemöglichkeiten werden verlangt. Die Struktur der Datenbank muss erweitert oder geändert werden. Dies alles muss möglich sein. Deshalb ist der Aufwand für den Entwurf und den Betrieb einer Datenbank gross, auch wenn letzterer automatisch und ohne manuellen Eingriff erfolgt. Auch leistungsfähige Computer benötigen Zeit für den Unterhalt der Datenbanksysteme. Das gilt besonders für allgemein gehaltene (und damit für viele verschiedene Anwendungen geeignete) Datenbanksoftware.

### 4.3.6 Verteilte Datenbanksysteme

Bei herkömmlichen Systemen wird die Datenverwaltung physisch zentralisiert. Bei vielen Unternehmensstrukturen genügt diese Lösung, auch wenn der Zugriff von Aussenstellen her über grössere Distanzen mit Datenfernübertragung erfolgt. Problematisch wird die Situation bei grossen Unternehmen mit starker geographischer Aufteilung. In jedem Informationssystem ist die Datenfernübertragung heute noch ein langsames und kostspieliges Element. Dies führt dazu, die Datenbestände nicht zentral zu führen, sondern sie lokal zu verteilen. Ein internationales Elektronik-Unternehmen, das vor einiger Zeit analysiert wurde, verwendet insgesamt rund 60 000 Dateien, die über mehrere Kontinente verstreut sind. Hier muss ein sehr hoher Grad von unkontrollierter Redundanz vermutet werden.

Will man die Struktur eines Informationssystems einer dezentralen Unternehmensstruktur anpassen, so müssen die Daten nach bestimmten Kriterien auf die lokale Organisationen verteilt werden, wobei trotzdem eine firmenumfassende Gesamtübersicht gewahrt werden soll. Dies bezeichnet man auch als logische Zentralisierung. Das Mittel für ihre Realisierung ist die «verteilte Datenbank».

Verteilte Datenbanksysteme bestehen aus «Knoten», das sind Computer mit ihren Datenspeichern an den verschiedenen Orten, und den Verbindungen dazwischen, die durch Kanäle der Datenfernübertragung gebildet werden (siehe auch Kapitel 5.3). Es sind bereits Systeme mit weltweit 500 Knoten realisiert worden (EMPACT, ein Produktions-Unterstützungssystem der Fa. Tandem). Die Hardware stellt heute alle nötigen Elemente für solche Konfigurationen zur Verfügung, mit Ausnahme von kostengünstigen Übertragungskanälen mit hoher Leistung. Die Probleme liegen auf der Seite der Systemarchitektur und der entsprechenden Software.

Ein «verteiltes Datenbanksystem» (VDBS) besteht demnach aus mehreren geographisch verteilten Computern, die miteinander kommunizieren, und aus einem Datenbanksystem, das auf die verschiedenen Computer verteilt ist. Letzteres bedeutet, dass einerseits die Datenbasis (d.h. die Datenbestände) auf mehrere Computer aufgeteilt gespeichert wird und andererseits ein Verwaltungssystem (DBMS, Betriebssoftware) in jedem Computer vorhanden ist und mit den Verwaltungssystemen der anderen Computer zusammenarbeitet. Wird in allen Knoten eines solchen Systems die selbe Hardware und Software verwendet, nennt man das System homogen. Es müssen aber auch Systeme möglich sein, bei denen ganz verschiedenartige Hardware und Software miteinander wirken: Dies sind heterogene Systeme.

Man erkennt ohne weiteres, dass hier Aufgaben bisher unerreichter Komplexität zu lösen sind. Der Lohn ist eine verteilte Datenbank, die aus der Sicht des Benutzers wie ein zentrales System erscheint. Ein brauchbarer Lösungsansatz ergab sich durch die Mehrfachspeicherung von Teilen der Datenbank in einigen Knoten, wobei sichergestellt wird, dass die einzelnen Kopien einander so gut wie immer gleichen. In solchen Systemen spricht man von «replizierten Daten».

Verteilte Datenbanken bieten folgende Vorteile:

– Optimale Kosten und Übertragungszeiten durch Optimierung der Datenfernübertragung.
– Lokale Autonomie: Jede lokale Organisation hat volle Kontrolle über «ihre» Daten.
– Erhöhte Leistung: Durch die gekoppelten Rechner wird bis zu einem gewissen Grad die Parallelverarbeitung der Datenbank möglich. Dies verkürzt die Antwortzeiten.
– Höhere Zuverlässigkeit und Verfügbarkeit: Beide sind gegeben durch die Arbeitsverteilung auf mehrere Rechner.

- Erweiterbarkeit und Flexibilität: Wenn einmal ein System mehrerer gekoppelter Computer funktioniert, so kann es ohne grosse Schwierigkeiten erweitert werden. Ein zentrales System würde unter Umständen einen vollen Ersatz bedingen.

Die wesentlichen Schwierigkeiten sind:

- Die Sicherstellung der Atomizität von Transaktionen. Eine sogenannte Commit-Steuerung muss sicherstellen, dass Transaktionen nur vollständig abgewickelt werden können nach dem «Alles-oder-gar-nichts»-Prinzip. Es darf also nicht vorkommen, dass eine Transaktion abgebrochen wird, wenn sie eine Buchung A im Knoten X durchgeführt hat, aber die zwingend dazugehörige Buchung B im Knoten Y nicht zustande kam.
- Die Verarbeitung von Anfragen soll mit möglichst wenig Datenübertragungen abgewickelt werden.
- Gleichzeitig ablaufende Transaktionen mit den gleichen Daten müssen korrekt abgearbeitet werden.
- Bei Systemen mit replizierten Daten müssen die Kopien übereinstimmen, zumindest dort, wo auf sie zugegriffen wird.

Weitere Probleme stellen heterogene Systeme, die erforderlichen Sicherheitsmassnahmen und die Behandlung von Fehlern, zum Beispiel beim Wiederanlauf oder beim Ausfall von Teilnetzen.

Verteilte Datenbanksysteme werden seit Mitte der 70er Jahre diskutiert, erforscht und bearbeitet. Die Zahl der praktisch eingesetzten Systeme ist bis heute gering, obwohl Software angeboten wird. Solche Produkte sind: UDS-D (Siemens), Oracle-Star (Oracle), NonStop-SQL (Tandem) und einige andere. Die Möglichkeiten umfassen den Zugriff von Arbeitsplatzrechnern (meist Personal Computer) auf zentrale Datenbestände, die Verteilung der Datenbank auf mehrere Knoten mit einheitlicher Hardware und Betriebssoftware und Änderungen nur im lokalen Knoten. Vollständig verteilte Funktionen und heterogene Systeme sind vorderhand noch nicht möglich.

### 4.3.7 Objektorientierte Datenbanken

In «*objektorientierten Systemen*» werden Programmcode und Daten in logischen Einheiten zusammengefasst, die «*Objekte*» genannt werden. Im Abschnitt 3.3.6 wurde bereits mehr darüber gesagt. Um solche Objekte auf peripheren Einheiten zu speichern, sollen «*objektorientierte Datenbanksysteme (ooDBS)*» geschaffen werden. Sie stellen keine Revolution der Softwaretechnik dar, sondern sind eine Symbiose von objektorientierten Eigenschaften und traditionellen Datenbankkonzepten. Als «*Objektorientierung*» bezeichnet man ein Konzept, das von abstrakten Datentypen ausgeht und mit diesen einen Rahmen schafft, der Daten und Operationen zusammenschliesst.

Der Entwurf von ooDBS wird zur Antwort auf neue Anforderungen in der Softwaretechnik: Man will mit Umweltobjekten arbeiten, die aus sehr vielen Teilen zusammengesetzt werden. In einer relationalen Datenbank resultieren daraus viele Tupel und viele Relationen, sodass eine Join-Operation die Leistungsgrenzen der Maschinen sprengen kann. Ausserdem will man ganz spezielle Datentypen definieren können: nicht nur Zahlen und Zeichenketten, sondern auch geometrische Figuren, Rasterbilder, Tonmuster und die dazugehörenden Operationen. Herkömmliche Systeme bieten dafür keine brauchbare Lösung.

Objektorientierte Datenbanksysteme müssen zunächst einmal alle funktionalen Eigenschaften der klassischen Datenbanksysteme aufweisen. Dazu kommen weitere Eigenschaften. Eine davon ist die *Objektidentität:* In den ooDBS ist die *Identifizierung* wesentlich strenger als im Schlüsselsystem klassischer Datensätze. Jedes Objekt kann als ein Tripel ‹Objektidentifikator (OID), Zustand, Botschaften› verstanden werden. Der Objektidentifikator OID identifiziert alle Objekte im System, er ist unveränderbar und wird nach dem Löschen eines Objektes nie mehr neu verwendet. Bei relationalen Systemen ist hingegen nicht garantiert, dass der Schlüssel eines Tupels unverändert bleibt: Wird er geändert, so ist nicht klar, ob das Tupel weiterhin dasselbe Objekt der Realwelt repräsentiert.

Eine weitere Eigenschaft ist die *«Einkapselung»:* Der Zustand und die Methoden der Objekte sind «eingekapselt», das heisst für den Objektbenutzer unsichtbar. Das ist ein Widerspruch zu häufigen Fragestellungen, bei denen man Objekte mit bestimmten Prädikaten heraussuchen möchte (Beispiel: alle Angestellten mit einem Lohn > 3500). Deshalb ist eine liberale Einkapselung empfehlenswert: Sie gilt nicht für das Lesen, wohl aber für verändernde Zugriffe. Weitere Eigenschaften der ooDBS wären: zusammengesetzte Objekte, Klassenbildung, Definierbarkeit von Klassen auch durch Benutzer, Klassenhierarchien mit Vererbung, und andere mehr.

Es gibt etliche Prototypen objektorientierter Datenbanken für leistungsfähige Arbeitsplatzrechner unter Unix. In vielen Fällen werden Programmier- und Datenbanksprache nicht streng getrennt, sondern das ooDBS wird in eine objektorientierte Programmiersprache eingebettet. Beispiele dafür sind C++ und Smalltalk.

Der Nutzen objektorientierter Systeme liegt vor allem in zwei Vorteilen: Erstens können sich Effizienzsteigerungen gegenüber relationalen Systemen für geeignete Einsatzfälle ergeben. Man denkt unter anderem an folgende Gebiete: CAD und CIM, Grafik aller Art, Multimedia, Büroautomation, Wissensbearbeitung. Zweitens liegt eine grosse Chance darin, dass ooDBS in neue Anwendungen eindringen könnten, die von anderen Datenbanken gar nicht unterstützt werden.

## 4.4 Literatur

| | | |
|---|---|---|
| 1) | N. Cattell: | Object Data Management: Object Oriented and Extended Relational Database Systems. |
| 2) | C.A. Zehnder: | Informationssysteme und Datenbanken. |
| 3) | M. Vetter: | Aufbau betrieblicher Informationssysteme mittels konzeptioneller Datenmodellierung. |
| 4) | G. Müller-Ettrich: | Effektives Datendesign. |
| 5) | J. Martin: | Einführung in die Datenbanktechnik. |
| 6) | D.S. Koreimann: | Leitfaden für das Datenbankmanagement. |

# 5. Datenkommunikation

Seit der Erfindung der Dialogverarbeitung sind die Anforderungen an die EDV-Systeme rasch gestiegen. Heute steht dem Anwender jeder gewünschte Komfort zur Verfügung. An seinem Arbeitsplatz oder sogar in seiner Wohnung steht ein Bildschirm mit Tastatur, ein Datennetz verbindet ihn mit aller Welt, und er kann sich Daten von beliebig entfernten öffentlichen oder privaten Datenbanken anzeigen lassen. Muss er länger als drei Sekunden auf Antwort warten, so ist er unzufrieden. Sein Bildschirmgerät ist oft als Personal Computer ausgebaut, mit dem er individuelle Verarbeitungen an Ort und Stelle vornimmt. Grössere Arbeiten vergibt der Anwender nach auswärts, d.h. er ruft ein entsprechendes Programm in irgendeinem anderen Computer auf, zu dem ihm der Zugriff gestattet ist und für den er bezahlt. Die Datenfernverarbeitung, über die auch im Kapitel 2.5 gesprochen wird, ist die Grundlage solcher Möglichkeiten. Sie erlaubt den Zusammenschluss von Datengeräten beliebiger Art und Anzahl (Prozessoren, Speicher, Eingabegeräte, Ausgabegeräte, Dialoggeräte usw.) über beliebige Entfernungen. Mit ihrer Hilfe können Daten an ganz verschiedenen Orten eingegeben, verarbeitet, gespeichert, verändert, abgefragt oder ausgegeben werden.

Um die Datenfernverarbeitung zu ermöglichen, werden benötigt:

- *Hardware für die Dateneingabe, -ausgabe, -verarbeitung, -speicherung.* Diese Hardware umfasst alle üblichen Maschinen der EDV.
- *Hardware für die Datenübertragung:* Das sind die Datennetze, die hier näher besprochen werden sollen.
- *Software:* Das sind Betriebssysteme, im erweiterten Mass ähnlich den im Kapitel 3.6 besprochenen Systemen.
- *Normen,* um die Verbindung von Geräten und Netzen untereinander zu ermöglichen.
- *Dokumentation,* um dem Anwender den Gebrauch zu ermöglichen.

Die Datennetze können grundsätzlich in zwei Arten unterteilt werden:

- *Lokale Datennetze* (Local Area Networks, LAN)
- *Netze zur Datenfernübertragung* (Wide Area Networks, WAN)

Die letzteren sind für die Übertragungen von Daten auf grössere Entfernungen eingerichtet, d.h. die Distanzen überschreiten den Bereich von einigen Kilometern. Die lokalen Datennetze hingegen beschränken sich in der Regel auf ein umgrenztes privates Gebiet, z.B. das geschlossene Gelände eines Unternehmens.

Zusammenfassend ist zu sagen, dass der Hauptgrund, warum überhaupt Datennetze eingerichtet werden, darin liegt, dass sie den Zugriff von vielen beliebigen Orten auf Datenbestände ermöglichen, die räumlich entfernt und beliebig räumlich angeordnet sind. Für lokale Netze haben weitere Gründe Bedeutung. Sie werden später aufgeführt.

## 5.1 Datenübertragung

Die moderne Telekommunikation ermöglicht die Übertragung von Sprache, Text, Daten und Graphik. Alle Übertragungen vollziehen sich als ein Transfer von Signalen. Es sind zwei Arten von Signalen zu unterscheiden.

# 5. Datenkommunikation

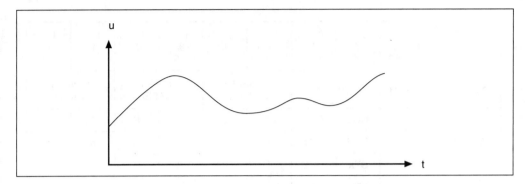

*1.5.1   Analoges elektrisches Signal*

**Analoge oder digitale Signale.** Die Sprachübertragung findet traditionsgemäss durch Umwandlung der Schallwellen in proportionale elektrische Schwingungen mittels eines Mikrophons und der Rückwandlung in Schallwellen mittels eines Hörers statt. Ein derartiges Signal heisst *analog,* weil die Amplitude innerhalb gewisser Grenzen jeden beliebigen Wert annehmen kann (siehe Bild 1.5.1).

Für eine hinreichende Verständlichkeit genügt es, die elektrischen Schwingungen auf ein Frequenzband von ca. 4000 Hertz zu begrenzen.

Im Gegensatz zum oben Gesagten verwendet die Übertragung von Text oder Daten *digitale Signale*. Dabei werden nur zwei verschiedene Amplitudenwerte benützt, wobei man den einen mit «1», den anderen mit «0» bezeichnet (siehe Bild 1.5.2).

Man spricht dabei von serieller Bitübertragung (Bit = binary digit), wobei die sogenannte Bitrate angibt, wieviele Bit pro Sekunde übertragen werden.

Für die Übertragung von Text sind die einzelnen Zeichen (Buchstaben, Ziffern usw.) zu codieren, d.h. jedes einzelne Zeichen ist in eine Folge von Nullen und Einsen umzuwandeln. Einer der heute am häufigsten verwendeten Codes ist der sogenannte ASCII-Code (siehe Bild 1.5.3). Wie ersichtlich verwendet er 7 Bits für jedes Zeichen, was 128 verschiedene Code-Kombinationen ergibt. Für die Übertragung benützt man jedoch oft ein weiteres Bit, überträgt also je ein Byte pro Zeichen.

## Synchronlauf zwischen Sender und Empfänger

Bei der Übertragung digitaler Signale ist es offensichtlich unerlässlich, dass der Empfänger synchron zum Sender arbeitet, damit er die Signale gemäss Bild 1.5.2 korrekt empfangen kann. Dabei stehen zwei Lösungsmöglichkeiten zur Verfügung.

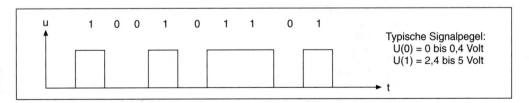

*1.5.2   Digitales elektrisches Signal*

| B7 B6 B5 | | | | 0 0 0 | 0 0 1 | 0 1 0 | 0 1 1 | 1 0 0 | 1 0 1 | 1 1 0 | 1 1 1 |
|---|---|---|---|---|---|---|---|---|---|---|---|
| B4 | B3 | B2 | B1 | CONTROL | | NUMBERS SYMBOLS | | UPPER CASE | | LOWER CASE | |
| 0 | 0 | 0 | 0 | NUL | DLE | SP | 0 | @ | P | ` | p |
| 0 | 0 | 0 | 1 | SOH | DC1 | ! | 1 | A | Q | a | q |
| 0 | 0 | 1 | 0 | STX | DC2 | " | 2 | B | R | b | r |
| 0 | 0 | 1 | 1 | ETX | DC3 | # | 3 | C | S | c | s |
| 0 | 1 | 0 | 0 | EOT | DC4 | $ | 4 | D | T | d | t |
| 0 | 1 | 0 | 1 | ENQ | NAK | % | 5 | E | U | e | u |
| 0 | 1 | 1 | 0 | ACK | SYN | & | 6 | F | V | f | v |
| 0 | 1 | 1 | 1 | BEL | ETB | ' | 7 | G | W | g | w |
| 1 | 0 | 0 | 0 | BS | CAN | ( | 8 | H | X | h | x |
| 1 | 0 | 0 | 1 | HT | EM | ) | 9 | I | Y | i | y |
| 1 | 0 | 1 | 0 | LF | SUB | * | : | J | Z | j | z |
| 1 | 0 | 1 | 1 | VT | ESC | + | ; | K | [ | k | { |
| 1 | 1 | 0 | 0 | FF | FS | , | < | L | \ | l | \| |
| 1 | 1 | 0 | 1 | CR | GS | - | = | M | ] | m | } |
| 1 | 1 | 1 | 0 | SO | RS | . | > | N | ^ | n | ~ |
| 1 | 1 | 1 | 1 | SI | US | / | ? | O | _ | o | DEL |

Beispiel: Die Bitfolge für den Grossbuchstaben «Y» ist 101 1001.

SP   Space
BS   Back Space
LF   Line Feed
CR   Carriage Return
HT   Horizontal Tabulator
VT   Vertical Tabulator
FF   Form Feed
DEL   Delete
BEL   Bell
DC1   X-On
DC3   X-Off
ESC   Escape

*1.5.3 American Standard Code for Information Interchange (ASCII)*

## a) Asynchrone Übertragung

Hier arbeitet man im sogenannten Start-Stop-Betrieb, wie er oft für die Übertragung zwischen Computer und Bildschirmterminal zur Anwendung gelangt. Das Bild 1.5.4 zeigt die Übertragung des Buchstabens C von einem Terminal zu einem Computer.

Nach dem Empfang des Startsignals stellt der Empfänger ungefähr in der Mitte jedes Zeitabschnittes fest, ob der Signalpegel auf der Leitung einer Null oder einer Eins entspricht. Dies wird memoriert und während des Stopsignals decodiert und auf dem Bildschirm ausgegeben. Dank Start und Stop ist ein ungefährer Synchronlauf des Sende- und des Empfangsgerätes nur während der Übermittlung eines Zeichens nötig. Pro Zeichen werden also 10 Bit übertragen: 8 Informations- sowie das Start- und das Stopbit. Das letztere dauert eine Bitzeit oder beliebig länger, wenn nach dem übertragenen Zeichen kein weiteres Zeichen folgt. Man spricht hier von asynchroner Übertragung, weil die einzelnen Zeichen verschieden schnell aufeinanderfolgen, je nachdem wie rasch z.B. ein Benützer die Tasten anschlägt. Die Anzahl Zeichen, die man so pro Zeiteinheit übertragen kann, hängt von der Bitrate ab. Diese ist einstellbar und beträgt 50, 110, 300, 600, 1200, 2400, 4800, 9600 oder 19 200 Bit/s.

## b) Synchrone Übertragung

Hier geht es um die Übertragung von langen Bitfolgen (z.B. einige Kilobits), ohne dass eine Unterteilung in einzelne 8-Bit-Zeichen mit Start und Stop stattfindet. Der Synchronlauf muss also für die ganze Bitfolge gewährleistet sein, damit der Empfänger auch das letzte Bit ungefähr in der Mitte abtasten kann. Eine naheliegende Möglichkeit, um die Synchronisation zwischen Sender und Empfänger zu garantieren, besteht darin, dass man ausser der Information auch die Taktfrequenz überträgt. Da man dazu aus Kostengründen kein zweites Kabel verwenden will, wurden Methoden entwickelt, die es gestatten, aus der Information die Taktfrequenz zu gewinnen.

### Modulation und Demodulation

Die gleichstrommässige Übertragung binärer Signale im sogenannten Basisband ist nur über relativ kurze Distanzen, d.h. max. einige Kilometer, möglich. Zur Überbrückung

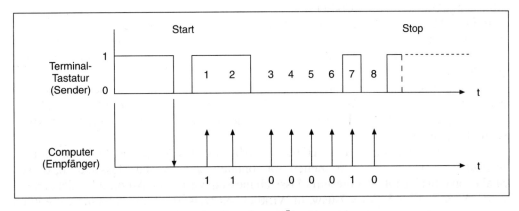

*1.5.4   Asynchrone Übertragung*

grösserer Distanzen werden meistens die Netze der PTT benützt, wobei durch Modulation die Gleichstrom- in Wechselstromsignale umgewandelt werden, die am Empfangsort demoduliert, also wieder in Gleichstromsignale zurückgewandelt werden.

Die Modulation und Demodulation werden durch sogenannte Modem-Geräte besorgt (siehe dazu auch Kapitel 2.5).

Ein Problem, das sich natürlich bei der Benützung des öffentlichen Wählnetzes stellt, besteht darin, dass ein Schutz gegen Datenzugriff durch Unbefugte nötig wird. Dafür gibt es eine Reihe verschiedener Möglichkeiten:

- **Kennung (Password):** Die Verwendung eines Passwortes bei der Anmeldung an einen Compter reicht im allgemeinen nicht aus, um den Zugriff durch Unbefugte zu verhindern.
- **Nur beschränkter Zugriff auf Daten:** Moderne Betriebssysteme bieten die Möglichkeit, dass von einem bestimmten Anschluss aus nur gewisse Daten abgerufen bzw. verändert werden können.
- **Rückruf:** Es besteht grundsätzlich die Möglichkeit, dass das rechnerseitige Modem, nachdem es angerufen wurde, rückwärts eine Verbindung zu einem bestimmten Telephonanschluss wählt. Natürlich ist die Datenübertragung dann auch nur zwischen diesen beiden Partnern möglich.
- **Mietleitung:** Statt das öffentliche Wählnetz zu verwenden, kann man bei der PTT eine feste Leitung mieten (Punkt-Punkt-Verbindung). Diese Lösung ist natürlich teuer, bietet aber neben der Sicherheit vor unbefugtem Zugriff den Vorteil, dass wesentlich höhere Bitraten übertragen werden können.

In den letzten Jahren haben die PTT-Betriebe in der Schweiz und im Ausland spezielle Netze aufgebaut, die nicht für die Sprachübertragung, sondern für die effiziente Übertragung von binären Daten konzipiert sind. Diese Netze werden im folgenden Abschnitt 5.3 besprochen.

**Pulscodemodulation (PCM)**

Die Pulscodemodulation wandelt analoge Signale, wie sie Bild 1.5.1 zeigt, in digitale Signale um. Die Analog-Digital-Umsetzung erfordert im wesentlichen drei Schritte: Abtastung, Quantisierung, Codierung.

Bei der Abtastung werden den Analogsignalen zu äquidistanten Zeitpunkten Abtastwerte entnommen, wie das Bild 1.5.5 zeigt. Dabei entsteht eine Folge von Impulsen unterschiedlicher Amplitude, die man als pulsamplitudenmoduliertes Signal bezeichnet (PAM-Signal).

Die Abtastfrequenz muss doppelt so hoch sein, wie die höchste zu übertragende Frequenz im Analogsignal (Abtasttheorem). Für die Telephonie wurde international eine Abtastfrequenz von 8000 Hz festgelegt, d.h. die Abtastwerte werden alle 0,125 Millisekunden entnommen.

Bei der Quantisierung wird die Höhe jedes Abtastwertes durch eine Zahl ausgedrückt. In Bild 1.5.5 deuten die gestrichelten horizontalen Linien einen Massstab an, dessen Skala von 0 bis 7 geht. Mit diesem Massstab messen wir für die Amplituden der Abtastwerte $A1 = 3$, $A2 = 5$, $A3 = 7$ usw. In Wirklichkeit weist der Massstab eine wesentlich genauere Skala auf, die den Messbereich von 0 bis 225 zulässt. Bei der Codierung wer-

# 5. Datenkommunikation

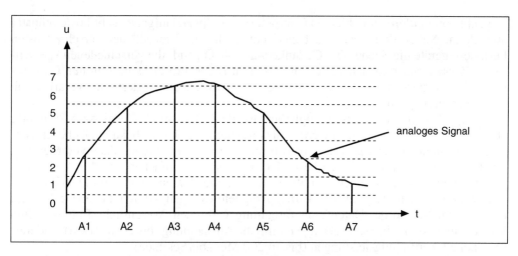

*1.5.5 PAM und Quantisierung*

den die durch die Quantisierung gefundenen Zahlenwerte in einen Code umgesetzt. So gestattet ein 8-Bit-Binärcode die Darstellung des oben erwähnten Bereiches von 0 bis 255. Bei der Pulscodemodulation sind also offensichtlich alle 0,125 Millisekunden acht Bit zu übertragen, was eine Bitrate von 64 kBit pro Sekunde für die Übertragung eines Sprachkanals bedingt.

Das empfangene Binärsignal ist natürlich wieder zu decodieren, d.h. in ein analoges Signal zurückzuwandeln. Dabei werden aufgrund der übertragenen Zahlenwerte zunächst die Abtastwerte zurückgewonnen. So entsteht wieder ein PAM-Signal, dessen Amplitudenwerte jedoch mit Quantisierungsfehlern behaftet sind. Durch spezielle Massnahmen (nichtlinearer Massstab bei der Quantisierung) kann der Quantisierungsfehler genügend klein gehalten werden. Das PAM-Signal wird anschliessend gefiltert und so das Analogsignal zurückgewonnen.

Heute sind PCM-Codier- und -Decodierschaltung in einem einzigen Bauelement, einem hochintegrierten Chip, als sogen. CODEC erhältlich.

Durch geeignete Multiplexverfahren können auf einer Leitung eine grosse Anzahl der erwähnten 64-kBit-Kanäle, z.B 32, 120, 480 etc. Kanäle, übertragen werden.

Die PCM-Technik bietet unter anderem den Vorteil, dass alle Signale (Sprache, Text, Daten) von gleicher Art sind, was den Aufbau integrierter Netze ermöglicht.

## 5.2 Lokale Netze

### 5.2.1 Einführung

Ein Teil der heute im Einsatz stehenden grossen EDV-Anlagen ist für die Ansprüche technisch-wissenschaftlicher Benützer ausgelegt. Anderen Anforderungen – wie z.B. dem Management von Datenbanken oder dem Gebiet der Büroautomatisierung mit Textverarbeitung – entsprechen diese Maschinen dann weniger gut. Daneben existiert eine

Vielzahl von mittleren und kleinen Computern, die Spezialaufgaben sehr kostengünstig abwickeln. Neben den Rechnern beherrscht noch eine Vielzahl der verschiedensten Peripheriegeräte die Szene. Der Gedanke war naheliegend, die verschiedenen spezialisierten Geräte zusammenzuschliessen und allen Benützern eines bestimmten Gebietes (z.B. eines Unternehmens) alle vorhandenen Dienstleistungen der Datenverarbeitung verfügbar zu machen.

Diesen Zusammenschluss ermöglichen lokale Netze (engl. Local Area Network, abgek. LAN). Die ersten LANs wurden in den späten 70er Jahren bekannt, frühe Anwendungen bestanden bei der Telefonvermittlung und in der Prozessdatenverarbeitung. Heute eignen sich lokale Netze besonders gut für den einfachen Anschluss vielfältiger Peripheriegeräte an einen Computer und für die Realisierung von Client-/Server-Architekturen (siehe Kapitel 6.3). Durch geeignete Übergangsstellen lassen sie sich mit den grossen Netzen der Datenfernverarbeitung verbinden. Wesentliche Eigenschaften lokaler Netze sind: einerseits geringe räumliche Ausdehnung (bis etwa 10 km), andererseits hohe Übertragungsleistungen (bis zu 200 Megabit/Sekunde).

Das deutsche Institut für Normung (DIN) definiert ein lokales Netz wie folgt: «Es ist ein Netz mit homogener Technologie für bitserielle Übertragung. Es erlaubt die Verbindung unabhängiger Endgeräte und liegt vollständig unter Anwender-Verantwortung. Seine Ausdehnung ist auf das Privatgelände begrenzt, es bildet über Gateways Sub-Netze zum öffentlichen Bereich.»

Mit «*Gateway*» (engl. für Tor, Einfahrt) meint das DIN die technischen Einrichtungen zur Verbindung mit öffentlichen oder grossräumigen Netzen mit Datenfernverarbeitung.

Die Einrichtung lokaler Datennetze hat allgemein folgende Gründe:

1. Sie erlauben den Zugriff auf entfernte Daten von beliebig vielen Orten.
2. Sie erhöhen die Sicherheit. Beim Ausfall einzelner Elemente des Systems können gleichwertige andere Elemente als Ersatz dienen.
3. Lokale Datennetze erhöhen die Leistung. Wird eine hohe Prozessorleistung, eine hohe Druckleistung oder ähnliches für eine bestimmte Problemlösung erforderlich, so kann die Arbeit auf mehrere Geräte aufgeteilt werden.
4. Sie vermeiden Überlastungen. Ist ein Element (z.B. ein Prozessor) vorübergehend stark belastet, kann die Arbeit einem anderen Element zugewiesen werden.
5. Lokale Datennetze ermöglichen die Spezialisierung. Es können ähnliche Geräte (z.B. Prozessoren), die jedoch für spezielle Arbeiten besonders ausgebaut sind, entsprechend ihren Eigenschaften diesen Arbeiten zugeordnet werden.
6. Sie gestatten den Zusammenschluss von Geräten verschiedener Hersteller und Typen (Mixed Hardware) auf einfache Art. Daraus ergeben sich oft grosse wirtschaftliche Vorteile.

Diese Eigenschaften lassen erkennen, dass lokale Datennetze in den Konzepten der EDV vieler Unternehmen zunehmend eine grosse Rolle spielen werden. Deshalb sollen im folgenden die technischen Grundlagen kurz dargestellt werden.

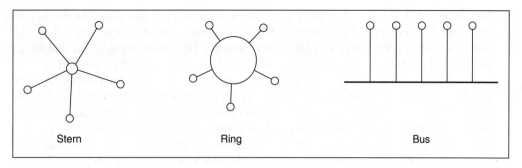

*1.5.6 Die drei Grundformen lokaler Netze: Stern, Ring, Bus*

## 5.2.2 Die Topologie lokaler Netze

Lokale Netze können in folgender Form aufgebaut sein (siehe auch Bild 1.5.6):

- *Stern:* Sternförmige Topologien haben ein Zentrum (auch als Schalter bezeichnet), das z.B. der Prozessor eines Computers sein kann. Dieses Zentrum oder der Schalter bildet eine Vermittlungsstelle, die jene Geräte miteinander verbindet, die Daten austauschen wollen. Jedes Gerät ist mit dem Zentrum über eine eigene Leitung verbunden. Die Topologie ist einfach, aber teuer, denn die Verdrahtung ist aufwendig, ebenso der zentrale Schalter. Dieser stellt ausserdem eine gefährliche Schwachstelle dar: Fällt er aus, ist das Netz tot.
- *Ring:* Lokale Netze mit Ringform bestehen u.a. aus dem Ring eines Koaxialkabels oder eines verdrillten Telefonkabels. Der Ring enthält Signalverstärker und Schnittstellen für den Anschluss der einzelnen Geräte. Wird die Ringleitung an einer Stelle unterbrochen, so arbeitet das Netz nicht mehr. Allerdings sind spezielle Massnahmen möglich, um einen beschränkten Betrieb aufrechtzuerhalten. Als Beispiele für lokale Netze dieser Art seien genannt.
    - SDLC (Synchronons Data Link Control) von IBM («Token ring») und
    - Cambridge-Ring (an der Universität Cambridge entwickelt und von verschiedenen Firmen auf den Markt gebracht).
- *Bus:* Ein lokales Netz in dieser Form besteht aus einem Kabelstück – meist ist es ein Koaxialkabel –, das keine aktiven Komponenten enthält. Alle aktiven Elemente (Prozessoren, Speicher, Peripheriegeräte) werden mit Steckerverbindungen angeschlossen. Der Aufwand für die Verkabelung ist bei dieser Netzform am geringsten, und alle Geräte lassen sich ohne Unterbrechung des Betriebes anschalten oder abhängen. Die Gefahr, dass das gesamte Netz ausfällt, wenn der Bus unterbrochen wird, besteht ebenso wie beim Ring. Als Beispiel dieser Bauart sei genannt:
    - Ethernet (ursprünglich von den Firmen DEC, Intel und Xerox vertrieben, heute von über 30 Firmen übernommen). Eine Beschreibung wird später gegeben.

## 5.2.3 Übertragungstechnik

Für die Übertragung in lokalen Netzen (die bitseriell erfolgt, wie bereits erwähnt) kommen zwei Techniken in Frage: Basisband oder Breitband.

- *Basisband-Übertragung:* Lokale Netze dieser Technik verfügen über einen einzigen logischen Datenkanal. Alle beteiligten Geräte werden an diesen Kanal angeschlossen, und jedes Gerät kann mit jedem anderen verkehren. Die Daten werden mit sehr hoher Geschwindigkeit (bis 200 Mill. bit/s, üblich z.Zt. 10 Mill. bit/s) transportiert.
- *Breitband-Übertragung:* Bei dieser Technik sind im Netz mehrere separate logische Kanäle vorhanden. Diese Kanäle werden durch ein Multiplexverfahren realisiert, da physisch nur ein Kanal angeordnet wird. Im Prinzip können nur solche Geräte miteinander verkehren, die am selben logischen Kanal angeschlossen sind. Jedoch ist es möglich, Kanäle miteinander durch «Bridges» zu verbinden. Die Übertragungsgeschwindigkeit in den einzelnen logischen Kanälen ist wesentlich geringer als beim Basisband, etwa 128 k bit/s. Darin liegt jedoch gerade der Vorteil, denn es sind wesentlich billigere Geräte zum Anschluss der einzelnen Elemente an das Netz möglich.

### 5.2.4 Steuerung des Zugriffs

Jedes lokale Datennetz benötigt eine Steuerung für den Zugriff der angeschlossenen Geräte auf das Übertragungsnetz. An einem logischen Kanal sind stets mehrere Geräte angeschlossen – aber nur eines darf zu einer Zeit senden. Die folgenden Methoden werden verwendet:

- *Leitungsvermittlung (Circuit Switching):* In Sternzentren verwendet. Die Zentrale schaltet jede einzelne Radialverbindung zu einem Gerät ein, wenn ein Datenverkehr erfolgen soll.
- *Abfragemethode (Polling):* Bei Stern- und Busnetzen. Die angeschlossenen Geräte werden von der Steuerung der Reihe nach abgefragt, ob sie senden wollen. Ist dies bei einem Gerät der Fall, wird ihm das Netz für die Übertragung zur Verfügung gestellt. Nach dem Ende der Übertragung wird das nächste Gerät abgefragt usw.
- *Leerstellen-Methode (Empty Slot):* Bei Ringnetzen. Um den Ring laufen ohne Unterbruch Datenpakete von gleicher Länge, die leer oder gefüllt sein können. Will eine Station senden, muss sie warten, bis ein leeres Paket vorbeikommt. Dort füllt sie ihre Daten ein. Alle Stationen prüfen die einlaufenden Pakete und entnehmen daraus die für sie bestimmten Daten.
- *Staffetten-Methoden (Token Passing):* In Ring- und Bus-Netzen. Durch das Netz verkehren bestimmte Bitmuster, sie heissen Token. Eine Station darf nur dann senden, wenn sie in den Besitz eines Token gelangt. Will sie nicht mehr senden, lässt sie den Token wieder im Netz weiterzirkulieren.
- *Stochastische Methode (Carrier Sensed Multiple Access Collision Detection – CSMA-CD):* Vor allem in Bus-Netzen. Jede sendebereite Station beobachtet den Bus. Sobald im Bus keine Übertragung läuft, darf die Station zugreifen und senden. Dabei nimmt man in Kauf, dass dies unter Umständen zwei Stationen gleichzeitig tun, d.h. gleichzeitig zu senden beginnen. Die Stationen erkennen jedoch diese Situation, beenden ihre Übertragung und versuchen es nach einer Wartezeit zufälliger Länge nochmals.

### 5.2.5 Geschlossene und offene lokale Datennetze

Wenn ein lokales Datennetz nur von einem Hersteller auf den Markt gebracht wird und nur den Anschluss von Geräten dieses einen Herstellers gestattet, dann spricht man von einem «geschlossenen» LAN. Bei «offenen» Netzen (engl.: Open System Local Area Networks, abgek. OSLAN) hingegen können verschiedene Geräte verschiedener Hersteller angeschlossen werden. Ein Beispiel für offene Netze sind solche der V.24-Gruppe. Mit V.24 wird eine genormte Schnittstelle für bitserielle Datenübertragung bezeichnet. Lokale Datennetze der V.24-Gruppe arbeiten in Basis- oder Breitbandtechnik. An den Ring oder Bus sind Adapter (auch Server, Bedienungsstation, Transceiver-Controller genannt) angeschlossen. Innenseitig entsprechen sie den Anforderungen des Datennetzes, nach aussen bieten sie eine V.24-Schnittstelle. Dort können nun nach Belieben Peripheriegeräte oder Prozessoren angeschlossen werden, die eine ebensolche genormte Schnittstelle aufweisen.

### 5.2.6 Geräte am lokalen Netz

Im folgenden wird eine Übersicht von Geräten gegeben, die üblicherweise Teilnehmer in einem lokalen Datennetz sind. Bemerkungen über den besonderen Zweck einzelner Geräte ergänzen das Verzeichnis. Es sei hier nochmals erwähnt, dass zwischen LAN und Gerät ein Verbindungsglied einzuschalten ist (Adapter), das das Gerät dem LAN physisch und logisch anpasst.

- *Prozessoren:* In einem LAN werden oft mehrere Prozessoren vorhanden sein. Sie haben die Aufgabe, die von den Benützern geforderten Verabeitungen durchzuführen. Dazu gehören: Grosscomputer, Personal Computer, Rechner für Spezialaufgben, Datenbankrechner.
- *Speicher:* Man verwendet alle bekannten Systeme und Grössen: Festplatten, Wechselplatten, Floppy-Disk, Festspeicher etc. Zur Sicherheit können mehrere Speichergeräte in verschiedenen Räumen getrennt aufgestellt werden.
- *Drucker:* Vom langsamen Schönschreibdrucker bis zum schnellsten Laserdrucker wird jedes Gerät nun dort aufgestellt werden können, wo man es braucht oder wo es nicht stört.
- *Dialoggeräte:* Sie stellen die wichtigste Verbindung des Benützers und seiner Anwendung zum LAN dar. In grosser Zahl sind es üblicherweise alphanumerische Bildschirmgeräte, Personal Computer und Spezialgeräte für besondere Anwendungen (Stimmein- und -ausgabe, Bildschirmgeräte für Punktgrafik, monochrom oder farbig, u.a.m).
- *Superserver und Netzbedienung:* Die Steuerung und Überwachung des Netzbetriebes obliegt meist einem eigenen Prozessor oder Personal Computer, den man Superserver nennt. Man schliesst an ihn einen Bildschirm und eine Tastatur an, um den Netzbetrieb manuell beeinflussen zu können. Hier kann man auch Netzinformationen abrufen: Angabe der verfügbaren Funktionen, Adressen der angeschlossenen Geräte, Instruktionen als Bedienungshilfe, Belastungszahlen des Netzes und anderes mehr. Es existieren einfache LAN-Systeme, die ohne Superserver auskommen. Dabei kann eine beliebige Station im Netz die Steuerfunktion übernehmen. Alle Stationen sind zunächst gleichberechtigt. Man nennt diese Betriebsart *«peer-to-peer»*.
- *Meldungsbearbeitung:* Die meisten Netze verfügen über ein Meldungssystem. Ein spezieller Prozessor mit Speicher besorgt dann die Entgegennahme, das Sammeln, die Weiterleitung, Ablieferung und Quittierung von Botschaften, die von einem belie-

bigen Absender an einen beliebigen Empfänger dem Netz übergeben werden. So ein Meldungssystem kann mit hohem Komfort ausgestattet werden – man spricht dann von «Electronic Mail» (elektronischer Post), die im automatisierten Büro den Papierumlauf weitgehend ersetzt.
– *Verbindungsgeräte:* Dies sind spezielle Adapter mit der Aufgabe, die Verbindung zu einem anderen LAN (mit u.U. anderer Topologie und Technik) oder zu einem grossen äusseren Netz mit Datenfernverarbeitung (WAN, z.B. einem Netz der Post) herzustellen. Diese Verbindung wurde bei der DIN-Definition oben bereits erwähnt und dort als Gateway bezeichnet. Diese Gateways haben im wesentlichen drei Aufgaben:
  1. Anpassung verschiedener Hardware- und Softwareprotokolle aneinander. Unter einem Protokoll wird die Gesamtmenge aller Vereinbarungen für die Durchführung einer Datenübertragung verstanden. Verschiedene Arten von Netzen basieren auf verschiedenen Protokollen.
  2. Schalten der Verbindungen.
  3. Feststellen und Behandeln von Konflikt- und Fehlersituationen.

Im Bild 1.5.7 ist die Darstellung insofern vereinfacht, dass jeder Adapter oder Server nur ein einziges Gerät betreibt. Dies muss jedoch nicht der Fall sein.

### 5.2.7 Beispiele eines lokalen Netzes: Ethernet

Die Firma Rank Xerox entwickelte in den 70er Jahren das Netz ALOHA, aus dem dann «Ethernet» entstand und das 1976 bekannt wurde. Im Jahr 1982 haben 18 Herstellerfirmen (Rank Xerox, DEC, Intel, ICL, Fujitsu, Olivetti u.a.) sich auf *Ethernet* für lokale Datennetze geeinigt. Dieser Durchbruch verschafft diesem Netz heute grosse Bedeutung und weite Verbreitung. Heute haben sich mehr als 30 Firmen dem Konzept angeschlossen. Ethernet ist ein lokales Datennetz in Bus-Topologie. Der Bus besteht aus einem Koaxialkabel, das bis zu 500 m lang sein darf. Genügt diese Länge nicht, kann durch Einschaltung von bestimmten Geräten (sog. bus-repeater) eine Länge bis zu 2500 m erreicht werden. Es handelt sich um ein Basisbandsystem. Die Übertragungsrate beträgt 10 Megabit/s. Die Zugriffskontrolle erfolgt nach CSMA-CD. Meldungen können variable Längen bis zu 1500 Bytes haben.

Sogenannte *Transceiver* ermöglichen den Anschluss der Geräte an das Netz. Die Transceiver können ohne Unterbrechung des Koaxialkabels an jeder gewünschten Stelle angeordnet werden. Neue Transceiver und Geräte können jederzeit ohne Betriebsunterbrechung des Netzes angeschlossen werden. Treten Defekte in Transceivern oder daran angeschlossenen Geräten auf, wird der übrige Netzbetrieb nicht beeinträchtigt. Diese Ausfallsicherheit ist ein Vorteil von Ethernet.

Ethernet prüft auf Übertragungsfehler, es überlässt jedoch die Organisation von Wiederholungsübertragungen und die Lösungen für den Datenschutz dem Hersteller oder Anwender bzw. anderen Bereichen der Normung.

### 5.2.8 Die Verbindung von Netzen, besonders von LANs mit WANs

Die Notwendigkeit, lokale Netze (LANs) mit anderen LANs und mit Netzen der Datenfernverarbeitung (WANs) verbinden zu können, liegt auf der Hand. Entsprechende

# 5. Datenkommunikation

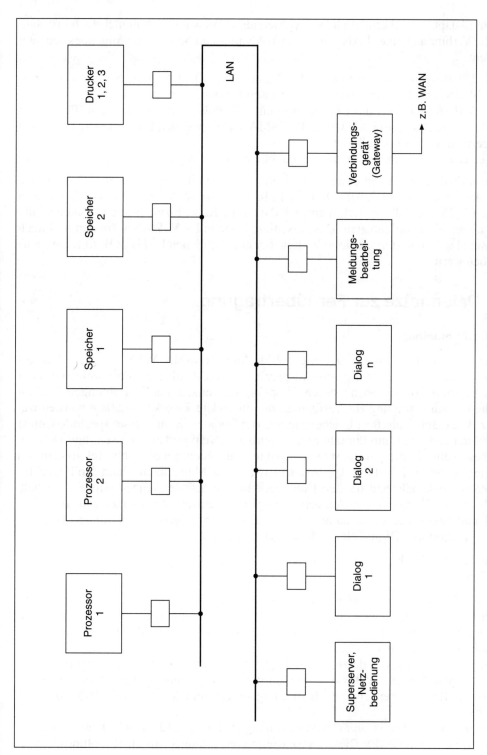

1.5.7 *Die Vielfalt der Geräte an einem LAN für die verschiedenen Netzfunktionen und die Anordnung der verteilten Betriebsmittel. Jedes Gerät ist mit einem Adapter angeschlossen. Das LAN ist hier in einer Bus-Topologie skizziert.*

Geräte (Adapter) sind erhältlich. Sie wurden als «Gateways» schon mehrfach erwähnt. Für die Verbindung eines LAN mit einem WAN muss im besonderen folgendes beachtet werden:

- Die Übertragungsraten liegen bei WANs bei etwa 40...60 kbit/s, bei LANs bei z.B. 10 Mbit/s. Das Gateway muss dies anpassen können.
- Im WAN funktioniert die Übertragung mit z.B. Pulse Code Modulation (PCM) und Paketvermittlung, im LAN wird z.B. CSMA-CD verwendet. Das Gateway hat diesen Übergang zu bewerkstelligen.
- Die verschiedenen Übertragungsprotokolle müssen im Gateway umgesetzt werden.

Diese Aufgaben sind nicht einfach zu erfüllen. Für den Anschluss an öffentliche Netze für Paketvermittlung (Telepac, DATEX-P) besteht eine genormte Schnittstelle mit dem Namen X.25. Deshalb ist auch mehrfach davon die Rede, lokale Netze in Pakettechnik nach dieser Norm aufzubauen. Das Anschlussproblem LAN–WAN wäre damit einfach zu lösen. Dafür müssten spezielle Vorteile der heute üblichen LANs (z.B. Ethernet) aufgegeben werden.

## 5.3 Datennetze zur Fernübertragung

### 5.3.1 Allgemeines

Die Datenfernübertragungsnetze (engl.: Wide Area Networks, WAN) nehmen üblicherweise öffentliche Einrichtungen in Anspruch, die von staatlichen (Post, Telecom) oder privaten Anbietern betrieben werden. Ursprünglich standen nur Einrichtungen der Post für die Datenübertragung zur Verfügung, die für andere Zwecke ausgelegt worden waren: z.B. die Telefonie für die Übertragung von Sprache. Man musste spezielle Geräte bauen und einsetzen, um digitale Signale umzuwandeln und anzupassen, und sich mit bescheidenen Übertragungsgeschwindigkeiten zufrieden geben – bei Telefonkanälen anfangs mit 1200 bit/s, d.h. 120 Zeichen pro Sekunde. Man erkannte bald den Bedarf für bessere Datenkanäle und für den Datenverkehr über Ländergrenzen hinweg. Deshalb beschlossen 18 europäische Postverwaltungen gemeinsam vorzugehen mit dem Ziel, alle Übertragungsnetze miteinander zu einem einzigen integrierten Digitalnetz (ISDN = Integrated Services Digital Network) zu verschmelzen.

Derzeit stehen für die Fernübertragung von Daten die folgenden öffentlichen Netze zur Verfügung:

- *Fernschreibnetz* (auch: Telexnetz): Dieses Netz war als erstes weltweit mit automatischer Vermittlung eingerichtet. Wegen der geringen Übertragungsgeschwindigkeit (ca. 7 Zeichen pro Sekunde) und weiterer Einschränkungen wird es für die Datenübertragung kaum mehr verwendet.
- *Telefonnetz:* Dieses ist derzeit noch das am meisten verwendete Übertragungsmittel. Als Kanäle können Wählverbindungen oder fest geschaltete Leitungen eingesetzt werden. Bei letzteren ist eine Übertragungsgeschwindigkeit bis zu 72 000 bit/s möglich.
- *Öffentliches Datennetz mit Paketvermittlung* (Schweiz: TELEPAC, Deutschland und Österreich: DATEX-P): Dieses Netz wurde von Anfang an als Hochleistungsnetz für

die Datenübertragung konzipiert. Zunächst wurde vom CCITT (Comité consultatif international télégraphique et téléphonique) ein umfangreiches Normenwerk erstellt, danach konnten ab 1980 in den westeuropäischen Ländern solche Netze eingerichtet werden. Sie entsprechen auch heute noch modernen Leistungsanforderungen. Die Übertragungsgeschwindigkeit liegt bei 48 000 bit/s und mehr, die Fehlerwahrscheinlichkeit beträgt nur $10^{-9}$, d.h. von einer Milliarde Bit wird durchschnittlich nur eines falsch übertragen. Das System der Paketvermittlung wird später eingehend erklärt.

– *Integriertes Digitalnetz* (**ISDN** Integrated Services Digital Network, Schweiz: **Swissnet**): Die Netze der Fernmeldetechnik, der Bürotechnik und der Computertechnik werden durch ein einziges, einheitliches Übertragungsnetz ersetzt. Dieses beruht auf dem bisherigen analogen Telefonnetz, weswegen sich auch die herkömmlichen Kupferleitungen vom Teilnehmer zur nächsten Zentrale benützen lassen. Die Zentralen (als Knoten) und die Verbindungen zwischen ihnen benützen hingegen die moderne Technologie. Ein Einzelanschluss im Swissnet heisst **Basisanschluss**. Er stellt dem Teilnehmer zwei Übertragungskanäle mit einer Übertragungsrate von je 64 kbit/s und einen Signalisierungskanal (16 kbit/s) zur Steuerung der Verbindung zur Verfügung. An einen Basisanschluss können bis zu acht Endgeräte (z.B. Telefon, Fax, Computer) angeschlossen werden, von denen sich zwei unabhängig voneinander benützen lassen. Es ist Sprach- oder Datenverkehr möglich, wobei der Zugang zum weltweiten Telefonnetz, zu ausländischen ISDN-Netzen und zum internationalen Datennetz Telepac erfolgen kann.

### 5.3.2 Die öffentliche Leitung im privaten Netz

Die grossen Netze der Datenfernübertragung werden von staatlichen Stellen (z.B. PTT, Eisenbahnen, Militär) oder von privaten Unternehmen betrieben, sie bieten ihre Kanäle entweder öffentlich an oder beschränken ihre Benutzung für eigene Zwecke. Ein Privatunternehmen, das sich für den eigenen Gebrauch ein Fernübertragungsnetz einrichten will, kann öffentliche Kanäle der oben genannten Anbieter einsetzen. Selbst verfügt es dann über die Einrichtungen der Knoten (Computer, Terminals, etc.) und oft auch über lokale Netze. Wo Verbindungen über grössere Distanzen benötigt werden, setzt es öffentliche Netze ein. Solche Kanäle öffentlicher Netze werden dann zu Elementen innerhalb des privaten Anwendernetzes.

### 5.3.3 Dienste in öffentlichen Netzen

Die öffentlichen Netze bieten auf den Gebieten der Information und Informatik heute wesentlich mehr Dienste an als die blosse Überlassung von Datenleitungen. Die folgende Auswahl bietet einen Überblick:

– TELEFAX, FAX: Diese weit verbreitete Dienstleistung ermöglicht das Fernkopieren. Die Übermittlung erfolgt über das Telefon-Wählnetz und eignet sich für die Übertragung gedruckter oder handschriftlicher Texte, Fotos, Zeichnungen, Grafiken und Dokumenten.
– BILDSCHIRMTEXT (abgek. Btx, Schweiz: Swiss Online): Ein öffentliches Datennetz ermöglicht jedermann den Zugriff und den Dialogverkehr mit Datenbanken. Ur-

sprünglich war als Terminal ein Fernsehgerät vorgesehen, das mit einer Eingabetastatur ergänzt und über ein Anschlussgerät mit Modem mit dem Telefonnetz verbunden wurde. Heute werden Personal Computer als Terminals verwendet. Mit Btx kann der Benutzer von zu Hause aus sein Bankkonto verwalten, Konzertkarten reservieren, in einem Versandhaus Waren bestellen, eine Flugreise buchen und vieles andere mehr. Allerdings nimmt heute die Bedeutung länderspezifischer Btx-Netze mehr und mehr ab. Sie werden durch Angebote im weltumspannenden Internet (siehe unten) abgelöst.
- TELETEXT (Deutschland: VIDEOTEXT): Dies ist der kleine Bruder des obigen Systems mit wesentlich bescheideneren Möglichkeiten. Die Information wird nicht über Telefonleitungen, sondern über das Fernsehsignal verteilt, wobei die sogenannte Austastlücke für die Datenübertragung genützt wird. Als Empfangsgerät dient der mit einem Adapter ausgerüstete Fernsehempfänger. Der Benützer kann nur Daten empfangen, es ist kein Dialog möglich. Die Information kann ausgewählt werden. Der Abruf der Information dauert länger und die Auswahl ist wesentlich kleiner als bei Btx.
- TELETEX: Diese Dienstleistung ermöglicht das Fernschreiben über das Datex-Netz, mit wesentlich höherer Geschwindigkeit und besseren Möglichkeiten als im veralteten Telexnetz.
- INTERNET: Durch den Einsatz privater Vermittler und durch die Benützung schneller Datenkanäle konnten sehr viele Benutzer mit sehr vielen Datenbanken zu einem weltweiten Informationsnetz verbunden werden. Jeder Personal Computer mit Modem und der nötigen Software eignet sich als Terminal, mit dem viele Datenbanken abgefragt und im Dialogverkehr alle denkbaren Transaktionen durchgeführt werden können. Das Internet ist ein globales Client-/Server-System. Im Abschnitt 5.5 wird darauf näher eingegangen.

### 5.3.4 Das öffentliche Datenpaketvermittlungsnetz
(TELEPAC, DATEX-P)

Das Telefonnetz ist ein Wählnetz. Seine Verbindungen werden jeweils für einen einzigen Datenaustausch aufgebaut. Der Datenverkehr erfolgt im Vollduplexbetrieb (d.h. in beiden Richtungen gleichzeitig), das System ermöglicht daher den Dialogbetrieb. Während der gesamten Verbindungsdauer wird den Partnern eine Leitung fest zugeordnet. Bei Nachrichten mit längeren Pausen, z.B. im Dialogverkehr, ist die Ausnützung der Leitung sehr gering.

Mit dem Prinzip der Datenpaketvermittlung kann hingegen die Übertragungskapazität wesentlich besser ausgenützt werden. Dazu wird das Netz in Teilstrecken aufgetrennt, wobei Leitungen, die von einer Übermittlung gerade nicht benützt werden, einer anderen Übermittlung zur Verfügung stehen. Jede Nachricht wird auf eine maximale Länge, d.h. auf normierte Datenpakete (z.B. 1000 bit), beschränkt. Längere Nachrichten werden geteilt und ihre Datenpakete werden einzeln übertragen.

Im Bild 1.5.8 ist ein Telepac-Netz vereinfacht skizziert. Schnelle Datenkanäle verbinden die Vermittlungsstellen, die mit leistungsstarken Computern und ausreichenden Speichern ausgestattet sind. Die Benützer werden über Stichleitungen angeschlossen. Deren Terminals sind Personal Computer oder grössere EDV-Anlagen.

# 5. Datenkommunikation

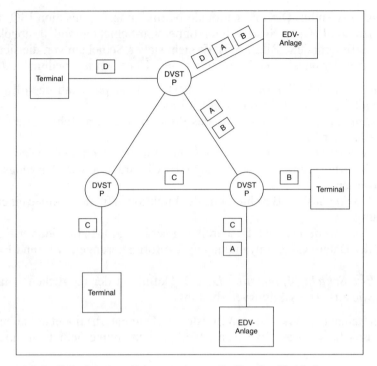

*1.5.8 Beispiel eines Telepacnetzes mit virtuellen Verbindungen.*
*Es bedeuten: DVST-P Datenvermittlungsstelle mit Paketvermittlung*
*☐ Paket einer virtuellen Verbindung*

Die Vorteile des Paketnetzes sind:

– Mehrfachausnützung der Leitung. Dies ermöglicht einen wirtschaftlichen Ausbau für hohe Leistungen.
– schnelle Übertragung,
– hohe Übertragungssicherheit,
– günstige Gebühren (es ist nur für die übertragenen Datenpakete zu bezahlen, nicht aber für die Verbindungszeit).

Ein gewisser Nachteil gegenüber einer Linienverbindung ist, dass die Durchlaufzeit nicht immer gleich ist, sondern von der Gesamtbelastung des Netzes abhängt. Ausserdem ist der Benützer gezwungen, sich an bestimmte Normen zu halten, die wegen der Paketbildung, der Adressierung usw. unumgänglich sind. Sie sind in der internationalen CCITT-Empfehlung X.25 enthalten.

## 5.4 Die Normung von Datennetzen

Die bisherigen Ausführungen zeigen, dass bei den Datennetzen viele verschiedene Implementierungen bestehen. Für den Zusammenschluss der Datennetze ist eine Standardisierung notwendig. Die internationale Normierungsorganisation ISO hat deshalb ein Referenzmodell (Open System Interconnection-Schichtenmodell, abgek. OSI) für Datennetze definiert (siehe Bild 1.5.9). Es sieht sieben Schichten vor, die sich als Funktionsstufen über der physischen Verbindung, dem Übertragungsmedium, aufbauen:

1. *und unterste Schicht (Physical Layer):* Festlegen der physikalischen Eigenschaften der Datenübertragung. Transport von Bitfolgen.
2. *Schicht (Link Layer):* Beschreibung des Protokolls für eine fehlerfreie Übertragung auf den einzelnen Teilstrecken.
3. *Schicht (Network Layer):* Transportsteuerung für Pakete durch das Netz.
4. *Schicht (Transport Layer):* Überwachung der Übertragung vom Ausgangsort bis zum Ziel (end-to-end).
5. *Schicht (Session Layer):* Beschreibung der Funktionen für den Aufbau einer logischen Verbindung.
6. *Schicht (Presentation Layer):* Beschreibung der Funktionen für eine verträgliche Darstellung der Daten: Codeumwandlungen, Umformatierungen, Ver- und Entschlüsselungen.
7. *und höchste Schicht (Application Layer):* Definition der möglichen Verarbeitungsformen, wie z.B. Transaktionsverarbeitung.

Zwischen miteinander verkehrenden Endstellen (Computern) findet auf allen Schichten Informationsaustausch statt. Es treten jeweils gleichrangige Schichten miteinander in

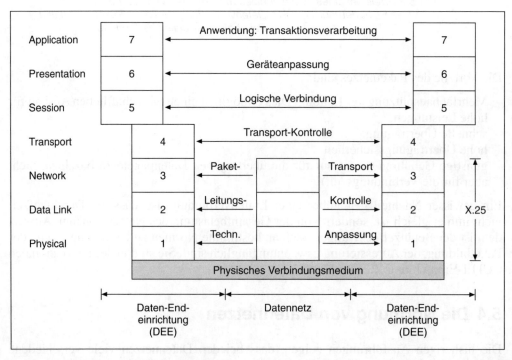

*1.5.9 Das ISO/OSI-Referenzmodell für offene Datenübertragungssysteme (ISO-Standard 7498)*

Verbindung. *Sie nehmen dabei die Dienstleistungen der untergeordneten Schichten in Anspruch.* Der Verkehr zwischen gleichrangigen Schichten wird durch sogenannte *Schichtprotokolle,* der Verkehr mit untergeordneten Schichten durch *Dienstprotokolle* geregelt.

## 5.5 Das Internet

Das *«Internet»* ist ein weltweiter, übergeordneter Verbund von Computern, ein Netz, das regionale und lokale Datennetze in aller Welt miteinander verbindet. Es verwendet für den Datentransport öffentliche Datenkanäle aller Art, die dank dem Prinzip der Datenpaketvermittlung optimal ausgenützt werden. Die Knoten im Netz werden von Computern gebildet, den sogenannten *«Servern».* Die Server sorgen unter anderem für die Anwendung eines einheitlichen Übertragungsprotokolls, für das man sich als Standard auf *«TCP/IP»* festgelegt hat. An die Server werden als Benutzerterminals die *«Workstations»* angeschlossen, direkt oder über weitere Netze. Der Einsatz von Servern und Workstations deutet darauf hin, dass das Internet einem gigantischen *«Client/Server-System»* entspricht. (Diese Systeme werden im Kapitel 6.3 besprochen.) Das Prädikat «gigantisch» ist nicht übertrieben, denn schon 1995 waren 60 Millionen Teilnehmer mit 5 Millionen Servern auf 50 000 Netzen in 110 Ländern zusammengeschlossen. Für das Jahr 2000 erwartet man eine Milliarde Teilnehmer, die von etlichen Millionen Servern bedient werden!

### Die Teilnehmer

Man kann die Teilnehmer am Internet in zwei Gruppen teilen: *«Informationsanbieter»* und *«Informationsbenutzer».* Die Informationsanbieter verbinden ihre Datenbank mit dem Internet und stellen Informationen als Dienstleistung allen zur Verfügung, die sie haben wollen. Viele Anbieter wollen damit verdienen: Entweder verkaufen sie ihre Informationen oder sie offerieren Produkte, die dann Gewinn bringen sollen. Vom Internet als Marktplatz wird Grosses erwartet! Auf der anderen Seite stehen die Benutzer, die sich für die angebotenen Informationen interessieren oder Verbindung zu anderen Benutzern wünschen. Sie sind bereit, für die Datenübertragung einen geringen Betrag auszulegen. Das Internet ist interaktiv, d.h. ein Dialog zwischen Informationsanbieter und Benutzer und Diskussionen zwischen den Benutzern sind üblich. Dazu kommt: Jeder darf ohne Vorbedingungen am Internet teilnehmen; alle Teilnehmer sind gleichberechtigt; es gibt keine Vorschriften für die Teilnahme, nur einige Anstandsregeln – die *«Netiquette»* – man kann sie einhalten oder auch nicht und schliesslich: Die Teilnahme am Internet ist nicht teuer.

### Die Möglichkeiten

Das Internet ermöglicht dem Informationsanbieter und dem -benutzer vielerlei Einsätze und Dienstleistungen:
- *World Wide Web und Browser:* Das ist wohl der wichtigste Dienst. Der Benutzer kann sich Informationen aller Art auf seinem Bildschirm ansehen und auch in seine Workstation kopieren (*«Download»*). Das können sein: Texte, Bilder, Videos, Töne und

Musik (alles zusammen *«Multimedia»*), Programme, u.a.m. Dieser Dienst beruht auf der Idee des Hypertext. Dabei kann zu jedem Begriff im Text, für den weitere Informationen vorhanden sind, eine Verbindung (ein *«Link»*) hergestellt werden. Durch den Aufbau derartiger Verknüpfungen entsteht ein weltumspannendes Netzwerk von verbundenen Informationen. Um diese Informationen (in Form von HTML-Seiten) beim Benutzer korrekt darzustellen, ist ein spezielles Programm (ein *«Browser»*) nötig. Damit ist jedem Informationsanbieter die Möglichkeit gegeben, seine Produkte bekanntzumachen und im Dialog Bestellungen entgegenzunehmen.
- *Suchdienste (Suchmaschinen):* Mit diesem Dienst ist es dem Benutzer möglich, Informationen im Internet zu finden. Er erhält aufgrund von Stichworten, die er eingibt, eine Liste mit Angaben, wo entsprechende Informationen gespeichert sind. Durch Anklicken einer bestimmten Zeile wird die gewünschte Information auf den Bildschirm geholt.
- *Elektronische Post («E-Mail»)* dient der täglichen, schnellen Kommunikation zwischen den Teilnehmern.
- *NewsGroups* ist ein Dienst, bei dem eine Mitteilung (die von einem Benutzer eingespeist wird) nach und nach von anderen interessierten Teilnehmern gelesen und eventuell beantwortet wird. Es gibt Tausende von Gruppen mit jeweils gemeinsamen Interessen. Dabei entwickelt sich ein Überangebot an Informationen, das von einem Benutzer gar nicht durchgearbeitet werden kann.
- *Chat* ermöglicht es mehreren Benutzern, die gleichzeitig online sind, sich miteinander durch die Eingabe einzelner Bemerkungen zu einem von einer sog. Chat-Group vorgegeben Thema zu unterhalten.
- *Telnet* gestattet durch ein geeignetes Protokoll beliebigen Workstations den Anschluss als Terminal an irgendeinen Computer im Netz.
- *Telefonie zum Ortstarif* ist über das Internet weltweit möglich. Die Qualität der Verbindung hängt von der erreichten Datenrate ab. Diese kann (vor allem bei internationalen Verbindungen) sehr gering sein.
- *Intranet:* Unternehmen und exklusive Gruppen können sich Datennetze aufbauen, die alle Möglichkeiten und Einrichtungen des Internet benützen, aber nur einem speziellen (privaten) Personenkreis zugänglich sind. Der Name Intranet bezeichnet ein solches Netz. Diese Bezeichnung betrifft auch diejenigen Netzwerke, welche auf ein Unternehmen beschränkt sind und auf der Technologie des Internet aufbauen.

Weitere Möglichkeiten bestehen für Fachspezialisten. Ausserdem werden immer wieder neue Anwendungen für das Internet erschlossen.

**Der Provider**

Die Knoten werden im Internet von Servern gebildet, die genügend Leistung und Speicherkapazität aufweisen und direkt am Paketvermittlungsnetz angeschlossen sind. Damit der einzelne private Teilnehmer mit einfachen Installationen (PC, Modem, Telefonanschluss) auskommt, kann er sich gegen Entgelt bei einem nahegelegenen Server anschliessen. Als «Provider» bezeichnet man Unternehmen, die solche Anschlüsse zur Verfügung stellen, auch die Telefongesellschaften gehören dazu. Sie stellen ihren Kunden noch weitere Dienste zur Verfügung, wie z.B. Software für die Benützung des Internet oder einen Briefkasten (mit Adresse) für die E-Mail. Der private Benutzer bezahlt für seine Reisen im Netz die Telefonkosten bis zum Provider und eine Gebühr, die ihm der Provider verrechnet für seine Dienstleistungen und für die Datenübermittlung ins Internet.

Aber auch den Informationsanbietern können die Provider auf Wunsch dienen: Sie stellen ihnen eine Adresse zur Verfügung, mit der die Informationen des Anbieters von überall her aufgerufen werden können. Sie können diese Informationen für ihren Auftraggeber auch gestalten, speichern und auf Abruf an Interessenten übermitteln.

**Die Probleme**

Das Internet ist nicht ohne Probleme. Als erstes fragen sich die Informationsanbieter nach dem wirtschaftlichen Erfolg ihrer Anstrengungen. Man erwartet zwar auf der einen Seite relativ leicht erarbeitete Gewinne, aber Skeptiker zweifeln an diesem Nutzen. Hier wird wohl viel von der Branche und vom subjektiven Geschick der Anbieter abhängen.

Im Betrieb sind im wesentlichen drei gravierende Schwierigkeiten vorhanden:
– Ungenügende Transportkapazität der Datenkanäle verursacht auf manchen Verbindungen zu bestimmten Stunden längere Wartezeiten.
– Das System kann seinen Benutzer mit Information überfluten, sodass er die gewünschte Information zur richtigen Zeit nicht zur Verfügung hat.
– Die Sicherheit im Internet ist fragwürdig. Der Benutzer muss mit einer Gefährdung, die vom Löschen seiner Daten auf der Festplatte bis zum Missbrauch seiner Kreditkarte reicht, rechnen.

Weitere Probleme betreffen die Verrechnung der Leistungen im Internet, juristische Fragen der Verwaltung, des Urheberrechts, die ungehinderte Verbreitung krimineller Inhalte und anderes.

Doch das soll niemand abschrecken, die Dienste des Internet in Anspruch zu nehmen. Die Wahrscheinlichkeit, geschädigt zu werden ist nicht gross, sie liegt bei etwa 1:17 000. Für einen Benutzer ist der Zugang zum Internet recht einfach. Im Literaturverzeichnis findet man geeignete Anleitungen.

## 5.6 Literatur:

1) M. Koch: Grundkurs Internet.
2) F. Ramm: Recherchieren und Publizieren im World Wide Web.
3) K. Kroschel: Datenübertragung.
4) H.W. Barz: Kommunikation und Computernetze.
5) B. Lindemann: Lokale Rechnernetze.
6) S. Müller: Lokale Netze – PC-Netzwerke.
7) P. Welzel: Datenfernübertragung.
8) D. Conrads: Datenkommunikation.
9) P. Schicker: Datenübertragung und Rechnernetze.
10) H. Hofer: Datenfernverarbeitung.

# 6. Computertypen und ihre Einsatzgebiete

Die Einsatzgebiete des Computers können drei grossen Bereichen zugeordnet werden: einem kommerziell-administrativen Bereich, einem technisch-wissenschaftlichen Bereich und dem Bereich der Prozesslenkung. Im kommerziell-administrativen Bereich stehen die Probleme der **Datenverwaltung** im Vordergrund. Im technisch-wissenschaftlichen Bereich kann das anders sein: Hier beherrschen meist die **Methoden, Funktionen und Prozeduren** das Einsatzgebiet. Wieder anders muss die Blickrichtung bei der Prozesslenkung sein: Sie umfasst die Überwachung, Steuerung und Regelung technischer Prozesse. Der Computereinsatz wird hier hauptsächlich von **Ereignissen** bestimmt, die während der Prozesse auftreten. Das Kapitel IV/3 behandelt die Einsatzmöglichkeiten der EDV und erweitert die folgenden Ausführungen.

Die Anwendungsart bedingt, welche Anforderungen bei der Konzeption eines Informationssystems in erster Linie berücksichtigt werden müssen. Über die notwendigen Grössen und Leistungsmerkmale der einzusetzenden Computer ist damit noch nichts gesagt. Grundsätzlich kann jede Computerklasse jede Aufgabe übernehmen. Allerdings liegt es nahe anzunehmen, dass im kommerziellen Bereich grosse Speicherfähigkeiten wichtig sind, im wissenschaftlichen Bereich hingegen eine grosse Rechenleistung, das heisst ein schneller Prozessor. Aber da grosse Datenmengen auch wieder grosse Rechenleistungen zur Verarbeitung benötigen und auch im wissenschaftlichen Bereich oft sehr grosse Datenmengen zu speichern sind, gibt es keine klaren Grenzen. Es lohnt sich, die hier angedeuteten Probleme eingehender zu behandeln, was im folgenden geschehen soll.

## 6.1 Computertypologie

Man versucht immer wieder, Computer in Leistungsklassen, Grössenklassen, Anwendungsklassen und andere Klassen einzuteilen, um sie besser bewerten, vergleichen, auswählen und einsetzen zu können. Solche Einteilungen haben immer nur kurzen Bestand, da sich die Merkmale der Klassifizierung durch den schnellen Fortschritt der Technologie qualitativ und quantitativ rasch ändern.

Es ist zu fragen, wodurch sich verschiedene Computer eigentlich unterscheiden. Die wesentlichen Unterscheidungsmerkmale sind: die Anzahl und Art der Prozessoren, die Wortlänge der Prozessoren, die Leistung der Prozessoren, die Eigenschaften der Datenkanäle, die Grösse des Hauptspeichers, die Grösse und Zugriffscharakteristik der externen Speicher, die Anzahl angeschlossener Arbeitsstationen.

Gegenwärtig teilt man meist in vier Klassen ein: Arbeitsplatzrechner (Personal Computer, Workstations), Minicomputer, Mainframes und Supercomputer. Im folgenden wird die Unterteilung etwas feiner gegliedert, um die wichtigsten Eigenschaften der verschiedenen Computertypen deutlicher darzustellen. Das Bild 1.6.1 enthält die Übersicht und wird unten beschrieben.

– *Terminal:* An unterster Stelle steht das einfache Terminal, das, äusserlich betrachtet, gar keine Verarbeitungs- oder Rechenfähigkeit besitzt und eigentlich nur zu den Peri-

6. Computertypen und ihre Einsatzgebiete 141

| Rechnertypen | Merkmale<br>Einsatzschwerpunkte | Prozessortypen<br>(Wortlänge in bit) | Leistung<br>(von ... bis) | Hauptspeicher<br>(Speichergrösse)<br>(von ... bis) | Beispiele |
|---|---|---|---|---|---|
| Supercomputer | Rechenzentrum<br>Spezialzwecke | Spezialprozessoren | 100 Mflops ...<br>Gflops | 16 MB ... 8 GB | CRAY |
| Minisupercomputer | Abteilungsrechner<br>Spezialzwecke | Vektorprozessoren basierend<br>auf Standardprozessoren | 10 ... 200 Mflops | 8 MB ... 2 GB | Convex |
| Mainframe | Rechenzentrum<br>Vielzweckeinsatz | herstellerspezifisch<br>32 ... 64 bit | 1 ... 100 Mips | 16 MG ... 2 GB | IBM 3090 |
| Superminicomputer | leistungsfähiger<br>Abteilungsrechner | herstellerspezifisch<br>32 ... 64 bit | 1 ... 60 Mips | 4 ... 128 MB | VAX,<br>IBM AS/400 |
| Minicomputer | Abteilungsrechner<br>Multi user<br>Multi task | herstellerspezifisch<br>8, 16 bit | 1 ... 50 Mips | 4 ... 64 MB | IBM AS/400 |
| Superserver | Abteilungsrechner<br>Multi user<br>Multi task | Standardprozessor<br>Intel 80386, 80486, Pentium<br>32 bit | 10 ... 50 Mips | 8 ... 32 MB | Netframe<br>100 |
| Workstation | Multitask, netzwerkfähig,<br>Graphikoberfläche | Standardprozessor<br>Intel, Motorola<br>16, 32 bit | 1 ... 50 Mips | 2 ... 16 MB | SUN |
| Personal Computer | Single user<br>Single task | Standardprozessoren<br>Intel, Motorola<br>8, 16, 32 bit | 0,1 ... 10 Mips | 640 kB ... 16 MB | IBM Value<br>Point |
| Intelligentes Terminal | Multisession | Standardprozessoren<br>Z80, 6502<br>8 bit | | | HP X-Terminal |
| Terminal | einfaches Terminal | | | | IBM 3270 |

1.6.1 Computertypologie
(Mips = Millionen Instruktionen pro Sekunde, Mflops = Millionen Gleitkommainstruktionen pro Sekunde)

pheriegeräten gezählt werden dürfte. Es ist aber doch mit einem Mikrochip ausgestattet, der für die Umformung und Formatierung und für den Datentransfer «fest verdrahtet» programmiert ist.
- *Intelligentes Terminal:* Durch einen eingebauten Mikroprozessor wird ermöglicht, an mehreren Computeranwendungen parallel zu arbeiten. Mit Hilfe einer Umschalttaste kann von einer Anwendung zur anderen und wieder zurück umgeschaltet werden. Eine weitere Stufe bilden die *grafikfähigen Terminals:* Sie enthalten eine Grafikprozessor zur Steuerung des Bildschirms, der einen zentralen Rechner von dieser Aufgabe entlastet.
- *Personal Computer (PC):* Sie bilden heute die am weitesten verbreitete Computerkategorie. Es sind meist Single-user-/Single-task-Systeme, das heisst dass zur gleichen Zeit nur ein Benutzer mit nur einem Programm arbeiten kann. Sie sind mit einem Mikroprozessor (Intel, Motorola) ausgerüstet. Das überaus günstige Preis-Leistungs-Verhältnis gestattet nahezu überall ihren Einsatz, vom Pult des Primarschülers bis zum Schreibtisch des Generaldirektors. PCs sind in vielen Fällen Tischgeräte, oft auch tragbare Geräte für den Aktenkoffer (Laptops) oder sogar für die Rocktasche (Palmtops).
- *Workstation:* Personal Computer und Workstation lassen sich nicht klar voneinander abgrenzen, viele Eigenschaften und Bauteile haben beide gemeinsam. Typische Merkmale einer Workstation sind: Multi-task-Betrieb (zum Beispiel unter dem Betriebssystem Unix), Grafikfähigkeit mit hochauflösendem Bildschirm und der Anschluss an ein lokales Netzwerk (LAN) hoher Leistung, wie Ethernet, Novell oder Token Ring. Diese Merkmale müssen nicht alle vorhanden sein. Ein Beispiel dafür sind grafische Workstations, die selbständig ohne Netz betrieben werden können.
- *Superserver:* Server besorgen verschiedene Funktionen (Verarbeiten, Speichern, Drucken, Zeichnen) in Netzwerken, wo sie von mehreren Arbeitsplätzen (Workstations) aus eingesetzt werden können. Der Bergriff Server deutet eher auf den Einsatzzweck als auf den Computertyp. Als Server können Workstations, Minirechner und auch Mainframes eingesetzt werden. Doch sollen Superserver hier eigens erwähnt sein, weil sie als Spezialtyp eines Personal Computers oder einer Workstation für Verwaltung und Betrieb eines Netzwerkes eingerichtet werden. Sie übernehmen oft zentrale Verarbeitungen im Netz und entsprechen damit den Abteilungsrechnern.
- *Minicomputer:* Sie haben eine Leistungsfähigkeit, die ein bis zwei Grössenordnungen über derjenigen der Personal Computer liegt. Mehrere Benützer können auf ihnen zur selben Zeit mehrere Aufgaben bearbeiten (Multi-user, Multi-task). Minicomputer werden mit herstellerspezifischen Prozessoren und nicht mehr mit handelsüblichen Mikroprozessoren ausgerüstet. Die Anschlussmöglichkeit reicht bis zu hundert Bildschirmarbeitsplätzen. Sie eignen sich deshalb als zentrale Abteilungsrechner oder als Zentralcomputer für Mittelbetriebe.
- *Superminicomputer:* Sie sind leistungsstärker als Minis und basieren auf herstellerspezifischen Prozessoren grösserer Wortlänge. Eine Anschlussmöglichkeit für einige hundert Bildschirme ist gegeben. Das Einsatzgebiet entspricht dem der Minicomputer, genügt jedoch höheren Anforderungen.
- *Mainframe:* Das sind Grosscomputer (engl. «mainframe» bedeutet «Hauptsystem»), arbeiten wieder eine Leistungsklasse höher und sind voll herstellerspezifisch gebaut. Sie werden in Rechenzentren mit einer umfassenden Infrastruktur eingesetzt. Main-

frames eignen sich für die gleichzeitige Bearbeitung sehr vieler Anwendungen und für den Betrieb grosser Datenbanken.
- *Minisupercomputer:* Dies ist eine spezielle Klasse von Supercomputern, die zum grossen Teil mit handelsüblichen Bauteilen (Standardprozessoren) aufgebaut werden. Sie erreichen nicht ganz die Leistung aller Supercomputer, sind jedoch um eine Grössenordnung billiger und deshalb eine starke Konkurrenz.
- *Supercomputer:* Sie sind die Giganten unter den Rechnern und auf extrem hohe Verarbeitungsleistungen hin konstruiert. Ihren Kern bildet ein Feld von Prozessoren, auf die die Arbeiten verteilt und dann mit optimaler Parallelität verarbeitet werden. Man benützt Supercomputer für die Lösung hochparametriger numerischer Probleme in möglichst kurzer Zeit und als Zentralrechner hochkomplexer Systeme.

Neben diesen Computertypen existieren Zwischen- und Spezialgeräte mit spezifischen Aufgaben. Besonders sind noch **Einbaucomputer** zu erwähnen, die heute in sehr grossen Stückzahlen verwendet werden. Man baut sie in Geräte, Maschinen und Anlagen ein, damit sie diese überwachen und steuern. Die zugehörige Software besteht aus festen («eingebrannten») oder variablen Programmen.

## 6.2 Personal Computer

### 6.2.1 Begriffserklärung

In den vorhergehenden Kapiteln wurden Aufbau und Funktionsweise des klassischen Computers erläutert.

Nun sollen die Aspekte des *Personal Computers,* der einen regelrechten Umbruch in der EDV-Welt hervorrief, behandelt werden.

Folgende Begriffe sind zu unterscheiden:

**Mikroprozessor:**

Der Mikroprozessor ist die eigentliche Recheneinheit (CPU). Er wird mit hochintegrierter Halbleitertechnologie (s. Abb. 1.6.4) hergestellt.

**Mikrocomputer:**

Mikrocomputer sind äusserlich betrachtet Leiterplatten, die alle wichtigen Komponenten einer Zentraleinheit inkl. Speicher enthalten: Mikroprozessoren-Chips, Halbleiter-Speicher (ROM – Read Only Memory, RAM – Random Access Memory) zur Aufnahme von Programmen und Daten, Takt-Steuerung, Busse (Leitungen) und Schnittstellen zum Anschluss von Peripheriegeräten.

Den Aufbau zeigt Abb. 1.6.3.

Der Mikrocomputer verfügt nicht über eine eigene Stromversorgung, er muss aus einer separaten Gleichstromquelle gespeist werden. Meistens ist er beliebig programmierbar, wozu auch verschiedene höhere Programmiersprachen zu Verfügung stehen. Er wird als Prozessrechner, manchmal auch als Kern eines Minicomputers verwendet.

Die Zusammenhänge dieser Grundelemente und die Produkte, die deren Zusammensetzung ergeben, sind aus Bild 1.6.2 ersichtlich.

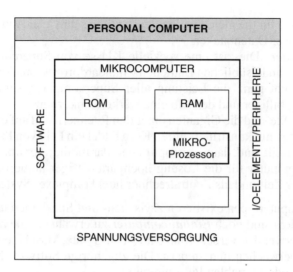

*1.6.2   Zusammenhänge: Mikroprozessor, Mikrocomputer, Personal Computer*

**Personal Computer:**

Der Personal Computer besteht aus einem Mikrocomputer, der zusammen mit einer Spannungsversorgung, Adapterkarten zum Anschluss von peripheren Geräten sowie Disketten- und Festplattenspeichern in einem gemeinsamen Gehäuse eingebaut ist. Eine Tastatur, ein Bildschirm und weitere Geräte werden meist extern angeschlossen, bei tragbaren Personal Computern ist alles in einem Gehäuse integriert.

### 6.2.2   Arbeitsweise des Mikrocomputers
(nach Prof. H. Tarschisch)

Will man die Arbeitsweise des Personal Computers kennenlernen, so hat man sich als erstes mit dessen Kern, dem Mikrocomputer, auseinanderzusetzen. Als Grundlage der nachfolgenden Ausführungen sollte das Kapitel 2.2.2 «Aufbau und Arbeitsweise der Mikroprozessoren» beachtet werden.

### a) Allgemeines

Wie in Abbildung 1.6.3 gezeigt wird, lässt sich das Prinzip eines Mikrocomputers durch die drei Funktionseinheiten Mikroprozessor (CPU), Speicher und Eingabe-Ausgabe-Bausteine darstellen. Drei Busse verbinden diese Einheiten miteinander:

– *Daten-Bus:* 8, 16 oder 32 Leitungen, je nach Prozessortyp, auf denen die Daten zwischen CPU und Speicher oder zwischen CPU und Eingabe-Ausgabe-Bausteinen übertragen werden. Die Datenübertragung erfolgt in beiden Richtungen, wobei man von Ausgabe spricht, wenn die Daten von der CPU abgegeben werden.
– *Adressen-Bus:* 16 bis 22 Leitungen, über die ein bestimmtes Byte im RAM- oder ROM-Speicher oder ein Eingabe-Ausgabe-Baustein ausgewählt wird (Einweg-Datenübertragung). Damit sind 64 bis 4096 Kilobytes adressierbar.

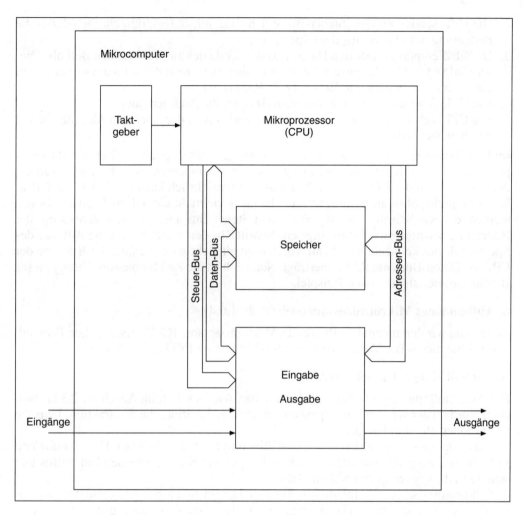

*1.6.3 Mikrocomputer (Blockschema)*

– *Steuer-Bus:* Er umfasst einige Leitungen, über die dem Prozessorzustand entsprechende Steuersignale übertragen werden (Einweg-Datenübertragung). Die wichtigsten Steuersignale geben an, ob eine Lese- oder Schreiboperation im Speicher auszuführen ist bzw. ob eine Eingabe- oder Ausgabeoperation mit der Peripherie durchzuführen ist.

**Prinzipieller Arbeitsablauf**

Betrachten wir zunächst die einzelnen Schritte, die bei der Ausführung eines einfachen Befehls (z.B. einer Addition) durchzuführen sind.

1. Die CPU sendet auf dem Adressen-Bus ein Binärwort, welches den Speicherplatz (das Byte) kennzeichnet, aus dem zu lesen ist.

2. Die CPU sendet auf dem Steuer-Bus einen Aktivitätsbefehl, d.h. ein Signal, das die Bedeutung hat «Lesen aus dem Speicher».
3. Die CPU empfängt über den Daten-Bus den Code des auszuführenden Befehls. Dieser Code ist in Maschinensprache, besteht also (bei einem 8-Bit-Prozessor) aus einer Kette von acht Nullen und Einsen (z.B. 10000101).
4. Die CPU führt den Befehl, in unserem Beispiel die Addition, aus.
5. Die CPU kehrt zum ersten Schritt zurück und sendet den nächsten Aktivitätsbefehl auf dem Steuer-Bus.

Im Prinzip wiederholen sich diese Schritte ständig. Allerdings gibt es Befehle, die komplizierter sind. Stellen wir uns beispielsweise vor, wir möchten einen Befehl ausführen, der ein Byte von der CPU ins RAM schreibt. Offensichtlich kann der Befehl nach dem 3. Schritt nicht sofort ausgeführt werden. Es muss vielmehr ein Schritt 4a eingeschoben werden, der wie Schritt 1 ein Signal auf den Steuer-Bus ausgibt, diesmal aber mit der Bedeutung «Schreiben». Dann folgt ein Schritt 4b, der wie Schritt 2 die Adresse des Speicherplatzes kennzeichnet. Schliesslich folgt ein Schritt 4c, welcher das Byte von der CPU via Daten-Bus zum RAM überträgt. Natürlich ist die Zeit für die Ausführung dieses Befehls grösser als im ersten Beispiel.

### b) Aufbau eines Mikroprozessors (siehe Abb. 1.6.4)

Betrachten wir den inneren Aufbau eines Mikroprozessors (CPU) etwas näher. Dies soll am Beispiel des 8-Bit-Mikroprozessors 8080/8085 von INTEL geschehen.

### Arithmetik-Logik-Einheit (ALU)

Die ALU stellt das eigentliche Rechenwerk dar, wie es schon im Abschnitt 2.3 besprochen wurde. Hier werden also Operationen wie die Addition, die Subtraktion, logische Operationen etc. durchgeführt.

Diese Operationen werden mit je acht Bits durchgeführt, die vom *Akkumulator* und vom *Zwischenregister* kommen. Das Resultat gelangt auf den internen Daten-Bus und von dort z.B. wieder in den Akkumulator.

Soll beispielsweise der Inhalt von Register D zum Inhalt des Akkumulators addiert werden, so wird der erste via internen Daten-Bus zum Zwischenregister transferiert, anschliessend führt die ALU die Addition aus, und das Resultat wird wieder in den Akkumulator übertragen.

Die *Flag-Flipflops* stellen 1-Bit-Speicher dar und kennzeichnen spezielle Resultate derartiger Operationen. Die wichtigsten Flags sind:

- Zero-Flag: gibt an, ob das Resultat 0 ist (z.B. bei einer Addition).
- Carry-Flag: gibt an, ob ein Übertrag in eine (nicht vorhandene) 9. Stelle auftritt.
- Parity-Flag: gibt an, ob die Parität – d.h. die Anzahl Einsen in einem Byte – gerade oder ungerade ist.

### Befehlsregister und Steuerlogik

Jede Operation, die der Prozessor ausführen kann, wird durch einen bestimmten Befehlscode dargestellt.

Wie oben unter Punkt a) erwähnt, liest der Prozessor den Befehlscode, indem er die Schritte 1 bis 3 durchführt (engl. instruction fetch). Der Befehlscode wird im *Befehls-*

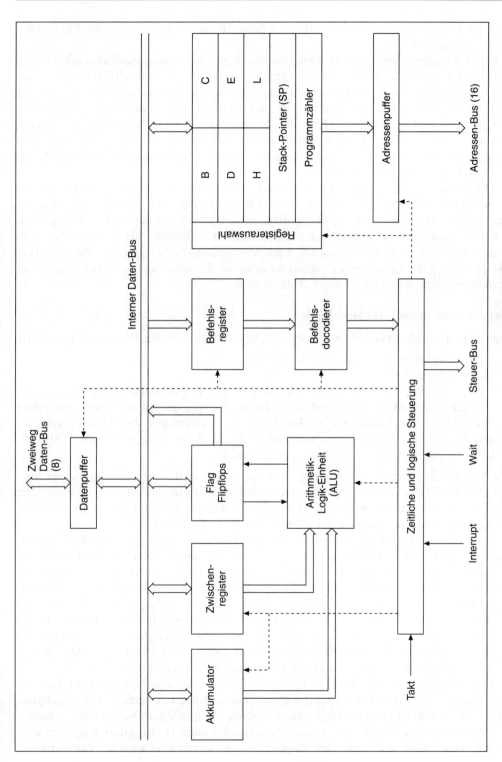

1.6.4 Blockschema des Mikroprozessors 8080

*register* gespeichert und zur Steuerung der Abläufe während der folgenden Befehlsausführung verwendet.

Die 8 Bits, die jeweils im Befehlsregister sind, gelangen zum *Befehlsdecodierer.* Dieser aktiviert die *zeitliche* und *logische Steuerung,* die mit Hilfe des Taktsignals für die ordnungsgemässe Folge von Abläufen sorgt, die für die Abarbeitung des betreffenden Befehls nötig ist. Insbesondere veranlasst die Steuerlogik durch Aussenden entsprechender Signale an Einheiten innerhalb des Mikroprozessors die Aufnahme der jeweils benötigten Operation (z.B. die Anschaltung des Akkumulators an den internen Daten-Bus). Daneben gibt die Steuerlogik über den Steuer-Bus auch Steuersignale an Einheiten ausserhalb des Mikroprozessors.

Oft muss die Steuerlogik auch auf externe Signale reagieren, so z.B. auf eine Interrupt-Anforderung. Ein anderes externes Signal ist die Wait-Anforderung (Warten). Sie wird oft von einem Speicher abgegeben, der langsamer arbeitet als der Mikroprozessor. Die Steuerlogik lässt dann den Mikroprozessor stillstehen, bis der Speicher seine Daten bereithält. Der Mikroprozessor kann naturgemäss nicht schneller arbeiten, als es die Zykluszeit des Speichers erlaubt. Sehr schnelle Speicher sind nicht nur teurer, sondern meist auch störungsanfälliger als langsamere.

**Registermatrix und Adressenlogik**

Der Registerabschnitt besteht aus einem RAM, das in fünf 16-Bit-Register aufgeteilt ist:
- Programmzähler (Programm Counter, PC)
- Stack-Pointer (SP)
- sechs 8-Bit-Register für allgemeine Anwendungen, paarweise gruppiert, mit den Bezeichnungen B, C, D, E und H, L. Diese Register dienen zur vorübergehenden Speicherung von Daten. Es entfällt damit ein kurzfristiges Verschieben von Zwischenergebnissen in den externen Speicher, und die Arbeitsgeschwindigkeit sowie die Leistungsfähigkeit des Prozessors werden erhöht.

Die Befehle, aus denen sich ein Programm zusammensetzt, sind im Programmspeicher (oftmals ein ROM-Speicher) des Systems enthalten. Der Mikroprozessor addressiert den Speicher, um festzustellen, welche Operation als nächste auszuführen ist. Er muss also wissen, unter welcher Adresse der nächste Befehl zu finden ist.

Jeder Speicherplatz ist numeriert, um ihn von allen anderen Speicherplätzen zu unterscheiden. Die Zahl, welche einen Speicherplatz identifiziert, wird seine Adresse genannt. Der Prozessor ist mit einem Zähler ausgestattet, der jeweils die Adresse für den nächsten Programmbefehl enthält. Dieser Zähler heisst *Programmzähler.* Jedesmal, wenn der Prozessor einen Befehl eingeholt hat, lässt er den Programmzähler um einen Schritt weiterzählen, so dass dieser immer auf den nächsten Befehl ausgerichtet ist. Eine Ausnahme davon stellen die Sprungbefehle dar, die es ermöglichen, den Programmzähler mit einem beliebigen Inhalt zu versehen. Damit wird es möglich, den linearen Programmablauf zu verlassen und z.B. Programmschleifen zu bilden.

Ein Teil des externen RAM-Speichers kann als Stack-Speicherbereich verwendet werden (Stack = Stapel). Den Zustand dieses Speicherbereiches verfolgt der sogenannte *Stack-Pointer* (manchmal als Stapelzeiger bezeichnet). Der Stack-Pointer wird zu Beginn des Programms initialisiert, meist indem er mit der höchsten RAM-Adresse geladen wird. Immer wenn in den Stack etwas abgelegt wird (nicht immer eine Adresse, aber immer ein

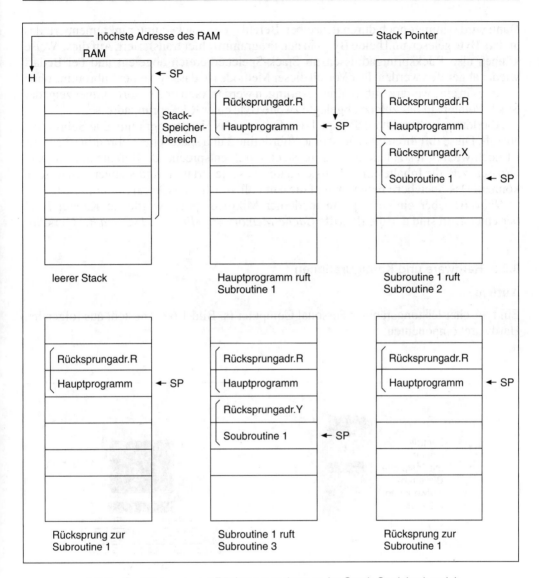

*1.6.5   Speicherung von Rücksprungadressen im Stack-Speicherbereich*

16-Bit-Wort), zählt der Stack-Pointer mit. Dies geht wie folgt vor sich: Zuerst wird der Stack-Pointer dekrementiert, d.h. um eins erniedrigt, und dann auf den Adressen-Bus geschaltet, so dass er ein bestimmtes Byte im Stack-Speicherbereich adressiert. An dieser Adresse wird das erste Byte des zu speichernden 16-Bit-Wortes abgelegt. Dann erfolgt der gleiche Vorgang noch einmal für die Speicherung des zweiten Bytes. Dieser Vorgang erfolgt automatisch beim Aufruf einer Subroutine. Ebenfalls automatisch wird anschliessend der Programmzähler mit der Anfangsadresse der Subroutine geladen. Damit beginnt die Subroutine abzulaufen. Der letzte Befehl, der in der Subroutine ausgeführt wird, bewirkt, dass das Byte, welches durch den Stack-Pointer adressiert ist, gelesen wird.

Dann wird – immer noch durch denselben Befehl – der Stack-Pointer inkrementiert, das andere Byte gelesen und beide Bytes in den Programmzähler transferiert. Auf diese Weise können also Rücksprungadressen im Stack-Speicherbereich abgelegt und bei Bedarf wieder abgerufen werden. Der Vorteil dieser Methode ist, dass von einer Subroutine ohne weiteres in eine weitere Subroutine gesprungen werden kann und so fort. Immer zeigt der Stack-Pointer auf das zuletzt abgelegte zweite Byte einer Rücksprungadresse.

Abbildung 1.6.5 zeigt als Beispiel den Fall, wo das Hauptprogramm eine Subroutine aufruft. Diese ruft ihrerseits zuerst eine Subroutine 2 und später eine Subroutine 3 auf. Es ist noch wichtig festzuhalten, dass im Stack durch entsprechende Befehle auch andere Grössen, z.B. die Inhalte eines Registerpaares, gespeichert und wieder abgerufen werden können. Das Speichern nennt man in diesem Fall «Push», das Abrufen «Pop».

*Hinweis:* Über einige Aspekte moderner Mikrocomputer wurde im Kapitel 2.2.3 berichtet. Dort sind u.a. die Begriffe *Cache-Memory, Pipelining, CISC und RISC* erklärt.

### 6.2.3 Hardware und Konfigurationen

**Aufbau**

Ein typischer leistungsfähiger Personal Computer (s. Bild 1.6.6), besteht aus folgenden Hardwarekomponenten:

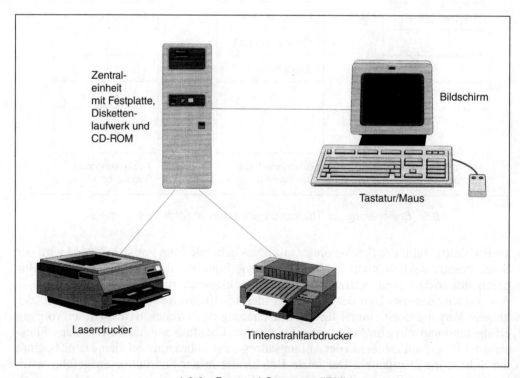

*1.6.6 Personal Computer (IBM)*

## 6. Computertypen und ihre Einsatzgebiete

| Komponente<br>Kapazität/Leistung | Funktion/Zweck |
|---|---|
| *Zentraleinheit:*<br>Wortlänge: 16 bis 32 bit,<br>Hauptspeicher: 1 bis 256 MB<br>Taktfrequenz: 5 bis 200 MHz<br>Local Bus: PCI | Speicherung von Programmen und Daten sowie Steuern und Durchführen der Verarbeitung |
| *Eingabe:*<br>– *für grosse Mengen von Daten:*<br>  – Tastatur (84–102 Tasten)<br>  – Lesestift/Lesepistole (OCR/B)<br>  – Scanner | <br><br>– Datenerfassung an Belegeingabe-Programm<br>– Datenerfassung von vorgedruckten Etiketten<br><br>– Eingabe von Bildern und Texten |
| – *für Steuerungsfunktionen:*<br>  Maus, Trackball, Touchpad,<br>  Graphiktableau, Lichtstift,<br>  Sprach-Eingabe, Touch screen | <br>– Eingabe von Steuerbefehlen<br>– Abfragen |
| *Kommunikation:*<br>Kommunikation<br>via Akustik-Koppler (300–4800 bps)<br>via Modem (2400–64 000 bps)<br>ISDN Terminal Adapter 64–128 kbit/s<br>Schnittstellen:<br>– bit-parallel<br><br>– bit-seriell | <br><br>– Kommunikation zu Host-Computer<br><br><br><br>– Anschluss von Peripherie, besonders für schnelle Drucker<br>– (z.B. V.24- und RS232-Schnittstellen) |
| *Speicher:*<br>Plattenspeicher:<br>Festplatte 40 MB bis 4 GB<br>Floppy-Disk:<br>3½″, 2,8 MB<br>Streamer Tape<br>CD-ROM Disk | <br><br>– Speichern von Programmen und permanenten Dateien. Schnelle und zweckmässige Massendatenverarbeitung (Direktzugriff)<br><br>– für Datensicherung |
| *Ausgabe:*<br>Bildschirme<br>– Grafik-Farbbildschirm<br><br>– Aktiv-Matrix-Farbbildschirme<br>– Passiv-Matrix-Farbbildschirme | <br><br>Ausgabemedium für das interaktive Arbeiten mit dem Computer<br>Für tragbare PCs (Notebooks)<br><br>Für tragbare PCs (Notebooks) |

Teil I: Grundlagen der modernen Informatik

| Komponente<br>Kapazität/Leistung | Funktion/Zweck |
|---|---|
| Laserdrucker (Seitendrucker):<br>– 10 Seiten/Minute | Für hohe Druckqualität und hohe Leistung |
| Tintenstrahldrucker:<br>– einige Seiten/Minute<br>– 600 × 600 Punkte<br>  je Quadratzoll | Schönschrift für Korrespondenz,<br>farbige grafische Darstellungen, Folien |
| Matrixdrucker:<br>– 40 bis 132 Zeichen<br>  pro Zeile<br>– 80–200 Zeichen/sec.<br>– Grafikfähigkeit<br>– ca. 50 Schriftarten | Drucken der Resultate,<br>Listen der Programme, Bestätigung der Eingabedaten.<br>Massenformulare mit Durchschlag |
| Plotter:<br>– Format A4 bis A0<br>– 4 bis 16 Farben<br>– schnelles kontinuierliches Zeichnen<br>  ca. 4 cm/sec.<br>  ca. 3 Buchstaben/sec. | Ausgabe von grafischen Darstellungen im CAD Bereich |

Personal Computer können nicht nur als autonome Einplatzsysteme, sondern auch als Teile eines Datenverbundes eingesetzt werden. So können sie auch als Terminal eines Grosscomputers – als sogenannter Arbeitsplatzcomputer – eingesetzt werden.

PCs können ferner zu einem lokalen Netzwerk zusammengeschlossen werden, auf zentrale Programme und Dateien zugreifen und untereinander Informationen austauschen.

Schliesslich ist noch der Notebook Computer zu erwähnen (Bild 1.6.7). Er verfügt über ähnliche Fähigkeiten wie der PC, ist jedoch bedeutend kompakter, leichter (Gewicht 1 bis 4 kg, Format A4, flacher Bildschirm mit Flüssigkristallanzeige).

Einige Modelle verfügen über aufladbare Batterien, die bis zu 16 Stunden Betrieb ermöglichen.

### Hardwarekonfigurationstypen

Das Angebot an Personal Computern ist sehr vielfältig; hinsichtlich Leistung und Einsatzmöglichkeiten lassen sich drei Konfigurationstypen unterscheiden:

### Typ A

*Konfiguration:* (Abb. 1.6.8)

– Personal Computer mit 8 MB
– Farb-Bildschirm VGA
– Festplatte 500 MB

# 6. Computertypen und ihre Einsatzgebiete

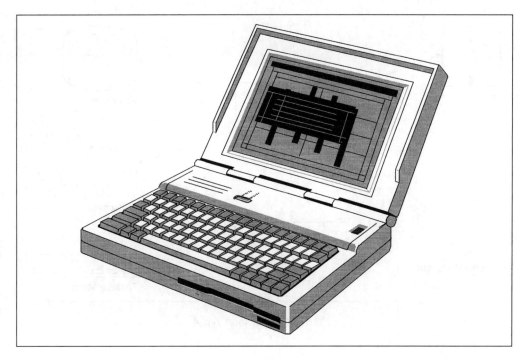

*1.6.7 Notebook*

- Diskettenlaufwerk
- einfacher Drucker (Tintenstrahl)

*Einsatz für:*

z.B.

- einfache Spiele
- Hobbyanwendungen, Heimcomputer, Internet
- Einstieg in die EDV
- Privatkorrespondenz
- kleinere technisch-wissenschaftliche Programme
- Anschluss an Messapparaturen in Laboratorien

## Typ B

*Konfiguration:* (Abb. 1.6.9)

- Personal Computer (Mikrocomputer) mit 16 MB
- Farbbildschirm mit Super VGA
- Diskettenstation/CD-ROM
- Festplatte >1 GB
- Laserdrucker
- Farb-Tintenstrahldrucker

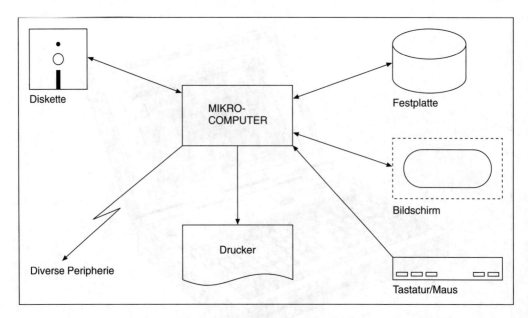

*1.6.8   Konfiguration Typ A*

*Einsatz für:*

z.B.

- Tabellenkalkulation
- Dateiverwaltung
- Fakturierung
- Offertwesen
- einfache Lagerverwaltung
- Textverarbeitung
- technisch-wissenschaftliche Berechnungen
- Arbeitsplatzrechner im Verbund zu Grossrechner
- u.a.m.

## Typ C

*Konfiguration:* (Abb. 1.6.10)

- Personal Computer >32 MB
- Farbbildschirme 1024 · 768 Pixel True Color, 21˝ Durchmesser
- Diskettenstationen/CD-Schreibgerät
- Festplatte >2 GB
- Drucker (Farblaser)
- Streamer Tape für Datensicherung (DAT)
- Modem (Terminal Adapter)
- Audio-Erweiterung

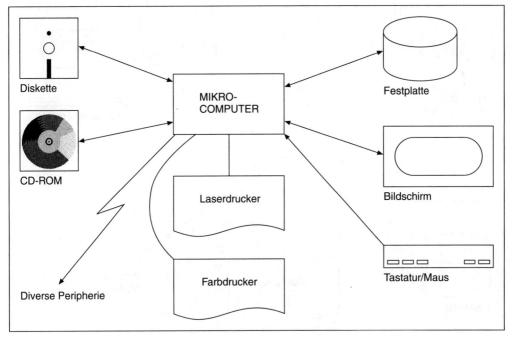

*1.6.9    Konfiguration Typ B*

*Einsatz für:*

wie Typ B und zusätzlich z.B.

- Auftragsabwicklung in Kleinfirmen
- Lohn- und Gehaltsabrechnung
- moderne Buchhaltung
- Lagerverwaltung und -kontrolle
- Business Graphics
- Bürokommunikation
- Hoteladministration
- Internet
- u.a.m.

Bei diesem Anlagentyp handelt es sich oft schon um ein Mehrbenützersystem (Server), welches bereits in den Bereich der Minicomputer hineingreift.

### 6.2.4  Betriebssysteme

Auch bei PCs gilt, dass die Hardware der Träger der Software ist. Dass Hardware einwandfrei funktioniert, ist fast selbstverständlich; die Problematik liegt bei der Software. Dabei unterscheidet man, wie bei Grosscomputern, zwischen

- *Betriebssoftware,*
- *Anwendersoftware* und
- *Programmwerkzeugen.*

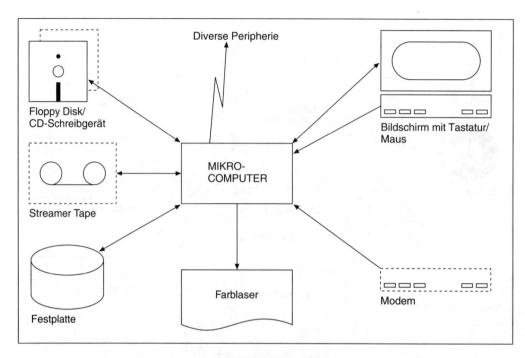

*1.6.10   Konfiguration Typ C*

Man unterscheidet zwischen folgenden Typen von Betriebssystemen:
- für Einzelprogramm-Verarbeitung, Single task (wie z.B. MS-DOS, PC-DOS), heute meist in Verbindung mit WINDOWS als grafische Bedienungsoberfläche
- für Multi(programming)tasking (zum Beispiel OS/2, Windows NT)
- für mehrplatzfähige Anwendungen, zum Beispiel: UNIX (von Microsoft als XENIX, von IBM als AIX angeboten)

Für die 16-bit-Mehrplatzsysteme gewinnen UNIX und andere aus ihm entstandene Betriebssysteme immer grössere Bedeutung, während für die 32-bit-Systeme UNIX das leistungfähigste und für viele Anwender das geeignetste Betriebssystem zu sein scheint. In den letzten Jahren gewinnt das Betriebssystem Windows NT von Microsoft immer mehr Marktanteile.

### 6.2.5  Programmwerkzeuge und Hilfsprogramme

Hier sind in erster Linie die Programmiersprachen zu nennen:

BASIC, C, PASCAL, MODULA-2, Java und andere.

Im weiteren gibt es eine Reihe von schlagkräftigen Hilfsprogrammen, die die PCs erst richtig «brauchbar» machen.

Die wichtigsten Hilfsprogramme, die die Produktivität von Fachleuten und Führungskräften erheblich steigern können, sind in der folgenden tabellarischen Darstellung zusammengefasst:

| HILFS-PROGRAMME | Zweck/Charakteristiken |
|---|---|
| TEXT-VERARBEITUNG | Text auf rationelle Art (bildschirmorientiert) erfassen, verändern, vielfältig darstellen und drucken. Gewisse Pakete ermöglichen das Überprüfen der Rechtschreibung und Grammatik. Bausteinkorrespondenz. |
| TABELLEN-KALKULATION | Ein «Rechenblatt», eingeteilt in Kolonnen und Zeilen, ergibt ein Zellensystem. Jede Zelle kann beliebig benannt, mit Berechnungsformeln ausgestattet oder mit Zahlen ausgefüllt werden. Die einzelnen Zellen können zueinander in Beziehung gebracht werden. Tabellenkalkulationsprogramme erlauben das bequeme und übersichtliche Erstellen, Durchrechnen und Ändern von Listen, Tabellen und Matrizen für Planung, Budgetierung, Statistik und Kalkulationen. |
| DATEN-VERWALTUNG | Organisieren, Verwalten und Abfragen von zusammengehörenden Daten unter Anwendung von externen Massenspeichern. Daten verändern, recherchieren und listen. |
| BUSINESS-GRAPHICS | Programme zur Erstellung von kommerziellen Grafiken, wie Linien-, Säulen-, Flächen- oder Kreissektor-Diagrammen. Ferner Vorbereitung von hochqualitativem Präsentations- und Vortragsmaterial. |
| KOMMUNIKATION-ZU GROSS-COMPUTERN | Kommunizieren mit Grosscomputern als Arbeitsplatzrechner. Einholen von verdichteten Informationen von den zentral gespeicherten Daten. |
| AUTOREN-SPRACHEN | Einfaches Erstellen von Dokumentationen, Schulungs- und Präsentationsunterlagen für Werbung, Ausbildung, Service und Wartung. Besonders geeignet für die Erstellung computergestützter Lernprogramme. |
| ZUGRIFF ZU EXTERNEN DATEIEN | Zugriff zu externen On-line-Datenbanken von ökonomischen Kenngrössen, Technik, Medizin und grossen Programmbibliotheken. |

Es gibt zudem eine Vielzahl von *integrierten Software-Paketen,* die mehrere der oben erwähnten Programme vereinigen. Sie stellen ein Art «elektronischen Schreibtsich» für Manager, Fachkräfte und Sachbearbeiter dar:
  Textverarbeitung, Tabellenkalkulation, Datenbankverwaltung, Grafik, Präsentationen usw. in *einem Programm.*

Informationen in Form von Worten, Zahlen, grafischen Darstellungen werden auf dem Bildschirm innerhalb von sogenannten «Rahmen» (Windows) erzeugt. Die «Rahmen» können auf dem Bildschirm in derselben Weise ausgebreitet werden, wie man Papierblätter auf dem Schreibtisch ausbreitet: nebeneinander, ineinander verschachtelt, miteinander verknüpft.

Es ist ein erfreuliches Zeichen der Zeit, dass die Grenzen zwischen Programmiersprachen, Programm-Werkzeugen und Anwendungsprogrammen fliessend sind.

### 6.2.6 Kriterien für die Anschaffung von Personal Computern

**Fragen zu den Zielen des Einsatzes**

Der zukünftige Anwender sollte sich als allererstes Klarheit zu folgenden Fragen verschaffen:

- ☐ Habe ich genügend Kenntnisse, um eine richtige und zweckmässige Anlage zu beschaffen?
- ☐ Sind meine Zielvorstellungen klar umrissen?
- ☐ Welche *quantitativen* Verbesserungen lassen sich durch den Einsatz erzielen? Zum Beispiel Reduktion der Schreibarbeit, kleinere Lagerbestände.
- ☐ Welche *qualitativen* Verbesserungen lassen sich erzielen? Zum Beispiel: kürzere Antwortzeiten auf Kundenfragen, Entlastung der Mitarbeiter von langweiligen Wiederholarbeiten (verbessertes Arbeitsklima).

Diese Fragen können dem potentiellen Käufer dazu verhelfen, sich zu entscheiden, ob er *überhaupt* einen Computer braucht und wenn ja, für welche Zwecke.

**Auf was man bei der Hardware achten soll**

Grundlage jeder Anschaffung ist die Dimensionierung der notwendigen Anlage zur Erfüllung der Forderungen des Pflichtenheftes.

Für die Beschaffung sollte man u.a. folgende Fragen klären:

- ☐ Benützerfreundlichkeit (Ergonomie)
- ☐ Art des Prozessors
- ☐ Qualität
- ☐ Grösse des Hauptspeichers
- ☐ Bildschirmgrösse
- ☐ Graphikmöglichkeiten
- ☐ Schnittstellen
- ☐ Disketten (Kapazität)
- ☐ Festplatte (Kapazität, Zugriffszeit),
- ☐ Drucker (Qualität, Geschwindigkeit),
- ☐ Netzwerkfähigkeit
- ☐ Ausbaumöglichkeiten
- ☐ Verbreitung der Anlage
- ☐ Kompatibilität zu grösseren Anlagen
- ☐ Lieferant (Bonität, Geschäftspraxis)

- ☐ Garantie
- ☐ Service, Ersatzteile
- ☐ Unterstützung (Installation, Einführung, Schulung)
- ☐ Preise

**Die Beurteilung der Software**

Die Beurteilung der *Systemsoftware* muss in der Regel durch einen EDV-Kenner durchgeführt werden. Er wird aus dem gegebenen Angebot das den Anforderungen des Anwenders am besten geeignete Produkt auswählen.

Beim Kauf von *Anwendersoftware* sollte man auf folgendes achten:

- ☐ Einführungs-Unterstützung
- ☐ Anwenderfreundlichkeit: Der Anwender sollte bei der Implementation vom Programm durch Anweisungen auf dem Bildschirm direkt gesteuert werden.
- ☐ Hot-Line für Beratung
- ☐ Verarbeitung und Zugriffszeiten mit echten Datenmengen (nicht mit kleinen Demonstrationsdateien)
- ☐ Outputgestaltung
- ☐ Dokumentation
- ☐ Datensicherheit
- ☐ Kompatibilität (Übertragung der Software auf eine grössere Konfiguration)
- ☐ Programmiersprache(n)
- ☐ Erfahrung anderer Anwender
- ☐ Bonität des Software-Lieferanten
- ☐ Schulungsmöglichkeiten

Je wichtiger die Applikation, um so gründlicher soll die Untersuchung sein.

**EDV-Wissen und -Unterstützung als Voraussetzung für den Erfolg**

Die Personal Computer sind nicht nur faszinierende Spielzeuge, sondern echte Hilfsmittel für die Rationalisierung des alltäglichen Betriebsgeschehens. Doch sollte man nicht ohne ein bestimmtes Grundwissen an sie herangehen. Will man administrative Probleme mit solchen Anlagen lösen, so ist die Unterstützung von erfahrenen Organisations- und EDV-Fachleuten unerlässlich. Eine solche Unterstützung kann oft teurer als der Anschaffungspreis der Anlage sein. Bedenkt man jedoch, dass nur eine *zweckentsprechende* und einwandfrei funktionierende Anlage wirklich einen Sinn hat, kommt man zum Schluss, dass dies der vernünftigere Weg ist. Der andere Weg – das Basteln – ist kostspieliger und kann sehr viel Ärger und Unkosten verursachen.

In Grossfirmen und Verwaltungen wurde realisiert, dass keine Mitarbeitergruppe von der Informatik ausgenommen werden darf. So wurde als Bindeglied zwischen dem Anwender und der Fachabteilung Datenverarbeitung das «*IC-Information Center*» gebildet. Es hat die Aufgabe, in den Belangen der Hard- und Softwareinstrumente dem Anwender eine zweckmässige Unterstützung zu bieten. Die Beratung betr. des PC steht hier an erster Stelle. Davon sollte der EDV-Anwender im Grossbetrieb regen Gebrauch machen.

## 6.2.7 Der Einsatz von Personal Computern

Das Einsatzgebiet des PC heute zu umschreiben, ist einfach: er kann alles machen! Ob kommerziell, technisch, wissenschaftlich, zur Prozesslenkung – alles ist möglich. Aber man hat die Einschränkungen zu beachten: ein Benützer zu einer Zeit an einer Verarbeitung; begrenzte Leistung und Speicherfähigkeit.

Um trotzdem einen Bildausschnitt der Möglichkeiten zu geben, zeigt die folgende Tabelle einige Standardprogramme für kleine und mittlere Unternehmen.

| STANDARD-PROGRAMME | Zweck/Charakteristiken |
| --- | --- |
| BUCHHALTUNG | Finanzbuchhaltung für kleine Unternehmungen. Zwischenabschlüsse, Budgetierung, Soll/Ist-Vergleiche, Vorjahresvergleich, Verbindungen zu Grafik-Paketen. |
| STATISTIK | Massendaten erfassen, aufbereiten, verdichten, statistisch analysieren, graphisch darstellen und drucken oder zeichnen. |
| ADRESS-VERWALTUNG | Erfassen, Mutieren, Recherchieren, Sortieren von Adressdateien, Ausdrucken in verschiedenen Formaten (z.B. Etiketten), Koppelungsmöglichkeiten mit Textverarbeitungspaketen (Serienbriefe). |
| PROJEKT-MANAGEMENT | Planen und kontinuierliches Überwachen von Projekten hinsichtlich Zeit, Kapazität und Kosten. Graphische Darstellung von Netzplänen und Balkendiagrammen. |

Im weiteren findet man eine fast unüberblickbare Menge von Branchen-Paketen für Detailhandel, Kleinindustrie und Gewerbe: Programme für Auftragsabwicklung, Fakturierung, Lagerverwaltung bis zur vereinfachten Produktionsplanung und -steuerung.

Technisch-wissenschaftliche Programme: Festigkeitsrechnung, thermische Berechnungen und Mathematikprogramme sind altbewährte Programme und bestens geeignet für leistungsfähige Kleincomputer.

Zu den Einsatzgebieten leistungsstarker Personal Computer (bis hin zu den Workstations), die mit spezieller Peripherie ausgerüstet werden, gehören:

- *Computer Aided Design (CAD)*. Anspruchsvolle Zeichen- und Konstruktionsarbeiten in zwei oder drei Dimensionen können mit geeigneten Programmen ausgeführt werden. Dazu werden die Systeme oft mit grossen Grafikbildschirmen und Zeichenmaschinen (Plotter) ausgerüstet, auch Digitalisiereinrichtungen sind erhältlich.
- *Desk Top Publishing (DTP)*. Um Druckvorlagen für Prospekte, Bedienungsanleitungen, Werbebroschüren und Bücher zu erstellen, kann man Personal Computer mit

speziellen Programmen und komfortabler Peripherie (Scanner, Drucker mit hoher Auflösung, Plotter) ausrüsten und einsetzen.
- *Multimedia.* Das Zusammenwirken von Text, Bild, Ton, Dialog, Archiv und anderem für Information, Werbung und Ausbildung erfordert Systeme hoher Leistung, verschiedene Speicher- und Peripherietechnologien und bietet dafür Informationsvermittlung mit grossem Komfort an.

Die Anwenderprogramme verleihen der EDV ihren eigentlichen Sinn. Schlechte Programme werden durch die beste Hardware nicht funktionstüchtig gemacht. Darum sollte man bei der Anschaffung von Anwendersoftware sorgfältig ihre Zweckmässigkeit und Einsatzmöglichkeit prüfen.

Die Kosten der Programme variieren je nach Art und Grösse, Qualität und Dokumentation von wenigen Dutzend bis zu einigen Tausend Franken.

## 6.3 Client/Server-Systeme

Den Client/Server-Systemen wird heute im gesamten Bereich der EDV grosse Beachtung zuteil. Das hat seinen Grund darin, dass mit solchen Systemen Anwendungsaufgaben gelöst werden können, die bis anhin die Domäne von Mainframes oder Abteilungsrechnern bildeten. Der Einsatz von Client/Server-Systemen bringt vor allem zwei Vorteile: erstens sind die Kosten wesentlich geringer als beim Einsatz von Mainframes oder Superminis und zweitens steht sehr viel mehr Standardsoftware zur Verfügung; man denke nur an CAD oder Grafik allgemein, wo grosse Rechner wenig bieten. Man überlegt sich vielenorts ein sogenanntes *«Downsizing»,* das heisst grosse Computersysteme durch Client/Server-Anlagen zu ersetzen.

### 6.3.1 Begriffserklärung

Das *Client/Server-Prinzip* beruht auf dem Gedanken, die Lösung eines Problems zu zerlegen und nicht als monolithisches Ganzes durchzuführen. Viele Aufgaben der Informatik können mit einer dreiteiligen Lösung bewältigt werden: Der erste Teil ist die Speicherung und Verwaltung der verwendeten Daten, der zweite Teil deren Bearbeitung und der dritte Teil die Darstellung und der Dialog mit dem Benützer. Das Client/Server-System setzt das in die Wirklichkeit um:

- Workstations sorgen als Clients für die Darstellung der Informationen und für den Dialog mit den Benützern,
- spezialisierte Server besorgen die Datenhaltung, indem sie eine Datenbank betreiben, und führen die verlangten Bearbeitungen aus, und
- ein lokales Netz (LAN) verbindet alle beteiligten Elemente.

Im Bild 1.6.11 ist ein Client/Server-System schematisch dargestellt.

Aber auch aus einer anderen Richtung kam man zu diesem System. Viele der eingesetzten Personal Computer arbeiten heute vernetzt: Daten können von einem PC zum anderen übertragen werden. Da tauchte bald einmal der Wunsch auf, von mehreren PCs aus auf gemeinsame Ressourcen (Geräte, Datenbestände) zugreifen zu können. Auch dafür bietet das Client/Server-Prinzip die Lösung.

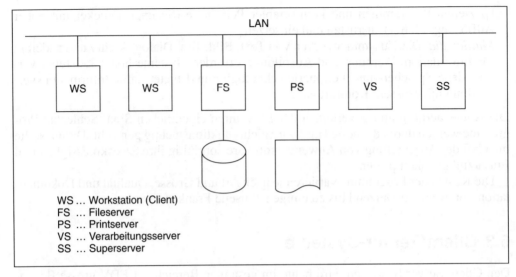

*1.6.11   Client/Server-System*

Als **Server** bezeichnet man in einem Netz eine spezialisierte Station, deren Dienste von allen anderen Stationen in Anspruch genommen werden können. Server können spezialisiert sein (Fileserver, Printserver, Verarbeitungsserver usw.) oder dem Netzbetrieb übergeordnet werden (Superserver). Der Superserver steuert den Betrieb eines Datennetzes.

***Peer-to-peer:*** Mit diesem Ausdruck kennzeichnet man ein LAN, das keinen Superserver zur Steuerung des Netzes besitzt. In einem solchen Netz sind alle Stationen gleichberechtigt und jeder kann die Steuerungsfunktion zugeteilt werden.

Als **Client** bezeichnet man in einem Netz jene Stationen, die die Leistungen anderer Stationen in Anspruch nehmen. Vor allem arbeiten Workstations als Clients.

Das Client/Server-Prinzip ist nicht auf die LAN-Technik beschränkt, sondern findet in der Informatik mehrfach Anwendung. Es verwirklicht ein logisch-funktionelles Baukastenprinzip und gestattet modulare Systemkonfigurationen.

### 6.3.2  Betriebssysteme

Es wurde oben gesagt, dass man bei Client/Server-Systemen an eine Dreiteilung zu denken hat: Datenbank, Verarbeitung und Präsentation. Dazu kommt noch die Kommunikation im Netz. Dementsprechend ist auch ein mehrteiliges Betriebssystem erforderlich:

- Der Datenbankbetrieb fordert ein netzwerkfähiges Datenbanksystem. Beispiele dafür sind *Oracle, INGRES, SYBASE* oder *DB2*.
- Für die Verarbeitung setzt man das Betriebssystem ein, das zum Verarbeitungsserver passt, also *UNIX, BS/400, MVS* oder andere.
- Zum Betrieb des Netzes dient ein «Transaction Monitor». Zu nennen sind hier: *SAP Dispatcher*, der Transaction Monitor des *BS/400* oder *CICS*.

# 6. Computertypen und ihre Einsatzgebiete

- Die Präsentations-Software läuft auf den Workstations unter dem dort eingesetzten Betriebssystem. *Windows* unter *MS-DOS* oder der *Presentation Manager* unter *OS/2* sind vielfach im Einsatz.

Das Client/Server-System verfügt nicht über ein spezielles Betriebssystem, wie das oben Gesagte verdeutlicht. Für den Benutzer ergibt sich eine Verarbeitung im Vordergrund, nämlich auf seiner Workstation, und – wenn nötig – im Hintergrund, wo ein Server zusätzlich gewünschte Ressourcen verfügbar macht. Der ganze Ablauf funktioniert nur dann, wenn die verschiedenen Teile verschiedener Betriebssoftware fehlerfrei zusammenarbeiten.

### 6.3.3 Offene Systeme

Von offenen Systemen spricht man im Computerverbundbetrieb dann, wenn Geräte verschiedener Hersteller miteinander kommunizieren können. Die exakte Definition lautet: «Ein Rechnerverbundsystem heisst *offen*, wenn es für Rechner, Terminals und Systembenutzer offen zugänglich ist, die zum System hin allgemein vereinbarte Anschlussbedingungen befolgen. In einem offenen System können die Kommunikationspartner freizügig miteinander Informationen austauschen und Kommunikationsdienstleistungen in Anspruch nehmen». (Nach H. Löffler et al.: Taschenbuch der Informatik.)

In diesen Ausführungen sollen offene Systeme nur im Zusammenhang mit lokalen Netzen (LAN) betrachtet werden. Eine Voraussetzung für offene Systeme ist, dass die Datenkommunikation (im LAN) vollständig genormt wird. Die Grundlage dafür bildet die Norm ISO 7498, die schon im Kapitel 5.4 beschrieben wurde. Diese Norm enthält das OSI-Basisreferenzmodell (OSI ist die Abkürzung für «Open System Interface»), innerhalb dessen wiederum eine Reihe von Normen und Empfehlungen beschlossen bzw. erarbeitet wurde. Eine Übersicht dazu gibt Bild 1.6.12.

### 6.3.4 Konfigurationen der C/S-Systeme

Wie alle Informationssysteme bestehen auch Client/Server-Systeme aus vielen verschiedenen Komponenten, die weitgehend den Komponenten konventioneller Informationssysteme entsprechen. Es sind dies:

- *Hardware:* Workstations bestehend aus Mikrocomputer, Bildschirm, Tastatur und anderer Peripherie, Server zur Bearbeitung (das sind Computer mit der Spezialaufgabe «Bearbeiten»), Server für die Datenspeicherung (das sind Computer mit externen Speichern und den Aufgaben des Betriebes der Datenbank), Server für Ausgabe (das sind Computer mit angeschlossenen Druckern, Zeichenmaschinen und ähnlichem), schliesslich die Hardware des verbindenden Netzes (Kabel, Verteiler, Anschlussadapter) und ein Superserver für die Steuerung des Netzbetriebes.
- *Betriebssoftware:* Das ganze System wird von einem mehrteiligen Betriebssystem unterstützt. Oben im Abschnitt 6.3.2 wurde darüber berichtet.
- *Anwendungssoftware:* Die Anwendungssoftware arbeitet in den Workstations, wenn andere Teile des Systems davon entlastet werden sollen. Eine Textverarbeitung wird in der Regel in der Workstation laufen. Hat man hingegen Anwendungsprogramme, die eine sehr hohe Maschinenleistung oder spezielle Eigenschaften des Prozessors fordern, wird man sie durch einen Bearbeitungsserver ausführen lassen.

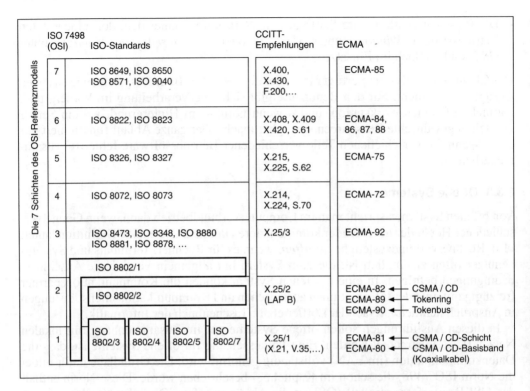

*1.6.12   Standards für lokale Netze*
*ISO (engl.) International Organization for Standardization: Internationale Organisation für Standardisierung, CCITT (frz. Comité Consultatif International Télégraphique et Téléphonique: Internationaler Beratender Ausschuss für Telegrafie und Telefonie, ECMA (engl.) European Computer Manufacturers' Association: (West-)Europäische Vereinigung der Computerhersteller*

Warum setzt man Client/Server-Systeme ein, was sind ihre Vorteile? Darauf gibt es eine Reihe von Antworten:

– In der realen Welt werden die meisten Arbeitsprozesse geteilt ausgeführt. Das kann man mit dem Client/Server-Ansatz nachbilden: die Anwendungen werden sinnvoll in mehrere Prozesse zerlegt, die in einem Netz zusammenarbeiten. Entsprechende Systeme lassen sich leicht ändern und erweitern.
– Grafische Benutzeroberflächen werden als besonders ergonomisch angesehen. Man glaubt, dass sie die Produktivität des Benutzers erhöhen. Mit Client/Server-Systemen kann man sie wirtschaftlich realisieren, mit grossen Zentralcomputern ist das nicht möglich.
– Die Anforderungen an die Informatik im Unternehmen sind nicht stationär. Die Möglichkeiten für einen Aus- oder Umbau der Client/Server-Systeme sind praktisch unbeschränkt. Sie können auch in beliebig kleinen Schritten vollzogen werden. Die Kosten sind günstig.

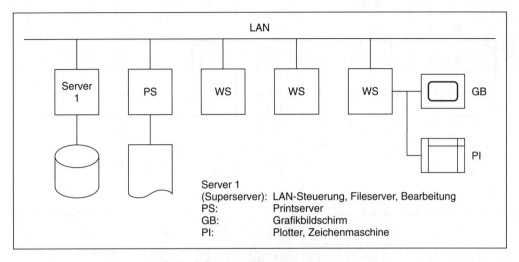

1.6.13   Kleine Client/Server-Konfiguration

Aber es gibt auch Probleme: Standardsoftware für Zentralrechnerarchitekturen eignet sich nicht für Client/Server-Systeme. Die Softwarehäuser müssen ihre Produkte grundlegend neu entwerfen und herstellen. Das kostet Geld und braucht Zeit. Auch der Anwender ist von dieser Umstellung betroffen: bei der Neukonzeption eigener Programme und bei der Anpassung der Ablauforganisation an neue Standardsoftware. Dies hindert die Anwender daran, rasch von einer zentralen Lösung in eine Client/Server-Lösung hinüberzuwechseln. Für ein solches **«Downsizing»** rechnen Fachleute mit einem Zeitraum von zwei Jahren bei kleinen und von zehn Jahren bei grossen Unternehmen. Die benötigte Hardware steht zur Verfügung, die erforderliche Betriebssoftware kann beschafft werden, wenn auch Auswahl und Komfort noch manchen Wunsch offen lassen. Schwieriger ist es, Spezialisten für derartige Vorhaben zu finden, die man als Projektleiter einsetzen kann – da fehlt es an Ausbildung. Die Neukonzeption oder Beschaffung der Anwendersoftware ist wohl das grösste Problem. Deshalb muss man die Möglichkeiten einer Umstellung kritisch prüfen und die Wirtschaftlichkeit nachrechnen. Rasche Kostenreduktionen werden sich bei einem Downsizing wahrscheinlich nicht einstellen.

In den Bildern 1.6.13 und 1.6.14 sind Beispiele für Client/Server-Konfigurationen gezeichnet. Das kleine System hat einen Computer (Server 1), der mehrere Aufgaben übernimmt: Datenbank, Bearbeitung und Netzsteuerung. Ein Druckerserver (PS) dient der Ausgabe. Die Benutzer verfügen über zwei Workstations (WS), mit denen auch interne Verarbeitungen (Beispiel: Textverarbeitung) erledigt werden können, und über einen Zeichenarbeitsplatz für eine CAD-Anwendung. Diese Konfiguration würde sich etwa für ein kleineres Ingenieurbüro eignen.

Das grosse System (Bild 1.6.14) zeigt etwa 60 Workstations (WS), die auf mehrere Fachabteilungen verteilt sind. Zwei Fileserver (FS) betreiben zwei Datenbanken. Ein Bearbeitungsserver (BS) dient den Anwendungen mit hohem Rechenaufwand. Drei Druckserver (PS) erstellen mit ihren Druckern den Massenoutput. Mit einem Übertragungsserver (ÜS) ist man über ein öffentliches Paketnetz mit den lokalen Netzen einiger

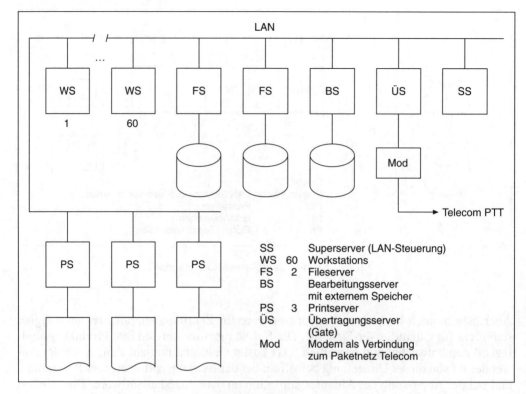

*1.6.14 Grosse Client/Server-Konfiguration*

Filialbetriebe verbunden. Dies wäre eine geeignete Konfiguration für ein mittelgrosses Unternehmen, etwa für eine Maschinenfabrik mit 200 Beschäftigten. Von der Technik her gibt es nach oben keine Beschränkung in der Grösse der Client/Server-Systeme. Die Grenze setzen vielmehr Überlegungen der Administration und Sicherheit.

### 6.3.5 Einsatz

Client/Server-Systeme eignen sich für alle Anwendungen, die auch für Zentralcomputer beliebiger Grössen in Frage kommen. Besonders gut eignen sie sich für Applikationen, die sowohl auf grosse Datenbanken zugreifen müssen, als auch eine anspruchsvolle graphische Benutzeroberfläche bieten sollen. Durch das Client/Server-Konzept ist es möglich, die dem Benutzer geläufige Umgebung der Büroautomatisierung in die Anwendungssoftware zu integrieren. Typische Anwendungen der Bürokommunikation, wie die elektronische Post, können in die Client/Server-Umgebung eingebunden werden. Damit erhält die Büroarbeit ein einheitliches Werkzeug. Für ein Managementsystem kann das Client/Server-Prinzip einiges bieten: Das Kader erhält Zugriff zu den Unternehmensdaten und wertet sie nach Bedarf mit einer geeigneten Client-Software spezifisch aus. Da der Investitionsbedarf kleiner und die Ausbaumöglichkeiten umfassender sind als bei Host-Systemen, erhält das Unternehmen mit einem Client/Server-System eine flexible EDV-Lösung, die schneller an sich wandelnde Bedürfnisse angepasst werden kann.

Und nochmals: **Downsizing**. Wenn ein Informationssystem nach jahrelangem Betrieb zu alt geworden ist, wenn die Datenstrukturen neuen Anforderungen nicht mehr genügen und die Anwendungsprogramme oftmals geändert wurden und dadurch unübersichtlich sind, die Verarbeitung zu langsam ist und der Betrieb teuer kommt, dann ist der geeignete Zeitpunkt gekommen, um ein neues Client/Server-System einzuführen. Ob und wie man das macht, muss ein Projekt zeigen, das nach dem Phasenkonzept abgewickelt wird.

**Intranet** und **Corporate Web**: Das Netz in einem Client/Server-System kann sehr weitreichend ausgebaut werden. Es ist möglich, die Technik und Software des Internet für ein unternehmenseigenes Datennetz einzusetzen, das der privaten Nutzung vorbehalten bleibt. Ein solches nichtöffentliches Datennetz wird Corporate Web genannt, das privat genutzte Internet-System nennt man Intranet. Dessen Einrichtung bringt viele Vorteile: die Software ist erprobt und nahezu gratis; die Technik ist weltweit gleich und bewährt; die Datennetze können beliebige Ausdehnung annehmen; das System ist zu 100% offen, wenn die wenigen Normen eingehalten werden; öffentliche Leitungen können problemlos integriert werden; der Benutzer kann einerseits sehr einfach auf Programme und Daten zugreifen – mit Hilfe eines Browsers – und andererseits daran gehindert werden, Unzulässiges einzuspeisen. Da Aussenstehende das Intranet nicht benutzen können, beschränken sich die Sicherheitsprobleme auf interne Gefährdungen. Und schliesslich muss man für die Einrichtung und den Betrieb des Intranet keine hochspezialisierten Fachleute einsetzen, da Internet-Kenntnisse weit verbreitet sind.

## 6.4 Minicomputer (Small Business Systems)

Minicomputer stehen im Rang zwischen Personal Computern und grossen EDV-Anlagen. Es sind Computer, die man meist im Dialogbetrieb mit einigen Bildschirmen benützen kann, für die man die Anwendungsprogramme oft fertig geliefert bekommt und für die man deshalb fast keine eigenen EDV-Spezialisten braucht. An Peripheriegeräten ist alles vorhanden, was je erfunden wurde und sich als brauchbar erwies – jeder Benutzer wird das Benötigte erhalten können. Minicomputer-Preise liegen in einem Bereich, der auch schon kleineren Betrieben die Anschaffung erlaubt.

Dem Minicomputer steht eine sehr grosse Palette von Ein- und Ausgabegeräten zur Verfügung. Dem Benützer wird eine fast nicht übersehbare Vielfalt von Peripherie angeboten, aus der er wählen kann.

### 6.4.1 Charakteristik

Die Minicomputer haben sich im Anwendungsbereich aus den Buchungsautomaten entwickelt, die zunächst mechanisch, dann elektromechanisch und schliesslich elektronisch (aber fest programmiert) kleineren und mittleren Unternehmen eine beschränkte Automatisierung ihres Rechnungswesens erlaubten. Computer üblicher Bauweise kamen in den 60er und 70er Jahren aus Preisgründen zunächst nur für Grossunternehmen in Frage.

«Minicomputer» bezeichnet jetzt eine bestimmte Grössenklasse von EDV-Anlagen, die speziell für die Anforderungen kleinerer und mittlerer Unternehmen konzipiert ist und deren Leistung so dimensioniert ist, dass sie universell und wirtschaftlich eingesetzt werden kann. Minicomputer können theoretisch alles vollbringen, was man von einem

Grosscomputer verlangt – jedoch mit wesentlich geringeren Leistungen und zu einem wesentlich geringeren Preis.

Gegenüber grossen EDV-Anlagen besteht also die Beschränkung in geringerer Rechenleistung, weniger Speicherkapazität und einfacherer Betriebssoftware (Betriebssystem, Dienstprogramme, Dateizugriff).

Gegenüber Personal Computern wiederum gilt das Gegenteil bis zu einem gewissen Grad: mehr Rechenleistung, mehr Speicherkapazität. Ein wesentliches Merkmal ist hier, dass Minicomputer den Anschluss einer Vielzahl von Peripheriegeräten gestatten. Anders als bei Kleincomputern werden Minicomputer-Systeme meist auch mit mehreren Arbeitsplätzen im Multiprogramming betrieben, haben also ein Betriebssystem mit mehr Möglichkeiten. Eine zusammenfassende Typologie der Computeranlagen ist im Kapitel 6.1 ersichtlich.

Die Charakteristik der Minicomputer lässt sich in den wesentlichen Punkten wie folgt zusammenfassen:

- Rechenleistung, Speichergrössen und Preis sind auf den professionellen EDV-Einsatz in kleineren und mittleren Unternehmen abgestimmt.
- Grundsätzlich sind alle Möglichkeiten des Grosscomputers geboten.
- Eine Vielfalt von Peripheriegeräten ist anschliessbar und deckt alle Benützerwünsche.

*1.6.15   Minicomputer (IBM AS/400)*

– Es wird im Dialogverfahren gearbeitet, wobei mehrere Bildschirmarbeitsplätze mit verschiedenen Arbeiten bedient werden können.
– Die Maschinenhersteller liefern auch Standard-Anwendungsprogramme. Der Anwender benötigt in der Regel fast keine eigenen EDV-Spezialisten.

Aus den hier verzeichneten Eigenschaften lässt sich ableiten, dass die Verbreitung und der Markt für Minicomputer-Anlagen ausserordentlich aufnahmefähig sein muss, da die Anzahl der als Kunden in Frage kommenden Firmen sehr gross ist. Die Minicomputer-Hersteller haben ihre Chance zum grossen Teil erkannt und ihren Marktanteil dadurch gesichert, dass sie leistungsfähige Standard-Software zusammen mit ihren Geräten liefern. Eine grossen Konkurrenz stellen Client/Server-Systeme dar, was andererseits dadurch wettgemacht wird, dass man Minicomputer als Server in solchen Systemen verwendet.

Die *Hardware* der Minicomputer entspricht weitgehend derjenigen anderer Computerklassen. Typisch ist die Zentraleinheit, die einerseits auf mittlere Leistung ausgelegt ist, andererseits aber nicht mehr mit handelsüblichen Mikroprozessoren bestückt, sondern mit herstellerspezifischen Verarbeitungsbausteinen aufgebaut wird. Als Peripherie sind alle im Kapitel 2 beschriebenen Geräte verfügbar.

Minicomputer arbeiten im Multi-user- und Multi-task-Betrieb. Dementsprechend sind die **Betriebssysteme** ausgelegt. Man verwendet entweder **Unix** oder herstellerspezifische Betriebssysteme. Letztere sind zum Teil so konzipiert, dass sie neben allen gebräuchlichen Compilern und Dienstprogrammen auch noch Datenbanksoftware enthalten. Damit ergeben sich für die *herstellerspezifischen Betriebssysteme* zwei Vorteile: Man bekommt alles (oft auch die Standard-Anwendungssoftware) aus einer Hand und erhält ein Softwaresystem, das die Möglichkeiten der (herstellerspezifischen) Hardware optimal ausnützt.

### 6.4.2 Konfigurationen von Minicomputern

Bei Minicomputern ist zwischen zwei Einsatzformen zu unterscheiden:

– autonome Systeme
– Systeme im Computerverbund

Bei autonomen Systemen handelt es sich um eine in sich geschlossene Anlage mit Eingabe-, Verarbeitungs-, Speicherungs- und Ausgabemöglichkeiten.

Etwas schematisiert lassen sich Minicomputer in drei Konfigurationstypen unterteilen:

Das Beispiel einer kleinen Konfiguration (Abb. 1.6.16) liegt nahe der Grenze zum Personal Computer. Als Einsatzbereich wäre für dieses System die Finanzbuchhaltung und Lohnabrechnung in einem kleineren Unternehmen üblich.

Die *mittlere* Konfiguration nach Abb. 1.6.17 ist eine typische Minicomputeranlage, die man in vielen mittelgrossen Betrieben findet. An mehreren Bildschirmen werden mehrere Arbeitsgebiete gleichzeitig bearbeitet. Grössere Dateien sind auf Magnetplatten untergebracht, ein schneller Drucker dient Stapelarbeiten, und mit Disketten kann eine Datenverbindung nach aussen hergestellt werden. Mit einem solchen System werden z.B. Finanzbuchhaltung, Fakturierung, Debitoren, Kreditoren, Lagerverwaltung und Löhne eines mittelgrossen Handelsunternehmens bearbeitet.

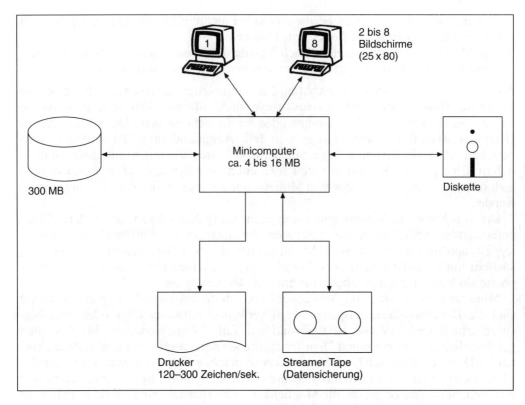

*1.6.16   Minicomputer: klein
(Beispiel)*

Die grosse Konfiguration (Abb. 1.6.18) hat vielfältige Einsatzmöglichkeiten, sie liegt an der Grenze zur Gross-EDV-Anlage. Der Betrieb von bis zu 400 Bildschirmstationen setzt einen grossen Hauptspeicher voraus, und ausserdem müssen auch grosse Dateien bearbeitet werden. Wenn die Bildschirmstationen solcher Anlagen räumlich verstreut aufgestellt sind, ist es zweckmässig, dezentral kleine Drucker anzuordnen, um auch beim Benützer ein Ausdrucken auf Papier zu ermöglichen. Solche grösseren Systeme sind sehr umfassend einsetzbar, in einem lebhaften Handelsbetrieb, in einem mittelgrossen Fabrikationsunternehmen oder in der Verwaltung einer Stadt. Charakteristisch ist für diese Anlage, dass gleichzeitig viele verschiedene Arbeiten im Dialog und Stapelbetrieb mit relativ grossen Datenbeständen durchführbar sind.

### 6.4.3  Einsatzgebiete der Minicomputer

Die Einsatzgebiete des Minicomputers liegen vor allem im kommerziell-administrativen Bereich bei kleinen und mittelgrossen Unternehmen und Verwaltungen. Auch als Abteilungsrechner in Grossunternehmen wird er oft eingesetzt. Man findet als Anwender Gewerbebetriebe, kleine und mittlere Handelsunternehmen und Industriebetriebe,

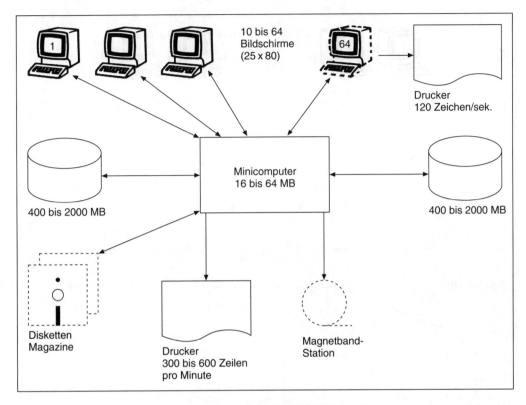

*1.6.17 Minicomputer: mittel (Beispiel)*

Transportunternehmen, Gemeindeverwaltungen, Spitäler, Krankenkassen, Sparkassen, Ausbildungsinstitute und andere mehr. Der Minicomputer wird überall dort verwendet, wo man mehrere bis viele Benützer zu bedienen hat, wo einige Anwendungen gleichzeitig laufen müssen, wo man vor allem Standardsoftware und möglichst wenig eigenes Informatikpersonal einsetzen will. In diesen Umgebungen behauptet der Minicomputer seit den 70er Jahren seinen Platz, den ihm auch heute andere Computerklassen noch wenig streitig machen.

Die Anwendungsgebiete umfassen allgemein das Finanz- und Rechnungswesen, Einkauf und Materialwirtschaft, Personalwesen (Gehälter) und viele allgemeine Arbeiten, wie Dokumentationssysteme, Planung, Statistik, Prognosen und Operations Research.

In der Industrie arbeiten Minicomputer in der Auftragsbearbeitung, in der Produktionsplanung und -steuerung, in der Betriebsdatenerfassung und Kostenrechnung.

Im Handel sind neben dem Rechnungswesen wichtige Anwendungen: Bestellwesen und Einkauf, Lagerbewirtschaftung, Transportplanung und Marketing.

In der öffentlichen Verwaltung findet man Minicomputer in der Einwohnerkontrolle, im Steuer- und Gebührenwesen, in der Elektrizitäts-, Gas- und Wasserabrechnung, in der Forstverwaltung, bei Abstimmungen und Wahlen, in der Gebäudeversicherung, in der Spitalverwaltung – in nahezu allen Ämtern.

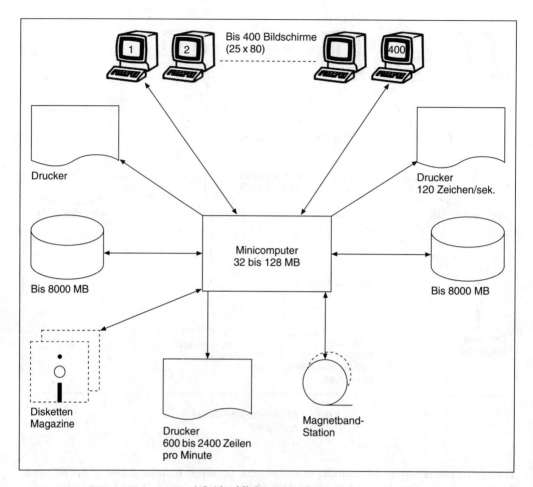

*1.6.18   Minicomputer: gross
(Beispiel)*

Das Arbeitsgebiet des Minicomputers hat keine erkennbaren Grenzen und er erobert sich immer wieder neue Anwendungen dank seiner vielseitigen Möglichkeiten, seiner Wirtschaftlichkeit und seiner grossen Anzahl. Das Angebot an Standardsoftware ist gross und umfassend. In den letzten Jahren hat besonders sein Einsatzbereich im Computerverbund Bedeutung erlangt (siehe auch Abschnitt 6.6).

## 6.5 Grosscomputer

Als in den 40er Jahren in den USA die ersten Computer gebaut wurden, waren dies gewaltige Maschinen, die eine ganzen Saal füllten, so viel wogen wie eine Lokomotive und so viel Strom brauchten wie die Strassenbeleuchtung einer Stadt. Dabei war die Rechenleistung um einiges geringer als diejenige eines heutigen Personal Computers.

# 6. Computertypen und ihre Einsatzgebiete

Schon etwa 1960 kamen Computer auf den Markt, die in Grösse und Anwendungsspektrum den heutigen Minicomputern entsprachen, nur der Preis war noch sehr hoch. Aber die Hauptlinie der Entwicklung befasste sich in erster Linie mit dem Grosscomputer. Wenn man vom «Computer» sprach, meinte man stets diesen, den man heute «Mainframe» nennt.

### 6.5.1 Charakteristik

Die sogenannten Grosscomputer haben heute eine Leistung bis zu 100 Mips; was darüber liegt gehört schon zu den Supercomputern (s. Bild 1.6.19). Sie sind zur Hauptsache mit herstellerspezifischen Bauteilen ausgerüstet, nur in Hilfs- und Nebenfunktionen findet man marktübliche Chips. Sie arbeiten durchwegs im Multiprogramming, gleichzeitig mit vielen Programmen für viele Benützer, auch als Multi-task- und Multi-user-Betrieb bezeichnet. Bei manchen Systemen ist es möglich, die Maschine zu unterteilen und jeden Teil für sich und sogar mit unterschiedlichen Betriebssystemen zu betreiben. Die Hauptspeicher sind so weit ausbaubar, wie man es braucht. Oft werden mehrere Prozessoren für die zentrale Verarbeitung parallel betrieben. Die Übertragung zur Peripherie bedient sich stets eigener Bearbeitungseinheiten. Externe Speicher sind in beliebiger Grösse anschliessbar. Auch bei den Peripheriegeräten ist jede gewünschte Ausstattung möglich. In vielen Fällen sind einige hundert Bildschirmterminals angeschlossen.

Charakteristisch für diese Computerklasse ist auch, dass sie grosse Anforderungen an die Infrastruktur (Raum, Klimatisierung, Stromversorgung, Sicherheitseinrichtungen, Verkabelung) stellen und eigenes Bedienungspersonal benötigen. Die Preise für Grosscomputer liegen zwischen 0,5 und 25 Mio. Franken. In der Schweiz sind etwa 3000, in Deutschland etwa 25 000 Systeme in Betrieb.

### 6.5.2 Einsatzgebiete

Die Betriebssysteme und die Programmiersprachen der Mainframes stammen in ihren Anfängen noch aus den 60er Jahren. Viele Systeme sind als Konzession an die Vergangenheit noch immer für die klassischen integrierten Anwendungen mit Hunderten von Programmen und Hunderten Dateien eingesetzt. Sie arbeiten in Mittel- und Grossunternehmen der Industrie, des Handels, der öffentlichen Verwaltung, der Banken und Versicherungen. Fast alle Systeme stehen im Dialogverkehr mit dem Benützer. Aber mehr als die Hälfte der Grosscomputer arbeiten noch nicht mit Datenbanken. Der Anwendungsbereich erstreckt sich wie beim Minicomputer über das ganze Spektrum der Möglichkeiten.

Neue Mainframes werden meistens dort eingesetzt, wo sie alte Grosscomputer ersetzen und mehr Leistung erbringen sollen. Allerdings werden die grossen Systeme immer mehr miteinander verbunden oder vernetzt: in ihrer Hierarchiestufe mit anderen Grosscomputern, nach unten hin mit lokalen Netzen oder Client/Server-Systemen.

Für die Zukunft sieht man den Einsatz der Mainframes in einigen Gebieten voraus:

- als Verwalter und Betreiber grosser Datenbanken,
- in kommerziellen Anwendungen mit komplexen Abläufen
  (Beispiel: Platzreservierung der Fluggesellschaften),

*1.6.19 Zwei Supercomputer von CRAY im Rechenzentrum des Service Informatique Central der EPF Lausanne. Links ein Typ Y-MP M94 mit 4 Prozessoren und 1,32 GFlops, rechts das Parallelsystem T3D mit 256 Prozessoren und 64 GFlops. (Foto Alain Herzog, Lausanne)*

- im wissenschaftlichen Bereich, wenn grosse Hauptspeicher und grosse Rechenleistungen erforderlich sind (Beispiele: Modellrechnungen in den Naturwissenschaften, Wetterprognose),
- für Spezialaufgaben im technischen Bereich (Beispiele: Steuerung von Prozessen in der Chemie, Telefonzentralen, Verkehr, Militär).

Trotz des ungestümen Vordrängens kleinerer Computer und moderner Systemarchitekturen (Client/Server-Systeme) zeigt der Markt der Mainframes positive Wachstumsraten, sie liegen in den Industrieländern bei etwa zehn Prozent.

## 6.6 Integrierte Architekturen

*Computerverbund.* Bei mittelgrossen und grossen Firmen werden oft Minicomputer für die Bearbeitung von lokalen und in sich abgegrenzten Problemen installiert. In der Regel werden jedoch die erfassten Daten bzw. die Ergebnisse der verarbeiteten Daten für weitere Applikationen benötigt. In diesem Falle ist eine Verbindung zu einem anderen Computer – in der Regel einem Grosscomputer – notwendig. Eine Möglichkeit ist dabei der

# 6. Computertypen und ihre Einsatzgebiete

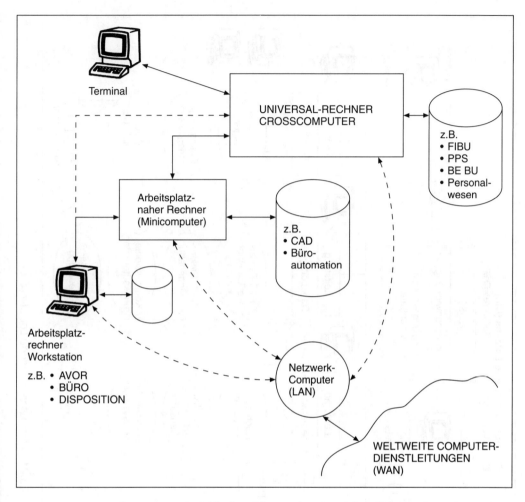

*1.6.20   Computerverbund in Grossfirmen der 90er Jahre (Prinzipschema)*

Austausch von Datenträgern (z.B. eine von der Minicomputeranlage erstellte, per Post an die Grossanlage gesandte Diskette, welche als Eingabe für die Gesamtverarbeitung dient).

Eine andere Möglichkeit ist die direkte Verbindung der Minicomputeranlage mit dem Grosscomputer durch einen Datenübertragungskanal. In diesem Falle erübrigt sich die Erstellung eines Zwischendatenträgers: Die Daten werden direkt zur Grossanlage übermittelt, die in beliebig grosser Entfernung sein kann.

In Grossfirmen wurden Minicomputer seit Mitte der 70er Jahre als *dezentrale* Computer eingesetzt für die Abwicklung bestimmter lokaler Aufgaben, wie Ersatzteildienst, Einkauf, Aktienregister u.a.m. Als «lokale» Aufgabe bezeichnete man EDV-Applikationen mit nur «schwachen» Datenverbindungen zum gesamten Informationssystem eines Unternehmens. Dazu gesellten sich Anfang der 80er Jahre Spezial-Minicomputer für CAD (Computer aided design), Bürokommunikation etc.

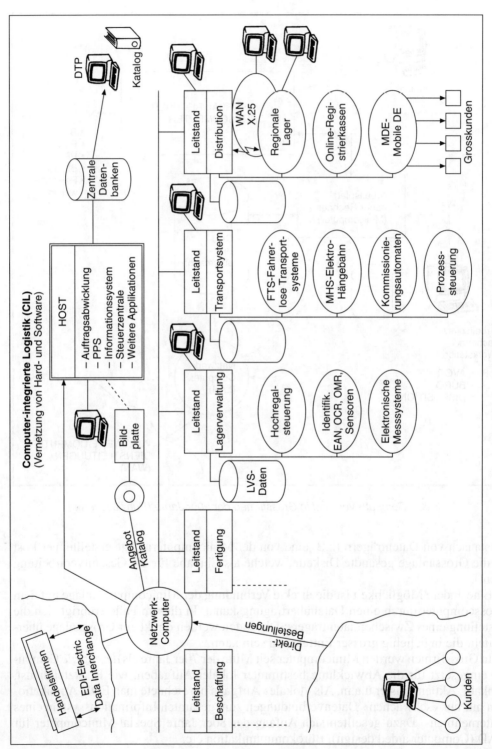

1.6.21 Computer-integrierte Logistik (CIL)

In vielen Firmen findet man im gleichen Büro bis zu vier verschiedene Terminals, PCs und Arbeitsplatzcomputer. Die Informatik der Unternehmen wird schwerfällig dadurch, dass die betroffenen Personen überfordert sind und die Kosten für die Beschaffung und Wartung dieser Gerätevielfalt sich zu beachtlichen Beträgen summieren.

Von der streng gehüteten *Zentralisation* der 60er und 70er Jahre schlug das Pendel in Richtung Dezentralisation der 80er Jahre allzu stark aus.

Die Netzwerktechnologien (sie sind im Kapitel 5 beschrieben), die leistungsfähigen Minicomputer und die im Preis-/Leistungs-Verhältnis immer günstigeren Personalcomputer (s. Kapitel 6.2) ermöglichen es, Ordnung in das EDV-Geräte-Chaos zu bringen. Dazu braucht man nebst den technologischen Mitteln vor allem eine *Informatik-Strategie* (s. Kapitel IV/5) und ein klares EDV-Konzept.

Ein integriertes Informatikkonzept in einer Grossfirma wird hardware-technisch für den *Verbund* der Geräte sorgen (s. Abb. 1.6.20).

Meistverbreitet wird man die *Arbeitsplatzrechner* in Form intelligenter Terminals oder Mehrzweck-Personal-Computer finden.

Für spezifische Aufgaben wie CAD/CAM, Büroautomation u.ä. wird der Arbeitsplatzrechner mit dem *arbeitsplatznahen Minicomputer* verbunden sein. Von dort werden ihm die umfangreiche Software und die notwendigen Daten zur Verfügung gestellt. Der zentrale *Grosscomputer* (Mainframe) wird nach wie vor die arbeitsintensiven, kommerziellen Applikationen wie PPS, Finanz- und Betriebsbuchhaltung, Lagerverwaltung, Personalwesen u.a.m. bewältigen. Der Verbund der Arbeitsplatzrechner und der arbeitsplatznahen Minicomputer wird in Zukunft durch Client/Server-Systeme gebildet werden.

Die arbeitsplatznahen Computer werden die notwendigen Daten vom Grosscomputer beziehen, à jour bringen und in dessen Grossdatenbanken wieder ablegen. Natürlich wird der Grosscomputer auch *direkt* über *einfache Terminals* mit Endbenützern *verbunden* sein.

Für die interne Verbindung des Computers und für den geregelten Datenverkehr werden Netzwerkcomputer (LAN-Local Area Network) verantwortlich sein. Sie werden aber auch die Verbindung herstellen zu weltweiten Computerdienstleistungen über WANs (Wide Area Networks).

Eine solche Architektur für die Computerintegrierte Logistik (CIL) in der Industrie zeigt Abb. 1.6.21. Wir erkennen darin folgende Hardware-Ebenen:

1. Planung und Gesamtsteuerung    – Host + Netz
2. Disposition und Teilsteuerung   – Minicomputer
3. Operative Ebene (Vollzug)       – Prozesssteuerung
4. Schnittstellen zur Aussenwelt   – Gateways

Autonome Systeme sollen in Zukunft nur für absolut isolierte Applikationen bestehen bleiben.

## 6.7 Literatur

1) H. Löffler, J. Meinhardt,
   D. Werner: Taschenbuch der Informatik.
2) H. Tornsdorf: PC für Einsteiger.
3) W. Brecht: Verteilte Systeme unter UNIX.
4) E.C. Zoller: Einführung in die Grossrechnerwelt.
5) H.R. Schneider (Hrsg.): Lexikon der Informatik und Datenverarbeitung.
6) H.R. Hansen: Wirtschaftsinformatik I.
7) K.F. Bachmann: Personal Computer im Büro.
8) P. Norton: Die verborgenen Möglichkeiten des IBM-PC.
9) W. Gerken: Datenverarbeitung im Dialog.
10) G. Werner: Das Mikrocomputer-System.

# 7. Geschichte und Ausblick

## 7.1 Von der Antike bis Hollerith

Vor Jahrtausenden begann der Mensch zu zählen. Dann trennte er die Zahlen begrifflich und sprachlich von der Sache, die zu zählen war, und erfand Zahlensysteme und Möglichkeiten der Zahlendarstellung. Schon zur Zeit der alten Hochkulturen und in der Antike wurden mechanische Hilfsmittel zum Zählen und Rechnen verwendet, wie Zahlstäbchen, Rechenbretter und Abakus.

Im 14. Jahrhundert erfand man Glockenspiele, die von Trommeln aus Metall mit auswechselbaren Stiften gesteuert wurden. Später konstruierte man astronomische Uhren und Schreibautomaten, die intern gespeicherte Programme in Form von Nockenwalzen enthielten. Vom Prinzip her ist es nur mehr ein kurzer Weg zum gespeicherten Programm des 20. Jahrhunderts!

*Wilhelm Schickard (1592–1635),* Professor für biblische Sprachen an der Universität Tübingen, entwickelte 1623 eine «Rechenuhr», eine Maschine, «welche gegebene Zahlen im Augenblick automatisch zusammenrechnet, addiert, subtrahiert, multipliziert und dividiert». Er verwendete dekadische Zahlräder, die auch den Zehnerübertrag verarbeiten konnten. Multiplikation und Division wurden mit Hilfe von Napierschen Stäbchen (erfunden von *John Napier,* 1550–1617) bewerkstelligt.

Unabhängig davon erfand der 19jährige *Blaise Pascal* (1623–1662) eine Rechenmaschine für seinen Vater, der Finanzverwalter eines französischen Departements war, um ihm die Alltagsarbeit zu erleichtern. Die Maschine konnte zwar nur addieren, aber als sie in Paris vorgeführt wurde, staunte die ganze Welt.

*Gottfried Wilhelm Leibniz* (1646–1716), Philosoph, Rechtsgelehrter, Naturwissenschaftler, Geologe, Geschichts- und Sprachforscher, widmete den Problemen des mechanisierten Rechnens viele Jahre seines Lebens. Er hatte gegenüber Schickard das Glück, unbehindert von Krieg, Plünderung und Seuchen nur für seine Studien leben zu können. Er begründete die Infinitesimalrechnung und definierte die Grösse der kinetischen Energie. In der Konstruktion der Rechenmaschine hatte er die Idee, die Multiplikation durch fortgesetzte Addition auszuführen, wodurch die Napierschen Stäbchen überflüssig wurden. Leider arbeitete die Rechenmaschine von Leibniz nie einwandfrei, was an der mangelhaften Präzision mechanischer Arbeiten seiner Zeit lag. Aber Leibniz vermittelte auch den Grundgedanken des dualen Zahlensystems, den er von alten chinesischen Quellen übernommen hatte.

Der englische Mathematiker *Charles Babbage* (1792–1871) war seiner Zeit um ein Jahrhundert voraus. Er kannte das dekadische Zählrad und die Lochkarte, die bereits seit 1728 zu Steuerung von Webstühlen verwendet wurde. Als praktischem Mathematiker war ihm die Methode vertraut, umfangreiche Rechenprozesse in eine Folge von Einzelschritten zu zerlegen. Der äussere Anlass, sich mit Rechenautomaten zu beschäftigen, war die mühevolle Aufgabe, fehlerhafte Logarithmentafeln zu korrigieren. Dies führte 1822 zur Erfindung der «Difference Engine», die nach einem Differenzprinzip arbeitete und zur Überprüfung mathematischer Tabellen gedacht war. 1833 entwarf Babbage das Konzept seiner «Analytical Engine», des ersten digitalen Rechenautomaten der Geschichte.

Die Analytical Engine sollte eine Steuereinheit, eine arithemtische Recheneinheit und einen Zahlenspeicher für 1000 Zahlen zu je 50 Dezimalstellen enthalten, ebenso Geräte für die Ein- und Ausgabe von Daten. Für die Programmsteuerung waren Lochkarten vorgesehen. Auch an bedingte Verzweigungen aufgrund logischer Entscheidungen war gedacht, und Programmschleifen sollten beliebig oft ausgeführt werden können. Wie Kirchturmuhren sollten die verschiedenen Maschinenteile durch Gewichtwerke angetrieben werden, und diese wiederum waren durch eine Dampfmaschine aufzuziehen – der dampfbetriebene Computer des 19. Jahrhunderts!

Eine schöne junge Dame und begabte Mathematikerin – *Augusta Ada,* Countess *of Lovelace,* Tochter von Lord Byron – begeisterte sich für die Ideen der Maschinen von Babbage, erstellte ausführliche Beschreibungen ihrer Funktionsweise und schrieb eine Rechenanweisung für Bernoullische Zahlen, das erste erhaltene Programm der Geschichte.

Die «Analytical Engine» wurde nie gebaut, und Charles Babbage starb als enttäuschter Erfinder. Sein Sohn jedoch konnte ein funktionsfähiges, vereinfachtes Modell der Maschine vorführen. Ausserdem blieben die Beschreibungen erhalten, sie waren so deutlich und umfassend, dass das US-Patentamt hundert Jahre später Patentansprüche von Konrad Zuse zurückwies, da Babbage viele Einzelheiten moderner Computer schon erfunden hatte.

Entscheidenden Einfluss auf das Entstehen der Datenverarbeitung nahmen die bahnbrechenden Ideen des amerikanischen Bergbauingenieurs *Hermann Hollerith* (1860–1929). Er arbeitete an der amerikanischen Volkszählung von 1880 mit und erlebte, wie zeitraubend und geisttötend das manuelle Auswerten statistischer Daten ist. Es kam ihm die Idee, die statistischen Angaben zur Person in einer symbolischen Lochschrift in Karten zu stanzen und diese durch elektrische Zählmaschinen auswerten zu lassen. Die Lochkartentechnik war geboren, sie erwies ihre Brauchbarkeit bei der amerikanischen Volkzählung von 1890, wurde in Österreich-Ungarn und Russland eingeführt, in Deutschland jedoch aus sozialpolitischen Gründen zunächst abgelehnt. Damit begann das Zeitalter der elektromechanischen Datenverarbeitung, das 80 Jahre dauern sollte.

Die folgende Tabelle gibt einen Überblick der Entwicklung der Lochkartentechnik:

1902 automatische Kartenzuführung
1913 «Printing Tabulator» – Ausdrucken der Resultate
1914 Lochkarten in Buchhaltungen und Rechnungswesen
1917 eletromechanische Kartenstanzer
1921 Stecktafeln für Tabelliermaschinen (Tabelliermaschinen werden «programmierbar»)
1931 Multiplikation für Lochkartenmaschinen
1931 alphanumerische Lochkartenmaschinen
1946 elektronische Baugruppen und Rechenwerke

## 7.2 Von Zuse bis v. Neumann

In den dreissiger Jahren des 20. Jahrhunderts beschleunigt sich die Entwicklung. 1934 entwickelte *Konrad Zuse,* Bauingenieur in Berlin, einen programmgesteuerten Rechner aus gelochten Blechen, Stahlstiften und Glasplatten, der im binären Zahlensystem arbeitete und in reiner Handarbeit als Modell in 6 Wochen hergestellt wurde. Zuse konstruierte 1938 den ersten Computer Z1, der nicht voll funktionsfähig war, später die Z2, die wegen des Kriegsausbruches nicht fertiggebaut werden konnte. Schliesslich baute er 1941 das erst betriebsfähige programmgesteuerte Rechengerät der Welt, die Zuse Z3. Diese Maschine entsprach vom Prinzip her dem Rechner von Babbage, wies aber als neue Elemente die duale Darstellung von Zahlen und das Rechnen mit logischen Funktionen auf. Sie enthielt 2600 Fernmelderelais, die Speicherkapazität betrug 64 × 32 Dualstellen, das Programm war in einem Kinofilmstreifen gelocht. Zuse schreibt in seiner Autobiographie, dass es nahe lag, Programme genauso wie Daten im Speicher unterzubringen, dass ihn jedoch eine Scheu davor zurückhielt, den einzigen notwendigen Draht zu ziehen, um mit bedingten Befehlen rechnen zu können.

In den USA ging die Entwicklung sehr ähnliche Wege, nur waren die Dimensionen anders. *Howart H. Aiken,* Professor an der Harvard Universität, baute von 1939 bis 1944 mit Unterstützung von IBM einen Rechenautomaten, der vorwiegend Standardbauteile der Lochkartentechnik (Relais, Zählräder, elektrische Kupplungen) enthielt. Die Maschine erhielt den Namen «Mark 1», bestand aus 700 000 Einzelteilen, 3000 Kugellagern, war 15 m lang und 2,5 m hoch. Auch sie entsprach den Ideen von Charles Babbage, die Aiken – genauso wie Zuse – unbekannt waren. Eine Addition dauerte 0,3 Sekunden, eine Division etwa 11 Sekunden. Das Programm war, dual kodiert, in einem 24spurigen Lochstreifen gespeichert. Eine bedingte Programmsteuerung war nicht vorgesehen.

Dann begann man, die hohen Schaltgeschwindigkeiten von Elektronenröhren auszunutzen. *I.P. Eckert* und *J.W. Mauchly* bauten den ersten Röhrenrechner ENIAC (Electronic Numerical Integrator and Computer), der im Sommer 1946 an der Pennsylvania-Universität in Betrieb genommen wurde. Er enthielt 18 000 Elektronenröhren, 1500 Relais und verbrauchte 150 kW elektrische Leistung. Der ENIAC war schnell – 200 Mikrosekunden pro Addition, 2,8 Millisekunden für die Multiplikation zweier 10stelliger Zahlen – aber am Prinzip hatte sich nichts geändert: Bedingte Befehle und Rückwärtsverzweigungen waren nicht möglich, obwohl auch Mauchly an das Speichern des Programms im Hauptspeicher gedacht haben soll.

Aber es war *John v. Neumann* (1903–1957), Professor in Princeton, der die Idee des als Information *gespeicherten Programms* eindeutig formulierte. Heute bilden die beiden *Fundamentalprinzipien von Neumanns* das Gerüst der Rechenautomaten:

1. Das Programm wird wie die zu verarbeitenden Daten kodiert und gespeichert. Jeder Befehl (einschliesslich Adressen) kann dann wie ein beliebiger Operand behandelt und damit von der Maschine selbsttätig auch verändert werden.
2. Das als eine Sequenz von Befehlen gespeicherte Programm enthält bedingte Befehle, die Verzweigungen im Programm bewirken. Der Rechenautomat ist damit in der Lage, abhängig von Zwischenergebnissen selbsttätig logische Entscheidungen über Programmänderungen zu treffen.

Damit war die entscheidende Wende zum Informationszeitalter vollzogen.

Nun werden überall Computer gebaut. Zuerst als Einzelanfertigungen der Universitäten, dann erfolgten die ersten Entwicklungen der Industrie, der Computer erscheint auf dem Weltmarkt.

## 7.3 Vier Computergenerationen

Im Jahre 1951 wird der erste kommerzielle Computer angekündigt, die UNIVAC I. Die *erste Computergeneration* basiert noch auf der Elektronenröhre. Seit 1950 gibt es für die Programmierung symbolische Sprachen, sogenannte Assembler. 1954 entsteht die erste problemorientierte Programmiersprache: FORTRAN.

**Die zweite Computergeneration**

Mitte der 50er Jahre begannen Transistoren und Halbleiterdioden die Elektronenröhre abzulösen. An der Technischen Hochschule Wien wurde von Professor H. Zemanek einer der ersten volltransistorisierten Computer Europas, das «Mailüfterl» gebaut. Der Transistor brachte wichtige Vorteile:

– kürzere Schaltzeiten, daher schnellere Rechner
– weniger Platzbedarf
– weniger Energiebedarf, weniger Verlustleistung, weniger Abwärme
– längere Lebensdauer, d.h. geringere Fehleranfälligkeit der Computer.

Gleichzeitig wurde nunmehr der Magnetkernspeicher als Hauptspeicher verwendet. Die Elektronenröhre ist damit auch als Speicherelement ersetzt.

Etwa 1958/1959 kamen von verschiedenen Herstellern Computer der 2. Generation auf den Markt. Die Preise lagen so, dass jeder grosse Betrieb sich einen eigenen Computer leisten konnte. Es wurde im Stapelverfahren gearbeitet. Die Lochkarte war der vorherrschende Datenträger, gefolgt vom Magnetband. Aber auch die ersten, noch sehr schwerfälligen Magnetplattenspeicher wurden schon an manchen Orten eingesetzt.

**Die dritte Computergeneration**

Auch diesmal – Mitte der 60er Jahre – bildet wieder der technologische Fortschritt das Kennzeichen eines Generationenwechsels: Transistoren, Widerstände, Kondensatoren erhielten durch ihre Weiterentwicklung immer kleinere Abmessungen und konnten mit Hilfe der Technik gedruckter Schaltungen sehr kompakt auf Keramikträgern angeordnet werden.

Diese sogenannte «hybride» Technik war ein wesentlicher Schritt der Miniaturisierung.

Daneben erfolgten Verkleinerung und Beschleunigung der Magnetkernspeicher und grosse Fortschritte im Softwarebereich. Erstmals werden Bildschirmgeräte als Dialogmittel zwischen Mensch und Maschine eingesetzt. Die Datenverarbeitung wird allgemein verbreitet. Auch Unternehmen mittlerer Grösse können jetzt EDV-Anlagen wirtschaftlich einsetzen.

Höhepunkt der Anwendungen dieser Generation sind die Mondflüge des Apolloprojektes mit der ersten Mondlandung 1969, die mit weitgehender Computerunterstützung erfolgen und Bordcomputer mit Computern der Bodenstation direkt verbinden. Weitere Grossanwendungen, wie z.B. die Echtzeit-Platzreservierungs-Systeme der Fluggesellschaften, zeigen den Reifegrad der EDV um 1970.

## Die vierte Computergeneration

Ende der 60er Jahre war es gelungen, die Schaltelemente der Computerbausteine samt ihren Verbindungsleitungen in das Innere von Siliziumplättchen zu verlegen. Da nun ein Baustein viele Funktionen übernehmen kann, spricht man von der «monolithischen» Technik. Die Schaltzeiten gegenüber dem Röhrencomputer sind jetzt auf ein Tausendstel herabgesetzt, ebenso der Platzbedarf. Jedoch die Miniaturisierung kann weitergehen, prinzipielle physikalische Grenzen sind noch nicht erreicht.

Mitte der 70er Jahre erreichen die neuen Computer den Markt.

Das Zeitalter der Mikroprozessoren bricht an. Magnetkernspeicher werden durch elektronische Speicherelemente ersetzt.

Umfangreiche Informationssysteme werden aufgebaut, und Bildschirme werden an den Arbeitsplätzen wie Telefonapparate für Abfragen und Dialogverkehr benützt. Virtuelle Speicherorganisation und Programmierung am Bildschirm erleichtern das Erstellen von Software – trotzdem erweist sich die Software (und ihre Mängel) als Drossel und Engpass der Computer-Expansion. Grosse Datenbanken werden erstellt, doch ihre Software ist, im Vergleich zur Technologie der Hardware, langsam und schwerfällig.

Von der Zentralisation mit grossen EDV-Systemen wird in manchen Applikationen zur Dezentralisation übergegangen: an den Aussenstellen werden selbständige, kleinere Computer für lokale Bearbeitungen eingesetzt und netzartig mit Datenfernverbindungen zusammengeschlossen.

Auch kleinste Firmen können nun Computer wirtschaftlich einsetzen, die Hersteller bieten eine unübersehbare Zahl von Computertypen an.

## 7.4 Ausblick

Nach der Betrachtung der Entwicklung des Computers aus grauer Vorzeit bis zur Gegenwart ist es angebracht, das Interesse der Zukunft zuzuwenden. Dabei muss es sich nicht um reine Spekulation handeln, denn was heute in den Laboratorien erforscht wird, kann zum Teil nach einem Jahrzehnt auf dem Markt erwartet werden. Aus den gegewärtigen Forschungsarbeiten lässt sich also fundiert schon einiges über die Zukunft des Computers aussagen.

Die vierte Computergeneration ist mit Speicherchips ausgerüstet, die je 64 Kilobit aufnehmen können und dazu eine Grösse von etlichen Quadratmillimetern benötigen. Chips zu bauen, die ein Mehrfaches (etwa ein Million Bit) bei gleicher Grösse enthalten, ist nur eine Frage der Wirtschaftlichkeit, da die Entwicklungskosten für eine Serienfabrikation dieser Art in Milliardenhöhe liegen. Man hofft, die Speicher- und Leistungsfähigkeit der Computer mit der heutigen Silizium-Technologie noch auf etwa das 1000fache zu steigern, ohne Preis und Grösse zu erhöhen.

Schnelle Prozessoren haben jedoch nur Sinn, wenn auch die übrigen Elemente im EDV-System Schritt halten. Eine wesentliche Erhöhung der Verarbeitungsgeschwindigkeit wird sich für jeden Anwender durch den Ersatz mechanischer Elemente erreichen lassen. Speicher mit rotierenden Magnetplatten und mechanische Drucker sind ein Anachronismus der heutigen EDV. Hier sind Fortschritte angelaufen, neue Speicher- und Druckertechnologien bemühen sich um Marktanteile.

Der Personal Computer wird bei etwa gleicher Leistung immer handlicher und billiger und zum Allgemeingut wie Fotoapparat oder Schreibmaschine. Es wird auch möglich, Personal Computer mit sehr hoher Leistung einzusetzen.

Am anderen Ende der Palette ist eine weitere Steigerung der Leistung von Supercomputern nicht unmöglich. Schon erreicht ein schneller Supercomputer am Markt, der CRAY T3D, mit 256 parallelen Prozessoren eine Leistung von 64 Gigaflops, das sind 64 Milliarden Gleitkommaoperationen pro Sekunde.

Eine wesentliche Entwicklung geht gerade jetzt bei den Datennetzen der öffentlichen Dienste (PTT) vor sich. Die verschiedenartigen Netze für Fernschreiben, Telefon, Datenübertragung, Rundfunk und Fernsehen werden zu einem einzigen Netz zusammengefasst, dem ISDN (Integrated Services Digital Network). Auf internationaler Ebene wurden die Normen dafür beschlossen, in der Schweiz wurden die ersten Anlagen 1986, in Deutschland 1988 zur Verfügung gestellt. Es werden 144 kbit pro Sekunde übertragen, es gibt mit dem ISDN nur mehr eine Netz, eine Leitungsart und eine Rufnummer – und viele weitere Vorteile mehr!

Auf dem Gebiet der Software sind grosse Entwicklungen zu erwarten: Datennetze mit dezentraler Verarbeitung verlangen wesentlich verbesserte Betriebssysteme. Die Standard-Software wird den grössten Teil der EDV-Anwendungen beherrschen. Individuelle Programmierung wird nur mehr im Unterricht und in Spezialfällen angewandt. Die Software-Industrie wird zu einem sehr bedeutenden Wirtschaftszweig. Es sind grosse Fortschritte in der Computeranwendung zu erwarten, da jetzt die mit Taschen- und Personal Computern aufgewachsene Generation im Ingenieurwesen aktiv wird. Und die Aussage, dass der Mikrocomputer auf unsere Gesellschaft einen grösseren Einfluss haben wird als jede andere Erfindung zuvor, ist unbestritten.

Um die Jahrtausendwende wird sich die Entwicklung dramatisch beschleunigen – was heute mit einiger Wahrscheinlichkeit prognostiziert werden kann.

**Künstliche Intelligenz**

Dieser Begriff ist eigentlich schon alt, man kennt ihn etwa seit 1960. Aber erst die heutigen Mittel ermöglichen brauchbare Realisierungen in diesem Gebiet. Die Künstliche Intelligenz hat folgendes Programm: Nicht *Daten* werden mehr gespeichert und verarbeitet, sonder *Wissen*.

Obwohl Computer von sich aus keine Intelligenz entwickeln können, kann man sie jedoch wohl so programmieren, dass sie sich in begrenzten Gebieten so verhalten, als ob sie intelligent wären. Zur Zeit werden Anwendungen in verschiedenen Bereichen entwickelt, wie: Bilderkennung, Expertensysteme, Natürlichsprachliche Systeme, Robotertechnik. Es sind bereits die ersten Programmpakete für solche Einsatzgebiete erhältlich, allerdings wohl noch mit beschränkten Möglichkeiten und Eigenschaften.

**Biochip**

Wenn man sich nicht mit dem möglichen Fortschritt der heutigen Mikroelektronik-Technologie auf der Basis des Siliziumchips zufrieden geben will, muss Ausschau nach anderen Möglichkeiten und Werkstoffen gehalten werden. Eine Lösung scheint die sogenannte Molekular-Elektronik zu bieten. Man erwartet von ihr eine Erhöhung des Integrationsgrades um einige Grössenordnungen, Verbesserung der elektrischen Eigen-

# 7. Geschichte und Ausblick

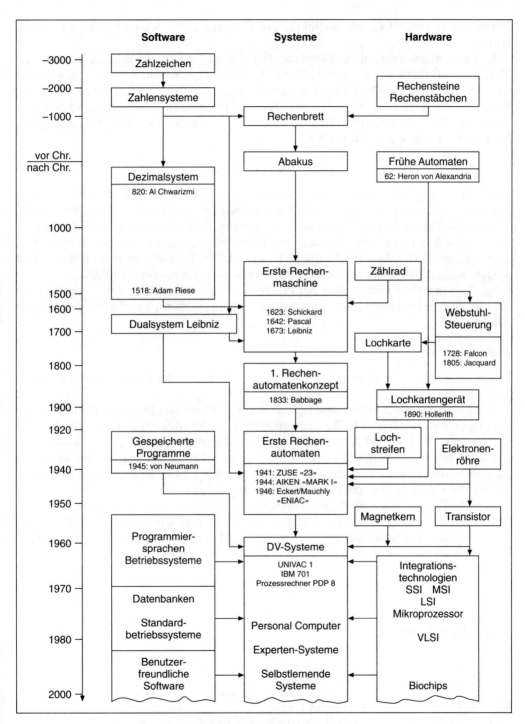

1.7.1 Zeittafel der Entwicklung von Rechenhilfsmitteln und DV-Systemen (nach R. Weiss: Die Geschichte der Datenverarbeitung)

schaften in bezug auf Geschwindigkeit und Leistungsverbrauch und geringe Herstellkosten.

Biochips nennt man solche Elemente deshalb, weil sie aus Molekülen organischen Materials aufgebaut werden sollen. Es handelt sich bis anhin um Ansätze und spekulative Gedankenspielereien. Sie können aber nicht einfach übergangen werden, da theoretisch z.B. eine Reduktion des Volumes um den Faktor 10 hoch 11 möglich erscheint! Der Fortschritt für die Elektronik wäre um ein Vielfaches bedeutender als der Übergang von der Elektronenröhre zum Transistor.

**Die fünfte Computergeneration ist (vorläufig) fehlgeschlagen**

Die fünfte Computergeneration war ein Schlagwort, das aus Japan kam und dort einem mit einer Milliarde Franken dotierten Entwicklungsprojekt den Namen gegeben hatte. Mit ihm wollte Japan eine hervorragende Stellung im Welt-Computermarkt erlangen. Man dachte dabei an die Entwicklung von Datenbankmaschinen mit 1000 GByte Speicherkapazität (1 Gigabyte = 1 Milliarde Bytes), 10 000 Transaktionen pro Sekunde und Systemen, in denen 1000 bis 10 000 Prozessoren zusammenarbeiten sollten.

Im Sommer 1992 konnte man der Presse («Computerworld») entnehmen, dass das Projekt nach zehn Jahren aufgegeben wurde, «ohne zählbare Ergebnisse gebracht zu haben».

**Computer 2000**

Prognosefreudige Fachleute geben eine strahlende Vision der Computerwelt nach der Jahrtausendwende:

Die Computer werden teilweise oder völlig aus komplexen Proteinmolekülen bestehen, und Chips werden mehr Bauteile enthalten, als der Mensch Gehirnzellen hat. Sie werden eine Million mal leistungsfähiger sein als heute. Dies wird den Computern gestatten, aus ihren eigenen Erfahrungen zu lernen, Schlüsse aus unzureichenden Daten zu ziehen, den Sinn von abschweifenden Gesprächen zu erfassen und unscharfe oder fehlerhafte Bilder zu erkennen, wie der Mensch das kann.

Science Fiction oder selbstverständliche Evolution? Die Entwicklung der vergangenen 50 Jahre ist bekannt. Sie wird sich fortsetzen, und man wird einmal berechtigt sein, den Computer als Elektronenhirn zu bezeichnen. Aber da er dann aus Proteinen besteht, könnten Käfer die «Käfer» fressen: Den Sicherheitsexperten stehen zusätzliche Aufgaben bevor.

## 7.5 Literatur:

| | |
|---|---|
| 1) H. Zemanek: | Das geistige Umfeld der Informationstechnik. |
| 2) H. Zemanek: | Weltmacht Computer. |
| 3) K. Zuse: | Der Computer mein Lebenswerk. |
| 4) J. Weizenbaum: | Kurs auf den Eisberg. |
| 5) E.P. Vorndran: | Entwicklungsgeschichte des Computers. |
| 6) K. Ganzhorn: | Die geschichtliche Entwicklung der Datenverarbeitung. |
| 7) B. Randell: | The Origin of Digital Computers. |

Teil II

# Vorgehenskonzepte für die Abwicklung von EDV-Projekten

Man kann alles richtig machen
und das Wichtigste vergessen
(Alfred Andersch)

# Teil II: Vorgehenskonzepte für die Abwicklung von EDV-Projekten

1. **Einleitung und Übersicht** .......................................... 191
   1.1 Verschiedene Projektsituationen .................................. 191
   1.2 Vorgehensweisen und Projektsituationen ........................... 193

2. **Allgemeines zu Phasenkonzepten** .................................. 195
   2.1 Die Phasen im Überblick ......................................... 195
   2.2 Warum phasenweises Vorgehen? .................................... 197
   2.3 Der Problemlösungszyklus als generelle Denk- und Vorgehenslogik in jeder Entwicklungsphase ......................................... 199
       2.3.1 Zielsuche bzw. Zielkonkretisierung ........................ 199
       2.3.2 Lösungssuche ............................................. 200
       2.3.3 Auswahl .................................................. 201
       2.3.4 Zyklischer Ablauf ........................................ 202
   2.4 Organisatorische Vorkehrungen, die sich in jeder Phase wiederholen .. 202
   2.5 Die Initialisierung als wichtige Vorphase jedes EDV-Projekts ..... 202
       2.5.1 Charakteristik der Initialisierung ....................... 203
       2.5.2 Ergebnis der Initialisierung ............................. 204

3. **Phasenkonzept für die EDV-Planung auf der «grünen Wiese» – simultane Planung von Hard- und Software** ......................... 205
   3.1 Phase Vorstudie ................................................. 206
       3.1.1 Zweck der Vorstudie ...................................... 206
       3.1.2 Charakteristik der Vorstudie ............................. 206
       3.1.3 Tätigkeiten in der Vorstudie ............................. 207
       3.1.4 Dokumentation und Bericht über die Vorstudie ............. 216
       3.1.5 Präsentation der Vorstudienergebnisse .................... 218
       3.1.6 Beschlussfassung ......................................... 218
   3.2 Phase Grobkonzept ............................................... 218
       3.2.1 Gliederung der Phase Grobkonzept ......................... 218
       3.2.2 Konzepterarbeitung ....................................... 219
       3.2.3 Pflichtenheftstellung und Ausschreibung .................. 226
       3.2.4 Evaluation ............................................... 227
       3.2.5 Entscheidung ............................................. 228
   3.3 Phase Vertragswesen ............................................. 228
       3.3.1 Zweck .................................................... 228
       3.3.2 Charakteristik und Tätigkeiten ........................... 229
       3.3.3 Präsentation der Verhandlungsergebnisse, Entscheidungsantrag, interne Absicherung .......................................... 229
       3.3.4 Dokumentation ............................................ 230
       3.3.5 Entscheidung, Vertragsabschluss .......................... 230
   3.4 Phase Detailkonzept ............................................. 230
       3.4.1 Zweck der Phase Detailkonzept ............................ 230

| | | |
|---|---|---|
| | 3.4.2 Charakteristik der Phase Detailkonzept | 231 |
| | 3.4.3 Tätigkeiten in der Phase Detailkonzept | 231 |
| | 3.4.4 Dokumentation der Phase Detailkonzept | 234 |
| 3.5 | Phase Realisieren | 235 |
| | 3.5.1 Programmierung | 235 |
| | 3.5.2 Testen | 236 |
| | 3.5.3 Programmdokumentation | 238 |
| | 3.5.4 Rahmenorganisation | 240 |
| | 3.5.5 Dokumentation der Rahmenorganisation | 241 |
| | 3.5.6 Informationspolitik | 242 |
| 3.6 | Phase Einführen | 242 |
| | 3.6.1 Zweck | 242 |
| | 3.6.2 Charakteristik | 242 |
| | 3.6.3 Tätigkeiten | 244 |
| | 3.6.4 Dokumentation der Einführungsphase | 245 |
| **4.** | **Phasenkonzept für die Entwicklung von Individual-Anwendungs-Software (IASW)** | **246** |
| 4.1 | Phase Vorstudie | 247 |
| 4.2 | Phase Grobkonzept | 247 |
| | 4.2.1 Fachinhaltlicher Entwurf | 248 |
| | 4.2.2 EDV-technischer Entwurf | 248 |
| | 4.2.3 Wirtschaftlichkeitsüberlegungen | 248 |
| | 4.2.4 Präsentation | 248 |
| 4.3 | Phase Detailkonzept | 248 |
| | 4.3.1 Datenorganisation | 248 |
| | 4.3.2 Eingabe | 249 |
| | 4.3.3 Verarbeitung | 249 |
| | 4.3.4 Ausgabe | 249 |
| **5.** | **Phasenkonzept für die Beschaffung von Standard-Anwendungssoftware (SASW)** | **250** |
| **6.** | **Für und Wider zu den Phasenkonzepten** | **251** |
| 6.1 | Schwierigkeiten in der konkreten Anwendung | 251 |
| 6.2 | Evolutionäre Systementwicklung als Alternative? | 253 |
| **7.** | **Prototyping** | **254** |
| 7.1 | Prototyping als Entwurfshilfe | 254 |
| 7.2 | Prototyping vom Typ «rasche Lösung» | 256 |
| 7.3 | Schlussfolgerungen | 257 |
| **8.** | **Versionenkonzept** | **258** |
| **9.** | **Literatur** | **259** |

# 1. Einleitung und Übersicht

Ein EDV-Projekt hat in der Regel eine auslösende «Geschichte». Unzufriedenheit mit dem bestehenden Zustand aufgrund von Schwerfälligkeiten, Doppelspurigkeiten, unnötigen Zeitverzögerungen, mangelnder Auskunftsbereitschaft u.ä. können, verbunden mit Informationen über bessere Lösungen bei Konkurrenz oder anderen Firmen, Herstellern etc. dazu führen, dass man beschliesst, sich mit neuen und/oder besseren EDV-Möglichkeiten zu beschäftigen.

Dazu wird heute vielfach ein projektorientiertes Vorgehen gewählt, das darin besteht, dass ein Team, bestehend aus Anwendern und Spezialisten mit der Ausarbeitung von Lösungsvorschlägen beauftragt wird. Der Zweck eines jeden Informatik-Projekts besteht also darin, ein auf die spezielle Situation passendes *Informatik-Produkt* zu entwickeln bzw. zu beschaffen. Und dieses besteht nicht allein aus *EDV-Technik* (Hard- und Software), sondern muss immer die *Organisation* (Aufbau-, Ablauforganisation, organisatorische Infrastruktur) berücksichtigen. Ausserdem sind die erforderlichen Schritte und Massnahmen nach erfolgter Fertigstellung der Lösung in Form eines *Einführungsplans* sowie eines *Betriebs- und Unterhaltskonzepts* zu erarbeiten (siehe Abb. 2.1.1).

Dabei ist es zweckmässig, sich verschiedene Projekt-Ausgangssituationen zu vergegenwärtigen, die jeweils unterschiedliche Vorgehensweisen erfordern. Im wesentlichen unterscheiden sich die Ausgangssituationen hinsichtlich des Umfangs des bisherigen EDV-Einsatzes, der vorhandenen EDV-Erfahrung sowie hinsichtlich des Umfangs der Aufgabenstellung, die dem Projekt zugrunde liegt.

## 1.1 Verschiedene Projektsituationen

**Situation A: EDV-Planung auf der grünen Wiese**

Dies wäre eine Situation, bei der noch gar keine EDV vorhanden ist. Sie ist zunehmend seltener anzutreffen, da es kaum Firmen gibt, für die EDV absolutes Neuland ist. Sie kann aber auf einzelne Unternehmungsbereiche zutreffen, für die ein EDV-Einsatz neu sein kann, wie z.B. EDV-Einsatz im technischen Bereich (CAD), oder im warenwirtschaftlichen Bereich etc. Für diese wäre dann der Fall «grüne Wiese» gegeben.

Charakteristisch für diese Situation ist, dass meist Hard- und Software gleichzeitig angeschafft werden müssen, umfassendere Analysen notwendig sind und ein, aufgrund der geringeren Erfahrung u.U. aufwendiger Lernprozess in Gang gesetzt werden muss.

**Situation B: Modernisierung einer vorhandenen Lösung**

Diese Situation ist zunehmend häufiger anzutreffen. Charakteristisch dafür ist meist ebenfalls, dass Hard- und Software gleichzeitig beschafft werden müssen und vielfach auch, dass bisher bewährte Investitionen aus ökonomischen Überlegungen möglichst geschützt werden sollen. Vorhandene Lösungen oder Lösungsteile sind meist in das neue Konzept einzubinden bzw. nicht radikal, sondern in einem schleifenden Übergang abzulösen.

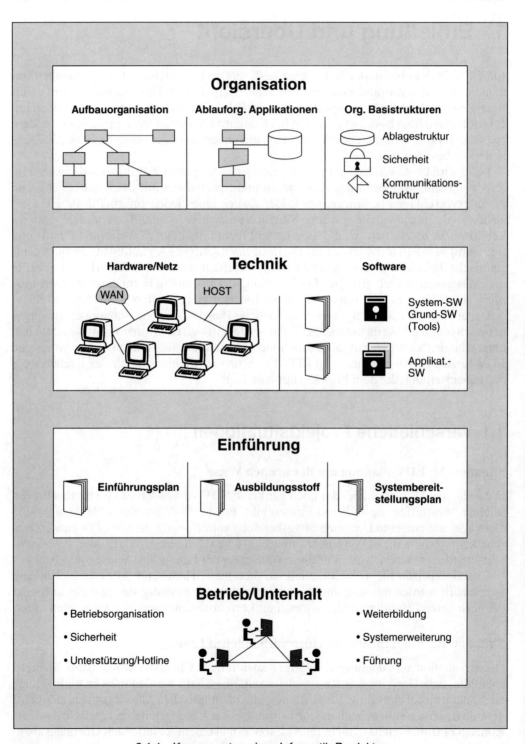

*2.1.1 Komponenten eines Informatik-Produktes*

# 1. Einleitung und Übersicht

## Situation C: Software-Beschaffung

Diese Situation kann unterschiedlich interpretiert werden.

*Situation C1:*

Einmal kann es um den externen Zukauf von Standard-Anwendungssoftware gehen (SASW), die in der Regel wesentlich billiger ist als eine Eigenentwicklung, schneller verfügbar ist oder aufgrund begrenzter Personal-Ressourcen und Entwicklungskapazitäten überhaupt die einzig sinnvolle Lösung sein kann.

*Situation C2:*

Interne oder externe Entwicklung von Individual-Anwendungssoftware. Dieser Weg wird insbesondere dann nötig sein, wenn auf dem Markt keine für die eigene Situation brauchbare Standard-Lösung verfügbar oder aufzufinden ist, z.B. weil noch kein Anbieter existiert oder gefunden wird, weil angebotene SASW auf der vorhandenen Hardware nicht lauffähig ist oder nicht in die vorhandene Software-Umgebung passt, die sich historisch entwickelt hat u.a.m.

## 1.2 Vorgehensweisen und Projektsituationen

Den vorher skizzierten Projektsituationen lassen sich nun verschiedene Vorgehensweisen zuordnen (vgl. Abb. 2.1.2).

Eine Gruppe von Vorgehensweisen sind die sog. Phasen-Konzepte, deren Grundidee darin besteht, dass Projekte in logisch und zeitlich abgrenzbare Schritte (= Phasen) gegliedert werden, denen jeweils charakteristische Aktivitäten und Entscheidungen zugeordnet sind.

| Vorgehensweise<br>Projektsituation | Phasen-Konzepte in verschiedenen Ausprägungen | Prototyping | Versionenkonzept |
|---|---|---|---|
| A: grüne Wiese | x | | o |
| B: Modernisieren | x | | o |
| C1: SASW-Beschaffung | x | | o |
| C2: IASW-Entwicklung | x | x | o |

Legende: x = empfohlen     SASW = Standard-Anwendungs-Software
o = möglich     IASW = Individual-Anwendungs-Software

*2.1.2   Projektsituationen und Vorgehensweisen*

Damit soll eine solide und seriöse Planung möglich werden. Die einzelnen Phasen tragen Bezeichnungen, wie z.B. Vorstudie, Grobkonzept, Detailkonzept etc., die allerdings in der Praxis nicht einheitlich verwendet werden, was aber nicht so wichtig ist. Wichtig ist, dass sie einen Raster zur Strukturierung des Projektablaufs in inhaltlicher und zeitlicher Hinsicht anbieten. Dadurch wird ein transparenter und logisch einsichtiger, stufenweiser Planungs-, Entscheidungs- und Realisierungsprozess mit vorgeplanten Marschhalten, Korrektur- und Ausstiegspunkten angeregt bzw. unterstützt.

Diese Phasenkonzepte können, wie später ausführlich dargelegt wird, entsprechend der jeweiligen Projektsituation modifiziert werden. Sie stellen einen Denkrahmen dar, der Orientierungsmöglichkeiten bietet, aber durchaus nicht als Dogma zu gelten hat, dessen exakte Beachtung auch dann erzwungen wird, wenn dies wenig oder keinen Sinn gibt.

Davon ausgehend gibt es abweichende Ansätze, wie z.B. das *Versionen-Konzept* und das *Prototyping-Konzept,* die von einer eher experimentellen Grundhaltung ausgehen und die Überarbeitung bzw. Veränderung einer Informatiklösung innerhalb absehbarer Zeit bewusst einkalkulieren. Diese scheinbar unterschiedlichen Haltungen müssen, wie später noch ausgeführt wird, keine unlösbaren Gegensätze sein, wir halten sie für durchaus miteinander vereinbar (siehe dazu Kapitel II.7 und II.8).

# 2. Allgemeines zu Phasenkonzepten

In der Folge werden verschiedene Phasenkonzepte beschrieben, die für spezielle Projektsituationen gelten. Konkret sind dies das Phasenkonzept zur

- gemeinsamen Beschaffung von HW und SW,
- Entwicklung von Individual-Anwendungssoftware (IASW),
- Beschaffung von Standard-Anwendungssoftware (SASW).

Diese Phasenkonzepte sind in ihrer Grundstruktur ähnlich, unterscheiden sich aber hinsichtlich des Inhalts und des Umfangs der Aktivitäten bzw. der Art der Entscheidungen, die jeweils nach einzelnen Projektphasen zu treffen sind. Darauf wird später noch einzugehen sein.

## 2.1 Die Phasen im Überblick

Der Inhalt der einzelnen Phasen wird beispielhaft anhand des Phasenkonzepts für eine gemeinsame Beschaffung von Hard- und Software skizziert – vgl. dazu Abb. 2.2.1.

Als *Initialisierung* eines Informatik-Projekts ist die Zeitspanne zwischen dem Auftreten einer Idee und dem Entschluss zu verstehen, «etwas zu unternehmen». Unzufriedenheit mit dem bestehenden Zustand und die Vorstellung eines möglichen besseren sind wichtige auslösende Faktoren. Eine wichtige Voraussetzung für ein systematisches Vorgehen ist die Erkenntnis, dass die Informationsbasis im Stadium der Initialisierung meist viel zu dürftig ist, um irgendwelche konkrete Verhandlungen mit EDV-Lieferfirmen aufnehmen zu können. Nicht die EDV-Einführung oder Umstellung soll also initialisiert werden, sondern die Durchführung einer Vorstudie, die eine geordnete Beschäftigung mit den betrieblichen Problemen bzw. Bedürfnissen und deren Lösungsmöglichkeiten in Gang setzt.

In der *Vorstudie* als erster formell geregelter Projektphase geht es vor allem darum, die anfänglich vielfach noch unklaren Probleme auf ihre Ursachen hin zu untersuchen. Daraus können erste Konzeptvorstellungen erarbeitet werden, die den zweckmässigen Umfang des EDV-Einsatzes bzw. der EDV-Modernisierung aufzeigen und eine grobe Wirtschaftlichkeitsvorschau ermöglichen. Nicht erfolgversprechende Vorhaben sollen in der Vorstudie als solche erkannt und entweder auf der bisherigen Basis in modifizierter Form weitergeführt oder aber abgebrochen werden können.

In der Phase *Grobkonzept* soll ein EDV-Gesamtkonzept erarbeitet werden, aufgrund dessen definitiv über die Realisierung oder Einstellung des Projektes entschieden werden kann. Der Funktionsumfang der angestrebten EDV-Lösung und ihre grundsätzliche Funktionsweise, das Hard- und Software-Konzept, das Konzept der Datenorganisation, Aufwand, Nutzen und Wirtschaftlichkeit, notwendige Voraussetzungen und sich ergebende Konsequenzen müssen abgeschätzt und die Prioritäten hinsichtlich des weiteren Vorgehens festgelegt werden können.

Auf der Basis eines EDV-Gesamtkonzepts wird ein *Pflichtenheft* erstellt, das die Grundlage für die Ausschreibung darstellt. Die von den Lieferfirmen ausgearbeiteten Angebote sind in einer *Evaluation* einander gegenüberzustellen.

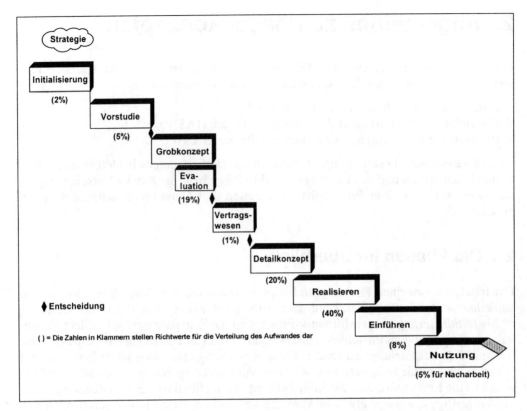

*2.2.1 Phasenkonzept zur gemeinsamen Beschaffung von Hard- und Software*

Die daran anschliessende Phase *Vertragswesen* wird als wichtige eigene Phase hervorgehoben. Sie besteht aus der Vertragsformulierung, den Vertragsverhandlungen und endet mit dem Vertragsabschluss, der die Grundlage für die Aktivitäten in den folgenden Phasen darstellt.

In der Phase *Detailkonzept* ist das gewählte Gesamtkonzept auf der Basis einer Systementscheidung zu detaillieren und zu spezifizieren. Ergebnisse dieses Schrittes sind die Programmvorgaben und die Grundlagen für die Rahmenorganisation.

Die Phase *Realisieren* umfasst neben der Installation der Hardware eine Reihe von Teilschritten: Die *Programmierung,* die das Erstellen, Testen und Dokumentieren der Computerprogramme zum Gegenstand hat. Dies entfällt, wenn die Software nicht individuell erstellt, sondern als Standard-Anwendungs-Software extern beschafft wird. Die Erarbeitung der *Rahmenorganisation* hat den Zweck, den Computereinsatz in dem Sinne optimal vorzubereiten, als die personellen, organisatorischen und sachlichen Voraussetzungen (Räume, Mobiliar etc.) für die EDV-Einführung geschaffen werden.

Die *Einführung* besteht aus der Übergabe einer funktionierenden EDV-Lösung an die Benützer. In der Regel erfolgt diese nicht schlagartig, sondern sukzessive. Bei der Ablösung einer konventionellen oder einer bereits veralteten EDV-Lösung durch eine modernere ist es vielfach vorteilhaft, während begrenzter Zeit parallel zu arbeiten, bis die neue Lösung als stabil betrachtet werden kann und das reibungslose Zusammenspiel zwischen EDV und Benützern gegeben ist.

Das hier vorgeschlagene Vorgehen muss den jeweiligen Projektbedürfnissen angepasst werden. Bei relativ kleinen Projekten mit klar umrissenen Zielvorstellungen können einige Phasen zusammengelegt werden (z.B. Vorstudie und Grobkonzept). Hingegen werden bei sehr grossen Projekten die einzelnen Phasen in noch kleinere Schritte unterteilt. Das Phasenkonzept ist also eine Empfehlung, die den gegebenen Umständen angepasst werden muss. Ein Anschauungsbeispiel mit konkreten Arbeitsblättern und Formularen findet man im Teil V.

In der Folge werden die frühen Phasen eines Informatik-Projekts (Vorstudie, Grobkonzept) jeweils ausführlicher beschrieben als die späteren. Dies wurde bewusst so gewählt, obwohl es sich mit dem tatsächlichen Aufwand für die Bearbeitung gerade umgekehrt verhält. Der Grund liegt darin, dass sich dieses Buch erklärtermassen an den Anwender richtet, für den das Verständnis der frühen Phasen, an denen er mitarbeitet und in denen für ihn ganz wichtige Weichenstellungen vorgenommen werden, von besonderer Bedeutung sind. In den späteren Phasen sind die Fachleute am Werk und es ist zwar nötig, zu wissen, was sie machen, nicht aber, wie sie es tun.

Anmerkung: Erfahrungswerte ergeben ungefähr folgende Aufwandsverteilung: Initialisierung 2%, Vorstudie 5%, Grobkonzept und Evaluation 19%, Vertragswesen 1%, Detailkonzept 20%, Realisieren 40%, Einführen 8%, Nutzen (Nacharbeit) ca. 5%. Vor allem die letztgenannte Position wird von manchen Autoren allerdings mit 50% und mehr veranschlagt, beinhaltet dann aber auch die Wartungskosten in der Betriebsphase.

## 2.2 Warum phasenweises Vorgehen?

**Argument 1: Phasenweises Vorgehen hilft, den Überblick zu wahren und die Zusammenhänge sicherzustellen.**

Eine Summe von unkoordinierten Teilschritten ergibt mit Sicherheit keine funktionstüchtige Gesamtlösung. Obwohl der Teufel vielfach im Detail stecken mag, hat es wenig Sinn, sich gleich zu Beginn eines Vorhabens auf Detailfragen zu stürzen und die Grosseltern des Teufels zu ignorieren, die sich evtl. hinter einem verfehlten oder gar nicht vorhandenen Gesamtkonzept verbergen.

**Argument 2: Das Risiko einer Fehlentwicklung wird dadurch verringert.**

Jede Phase bringt grössere Klarheit über die Realisierbarkeit und Wirtschaftlichkeit einer Idee bzw. eines Vorschlages. Eine phasenweise Planung reduziert das Risiko von Fehlentwicklungem, da an den Übergangspunkten formell eine Standortbestimmung und eine Entscheidung hinsichtlich des weiteren Vorgehens «provoziert» wird. Wenig erfolgversprechende Vorhaben können zeitgerecht abgebrochen oder korrigierend beeinflusst werden.

Der Prozess der Entwicklung und Realisierung einer Lösung wird dadurch besser überwach- und steuerbar. Dies ist insofern von Bedeutung, als in der Regel jede nachfolgende Phase erheblich teurer ist als die vorgehende.

**Argument 3: Der Benutzer muss mitarbeiten und Stellung beziehen.**

Ein EDV-Planer, der sein Vorgehen nicht in logisch und zeitlich voneinander abgrenzbare Phasen mit klar herausgearbeiteten Zwischenergebnissen gliedert, geht das Risiko ein, dass sein Konzeptvorschlag Ungenauigkeiten und eventuell auch Unrichtigkeiten aufweist, die oft auf einige wenige grundsätzliche Missverständnisse zurückgeführt werden können.

Ein phasenweises Vorgehen zwingt den Benutzer zwischenzeitlich zur Stellungnahme. Es schafft Gelegenheiten zur Korrektur, klare Entscheidungssituationen und im Anschluss daran Rahmen und Orientierungshilfe für die detaillierte Ausgestaltung der Lösung. Bei diesem Vorgehen steigt auch die EDV-Kompetenz des Anwenders, was für eine erfolgreiche EDV nur von Vorteil ist.

**Argument 4: Die Entscheidungsfreiheit des zukünftigen Anwenders wird gewahrt.**

Dieses Argument leitet sich unmittelbar aus dem vorhergenannten ab. Ein Auftraggeber, der nicht zwischenzeitlich Stellung nehmen will oder – aufgrund eines unsystematischen Vorgehens – nicht dazu aufgefordert wird, hat bei Vorliegen eines definitiven Lösungsvorschlages praktisch nur mehr die Wahl, diesen zu akzeptieren oder ihn abzulehnen. Er kann ihn praktisch nicht mehr beeinflussen, ohne das Rad zurückdrehen zu müssen.

Grundlegende Modifikationen an einer Detailkonzeption oder an einer fertig programmierten Lösung können Kosten verursachen, die fast so hoch sind wie die Neuerstellung. Die Aufteilung in Phasen ermöglicht es dem Benützer – der Detaillierungsstufe entsprechend – Mängel, Wünsche und Möglichkeiten zu erkennen und deren Berücksichtigung rechtzeitig anzumelden. Mit grossen Sprüngen in der Detaillierung wird dem Benützer die Möglichkeit der Mitsprache erschwert, wenn nicht gar verbaut.

**Argument 5: Der EDV-Spezialist soll schrittweise mehr Verantwortung tragen.**

Es kann und soll vom EDV-Spezialisten nicht erwartet werden, dass er die Wünsche des Anwenders unkritisch in EDV-Lösungen umsetzt.

Der Anwender soll mit Recht erwarten können, dass diese kompetent gefiltert werden bzw. dass er im Verlauf des Projektes auch auf leicht zu realisierende zusätzliche Möglichkeiten aufmerksam gemacht wird, an die er selbst gar nicht gedacht hat. Der EDV-Spezialist kann und darf also die Verantwortung für eine schlechte Lösung nicht mit dem Hinweis ablehnen, dass er die Forderungen des Anwenders erfüllt habe. Er ist in hohem Grad für die Qualität der Lösung verantwortlich.

Eine stufenweise, zunehmend konkreter werdende Einigung auf eine bestimmte Lösung ist ein ausgezeichnetes Instrument, um diese Verantwortlichkeit, die zu Beginn des Projektes nicht in allen Details festgelegt werden kann, schrittweise und auch schriftlich deutlicher festzulegen.

Das Phasenkonzept mag in der dargelegten Form einleuchtend sein. Es gibt jedoch auch Gegenargumente, auf die wir in Teil II.6.1 eingehen.

## 2.3 Der Problemlösungszyklus als generelle Denk- und Vorgehenslogik in jeder Entwicklungsphase

Jede Entwicklungsphase (Vorstudie, Grobkonzept, Detailkonzept) soll nach der gleichen Grundlogik ablaufen, wenn auch die Schwerpunkte unterschiedlich gesetzt sind. Diese Grundlogik wird durch den sogenannten Problemlösungszyklus beschrieben und ist wie folgt gegliedert (vgl. Abb. 2.2.2):

*Schritt a:* Wo stehen wir? Was wollen wir und warum? (= Zielsuche bzw. Zielkonkretisierung)
*Schritt b:* Welche Möglichkeiten gibt es, dorthin zu kommen? (= Lösungssuche)
*Schritt c:* Welche ist die beste, zweckmässigste? (= Auswahl)

### 2.3.1 Zielsuche bzw. Zielkonkretisierung

Dieser Schritt besteht aus zwei Teilschritten, der Situationsanalyse und der daran anschliessenden, zusammenfassenden Zielformulierung.

#### 2.3.1.1 Situationsanalyse

In der Situationsanalyse geht es zunächst darum, im Sinne einer Istzustandsaufnahme die Ausgangssituation und die Probleme zu erfassen, sie zu strukturieren, bestehende Mängel aufzuzeigen und deren Ursachen herauszuarbeiten. Hierauf soll der Gestaltungs- bzw. Veränderungsbereich abgegrenzt werden, Entwicklungstendenzen im Problem- und Lösungsbereich sind abzuschätzen.

Die Situationsanalyse soll ausserdem wichtige Randbedingungen aufzeigen, die bei der Lösungssuche zu beachten sind und die sich aus früheren Entscheidungen, aber auch aus Meinungen, Vorgaben, Wünschen des Auftraggebers (Management) oder der Anwender ergeben können.

Die Situationsanalyse ist von besonderer Bedeutung in den Phasen Vorstudie und Grobkonzept; sie verliert später an Bedeutung, weil Entscheidungen, die jeweils im Anschluss an diese Phasen getroffen werden, den Gestaltungsspielraum für das weitere Vorgehen einengen.

#### 2.3.1.2 Zielformulierung

Im Schritt Zielformulierung sollen – auf den in der Situationsanalyse erarbeiteten Informationen basierend – die Anforderungen an die zu gestaltende Lösung systematisch zusammengestellt und strukturiert werden.

Dabei ist es zweckmässig, zwischen Musszielen und Wunschzielen zu unterscheiden: Mussziele sind solche, deren Einhaltung zwingend gefordert wird, Wunschziele (Sollziele) solche, deren Erreichung zwar erwünscht, aber nicht unumstössliche Voraussetzung für die Annahme einer Lösung ist.

Situationsanalyse und Zielformulierung werden detaillierter im Kapitel II.3.1.3 (Tätigkeiten in der Vorstudie) behandelt.

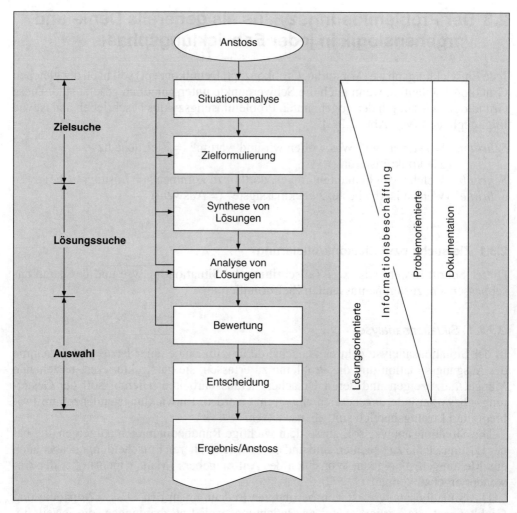

2.2.2  Der Problemlösungszyklus
(Quelle: Haberfellner, R., Nagel, P., Becker M. u.a.: Systems Engineering)

### 2.3.2 Lösungssuche

Die Lösungssuche besteht ebenfalls aus zwei Schritten, aus dem konstruktiv aufbauenden Schritt der Synthese und dem daran anschliessenden kritisch prüfenden Schritt der Analyse von Lösungen.

#### 2.3.2.1 Synthese von Lösungen

Auf der Basis der Situationsanalyse und Zielformulierung aufbauend sind nun Lösungsentwürfe zu erarbeiten. Diese sollen ausreichend detailliert sein, um die Vorzugs-

## 2. Allgemeines zu Phasenkonzepten

würdigkeit der einzelnen Varianten beurteilen zu können. Sie sind also in der Vorstudie relativ grob skizziert und werden in den Phasen Grob- bzw. Detailkonzept zusehends detaillierter und konkreter.

Dabei ist es im Sinne eines methodisch sauberen Vorgehens wichtig, dass man sich nicht auf die erstbeste Lösung stürzt, sondern dass man bewusst und gezielt nach Alternativen (Varianten) sucht, die ebenfalls denkbar wären. Dies öffnet den gedanklichen Horizont und reduziert das Risiko, das mit voreiligen Festlegungen meist verbunden ist.

### 2.3.2.2 Analyse von Lösungen

Darunter ist die kritische Prüfung von Lösungsvarianten zu verstehen, z.B. hinsichtlich folgender Teilaspekte:

- Einhaltung der Ziele, vor allem der Mussziele (z.B. Funktionserfüllung, Erweiterbarkeit, Entscheidungsfreiraum für die Zukunft etc.)
- Vollständigkeit der Entwürfe (Blick nach innen, ablauforientierte Prüfung)
- Integrationsfähigkeit (Blick nach aussen)
- Betriebstüchtigkeit (Sicherheit, Zuverlässigkeit, Bedienbarkeit, Wartbarkeit, etc.)
- Voraussetzungen (personell, organisatorisch etc.)
- Konsequenzen (wirtschaftlich, organisatorisch, personell)

Nicht zufriedenstellende Varianten sollen in einem erneuten Synthese-Schritt verbessert, Varianten, die gegen Mussziele verstossen, sollen umgearbeitet oder ausgeschieden werden. In besonderen Fällen kann es sein, dass die Mussziele abgeändert werden müssen (Abstriche hinsichtlich bestimmter Forderungen). Dies hat jedoch immer im Einvernehmen mit dem Auftraggeber zu erfolgen.

### 2.3.3 Auswahl

Die Auswahl besteht aus den Schritten Bewertung und Entscheidung.

#### 2.3.3.1 Bewertung

Jene Varianten, welche die kritische Analyse überstanden haben, werden in der Bewertung systematisch miteinander verglichen und münden in einem Entscheidungsvorschlag.

#### 2.3.3.2 Entscheidung

Darunter ist die Auswahl der weiter zu bearbeitenden Variante zu verstehen. Das Ergebnis der Entscheidung ist ein Auftrag

- für den nächsten Entwicklungsschritt (Phasen Grobkonzept, Detailkonzept) oder
- für die Realisierung (Programmierung, Rahmenorganisation) und Einführung

Der Problemkreis Bewertung und Entscheidung wird in den Kapiteln «Evaluation» (III.4) und «Kosten/Nutzen/Wirtschaftlichkeit» (III. 5) eingehender behandelt.

## 2.3.4 Zyklischer Ablauf

Der Ablauf vollzieht sich in der Praxis meist nicht in der geschilderten, exakt aufeinanderfolgenden zeitlichen Sequenz. Es sind vielmehr immer wieder Wiederholungszyklen nötig, sofern sich die Situation verändert oder neue Informationen auftauchen.

Besonders häufig treten Rückkopplungen auf zwischen (vgl. Abb. 2.2.2)

- Analyse von Lösungen und Synthese von Lösungen (Verbesserung unbefriedigender Varianten)
- Analyse von Lösungen und Situationsanalyse (zusätzliche Situationsanalysen, um die situationsgerechte Eignung einer Variante besser beurteilen zu können)
- Analyse von Lösungen und Zielformulierung (Abgehen von ursprünglichen Forderungen – Besprechen mit dem Auftraggeber)
- Bewertung und Analyse von Lösungen (zusätzliche kritische Prüfung von Varianten im Hinblick auf bestimmte Eigenschaften, die in der Bewertung beurteilt werden müssen).

Das Auftreten dieser Wiederholungszyklen sollte nicht als Anlass genommen werden, von dieser ordnenden Grundlogik des Denkens und Arbeitens (Zielsuche: Was wollen wir? Lösungsuche: Welche Möglichkeiten gibt es? Auswahl: Welche ist die beste?) abzugehen.

## 2.4 Organisatorische Vorkehrungen, die sich in jeder Phase wiederholen

Bevor die einzelnen Phasen eines EDV-Projekts in den folgenden Abschnitten behandelt werden, seien die immer wiederkehrenden Schritte hervorgehoben:

- Planen der Arbeitsergebnisse der laufenden Phase: Auf welche Fragen werden bzw. sollen wir Antworten liefern?
- Planen und Inkraftsetzen der Projektorganisation: Wer arbeitet mit? In welcher Funktion? Wie intensiv?
- Planen und Durchführen der für diese Phase charakteristischen Arbeitsschritte: Welche Aktivitäten sind nötig, um die gewünschten Ergebnisse zu erreichen?
- Dokumentation und Präsentation
- Entscheidung bezüglich der Arbeitsergebnisse der laufenden Phase
- Planen des weiteren Vorgehens
- Antrag auf Freigabe der nächsten Phase

## 2.5 Die Initialisierung als wichtige Vorphase jedes EDV-Projekts

Bevor EDV-Projekte mit der Phase Vorstudie formal in Gang gesetzt werden können, sind gewisse Vorarbeiten nötig, die mit dem Begriff «Initialisierung» umschrieben werden und in einem Projektantrag münden – vgl. Abb. 2.2.3. Die folgenden Überlegungen zur Initialisierung von Projekten sind unabhängig von der Wahl des konkreten Vorgehens (z.B. verschiedene Phasenkonzepte, Prototyping u.ä.) und werden deshalb nur hier behandelt.

### 2.5.1 Charakteristik der Initialisierung

Die Initialisierung umfasst die Zeitspanne zwischen dem Auftreten einer Idee («Jetzt müssen wir endlich etwas tun!», «Warum machen wir es nicht so?» u.ä.) und dem Entschluss, eine Vorstudie im Sinne eines Klärungsschrittes durchzuführen. Nicht eine bestimmte EDV-Lösung wird also dabei initialisiert, sondern die Durchführung einer Vorstudie.

Die Initialisierung eines EDV-Vorhabens ist von zwei Faktoren abhängig: von der Beurteilung des bestehenden Zustandes (IST) und von der Vorstellung eines besseren Zustandes (SOLL). Erst dadurch ergibt sich so etwas wie ein Problembewusstsein, das entsteht durch die

- zielgerichtete Beschäftigung mit möglichen besseren Lösungen, was die innere Bereitschaft voraussetzt, den heutigen Zustand nicht als den ein für allemal besten zu betrachten.
- systematische und geordnete Auseinandersetzung mit dem bestehenden Zustand. Dazu ist es vielfach notwendig, einen Mängelkatalog zu erstellen, der die täglichen Ärgerlichkeiten, Unnötigkeiten bzw. Leerläufe – möglichst mit Angabe der Häufigkeit ihres Auftretens und ihres Ausmasses – belegt. Dadurch vermeidet man momentane und subjektive Einschätzungen der Situation.

Wenn die Probleme und das Problem- bzw. Chancenbewusstsein gross sind und der Wille zur Veränderung vorhanden ist, kann die Initialisierungsphase relativ kurz sein. Bei schwach oder einseitig ausgebildetem Problembewusstsein kann sie sich über einen längeren Zeitraum erstrecken, in dem die gleichen Schwierigkeiten wiederholt zur Sprache kommen, bevor man sich endlich entschliesst, etwas zu unternehmen.

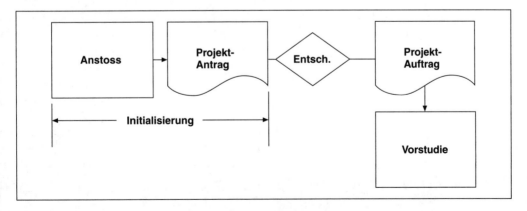

*2.2.3 Die Initialisierung als Vorphase*

Entscheidende Impulse können erfolgen durch

- Vergleich mit ähnlich gelagerten Unternehmungen (Konkurrenz!)
- Beteiligung an branchen- bzw. funktionsspezifischen Erfahrungsaustauschgruppen (ERFA)-Gruppen
- Lektüre von Fachliteratur (Zeitschriften, Bücher)
- Gespräche mit EDV-Spezialisten
- Besuch von Ausstellungen, Messen, Tagungen, Kursen usw.

In der Initialisierungsphase sind die unverbesserlichen «Enthusiasten» ebenso gefährlich wie die «Traditionalisten»: Die einen übertragen Lösungsideen, die sie irgendwo aufgeschnappt haben, unkritisch auf die eigene Situation, ohne sich der Voraussetzungen und Konsequenzen bewusst zu sein, die dabei zu beachten sind. Die anderen können zwar durch ihre ablehnende Haltung EDV-Kosten vermeiden, sind sich aber möglicherweise gar nicht dessen bewusst, dass die Beibehaltung schwerfälliger und unnötig komplizierter Abläufe höhere Kosten verursacht bzw. die Konkurrenzfähigkeit durch mangelnde Aktualität und Unflexibilität beeinträchtigt.

### 2.5.2 Ergebnis der Initialisierung

Ergebnis der Initialisierungsphase sollte ein Projektantrag (siehe dazu «Projekt-Management», Kap. III.1) sein, der dem Auftraggeber die Gelegenheit gibt, die Art der Fragestellung, den Aufwand, die Organisation der Abwicklung, die beteiligten Personen etc. für die Durchführung einer Vorstudie zu erkennen. Er soll zu diesem Vorschlag Stellung beziehen und seine Zustimmung oder auch evtl. Bedenken jetzt und nicht später äussern. Wenn der Projekt-Antrag genehmigt wird, wird er zum Projekt-Auftrag.

# 3. Phasenkonzept für die EDV-Planung auf der «grünen Wiese» – simultane Planung von Hard- und Software

Die simultane Planung von Hardware und Software ist dann gegeben, wenn

- EDV in einer Unternehmung überhaupt neu eingeführt wird (seltener Fall),
- EDV in einzelnen Teilbereichen bisher noch nicht eingesetzt wurde und für diese neu ist,
- eine bereits vorhandene EDV den Anforderungen nicht mehr entspricht und deshalb von Grund auf neu überdacht werden soll.

Die Erfahrung zeigt, dass potentielle EDV-Kunden agilen EDV-Firmen oft allzu leichtfertig grünes Licht für die Ausarbeitung einer EDV-Offerte geben. Diese beginnen dann – häufig ohne konkrete Aufgabenstellung (Pflichtenheft) – ihre Hard- und Software-Möglichkeiten (bzw. ihre Vorstellungen davon) über die meist gar nicht bekannten Bedürfnisse des Kunden zu stülpen. Die Ruhe, die sich dieser mit seinem Einverständnis zur Offertausarbeitung erkauft hat, ist zeitlich begrenzt und trügerisch – speziell dann, wenn er sich in seinem legitimen Interesse an Vergleichsmöglichkeiten auch von anderen Firmen offerieren lässt. Denn ohne EDV-Konzept und Pflichtenheft sind die eingehenden Offerten weder hinsichtlich der Kosten noch hinsichtlich der Leistungen vergleichbar. Für die Entscheidungsfindung bleiben dem Kunden eigentlich nur zwei Möglichkeiten:

Er entscheidet sich rein intuitiv aufgrund mehr oder weniger zufällig herausgegriffener Argumente und Kriterien bzw. er verlässt sich auf das Image einer bestimmten Lieferfirma (welches allerdings allein auch nicht imstande sein wird, seine Probleme zu lösen). Oder er erarbeitet sich nachträglich einen Bezugsrahmen, der es ihm ermöglicht, seine Bedürfnisse besser mit den EDV-Möglichkeiten zu konfrontieren, Prioritäten hinsichtlich der Dringlichkeit ihrer Erfüllung zu setzen und schliesslich einen Vergleich der verschiedenen Angebote vorzunehmen.

Wählt er die letztgenannte Variante, so wird er nicht umhin können, eine Reihe zusätzlicher Abklärungen innerhalb der eigenen Organisation, aber auch mit den Anbietern vorzunehmen. Dies führt häufig dazu, dass nachträglich so etwas wie ein «Pflichtenheft» erstellt wird. Da die bereits vorliegenden Offerten nur in den seltensten Fällen diesem Pflichtenheft entsprechen, ist dann oft eine nochmalige Offertrunde erforderlich.

Das in der Folge erläuterte Phasenkonzept soll einen systematischen und zielgerichteten Weg aufzeigen, der diese Umwege vermeidet. Es besteht in seinen Grundzügen darin, dass die Vorbereitung des EDV-Einsatzes in zeitlich voneinander abgrenzbare Abschnitte (Phasen) gegliedert wird. Diese ermöglichen einen stufenweisen Planungs-, Entscheidungs- und Konkretisierungsprozess mit vorgeplanten Marschhalten und damit Korrektur- bzw. Ausstiegsmöglichkeiten. Der Ablauf der einzelnen Phasen ist in Abb. 2.2.1 dargestellt.

## 3.1 Phase Vorstudie

### 3.1.1 Zweck der Vorstudie

Der Zweck der Vorstudie besteht darin, die Anstösse und Ideen aus der Initialisierungsphase (siehe Abschnitt II. 2.5) in einen Konzeptrahmen umzusetzen, der

- den zweckmässigen Umfang des EDV-Einsatzes hinsichtlich der Anwendungsgebiete,
- die sich daraus ergebenden Anforderungen an die Hardware (zentral, dezentral, Konfiguration) und Software (Betriebssystem, Datenbankkonzept, Standard- und Individual-Anwendungssoftware),
- die sich daraus cirka ergebenden Kosten und den damit verbundenen Nutzen grob abschätzen lässt.

Das Projekt soll hinsichtlich der Ziele, Randbedingungen, des Nutzens und der Wirtschaftlichkeit, der Realisierbarkeit und Erfolgschancen einigermassen zuverlässig beurteilt werden können. Nicht erfolgversprechende Vorhaben sollen als solche bereits in der Vorstudie erkannt, korrigiert oder zeitgerecht abgebrochen werden können.

### 3.1.2 Charakteristik der Vorstudie

Die Vorstudie ist als Klärungsprozess zu verstehen. Sie soll einem dazu zusammengesetzten Team von Fachleuten die Gelegenheit geben, sich ein Bild über die anstehenden Probleme und Möglichkeiten zu ihrer Lösung zu machen. Fachleute sind dabei einerseits repräsentative Vertreter der Fachabteilungen, welche die derzeitige Situation und die Bedürfnisse kennen (betriebsinternes Personal) und andererseits EDV-Fachleute (interne oder externe), die helfen sollen, sinnvolle Soll-Zustände zu konzipieren.

Die Teammitglieder machen einen gemeinsamen Lernprozess durch: Sie analysieren gemeinsam die Situation, sie konkretisieren die Anforderungen und sollen gemeinsam zu Lösungsvarianten kommen. Das Resultat ist eine umfassende, nicht zu sehr ins Detail gehende Darstellung der Situation, ein Anforderungskatalog, ein Lösungsrahmen und eine Empfehlung hinsichtlich des weiteren Vorgehens.

Dem Vorstudien-Team sollte ein möglichst breiter Spielraum gewährt werden; nur wirklich unantastbare Tabus und unverrückbare Grenzen sollten die Arbeit einschränken. Ein erfahrener Organisator wird einerseits selbst sehr schnell die Grenzen des Möglichen finden bzw. er wird von sich aus die Notwendigkeit einer Ein- oder Abgrenzung aufzeigen. Andererseits wird er sich aber aus Aufwandsgründen auch davor hüten, sich über einmal gesetzte Grenzen hinwegzusetzen, auch wenn sich der Kern allen Übels jenseits dieser Grenze befindet.

Das Team wird sich zweckmässigerweise an dem in Abschnitt II.2.3 beschriebenen Vorgehensmuster orientieren («Problemlösungszyklus»):

- Situationsanalyse (Problemkatalog und Bedürfnisabklärung)
- grobe Zielsetzungen und Anforderungen
- Lösungsideen auf der Grundlage der Situationsanalyse und Zielsetzungen
- Bewertung von Lösungen und Empfehlung hinsichtlich des weiteren Vorgehens

Die Ergebnisse dieser Arbeit sind laufend zu dokumentieren und in einem Bericht über die Vorstudie zusammenzufassen, der den Auftraggeber in die Lage versetzt, eine Entscheidung hinsichtlich des weiteren Vorgehens zu treffen.

### 3.1.3 Tätigkeiten in der Vorstudie

*3.1.3.1 Vorgehen planen*

Zunächst ist zu überlegen, welches Ergebnis die Vorstudie bringen soll (Vergegenwärtigung der Aufgabenstellung) bzw. zu welchen Fragen das Projektteam am Ende der Vorstudie Stellung nehmen soll. Davon ausgehend sind jene Tätigkeiten und deren logische Folge zu planen, die nötig sind, um die gewünschten Ergebnisse zu erhalten.

In Abb. 3.2.6 (siehe Teil III.2 «Terminplanung») findet man einen Standard-Ablaufplan der Phasen «Initialisierung» und «Vorstudie» als Netzplan (zur Netzplantechnik als Planungsmethodik, siehe Abschnitt III.2.4.)

*3.1.3.2 Projektorganisation festlegen*

Es ist eine lose Arbeitsgruppe zu bilden, die aus Vertretern der wichtigsten betroffenen und beteiligten Bereiche besteht. Dieses Team soll so klein sein, dass effizient gearbeitet werden kann, es sollen aber auch keine wichtigen Vertreter z.B. von Anwendungsabteilungen ausgeschlossen werden – dies könnte sich später rächen. Die Teammitglieder sollten so ausgewählt werden, dass sie auch in späteren Phasen mitarbeiten könnten und damit das gesammelte bzw. gemeinsam erarbeitete Wissen und Engagement sinnvoll weiterverwendet werden kann. Die Mitarbeit im Team ist – insbesondere für die Anwendervertreter – meist nicht vollamtlich.

Die zu erledigenden Tätigkeiten sind auf die Teammitglieder aufzuteilen und zu terminieren, die Arbeitsorganisation, Koordination, Häufigkeit der Besprechungen etc. sind festzulegen.

Ausserdem ist jener Personenkreis festzulegen, der die Auftraggeberrolle übernimmt, Anforderungen an die Lösung (= Ziele) legitimiert, Entscheidungen trifft, «Rückenwind» für Änderungen schafft bzw. Unterstützung gibt, wenn «Gegenwind» auftritt (siehe Kapitel III.1, Projekt-Management).

*3.1.3.3 Situationsanalysen durchführen*

Die Situationsanalyse hat den Zweck, die Problemsituation verständlich zu machen, Mängel und deren Ursachen zu erkennen, den Stand der Technik in Form von Lösungsansätzen grob aufzuzeigen und Randbedingungen festzuhalten, die bei der Lösungssuche zu beachten sind.

Dazu sind folgende Tätigkeiten erforderlich:

– Problem strukturieren
  • Grobanalyse der Organisation und der Abläufe
  • Untersuchungs- bzw. Gestaltungsbereich (= System und dessen Umgebung) herausarbeiten und abgrenzen

- Schwachstellen analysieren
  - Mängelkatalog erstellen
  - Ursachen ermitteln
- Entwicklungstendenzen abschätzen
  - im Problemfeld (was passiert, wenn keine Veränderungen vorgenommen werden?)
  - im Lösungsfeld (wie ist die Entwicklung auf dem Hard- und Software-Gebiet?)
  - grobe Mengengerüste ermitteln (Häufigkeit der Geschäftsvorfälle, Datenmengen etc.). Dabei ist die sog. 80:20-Regel nützlich, derzufolge 80% der Fälle mit 20% Aufwand zu bewältigen sind – oder umgekehrt 20% der Ausnahme- bzw. Sonderfälle insgesamt 80% des Aufwandes verursachen können
- Lösungsansätze grob überlegen
  - Eingriffsmöglichkeiten und Gestaltungsspielraum ermitteln
  - Lösungsvarianten erarbeiten
- Randbedingungen festhalten
  - bindende Zielvorstellungen des Auftraggebers
  - Unabänderlichkeiten des IST-Zustandes
  - frühere Entscheidungen, die nicht beeinflusst werden können oder sollen
  - Kostenlimiten
  - personelle Randbedingungen
  - räumliche Beschränkungen u.ä.

Ergebnis der Situationsanalyse ist ein strukturierter Katalog von Problemen und generellen Möglichkeiten zu deren Lösung.

Nachstehend sind Überlegungen zur Durchführung einer Situationsanalyse in einer Vorstudie beispielhaft dargestellt:

### a) Problemstrukturierung

Zunächst geht es darum, festzustellen

- wie die Unternehmung organisatorisch gegliedert ist (Leitungsorganisation, Abteilungen, Stellen)
- welche Stellen EDV-relevante Probleme bzw. potentielle Aufgabenstellungen haben (Schwerpunktbildung)
- wie sie ablaufmässig zusammenhängen (Grobstruktur)
- auf welche gemeinsamen Daten sie zugreifen oder zugreifen sollen

Auf den Ergebnissen dieser Untersuchung aufbauend kann nun eine Übersicht von Abteilungen und Instanzen erstellt werden, die hinsichtlich der Arbeitsabläufe und der EDV-Möglichkeiten relevant erscheinen. Diese Stellen sind als Elemente aufzufassen, die gewisse Funktionen erfüllen und durch Beziehungen miteinander verbunden sind. Damit ist eine Grobstruktur entstanden, die es gestattet, den Untersuchungs- bzw. Gestaltungsbereich abzugrenzen.

Am Beispiel des Platzreservierungssystems (PRS) einer nationalen Eisenbahngesellschaft ist diese Überlegung in Abb. 2.3.1 dargestellt.

Diese Darstellung bringt zum Ausdruck, was im vorliegenden Fall

- als Gestaltungsbereich (= System) betrachtet wird, z.B.
  - die Führung der Reservationsbestände (= Bestandesführung)
  - der Verkehr zwischen Schaltern und Reisebüros mit den Kunden einerseits und der Bestandesführung andererseits
  - die Kennzeichnung der reservierten Plätze im Zug (Abgangsbahnhof)
  - die Abrechnung und Statistik
- als Umwelt des Systems gelten soll, welche die Lösung des Problems zwar beeinflusst bzw. durch sie beeinflusst wird, aber nicht unmittelbar zum Gestaltungsbereich gerechnet wird, z.B.
  - die Lösungen der benachbarten ausländischen Gesellschaften
  - die Zugdisposition (Einsatzzentrale)
  - die Werbung usw.

Derartige graphische Darstellungen dienen als einfache Hilfsmittel zur Gliederung des Problembereiches, vor allem aber auch als Hilfsmittel zur Verständigung innerhalb der Projektgruppe bzw. mit dem Auftraggeber. Sie regen eine gesamtheitliche Denkweise an.

## b) Schwachstellenanalyse

Ergebnis dieses Arbeitsschrittes ist ein Katalog von festgestellten Mängeln und der Versuch, mögliche Ursachen dafür anzugeben (vgl. Abb. 2.3.2).

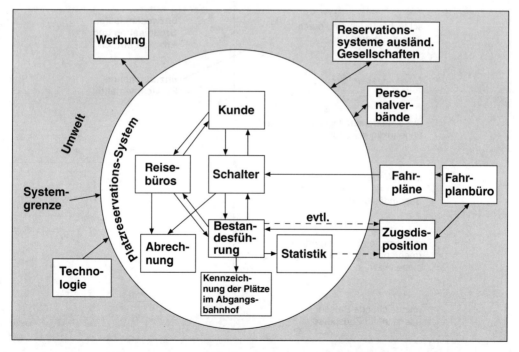

2.3.1   *Problemstrukturierung und -abgrenzung (Beispiel Platzreservierung)*

## c) Abschätzen der Entwicklungstendenzen

Da Lösungen für die Zukunft und nicht für die Vergangenheit zu erarbeiten sind, ist in diesem Schritt zu überlegen, wie sich das Problemfeld verändern wird, wenn nichts getan wird (verschlimmert sich/bleibt gleich/verbessert sich). Von besonderer Bedeutung ist dabei die schon vorher erwähnte Abschätzung der Mengengerüste und deren weiterer Entwicklung (Anzahl Geschäftsvorfälle, Datenmengen etc.).

Ausserdem ist zu prüfen, ob der richtige Zeitpunkt für einen EDV-Einsatz jetzt gekommen ist oder ob innerbetrieblich oder auf dem EDV-Markt Änderungen bevorstehen, die den Zeitpunkt als ungünstig erscheinen lassen. Derartige Argumente dürfen aber

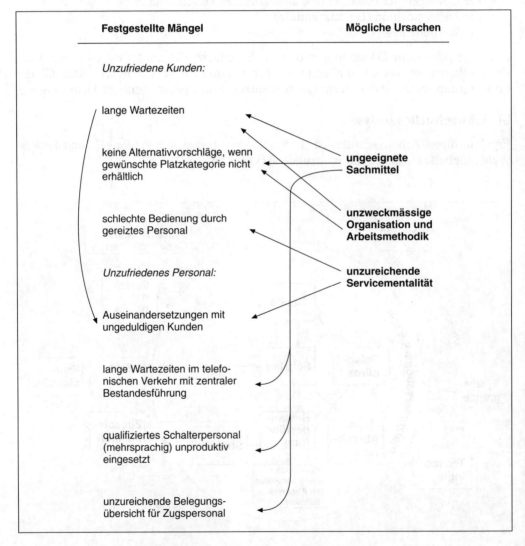

2.3.2  *Mängel/Ursachen-Betrachtung (Beispiel Platzreservierung)*

nicht überstrapaziert werden, weil dadurch jegliche Veränderung verhindert werden kann.

### d) Vertraut machen mit dem Stand der Technik, Überlegen von Lösungsansätzen

Da in der Anfangsphase meist ein sehr unterschiedlicher Informationsstand innerhalb des Projektteams gegeben ist, kann es sehr sinnvoll sein, zunächst eine gemeinsame Denk- und Erwartungsbasis zu schaffen. Dies kann z.B. dadurch geschehen, dass man bereits realisierte Lösungen gemeinsam besichtigt. Dabei sollte ein hohes Mass an Unvoreingenommenheit herrschen. Es sind noch keine Entscheidungen gefallen, es geht lediglich darum, mehr über denkbare Lösungsansätze zu erfahren und damit kompetenter für die eigenen Weichenstellungen zu werden.

Ausserdem ist zu unterscheiden zwischen Verbesserungen, die auf konventioneller Basis – evtl. sofort – durchgeführt werden können und solchen, die den EDV-Einsatz erforderlich machen.

### e) Festhalten von Randbedingungen

In diesem Arbeitsschritt geht es darum, herauszufinden:

- Was sind bindende Zielvorstellungen des Auftraggebers? Was erwartet er unbedingt, warum?
  Es ist für das Projektteam wichtig, diese Vorstellungen zur Kenntnis zu nehmen. Sollten sie unrealistisch sein, wäre dies dem Auftraggeber möglichst bald mitzuteilen, um nachträgliche Enttäuschungen zu vermeiden.
- Welche Bestandteile des IST-Zustandes gelten als unabänderlich? Warum? («Heilige Kühe»).
  Hier wird es Fälle geben, die das Projektteam einfach zu akzeptieren hat und solche, die ihm Lösungsmöglichkeiten verbauen. Es ist ratsam, den Auftraggeber auf die damit verbundenen Konsequenzen hinzuweisen, möglicherweise sieht er die Dinge dann anders.
- Gibt es Kostenlimiten, die nicht überschritten werden dürfen?
- Gibt es personelle Randbedingungen, die generell oder bei der Planung des zeitlichen Ablaufes zu beachten sind? usw.

### f) Möglichkeiten der Informationsbeschaffung

Um an die Tatbestände und Probleme heranzukommen, sind im Grunde genommen zwei Wege denkbar:

#### f1) Analyse vorhandener Unterlagen:

Grundsätzlich sollte man es vermeiden, Informationen neu zu erheben, die ohne grossen Aufwand aus bestehenden Unterlagen abgeleitet werden können.

- Die einzelnen Stellen bzw. deren Aufgaben können – wenigstens in Ansätzen – aus vorhandenen Organigrammen bzw. Stellenbeschreibungen entnommen werden. Dabei sollte allerdings kein allzu grosser Aufwand getrieben werden, da schriftliche Un-

terlagen – auch in gut organisierten Unternehmungen – sehr häufig von der tatsächlich gelebten Organisation abweichen.
- Geht es darum, den Informationsfluss zu erfassen, kann man vorhandene Ablaufdarstellungen analysieren. Einen guten Einblick erhält man auch, indem man die verwendeten (ausgefüllten!) Formulare sammelt und repräsentative Fälle anhand dieser verfolgt. Dies verschafft Einblicke in die Logik der Zusammenhänge und in die tatsächlich benützten bzw. nachgefragten Datenfelder.
- Mengen und Häufigkeiten von Geschäftsvorfällen, Datenvolumina u.ä. können evtl. aus bereits vorhandenen Aufstellungen entnommen werden oder sind aus diesen herauszuzählen oder zu rechnen.

### f2) Gezielte Beschaffung zusätzlicher Informationen

- Das Interview ist eine der wichtigsten Informationsquellen – auch wenn es nicht immer nur objektive Informationen liefert. Es besteht durchaus die Gefahr, dass die Befragten ihre Meinung durch angebliche Tatbestände untermauern, die sachlich nicht fundiert oder deutlich über- oder untertrieben sind. Der Interviewer wird also die ihm bereits bekannten Fakten ins Gespräch bringen müssen, Kontrollfragen stellen und sich nicht mit einer einzigen Situationsdarstellung begnügen dürfen, sondern Querinformationen einholen. Bei Auftreten eklatanter Meinungsverschiedenheiten wird er diese darlegen und die Befragten ersuchen müssen, ihre Aussagen näher zu begründen bzw. zu belegen. Er wird in derartigen Situationen im Interesse an einem guten Gesprächsklima subtil vorgehen und dem Interviewten Rückzugsmöglichkeiten anbieten müssen (Frage unterschiedlich interpretiert u.ä), um die Situation dadurch in sachlicher Hinsicht bereinigen zu können, ohne persönliche Verspannungen zu provozieren.
- Spezielle Beobachtungstechniken, wie z.B. die «Multimomentaufnahme» oder die «Selbstaufschreibung» (Eigenbeobachtung) ermöglichen es, ein klareres Bild z.B. über die Auslastung, die Mengen- oder Zeitanteile für die Erledigung verschiedener Tätigkeiten u.ä. zu erhalten.

Die Ergebnisse derartiger Erhebungen sind in übersichtlicher Form (z.B. graphisch als Informationsflüsse) darzustellen. Beispiele dazu findet man in Kapitel III.10 (Darstellungstechniken) sowie in der Fallstudie im Teil V.

### g) Psychologische Probleme aufgrund gegensätzlicher Positionen

Zu Beginn der Situationsanalyse können harte Gegensätze aufeinanderprallen:

- Hier ein Sachbearbeiter, der Inhalt und Art der Durchführung seiner Tätigkeiten aus der täglichen Praxis durch und durch kennt; dort ein EDV-Spezialist, der die zu untersuchende Materie nur aus der Distanz, aus der Theorie oder anhand einer Analogie-Überlegung zu einem anderen Praxisfall kennt.
- Hier ein EDV-Spezialist, der nach einer Systematik und nach Regeln sucht, nach denen gewisse Tätigkeiten durchgeführt werden; dort ein Sachbearbeiter, der «diese Tätigkeiten schon immer so gemacht hat», der eventuell in einen Begründungsnotstand kommt, weil er nicht erklären kann warum etwas auf eine bestimmte – und möglicherweise unnötig komplizierte Art gemacht wird.

- Hier ein EDV-Spezialist, der Probleme gleich als «relevant» oder «irrelevant» (hinsichtlich einer EDV-Lösung natürlich!) klassiert; dort ein Sachbearbeiter, der die Recherchen des EDV-Spezialisten registriert, ohne erkennen zu können, worauf dieser eigentlich hinaus will.

In diesem Spannungsfeld zwischen Wissen und Unwissen in der Sachbearbeitung, Kenntnissen und Kenntnislücken auf dem EDV-Gebiet, zwischen Systematik und Pragmatik ist zwischen den Partnern ein ausgewogenes Verhältnis von Nehmen und Geben, getragen von recht viel Geduld und gegenseitiger Toleranz unerlässlich.

### 3.1.3.4 Zielformulierung

Auf den Ergebnissen der Situationsanalyse aufbauend sollen nun die Anforderungen an die zu suchenden Lösungen formuliert werden. Insbesondere ist festzuhalten, worauf es bei der Lösungssuche besonders ankommt. Soll die Lösung

- eine bessere Funktionserfüllung ermöglichen? z.B.
  - schnellere Auftragsabwicklung
  - zuverlässigere und schnellere Informationen über Materialbestände und -bewegungen, Kontenstände usw.?
- zukünftige Kosten vermeiden helfen (z.B. mehr Arbeitsvolumen ohne zusätzliches Personal bewältigbar)?
- eine Kostensenkung bzw. eine Verbesserung der Liquidität bewirken (finanzielle Ziele)? z.B. durch
  - Personalabbau
  - Reduktion der Lagerbestände
  - Reduktion des Bestandes «Ware in Arbeit»
  - schnellere Auftragsabrechnung und Fakturierung, straffere Debitorenkontrolle u.a.
- eine Entlastung qualifizierten Personals von Routinetätigkeiten mit sich bringen?
- möglichst billig sein (beschränkt verfügbare Investitionsmittel)?
- möglichst rasch verfügbar sein (Termin) etc.?

Haben sich auf diese Weise konkrete Zielsetzungen herauskristallisiert, so gilt es, die *Voraussetzungen und Chancen* für eine allfällige Realisierung zu überprüfen:

- Sind die betriebsorganisatorischen und personellen Voraussetzungen erfüllt oder müssen sie erst geschaffen werden?
  - qualifiziertes und bereitwilliges Personal in den Fachabteilungen und im EDV-Bereich,
  - Nummernsysteme etc. vorhanden?
- Gibt es Standardlösungen, an denen man sich orientieren kann?
- Ist der Zeitpunkt in organisatorischer, personeller und EDV-technischer Hinsicht geeignet, oder sollte man zunächst in die Vorbereitung investieren, dabei zwischenzeitliche Verbesserungen in den Vordergrund stellen, um etwas Zeit zu gewinnen? Aber Vorsicht: Diese Art von Überlegungen kann sowohl sinnvoll sein, als auch als Argument zur Verhinderung einer Änderung missbraucht werden.

- Kundenziele
  - kurze Abfertigungszeiten (max. 2 min)
  - kürzere Wartezeiten (max. 10 min)
  - bessere Bedienung (Alternativvorschläge)
  - freundlichere Bedienung
  - Anschluss von Reisebüros
- Rationalisierungs- und Kostenziele
  - einfacherer Ablauf und schnellerer Ablauf
  - Kosten je Buchung nicht höher als heute
  - Investitionen max. Fr./DM ...
- Personalziele
  - Reduktion der Stress-Situation
  - Bedienbarkeit durch heutiges Personal
- Zeitziele
  - Realisierung innerhalb von 2 Jahren
- Sonstige Ziele
  - Integrationsfähigkeit mit benachbarten Bahngesellschaften gewährleistet
  - Erstellung aussagefähiger Belegungsstatistiken als Dispositionsgrundlage ...

*2.3.3  Zielkatalog (Beispiel Platzreservierungssystem)*

Neben den Voraussetzungen ist auch die *Problemumgebung* von Interesse:

- Sind vorgelagerte, parallele oder nachgelagerte Projekte in Planung oder Entwicklung, welche einen Einfluss auf die dargelegte Zielsetzung haben oder durch die Zielsetzung beeinflusst werden (Koordinationsbedarf)?
- Welche anderen Zielsetzungen sind denkbar? Wie grenzt sich die vorgeschlagene Zielsetzung von den übrigen ab?
- Sind die Ziele realistisch und widerspruchsfrei?
- Sind die Interessenslagen wichtiger Beteiligter bzw. Betroffener und der Entscheider bekannt? Enthalten die Zielvorstellungen unnötiges Konfliktpotential, das vorher zu bereinigen wäre? Besteht Energie und Unterstützung für den beabsichtigten Weg?

Grundlagen für die Formulierung konkreter Ziele sind

- der Mängelkatalog,
- die von den Betroffenen und Beteiligten genannten Zielvorstellungen und Randbedingungen sowie
- die eigene Lagebeurteilung.

Es ist zweckmässig, Ziele systematisch zu strukturieren, damit die Hauptrichtungen erkennbar werden, in die die weiteren Anstrengungen gehen.

Dies soll anhand des bereits erwähnten Platzreservations-Beispiels verdeutlicht werden (vgl. Abb. 2.3.3).

### 3.1.3.5  Erarbeitung von Lösungsansätzen

Auf den Ergebnissen der vorangegangenen Arbeitsschritte (Situationsanalyse und Zielformulierung) aufbauend, sind nun Lösungsansätze zu erarbeiten. Diese enthalten grobe Systementwürfe mit Aussagen zu folgenden Fragen:

- Welche Aufgabengebiete (Applikationen) sollen auf EDV übernommen werden? In einer ähnlichen Logik wie heute oder grundsätzlich verändert?
- Welche Sachmittel (Hardware) sind dazu erforderlich? (Grobe Abschätzung).
- Welches Softwarekonzept sollte gewählt werden (z.B. möglichst Standard-Anwendungs-Software oder bereits Entscheidung für Individual-Anwendungs-Software? Mit welchen Begründungen?)
- Welches Verarbeitungskonzept ergibt sich? Für welche Verarbeitungen ist Dialogbetrieb vorzusehen, für welche Batch?
- Welches Betriebssystem bzw. welches Datenbankkonzept sollte im Vordergrund stehen (noch keine Entscheidungen nötig)?
- ...

Es sind Varianten hinsichtlich des Applikationsumfangs und hinsichtlich verschiedener Komfortstufen (Umfang der logischen und EDV-mässigen Integration, Umfang der Dialog-Verarbeitung) und EDV-Philosophien (zentral/dezentral) in groben Zügen zu überlegen und hinsichtlich der Auswirkungen auf die Arbeitsweise des Benutzers, die Kosten, die weiteren Entwicklungsmöglichkeiten etc. abzuschätzen. Es geht aber nicht darum, Lösungen im Detail auszuarbeiten, sondern darum, eine Vorstellung und mehr Beurteilungssicherheit dafür zu entwickeln, was im konkreten Fall angemessen wäre.

Wie bereits erwähnt, ist es nicht zweckmässig, sich sofort und nur auf eine einzige Lösung zu konzentrieren, vielmehr sollte man in Varianten denken. Durch den Zwang der Beurteilung von Alternativlösungen gewinnt man einen besseren Einblick in die Problemzusammenhänge und die Bedürfnisse und schafft mehr Sicherheit hinsichtlich der Wahl des weiteren Vorgehens.

Lösungsansätze im Rahmen der Vorstudie sollen zusätzlich Aussagen zu den folgenden Punkten enthalten:

- konkrete Sofortmassnahmen, die mit geringen Kosten und kleinem Risiko bestehende Mängel beseitigen. Diese Sofortmassnahmen dürfen aber spätere, weitergehende Verbesserungen nicht verbauen.
- Massnahmen, welche die Voraussetzungen für eine EDV-Lösung schaffen (Systematisierung der Numerierungssysteme, Vereinfachung der Informationswege, Bereinigung von Kompetenzen, Änderungen in der Aufgabenverteilung der Aufbauorganisation u.ä.)

### 3.1.3.6 Bewertung und Wirtschaftlichkeitsvorschau

Damit die Entscheidungsinstanz letztlich entscheiden kann, ob sie die Weiterbearbeitung des Projektes bewilligen soll, muss sie eine Vorstellung davon erhalten, welche Kosten und welcher Nutzen die Realisierung der vorgeschlagenen Lösung letztlich bringen würde (denn die Bewilligung einer Phase Grobkonzept hat natürlich nur einen Sinn, wenn sie auch eine Chance zur Realisierung hat).

Häufig existieren in einer Unternehmung Richtlinien über einen minimalen «Return on Investment» (ROI). In einer Vorstudie geht es jedoch noch nicht darum, den ROI exakt zu berechnen, als vielmehr abzuschätzen, ob der ROI des Projektes vermutlich wesentlich höher/tiefer als der betriebsübliche ist oder ob er sich um diesen ROI bewegt.

Obwohl es ausserdem schwierig ist, den Nutzen einer Informatik-Lösung in Geldeinheiten zu bewerten, sollte dies wenigstens versucht werden. Man zwingt sich damit selbst zur aktiven Suche nach Vorteilen und erhöht die Chance, dass diese später auch umgesetzt werden.

In der Vorstudie sollte nur ein Untersuchungsaufwand getrieben werden, der das Team in die Lage versetzt, die Grössenordnung der Kosten abzuschätzen. Die zulässige Toleranz der Kostenschätzung beträgt in der Vorstudie ca. 50%. Dasselbe gilt für die Abwägung des Nutzens.

Nun mag man einwenden, diese Schätzungstoleranzen seien undiskutabel, da sie keine fundierte Entscheidung ermöglichten. Es ist deshalb notwendig, das Risiko in Betracht zu ziehen, das das Management eingeht: Eine positive Entscheidung am Ende der Vorstudie bedeutet noch keine Investitionsentscheidung, sondern lediglich, dass die nächste Entwicklungsphase (Phase Grobkonzept) in Angriff genommen wird, die genaueren Aufschluss über die zu erwartenden Kosten- und Nutzenfaktoren bringen wird. Und im Hinblick auf diese Entscheidung ist die erwähnte Schätzungstoleranz durchaus vertretbar.

Darüber hinaus verfolgt jede Informatiklösung auch Absichten, die nicht unmittelbar in Geldeinheiten quantifizierbar sind (z.B. strategische Überlegungen wie stärkere Kundenbindung, etc.). Derartige Argumente können und sollen zusätzlich in qualitativer Form angeführt werden (siehe Kapitel III.5, «Kosten/Nutzen/Wirtschaftlichkeit»)

### 3.1.3.7 Vorgehensplan für nächste Phase

Am Ende der Vorstudie ist das weitere Vorgehen zu planen. Wenn das Vorstudien-Team zum Entschluss kommt, dass die Durchführung der Phase Grobkonzept empfehlenswert ist, ist ein entsprechenden Projekt-Antrag vorzubereiten. Dieser enthält – analog zum Antrag für die Vorstudie – Aussagen zu folgenden Punkten:

– Ausgangssituation: Von welcher Entscheidung bzw. Festlegung können wir ausgehen?
– Können der Untersuchungs- bzw. der Gestaltungsbereich gegenüber der Vorstudie unverändert übernommen werden oder sind sie neu zu definieren?
– Aufgabenstellung: Was soll Ergebnis der nächsten Phase sein? Auf welche Fragen soll eine Antwort möglich sein?
– Welches Vorgehen wird dazu vorgeschlagen?
– Personelles: Projektleiter, Zusammensetzung des Projektteams, der Entscheidungsorgane?
– Aufwand, Kosten?
– Termine?

### 3.1.4 Dokumentation und Bericht über die Vorstudie

Die Arbeitsergebnisse sind laufend zu dokumentieren. Diese Dokumente dienen primär dem Projektteam als gemeinsam anerkannte Arbeitsbasis. Sie haben den Charakter eines Koordinationshilfsmittels, das die Arbeit und deren Ergebnisse transparent und nachvollziehbar machen und unnötige Diskussionen über bereits erledigte Fragen vermeiden hilft. Eine systematische Dokumentation von Arbeitsergebnissen und Vereinbarungen hilft ausserdem, einen an sich unerwünschten aber oft unvermeidlichen personellen Wechsel im Projektteam leichter zu verkraften.

Am Ende der Vorstudie ist ein Bericht vorzulegen, der primär den Entscheidungsorganen als Grundlage für die Entscheidungsfindung dient.

Der *Vorstudienbericht* könnte wie folgt gegliedert sein:

- Zusammenfassung: Knappe Charakterisierung von Ursache, Anlass, Ziel, Ergebnissen und Vorschlägen. Wenn die Erarbeitung eines Grobkonzeptes vorgeschlagen wird, ist die Aufgabenstellung für die nächste Phase anzuführen und ein grober Kostenrahmen anzugeben.
- Einleitung: Projektauftrag in Erinnerung rufen, allfällige Modifikationen darlegen und begründen.
- Ziel des Projektes: nähere Erläuterung der bereits erwähnten Zielsetzungen.
- Zweck des Berichtes: Darlegung, was aufgrund dieses Berichtes zu geschehen hat (z.B. welche Entscheidungen getroffen werden können und müssen).
- Definitionen wichtiger Begriffe, die zum Verständnis nötig sind. Kritisch sind jene Begriffe, die betriebsintern sehr unterschiedlich interpretiert werden. Dann lieber einen Begriff verwenden, mit dem man ohne die Lektüre der Definition gar nichts anfangen kann.
- Beschreibung des Ist-Zustandes, soweit er für die vorgeschlagenen Lösungen von Bedeutung ist. Besonders wichtig sind hier Aufgabenverteilungen, Arbeits- und Informationsabläufe, Häufigkeits- und Mengenangaben usw. Wichtiger Bestandteil der Beschreibung des Ist-Zustands ist ein Mängelkatalog, der auch begründete Aussagen über die vermuteten Ursachen enthält.
- Zielkatalog: Welche Wirkungen und Eigenschaften soll die zukünftige Lösung haben. Welche sollen aus dem Istzustand übernommen werden, welche ausdrücklich vermieden werden (Mängelbehebung), welche zusätzlichen und zukunftsgerichteten Vorteile will man gezielt anstreben?
- Lösungsansätze: Darlegung und Beschreibung der erwogenen Lösungsmöglichkeiten in einer Art, dass die Entscheidungsinstanz deren Sinn, Charakteristik und Unterschiede klar erkennen kann. Darlegung, welche (evtl. naheliegenden) Lösungen aus welchen Gründen nicht in Erwägung gezogen bzw. ausgeschieden wurden.
- Bewertung und Vorschlag: nachvollziehbare Beurteilung der verschiedenen Lösungsmöglichkeiten. Begründete Empfehlung einer Lösung durch die Projektgruppe. Losgelöst davon sind Sofortmassnahmen zu skizzieren, welche die Situation rasch verbessern können, ohne eine Lösungsrichtung zu präjudizieren.
- Termine: aufgegliedert in einen groben Gesamt-Vorgehensplan und einen detaillierten Vorgehensplan der nächsten Phase.
- Kosten- und Nutzenüberlegungen, Wirtschaftlichkeitsvorschau.
- Aufgabenstellung für die Phase Grobkonzept.
- Empfehlung für das weitere Vorgehen.
- Beilagen: Organigramm, Informationsflüsse, Mengen und Häufigkeiten, die wichtigsten Formulare, Projektantrag für die Phase Grobkonzept u.ä.

### 3.1.5 Präsentation der Vorstudienergebnisse

Die in der Vorstudie erarbeiteten Lösungsansätze sind einem grösseren Kreis von Beteiligten und Betroffenen zur Kenntnis zu bringen. Es ist zweckmässig, die in der Projektgruppe mitarbeitenden Vertreter der Fachabteilungen massgeblich in die Orientierung ihrer Kollegen und Chefs einzubinden. Denn deren Aussagen schenkt man in der Regel mehr Vertrauen und sie kennen überdies die Probleme und Denkweisen der Fachabteilungen aus persönlicher Erfahrung und sprechen auch deren Sprache. Ausserdem stärkt dies ihre Identifikation mit der vorgeschlagenen Lösung.

Der Zweck dieser Orientierung liegt also nicht darin, die Details der EDV-Abwicklung bzw. die konkreten Änderungen zu diskutieren, die sich bei den Arbeitsabläufen ergeben werden. Diese Informationen liegen nämlich am Ende der Vorstudie noch gar nicht vor. Es geht vielmehr darum, die Sinnhaftigkeit der Absichten zu begründen (wenn dies nicht oder nicht ausreichend gelingt, wären im eigenen Interesse noch Nacharbeiten zu leisten!) und eine offene Gesprächsachse zu signalisieren. Das Gegenteil davon wäre der Verdacht einer Geheimbündelei, der unbedingt zu vermeiden ist.

### 3.1.6 Beschlussfassung

Als Abschluss der Vorstudie ist von der dafür zuständigen Instanz (Projekt- bzw. Steuerungs-Ausschuss, siehe Teil III: Projekt-Management) darüber zu entscheiden

– ob das Vorhaben weiter verfolgt oder aber als nicht erfolgsversprechend abgebrochen werden soll,
– welche Lösungsvariante weiter zu verfolgen ist, wenn eine Fortsetzung als erfolgversprechend erachtet wird.

Das Resultat dieser Beschlussfassung ist die Freigabe der nächsten Phase, d.h. die Zustimmung der Entscheidungsinstanz zum Projektauftrag für die nächste Phase inkl. der Bewilligung der beantragten finanziellen und personellen Mittel.

## 3.2 Phase Grobkonzept

### 3.2.1 Gliederung der Phase Grobkonzept

Die Phase Grobkonzept ist der zentrale Schwerpunkt des Projekts, da hier ganz grundlegende Unterlagen erarbeitet und Weichen gestellt werden. Die einzelnen Schritte dieser Phase und deren informationsmässige Verkettungen sind der Abb. 2.3.4 zu entnehmen.

Die im oberen Teil der Abbildung dargestellten Dokumente unterscheiden sich von den bisher vorliegenden vor allem hinsichtlich ihres Detaillierungsgrades.
Jene Variante, für die man sich letztendlich entscheidet, ist die Basis für die Erstellung eines Pflichtenhefts. Dieses soll den Anbietern als Grundlage für die Ausarbeitung ihrer Hard- und Software-Angebote dienen.

Das Pflichtenheft liefert gleichzeitig auch die Basiskriterien für die Evaluation, in der die eingegangenen Angebote systematisch geprüft, mit den Zielvorstellungen und untereinander verglichen und schliesslich hinsichtlich ihrer Zweckmässigkeit und Vorzugswürdigkeit gereiht werden sollen. Ergebnis der Evaluation ist eine begründete Empfehlung für ein bestimmtes Angebot, welche die Basis für die Vertragsverhandlungen

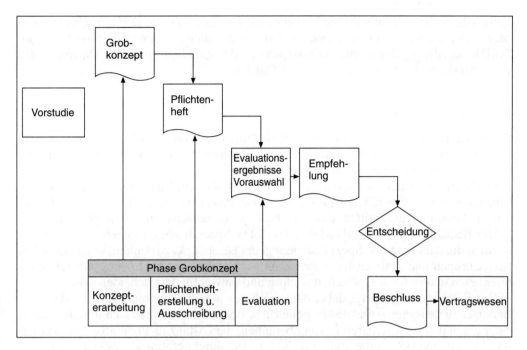

*2.3.4  Teilschritte in der Phase Grobkonzept*

darstellt. Dabei geht es primär darum, die vorliegenden Angebote zu verbessern (Elimination von Schwachstellen, Leistungsverbesserung, Kostenreduktion etc.).

Die Phase Grobkonzept soll des weiteren auch die Prioritäten für die Erarbeitung von Detailkonzepten liefern.

In Abb. 3.2.7 (siehe Teil III.2 «Terminplanung») ist ein Standard-Netzplan des Ablaufs der Phase «Grobkonzept und Evaluation» dargestellt.

### 3.2.2  Konzepterarbeitung

*3.2.2.1  Zweck*

Zweck dieser Phase ist es, ein Grobkonzept zu erarbeiten, aufgrund dessen über die Realisierung des Projektes entschieden werden kann:

Ein derartiges Grobkonzept soll mehr Klarheit hinsichtlich folgender vier Teilaspekte schaffen:
– Welche *Funktionen* sind zu erfüllen? (Was soll das System können, welche betrieblichen Aufgaben und Abläufe soll es in welcher Art unterstützen?)
– Wie hängen diese Funktionen zusammen? (*Funktionsabläufe,* work-flow)
– Welche Daten werden dazu benötigt und in welchen logischen Beziehungen stehen sie zueinander? (*Datenmodell*)
– Welche Weichenstellungen sind hinsichtlich der *EDV-Plattform* vorzunehmen? (Systemarchitektur, Betriebssystem, Datenbanksystem etc.)

Meist gibt es dabei nicht nur eine Variante, sondern mehrere, die sich hinsichtlich eines oder auch mehrerer der oben genannten Teilaspekte unterscheiden (z.B. hinsichtlich des Funktionsumfangs, der damit verbundenen Funktionsabläufe und des Datenmodells, sowie hinsichtlich der bevorzugten EDV-Plattform).

### 3.2.2.2 Charakteristik

Die Phase Grobkonzept ist von grösster Bedeutung, da die Weichen definitiv gestellt werden und die Grundsatzentscheidung über Einführung der EDV unter normalen Verhältnissen danach nicht mehr in Frage gestellt wird.

Funktionsweise und Wirtschaftlichkeit müssen also am Ende dieser Phase fundiert beurteilt werden können. Die Konsequenzen des Projektes müssen klar sein, die Abklärungen so weit fortgeschritten, dass zuverlässige Kostenschätzungen möglich sind.

Der Benützer hat zusehends Mühe, dem EDV-Spezialisten zu folgen. Dies liegt vor allem darin, dass der EDV-Spezialist mehr geübt ist, abstrakt zu denken, seine Gedanken besser ordnen und grafisch festhalten kann, sich gedanklich an Lösungsvorstellungen orientieren und so besser zwischen wichtig und unwichtig unterscheiden kann.

Der EDV-Spezialist neigt dabei dazu, sich aus arbeitsökonomischen Gründen vom Benutzer zu entfernen – und das ist gefährlich. Beide Seiten sollten sich im Interesse an einer guten und realisierbaren Lösung bemühen, die Distanz nicht zu gross werden lassen. Dazu können gut vorbereitete und konsequent durchgeführte Gespräche sowie eine stets aktuelle Arbeitsdokumentation verhelfen.

### 3.2.2.3 Tätigkeiten

Vorgehen planen

Zunächst ist es wieder notwendig, sich gemeinsam darüber klar zu werden, welche Fragen man am Ende dieser Phase zu beantworten hat bzw. was man mit dieser Phase erreichen will. Hierauf sind die dazu erforderlichen Tätigkeiten festzulegen.

Der Umfang der Tätigkeiten in der Phase Grobkonzept ist gegen jenen der Phase Detailkonzept abzugrenzen. Besonders bei Dialog-Systemen werden die Grenzen zunehmend fliessender.

Sofern anlässlich der Freigabe der Vorstudie Modifikationen an der Aufgabenstellung vorgenommen oder Termine verändert wurden oder werden mussten, ist auch die Terminplanung zu revidieren.

Projektorganisation festlegen

Die Projektorganisation ist angesichts der Bedeutung dieser Phase besonders wichtig. Insbesondere sind festzulegen bzw. zu vereinbaren

– Die Projektleitung: Wer soll das Projekt verantwortlich leiten, wer soll Zugpferd und damit für die organisatorische und fachliche Abwicklung des Projektes zuständig sein? Wenn sich die bisherige Projektleitung bewährt hat (inhaltlich überzeugendes Konzept nach der Vorstudie, guter Kontakt zu den Anwendern, Vertrauen des Management u.ä.), soll möglichst keine Änderung vorgenommen werden.

- Wie soll sich das Projektteam zusammensetzen? Wer soll ständig dabei sein, wer nur fallweise? Seitens der Fachabteilungen, seitens der EDV-Spezialisten? Wie wird sich das Team organisieren (interne Koordination des Teams z.B. in Form regelmässiger Besprechungen, Arbeitsaufteilung, Rollen)?
- Wer spricht für den Auftraggeber, wie ist die Entscheidungsinstanz zusammengesetzt, die das zu erarbeitende Grobkonzept schliesslich zu beurteilen und freizugeben hat?
- Wie ist die Projektgruppe nach aussen und oben zu verankern (zum Anwender, zur Entscheidungsinstanz)?

Sofortmassnahmen einleiten

Darunter sind die in der Vorstudie aufgezeigten Massnahmen zu verstehen, deren Durchführung bei geringen Kosten und geringem Risiko unmittelbare Verbesserungen im Hinblick auf die festgestellten Mängel bringt, ohne die spätere Lösung zu präjudizieren.

Grobkonzept erarbeiten

Das Grobkonzept enthält im wesentlichen Aussagen über folgende vier Komponenten eines Informatik-Produkts (siehe Abb. 2.3.5). Es stellt eine Vertiefung der Vorstudie dar und konzentriert sich auf jene Teile des Informationssystems, die computerisiert werden sollen. Dabei werden die Bedürfnisse der Benützer in EDV-technische Spezifikationen transferiert (Funktionsmodell, Funktionsabläufe, Datenmodell, EDV-Plattformen).

*a) Funktionen und Funktionsumfang*

Welche Funktionen und welcher Funktionsumfang sollen Bestandteil des Konzepts sein?

Dies wird z.B. sinnvollerweise durch eine Grobdarstellung von Transaktionen (Eingabe, Verarbeitung, Ausgabe) unterstützt. Kernpunkt der Transaktionsbeschreibung ist die graphische Darstellung des Belegflusses und der Verarbeitungshilfsmittel. Diese Darstellung wird allenfalls durch eine verbale Beschreibung ergänzt (siehe Abb. 2.3.6).

Im einzelnen sind darin enthalten:

- die Herkunft und Bezeichnung des Beleges
- die Verarbeitung in verbaler Beschreibung
- die benötigten Karteien oder Dateien, Tabellen, Norm-Bücher, telefonische Auskünfte für die korrekte Bearbeitung der Tätigkeit
- das Resultat der Tätigkeit (Ergänzung des Beleges, Ausfüllen eines neuen Formulars, Ausdrucken eines neuen Beleges usw.) und dessen Empfänger (Stelle, Kartei oder Archiv)

Weitere Beispiele für Transaktionsbeschreibungen findet man in der Fallstudie, Teil V.

Eine wesentliche Ergänzung der Beschreibung der Funktionen und des Funktionsumfangs ist das Mengengerüst (Durchschnitts-, Spitzenwerte etc.)

Ausserdem ist festzulegen, welche Applikationen im Dialog- und welche im Batch-Betrieb ablaufen sollen.

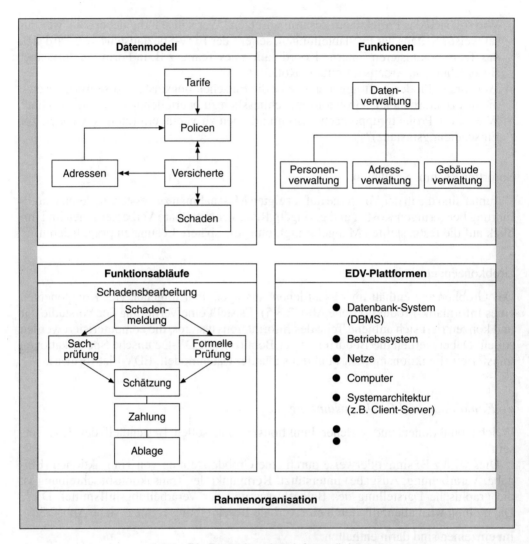

*2.3.5 Die Bausteine einer Informatik-Lösung*

**b) Funktionsabläufe (work-flow)**

Welche Schritte sind in welcher logischen Folge erforderlich? Dies kann z.B. in Form von Darstellungen des Grob-Datenflusses bzw. ggf. auch des Materialflusses verdeutlich werden (siehe dazu Kapitel III.10, «Darstellungstechniken»)

**c) Datenmodell**

Darstellung der Datenelemente und deren Beziehungen sowie der Angaben über die erforderlichen Längen von Datenfeldern, das Datenvolumen etc.

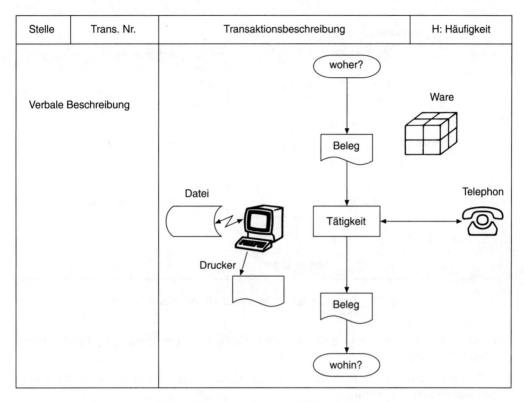

*2.3.6 Grobdarstellung von Transaktionen*

Dabei sind insbesondere festzulegen:

- Dateibezeichnung/Dateiname
- Art und Anzahl der Datensätze (Records)
- der Referenzbegriff, nach dem auf einem Datensatz zugegriffen wird
- die Feldgliederung und -bezeichnung innerhalb eines Datensatzes
- die Anzahl Stellen je Feld
- die Anzahl Stellen je Datensatz

Diese Angaben sollen es den EDV-Anbietern ermöglichen, die ihnen als zweckmässig erscheinende Form der Datenorganisation festzulegen und Art und Kapazität der erforderlichen Hardware (z.B. periphere Speicher) abzuschätzen.

Ein einfaches Beispiel für den Aufbau einer Datei findet man in Abb. 2.3.7.

## d) *EDV-Plattform definieren:*

Im Zusammenhang mit der später folgenden Ausschreibung ist es vielfach sinnvoll bzw. sogar nötig, Weichenstellungen hinsichtlich der EDV-Plattform vorzunehmen, auf der

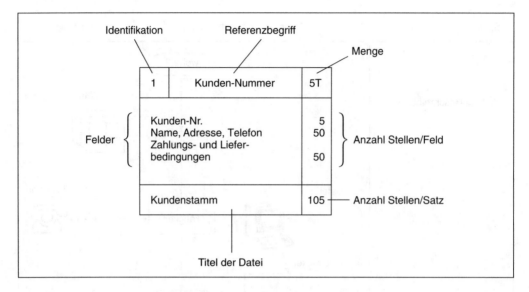

*2.3.7 Dateiaufbau für Datensatz «Kundenstamm»*

man das zukünftige Konzept aufbauen will. Diese Plattform kann z.B. Festlegungen hinsichtlich folgender Teilfragen beinhalten:

- möglichst weitgehende Hersteller-Unabhängigkeit, d.h. offene Systeme mit einem Standard-Betriebssystem,
- herstellerunabhängiges Datenbankkonzept,
- Konzept der verteilten Datenverarbeitung, z.B. im Sinne der Client-Server-Idee,
- Bevorzugung einer bestimmten Netzwerk-Architektur u.a.m.

*Angaben zur Hardware-Dimensionierung*
Die Kenntnis der Applikationen, die im Dialogbetrieb und jener, die im Batch-Betrieb ablaufen sollen, sowie die Kenntnis der erforderlichen Anzahl von EDV-Arbeitsplätzen und ihrer Ausstattung (Terminals, Drucker, Modems etc.) sowie die Kenntnis der Mengengerüste (Anzahl Geschäftsvorfälle je Funktion, Datenvolumina etc.) ermöglichen es dem Hersteller, die erforderliche EDV-Konfiguration inkl. der Hauptsspeicher-Kapazität, der erforderlichen Anschlüsse, der Prozessor-Leistung, der externen Speicher etc. technisch zu dimensionieren und hinsichtlich der Kosten zu kalkulieren.

Darüber hinaus sollte ein Grobkonzept Angaben zu folgenden Punkten beinhalten:

### e) *Organisatorische Änderungen*

Aufbau- und ablauforganisatorische Voraussetzungen und Änderungen müssen in einem Umfang beschrieben werden, der

- die Konsequenzen in der praktischen Durchführung abschätzen lässt (kostenmässig, personell hinsichtlich Anzahl, Qualifikation etc., räumlich).
- etwaige Änderungen im Stellen-, Zuständigkeits- und Kompetenzgefüge erkennen lässt.

## Make or buy-Überlegungen zur Software

Auf der Softwareseite ist insbesondere die Frage zu prüfen, ob Standard-Software eingesetzt werden kann oder nicht. Standard-Software ist vor allem für Klein- und Mittelbetriebe im Bereich des Rechnungswesens, der Lagerbuchhaltung u.ä. Applikationen vorhanden. In den anderen Bereichen (z.B. Produktionsplanung, Prozesssteuerung) ist sie – trotz steigendem Angebot – nur in geringerem Umfang und teilweise gar nicht erhältlich, da die Problemstellungen zu differenziert sind (siehe dazu Teil I).

## Wirtschaftlichkeitsrechnung

Auch wenn noch keine konkreten Angebote vorliegen und die Kosten der einzelnen Varianten noch nicht genau bekannt sind, sind meist grobe Richtwerte verfügbar. Diese sind dem zu erwartenden Nutzen gegenüberzustellen. Auch und gerade weil die einzelnen Varianten hinsichtlich ihres Kosten- und Nutzen-Verhältnisses meist nicht gleich sind, stellt dieser Vorgang ein gutes Hilfsmittel zur Analyse der Entscheidungssituation dar. Die Entscheidung zwischen «grossen» und eher «kleinen» Lösungen wird damit transparenter – (wobei eine grosse Lösung durchaus wirtschaftlicher als eine kleine sein kann).

Wenn die späteren Evaluationsergebnisse wesentliche Abweichungen hinsichtlich der Kosten (Investition, Betrieb) und eventuell auch der Nutzenkomponenten aufweisen, muss diese Wirtschaftlichkeitsüberlegung wiederholt werden.

Hinsichtlich des Vorgehens bei der Wirtschaftlichkeitsberechnung und der Behandlung von Nutzenkomponenten, die nicht oder nur schwer in Geldeinheiten ausdrückbar sind, siehe Kapitel III.5.

## Bewertung der Varianten und Beschlussfassung

Die Projektgruppe soll die ihr sinnvoll erscheinenden Grobkonzeptvarianten in einer vergleichenden Übersicht einander gegenüberstellen und eine begründete Empfehlung abgeben.

Die Entscheidungsinstanz wählt die ihr am besten erscheinende Variante des Grobkonzeptes, aus dem dann das Pflichtenheft abgeleitet wird.

### 3.2.2.4 Dokumentation des Grobkonzepts

Im Laufe der Projektarbeit entstehen Dokumente und Arbeitspapiere, die als Grundlage für die Arbeit des Projekt-Teams dienen, stets à jour gehalten und einfach zugreif- bzw. abrufbar dokumentiert sein müssen.

Aus diesen Unterlagen sind zwei Dokumente mit unterschiedlicher Zielsetzung abzuleiten:

- Ein Bericht über die Phase Grobkonzept, der die Entscheidungsinstanz in die Lage versetzen soll, jenes Grobkonzept auszuwählen bzw. gutzuheissen, das als Grundlage für die Erstellung eines Pflichtenheftes dienen soll.
- Ein Pflichtenheft zuhanden der Offertsteller.

Nachstehend ein Beispiel für den Aufbau des *Berichts über die Phase Grobkonzept:*

- Zusammenfassung
  - knappe Skizzierung der Ausgangsbasis
  - Zielsetzung des Projektes und Zweck des vorliegenden Berichtes
  - Vorschlag und weiteres Vorgehen
- Einleitung/Übersicht: Aufbau des Berichtes, Anleitung zum Lesen, verwendete Unterlagen, Definitionen etc.
- Situationsdarstellung: Firma heute
  - Firmenstruktur (organisatorisch, geographisch)
  - Materialflüsse
  - Informationsflüsse Ist
  - Stärken, Schwächen, Mängelkatalog
- Zielprojektion: Firma Zukunft
  - kritische Erfolgsfaktoren
  - zukünftige Entwicklungen und Vorhaben
  - Anforderungen an Informatik-Systemkonzept (strategische Bedeutung, Kundenbindung, Ablaufbeschleunigung, Rationalisierungseffekte u.ä.)
  - Mengen-, Häufigkeitsentwicklung
- Informatik-Systemkonzepte (Varianten) – Grobdarstellung
  - Übersicht
  - Informationsfluss Soll
  - Applikationsbeschreibungen (Funktionen und Teilfunktionen)
  - Erforderliche Technik (EDV-Plattformen)
  - Einführung (Organisatorische Änderungen, Personalfragen, Raum etc.)
  - Betrieb und Unterhalt
- Beurteilung der Varianten und Empfehlung
- weiteres Vorgehen bei Annahme der Empfehlung
- Liste von Firmen, die zur Offertabgabe eingeladen werden sollen
- Beilagen

### 3.2.3 Pflichtenhefterstellung und Ausschreibung

Das Grobkonzept liefert die Basis für das Pflichtenheft, das an ausgewählte Anbieter zur Angebotsausarbeitung übermittelt wird. Im Gegensatz zur oben dargestellten Dokumentation des Grobkonzepts wird im Pflichtenheft die Beschreibung der Firma (heute und in Zukunft) eher knapp gehalten, dafür das Informatik-Systemkonzept aber ausführlich dargestellt werden müssen. Ausserdem sind Zusatzinformationen über die Lieferanten gefragt.

Nachstehend ein Beispiel für den Aufbau eines *Pflichtenhefts:*

- Kundenfirma heute (grob)
- Kundenfirma Zukunft (grob)
- Informatik-Systemkonzept (detailliert)
  - Funktionen und Funktionsumfang (Applikationsbeschreibungen inkl. Mengengerüste, Anforderungen hinsichtlich Dialog- bzw. Batch-Verarbeitung etc.)
  - Funktionsabläufe (work-flow)

- Datenmodell
- EDV-Plattform (Betriebssystem, Datenbankkonzept, Verteilung der Datenverarbeitung, Netzwerk etc.)
- Erforderliche Anzahl von EDV-Arbeitsplätzen, Ausstattung, örtliche Verteilung
- Softwarefragen
– Fragen zur Lieferfirma bzw. zu den Vertragspartnern (Grösse, Personal, Organisation, ...)
– Fragen zur angebotenen Hardware und den Ausbaumöglichkeiten
– Fragen zum Softwareangebot und zu den Ausbaumöglichkeiten
– Referenzen
– Fragen zu den Preisen, Terminen
– Vertrags- und Lieferbedingungen
– Service und Unterhalt
– Einführungsunterstützung etc.

Detailliertere Ausführungen über das Pflichtenheft findet man in Kapitel III.3.

Es ist in jedem Fall sinnvoll, mehrere Angebote einzuholen, da damit der Verhandlungsspielraum und die Beurteilungskompetenz erweitert werden. Mit Vorteil konzentriert man sich auf leistungsfähige Anbieter, mit denen man auch längerfristig zusammenarbeiten kann und will. Der Einbezug von leistungsfähigen Kleinfirmen bzw. Neueinsteigern wird dann zweckmässig sein, wenn diese interessante neue Lösungskonzepte anzubieten haben.

### 3.2.4 Evaluation

*3.2.4.1 Zweck*

Aus den eingegangenen Angeboten sind jene Hard- und Software-Anbieter auszuwählen, welche die im Pflichtenheft beschriebenen Bedürfnisse und Forderungen am besten erfüllen, die damit in die engere Wahl kommen und mit denen die Vertragsverhandlungen aufgenommen werden sollen.

*3.2.4.2 Charakteristik*

Es finden intensive Analysen und Vergleiche statt. Anbieter versuchen oft über die abenteuerlichsten Kanäle Informationen über ihre Position zu erhalten und Einfluss auf die Entscheidung zu nehmen. Es ist absolut notwendig, dass die Geschäftsleitung in diesem Stadium eine klare Haltung einnimmt, indem sie die Kompetenz der Projektgruppe anerkennt und die Ergebnisse der Bewertung abwartet, bevor sie irgendwelche Stellungnahmen abgibt.

*3.2.4.3 Ablauf/Tätigkeiten*

Der Ablauf der Evaluation erfolgt zweckmässigerweise in einem dreistufigen Verfahren: Vorfilter, Grob-Evaluation und Fein-Evaluation. Details dazu siehe Kapitel III.4.

*3.2.4.4 Dokumentation*

Die Ergebnisse der Evaluation sind so zu dokumentieren, dass der Bewertungsprozess nachvollziehbar wird und auf dieser Basis eine klare Stellungnahme möglich wird.

- Zusammenfassung: Zielsetzung und Vorschlag
- Kurzbeschreibung des Gesamtkonzeptes
- Verlauf der Ausschreibung (eingeladene Lieferanten, eingegangene Offerten)
- Charakteristik der einzelnen Angebote (Systemkonzept, Hardware, Betriebssystem, Netzwerk, Datenbank, Standard-, Individual-Anwendungssoftware, Kosten, Termine etc.)
- Beschreibung des Eliminationsverfahrens
- Bewertungsübersicht und Kommentar
- Kosten-Nutzen-Wirtschaftlichkeitsübersichten
- Terminplan
- Vorschlag und zusammenfassende Begründung, mit welchen Anbietern Vertragverhandlungen geführt werden sollen
- weiteres Vorgehen

### 3.2.5 Entscheidung

Die Geschäftsleitung hat nun jenen Kreis von Anbietern festzulegen, die ernsthaft in Betracht kommen und mit denen Vertragsverhandlungen aufgenommen werden sollen. Aus Aufwandsgründen ist dieser Kreis möglichst klein zu halten, die Beschränkung auf einen einzigen Anbieter ist aber aus Gründen der Verhandlungstaktik auch nicht zweckmässig.

## 3.3 Phase Vertragswesen

### 3.3.1 Zweck

Mit ausgewählten Anbietern sollen Vertragsverhandlungen zur Vertiefung bzw. Verbesserung der Angebote geführt werden. Ergebnis soll ein klarer Vertrag sein, den beide Partner akzeptieren und auf den sich beide Partner beziehen können.

Dieser Vertrag kann aus bis zu fünf Teilverträgen bestehen, die jeweils unterschiedliche Vertragsgegenstände regeln, die man aber als gemeinsames Paket betrachten und niemals voneinander isoliert verhandeln und abschliessen sollte:

- Hardware-Kauf
- Hardware-Wartung
- Software-Kauf (bzw. -Lizenz)
- Software-Wartung
- Software-Dienstleistungen

## 3.3.2 Charakteristik und Tätigkeiten

Die Verhandlungen sind vielfach dadurch gekennzeichnet, dass die Positionen der «Favoriten» u.U. mehrfach wechseln. Durch geschickte Verhandlungsführung und gezieltes Ausspielen von Vor- und Nachteilen der einzelnen Angebote lassen sich oft erhebliche Verbesserungen im Vergleich zu den Erst-Angeboten erreichen.

Die Verbesserungen können insbesonders betreffen:

- Eliminination von Schwachstellen bzw. Schönheitsfehlern
- Erweiterung der Leistungsfähigkeit und des Funktionsumfangs ohne zusätzliche Kosten
- Erweiterung des Garantieumfangs bzw. der Rücktrittsmöglichkeiten
- zusätzliche unentgeltliche Einführungsunterstützung
- Preisreduktion, Verbesserung der Zahlungsbedingungen u.a.m.

Harte Verhandlungen sind angebracht. Es sollte dabei aber nicht die Basis für die weitere Zusammenarbeit beeinträchtigt werden, denn ein «Geschäft» muss für beide Partner interessant sein und darf nicht auf eine einseitige Knebelung eines Partners hinauslaufen.

Wenn wenig interne Erfahrung in der Vertragsgestaltung vorhanden ist, empfiehlt es sich, externe Fachspezialisten beizuziehen.

Zum Thema Vertrag, siehe Kapitel III.6 «Rechtsverhältnisse im EDV-Bereich».

Einen Netzplan über die Teilphase Vertragsverhandlungen findet man in Abb. 3.2.8 «Terminplanung»

## 3.3.3 Präsentation der Verhandlungsergebnisse, Entscheidungsantrag, interne Absicherung

Die Weichen werden nun definitiv gestellt, jetzt ist der letzte Moment eines Abbruchs oder einer Korrektur. Bevor die Verhandlungsergebnisse den Entscheidungsorganen mit einer Empfehlung vorgelegt werden, sollte die Projektgruppe die Sinnhaftigkeit ihrer Empfehlung und damit der späteren Entscheidung noch einmal hinterfragen – und dazu die Aktualität der Wirtschaftlichkeitsüberlegung aufgrund der letzten Verhandlungsergebnisse noch einmal prüfen. Mit diesem Hinweis soll das Augenmerk von der ohne Zweifel im Vordergrund stehenden Frage «Welches ist die beste Variante?» auf die ebenso wichtige Hintergrundfrage «Sollen wir überhaupt?» gelenkt werden.

Wenn die Antwort positiv ausfällt und gut argumentiert werden kann, kann die geplante Lösung den Entscheidungsorganen vorgelegt werden. Funktions- und Leistungsumfang sind definiert, Kosten, Nebenbedingungen sind ausgehandelt, das Risiko kann abgeschätzt werden, der Vertrag ist unterschriftsreif.

Auch wenn das Management zustimmt, muss die Angelegenheit aber innerbetrieblich noch nicht «gelaufen» sein. Jede Veränderung hat ihre Gegner, welche die Einführung sehr erschweren und viel an produktiver Kapazität durch nachträgliche Querelen binden können. Es ist aber meist wenig sinnvoll, einfach vollendete Tatsachen zu schaffen. Sollten also Widerstände bestehen, wäre es unzweckmässig, eine EDV-Lösung hierarchisch durchzudrücken. Sie sollte vielmehr – im Sinne einer internen Absicherung – den Betroffenen und Beteiligten auf einsichtige Art «verkauft» werden. Nachteile sollen nicht verschwiegen, sondern den Vorteilen gegenübergestellt werden, durch die sie hoffentlich kompensiert werden können. Sollte dies nicht der Fall sein, hätte die Projektgruppe ihre Hausaufgaben schlecht gemacht. Dieses abwägende Argumentieren ist den Anwesenden klar und deutlich zu machen. Widerstände beruhen vielfach auf Unwissenheit und Gerüchten, nur eine offene Informationspolitik kann hier helfen. Einwände und Kritik sollen als Chance für ein klärendes Wort bzw. als Ansatzpunkte für eventuelle Verbesserungen betrachtet werden. Offene Fragen sollen im Anschluss an derartige Präsentationen gemeinsam mit den Kritikern untersucht und bereinigt werden. Dieses Vorgehen ist zwar anstrengender, zeit- und arbeitsaufwendiger, es schafft aber eine solide Basis für den späteren Erfolg und vermeidet unnötigen späteren «Gegenwind».

### 3.3.4 Dokumentation

Die Evaluationsergebnisse sind ggf. zu aktualisieren und eine zusammenfassende Begründung ist zu formulieren. Der Projektleiter muss voll hinter dem Vorschlag stehen und bereit sein, ihn in der Folge zu realisieren.

### 3.3.5 Entscheidung, Vertragsabschluss

Wenn die wesentlichen Unklarheiten auf eine zufriedenstellende Art beseitigt sind, ist die Zeit zum Handeln gekommen. Es ist dies der letzte formell vorgesehene Zeitpunkt, an dem noch ein Abbruch möglich ist oder eine grundsätzliche Korrektur vorgenommen werden kann.

Das Resultat dieser Entscheidung sind der Vertragsabschluss und gleichzeitig auch die Freigabe der Phase Detailkonzept, in der die Detailspezifikationen zu erarbeiten sind.

Unmittelbar im Zusammenhang damit sind ein Vorgehenskonzept für die folgenden Phasen bis und mit der Einführung zu erstellen und erste Überlegungen über ein Betriebs- und Unterhaltskonzept anzustellen.

## 3.4 Phase Detailkonzept

### 3.4.1 Zweck der Phase Detailkonzept

Zur Rekapitulation: Im Vertrag wurde die Lieferung einer Informatik-Lösung vereinbart, die auf dem (evtl. modifizierten) Gesamtkonzept basiert. Über die darin enthaltenen Festlegungen hinaus (Funktionen und Funktionsabläufe, Datenorganisation, EDV-Plattform, Einführungskonzept, Betriebs- und Unterhaltskonzept u.ä.), sind im Vertrag weitergehende und konkrete Vereinbarungen getroffen worden, z.B. über die Lieferung und Wartung einer konkreten Hardware-Konfiguration, eines speziellen Datenbank-Systems, von Anwendungs-Software-Paketen oder -Modulen etc.

Dies stellt nun die Basis für die weiteren Ergänzungen in der Phase Detailkonzept dar, deren Zweck es ist, für jeden Arbeitsbereich und jede Anwendung die Unterlagen für die Programmierung und die Einrichtung der Rahmenorganisation zu erarbeiten. Dies sind z.B.

- das detaillierte Datenmodell als Entwurf der vorgesehenen Dateien oder der Datenbank, der definitive Datenkatalog, detaillierte Datenflusspläne,
- Programmspezifikationen für die internen oder externen Programmierer (Erstellung von Individual-Anwendungs-Software bzw. Modifikation von Standard-Anwendungs-Software) mit Beschreibung der Funktionen, benötigten Rechenformeln (Algorithmen), Programmablaufpläne, Bildschirmmasken für Ein- und Ausgaben, Listenbilder etc.,
- die Grundlagen der zukünftigen Rahmenorganisation.

### 3.4.2 Charakteristik der Phase Detailkonzept

Die entscheidenden Weichen für das Vorgehen sind gestellt: In der Phase Detailkonzept darf nicht mehr grundlegend vom bewilligten Konzept abgewichen werden. Es ist wesentlich, dass die Spezialisten in der Projektgruppe und die späteren Benützer ein Höchstmass gegenseitigen Verstehens erreichen. Spätere Korrekturen sind aufwendig und können zu Unzufriedenheiten der Benützer und zu Konflikten im Projektteam führen.

Die grundlegende Basis jedes Informationssystems ist das Datenmodell, das den Inhalt und Zusammenhang der einzelnen Dateien beschreibt – mit oder ohne Datenbank. Es ist sehr zu empfehlen, das Datenmodell allen Beteiligten, den Spezialisten und den zukünftigen Benützern, eingehend vorzustellen und wiederholt zu erklären, da die künftigen Applikationen um diese Datenbasis herum geplant werden.

Die Zahl der involvierten Personen wird zusehends größer. Zeitlich gestaffelt oder parallel wird an verschiedenen Applikationen gearbeitet, was einen entsprechenden Koordinationsbedarf erfordert und Belastungsspitzen der EDV-Spezialisten mit sich bringen kann.

### 3.4.3 Tätigkeiten in der Phase Detailkonzept

*3.4.3.1 Vorgehen planen*

Das Gesamtkonzept ist – falls der Umfang der Aufgabe dies notwendig macht – in Teilkonzepte zu gliedern, und die Reihenfolge ihrer Bearbeitung ist in Form eines Etappenplans festzulegen. Kriterien für die Prioritätenbildung können z.B. sein:

- die Logik des Ablaufs: Eine Materialbewirtschaftung mit Hilfe der EDV ist zum Beispiel erst möglich, wenn die Materialbestandesführung übernommen wurde und dies wiederum erst, nachdem das Nummernsystem EDV-tauglich ist.
- Umstellungsfähigkeit der Benützer: Es ist zweckmässig, mit jenen Applikationen zu beginnen, die relativ einfach zu bewältigen sind und geringere Anforderungen an die Benützer stellen. Erfolgserlebnisse stellen sich rascher ein, unterschwellige Widerstände sind leichter zu überwinden.
- Zwischenzeitliche Nutzeffekte: Wenn immer möglich, sind jene Applikationen zeitlich bevorzugt zu behandeln, die schon bald eine Arbeitserleichterung oder einen sonstigen konkreten Nutzen bringen. Dies fördert die positive Einstellung sowohl der Anwender als auch des Managements.

Einen Standard-Netzplan der Phasen «Detailkonzept» und «Realisierung» findet man in Abb. 3.2.9 (siehe Teil III.2 «Terminplanung»)

### 3.4.3.2 Projektorganisation festlegen

Nur bei kleinen Projekten kann die Projektorganisation gegenüber der Phase Grobkonzept unverändert bleiben. In den meisten Fällen ist sie grundsätzlich neu zu regeln, da eine grössere Anzahl von Personen mit Detailwissen einzubinden ist. Neben der Projektleitung für das Gesamtprojekt sind jetzt Arbeitsgruppen für die einzelnen Teilgebiete zu bilden und verantwortliche Leiter für diese Gruppen zu bestimmen. Wegen des meist stark erweiterten Kreises der Beteiligten ist von der Gesamtprojektleitung ein erheblicher Koordinations- und Integrationsaufwand zu leisten.

Die zukünftigen Benützer des Systems sollen in der Phase Detailkonzept intensiv eingebunden werden. Dies hat eine Reihe von Vorteilen:

– Das System leistet später das, was die Benützer wirklich wollen.
– Die Benützer stellen Arbeitskapazität zur Verfügung, die EDV-Spezialisten werden entlastet.
– Die Benützer lernen ihr System frühzeitig kennen.
– Das Engagement der Benützer wächst ebenso wie ihre Fähigkeit, mit unvermeidlichen Detailproblemen fertigzuwerden.

Für den Einsatz der Benützer ist zwar ein gewisser Schulungsaufwand erforderlich, der aber nur zeitlich früher anfällt und dafür dann bei der späteren Einführung des Systems erspart bleibt.

Für die Mitarbeit der Benützer eignen sich vor allem Aufgaben, wie:

– Entwurf von Bildschirmmasken,
– Entwurf von Formularen und Listenbildern, Verfassen fester Texte,
– Entwurf von Programmspezifikationen (Funktionen),
– Vorschläge für die Regelung der Ablauforganisation,
– Vorschläge für Zugriffsberechtigungen,
– Bestimmen von Plausibilitätskriterien für Eingabedaten,
– Vorentwurf von Testfällen und Testdaten.

### 3.4.3.3 Erarbeiten von Detailkonzepten

Für die einzelnen Arbeitsbereiche (Datenorganisation, Anwendungsgebiete) sind von den Arbeitsgruppen Unterlagen und Vorgaben zu erarbeiten, wie z.B.:

– definitives Datenmodell: Wie schon früher erwähnt, gibt das Datenmodell den Inhalt (die Elemente) aller geplanten Dateien und die Zusammenhänge zwischen diesen an. Heute stehen dabei sog. relationale Datenmodelle im Vordergrund, da sie vielfache Verknüpfungs- und Abfragemöglichkeiten bieten (siehe Kapitel «Datenbanken» im Teil I). Wurde schon im Grobkonzept ein Datenmodell entworfen, wird dieses hier überprüft und – wenn nötig – verfeinert.

- Aufstellen des Datenkatalogs (Data dictionary): Dieser enthält alle «Daten über die Daten». Als Minimalanforderung muss für jedes Datenelement dessen Name, Bedeutung und Format angegeben werden. (Beispiel: ARTNR, Artikelnummer, DECIMAL(7)). Wenn möglich können weitere Angaben folgen, wie etwa Begrenzungen des Wertes (Plausibilitätskriterien) und anderes mehr. Der Datenkatalog wird in der Phase Detailkonzeption oft nicht vollständig erstellt werden können. Einzelne Datenfelder werden auch noch später hinzukommen, geändert werden oder wegfallen.
- Verfeinerung des Datenflussplanes aus dem Grobkonzept zu Detail-Datenflussplänen, die den definitiven Informationsfluss eindeutig festlegen.
- Eingabe: Gestaltung der Erfassungsbelege (Formulare) und der Bildschirmmasken für die Eingabe, Benützerführung für die Datenerfassung im Dialog, Festlegen der Plausibilitätstests, Festlegen der Codes (Abkürzungen), Absprache der Suchverfahren für alle Arten von Objekten (z.B. Kunden, Adressen, Artikel), Festlegen der Numerierungssysteme.
- Verarbeitung: Definition aller Verarbeitungsschritte und -regeln.
- Speicherung: endgültige Definition der Dateien, Bereinigung und Festlegung der Datenstruktur entsprechend dem Datenkonzept, Detailbeschreibung der Datensätze, Überprüfung des Speicherbedarfs.
- Ausgabe: Festlegung von Inhalt, Form und Datenträgern für die Datenausgabe (Formulargestaltung, Bildschirmaufteilung, Magnetband- und Disketteneinteilung für Datenversand, Satzformatierung und Protokoll für Datenfernübertragung).
- Datenübernahme: Richtlinien, Datenstrukturen, Programmspezifikationen und Ablauforganisation für die Übernahme bestehender Datenbestände auf das zukünftige System.
- Sicherheitskonzept: Festlegen der Zugriffsberechtigungen, Organisation der Zugriffsverfahren, Sicherstellungskonzept, Sicherheitsmassnahmen für die Projektabwicklung, Grobentwurf für das Betriebs-Sicherheitskonzept.

In grösseren Unternehmungen wird es zweckmässig sein, bereits in der Detailkonzeption Vertreter der Revisionsstelle beizuziehen, damit deren Überlegungen und Forderungen rechtzeitig berücksichtigt werden. Auch bau- und feuerpolizeiliche Regelungen, die Bestimmungen der PTT für die Datenübertragung, die Anforderungen der Geldinstitute für den papierlosen Zahlungsverkehr und weitere logistische Randbedingungen sind jetzt zu erfassen und in die Projektarbeit einzubeziehen.

### 3.4.3.4 Programmspezifikation

Das Detailkonzept hat die für die Erstellung der Programme (Codierung) erforderlichen Programmvorgaben zu liefern. Das gesamte System wird jetzt in Module aufgeteilt, jedes Modul entspricht einem Applikationsprogramm.

Zusätzlich zu den Programmvorgaben für jedes Applikationsprogramm, sind zu erarbeiten bzw. festzulegen:

- ein Verzeichnis aller Applikationsprogramme,
- die Normen für Namen und Bezeichnungen von Dateien, Programmen, Variablen usw.,

- die Normen für Bildschirmmasken und eine einheitliche Bildschirmbedienung,
- Richtlinien für eine einheitliche Programmstruktur und Programmiermethodik.

### 3.4.3.5 Vorbereiten der Realisierung

In diesen Abschnitt fallen vor allem folgende Tätigkeiten:

- Abschätzen des Programmieraufwandes für die einzelnen Applikationsprogramme und Festlegen der Codier-Reihenfolge,
- Zuteilen der Programme an einzelne Programmierer oder Programmier-Arbeitsgruppen
- Kapazitäts- und Terminplanung, Einrichtung einer Terminüberwachung,
- Instiutionalisierung der Testarbeiten und Übergabeformalitäten.

### 3.4.3.6 Computerunterstützung

Für das Erarbeiten von Detailkonzepten und vor allem für den Programmentwurf gibt es eine Reihe von Methoden und Werkzeugen, bei denen der Computer die Arbeit des Systemspezialisten unterstützen kann. Diese werden unter der Bezeichnung CASE (Computer Aided Software Engineering, siehe Kap. III.8) zusammengefasst.

Diese Computerunterstützung bietet z.B.:

- Zeichenhilfen für den Systementwurf,
- Werkzeuge für die Dokumentation,
- Werkzeuge zur Verwaltung verschiedener Software-Versionen,
- Projektsteuerungs- und -überwachungshilfen,
- Werkzeuge zur Software-Qualitätskontrolle und -metrik,
- Möglichkeiten der Codegenerierung in höheren Programmiersprachen aus einem graphischen Programmentwurf heraus.

### 3.4.4 Dokumentation der Phase Detailkonzept

In der Phase Detailkonzept werden in der Regel zwei Unterlagen parallel erstellt:

- das Systemhandbuch (Systemdokumentation) als eine für Benützer und EDV-Spezialisten verbindliche Systembeschreibung und
- die Programmvorgaben (Programmierunterlagen) als Arbeitsgrundlage für die Programmierung.

### 3.4.4.1 Systemhandbuch

Das Systemhandbuch ist etwa wie folgt aufgebaut:

- Inhaltverzeichnis
- Definitionen
- kurze Darstellung des Gesamtkonzepts, Funktion des Detailkonzeptes in diesem Rahmen

- Detail-Datenflusspläne
- Hard- und Softwareanforderungen
- Numerierungssysteme
- Eingabe
- Verarbeitung
- Datenbanken
- Ausgabe
- Sicherheitskonzept
- Verarbeitungstermine und -häufigkeiten
- Testkonzept

*3.4.4.2 Programmvorgaben*

Diese Dokumentation soll enthalten:

- Ablaufstrukturen und verbale Programmbeschreibung für jedes Applikationsprogramm
- betroffene Datenbestände und deren Struktur
- Definition der Schnittstellen zu anderen Programmen
- besondere Verarbeitungsvorschriften, Rechenformeln, Plausibilitäts- und Prüfvorschriften
- Entwurf der Bildschirmmasken und Listenbilder
- Testbeispiele, Testdaten und Testanforderungen
- Normen und Anforderungen an die Programmdokumentation etc.

## 3.5 Phase Realisieren

In dieser Phase werden die bisher erledigten konzeptionellen Vorbereitungen in die Tat umgesetzt. Es geht um die

- Erstellung von Individual- bzw. Anpassung von Standard-Anwendersoftware
- Schaffung aller organisatorischen Voraussetzungen für die geordnete Einführung und Übernahme der Lösung

Dabei können die folgenden inhaltlichen Schwerpunkte voneinander abgegrenzt werden:

- Programmierung bzw. Codierung
- Testen
- Rahmenorganisation

### 3.5.1 Programmierung

*3.5.1.1 Zweck*

Codieren der Programme der gemäss Programmvorgaben und Programmierrichtlinien. Grundlage hiefür ist das Detailkonzept.

## 3.5.1.2 Charakteristik

Die Spezialisten sind nun am Werk. Die sich für die Rahmenorganisation ergebenden Konsequenzen werden nun konkret ersichtlich.

## 3.5.1.3 Tätigkeiten

- Projektorganisation festlegen
- Vorgehen planen (Arbeitsaufteilung, Zeitplanung)
- Programmabläufe darstellen bzw. verfeinern
- Codieren inkl. Umwandeln
- Erstellen eines Testkonzepts, Festlegen des Prozedere, der Testfälle, Testdaten etc.
- Testen
- Dokumentieren
- Übergabe der ausführungsbereiten Einzelprogramme

Auf die Codierung soll hier nicht näher eingegangen werden, da sie vor allem die EDV-Spezialisten (Programmierer) betrifft.

### 3.5.2 Testen

## 3.5.2.1 Zweck

Als Testen bezeichnet man die systematische Prüfung von Programmabläufen und Programmen insbesonders auf korrekte Funktionserfüllung, Ressourcenbeanspruchung, Zeitverhalten etc. mit dem Ziel, noch vor der Übergabe der Lösung Fehler und Schwachstellen zu finden und zu beheben.

(Anmerkung: Es geht beim Testen ausdrücklich *nicht* darum, zu zeigen, dass das Programm fehlerfrei läuft. Denn dann könnte der Test ja nach dem ersten fehlerfreien Testfall abgebrochen werden – was natürlich sehr oberflächlich wäre).

## 3.5.2.2 Charakteristik und Tätigkeiten

Während der Entwurf von Lösungen Top-down erfolgt (Grobkonzept vor Detailkonzept), ist es beim Testen gerade umgekehrt. Der Aufbau von Tests hat von unten nach oben (Bottom-up) zu erfolgen. Jeder Programmbaustein ist dabei auf Übereinstimmung zwischen Programmvorgabe (Soll) und konkretem Ausführungsergebnis (Ist) zu prüfen, man bezeichnet dies als Einzeltest. Beim Integrationstest (Kettentest) werden Komponenten schrittweise zusammengefügt.

Es geht in erster Linie darum, herauszufinden, ob die Programme jene Fälle richtig behandeln, die sie bearbeiten sollen und jene zurückweisen, die sie nicht bearbeiten sollen. Dazu müssen entsprechende Testfälle und Testdaten in Zusammenarbeit mit den Fachabteilungen vorbereitet werden. Tests sollen

- alle Programmteile einbeziehen,
- alle programmierten Prüfungen und Kontrollen ansprechen (Datenformate, Plausibilitäten etc.)

- alle Programmschleifen aktivieren und
- alle Sonderfälle erfassen.

Beim Änderungstest für bereits in Produktion befindliche Programme ist aus Sicherheitsgründen streng darauf zu achten, dass weder die aktuellen Datenbestände noch die Originalprogramme verwendet werden. Es sind stets Auszüge bzw. Duplikate anzufertigen.

Nach Abschluss des Testens durch die Programmierer erfolgen die Systemtests und Abnahmetests. Dabei werden für alle Eingabe- und Ausgabedaten die endgültigen Erfassungsbelege, Bildschirmmasken, Ausgabemedien, Vordrucke etc. verwendet.

*3.5.2.3 Exkurs über Qualitätssicherung*

Als Qualität einer Informatik-Lösung soll ihre Eigenschaft verstanden werden, die in einem bestimmten Anwendungs-Zusammenhang notwendigen Forderungen zu erfüllen. Sie wird nicht an objektiven und generell gültigen Massstäben, sondern an ihrer Eignung für einen bestimmten Informationszweck gemessen.

Die Qualität einer Informatik-Lösung wird dabei durch vielerlei Faktoren beeinflusst: durch die Planung und den Entwurf des Gesamtkonzepts und dessen schrittweise Detaillierung, durch die Hardware, die Software, die Qualität der Daten, durch die Qualität der Bedienung, des Unterhalts u.v.a.m.

Dabei können folgende Arten von Fehlern auftreten (nach Zehnder):

- *Modellbildungsfehler:* unvollständige oder falsche Abbildung der Realität durch das logische Modell.
- *Implementierungsfehler:* Die Informatik-Lösung bildet ein (an sich brauchbares) logisches Modell unvollständig oder falsch ab. Das kann auf Software- oder Hardware-Fehler zurückzuführen sein.
- *Datenfehler:* Die Datenbestände enthalten falsche und/oder widersprüchliche Daten.
- *Dateneingabefehler:* Falsche Daten oder falsch erfasste Daten werden unentdeckt eingegeben.
- *Datenverarbeitungsfehler:* Im Datenverarbeitungsprozess werden Daten verfälscht oder vernichtet.
- *Datenausgabefehler:* Die Verarbeitungsergebnisse erreichen keine oder die falschen Empfänger.
- *Interpretationsfehler:* Der Empfänger interpretiert die erhaltenen Ergebnisse nicht oder falsch.

Die Qualität von Informatik-Lösungen kann durch verschiedene Massnahmen beeinflusst werden, z.B. durch

- die konsequente, schrittweise Prüfung der Qualität des Entwurfs: eingehende und gemeinsame (Anwender plus EDV-Spezialisten) kritische Prüfung der Anforderungen und Ergebnisse nach jeder Phase, Beachtung der Prinzipien des Software-Engineering etc.
- Beachtung der physischen Sicherheit: Redundanz, d.h. Mehrfachverfügbarkeit kritischer Hardware-Komponenten, Datensicherung durch Speicherung auf mehreren Datenträgern etc.

- Prüfung der Einhaltung wichtiger Kriterien für die Software-Qualität – siehe Abb. 2.3.8.
- Beachtung und Sicherung der Datenqualität: Unterstützung bei der Erkennung falscher und/oder widersprüchlicher Daten.

Ein wichtiger Grundsatz jeglicher Qualitätssicherung ist, dass Qualität schrittweise in eine Lösung zu installieren ist – und nicht nachträglich in sie «hineingeprüft» werden kann.

### 3.5.3 Programmdokumentation

Der Anwender stellt sich am Ende der Realisierung in der Regel zwei Fragen: Läuft das EDV-System so, wie es in den Konzeptphasen vorgesehen worden ist? Wurde der Termin- und Kostenrahmen eingehalten?

Selten stellt er sich die ebenso wichtige Frage: Sind die Programme so dokumentiert, dass auch Personen, die an der Projektentwicklung nicht beteiligt waren, in Zukunft Änderungen und Verbesserungen vornehmen können? Das Fehlen einer derartigen Programmdokumentation fällt in der Regel erst dann auf, wenn Änderungen und/oder Erweiterungen unverständlich teuer sind, weil ein Grossteil der Arbeiten darin besteht, dass der Programmierer versucht, Zweck, Aufbau und Programmiertricks aus dem Programm des Vorgängers herauszulesen. Einer sorgfältige Programmdokumentation soll also die Grundlage schaffen für

- Unterhalt
- Weiterentwicklung
- Revision und
- Fehleranalyse

der erstellten Programme.

Die Programmdokumentation besteht in der Regel aus:

- einem Programmordner für die EDV-Abteilung und
- einer Bedienungsanleitung für den Operator.

Der *Programmordner der EDV-Abteilung* enthält die gesamte Dokumentation, die für den Programmunterhalt nötig ist. Er kann auch EDV-technisch gespeichert und verwaltet werden und enthält z.B.

- Programmvorgaben
- Programmbeschreibung
- Datenflusspläne
- Programmablaufpläne
- Liste der Quellenprogramme
- Struktur und Format der Eingabe- und Ausgabesätze
- Dateibeschreibungen mit Struktur und Format der Datensätze
- Beschreibung der Datenbankzugriffe
- Verzeichnis der verwendeten Namen für Programme, Routinen, Variablen
- Verzeichnis der programmierten Meldungen

# Software-Qualitätsmerkmale

| Kriterien — wichtig für: | Anwender | System-Entwickler | EDV-Management |
|---|---|---|---|
| 1. *Funktionserfüllung*<br>Übereinstimmung der Funktionen mit den applikatorischen Anforderungen | x | | |
| 2. *Korrektheit, Genauigkeit* (*)<br>Programm soll die angegebenen Funktionen zuverlässig für alle zugelassenen Daten erbringen, ausreichende numerische Genauigkeit | x | | |
| 3. *Benutzerfreundlichkeit* (*)<br>3.1 *Robustheit*<br>Bedienungsfehler sollen die Funktionsweise möglichst nicht beeinträchtigen | x | | |
| 3.2 *Benutzerdokumentation*<br>Vollständige, richtige und übersichtliche Dokumentation (Übereinstimmung mit Programm, einfacher und schneller Zugriff) | x | | |
| 3.3 *Ergonomie*<br>Anpassung an den natürlichen Arbeitsablauf, benützergerechte Dialogkonzeption etc. | x | | |
| 4. *Verständlichkeit, Testbarkeit* (*)<br>Aufwand für das Verständnis der Funktionsweise und der strukturellen Zusammenhänge (klare Abgrenzung von Moduln und Programmen) | x | x | x |
| 5. *Wartungsfreundlichkeit, Anpassbarkeit* (*)<br>Erleichterung späterer potentieller Änderungen (Fehlerbehebung, Anpassung, Erweiterung) | (x) | x | |
| 6. *Effizienz* (*)<br>Optimale Ausnutzung von HW-Ressourcen, kurze Verarbeitungs- und Laufzeiten | (x) | | x |
| 7. *Sicherheit*<br>Vorgesehene Schutzmassnahmen der SW, die einen unerlaubten Zugriff, unabsichtliche oder absichtliche Abneigung oder Zerstörung von Daten verhindern | x | | x |
| 8. *Portabilität* (*)<br>Übertragbarkeit eines Programmes und/oder von Datenbeständen auf andere HW-Systeme (Programmiersprachen, Betriebssysteme). Lauffähigkeit bei Release-Änderungen etc. | | x | x |
| 9. *Kopplungsfähigkeit* (*)<br>Möglichkeiten der Verbindung verschiedener SW-Systeme (Programmiersprachen, Betriebssysteme, Benutzerschnittstellen, Protokolle etc.) | x | x | x |
| 10. *Zusätzliche Merkmale* (v.a. für Standardsoftware)<br>10.1 Gewährleistung | | | x |
| 10.2 Weiterentwicklung | x | | x |
| 10.3 Bereitschaft zu benutzerindividuellen Anpassung (Funktionen, Betriebssystem, vorh. SW) oder Unterstützung im Schnittstellenbereich (Brückenprogramme) | x | | x |
| 10.4 Einführungsunterstützung (Implementierung, Instruktion, Schulung, Mithilfe bei Anpassung der Rahmenorganisation) | x | | x |
| 10.5 Preise, Lieferkonditionen | x | | x |

(*) bezeichnet SW-Qualitätskriterien im engeren Sinn.

Folgende Massnahmen können die Qualität der Software erhöhen
- Beachtung der Prinzipien des Software-Engineerings
- Beachtung der Regeln der strukturierten Programmierung
- gute Testorganisation

*2.3.8   Software-Qualitätsmerkmale*

- Listen der Programmumwandlungen
- Verzeichnis der verwendeten Schlüssel, Codes, Abkürzungen
- Aufbau von Tabellen
- Bedeutung verwendeter Rechenformeln
- Testbeispiele und Testprotokoll
- Listing eines Problaufes
- Ausgabemuster
- Übernahmeprotokoll

Die *Bedienungsanleitung für den Operator* der EDV-Anlage ist für Stapelverarbeitungen nötig und muss enthalten:

- Steueranweisungen für den Aufruf und die Durchführung des Programms
- Identifikation, Art und Bezeichnung des Eingabemediums
- Bezeichnung der verwendeten externen Speicher
- Art und Bezeichnung des Ausgabemediums
- Bezeichnung der Formulare für die Ausgabe
- Verzeichnis möglicher Fehlermeldungen mit Ursache, Folgen, Massnahmen
- Hinweise für das Verhalten bei abnormalem Ablauf etc.

Hier soll noch besonders darauf hingewiesen werden, dass eine der Programmdokumentationen übergeordnete Beschreibung des Arbeitsgebietes benötigt wird. Innerhalb eines Arbeitsgebietes sind fast immer mehrere Programme im Einsatz, die in ganz bestimmter Form zusammenarbeiten. Die erwähnte Beschreibung muss die Beziehungen zwischen diesen Programmen, ihre Aufeinanderfolge, Schnittstellen und den zeitlichen Ablauf definieren.

### 3.5.4 Rahmenorganisation

*3.5.4.1 Zweck*

Zweck der Rahmenorganisation ist es, alle personellen, organisatorischen und materiellen Voraussetzungen für die Übernahme und den Betrieb des entwickelten Systems zu schaffen.

*3.5.4.2 Charakteristik*

Die sich auf die Abläufe in den Benützerabteilungen ergebenden Konsequenzen treten nun klar hervor. Es gibt eine Unmenge von Tätigkeiten, die wenig spektakulär, für das erfolgreiche Gelingen aber von grosser Bedeutung sind.

*3.5.4.3 Tätigkeiten*

- Organisationsstruktur anpassen, sofern die EDV-Lösung Änderungen erfordert. Neuzuteilung und -beschreibung von Aufgaben, Kompetenzen und Verantwortung
- ggf. EDV-Stelle schaffen, EDV-Verantwortlichen bestimmen

- personelle Voraussetzungen schaffen: Personalbeschaffungs- bzw. -umschulungsprogramme, ggf. Personalabbau konkret einleiten
- räumliche Anpassungen und Umstellungen vornehmen, Installationen, Leitungen neu legen bzw. verändern
- Benützerhandbücher und Benützerweisungen erstellen
- Benützerschulung. Informations- und Schulungsprogramme konzipieren, Schulungsveranstaltungen vorbereiten, Teilnehmer und Art der Abwicklung festlegen
- Hilfsmittel und Hilfsmaterial (Büromaterial, Datenträger, Formulare etc.) beschaffen und bereitstellen
- Einführungsplan erstellen, Nahtstellen von EDV und Benützer beachten
- Daten auf (neue) EDV-Datenträger übernehmen (Stammdatenübernahme)
- laufende Abstimmung mit den Benützern

### 3.5.5 Dokumentation der Rahmenorganisation

Diese betrifft vor allem das Benützer-Handbuch, das zum Teil aus bereits vorhandenen Unterlagen vorhergehender Phasen bestehen kann. Es empfiehlt sich, dieses modular aufzubauen und den Inhalt dem Benützer individuell anzupassen: Jede Person soll nur diejenigen Teile erhalten, die sie auch tatsächlich betreffen. Moderne Dialoglösungen geben die Möglichkeit, über eine Hilfe-Funktion auf dem Bildschirm Erklärungen und Erläuterungen aufzurufen. In diesem Fall kann das Benützer-Handbuch knapp gehalten werden.

Eine zusammenfassende Systembeschreibung und Hinweise für die Zusammenarbeit mit der EDV sind aber trotzdem unentbehrlich.

Beispielhafter Inhalt des *Benützer-Handbuchs:*

- Kurze Systemübersicht:
  - Hardware-Schema mit Standorten, Schema des Datennetzes
  - SW-Übersicht: Applikationen und ihre Verbindungen
  - Datenstruktur (evtl. Datenbankentwurf), Datenkatalog (benützerbezogen)
- Gesamtübersicht der Ablauforganisation inkl. Datenfluss, Schnittstellen zu anderen Gebieten, Periodizitäten und Termine für Verarbeitungen
- Detail-Ablauforganisation (benützerbezogen mit Arbeitsanleitungen)
- Dialog-Spezifikation (Bildfolge und Verzweigungsmöglichkeiten)
- Plausibilitätskriterien für Eingabedaten
- Verzeichnis der verwendeten Codes
- Verzeichnis der Fehlermeldungen mit Ursachen, Folgen und Massnahmen
- Beschreibung der Numerierungssysteme
- Erläuterung der Verarbeitungsalgorithmen (Methoden) und der logischen Abhängigkeiten (z.B. mittels Entscheidungstabellen)
- Beispiele für Ergebnisse (Ausgabemuster für Bildschirm und/oder Drucker)
- Darstellung der zu verwendenden Formulare
- Sicherheitsvorschriften (Zugriffsberechtigungen)
- Glossarium für Begriffe und Definitionen, Stichwortverzeichnis

Dieses Handbuch soll dem Benützer während seiner Schulung nahegebracht und mit ihm zusammen seinen Bedürfnissen angepasst werden.

### 3.5.6 Informationspolitik

Eine durchdachte Informatikpolitik ist in dieser letzten Phase vor der Einführung von grosser Wichtigkeit. Bei der Herausgabe von Informationen sollen folgende Regeln eingehalten werden:

- Die Information muss inhaltlich richtig sein.
- Es soll eine verständliche Form gewählt werden.
- Sie muss zum richtigen Zeitpunkt erfolgen. Verfrühte Informationen verwirren, verspätete verärgern.
- Der Verfasser einer Information muss alle Empfänger vor Augen haben. Das zwingt ihn eventuell, die gleiche Information für verschiedene Empfänger unterschiedlich ausführlich zu formulieren.
- Die Information hat über die richtigen Medien zu erfolgen: Wenn Mitarbeiter sich nicht informiert fühlen, so sind sie nicht immer selbst daran schuld. Oft sind wichtige Informationen derart in Berichte verpackt, dass sie bei der täglichen flüchtigen Informationsverarbeitung übersehen werden. Bei der Abgabe einer Information sollen also alle Mittel – von der Betriebsversammlung über das Anschlagbrett, das Zirkular, die Personalzeitung, den Bericht bis zur handgeschriebenen, gezielten Aktennotiz – im Auge behalten werden.

Das Interesse des Einzelnen richtet sich vor allem auf Änderungen am Arbeitsplatz. Eine sorgfältige Planung und Information ist vor allem wichtig bei

- Änderungen der Verantwortlichkeiten
- räumlichen Umgruppierungen
- Änderungen der Arbeitsabläufe, des Informationsflusses und der Hilfsmittel
- Änderungen der Ablage/Registratur
- geändertem Arbeitsrhythmus u.a.m.

Abb. 2.3.9 enthält eine Checkliste der wichtigsten Umstellungsarbeiten, welche geplant und durchgeführt werden müssen.

## 3.6 Phase Einführen

### 3.6.1 Zweck

- Übergabe des neuen EDV-Systems an den Anwender.
- Sicherstellung einer reibungslosen Ablösung des alten Verfahrens durch die neue EDV-Lösung und die Gewährleistung ihrer Zweckerfüllung.

### 3.6.2 Charakteristik

Da die Einführung in der Regel auf einen bestimmten Stichtag terminiert ist, gibt es trotz aller Planung Hektik, Überstunden, Wochenendarbeiten etc. Es herrscht meist gespannte Erwartung, eine gewisse Skepsis und Unsicherheit beim Anwender. Sollten Probleme bei der Einführung auftreten, wird der Anwender mit Verwunderung feststellen, dass nicht an allem der Computer schuld ist.

# 3. Phasenkonzept für die EDV-Planung

## Erledigt für den Stichtag «Umstellung»

| Wer? / Was? (Durch wen?) | Lieferant | Auftraggeber Management | Auftraggeber Anwender | Auftragnehmer Projektteam | EDV-Stelle |
|---|---|---|---|---|---|
| **Management** | | | | | |
| • Überprüfung der Vertragseinhaltung | B | H | | H | B |
| • Funktion und Nutzen des Systems bekannt? | B | H | | H | B |
| **Belegschaft** | | | | | |
| • Informiert über das System? | | | H | B | |
| **Anwender** | | | | | |
| • Benützertraining | B | | H | H | |
| • Arbeitsanweisungen | B | | H | H | |
| • Anpassung Strukturorganisation | | H | H | B | |
| • Anpassung Arbeitsplätze | | | H | B | |
| • Geräte arbeitsbereit | H | | | B | |
| • Arbeitsplatzorganisation | | | B | H | |
| • Aufarbeiten Stammdaten, Datenübernahme | B | | H | B | |
| • Aufarbeiten Bewegungsdaten | B | | H | B | |
| • Personalverschiebung (Umschulung) | | H | B | B | |
| • Testläufe der einzelnen Programme | | B | H | | |
| • Parallelläufe und Abgleich | | | H | B | |
| • Plausibilität der Daten | | | H | B | |
| • Abstimmung mit Nachbargebieten | | | B | H | |
| • Abstimmung mit Folgeprojekten | B | | B | H | |
| **EDV-Stelle** | | | | | |
| • Infrastruktur bereit (Installation, Lüftung, Mobiliar) | B | | | B | H |
| • Anlage installiert und getestet | H | | | B | B |
| • Anlage abgenommen | B | | | H | H |
| • Operators geschult | H | | | B | H |
| • Belastungspläne der Anlagen | | | | B | H |
| • Einsatzpläne Personal | | | H | B | H |
| • Arbeitsanweisungen, Handbücher | B | | | H | H |
| • Sicherheitsorganisation | B | | B | B | H |
| • Materialvorrat (Datenträger wie Disketten, Bänder, Verbrauchsmaterial) | B | | | B | H |
| • Formularvorrat | B | | B | B | H |
| • Archiv | | | | | H |
| • Hilfsgeräte (Schneidemaschine etc.) | B | | B | B | H |

H = Hauptverantwortung    B = Beratung

*2.3.9   Checkliste «erledigt für Stichtag Umstellung»*

Der Benützer sieht sich zunehmend einem gewissen Lern- und Arbeitszwang ausgesetzt: Mit der Übernahme der EDV-Lösung geht die Verantwortung für einen reibungslosen Betrieb auf ihn über.

Die im Zusammenhang mit der Umstellung vorhandenen Abhängigkeiten sind in Abb. 2.3.10 dargestellt.

### 3.6.3 Tätigkeiten

– Überprüfen und Ergänzen der Stammdaten (Datenübernahme)
– Praxistest durchführen
– Handbücher und Weisungen für die Anwender vervollständigen
– letzte Detailkorrekturen am System (Kosmetik)
– Einplanung der Programmläufe auf der EDV-Anlage (Batch)
– Einführungsunterstützung
– Überwachen der ersten Produktionsläufe

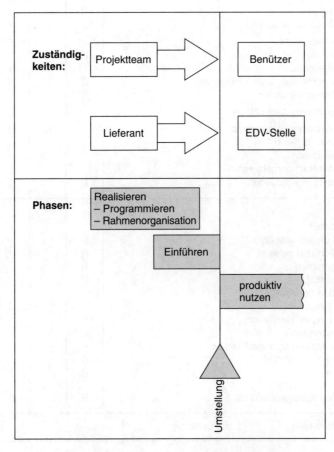

2.3.10  Übergang zur produktiven Nutzung

- Präsentation für das Management
- Dokumentation bereinigen, verteilen, archivieren
- Effektivitätsprüfung
- Projektteam auflösen, Abschlussfest

### 3.6.4 Dokumentation der Einführungsphase

Definitive Fassung der

- Benützerhandbücher
- Extrakte für Schnell-Information
- Dokumentation für EDV-Betrieb
- Ablage der Entwicklungsunterlagen (Protokolle, Arbeitsaufträge, Korrespondenz)

# 4. Phasenkonzept für die Entwicklung von Individual-Anwendungs-Software (IASW)

Dieses Vorgehenskonzept unterscheidet sich vom vorgenannten insbesondere dadurch, dass

- es sich nicht um die Neueinführung der EDV, sondern um eine Ausdehnung des bisherigen Anwendungsumfanges handelt,

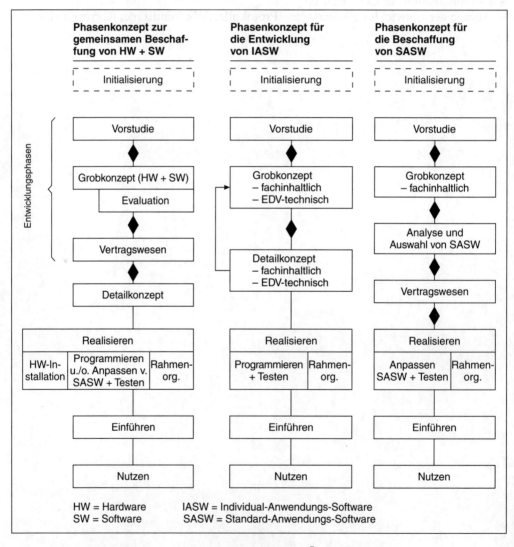

*2.4.1   Vorgehenskonzepte-Übersicht*

- die Hardware meist vorhanden bzw. vorgegeben ist,
- Standard-Anwendungssoftware nicht verfügbar ist bzw. nicht (ausreichend) geeignet erscheint.

Das Phasenkonzept lässt sich sinngemäss auch auf diese Problemstellung anwenden, wobei die Bezeichnungen der einzelnen Phasen weitgehend beibehalten werden können, während der Inhalt natürlich anzupassen ist.

Abb. 2.4.1 enthält eine vereinfachte, vergleichende Gegenüberstellung der verschiedenen Vorgehenskonzepte. Daraus sind die Übereinstimmungen bzw. Abweichungen erkennbar. In bezug auf das Phasenkonzept für die Entwicklung von IASW gilt:

- Das Aufgabengebiet ist im vorliegenden Fall auf einen konkreten Anwendungsbereich eingeengt.
- Es muss kein Pflichtenheft für die HW-Beschaffung erstellt werden und deshalb bezieht sich
- die Evaluation auch auf die fachinhaltliche und EDV-technische Grobkonzeption (z.B. Funktionserfüllung, Datenorganisation, Eignung der vorhandenen EDV-Plattform etc.), nicht aber auf die Hardware, die ja vorgegeben ist.

Die folgenden Überlegungen haben die Entwicklung eines grösseren Programms vor Augen. Bei kleineren Aufgabenstellungen ist es in geringem Umfang üblich und auch nötig, eine formale Phasengliederung vorzunehmen.

Der Inhalt der Phase *Initialisierung* entspricht grundsätzlich den bereits in Abschnitt II.2.5 dargelegten Überlegungen, so dass hier nicht näher darauf eingegangen werden muss.

## 4.1 Phase Vorstudie

Die Vorstudie hat hier vor allem die Problemanalyse zum Inhalt, wobei es darum geht

- die organisatorischen und ablaufmässigen Zusammenhänge zu verstehen,
- die Schwachstellen der bestehenden Ablauforganisation herauszuarbeiten,
- den Problem- und Aufgabenumfang schärfer abzugrenzen,
- die Formulierung konkreter Ziele an die Software zu ermöglichen (welche Funktionen soll die zu entwickelnde Software erfüllen, welcher Zweck und welche Erwartungen werden damit verbunden?),
- die Realisierungsmöglichkeit und -tauglichkeit abzuschätzen.

## 4.2 Phase Grobkonzept

Dabei geht es darum, ein Soll-Konzept für das neue EDV-Anwendungssystem zu erarbeiten, aus dem die Funktionsweise der Lösung ersichtlich ist und der damit verbundene Aufwand und Nutzen abgeschätzt werden können.

Diese Phase kann in zwei gedanklich zu trennende Schritte untergliedert werden: in den fachinhaltlichen und den EDV-technischen Entwurf.

### 4.2.1 Fachinhaltlicher Entwurf

- Nähere Beschreibung der EDV-mässig zu realisierenden Aufgaben und Arbeitsabläufe.
- Aus welchen Hauptfunktionen bestehen diese?
- Wie hängen sie logisch zusammen?
- Welche Daten benötigen sie?
- Welche Mengen und Häufigkeiten sind dabei zu beachten?
- Welche speziellen Anforderungen ergeben sich aus Anwendersicht usw.?

### 4.2.2 EDV-technischer Entwurf

- Beschreibung der Datenstrukturen
- Übersichten über die benötigten Dateien und Datenbanken und deren Speicherbedarf
- Datenflusspläne
- grobe Programmbeschreibungen und -ablaufpläne
- evtl. Grobvorschläge für Bildschirmmasken, Formulare, Drucklisten etc.

### 4.2.3 Wirtschaftlichkeitsüberlegungen

Hier geht es um einen Vergleich der zu erwartenden Aufwendungen (Hardwarebeanspruchung, Entwicklungsaufwand für Software) mit dem zu erwartenden Nutzen. Oft können die zu erwartenden Aufwendungen nicht unmittelbar mit Einsparungen oder sonstigen finanziell ausdrückbaren Vorteilen aufgewogen werden. Es ist aber durchaus möglich, qualitative Argumente (z.B. mehr Transparenz, schnellere und gezieltere Information, bessere Entscheidungsunterlagen etc.) mit ins Kalkül zu ziehen – siehe Kapitel III.5.

### 4.2.4 Präsentation

Besprechung der geplanten Lösung (Varianten), der zu erwartenden Auswirkungen (Vorteile, Nachteile, Kosten) und des weiteren Vorgehens mit einem ausgewählten Personenkreis (Entscheidungsträger, Anwender), um dadurch feedback, d.h. Korrektur und/oder Verstärkung zu erreichen.

## 4.3 Phase Detailkonzept

Ziel ist die Erarbeitung von detaillierten Programm-Vorgaben für die folgende Phase.
Dazu sind die Vorgaben des genehmigten fachinhaltlichen und EDV-technischen Entwurfs weiter zu spezifizieren. Insbesondere:

### 4.3.1 Datenorganisation

- Definition der Schlüssel,
- Dateiorganisation: Beschreibung der Dateien, Datensätze, Datenfelder; Einordnung in die Dateinamensystematik, Festlegung der Speicherungsform, Abschätzung des peripheren Speicherbedarfs, Auswahl und Einteilung der peripheren Speicher,

- Datenbankorganisation: Beschreibung der Datenstrukturen, Anlegen eines Datenkatalogs (data dictionary), Segmentierung, Festlegung der physischen Speicherungsform,
- Beschreibung von Datensicherungsmassnahmen.

### 4.3.2 Eingabe

- Herkunft der Eingabedaten (Primärerfassung, Überleitung aus anderen Programmen),
- Festlegung der Erfassungsbelege, Eingabeformate, Bildschirmmasken,
- Ablauforganisation der Datenerfassung bzw. -eingabe,
- Plausibilitätsprüfungen etc.

### 4.3.3 Verarbeitung

- Festlegung der Betriebsarten (Stapel, Dialog),
- Beschreibung der Verarbeitungsregeln (Algorithmen) und Rechenvorgänge,
- Aufstellung von Datenflussplänen, Programmablaufplänen und/oder Struktogrammen,
- Vorschriften zur Menügestaltung bei Dialogverarbeitung,
- Definition der Schnittstellen zu anderen Programmen,
- Abschätzung des Hauptspeicherbedarfs und der Verarbeitungszeiten.

### 4.3.4 Ausgabe

- Beschreibung der Ausgabeformate, Listen, Tabellen, Grafiken, Bildschirmmasken,
- Gestaltung von Vordrucken,
- Anforderungen an Schrifttypen (z.B. OCR-A),
- Organisation der Druckausgabe (z.B. Offline),
- Regelung des Datenträgeraustausches.

Die restlichen Phasen Programmieren und Rahmenorganisation, Einführen und Nutzen laufen sinngemäss zu den vorhergehenden Ausführungen ab.

# 5. Phasenkonzept für die Beschaffung von Standard-Anwendungssoftware (SASW)

Hinsichtlich der Frage, ob Standard- oder Individual-Anwendungssoftware eingesetzt werden soll, sei auf die Ausführungen in Abschnitt I.3.4 verwiesen. Insbesondere sind jene Kriterien von Bedeutung, deren Erfüllung eindeutig für den Einsatz von SASW sprechen.

Diese sind kurz gefasst:

– Die eigene betriebswirtschaftliche Konzeption stimmt mit jener in der SASW enthaltenen weitgehend überein. Dies ist insbesondere dann der Fall, wenn z.B. gesetzliche Regelungen bestehen (Finanzbuchhaltung u.ä.).
– SASW ist Teil einer für den Anwender interessanten SASW-Familie (Integrationsaspekt!).
– Ist wenig eigene Organisation vorhanden, kauft man mit der SASW praktisch auch Organisation ein etc.

Das Vorgehenskonzept zur Beschaffung von SASW unterscheidet sich nicht grundsätzlich, wohl aber in Teilschritten von jenem zur Entwicklung von Individual-Anwendungssoftware (vgl. Abb. 2.4.1).

– Eine Art Vorstudie soll im Sinne einer Problemanalyse helfen, die eigenen Bedürfnisse transparenter zu machen. Verzichtet man darauf, fehlt die Bezugsbasis zur Beurteilung konkreter Angebote.
– Die Phase Grobkonzept enthält zwar den fachinhaltlichen, nicht aber den EDV-technischen Entwurf, da dieser ja von Software-Lieferanten bereitgestellt wird.
– Es folgt die Analyse und Auswahl von SASW. Dabei ist es sehr ratsam, die näher ins Auge gefasste SASW im praktischen Betrieb zu begutachten und sich nicht allein auf Programmbeschreibungen zu verlassen. Dies kann z.B. in der Art geschehen, dass man ähnlich gelagerte Referenzinstallationen genauer untersucht bzw. die SASW mit eigenen Daten und Anwendungsfällen hinsichtlich der Erfüllung der versprochenen Funktionen testet. Als Methode zur Bewertung verschiedener Varianten empfiehlt sich die Nutzwert-Analyse, siehe Kapitel III.5 «Kosten/Nutzen/Wirtschaftlichkeit».
– In der Phase Detailkonzept werden die nötigen Programmanpassungen und -änderungen detailliert spezifiziert.
– Den Verträgen ist grösste Aufmerksamkeit zu schenken, insbesonders den vom Lieferanten zu erbringenden Zusatzleistungen wie Parametrierung der Software, Individualprogrammierung, Programmierung der Schnittstellen zu bestehenden Programmen etc.
– Statt der Phase Programmieren ist jene der Anpassung bzw. Änderung der SASW vorgesehen.
– Die Phasen Rahmenorganisation, Einführen und Nutzen erfolgen analog zum vorher erwähnten Ablauf.

# 6. Für und Wider zu den Phasenkonzepten

Die Idee des phasenweisen Vorgehens wurde im Abschnitt 2.2. ausführlich begründet. Im vorliegenden Kapitel wollen wir uns mit Schwierigkeiten bei der Anwendung auseinandersetzen und weitere Argumente bzw. Gegenargumente anführen.

## 6.1 Schwierigkeiten in der konkreten Anwendung

**Problem 1: Der Auftraggeber ist ungeduldig.**

Ein Auftraggeber, der sich entschlossen hat, eine moderne EDV-Lösung zu installieren, möchte meist rasch Ergebnisse sehen. Er ist an einer schnellen Behebung von Mängeln bzw. an konkreten Verbesserungen interessiert und empfindet das Phasenkonzept möglicherweise als umständliches Ritual, das ihn nur Zeit und Geld kostet.

Der EDV-Spezialist tut gut daran, sich von dieser «Hau-ruck»-Mentalität nicht anstecken zu lassen. Wenn er sich im Schnellverfahren auf die Behebung von Mängeln stürzt, ohne sich Zeit zu nehmen, deren Ursachen zu ergründen bzw. bei der Erarbeitung der Lösung Nahtstellen mit anderen Bereichen zu beachten, Flexibilität und Erweiterungsmöglichkeiten u.ä. einzubauen, wird er früher oder später den berechtigten Vorwurf in Kauf nehmen müssen, den Auftraggeber wenig kompetent bedient zu haben.

**Problem 2: Detailwünsche gehen verloren oder werden zu Unrecht bagatellisiert.**

Je stärker der Ablauf der Lösungsentwicklung im Sinne des Vorgehens «vom Groben zum Detail» formell in die Phasen Grobkonzept, Detailkonzept etc. gegliedert wird, desto schwieriger kann die «richtige» Zuordnung von Detailwünschen im Einzelfall sein. Häufig tritt der Fall auf, dass in frühen Phasen bereits unnötig ausführliche Detaildiskussionen geführt werden. Wenn diese dann sinnvollerweise abgebrochen und auf später verschoben werden, kann sich die unangenehme Situation ergeben, dass sich nachträglich herausstellt, dass dies ein zentraler «Knackpunkt» war, der aufgrund zwischenzeitlich vorgenommener Weichenstellungen kaum oder nur mehr mit erheblichem Zusatzaufwand zufriedenstellend gelöst werden kann.

Es gibt kein Patentrezept zur Lösung dieses Problems. Wichtige Erfolgsfaktoren sind: Erfahrung der Systementwickler verbunden mit einer systematischen und sorgfältigen Erfassung und Dokumentation von Detailwünschen und begleitet vom Willen zu einer konstruktiven Zusammenarbeit, die an derartigen, bisweilen unvermeidlichen Situationen nicht zerbricht.

**Problem 3: Mangelndes Vorstellungsvermögen des Anwenders.**

Der Anwender kann sich manchmal beim besten Willen erst dann etwas vorstellen, wenn er die Lösung konkret vor sich hat und er damit arbeiten kann. Der EDV-Spezialist kommt vorher an die Bedürfnisse nicht exakt heran; erst nach Einführung wird allen klar, was der Anwender wirklich will und braucht. Nachträgliche Zusatzwünsche, Unzufriedenheit und/oder ein hoher nachträglicher Änderungsaufwand können die Konsequenz sein.

Diese Gefahr kann durch sog. «Prototypen»-hafte Vorgehensweisen gemildert werden – siehe dazu Kapitel II.7.

**Problem 4: Es bereitet Schwierigkeiten, Phasengrenzen exakt zu definieren.**

Diese Feststellung kann natürlich nicht von der Hand gewiesen werden, doch ist ihr entgegenzuhalten:

- Phasenergebnisse lassen sich formal durchaus definieren, indem festgelegt wird, welche Dokumente mit welchem Inhalt am Ende einer Phase vorzuliegen haben.
- Allein die Notwendigkeit, sich im voraus Gedanken über die in einer Phase zu erarbeitenden Ergebnisse zu machen, ist ein grosser Vorteil. Ein zielgerichtetes, planmässiges Vorgehen wird dadurch wahrscheinlicher – auch wenn die exakte Abgrenzung Schwierigkeiten macht (auf die es übrigens gar nicht so genau ankommt).

**Problem 5: Die Qualität der Phasenergebnisse lässt sich nur begrenzt beurteilen.**

Dies ist ohne Zweifel richtig. Es gibt zwar methodische Ansätze zur stufenweisen und systematischen Prüfung der Software-Qualität, aber keinerlei Garantie für tatsächlich und nachhaltig einwandfreie Ergebnisse. Trotzdem ist eine – auch unscharfe – Zwischenbeurteilung besser als gar keine.

**Problem 6: Ein sequentielles Vorgehen verzögert die Entwicklung, ein überlapptes Vorgehen wäre schneller.**

Dieses Argument ist nicht ganz stichhaltig, da ein Phasenkonzept durchaus auch ein überlapptes Arbeiten ermöglicht. Mit der Programmierung braucht beispielsweise durchaus nicht gewartet zu werden, bis die Detailkonzepte aller Anwendungen fertig sind. Ein ausgearbeitetes Detailkonzept kann und soll also in die nächste Phase gehen, auch wenn andere Detailkonzepte desselben Projekts noch nicht fertig sind. Dies ist aber nur dann sinnvoll, wenn vorher ein Gesamtkonzept erstellt wurde, das eine Orientierungshilfe darstellt und es ermöglicht, die Nahtstellen zu definieren und die Prioritäten für die Erarbeitung von Detailkonzepten und die anschliessende Realisierung zu setzen.

**Problem 7: Phasenkonzepte verursachen einen unverhältnismässig hohen Software-Wartungsaufwand**

Dieses Argument bezieht sich auf amerikanische Untersuchungen, nach denen der Wartungsaufwand für Software bereits 50% und mehr der Software-Ressourcen bindet. (Wartung umfasst dabei Korrektur, Anpassung, Optimierung und Erweiterung der Software).

Diese Feststellung wird als Indiz dafür genommen, dass die heute bei der Software-Entwicklung verfolgte Philosophie der Phasengliederung den Verständigungsprozess zwischen Anwendern und Entwicklern behindert. Die Anwender würden erst spät konkrete Ergebnisse sehen und damit beurteilen können. Durch ein sog. «Prototyping» könnte dieser Effekt gemildert werden.

Dieses Argument hat einiges für sich und wird im folgenden Kapitel II.7 aufgegriffen und weiter verfolgt.

**Problem 8: Phasenkonzepte erzeugen aufgrund des vorgegebenen Formalismus einen langen Anwender-Rückstau.**

«Hemdsärmeligere» Methoden würden rascher zum Ziel führen.

Hier müsste man zunächst die Ursachen des Anwender-Rückstaus näher analysieren. Wenn sie, was in der Praxis vielfach der Fall ist, darin bestehen, dass die Entwicklungskapazität nicht den Anwenderbedürfnissen entspricht, die Anwenderwünsche also zunächst in eine Warteschlange eingereiht werden müssen, aus der sie dann nach Prioritäten zur Bearbeitung entnommen werden, so ist der gegen ein Phasenkonzept gerichtete Vorwurf nicht berechtigt. Denn die Wartezeit vor Beginn der Bearbeitung kann nicht der Bearbeitungsmethode angelastet werden.

## 6.2 Evolutionäre Systementwicklung als Alternative?

Praktische Schwierigkeiten mit den vorher beschriebenen Vorgehenskonzepten und die angeführten Kritikpunkte haben dazu geführt, dass man sich in Theorie und Praxis mit anderen Vorgehensstrategien zu beschäftigen beginnt. Diese werden unter dem Begriff «evolutionäre Systementwicklung» zunehmend stärker diskutiert, haben allerdings noch nicht jenen Reifegrad erreicht, der den Phasenkonzepten ohne Zweifel zugestanden werden kann.

Als Charakteristiken evolutionärer Software-Lebenszyklen können gelten:

– Aufhebung der Trennung von Spezifikation und Konstruktion bzw. Implementierung aufgrund ihrer engen Verknüpfung,
– schrittweise Entwicklung eines Gesamtsystems bei häufiger Rückkopplung zwischen Anwendungsbereich und EDV-Entwicklung,
– ablauffähige Systemmodelle als Grundlage von Bewertungen (d.h. Bewertung nicht aufgrund abstrakter Beschreibungen, sondern aufgrund vorzeigbarer Prototypen).

Als technische und organisatorische Verfahren zur Unterstützung evolutionärer Strategien lassen sich neben den sog. «Prototyping»-Ansätzen auch solche, wie z.B. die Installation von «Pilotsystemen» (Einführung und Probieren einer Lösung in einem abgegrenzten Teilbereich, bevor sie weiter verbreitet wird), sowie die Philosophie der Versionenkonzepte im Sinne von «langsam wachsenden Systemen» (slowly growing systems) einsetzen. Damit werden wir uns in der Folge beschäftigen.

# 7. Prototyping

Der Begriff «Prototyping» wird in verschiedener Hinsicht verwendet, was dazu führt, dass unterschiedliche Einstellungen bzw. Erwartungen damit verbunden werden.

Deshalb sollen hier zwei Arten des Prototyping gedanklich auseinandergehalten werden (vgl. Abb. 2.7.1)

- Prototyping I, das primär als Entwurfshilfe verstanden werden soll und
- Prototyping II als Hilfsmittel zur raschen Realisierung einer Lösung.

Beiden Prototyping-Ansätzen gemeinsam ist die Idee des raschen und mit wenig Aufwand verbundenen Entwurfs eines bewusst nicht voll funktionstüchtigen «Prototyps» (= Funktionsmuster), der aber wesentliche Funktionen der späteren Lösung zeigen soll und damit als Basis für die Beurteilung der Tauglichkeit einer Lösung (benützer- und EDV-orientiert) und des weiteren Vorgehens dienen kann.

## 7.1 Prototyping als Entwurfshilfe

Diese Art von Prototyping hat den Zweck, dem Benutzer rasch und mit geringem Aufwand konkrete «Prototypen» eines Programms vorführen zu können. Dies soll ihm ermöglichen, seine Bedürfnisse und Wünsche besser zu erkennen und zu artikulieren.

Ein einfacher Vergleich soll dies verdeutlichen: Man kann die Anforderungen an sein zukünftiges Wohnhaus z.B. dadurch spezifizieren, das man ein Raum- und Funktionsprogramm in Form einer Liste erstellt (welche Räume, wie gross, bevorzugte Lage). Wenn nun ein Architekt auf dieser Basis das Haus entwirft und fertigstellt, wird man möglicherweise vom Ergebnis sehr enttäuscht sein – auch wenn das Raum- und Funktionsprogramm voll erfüllt ist. Die Vorgehensweise des «Prototyping» würde in diesem Fall darin bestehen, dass der Architekt zunächst ein paar Grundriss- bzw. Ansichtsskizzen entwirft, die dem Auftraggeber einen Einblick in die konkrete Art der Realisierung bieten und dass er dann für eine oder eventuell sogar mehrere Varianten zunächst ein masstäbliches Modell baut. Weder die Skizzen noch das Modell sind dabei das spätere Haus, sie sind lediglich Hilfskonstrukte, welche das spätere Ergebnis besser vorstellbar und damit auch besser diskutierbar machen.

Auf EDV- und insbesondere auf Software-Entwicklungsprojekte übertragen würde dies bedeuten, dass mit Hilfe mächtiger Software-Tools (z.B. Maskengeneratoren, Programmgeneratoren, Very High Level Languages, Editoren etc.) und mit relativ geringem Aufwand eine für den Anwender und Benützer greifbare Vorstellung und Diskussionsgrundlage der angestrebten Lösung geschaffen wird – z.B. indem man dem Anwender konkrete Bildschirmmasken vorführen kann, aus denen Inhalt und Aufbau ersichtlich sind. Dies kann zu einer Bestätigung, aber auch zu einer Änderung, Verbesserung bzw. zu zusätzlichen Wünschen führen. Im Anschluss daran wird die Lösung EDV-technisch ausgearbeitet und dann dem Benützer übergeben.

# 7. Prototyping

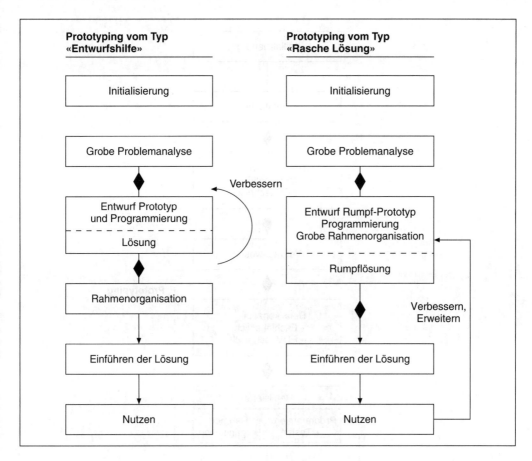

2.7.1  Prototyping-Ansätze

Prinzipiell ist diese Vorgehensweise natürlich zu begrüssen. Der Benützer gewinnt schneller Beurteilungskompetenz, er kann früher substantiell gehaltvolle Aussagen machen. EDV-Spezialist und Anwender sind einem intensiven Lernprozess bereits im Entwicklungsstadium ausgesetzt, was auch die spätere Implementierung erleichtert und den späteren Wartungsaufwand reduzieren kann.

Ohne Zweifel vorteilhaft ist dieses Vorgehen bei komplizierten Problemen, deren Struktur erst im Verlauf des Projektes erkennbar wird. Man spricht in diesem Zusammenhang auch von einem «explorativen Prototyping» (vgl. Selig).

Als Stolpersteine dieser Entwicklungsstrategie gelten Argumente, wie: zusätzlicher Entwicklungsaufwand durch u.U. aufwendige Diskussionen, welche ausserdem meist nicht zu einer Reduktion, sondern zu einer Erweiterung der Wünsche führen, wovon wiederum Auswirkungen auf die Termin- und Kostensituation befürchtet werden müssen.

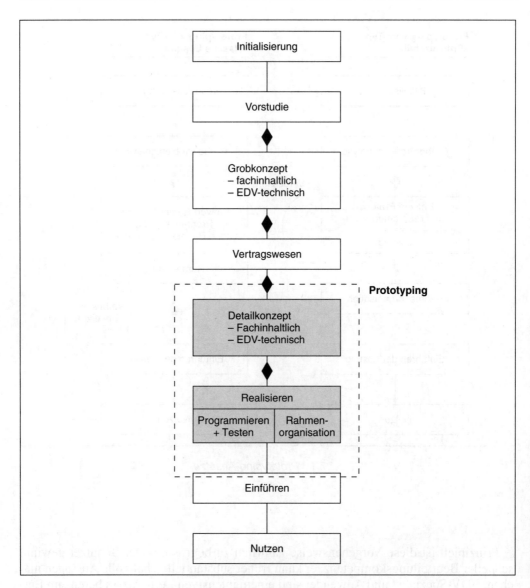

2.7.2   Phasenkonzept und Prototyping

## 7.2 Prototyping vom Typ «rasche Lösung»

Die Grundidee dieser Interpretation von Prototyping weicht von der vorher dargelegten ein wenig ab. Sie besteht darin, möglichst rasch zu einer praktikablen Rumpf-Lösung zu kommen, die nicht ausgefeilt bzw. perfekt zu sein braucht und zu Beginn nur die wesentlichsten Funktionen erfüllt. Im Stadium der Benutzung kann die Lösung dann erweitert bzw. verbessert und angepasst werden.

Der Vorteil dieser Vorgehensweise liegt in der schnellen Verfügbarkeit. Ohne Zweifel können damit allerdings auch gravierende Nachteilen verbunden sein (vgl. Mertens (11)):

- Die Softwarequalität ist notgedrungen mangelhaft. Eigenschaften, wie Korrektheit, Robustheit, Anpassbarkeit, Effizienz, Sicherheit, Kopplungsfähigkeit etc. (vgl. Abb. 2.3.8) sind meist unterentwickelt.
- Es kann schwerfallen, Management bzw. Benützer angesichts eines bereits lauffähigen Prototyps von der Notwendigkeit einer softwaretechnisch ausgereiften Lösung zu überzeugen, die mit einem z.T. erheblichen zusätzlichen Aufwand verbunden sein kann.

## 7.3 Schlussfolgerungen

Generell, d.h. hinsichtlich beider Prototyping-Ansätze kann gesagt werden:

- Sie beziehen sich nicht auf EDV-Konzepte als Ganzes, sondern immer nur auf die Entwicklung von Teillösungen bzw. Lösungsbausteinen. Nur dort ist die enge Zusammenarbeit mit den Anwendern überhaupt möglich.
- Prototyping und Phasenkonzept sind keine Gegensätze bzw. keine unvereinbaren Weltanschauungen, sie können sogar sehr sinnvoll miteinander kombiniert werden:
  - Das Phasenkonzept hat den Vorteil, dass es dazu anregt, vor der Behandlung von Detailproblemen einen konzeptionellen Rahmen zu erarbeiten (Vorstudie, Phase Grobkonzept).
  - Das Prototyping-Konzept kann sinnvollerweise im Anschluss daran zum Zug kommen, also in den Phasen Detailkonzept, Programmieren/Rahmenorganisation und Einführen (vgl. Abb. 2.7.2).
- Mit steigender Leistungsfähigkeit der sog. Very High Level Languages (inkl. Sprachen der 4. Generation) entfällt der Zwang, Prototyp und Endprodukt technisch unterschiedlich zu realisieren, so dass allein schon aus diesem Grund Prototyping-Gedankengut in den Entwicklungsprozess einfliessen wird.

Ein genereller Verzicht auf konzeptionelle Phasen und eine ausschliesslich benutzernahe Entwicklung von Anwendungssoftware scheint kurzsichtig und aus EDV-strategischer Sicht sogar gefährlich: Denn wie sollen Programme bzw. Programmsysteme nachträglich miteinander verbunden werden können, wenn die Schnittstellen mangels Überblick nicht vorher geplant wurden? Und wie sollen sie gewartet werden, wenn aus Gründen der Schnelligkeit nicht oder nicht ausreichend sorgfältig dokumentiert wurde?

# 8. Versionenkonzept

Die Grundidee besteht darin, ein EDV-Konzept nicht in einem Wurf perfektionieren zu wollen, sondern davon auszugehen, dass es sich um eine Lösung handelt, deren Nutzungsdauer in absehbarer Weise begrenzt ist. Eine erste Version wird entwickelt, realisiert und eingeführt. Davon ausgehend werden weitere Versionen mit verbesserter Leistungsfähigkeit erarbeitet («slowly growing systems»). Die mit dem Phasenkonzept verbundene Planungsorientierung macht einer verstärkten Realisierungsorientierung Platz (W. Krüger).

Diese Vorgehensweise bietet für Entwickler und Anwender sicherlich viel Attraktives: Das Entwicklungstempo ist hoch, der «Drang zur Tat» und eine eher experimentelle Grundhaltung sind unverkennbar. Realistischerweise ist sogar festzustellen, dass die Versionen-Idee sich bei jeder Art von Entwicklung fast notgedrungen ergibt – und zwar dann, wenn in einem fortgeschrittenen Stadium zusätzliche Wünsche oder von früheren abweichende manifest werden und man die Versionen-Überlegung als Argument dafür braucht, neue Ideen und/oder Wünsche nicht mehr aufnehmen zu können oder im Interesse eines effizienten Ablaufs zu wollen.

Sofern man sich der Idee des «Versionenkonzepts» anschliesst – wofür, wie oben erwähnt, gute Gründe bestehen – sollte man sich der möglichen Stolpersteine bewusst sein.

Diese sind

- die hohen Anforderungen an die Dokumentation und Projektadministration. Denn es muss aufgrund der laufenden Überarbeitung zu jedem Zeitpunkt feststellbar und nachvollziehbar sein, welche aktuelle Version in welchem Bereich gerade gilt (Versionen- bzw. Konfigurations-Management).
- Die Vorgehensweise kann dazu verführen, weniger sorgfältig zu planen, denn Probleme, Zusatz- und Verbesserungsvorschläge können einfacher auf die nächste Version verschoben werden.

# 9. Literatur

1) Balzert, H.: Die Entwicklung von Software-Systemen.
2) Böhm, R.: Fuchs, E; Pacher, G.: Systementwicklung in der Wirtschafts-Informatik.
3) Büchel, A.: Betriebswissenschaftliche Methodik. Lehrschrift des BWI-ETH.
4) Denert, E.: Software-Engineering.
5) Dumke, R.: Softwareentwicklung nach Maß.
6) Haberfellner, R.; Nagel, P.; Becker, M. u.a.: Systems Engineering. Methodik und Praxis.
7) Heinrich, L.J.; Burgholzer, P.: Systemplanung. Band I und II.
8) Knöll, H.-D.; Busse, J.: Aufwandsschätzung von Software-Projekten in der Praxis.
9) Krüger, W.: Problemangepasstes Management von Projekten.
10) Kurbel, K.: Programmentwicklung.
11) Mertens, P. (Hrsg.): Lexikon der Wirtschaftsinformatik.
12) Mertens, P.: Integrierte Informationsverarbeitung. Band I: Administrations- und Dispositionssysteme in der Industrie.
13) Mertens, P.: Integrierte Informationsverarbeitung. Band II: Planungs- und Kontrollsysteme in der Industrie.
14) Österle, H. (Hrsg.): Integrierte Standardsoftware.
15) Schulze, H.H.: Computereinsatz in Mittel- und Kleinbetrieben.
16) Siemens AG (Hrsg.): Organisationsplanung. Planung durch Kooperation.
17) Zehnder, C.A.: Informatik-Projektentwicklung.

Teil III

# Methoden für die EDV-Praxis

Es gibt nichts Praktischeres
als eine gute Theorie.
(Kant)

# Teil III: Methoden für die EDV-Praxis

**Einleitung** .................................................. 269

**1. Projektmanagement** ...................................... 270
1.1 Übersicht .................................................. 270
    1.1.1 Projektbegriff ....................................... 270
    1.1.2 EDV-Projekte ........................................ 270
    1.1.3 Grundsätze des Projekt-Managements .................. 271
1.2 Projektantrag und -genehmigung ............................ 272
1.3 Projektorganisation ....................................... 273
    1.3.1 Formen der Projektorganisation ....................... 273
    1.3.2 Die Projektgruppe .................................... 280
    1.3.3 Der Projektleiter .................................... 282
    1.3.4 Entscheidungs- und Steuerungsgremien in Projekten .... 282
1.4 Probleme der Zusammenarbeit ............................... 285
1.5 Projektplanung und -steuerung ............................. 286
    1.5.1 Tätigkeiten der Projektplanung ....................... 287
    1.5.2 Arbeitsaufträge ...................................... 287
    1.5.3 Projektüberwachung ................................... 289
    1.5.4 Qualitätssicherung in EDV-Projekten .................. 290
1.6. Projektinformationswesen .................................. 291
    1.6.1 Allgemeine Überlegungen .............................. 292
    1.6.2 Projekt-Dokumentation ................................ 292
    1.6.3 Projekt-Berichtswesen ................................ 294
1.7 Erfolgskomponenten eines EDV-Projektes .................... 294
1.8 Literatur ................................................. 297

**2. Terminplanung** ........................................... 298
2.1 Warum Terminplanung? ...................................... 298
2.2 Die tabellarische Übersicht ............................... 298
2.3 Das Balkendiagramm (Gantt-Chart) .......................... 299
2.4 Netzplantechnik ........................................... 299
    2.4.1 Prinzip der Netzplantechnik anhand der Vorgangsknoten-Darstellung ......................................... 299
    2.4.2 Die verschiedenen Methoden der Netzplantechnik ....... 303
    2.4.3 EDV-unterstützte Projektmanagement-Systeme (PMS) ..... 304
    2.4.4 Die Netzplantechnik im Vergleich zu den anderen Planungsmitteln ................................................ 307
2.5 Einsatz der Netzplantechnik für EDV-Projekte .............. 313
2.6 Zusammenfassung ........................................... 313
2.7 Literatur ................................................. 313

**3. Das Pflichtenheft** ....................................... 314
3.1 Allgemeines ............................................... 314

| | | |
|---|---|---|
| 3.2 | Gliederung des Pflichtenheftes | 315 |
| | 3.2.1 Unternehmensbeschreibung | 316 |
| | 3.2.2 Situationsanalyse | 316 |
| | 3.2.3 Aufgabenstellung | 316 |
| | 3.2.4 Fragenkatalog an den Lieferanten | 318 |
| | 3.2.5 Aufbau der Offerte | 319 |
| | 3.2.6 Administratives | 320 |
| 3.3 | Schlusswort | 320 |
| 3.4 | Literatur | 321 |

## 4. Evaluation ......... 322

| | | |
|---|---|---|
| 4.1 | Pflichtenheft als Ausgangsbasis | 322 |
| 4.2 | Dreistufiges Evaluationsverfahren | 322 |
| | 4.2.1 Vorfilter | 322 |
| | 4.2.2 Grobfilter | 325 |
| | 4.2.3 Feinfilter | 326 |
| 4.3 | Allgemeines Beispiel einer Entscheidungsanalyse nach der Methodik der Nutzwertanalyse | 326 |
| | 4.3.1 Erstellen und Auswerten des Evaluationsblattes | 326 |
| | 4.3.2 Ermitteln und Auswerten nachteiliger Auswirkungen | 328 |
| 4.4 | Entscheidungsanalyse am Beispiel einer EDV-Evaluation nach der Methodik der Kosten-Wirksamkeits-Analyse | 330 |
| | 4.4.1 Darstellung der Methodik anhand eines Beispiels | 330 |
| | 4.4.2 Wirksamkeits-Kriterien für eine EDV-Evaluation | 330 |
| | 4.4.3 Kostenkriterien | 340 |
| | 4.4.4 Evaluationsergebnisse | 340 |
| 4.5 | Literatur | 342 |

## 5. Kosten/Nutzen/Wirtschaftlichkeit ......... 343

| | | |
|---|---|---|
| 5.1 | Allgemeine Überlegungen | 343 |
| 5.2 | Das Grundprinzip | 345 |
| 5.3 | EDV-Kosten | 347 |
| | 5.3.1 Einmalige Kosten | 347 |
| | 5.3.2 Wiederkehrende Kosten | 348 |
| | 5.3.3 Jährliche Kosten | 351 |
| 5.4 | EDV-Nutzen | 352 |
| | 5.4.1 Sachzwänge | 352 |
| | 5.4.2 Direkte Einsparungen | 352 |
| | 5.4.3 Vermeidbare (zukünftige) Kosten | 353 |
| | 5.4.4 Erhöhung der Einnahmen | 353 |
| | 5.4.5 Imponderabilien (nicht direkt quantifizierbare Faktoren) | 354 |
| 5.5 | Verhältnis Kosten/Nutzen | 354 |
| | 5.5.1 Statische Verfahren | 357 |
| | 5.5.2 Dynamische Verfahren | 359 |
| | 5.5.3 Zur Genauigkeit der Ausgangsdaten | 360 |
| | 5.5.4 Berücksichtigung von Imponderabilien | 361 |
| | 5.5.5 Rechnerunterstützung | 362 |

| | | |
|---|---|---|
| 5.6 | Was darf die Informatik kosten? | 362 |
| 5.7 | Literatur | 364 |

**6. Rechtsverhältnisse im Informatik-Bereich** .................... 365
**A. Vertragsrecht** .................... 365

| | | |
|---|---|---|
| 6.1 | Vertragsarten | 366 |
| 6.2 | Vertragliche Verhandlungen | 366 |
| | 6.2.1 Die Pflichten zukünftiger Vertragspartner | 366 |
| | 6.2.2 Die rechtliche Bedeutung der vorvertraglichen Verhandlungen | 367 |
| | 6.2.3 Einige wichtige Punkte | 367 |
| 6.3 | Allgemeine Geschäftsbedingungen (AGB) im Informatik-Bereich | 367 |
| 6.4 | Zur Frage der rechtlichen Qualifikation einzelner Verträge im Informatik-Bereich | 368 |
| | 6.4.1 Qualifikation | 368 |
| | 6.4.2 Juristisch unzutreffende Vertragsbezeichnung | 368 |
| 6.5 | Der Erwerb von Hardware | 369 |
| | 6.5.1 Allgemeine Bemerkungen | 369 |
| | 6.5.2 Rechtsnatur von Verträgen bei Erwerb von Hardware | 369 |
| | 6.5.3 Erwerb eines gesamten Informatik-Systems | 370 |
| | 6.5.4 Unterschiede zwischen Kauf- und Werkvertrag | 370 |
| | 6.5.5 Verhandlung und Abschluss des Vertrages | 371 |
| | 6.5.6 Checkliste bei Verträgen über den Erwerb von Computern und Informatik-Systemen | 371 |
| 6.6 | Verträge für die Überlassung resp. Nutzung von Software (Lizenzvertrag) | 372 |
| | 6.6.1 Allgemeines | 372 |
| | 6.6.2 Rechtsnatur des Vertrages | 372 |
| | 6.6.3 Umfang der Lizenz | 373 |
| | 6.6.4 Übersicht über den Umfang der Lizenz | 375 |
| | 6.6.5 Pflichten des Lizenznehmers | 375 |
| | 6.6.6 Checkliste für einen Softwarelizenzvertrag | 376 |
| 6.7 | Software-Erstellungsvertrag | 376 |
| | 6.7.1 Allgemeines | 376 |
| | 6.7.2 Rechtsnatur des Vertrages | 377 |
| | 6.7.3 Bemerkungen zum Vertragsinhalt | 378 |
| | 6.7.4 Checkliste | 378 |
| 6.8 | Wartungsverträge | 379 |
| | 6.8.1 Allgemeines | 379 |
| | 6.8.2 Hardware-Wartung | 380 |
| | 6.8.3 Software-Wartung | 380 |
| | 6.8.4 Wartungsplan | 381 |
| | 6.8.5 Rechtsnatur des Wartungsvertrages | 381 |
| | 6.8.6 Checkliste für den Wartungsvertrag | 382 |
| 6.9 | Realisation grösserer Informatik-Projekte | 382 |
| | 6.9.1 Allgemeines | 382 |
| | 6.9.2 Leistungsumfang | 383 |
| | 6.9.3 Projektmanagement | 383 |

|  |  |  |
|---|---|---|
| | 6.9.4 Der (GU)-Rahmenvertrag | 383 |
| | 6.9.5 Projektänderungen als Folge des Entwicklungsprozesses | 384 |
| | 6.9.6 Abnahme eines Informatik-Systems | 384 |
| 6.10 | Verträge über Informatik-Systemanalyse | 385 |
| | 6.10.1 Umschreibung des Begriffs | 385 |
| | 6.10.2 Rechtsnatur des Systemanalyse-Vertrages | 385 |
| 6.11 | Verträge über Informatik-Beratung | 386 |
| | 6.11.1 Umschreibung des Begriffs | 386 |
| | 6.11.2 Rechtsnatur des Beratungsvertrages | 386 |
| 6.12 | Weitere Verträge im Informatik-Bereich | 386 |

**B. Der Schutz von Computerprogrammen** ... 387
6.13 Notwendigkeit des Softwareschutzes (mit Übersichtstabelle) ... 387

**C. Computerkriminalität** ... 387
6.14 Computerkriminalität ... 387

**D. Produktehaftpflicht im Informatik-Bereich** ... 389
6.15 Das Produktehaftpflichtgesetz ... 389
6.16 Erweiterung des Herstellerbegriffs ... 390
6.17 Anwendung auch auf Hard- und Software ... 390
6.18 Die Risiken der Haftung des Softwareherstellers ... 391

| | | |
|---|---|---|
| **7.** | **Priorisierung** | **392** |
| 7.1 | Interessenkonflikte | 392 |
| 7.2 | Das System PRIO – Lösungsansatz | 393 |
| 7.3 | Bewertung der Projekte | 394 |
| 7.4 | Funktionalitäten des Systems | 395 |
| 7.5 | Die Einführungsmodule | 397 |
| 7.6 | Zusammenfassung | 398 |
| 7.7 | Literatur | 398 |
| | | |
| **8.** | **CASE** | **399** |
| 8.1 | Begriffe | 399 |
| 8.2 | Anforderungen | 400 |
| 8.3 | Klassifikation | 400 |
| 8.4 | Kosten | 402 |
| 8.5 | Nutzenaspekte | 402 |
| 8.6 | Zusammenfassung | 402 |
| 8.7 | Literatur | 403 |
| | | |
| **9.** | **Psychologische Aspekte der EDV** | **404** |
| 9.1 | Das psychologische Hauptproblem: Die Angst vor der EDV | 404 |
| 9.2 | Das neue EDV-Management-Verständnis | 408 |
| 9.3 | Die Grundregeln psychologischen Vorgehens | 412 |
| 9.4 | Behandlung von Veränderungs-Widerstand | 415 |
| 9.5 | Die psychologische Dimension der Projektphasen | 418 |
| 9.6 | Literatur | 422 |

| | | |
|---|---|---|
| **10.** | **Darstellungstechniken** | **424** |
| 10.1 | Ablauforganisation | 424 |
| 10.2 | Informatiksystem | 425 |
| | 10.2.1 Informationsflüsse | 427 |
| | 10.2.2 Datenbestände | 429 |
| | 10.2.3 Funktionen | 430 |
| | 10.2.4 Prozesse und Transaktionen | 431 |
| | 10.2.5 Hardware-Konfiguration | 432 |
| 10.3 | Hilfsmittel | 432 |
| 10.4 | Literatur | 435 |
| **11.** | **Formularsammlung** | **436** |
| 11.1 | Kosten/Nutzen/Wirtschaftlichkeit | 436 |
| 11.2 | Projektmanagement, Terminierung | 436 |
| 11.3 | Evaluation | 436 |
| 11.4 | Personal | 436 |

# Einleitung

Im folgenden Teil werden Fragen behandelt, die mit der Organisation der Projektabwicklung zu tun haben, wie z.B. Projektorganisation, Projektplanung und -überwachung, Projektinformationswesen etc. Die Vernachlässigung derartiger Fragen und die ausschliessliche Konzentration auf Sach- oder EDV-technische Fragen ist eine häufige Quelle von Misserfolgen.

Darüber hinaus werden verschiedene Methoden und Techniken beschrieben, die bei der Projektabwicklung von Bedeutung sind. Dazu gehören insbesondere die Methoden der Terminplanung, wichtige EDV-Darstellungstechniken, Methoden der Wirtschaftlichkeitsrechnung sowie Überlegungen und Verfahren im Zusammenhang mit der Evaluation von Hard- und Software.

Bei der Behandlung dieser Themen stehen wiederum die Bedürfnisse der EDV-Anwender im Vordergrund. Diese sollen die Gedankengänge, Methoden und Instrumente verstehen, die die Spezialisten verwenden oder verwenden sollten.

Zu den folgenden Ausführungen muss noch eine Bemerkung gemacht werden: Wo ein Kapitel oder der Teil eines solchen als Arbeitsanleitung benützt werden soll, um für den eigenen Bedarf z.B. einen Terminplan, eine Wirtschaftlichkeitsrechnung, ein Pflichtenheft oder einen Vertrag zu erstellen – dort müssen die Angaben des Buches dem konkreten Fall angepasst werden. In die folgenden Kapitel wurde das Grundlegende und häufig Wiederkehrende aufgenommen. Die bunte Vielfalt der realen EDV-Welt geht weit darüber hinaus und konfrontiert EDV-Anwender und EDV-Spezialisten immer wieder mit neuen Variationen zum grundlegenden Thema.

# 1. Projektmanagement

## 1.1 Übersicht

Projekt-Management ist hier als Überbegriff für alle organisatorischen, planenden und steuernden Massnahmen zu verstehen, die bei der Abwicklung eines EDV-Vorhabens zu beachten sind. Dabei steht nicht die EDV-Lösung selbst im Vordergrund, sondern das planmässige Vorgehen, die dazu erforderlichen Mittel personeller, finanzieller und sachlicher Art und deren sinnvoller Einsatz und Koordination.

### 1.1.1 Projektbegriff

Ein Projekt ist ein Vorhaben, das wie folgt charakterisiert werden kann:
- Es ist zeitlich begrenzt, hat also einen Anfang und ein Ende.
- Es hat ein Ziel.
- Im Hinblick darauf sind Aktivitäten zu planen.
- Sein Erfolg ist messbar oder soll messbar gemacht werden.
- Es sind meist mehrere Personen daran beteiligt.
- Es braucht eine Leitung.
- Es weist eine gewisse Einmaligkeit auf (keine reine Routineangelegenheit).
- Daneben laufen noch andere Aktivitäten (Tagesgeschäft, evtl. auch andere Projekte) gegen die es abgegrenzt und auf die abgestimmt werden muss und mit denen es oft sogar in Konkurrenz steht (z.B. hinsichtlich Ressourcenbedarf).
- Es muss in der Regel in Teilprojekte gegliedert werden, die aufeinander abzustimmen sind.

### 1.1.2 EDV-Projekte

EDV-Projekte sind Entwicklungsvorhaben, deren Problem- und Aufgabenstellung im Rahmen der Unternehmungszielsetzung zu formulieren und zu begründen sind. Wegen der normalerweise ungewöhnlichen Aufgabenstellung sind EDV-Projekte nicht im Rahmen der normalen Unternehmungsroutine abzuwickeln.

Ein EDV-Projekt kann alle Aufgaben enthalten, die im Zusammenhang mit der erstmaligen EDV-Installation anfallen, es kann sich aber auch um grössere Änderungen, Ergänzungen oder Erweiterungen bestehender EDV-Lösungen handeln.

Der Umfang von EDV-Projekten und der Aufwand für ihre Abwicklung kann deshalb sehr unterschiedlich gross sein. Ein übliches Unterscheidungsmerkmal ist zum Beispiel der Aufwand in Mannjahren (1 Person ist 1 Jahr tätig, 4 Personen je $\frac{1}{4}$ Jahr usw.). Demzufolge kann man unterscheiden:

- Kleinprojekte:    Aufwand kleiner als 1 Mannjahr
- Mittlere Projekte:    Aufwand zwischen ca. 1 und 5 Mannjahren
- Grossprojekte:    Aufwand grösser als 5 Mannjahre

Diese Zuordnung muss nicht ein für allemal fix sein. Im Verlauf eines Projekts (z.B. am Ende einer Vorstudie) kann sich herausstellen, dass es zweckmässiger ist, den Aufgabenumfang auszudehnen oder auch ihn zu reduzieren. Wesentlich ist, dass die Grundprinzipien des Projekt-Managements auch bei kleinen Projekten eingehalten werden sollten. Der damit verbundene Formalismus wird aber einfacher gehandhabt werden können und müssen.

### 1.1.3 Grundsätze des Projekt-Managements

Die folgenden *Grundsätze* sollten bei der Abwicklung von EDV-Projekten befolgt werden:

- Der Ablauf ist in zeitlicher Hinsicht in überblickbare *Teilschritte* zu gliedern (z.B. Phasenkonzept, siehe Teil II).
- Für die Durchführung von Projekten, die einen Aufwand von mehr als 1–2 Mannmonaten erfordern, ist ein geordnetes *Antrags- und Genehmigungsverfahren* vorzusehen.
- Der Ablauf des Projektes und der einzelnen *Phasen* ist in sachlicher, terminlicher und aufwandmässiger Hinsicht zu *planen* und zu *überwachen*.
- Die Abwicklung der Tätigkeiten hat durch eine sorgfältig zusammengestellte *Projektgruppe* zu erfolgen:
  - Neben Mitarbeitern mit *EDV-Kenntnissen* sollen die betroffenen *Fachbereiche* angemessen vertreten sein.
  - Um die Projektarbeit mit der nötigen Sorgfalt durchführen zu können, sind die *Projektmitarbeiter* hinsichtlich ihrer sonstigen Tätigkeiten entsprechend zu *entlasten*.
  - Neben *fachlichen Qualifikationen* spielt die *Eignung zur Teamarbeit* eine wesentliche Rolle.
  - Die Projektgruppe wird von einem *Projektleiter* geleitet, dessen Aufgaben, Kompetenzen und Verantwortung festzulegen sind.
- Darüber hinaus sind *Entscheidungsorgane* (z.B. EDV-Kommission, Steuerungsausschuss) festzulegen, die zeitgerecht in den Prozess der Meinungs- und Willensbildung einzuschalten sind und die die Kompetenz haben, Konzepte zu bewilligen bzw. für die Zuteilung der erforderlichen Mittel zu sorgen. Das Management der Benützer-Bereiche soll darin angemessen vertreten sein.
- Die Ergebnisse der Projektarbeit sind zu *dokumentieren,* und es ist ein geordnetes *Berichtswesen* vorzusehen.

Aus dieser Aufzählung lassen sich als Schwerpunkte für die folgenden Ausführungen herausschälen:

- das *Antrags- und Genehmigungsverfahren*, das die Mechanismen und Hilfsmittel zur Entscheidungsfindung in einem Projekt umfasst (Abschnitt III.1.2).
- die *Projektorganisation* als Überbegriff für alle personen- und gruppenbezogenen Aspekte im Sinne der Aufbauorganisation eines Projektes auf der Arbeitsebene (Projektleiter und Projektteam, Abschnitt III.1.3.2 und III.1.3.3) sowie auf der Entscheidungsebene (EDV-Kommission, Steuerungsausschuss, Abschnitt III.1.3.4).

- die *Projektplanung und -kontrolle*, welche die Teilfragen der Ablaufplanung und -überwachung umfasst (Abschnitt III.1.5).
- das *Projektinformationswesen* mit dem formal geplanten Berichtswesen einerseits und der *Projektdokumentation* andererseits (Abschnitt III.1.6).

Die nachstehende Erörterung dieser Teilfragen vollzieht sich vor dem gedanklichen Hintergrund des im Teil II. erläuterten Phasenkonzeptes. Bei Anwendung anderer Vorgehensmodelle sind die Aussagen sinngemäss zu interpretieren.

## 1.2 Projektantrag und -genehmigung

Die Komplexität der Verflechtung der betrieblichen Erfordernisse einerseits und der EDV-technischen Möglichkeiten andererseits, die bisweilen weitreichenden ablauf- und evtl. auch aufbauorganisatorischen Umstellungen, die zu erwartenden Investitionen u.ä. erfordern eine gezielte Einflussnahme der Führungsinstanzen. Um diese zu ermöglichen, ist es notwendig, nicht nur die Abwicklung von EDV-Projekten, sondern bereits deren Lancierung in geordneten Bahnen verlaufen zu lassen. Diese beginnen mit der Formulierung eines Projektantrages und dessen Genehmigung. Die Zusammenhänge sind in Abb. 3.1.1 dargestellt.

Es hat sich als zweckmässig erwiesen, dafür entsprechende Arbeitshilfsmittel, z.B. in Form von Formularen, vorzusehen, die eine Stellungnahme zu wichtigen Fragen erzwingen und damit die Beurteilung eines Antrags erleichtern.

Für Projektantrag und Projektauftrag können identische Formulare verwendet werden (siehe Abbildung 3.1.2). Mit der Genehmigung des Projektantrages wird dieser zum Projektauftrag.

Bei umfangreichen Projekten ist es zweckmässig, den Projektauftrag etappenweise zu vereinbaren (z.B. für die Durchführung einer Vorstudie und erst im Anschluss daran Vereinbarung des weiteren Vorgehens).

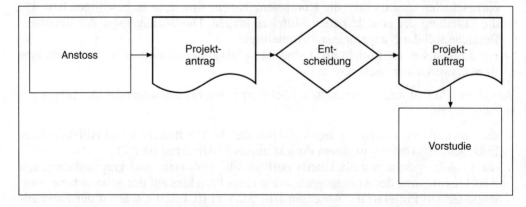

*3.1.1 Positionierung der Schritte Projektantrag und -genehmigung*

Projektantrag und -auftrag sollen schriftlich abgefasst sein, weil dadurch das Risiko von Missverständnissen reduziert wird. Insbesondere sollen darin enthalten sein (vgl. Abb. 3.1.2):

- die Darlegung der *Ausgangssituation* und die Problembeschreibung in sachlicher Hinsicht (Worum geht es? Warum beschäftigen wir uns mit dieser Angelegenheit? Auf welchen Entscheidungen bauen wir auf? etc.)
- der *Zweck* bzw. das *Ziel des Projekts* (Wozu soll die gewünschte Lösung dienen? Worin soll der Nutzen bestehen?)
- wer ist für die *Durchführung verantwortlich* ?
- *Terminvorgabe*
- *Aufwandschätzung*
- die Form des *Ergebnisses* (was soll am Ende des Projekts oder der gerade vereinbarten Phase(n) vorliegen?)

Die Entscheidungsinstanz – in kleinen Betrieben die Geschäftsleitung, in grösseren und bei bereits vorhandener EDV die EDV-Kommission (siehe Abschnitt III.1.3.4) – hat hierauf zu beurteilen, ob ein Projektauftrag erteilt werden soll oder nicht. Wenn der Projektantrag zu wenig fundierte Argumente enthält, kann es sein, dass er zur weiteren Bearbeitung zurückgewiesen wird.

Es ist dabei allerdings zu beachten, dass der Aufwand für die Ausarbeitung und Begründung eines Projektantrages nicht den Charakter einer Vorstudie annehmen soll und darf. Der Antrag soll ja nicht die Ergebnisse der Vorstudie enthalten, sondern die Entscheidung ermöglichen, ob die Durchführung einer Vorstudie sinnvoll ist oder nicht. Denn nicht über den EDV-Einsatz wird hier entschieden, sondern über die Durchführung einer ersten Phase.

## 1.3 Projektorganisation

Die Projektorganisation umfasst zunächst die Bildung einer Projektgruppe und deren organisatorische Verankerung sowie die Person des Projektleiters. Man kann dies als die *Arbeitsebene eines Projekts* bezeichnen, die vor allem entscheidungsvorbereitend tätig ist.

In weiterer Folge geht es natürlich auch um die organisatorische Definition der *Willensbildungsebene* (EDV-Kommission, Steuerungsausschuss u.ä.), auf die im Abschnitt III.1.3.4 eingegangen wird.

### 1.3.1 Formen der Projektorganisation

Hinsichtlich der Zusammensetzung und organisatorischen Verankerung des Projektteams und der Kompetenzen des Projektleiters kann man drei Grundformen der Projektorganisation unterscheiden:

- Reine Projektorganisation (task force)
- Einfluss-Projektorganisation (Stabs-Projektorganisation) und
- Matrix-Projektorganisation

Darüber hinaus gibt es eine Vielzahl von Mischformen.

| Firma: | **Projekt-Antrag / Auftrag** | | Seite: 1 |
|---|---|---|---|
| | Projekt-Bezeichnung: Rationalisierung der Auftragsabwicklung | Kurzzeichen: | Projekt-Nr.: 4711 |
| Auftrags-Bezeichnung: | | Kurzzeichen: | Auftrags-Nr.: |

| | |
|---|---|
| 1. Kurzbeschreibung (Ausgangssituation, Aufgabenstellung, Untersuchungsbereich)<br>2. Zweck / Erwarteter Nutzen; 3. Grundlagen; 4. Form des Ergebnisses; 5. Sonstiges | Mitarbeiter:<br>Geschäftsleitung:<br>Dir. Handl<br>Projektgruppe:<br>Rohr (PL)*)<br>Huber (PPS)*)<br>Reichl (Tech.)<br>Obermayr (Verkauf)<br>Pertl (Adm.)<br>Gut (IDEA)*)<br><br>*) = engerer Kreis |
| 1. Kurzbeschreibung<br><br>Das Problem der Schwerfälligkeit der heutigen Auftragsabwicklung ist allseits bekannt und wurde in Geschäftsleitungssitzungen schon mehrfach besprochen. Es besteht jetzt die Bereitschaft, endlich etwas dagegen zu tun. Wir haben Kontakt mit der Firma IDEA aufgenommen, die uns einen erfahrenen Berater für die Untersuchung folgender Bereiche zur Verfügung stellen würde:<br><br>- Auftragsabwicklung<br>- Produktionsplanung und -steuerung<br>- Lagerdisposition und -verwaltung<br><br>Es handelt sich zunächst um eine Vorstudie, die unsere Probleme und Möglichkeiten aufzeigen soll. Im Anschluss daran werden wir mehr Klarheit haben und das weitere Vorgehen beschliessen können. | |
| | Start-Termin:<br>28.2.19.. |
| | Abschluss-Termin:<br>30.4.19.. |
| 2. Zweck/Erwarteter Nutzen<br><br>Hauptziel ist die schnellere und kostengünstigere Abwicklung von Kundenaufträgen. Die hier vereinbarte Vorstudie soll verschiedene Möglichkeiten und die damit verbundenen Konsequenzen (Aufwands-/Nutzen-Verhältnisse) aufzeigen. | Kosten:<br>50 AT intern<br>30 000.- Fr. |
| | Verteiler: |
| 3. Grundlagen<br><br>Stellungnahmen des Verkaufs und der Lagerverwaltung liegen bei. Vorgehensplan beiliegend. | |
| 4. Form des Ergebnisses<br><br>Vorstudienbericht bis 30.4.19..<br><br>- Mängeldarstellung<br>- Lösungsansätze (inkl. zweckmässiger Umfang des EDV-Einsatzes)<br>- Erwartete Konsequenzen (quantitativ und qualitativ)<br>- Sofortmassnahmen<br>- Weiteres Vorgehen | Antragsteller:<br>Jork (V) |
| | Datum:<br>15.2.19.. |
| | Genehmigt:<br>Reck |
| | Datum:<br>25.2.19.. |

*3.1.2 Projektantrag/-auftrag*

## 1.3.1.1 Reine Projektorganisation

Charakteristik:

Die an der Durchführung eines Projektes beteiligten Mitarbeiter werden aus ihren angestammten Abteilungen organisatorisch herausgelöst und zu einer neuen, zeitlich begrenzt bestehenden Organisationseinheit zusammengefasst (siehe Abb. 3.1.3). Die so entstehende Projektgruppe arbeitet vollamtlich unter der Leitung des Projektleiters, der – im Gegensatz zu den anderen Organisationsformen – über relativ weitreichende Kompetenzen verfügt. Er trägt dafür aber auch ein grosses Mass an Verantwortung für die Zielerreichung in sachlicher, terminlicher und kostenmässiger Hinsicht.

Vorteile:

- Einheitlichkeit des Willens durch Linien-Autorität des Projektleiters gewährleistet
- schnelle Reaktion bei Störungen
- starkes Bedürfnis, auftretende Schwierigkeiten zu meistern: Die Projektgruppe kann lediglich im Zusammenhang mit einem bestimmten Projekt Erfolg haben; sie wird sich deshalb stark mit dem Projekt identifizieren.

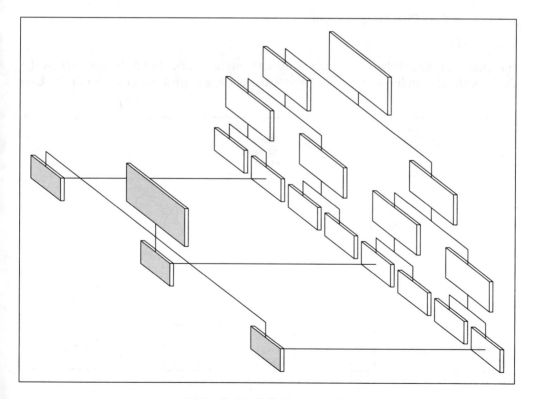

*3.1.3   Reine Projektorganisation*

Nachteile:

- Schwierigkeiten bei der Rekrutierung von fachkundigen Mitarbeitern, die bei dieser Organisationsform vollständig aus ihrer Stammorganisation herausgelöst werden müssen.
- An der fachlichen Weiterbildung von Mitarbeitern ist die Projektleitung nur in dem Ausmass interessiert, als sie «ihrem» Projekt zugute kommt (Tendenz zur «fachlichen Verarmung» in interdisziplinären Arbeitsgruppen).
- Hinsichtlich des Einsatzes von lediglich zeitweise benötigten Spezialisten kann es zu Schwierigkeiten mit den zuständigen Linienstellen kommen. Da diese Organisationsform eindeutige Unterstellungsverhältnisse voraussetzt, besteht die Gefahr, dass Mitarbeiter im Projekt ganz zurückbehalten werden, obwohl sie nur noch sporadisch benötigt werden. Dasselbe gilt für Hilfsmittel verschiedenster Art.
- Schwierigkeiten bei der Wiedereingliederung von Projektbearbeitern nach Abschluss des Projekts.

Genereller Anwendungsbereich: Sehr grosse Projekte, die relativ lange dauern.

Bei EDV-Projekten kann auch nur eine Kerngruppe des Projektteams nach diesem Prinzip organisiert sein. Eine konsequente Herauslösung aller Teammitglieder aus ihrer Stammabteilung ist bei innerbetrieblichen EDV-Projekten praktisch weder möglich noch sinnvoll, da dadurch auch psychologische «Entfremdungseffekte» entstehen können.

### 1.3.1.2 Einfluss-Projektorganisation

Charakteristik:

Innerhalb der durchführenden Organisation (Unternehmung, Behörde usw.) bleibt die funktionale Hierarchie unverändert weiter bestehen, sie wird lediglich durch die Exi-

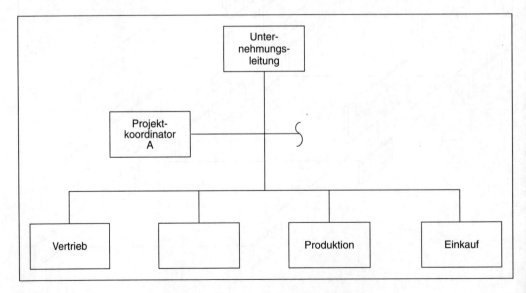

*3.1.4 Einfluss-Projektorganisation*

stenz eines sogenannten «Projektverfolgers» (Stabskoordinators u.ä.) ergänzt (siehe Abb. 3.1.4). Es ist dabei von sekundärer Bedeutung, ob der Projektverfolger seine Aufgabe vollamtlich wahrnimmt oder nicht. Theoretisch ist es auch unerheblich, welche Funktion er in seiner normalen Tätigkeit bekleidet (Linienfunktion, Stabsfunktion etc.) – praktisch natürlich nicht, weil eine hochrangige Verankerung im Tagesgeschäft seine Projekt-Durchsetzungsfähigkeit auch ohne formale Kompetenz erhöht.

Charakteristisch für diese Organisationsform ist, dass der Projektleiter /-koordinator über keine Weisungsbefugnisse verfügt. Er verfolgt den Projektablauf in sachlicher, terminlicher und kostenmässiger Hinsicht und schlägt im Bedarfsfall den entsprechenden Linieninstanzen evtl. durchzuführende Massnahmen vor. Er kann deshalb weder für die sachliche, terminliche noch kostenmässige Erreichung oder Nichterreichung der Projektziele verantwortlich gemacht werden. Er ist lediglich verantwortlich für die rechtzeitige Informierung der Linieninstanzen, evtl. auch für die Güte der von ihm vorgeschlagenen Massnahmen. Kompetenzmässig ist ihm der ungehinderte Zugang zu allen Informationen einzuräumen, die das Projekt betreffen.

Vorteile:

- Hohes Mass an Flexibilität hinsichtlich des Personaleinsatzes;
  - Personen können ohne organisatorische Schwierigkeiten gleichzeitig für verschiedene Aufgaben (z.B. in verschiedenen Projekten) eingesetzt werden,
  - Erfahrungssammlung und -austausch über verschiedene Projekte hinweg relativ einfach (Projektdurchführung innerhalb der funktionalen Abteilungen).
- Keine organisatorischen Umstellungen erforderlich; die bestehende Hierarchie wird lediglich ergänzt, bleibt aber prinzipiell unverändert erhalten.

Nachteile:

- Wegen der geringen Anordnungskompetenz des Projektleiters naturgemäss auch weniger Verantwortung.
- Ggf. geringeres Bedürfnis, auftretende Schwierigkeiten engagiert zu überwinden (verständliches Abschieben oder Zurückweisen der Verantwortung).
- Nachteilig wirkt sich ausserdem eine geringere Reaktionsgeschwindigkeit bei Auftreten unerwarteter Ereignisse aus. Für Entscheidungen sind die Linieninstanzen zuständig, die sich vielfach nur am Rande und nebenbei mit dem Projekt beschäftigen.

Anwendungen: Kleine Projekte.

### 1.3.1.3 Matrix-Projektorganisation

Charakteristik:

Bei der Matrix-Projektorganisation (Abb. 3.1.5) handelt es sich um eine Kombination von Reiner Projektorganisation und Einfluss-Projektorganisation. Dies wird dadurch erreicht, dass die herkömmliche Linienorganisation um eine zusätzliche Dimension erweitert wird: Dem Projektleiter werden unmittelbare Zugriffsmöglichkeiten zu Projektbearbeitern bzw. Entscheidungskompetenzen eingeräumt, die er allerdings mit den Linienvorgesetzten zu teilen hat. Eine generell gültige Kompetenzabgrenzung kann

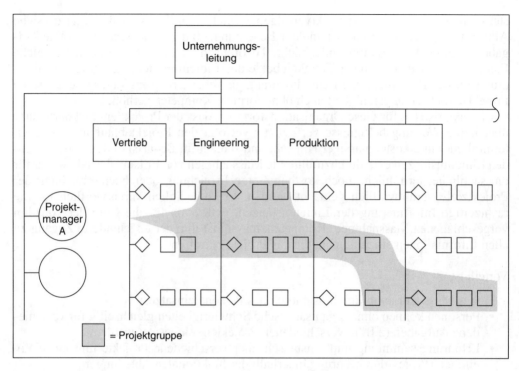

3.1.5 Matrix-Projektorganisation

nicht vorgeschlagen werden, sie ist aber zwischen den Beteiligten vor Beginn des Projektes zu vereinbaren.

Trotz genereller Kompetenzabgrenzungen können sich Konflikte zwischen den Linieninstanzen und dem Projektleiter ergeben. Es ist daher unerlässlich, Konfliktsituationen offen darzulegen und Regeln zu ihrer Beilegung festzusetzen.

Vorteile:

- Die Projektleitung fühlt sich für das Projekt verantwortlich.
- Der «funktionale Heimathafen» der Mitarbeiter bietet folgende Vorteile:
  • flexibler Personaleinsatz möglich
  • Spezialwissen und besondere Erfahrungen können gezielt an andere Projekte weitergegeben werden.
  • Die Kontinuität der – über die Projektarbeit hinausgehenden – fachlichen Weiterbildung ist eher gewährleistet, da sie Aufgabe der Linieninstanzen ist.
  • grösseres persönliches Sicherheitsgefühl der Mitarbeiter, die nicht vollständig aus ihrer Stammorganisation herausgelöst werden.

Nachteile:

- evtl. relativ grosser Aufwand für Kompetenzabgrenzungen und laufende -verteidigung erforderlich

- trotzdem Risiko von Kompetenzkonflikten zwischen Linien- und Projekt-Autorität.
- Verunsicherung von Vorgesetzten (Verzicht auf Ausschliesslichkeitsanspruch) und Mitarbeitern («Diener zweier Herren»)

Anwendung: Breitest gestreuter Anwendungsbereich, wenn das Problem der Doppelunterstellung bewältigt werden kann.

### 1.3.1.4 Mischformen

Über die skizzierten idealtypischen Organisationsformen hinaus gibt es natürlich eine Vielzahl von Mischformen und Kombinationen:

Die Reine Projektorganisation erfordert eindeutige Unterstellungsverhältnisse und damit einen vollzeitlichen Einsatz aller Mitarbeiter. Bei lediglich temporär benötigten Mitarbeitern kann es zu Schwierigkeiten hinsichtlich der Zuteilung kommen. Deshalb ist es durchaus sinnvoll, die Reine Projektorganisation z.B. nur auf eine Kerngruppe von Mitarbeitern zu beziehen und die übrigen nach dem Einfluss- bzw. Matrix-Prinzip zuzuordnen.

Eine Reine Projektorganisation ist z.B. automatisch dann gegeben, wenn der Projektleiter bereits Linienvorgesetzter einiger Projekt-Mitarbeiter ist (z.B.: Abteilungsleiter übernimmt Projektleitung und setzt einige seiner Mitarbeiter ein). Diesen Mitarbeitern gegenüber hätte er dann eigentlich die Befugnisse des Leiters einer Reinen Projektorganisation, auch wenn offiziell das Einfluss- oder Matrixmodell gewählt wurde.

Oder: Eine Projektorganisation nach dem Einfluss-Prinzip, bei dem für den Einsatz von Mitarbeitern keine Zeitanteile zwischen Projektleiter und Linieninstanzen vereinbart wurden, kann durch derartige nachträgliche Vereinbarungen in eine Matrix-Projektorganisation «umfunktioniert» werden, ohne dass dies so bezeichnet und wahrgenommen wird.

Eine einmal gewählte Organisationsform braucht auch nicht über alle Projektphasen gültig zu sein. In den einzelnen Projektphasen ändern sich die Bearbeitungsschwerpunkte und damit auch der Bedarf an Fachwissen und erforderlichen Qualifikationen. Damit kann sich der Umfang der Projektgruppe und der beteiligte bzw. betroffene Personenkreis ändern, und dies kann wiederum die Anpassung der Organisationsform zweckmässig erscheinen lassen.

So ist es z.B. durchaus möglich, die Entwicklung und prototypenhafte Realisierung einer kleinen und straff organisierten Projektgruppe (evtl. sogar in einem abgegrenzten Pilot-Bereich) zu übertragen und die weitere Ausbreitung dann lediglich zentral zu koordinieren.

Auch die Umkehrung im Sinne einer immer straffer werdenden Projektorganisation ist denkbar: z.B. in der Art, dass die Entwicklungsphasen auf breiterer Basis unter Einschaltung der Anwender im Sinne des Einfluss- oder Matrix-Modells strukturiert sind und die Realisierung in straffer Form durch vollzeitlich eingesetzte Spezialisten erfolgt.

Dies wäre z.B. speziell dann der Fall, wenn ein Projekt kritisch wird (vereinbarte Leistungen, Termine, Kosten gefährdet) und man es durch eine straffe Task-Force-Organisation mit weitgehenden Kompetenzen noch «retten» will.

Mit oder ohne Änderung der Organisationsform kann auch ein Wechsel der Person des Projektleiters vorgesehen werden. Natürlich ist es nicht sinnvoll, wenn der Projektleiter sich mit zunehmender Konkretisierung einfach «verabschiedet» und die Bewältigung von Detailproblemen bzw. das Ausbügeln von Konzeptschwächen anderen überlässt. Diese Lernchance sollte man ihm durchaus gönnen.

Andererseits gibt es aber durchaus Menschen, deren Persönlichkeitsstrukturen für die Entwicklungsphasen besonders geeignet sind, die also gute Konzepte unter starker Einbindung der späteren Anwender in die Wege leiten können. Diese Personen sind dann bisweilen weniger interessiert und auch geeignet, die Realisierung straff und konsequent durchzuziehen und das Projekt im Griff zu behalten.

Eine Übergabe der Projektleitung kann also durchaus zweckmässig sein. Allerdings sollte dies schon frühzeitig vorgesehen werden und der neue Projektleiter bereits Mitglied des Projektteams sein. Dann «versteht» und «trägt» er die Konzepte besser und kann sie kompetenter realisieren.

Einschränkend sei darauf hingewiesen, dass die Wahl einer geeigneten Organisationsform zwar bessere Voraussetzungen für die erfolgreiche Abwicklung eines Projekts schafft, aber noch keinerlei Garantie dafür gibt. Die Organisationsform kann nur als genereller Rahmen angesehen werden, der von den am Projekt beteiligten Mitarbeitern ausgefüllt werden muss.

### 1.3.2 Die Projektgruppe

Zwei Interessen sollen in einem EDV-Projekt in einem ausgewogenen Verhältnis vertreten sein:

– die Interessen der Benützer (Fachabteilungen), die ihre Situation, ihre Arbeitsabläufe und Probleme kennen und die durch ihr Fachwissen eine Lösung der Probleme erst ermöglichen.
– die Interessen der EDV-Fachleute, die neben EDV-Wissen auch das organisatorische Instrumentarium beherrschen, das für die Planung und Abwicklung eines derartigen Vorhabens wichtig ist.

Die Mitarbeiter in einer Projektgruppe – gleichgültig, welchen Bereich sie vertreten – sollen wie folgt qualifiziert sein:

– Beherrschung ihres Anwendungs- bzw. Fachgebiets
– positives Interesse an einer guten Lösung, Bereitschaft daran engagiert mitzuarbeiten
– Teamfähigkeit
– gute Auffassungsgabe und Lernbereitschaft
– Belastbarkeit u.a.m.

Hinsichtlich der Herkunft von Organisations- und EDV-Spezialisten bestehen die in Abb. 3.1.6 dargestellten Möglichkeiten.

**Zur Teamarbeit**

Die Teamarbeit und ihre Effektivität werden von einer Reihe von Faktoren beeinflusst, wie z.B.

– vom gruppendynamischen Prozess der Teambildung (Einstellungen zu Projektgegenstand und Aufgabenstellung, zu den Team-Mitgliedern etc.)
– von den arbeitstechnischen Voraussetzungen

# 1. Projektmanagement

| Zusammensetzung | Vorteile | Nachteile |
|---|---|---|
| Eigene Spezialisten | A) Gute Kenntnisse der eigenen Firma | Betriebsblindheit möglich |
| Betriebsfremde Spezialisten | B) Erfahrungen von ähnlichen Projekten in anderen Firmen | Geringe Situationskenntnis Kosten |
| Gemischte Form | Summe der Vorteile A) und B) | Schwierigkeiten bei der Zusammenarbeit möglich Kosten |

*3.1.6 Herkunft von Organisations- und EDV-Spezialisten*
(Anmerkung: Die Bedürfnisse der Fachbereiche können nur von eigenen Mitarbeitern wahrgenommen werden.)

- von der externen und internen Bedeutung des Projekts und der Aufmerksamkeit bzw. Unterstützung, die es erhält
- von der Moderation der Teamarbeit
- von der Fähigkeit des Teams, Konflikte zu bewältigen u.v.a.m.

In Teams sind immer unterschiedliche Persönlichkeitsstrukturen vertreten und auch erwünscht. Es muss daher gelingen,

- diese Unterschiede zu akzeptieren und im Interesse an der Sache auf einen gemeinsamen Nenner zu bringen
- gemeinsame Formen der Zusammenarbeit zu finden bzw. zu entwickeln, mit denen man sich identifizieren bzw. die man akzeptieren kann.

Erfolgreiche Teams entwickeln Wir-Gefühl im Hinblick auf gemeinsame Ziele. Dieses besteht sowohl aus dem Gefühl der Zusammengehörigkeit als auch aus gemeinsamen Spielregeln.

Leistungsfähige Teams sind u.a. durch folgende Merkmale gekennzeichnet:

- Man anerkennt sich gegenseitig als gleichwertige Partner.
- Rollen (z.B. Moderation) sind nicht starr verteilt, sondern wechseln auf lockerere Art.
- Schweigen bedeutet nicht Zustimmung. Meinungen werden geäussert und wenn nötig herausgefordert.
- Zuhören ist genauso wichtig wie Reden.
- Konflikte werden nicht verschleiert, sondern aktiv angesprochen.
- Meinungsverschiedenheiten werden auch als Informationsquelle und nicht nur als Störfaktor betrachtet.
- Unergiebige und haarspalterische Meinungsverschiedenheiten sind selten. Effizienzbestrebungen und das gemeinsame Ziel setzen sich durch.
- Innerhalb des Teams wird kritisiert, aber nicht getadelt (Ideen, nicht Personen in Frage gestellt).
- Entscheidungen werden nicht durch Mehrheitsbeschluss herbeigeführt. Besser: Einwilligung der Opponenten zu einer ihren Vorstellungen auch nicht voll entsprechenden Vorgehensweise erreichen.
- Keine Geheimniskrämereien und taktische Winkelzüge, Ehrlichkeit, Fairness u.a.m.

## 1.3.3 Der Projektleiter

Die Aufgabe des Projektleiters besteht darin, dafür zu sorgen, dass mit vertretbarem Aufwand ein vernünftiges, den Zielen entsprechendes Ergebnis erarbeitet wird.

Ein vernünftiges Ergebnis liegt dann vor, wenn eine EDV-Lösung

- funktionstüchtig ist, also den Bedürfnissen der Benützer entspricht, aber auch
- EDV-seitig sinnvoll ist, und
- ein vertretbares Aufwand-/Nutzenverhältnis aufweist.

Aber nicht nur das Ergebnis ist wichtig, sondern auch der Weg, der zum Ergebnis führt. Es ist auch Aufgabe des Projektleiters, dafür zu sorgen, dass

- die Kosten und Termine für die Projektabwicklung eingehalten werden und
- der Ablauf des Projektes so geplant und gesteuert wird, dass es ohne unnötige persönliche Reibereien und Verspannungen geht.

Ein (idealer) Projektleiter müsste deshalb Qualifikationen in mehrfacher Hinsicht aufweisen (Abb. 3.1.7).

## 1.3.4 Entscheidungs- und Steuerungsgremien in Projekten

Projektleiter und Projektteam repräsentieren die Arbeitsebene in einem Projekt, deren Aufgabe darin besteht, Probleme möglichst klar darzustellen und Lösungsmöglichkeiten zu erarbeiten bzw. zu realisieren. Darüber hinaus ist natürlich auch die Willensbildung von Bedeutung, d.h. die Entscheidung für bzw. Legitimierung von Lösungen im Zusammenhang mit der Abwicklung von EDV-Projekten.

Diese Willensbildungsfunktion kommt zwei verschiedenen Gremien zu, der EDV-Kommission und den Projekt-Ausschüssen, die im Einzelfall personell identisch sein können, die aber im Grunde genommen unterschiedliche Aufgaben haben.

---

- Fachkenntnisse
  - gute Grundkenntnisse der wichtigsten Projektfachbereiche (z.B. Rechnungswesen, Materialwirtschaft, Kapazitätswirtschaft etc.)
  - EDV-Kenntnisse
  - Methoden und Hilfsmittel der Organisation, Planung und Kontrolle von Projekten
  - kaufmännische und juristische Grundkenntnisse (z.B. an Vertragsgestaltung mitarbeiten, Vertrag geschickt interpretieren)
- konzeptionelle und organisatorische Fähigkeiten
  - gesundes Urteilsvermögen, Blick für das Wesentliche
  - analytisches und systematisches Denkvermögen
  - organisatorisches Geschick, verbunden mit Improvisationsfähigkeit
- Führungsfähigkeit, Leistungsbereitschaft
  - Motivationsfähigkeit: Sinn verständlich machen können, Fortschritt und Can-do-Atmosphäre vermitteln
  - Verhandlungsgeschick nach aussen und innen
  - Mitarbeiter geschickt einsetzen und einbinden können
  - Durchsetzungsfähigkeit auch ohne (ausreichende) formale Kompetenz

*3.1.7 Anforderungsprofil an (idealen) Projektleiter*

# 1. Projektmanagement

Die *EDV-Kommission* hat die Aufgabe, die EDV-Strategie einer Unternehmung zu beschliessen bzw. zu sanktionieren und Massnahmen zur Realisierung dieser Strategie in die Wege zu leiten, wie z.B.: EDV-Projekte auszuwählen, Prioritäten hinsichtlich der Reihenfolge ihrer Durchführung zu setzen u.a.m. Eine EDV-Kommission ist demzufolge prinzipiell auf Dauer eingerichtet, da EDV-Aktivitäten einer Unternehmung zwar temporär unterschiedlich stark ausgeprägt sein können, aber im Grunde genommen einer permanenten Koordination bedürfen (siehe dazu «EDV-Management», Teil IV).

Demgegenüber ist ein *Projekt-Ausschuss* für jedes Projekt neu zu definieren. Er besteht nur für die Dauer des Projekts (andere Bezeichnungen: Steuerungs-Ausschuss, Lenkungs-Ausschuss, Steering Committee).

Der Projekt-Ausschuss soll aus ranghohen Vertretern der betroffenen und beteiligten Fachbereiche bestehen und hat eine dreifache Aufgabe:

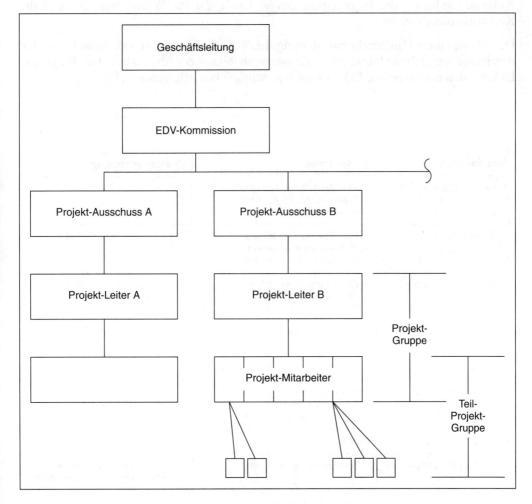

*3.1.8 Projektbezogene Gremien und Instanzen*

- projektbezogene Konzeptentscheidungen treffen
- Überwachen des Projekts und seines Ablaufs hinsichtlich Inhalt, Terminen, Kosten
- Verankerung des Projekts nach aussen und oben

Der Projekt-Ausschuss ist damit die Anlaufstelle und der Ansprechpartner, an die sich die Projektgruppe bzw. deren Leiter wenden kann. Dies ist besonders dann wichtig, wenn unterschiedliche Anforderungen seitens verschiedener Fachabteilungen bestehen, die auf einer organisatorisch und personell definierten Plattform besprochen werden sollen.

Die personelle Zusammensetzung eines Projekt-Ausschusses ist von der Aufgabenstellung abhängig: In einem Projekt, das die Entwicklung bzw. Einführung eines (neuen) Kostenrechnungssystems zum Inhalt hat, wird sinnvollerweise das Finanz- und Rechnungswesen hochrangig vertreten sein. Ein CAD-Projekt wird vor allem das Engagement hochrangiger Vertreter der Konstruktion und Entwicklung erfordern. Ein Produktionsplanungs- und -steuerungssystem wird – wegen der bereichsübergreifenden Aufgabenstellung – das Engagement des Verkaufs, der Produktion und z.T. auch der Konstruktion erfordern.

Das Management (Unternehmungsleitung, EDV-Kommission, Projekt-Ausschüsse) hat damit eine wesentliche Funktion im Zusammenhang mit der Abwicklung von Projekten. Es kann den erfolgreichen EDV-Einsatz wesentlich beeinflussen durch:

| Gremium/Instanz | Zuständigkeit | Zusammensetzung |
| --- | --- | --- |
| 1. Geschäftsleitung | – Einsetzen der EDV-Kommission<br>– Treffen wichtiger Ausnahmeentscheidungen | |
| 2. EDV-Kommission | – EDV-Strategie beschliessen<br>– Projekte genehmigen/freigeben, Prioritäten setzen | – Leiter von Fachabteilungen<br>– EDV-Leiter |
| 3. Projekt-Ausschuss | – Konzeptentscheidungen für bestimmtes Projekt<br>– Überwachen und Steuern eines bestimmten Projekts<br>– Verankerung des Projekts nach oben und aussen | – ranghohe Vertreter von Anwendungsabteilungen<br>– EDV-Abt. |
| 4. Projektleiter | – Leiten, Vorantreiben des Projekts | |
| 5. Projekt-Mitarbeiter | – Informationen liefern, beschaffen<br>– Konzepte erarbeiten<br>– Konzepte realisieren | – Sachbearbeiter aus Fachabteilungen und EDV-Abteilung<br>– evtl. externe Spezialisten |
| 6. Projekt-Gruppe | Summe von 4. und 5. | Summe von 4. und 5. |
| 7. Teil-Projekt-Gruppe | – Teilprobleme bearbeiten | – Mitglieder der Projekt-Gruppe<br>– ad hoc beigezogene Mitarbeiter |

*3.1.9 Zuständigkeiten und Zusammensetzung verschiedener Gremien und Instanzen*

- eine *formelle Unterstützung,* indem es
  - zeitgerecht für die Zuteilung der erforderlichen personellen, räumlichen und finanziellen Mittel sorgt
  - imstande ist, auf der Basis der gelieferten Entscheidungsunterlagen innerhalb nützlicher Frist Entscheidungen zu treffen.
- eine darüber hinausgehende *informelle Unterstützung,* indem es für eine positive Grundstimmung sorgt und Aversionen, die im Zusammenhang mit der Einführung von Neuerungen praktisch immer vorhanden sind, positiv zu bewältigen hilft. Die Mitarbeiter merken nämlich sehr rasch, ob die verantwortlichen Stellen die EDV als wirksames Instrument zur rationellen Gestaltung der betrieblichen Abläufe betrachten oder nur als unverbindliches Experiment, dem man sich unterziehen muss, weil es im Trend der Zeit liegt. Und dementsprechend wird auch die Einstellung der Mitarbeiter und ihr Verhalten bei unweigerlich auftretenden Schwierigkeiten sein.

Die gegenseitige Anordnung der einzelnen Gremien und Instanzen sowie ihre Zuständigkeit und ihre Zusammensetzung sind in den Abb. 3.1.8 und 3.1.9 dargestellt.

## 1.4 Probleme der Zusammenarbeit

Probleme der Zusammenarbeit, denen man bei der Gestaltung der Projektorganisation und der Projektabwicklung Aufmerksamkeit schenken sollte, können sich in dreifacher Hinsicht ergeben (Abb. 3.1.10):

a) zwischen Auftraggeber bzw. Benützer einerseits und Projektgruppe andererseits
b) zwischen verschiedenen Arbeitsgruppen innerhalb eines Projektes
c) innerhalb einer bestimmten Arbeitsgruppe

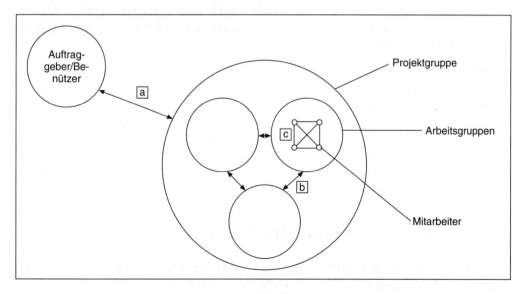

3.1.10   *Probleme der Zusammenarbeit*

Bei Problemen des Typs a) handelt es sich vielfach um Zuständigkeitsprobleme, Verständigungsschwierigkeiten und Akzeptanzprobleme. EDV-Spezialisten, Entscheider bzw. die betroffenen Anwender gehen von unterschiedlichen Voraussetzungen und Kenntnissen oder Ziel- und Wertvorstellungen aus:

- Verschiedene Gremien (EDV-Kommission, Projekt-Ausschuss) existieren gar nicht oder sind aus irgendwelchen Gründen nicht arbeitsfähig.
- Der Prozess der gemeinsamen Zielsuche wurde nicht oder nur oberflächlich durchlaufen und/oder
- die Kommunikation zwischen EDV-Spezialisten und Anwendern ist gestört:
  - mangelnde Gesprächsbereitschaft seitens der Anwender (Angst vor Änderungen),
  - Besserwisserei und Planungs-Kauderwelsch seitens der EDV-Spezialisten.

Eine zeitgerechte, aktive Einschaltung der Betroffenen und ein laufender Informationsaustausch können solche Situationen vermeiden helfen.

Bei Problemen des Typs b) mangelt es häufig an einer gezielten Projektführung und einem geeigneten Koordinationsinstrumentarium:

- Dem gegenseitigen Informationsaustausch wird zu wenig Beachtung geschenkt (zu wenig Koordination, mangelhaftes Projektinformations- und -kommunikationssystem). Man geht von unterschiedlichen Planungsgrundlagen aus bzw. trifft isoliert Annahmen, die einer Abstimmung bedurft hätten.
- Zu hoher Schwierigkeitsgrad eines Projektteils: Die entsprechende Arbeitsgruppe ist schon zufrieden, wenn sie die im eigenen Bereich auftretenden Probleme einigermassen bewältigen kann und ist nicht bereit, weitere Restriktionen (aufgrund von Zusammenhängen mit anderen Problemkreisen) zu akzeptieren. Dies führt zur Abkapselung.
- Ungenügende zeitliche Abstimmung, falsche Prioritäten. In bestimmten Arbeitsgruppen müssen – aufgrund von Sachzwängen – Entscheidungen getroffen werden, die zwar Auswirkungen auf die Arbeit anderer Gruppen haben, deren Tragweite aber noch nicht abgeschätzt werden kann.

Probleme des Typs c) können zurückzuführen sein auf:

- mangelnde Eignung für Gruppenarbeit (Eigenbrötler)
- grundsätzliches Unbehagen in einem bestimmten Projekt (z.B. mangelnde Unterstützung seitens der eigenen Abteilung, zu wenig projektorientierte Ausbildung),
- zahlenmässig zu grosser Umfang der Projektgruppe (erschwerte Kommunikation),
- persönliche Spannungen innerhalb der Projektgruppe (mangelnder Einsatz einzelner Personen, mangelnde Zuverlässigkeit, autoritäres Gebaren, mangelhafte fachliche Qualifikation, aber auch «historische» Aversionen).

## 1.5 Projektplanung und -steuerung

Ein Projekt wird mit der Genehmigung des Projektantrages bzw. mit der Freigabe des Projektes in Gang gesetzt. Im Projektantrag werden dazu die wichtigsten Projektdaten festgehalten (siehe Abb. 3.1.2).

## 1.5.1 Tätigkeiten der Projektplanung

Bei der Vorgehensplanung für das Gesamtprojekt oder für die nächste Phase werden die einzelnen Aktivitäten so festgelegt, dass man sich unter jeder Aktivität eine konkrete Aufgabe vorstellen kann. Diese sind in eine logische Folge zu bringen und ausserdem ist der erforderliche Zeitaufwand abzuschätzen. Als Hilfsmittel für die Terminplanung dienen Balkendiagramm oder Netzpläne. Näheres dazu im Kapitel III.2 «Terminplanung».

Schätzungen des Zeitaufwandes sind realistischer, wenn auf Erfahrungen aus ähnlich gelagerten, früheren Projekten zurückgegriffen werden kann. Oft wird dabei der Fehler gemacht, dass diese Aufwandsschätzungen nicht vom Projektleiter und den für die Durchführung Zuständigen, sondern von irgendeiner Person gemacht werden. Diese hat aber in der Regel nicht genügend Einblick in das Projekt und ist ausserdem nicht für die Einhaltung der Vorgaben verantwortlich.

Schätzungen werden vielfach auf der Basis der Leistungen von erfahrenem Personal gemacht. Oft sind dann aber am Projekt auch weniger erfahrene Mitarbeiter beteiligt, die durch Schulung und Einarbeitung selbst mehr Zeit benötigen und auch den Projektleiter bzw. andere erfahrene Mitarbeiter stärker beanspruchen.

Nicht zu vergessen sind all die Arbeiten, die normalerweise ausserhalb des Projektteams erledigt werden: Datenerfassung, Druck- und Schreibarbeiten usw.

Aufgrund der geschätzten Zeitaufwendungen lässt sich der Personalplan aufstellen und ermitteln, wie viele Mitarbeiter für eine termingerechte Abwicklung des Projektes notwendig sind.

Aufwandschätzungen, das Ermitteln des Personalplanes und das Erstellen des Terminplanes sind ein sich wiederholender Prozess, der oft mehrmals durchgeführt werden muss, bis die Ergebnisse den Bedürfnissen des Projektes, den Möglichkeiten der Fachabteilungen und den Vorstellungen des Auftraggebers entsprechen.

Aufgrund des Personal-, Zeit- und ggf. Hilfsmittelbedarfs lässt sich der erforderliche finanzielle Aufwand abschätzen. Zusatzaufwendungen für externe Beschaffung und ggf. Anpassung von Programmen, Schulung, externe Beratung u.ä. sind ebenfalls in die Kalkulation einzubeziehen.

Diese Projektierungskosten müssen mit den übrigen Aufwand- und Nutzenkomponenten (Investitionsaufwand, Betriebsaufwand und -nutzen usw.) zusammengeführt werden und spielen bei der Entscheidungsfindung und der Beurteilung des weiteren Vorgehens eine wesentliche Rolle.

Ergebnisse der Projektplanung sind

– ein terminierter Gesamtvorgehensplan inkl. Vorgehensplan der nächsten Phase (z.B. Netzplan oder Balkendiagramm, siehe Kapitel III.2)
– ein Personalbedarfs- und -einsatzplan
– ein Kostenplan

Damit sind die Grundlagen für die Erteilung von Arbeitsaufträgen und für die Projektkontrolle geschaffen.

## 1.5.2 Arbeitsaufträge

Bei noch nicht gut eingespielten Projekt-Teams bzw. bei wiederholt auftretenden Missverständnissen kann es zweckmässig sein, Arbeitsaufträge, die innerhalb eines Projekts

| Firma: | **Arbeitsauftrag** | | Seite: |
|---|---|---|---|
| | Projekt-Bezeichnung:<br>Auftragsabwicklung | Kurzzeichen: | Projekt-Nr.:<br>4711 |

| Auftrags-Bezeichnung:<br>Ablauf Ersatzteilbestellungen | Kurzzeichen:<br>ET | Auftrags-Nr.: |
|---|---|---|
| *1. Ausgangssituation; 2. Auftrag (Was?); 3. Grundlagen; 4. Wie?*<br>*5. Form des Ergebnisses; 6. Sonstiges* | | Mitarbeiter:<br>Huber |
| 1. Lagerhaltige Teile benötigen angeblich bis zu 3 Wochen Auslieferungszeit!<br><br>2. Systematisch untersuchen, ob das möglich ist. Wenn ja, wo wird soviel Zeit verbraucht und warum?<br><br>3. Nichts vorhanden: Technik und Verkauf aber auch daran interessiert, machen positiv mit.<br><br>4. - Zufällige Auswahl von ca. 10 ET-Bestellungen<br>   - Auswahl besprechen mit Reichl und Obermayr<br>   - Ablauf anhand dieser Beispiele nachverfolgen<br><br>5. - Kurzbericht mit graph. Ablaufdarstellung (handschriftlich)<br>   - Mängelkatalog<br>   - evtl. Sofortmassnahmen | | Start-Termin:<br>5.3.19..<br><br>Abschluss-Termin:<br>28.3.19..<br><br>Kosten/Aufwand:<br>5 AT<br><br>Verteiler:<br>Reichl<br>(Technik)<br>Obermayr (V)<br><br>Antragsteller:<br>Huber<br><br>Datum:<br>5.3.19..<br><br>Genehmigt:<br>Rohr<br><br>Datum:<br>5.3.19.. |

*3.1.11 Arbeitsauftrag*

vereinbart werden (hand)schriftlich zu formulieren. Dies zwingt die Beteiligten (Projektleiter, Projektbearbeiter), exakter darüber nachzudenken und zu sagen, was man will und reduziert das Risiko von Missverständnissen. (Bei gut eingespielten Teams und einer problemlosen Zusammenarbeit ist dies nicht nötig bzw. wird mit Recht als unnötiger Formalismus betrachtet). Ein Beispiel für einen Arbeitsauftrag findet man in Abb. 3.1.11.

Der Projektleiter erstellt eine Arbeitsauftragsübersicht, welche er laufend ergänzt und nachführt. Damit ist ihm eine Termin- und Aufwandskontrolle der erteilten Aufträge möglich.

### 1.5.3 Projektüberwachung

Die Projektkontrolle dient nicht dem Zweck, nachträglich Schuldige zu finden oder eine «ordnungsgemässe» Projektabwicklung bescheinigen zu können. Wesentlich ist vielmehr, dass eine gezielte Projektüberwachung zeitgerecht, d.h. während des Projektablaufs erfolgt, damit die Möglichkeit besteht, notfalls korrigierende Massnahmen einzuleiten. Dazu ist es notwendig, dass die Kontrollinstanzen nicht gemessene Einzeldaten, sondern aussagefähige Zusammenfassungen über die zu überwachenden Teilaufgaben erhalten. Deshalb müssen die Kontrollprozesse hinsichtlich der Art der Kontrollgrössen, der Kontrollintervalle und der Kontrollprozeduren geplant werden.

Aber nicht nur die Massnahmen zur Zielerreichung, sondern auch die Ziele selbst können durch Kontrollinformationen beeinflusst werden, und es kann sich als notwendig erweisen, die Zielsetzung anzupassen.

Die Kontrolle soll daher dieselben Grössen umfassen wie die Planung:

- Einhaltung des *Terminplans:* Grad der sachlichen Zielerreichung innerhalb eines vorgegebenen Termins, Erfassung des Arbeitsfortschrittes
- Prüfung der *Qualität* der erarbeiteten Ergebnisse (siehe Abschnitt III.1.5.4), wobei eine unzureichende Qualität Nachbesserungen zur Folge haben muss und damit Auswirkungen auf die Termin- und Aufwandssituation hat
- *Aufwandserfassung:* Vergleich der effektiven Aufwände mit den geplanten
- Zweckmässigkeit der *Aufgabenabgrenzung* und der sachlogischen Zusammenhänge im Ablaufplan sowie der festgelegten Prioritäten
- Zweckmässigkeit der geplanten *organisatorischen Massnahmen* und der eingesetzten Mittel.

Wichtigste Grundlage für die Projektüberwachung sind dabei die Ergebnisse der Projektplanung. Eine Abweichung kann nur dann festgestellt und hinsichtlich der Konsequenzen, die sie verursacht, beurteilt werden, wenn ein Sollwert vorgegeben wurde.

Hilfsmittel zur Projektüberwachung sind die folgenden Planungsergebnisse:

- Terminpläne (Netzpläne, Balkendiagramme)
- Aufwandsübersichten
- Arbeitsauftragsübersichten
- Mitarbeitereinsatzpläne

Für die Projektüberwachung werden die folgenden Berichte erstellt:

- Arbeitszeitrapporte
- Auftragsabschlussmeldungen
- Fortschrittsberichte (siehe z.B. Abb. 3.1.13)

Aufgrund der darin enthaltenen Informationen sind Vergleiche des effektiven Ablaufs mit dem geplanten anzustellen, und ggf. sind korrigierende Eingriffe nötig.

### 1.5.4 Qualitätssicherung in EDV-Projekten

Ein wesentlicher Aspekt der Überwachung und Steuerung insbesonders auch von EDV-Projekten ist die Qualitätssicherung. Bereits früher (Abschnitt II.3.5.2.3., Testen) wurde darauf hingewiesen, dass Qualität schrittweise in eine Lösung zu installieren ist – und nicht nachträglich «hineingeprüft» werden kann.

Dies bedeutet, dass im Projektablauf kontinuierliche Massnahmen zur Qualitätssicherung erforderlich sind. Diese Tatsache ist zwar weitum anerkannt, aber in der Praxis noch keineswegs befriedigend gelöst – und evtl. auch nicht vollständig lösbar.

Nach ISO 9000 ist Qualität am Erfüllungsgrad der Anforderungen des Kunden an ein Produkt zu messen. Diese Definition ist im vorliegenden Zusammenhang durchaus brauchbar, wenn man unter dem Kunden eines Informatik-Produkts nicht nur den Anwender versteht, sondern das Management als wesentlicher Kunde bzw. Interessent mit einbezogen wird.

Die Qualität eines Informatik-Produkts ist demnach aus einer dreifachen Perspektive zu beurteilen, wobei Mehrfach-Zuordnungen gegeben sind:

1) Qualität aus der Sicht des *Managements:* Das wesentliche Kriterium wird dabei sein
- in welcher Art und in welchem Ausmass die EDV-Lösung die Unternehmungsstrategie unterstützt und
- ob die Lösung ein akzeptables Aufwands-/Nutzen-Verhältnis aufweist.

Diese Fragen sind insbesondere am Ende der Phasen Vorstudie und Grobkonzept zu prüfen.

2) Qualität aus der Sicht der *Anwender:* Hier sind primär die klassischen Kriterien
- Art und Umfang der Erfüllung der gewünschten Funktionen
- Bedienungskomfort
- Zuverlässigkeit
- Änderbarkeit und
- Sicherheit

zu nennen.

3) Qualität aus der Sicht der *System-Spezialisten* und der *EDV-Leitung,* mit den Kriterien
- Aufwands-/Nutzenverhältnis
- Effizienz der Nutzung von Ressourcen (insbesonders Hardware)
- Zuverlässigkeit
- Offenheit
- Änderbarkeit

- Ausbaufähigkeit
- Portabilität
- Sicherheit.

Es gibt keine Standard-Methoden, welche die Qualität sicherstellen können, Qualitätssicherung ist ein Bemühen um einen gewünschten Zustand. Das Bewusstsein um die Wichtigkeit der oben genannten Aspekte und die wiederkehrende Prüfung hinsichtlich der oben genannten Kriterien können aber die Wahrscheinlichkeit für gute Lösungen erhöhen:

- In den Konzeptphasen (Vorstudie, Grobkonzept, Detailkonzept) ist es wichtig, die Kriterien und Erwartungen an die Lösung zunächst klar zu definieren. An den Übergängen zur jeweils nächsten Phase sind Art und Umfang ihrer Erfüllung anhand der vorgelegten Berichte und Dokumente zu prüfen bzw. konsequent zu erfragen, wenn vom Projektteam keine ausreichenden und/oder zufriedenstellenden Antworten gegeben wurden.
- In den Realisierungsphasen (Programmierung, Rahmenorganisation, Einführung) finden Schreibtischtests (z.B. gedankliches Durchspielen von Abläufen im Team und mit verteilten Rollen) und vor allem physische Tests unter starker Einbindung der Benützer statt (Testläufe anhand sytematisch vorbereiteter Testfälle und Testdaten).

Ein besonderes Problem bei der Qualitätssicherung sind die engen Zusammenhänge der vier Grundeigenschaften Kosten, Termine, Qualität und Leistungsumfang einer Lösung.

Eine nachträgliche Erhöhung des Leistungsumfangs ist in der Regel mit einer Verzögerung und/oder Erhöhung des Aufwands oder/und Reduktion der Qualität verbunden.

Andererseits stehen die Wünsche sowohl nach einer Reduktion des Projekt-Aufwands als auch nach einer Verkürzung der Projekt-Dauer zwar nicht im Widerspruch zueinander und sind deshalb auch gleichzeitig erfüllbar, sie sind aber normalerweise mit Abstrichen hinsichtlich der Qualität und des Leistungsumfangs verbunden.

## 1.6 Projektinformationswesen

Zu einer effizienten Projektabwicklung gehört auch ein geordnetes Projektinformationswesen. Dieses umfasst:

- ein *Dokumentationswesen* im Sinne des schriftlichen Festhaltens von Arbeitsergebnissen. Dokumentationen sollen anerkannte gemeinsame Grundlagen für die weiteren Schritte schaffen.
- ein *Berichtswesen,* das primär entscheidungs- und handlungsorientiert ist. Den Projektverantwortlichen sollen damit Entscheidungsunterlagen, Fortschrittsberichte, Informationen über den Stand der Arbeiten, die Aufwands- und Kostensituation, besondere Vorkommnisse, geplante Massnahmen etc. übermittelt werden.
- die zeitgerechte und gezielte *Orientierung und Instruktion der Benützer,* die ebenfalls geplant werden muss.

## 1.6.1 Allgemeine Überlegungen

Beim Aufbau eines projektorientierten Informationswesens ist folgendes zu beachten:

- Bei der Weiterleitung von Informationen muss der verfolgte Zweck klar sein.
- Die Kenntnisse und das Wissen des Empfängers müssen bei der Abfassung der Berichte berücksichtigt werden (Vermeiden von Planungskauderwelsch).
- Ein hierarchischer Aufbau der Berichte (vom Groben zum Detail) erleichtert das Lesen, hilft die Übersicht wahren und bessere Entscheidungen zu treffen.
- Die Art der Präsentation kann von ausschlaggebender Bedeutung sein.
- Projektgruppen, die lange Zeit nichts Schriftliches von sich geben,
  - haben ihr Berichtswesen nicht geplant
  - tun nichts
  - versuchen, sich Informationsmonopole aufzubauen
  - stehen unter Zeitdruck
  - haben ein gestörtes Verhältnis zum Auftraggeber (Der Auftraggeber interessiert sich zu wenig für das Projekt bzw. lässt sich ein etwaiges Interesse nicht anmerken. Die Projektgruppe erwartet Schwierigkeiten seitens des Auftraggebers, wenn es ihn informiert, nach dem Motto: «Geh' nie zu deinem Fürst, wenn du nicht gerufen wirst»).
- Projektgruppen, die zu viel Papier produzieren, haben
  - ihr Berichtswesen nicht geplant
  - zu wenig zu tun (personelle Überkapazität)
  - ein gestörtes Verhältnis zum Auftraggeber (glauben beweisen zu müssen, dass sie etwas tun); oder sie sind überängstlich und versuchen, sich laufend abzusichern.
- Auftraggeber, die der Ansicht sind, sie würden nicht auf dem laufenden gehalten, sind bisweilen selbst daran schuld. Es besteht der Verdacht, dass sie
  - den Wunsch danach nicht klar genug zum Ausdruck gebracht haben
  - sich zu häufig in Details einmischen
  - glauben, nur dann ernst genommen zu werden, wenn sie Kritik üben oder Änderungswünsche anbringen.
  - keine Reaktion zeigen, wenn sie Informationen erhalten (weder zustimmend, noch ablehnend).

## 1.6.2 Projekt-Dokumentation

Ein sauberes Dokumentationswesen erfüllt mehrere Zwecke:

- Es hilft in erster Linie der Projektgruppe selbst, da es die Basis für die weiteren Entwicklungsschritte (z.B. nächste Projektphase) bzw. für die Realisierung darstellt.
- Es dient dem Benutzer bzw. dem Bedienungspersonal als Anweisung und Orientierungshilfe für den Betrieb.
- Es dient als Grundlage für die Wartung, Anpassung oder Weiterentwicklung einer Lösung in der Betriebsphase.
- Es macht unabhängiger von Personen, deren Verfügbarkeit, ihrer zeitlichen Beanspruchung, momentanen Laune bzw. ihrem Erinnerungsvermögen.

# 1. Projektmanagement

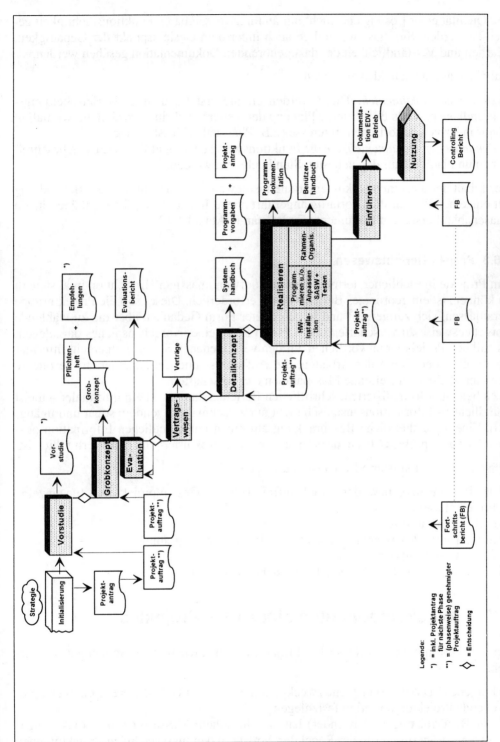

3.1.12 *Phasenkonzept und formalisiertes Projektinformationswesen (Beispiel: gemeinsame Beschaffung von Hard- und Software)*

Die Qualität einer Lösung darf nicht nur an ihrer vorzeigbaren Funktionstüchtigkeit gemessen werden. Sie muss wesentlich auch unter dem Gesichtspunkt der Genauigkeit, Klarheit und Verständlichkeit der dazugehörenden Dokumentation gesehen werden.

Dabei ist zu unterscheiden zwischen

- *statischen Dokumenten:* Diese werden einmal erstellt, dienen als Entscheidungsgrundlage bzw. als Basis für die Planung der weiteren Schritte und sind im Normalfall nur mehr von historischem Interesse (z.B. Phasenabschlussberichte).
- *dynamischen Dokumenten,* die die Funktionsweise der eingeführten Lösung beschreiben und laufend auf den neuesten Stand gebracht werden.

Der Inhalt der einzelnen Dokumentationen ist jeweils im Anschluss an die Behandlung der einzelnen Phasen stichwortartig angeführt (siehe Teil II). Eine Übersicht über die im Phasenablauf erstellten Dokumente findet man in Abb. 3.1.12.

### 1.6.3 Projekt-Berichtswesen

Um Projekte in sachlicher, terminlicher und aufwandmässiger Hinsicht optimal steuern zu können, ist ein geordnetes Berichtswesen erforderlich. Dieses soll die Projektgruppe veranlassen, sich zeitgerecht und in geordneter Form Gedanken über die zu wählende Vorgehensweise zu verschaffen und diese in Form eines Vorgehensplanes darzulegen. Es soll den Projektverantwortlichen auf den verschiedenen Stufen zeitgerecht Informationen über den Stand der Arbeiten, die Aufwands- und Terminsituation, besondere Schwierigkeiten, zu treffende Massnahmen etc. verschaffen.

Neben einer formalisierten, schriftlichen Berichterstattung ist ein informaler – meist mündlicher – Informationsaustausch nicht nur zweckmässig, sondern sogar unumgänglich. Eine ausschliessliche Beschränkung auf einen nur mündlichen Informationsaustausch ist aber problematisch, da er in der Regel unstrukturiert und nicht verbindlich ist.

Beispiele für formalisierte Berichtsdokumente sind:

- der Projektantrag bzw. der Projektauftrag (für das Gesamtprojekt und für einzelne Projektphasen)
- evtl. Arbeitsaufträge
- terminisierte Projektablaufpläne (Netzpläne, Balkendiagramme)
- Arbeits- und Aufwandsrapporte
- Fortschrittsberichte (z.B. monatlich), siehe Abb. 3.1.13

## 1.7 Erfolgskomponenten eines EDV-Projektes

Die Erfolgskomponenten eines EDV-Projektes können wie folgt zusammengefasst werden:

- Für jedes EDV-Projekt ist eine zweckgerichtete und der Grösse des Projektes entsprechende Projektorganisation festzulegen.
- Der Bedürfnisträger (Anwender) hat sich in hohem Masse für sein Projekt einzusetzen. Er übernimmt in der Regel den Vorsitz in den massgebenden Projektorganen

# 1. Projektmanagement

| Firma: | | **Fortschrittsbericht** | | | | | Seite: 1 | |
|---|---|---|---|---|---|---|---|---|
| | Projekt-Bezeichnung: Rationalisierung der Auftragsabwicklung | | | | | | Projekt-Nr.: 4711 | |
| Auftrags-Bezeichnung: | | | | | Kurzzeichen: | | Auftrags-Nr.: | |
| Projektleiter: Rohr | | | Berichts-Zeitraum: März 19.. | | | | Datum: 8.4.19.. | |
| Phasen: | Vorstudie | Grob-konzeption | Evaluation | Detail-konzeption | Realisieren | | | Einführung |
| | | | | | Program-mierung | Rahmenor-ganisation | | |
| Start: | 3.3... | | | | | | | |
| Ende: geplant | 30.4... | | | | | | | |
| effektiv | | | | | | | | |
| Aufwand: geplant | 50/17 000 | | | | | | | |
| effektiv | 20/5000 | intern AT/extern Fr. | | | | | | |

1 = Derzeitiger Stand   2 = Schwierigkeiten   3 = Erforderliche Massnahmen
4 = Weiteres Vorgehen   5 = Sonstiges        6 = Verteiler

### 1. Derzeitiger Stand

Untersuchung ist in Gang gekommen. Im März haben 3 Besprechungen stattgefunden. Umfangreiche Mängelliste liegt vor. Sofortmassnahmen hinsichtlich Ablauf von Ersatzteilbestellungen wirken bereits.

Arbeitsfortschritt im Rahmen des Planes.

### 2. Schwierigkeiten

Hr. Obermayr wird ab April .. nicht mehr verfügbar sein (Düsseldorf). Sofortiger Ersatz nötig. Müller seitens Projektgruppe erwünscht, Verkaufsleitung (Jork) einverstanden.

### 3. Erforderliche Massnahmen

Keine. Endtermin 30.4. kann gehalten werden.

### 4. Weiteres Vorgehen

EDV-Lösung beginnt sich abzuzeichnen. Kursbesuch «EDV für Anwender» durch Rohr und Pertl vom 16.-20.4... empfehlenswert. Kursbeitrag hat Platz im Budget.

*3.1.13  Fortschrittsbericht*

(z.B. in Projekt-Ausschuss). Besonders bei Grossprojekten ist das Engagement aller vorgesetzten Instanzen unerlässlich.
- Für das Projekt sind klare Zielsetzungen schriftlich zu formulieren und zu vereinbaren.
- Jedes Projekt braucht ein «Zugpferd» (am besten in Form des Projektleiters), das laufend dafür sorgt, dass entsprechende Arbeitsergebnisse und Fortschritte erzielt werden. Und es braucht (wenigstens) einen «Paten», z. B. im Projekt-Ausschuss, der es unterstützt und fördert. Diese Konstellationen entstehen nicht nur zufällig, sondern können und sollen bewusst herbeigeführt werden.
- Projekte sind innerhalb eines Gesamtkonzeptes in überblickbare Phasen zu gliedern.
- Einem Projekt sind aufgrund einer klaren Prioritätensetzung Ressourcen (Personal, Geld etc.) zuzuordnen, die nicht ohne Not verändert werden.
- Anwender- und EDV-seitig müssen das erforderliche qualifizierte Personal sowie die sachlichen Mittel (Räume, technische Einrichtungen, Finanzen) zur Verfügung stehen.
- Durch rechtzeitige Information ist die Mitarbeit der direkt oder indirekt Betroffenen zu fördern.
- Den durch die Einführung von EDV-Projekten verursachten Personalproblemen ist rechtzeitig die nötige Beachtung zu schenken (Umschulung, Versetzung).
- Einer sauberen Aufbereitung der Entscheidungsunterlagen und der Dokumentation der Ergebnisse ist ebenso Beachtung zu schenken wie einem geordneten Berichtswesen.

Trotz aller Regeln gilt jedoch, dass Projekte eher an der Unfähigkeit und am mangelnden Engagement der Beteiligten scheitern als an der Unlösbarkeit der Probleme. Es braucht

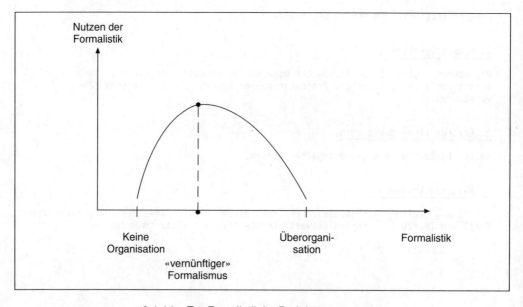

*3.1.14 Zur Fomalistik im Projektmanagement*

deshalb neben formellen Regeln und Vorschriften einige personelle Voraussetzungen beim Projektteam, um ein Projekt erfolgreich abwickeln zu können.

Dies sind:

- Identifikation und Engagement der Projektmitarbeiter und Entscheider
- konstruktive Zusammenarbeit nach aussen und innen
- Fachwissen, Überzeugungskraft und Durchsetzungsvermögen des Teams.
- geschicktes Verhalten, einfühlend, aber auch konsequent.

Damit werden auch die Grenzen formeller Vorschriften erkennbar. Denn diese verbessern lediglich die Voraussetzungen für eine erfolgreiche Projektabwicklung, geben aber noch keine Gewähr dafür. Da man nicht alle Einzelheiten voraussehen kann, Planung auch Geld kostet und letztlich eine dienende Funktion im Projektablauf hat, ist es notwendig, die «goldene Mitte» zwischen übertriebener Formalistik und reiner Improvisation zu finden. Diese Überlegung wird in Abb. 3.1.14 veranschaulicht.

## 1.8 Literatur

| | | |
|---|---|---|
| 1) | Balck, H.: | Neuorientierung im Projektmanagement |
| 2) | Burghardt, M.: | Projektmanagement. Leitfaden für die Planung, Überwachung und Steuerung von Entwicklungsprojekten |
| 3) | Haberfellner, R.; Nagel, P.; Becker, M. u.a.: | Systems Engineering. Methodik und Praxis. |
| 4) | Hansel, J.; Lomnitz, G.: | Projektleiter-Praxis. |
| 5) | Heinrich, L.J.; Burgholzer, P.: | Systemplanung. Band I und II |
| 6) | | ISO 9000 |
| 7) | Knöll, H.-D.; Busse, J.: | Aufwandsschätzung von Software-Projekten in der Praxis. |
| 8) | Krüger, W.: | Problemangepasstes Management von Projekten. |
| 9) | Kupper, H.: | Die Kunst der Projektsteuerung. Qualifikation und Aufgaben eines Projektleiters für DV-Anwendungssystementwicklungen. |
| 10) | Mertens, P. (Hrsg.): | Lexikon der Wirtschaftsinformatik. |
| 11) | Reschke, H.; Svoboda, M.: | Projektmanagement. Konzeptionelle Grundlagen. |
| 12) | Siemens AG (Hrsg.): | Organisationsplanung. Planung durch Kooperation. |
| 13) | Zehnder, C.A.: | Informatik-Projektentwicklung. |

# 2. Terminplanung

## 2.1 Warum Terminplanung?

Die Terminplanung hilft den Ablauf eines Projektes so zu gestalten, dass

- eine zeitlich-logische Abstimmung der Tätigkeiten verschiedener Personen und Personengruppen (Lieferanten, EDV-Spezialisten, Anwender, Management) und deren Kapazitäten und Arbeitseinsatz möglich wird.
- die Einführungs- und Umstellungsarbeiten so organisiert werden, dass die Aufrechterhaltung einer geordneten Geschäftstätigkeit gewährleistet ist.

Aufgabe der Terminplanung ist es darüber hinaus,

- die terminliche Abwicklung so darzustellen, dass sie «auf einen Blick» erkennbar ist.
- sicherzustellen, dass das gewählte Planungsverfahren sich auch für die Terminüberwachung eignet.

Je nach dem Zweck der Planung und der Komplexität des Projektes kommen grundsätzlich drei verschiedene Planungsverfahren in Frage:

- die einfache tabellarische Übersicht,
- das Balkendiagramm,
- der Netzplan.

## 2.2 Die tabellarische Übersicht

Es ist dies die einfachste Art der Planung. Von jeder Tätigkeit werden nur die Tätigkeitsbezeichnung, der Beginn- und der Endzeitpunkt festgehalten (siehe Abb. 3.2.1). Ob diese Tätigkeiten voneinander abhängig sind bzw. aufeinander abgestimmt werden müssen, ist aus der Darstellung nicht ersichtlich. Erschwert ist auch die Überwachung der Termine, da nicht ersichtlich ist, ob bzw. welche Dispositionsreserven hinsichtlich der Anfangs- und Endzeitpunkte der einzelnen Tätigkeiten bestehen. Die tabellarische Übersicht ist deshalb für die Darstellung komplexer Abläufe nicht gut geeignet. Sie wird für

| Tätigkeit | Zuständigkeit | Anfang | Ende |
|---|---|---|---|
| Lieferfrist Anlagen | Holliger | 1.8.19.. | 15.3.19.. |
| Vorbereitung Infrastruktur | Holliger | 3.1.19.. | 15.3.19.. |
| Programmieren/Testen | Maier | 1.9.19.. | 15.4.19.. |
| Ausbildung EDV-Personal | Holliger | 1.3.19.. | 15.4.19.. |
| Test der Anlage | Holliger | 16.3.19.. | 15.4.19.. |
| Benützerhandbücher | Werner | 1.3.19.. | 30.6.19.. |
| Parallelläufe | Holliger | 15.4.19.. | 30.6.19.. |
| Produktiver Lauf | Felix | 1.7.19.. | – |

*3.2.1 Tabellarische Übersicht*

die Terminierung von mehr oder weniger zusammenhanglosen Tätigkeiten benötigt (z.B. für die Terminierung von Arbeitsaufträgen im Anschluss an eine Projektsitzung) oder als einfache Übersichtsdarstellung verwendet, die von sachkundigen Personen interpretiert werden kann.

## 2.3 Das Balkendiagramm (Gantt-Chart)

Die Tätigkeitsdauer wird dabei über eine Zeitachse in Form eines Balkens aufgezeichnet. Die zeitliche Dauer und die Überlappungen von Tätigkeiten werden dadurch sehr schön erkennbar. Bei der Projektüberwachung kann schnell festgestellt werden, welche Tätigkeiten noch zum aktuellen Zeitpunkt abgeschlossen, in Bearbeitung oder noch in Planung sind bzw. sein müssten (Abb. 3.2.2).

Die Vorteile des Balkendiagramms sind:

- Es setzt kaum methodische Kenntnisse voraus
- es ist einfach in der Erstellung
- es ist sehr übersichtlich.

Die Nachteile des Balkendiagramm sind:

- Die Verflechtung, d.h. die gegenseitigen Abhängigkeiten der Tätigkeiten sind aus der Darstellung nicht unmittelbar erkennbar.
- Die Terminrechnung ist erschwert, sie erfordert eine ständige Berücksichtigung der Abhängigkeit von Tätigkeiten.

## 2.4 Netzplantechnik

Der Netzplan ist die grafische Darstellung des logischen Ablaufes eines Projekts. Nach Festlegung des Projektrahmens, des Auftraggebers, des Projektleiters und der an der Projektabwicklung beteiligten Stellen wird das Projekt in Tätigkeitsblöcke unterteilt. Diese Blöcke sind weiter in Teilvorgänge (Tätigkeiten) aufzugliedern, bis jede Tätigkeit für Planungs- und Kontrollzwecke geeignet ist. Jeder Tätigkeit kann ein «Verantwortlicher» zugeordnet werden.

Eine Folge von Tätigkeiten (Vorgängen) lässt sich grafisch in einem logischen Plan, dem Netzplan, darstellen.

### 2.4.1 Prinzip der Netzplantechnik anhand der Vorgangsknoten-Darstellung

Es gibt verschiedene Methoden und Darstellungsformen für Netzpläne, die sich im wesentlichen dadurch unterscheiden, ob die Tätigkeiten (=Vorgänge) als Pfeile oder in Kästchen (= Knoten) dargestellt werden. Demzufolge spricht man von «Vorgangspfeil-» bzw. «Vorgangsknoten-Netzen». In der Folge wird die Netzplantechnik anhand eines Vorgangsknoten-Netzes dargestellt. Diese Methode ist in der Form der Darstellung dem EDV-Blockschaltbild ähnlich und im Entwurf sehr einfach. Sie wird ausserdem von einer Reihe von Software-Produkten unterstützt.

| Firma: | | Projekt:<br>Debitoren | | Terminplanung (Balkendiagramm) | Kurzzeichen:<br>DB | Dok. Nr.:<br>Datum: |
|---|---|---|---|---|---|---|

| Tätigkeit / Phase | Verantw. | |
|---|---|---|
| Detailkonzept | Meier | |
| Programm RG. | Holliger | |
| Probespiel | Küng | |
| Testläufe | Holliger | |
| Dokumentation | Meier | |
| Parallellauf | Holliger | |
| Abnahme | Felix | |

11 12 13 14 15 16 17 18 19 20 21 22  Zeiteinteilung Woche

*3.2.2 Balkendiagramm*

Jede Tätigkeit wird in ein Kästchen geschrieben, die logische Folge von Tätigkeiten wird durch Pfeile dargestellt (s. Abb. 3.2.3).

Die Elemente des Netzplans sind wie folgt zu lesen: Die Tätigkeit «Detailkonzepte erarbeiten» (Nr. = 6) dauert 5 Wochen (5w) und ist Voraussetzung für die Folge-Tätigkeit «Rahmen-Organisation planen» (Nr. = 10), die ebenfalls 5 Wochen dauert. Die übrigen Eintragungen werden später erläutert.

Auf diese Weise wird die geplante Ablaufstruktur eines Projekts als Netzplan erarbeitet. Es empfiehlt sich, dabei die folgenden Fragen zu stellen:

- Welche Tätigkeit(en) müssen erledigt sein, damit eine oder mehrere Folgetätigkeiten beginnen können?
- Welche Tätigkeiten lassen sich unabhängig voneinander, parallel ausführen?
- Kann, soll oder muss eine gerade betrachtete Tätigkeit unterteilt werden?

Das Ergebnis ist beispielhaft in Form eines Grob-Netzplans eines EDV-Projekts dargestellt (Abb. 3.2.4). Neben der geplanten logischen und zeitlichen Folge der einzelnen Tätigkeiten enthält dieser Netzplan auch Zeitberechnungen:

- Der *früheste Anfang* einer Tätigkeit ist jener Zeitpunkt, zu dem eine Tätigkeit frühestens beginnen *kann*. Er ist bedingt durch eine bewusste Festlegung (z.B. Start des Projektes) bzw. kann automatisch errechnet werden, indem man vom Startzeitpunkt ausgehend durch Addition der jeweiligen Tätigkeitsdauern die jeweils längste Kette von Tätigkeiten ermittelt, die zu einem bestimmten Knoten im Netzwerk führt. Auf diese Art wird – vom Start des Projekts beginnend – der Endzeitpunkt des Projekts terminiert. In unserem Fall ist der frühest mögliche Startzeitpunkt der letzten Tätigkeit des Projekts «Aufnahme Produktion» der 12. Oktober.
- Wenn der Beginn einer Tätigkeit nicht nur von einer, sondern von mehreren Tätigkeiten abhängig ist, ergibt sich sein frühester Start aus dem längsten Weg, der im Netz zu ihm führt. In Abb. 3.2.4 soll dies anhand der Tätigkeit «Parallel-Läufe und Übergabe (Nr. = 14) gezeigt werden. Diese Tätigkeit ist von «Schulung» (Nr. = 9), «Rahmen-

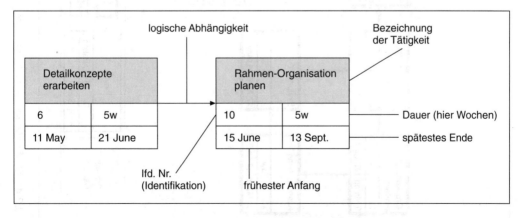

*3.2.3  Elemente einer Netzplandarstellung*

Teil III: Methoden für die EDV-Praxis

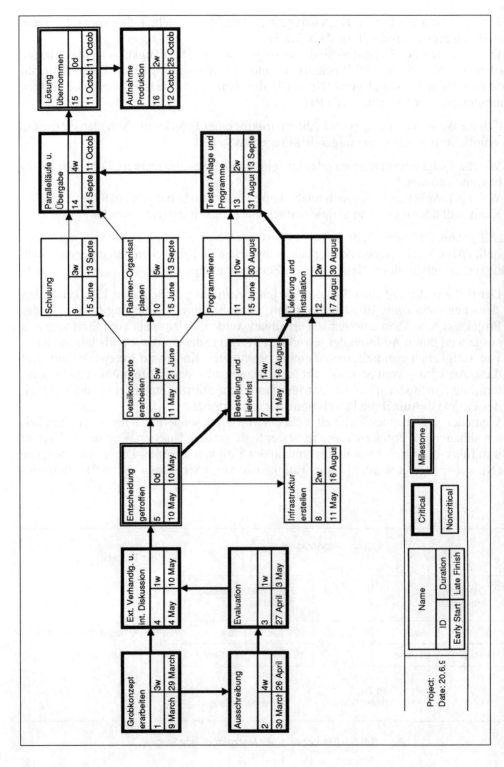

3.2.4 Grobnetzplan des Ablaufs eines EDV-Projekts (Detailnetzpläne zu den einzelnen Phasen, siehe Abbildungen 3.2.6 bis 3.2.10)

organisation» (Nr. = 10) und «Testen Anlage und Programme» (Nr. = 13) abhängig. Der längste Weg führt über «Testen Anlage und Programme», was durch einen Vergleich der Daten für den «frühesten Start» hervorgeht:
Auf dem Weg über «Schulung» könnten die «Parallel-Läufe» 3 Wochen nach dem 15. Juni beginnen. Über den Weg «Rahmenorganisation planen» wäre es der 15. Juni plus 5 Wochen, auf dem Weg über «Testen Anlage ...» der 31. August plus 2 Wochen. Der letztgenannte Weg ist – beginnend vom Start des Projekts – der längste und damit der bestimmende.
- Das *frühest mögliche Ende* einer Tätigkeit (im Bild nicht dargestellt) ergibt sich, indem man jeweils zum «Frühesten Anfang» die «Dauer» dazurechnet.
- Das *spätest erlaubte Ende* einer Tätigkeit ist der Zeitpunkt, zu dem eine Tätigkeit abgeschlossen sein *muss*, ohne den errechneten Endtermin des Gesamtprojektes zu gefährden. Dieser Zeitpunkt wird durch den längsten Weg bestimmt, der – jeweils vom Ende des Projekts zurückgerechnet – zu einer bestimmten Tätigkeit führt. Der Vorgang der Berechnung ist der gleiche, wie oben dargelegt, nur in der umgekehrten Richtung.
- Der *spätest erlaubte Anfang* einer Tätigkeit (im Bild nicht dargestellt) ist der Zeitpunkt, bei dem eine Tätigkeit spätestens beginnen *muss*, ohne den Endtermin des Gesamtprojektes zu gefährden. Er ergibt sich, indem vom jeweils errechneten «spätest erlaubten Ende» die jeweilige Tätigkeitsdauer abgezogen wird.
- Eine wichtige Information ist der sogenannte *«Kritische Weg»*, der sich aus einer Kette von kritischen Tätigkeiten ergibt. Diese sind in der Abbildung stark eingerahmt und durch dicke Pfeile miteinander verbunden. Die Charakteristik der kritischen Tätigkeiten besteht darin, dass sie keine Zeitreserven (Pufferzeiten) aufweisen. Wenn man vom spätest erlaubten Ende einer kritischen Tätigkeit ihre Dauer abzieht, erhält man den frühesten Anfang. Eine Verzögerung bei einer kritischen Tätigkeit hat also unmittelbare Auswirkungen auf die Folge-Aktivitäten.
Bei den nicht-kritischen Tätigkeiten ist dies nicht der Fall: Die «Schulung» kann z.B. bereits frühestens am 15. Juni beginnen, ihre Zeitdauer wurde mit 3 Wochen angegeben – sie braucht aber erst am 13. September beendet zu sein. In diesem Fall bestehen also sog. Pufferzeiten, die als Dispositionsreserven dienen können.
- Die Identifikation der kritischen Tätigkeiten gibt wichtige Hinweise für die Planung und Steuerung des Projekts:
  • Eine Verkürzung der Projektdauer kann nur durch eine Beschleunigung der kritischen Tätigkeiten erzielt werden.
  • Andererseits muss man darauf achten, dass Kürzungen, die auf einem kritischen Weg vorgenommen werden, oft nur in begrenztem Umfang wirksam sind. Durch die Kürzung von kritischen Tätigkeiten werden die Pufferzeiten von nicht-kritischen reduziert, wodurch neue kritische Wege entstehen können. Die Beachtung des Ausmasses der Pufferzeiten bzw. eine neuerliche Durchrechnung des Netzplans lassen dies erkennen.

### 2.4.2 Die verschiedenen Methoden der Netzplantechnik

Aus der Vielzahl von Darstellungsformen und Methoden der Netzplantechnik sollen hier nur die wichtigsten Grundtypen beschrieben werden.

*CPM (Critical-Path-Method)*

Älteste Methode, die auch grösste Verbreitung gefunden hat. Tätigkeiten (Vorgänge) werden als Pfeile, Ereignisse (Zustände) als Knoten dargestellt. Damit ergibt sich eine relativ grosse Ähnlichkeit mit einem Balkendiagramm, die es auch einem Netzplan-Laien ermöglicht, einen CPM-Netzplan nach kurzer Instruktion zu «lesen».

*MPM (METRA-Potential-Methode)*

Im Gegensatz zu CPM werden die Vorgänge bei MPM durch Knoten dargestellt. Die Reihenfolge- und Anordnungsbeziehungen der Vorgänge werden durch Pfeile zum Ausdruck gebracht. Diese Darstellungsform wurde im Beispiel vorher verwendet.

*PERT (Programm Evaluation and Review Technique)*

Im Gegensatz zu CPM gibt es bei der Schätzung der zeitlichen Dauer der einzelnen Tätigkeiten nicht nur eine, sondern jeweils drei Zeitschätzungen: eine optimistische, eine pessimistische und eine wahrscheinlichste (die bei mehrmaliger Durchführung am häufigsten auftreten würde). Aus diesen Zeitangaben können verschiedene Wahrscheinlichkeitsaussagen bezüglich des Eintretenszeitpunktes einzelner Projektzustände bzw. Meilensteine gemacht werden.

Die allgemeine Verbreitung von PERT ist relativ gering, wobei allerdings zu beachten ist, dass der Name PERT vor allem im englischen Sprachgebrauch vielfach als gleichbedeutend mit Netzplantechnik verwendet wird.

### 2.4.3 EDV-unterstützte Projektmanagement-Systeme (PMS)

Es gibt heute eine Reihe von EDV-gestützten PMS-Systemen, die auf der Netzplantechnik aufbauen und auf PCs dialogorientiert laufen. Diese Systeme unterstützen den Projektleiter bei der Projektplanung sowie der daran anschliessenden Projektkontrolle und -steuerung und umfassen meist die vier klassischen Netzplanfunktionen

- *Strukturanalyse:* zeichnerischer Entwurf des Netzplans bzw. der Abhängigkeiten der verschiedenen Aktivitäten
- *Zeitanalyse:* Vorwärts- und Rückwärtsdurchrechnung des Netzplans mit Ermittlung von End- und Zwischenterminen, kritischem Weg, Zeitreserven etc.
- *Kapazitätsanalyse:* Ermittlung der Belastung verschiedener Ressourcen (Personal, Maschinen, Räume etc.) im Zeitablauf. Unterstützung bei der Disposition von beschränkt verfügbaren Ressourcen (z.B. Verschieben von Tätigkeiten bei Überschreitung der Maximalkapazität). Durchspielen verschiedener Möglichkeit der Einplanung von Aktivitäten und Zuteilung von Ressourcen. Analyse der Konsequenzen auf die Belastungs- und Terminsituation.
- *Kostenanalyse:* Wenn den einzelnen Tätigkeiten Kosten zugeteilt werden, besteht die Möglichkeit, Soll- und Ist-Kostenverläufe zu ermitteln und tabellarisch oder graphisch darzustellen, die Projektdauer in kostenmässiger Hinsicht zu optimieren etc.

PMS-Systeme unterstützen alle vier Netzplanfunktionen und ermöglichen eine relativ einfache Erstellung, Mutation und Neuberechnung von Netzplänen:

## 2. Terminplanung

- Tätigkeiten können auf einfache Art graphisch gestaltet und positioniert, miteinander gekoppelt und wieder entkoppelt, in ihrer Lage verschoben werden u.a.m.
- Wenn die Struktur der Abhängigkeiten festgelegt ist und die Tätigkeitsdauern angegeben wurden, kann der Netzplan in zeitlicher Hinsicht automatisch durchgerechnet werden (frühest mögliche/spätest erlaubte Anfangs- bzw. Endzeitpunkte, Meilensteine, kritischer Weg, Zeitreserven u.a.m.).
- Wenn die Ergebnisse unbefriedigend sind, können Änderungen, Verschiebungen, Neuberechnungen etc. sehr einfach durchgeführt werden.
- Es sind vielfältige Sortierungen, Verdichtungen und Auswertungen möglich (z.B. Sortierung von Tätigkeiten nach organisatorischer Zuständigkeit, nach beanspruchter Ressource, nach frühest möglichem Anfang, spätest erlaubtem Ende, verfügbaren Zeitreserven u.v.a.m.).
- Nach erfolgter Netzplan-Durchrechnung können automatisch Balkendiagramme erstellt werden (umgekehrt nicht möglich!). Dies ist in Abb. 3.2.5 dargestellt, in der die Netzplandarstellung aus Abb. 3.2.4 automatisch in ein Balkendiagramm umgewandelt wurde (verwendete Software «Microsoft Project»).

Bevor man sich für den Einsatz eines derartigen Systems entscheidet, sollte man folgende Fragen prüfen, die gleichzeitig als Kriterien für die Vor-Auswahl gelten können:

- Art und Umfang der Gestaltung der oben angeführten Funktionen?
- Zusatzfunktionen, vor allem hinsichtlich graphischer Auswertungen, Unterstützung (z.B. graphische Entflechtung von Entwürfen), Gestaltung eines variablen Kalenders etc.?
- Zulässige Anzahl von Tätigkeiten pro Projekt? Anzahl verschiedener Ressourcen pro Projekt? Anzahl Ressourcen pro Tätigkeit?
- Bedienungsfreundlichkeit des Systems? Bildschirmgestaltung, Menuführung, Makros etc.?
- Netzwerkfähigkeit?

Die Erfahrung bei der praktischen Anwendung von PMS-Systemen zeigt allerdings, dass

- die Ergebnisse, die sie liefern, weniger durch die Vielfalt der Auswertungen, die sie ermöglichen bzw. unterstützen, als durch die Inputdaten und die Qualität der vorangegangenen planerischen Überlegungen bestimmt werden. Es muss also zunächst in die Planung des Projekts und seines Ablaufs und in die Beschaffung bzw. Erfassung von Daten investiert werden, die bisher nicht verfügbar waren bzw. benötigt wurden.
- die Anforderungen, die bei der Auswahl derartiger Systeme gestellt werden, meist wesentlich höher sind als das, was man später braucht und tatsächlich verwendet. Vor grösseren Investitionen sollte man also «prototypenhaft» zunächst mit einfachen und «schlanken» Systemen beginnen, um Anwendungserfahrung zu sammeln.
- Eine besondere Schwierigkeit besteht zu Beginn sicherlich darin, dass der relativ kleine Bildschirmausschnitt nur jeweils einen beengten Einblick in die Gesamtzusammenhänge gibt. Eine Reihe von PMS-Systemen bieten hier Hilfe, indem sie als Zusatz-Option eine Verkleinerung des Netzplans durch Reduktion der Tätigkeitsbezeichnungen auf die Tätigkeits-Nummern ermöglichen. Damit kann man sich zwischendurch eine Übersicht verschaffen, begibt sich dabei aber auf ein abstrakteres Niveau und benötigt «Übersetzungslisten» zur Interpretation der Tätigkeits-Num-

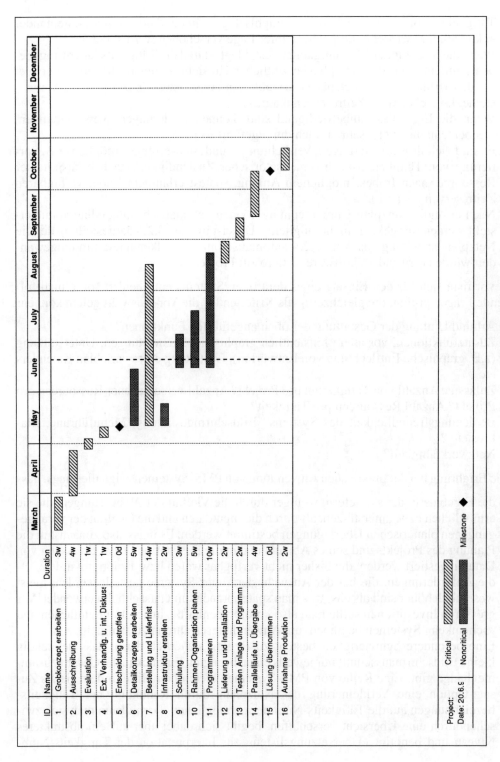

3.2.5 Balkendiagramm – automatisch aus dem Netzplan der Abb. 3.2.4 erstellt

mern. Eine praktisch verbreitete Kombination besteht darin, dass mehrere Personen zunächst gemeinsam den Netzplan auf Papier (z.B. mit Post-it-Klebezetteln) im Konzept entwerfen, der in der Folge oder auch schritthaltend dazu EDV-mässig erfasst wird und somit auf einfache Art berechnet, graphisch geändert und neuberechnet werden kann.

Oder man verwendet gleichzeitig zwei Bildschirme, einen für die Übersichts- und den anderen für Detaildarstellungen.

### 2.4.4 Die Netzplantechnik im Vergleich zu den anderen Planungsmitteln

Der Einsatz der Netzplantechnik beginnt dort, wo das Balkendiagramm versagt: bei den Grossprojekten.

Die Vorteile der Netzplantechnik sind:

- Komplexe Zusammenhänge und deren logische Abhängigkeiten können bereits im Planungsstadium erkannt, dargestellt und damit frühzeitig berücksichtigt werden.
- EDV-Programme zur Unterstützung bei der Erstellung und Auswertung der Netzpläne sind heute auch schon auf PC-Basis und relativ kostengünstig verfügbar.

Als «Stolpersteine» wären zu nennen:

- Die Anwendung der Netzplantechnik setzt eine positive Einstellung zur vorausschauenden und transparenten Planung sowie eine entsprechende Ausbildung in der Anwendung der Methode voraus.
- Fehler in der Darstellung der logischen Abhängigkeiten können zu unrealistischen Terminberechnungen führen, deren Ursache evtl. nur schwer erkennbar ist.
- Dabei besteht die nicht zu unterschätzende Tendenz zu einer «Über-Strukturierung» von nicht genau planbaren Abläufen, wodurch unrealistische Abhängigkeiten entstehen können.
- Dasselbe gilt, wenn über grosse Zeithorizonte mit zu grossem Detaillierungsgrad geplant wird, was zu unrealistischen Situationen und zu grossem Mutationsaufwand führen muss.
- Dies kann die Ausführenden (insbes. den Projektleiter) dazu veranlassen, sich vom Netzplan zu distanzieren und zu seinen «handgestrickten» Methoden zurückzukehren.

Als Entscheidungshilfe und Empfehlung kann festgehalten werden:

- Der Einsatz der Netzplantechnik ist um so zweckmässiger, je
  - grösser und komplexer ein Projekt ist (Anzahl Tätigkeiten, die zu planen und zu steuern sind, Grad ihrer gegenseitigen Verflechtung),
  - umfassendere und gezieltere Aussagen hinsichtlich der Start- und Endzeitpunkte einzelner Tätigkeiten bzw. des ganzen Projektes gemacht werden sollen,
  - mehr Personen, Stellen bzw. Instanzen am Projekt beteiligt sind.
- Natürlich ist die umfassende Anwendung der Netzplantechnik auch mit Aufwand verbunden. Aber man sollte diesen Aufwand nicht isoliert betrachten, sondern ihn mit dem Risiko vergleichen, das man eingeht, wenn man eine mangelhafte Terminplanung und -kontrolle in Kauf nimmt.

Teil III: Methoden für die EDV-Praxis

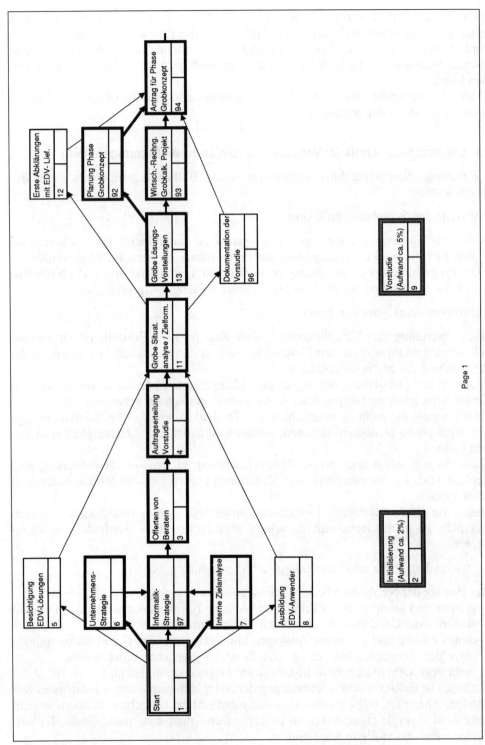

3.2.6 Detailnetzplan der Phasen Initialisierung und Vorstudie

## 2. Terminplanung

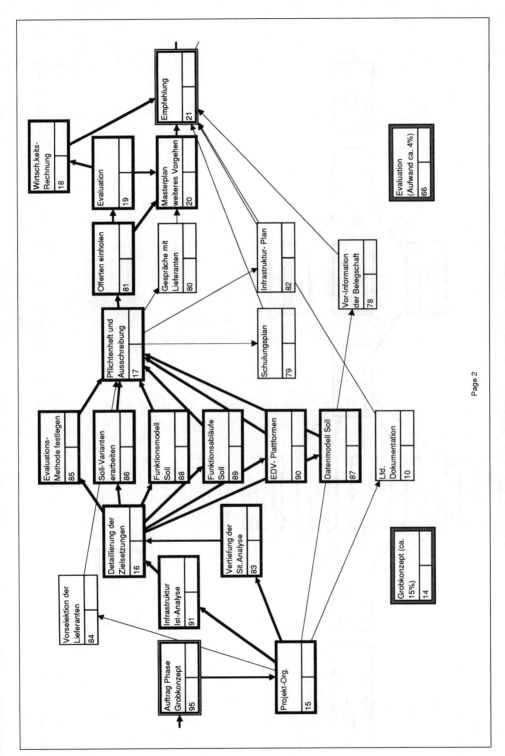

3.2.7  Detailnetzplan der Phasen Grobkonzept und Evaluation

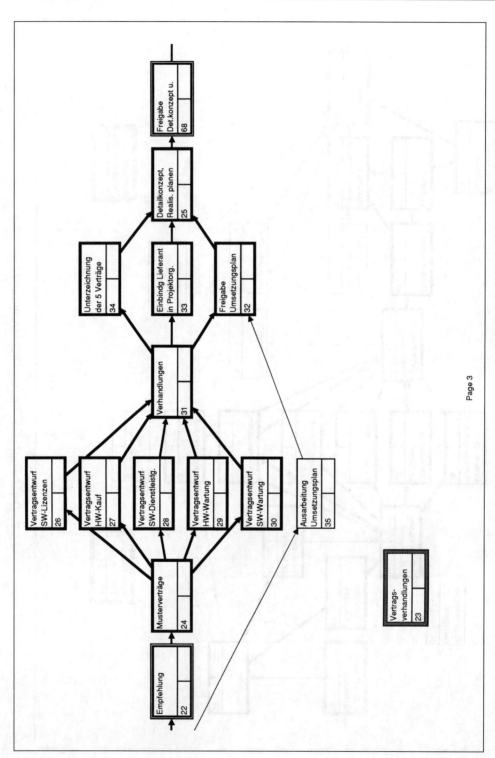

3.2.8 Detailnetzplan der Phase Vertragsverhandlungen

## 2. Terminplanung

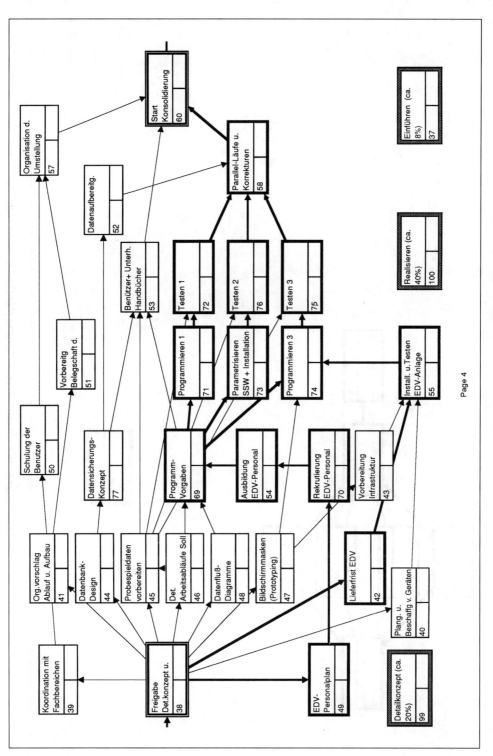

3.2.9 Detailnetzplan der Phasen Detailkonzept, Realisierung und Einführung

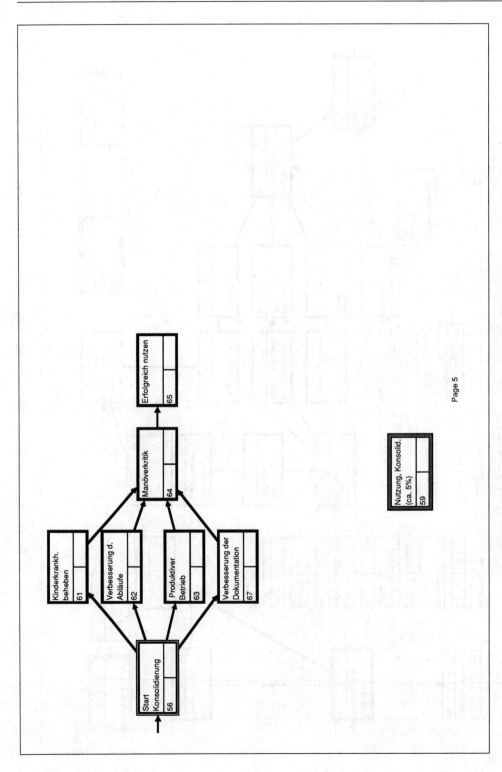

3.2.10 Detailnetzplan der Phasen Konsolidierung (Nacharbeit) und Nutzung

- Netzpläne sollten nach dem Prinzip «Vom Groben zum Detail» konzipiert werden. Über grosse Zeithorizonte genügt ein grober Netzplan, nur die nähere Zukunft ist detailliert zu planen. Grosse Netzpläne (das sind solche mit deutlich mehr als 100 Aktivitäten) sollten also durch Zusammenfassen von Aktivitäten vereinfacht werden. Oft genügt auch ein Grob-Netzplan, der durch andere einfache Hilfsmittel, wie z.B. tabellarische Aktivitätslisten ergänzt werden kann. Dies reduziert den Mutationsaufwand und erhöht die Wahrscheinlichkeit für eine laufende Verwendung.

## 2.5 Einsatz der Netzplantechnik für EDV-Projekte

EDV-Projekte sind in der Regel komplex, greifen doch rein technische Probleme, organisatorische Umstrukturierungen und abstrakte, logische Modellkonstruktionen ineinander und beeinflussen sich gegenseitig.

Gerade weil sich die Aktivitäten auf den verschiedensten Ebenen abspielen, ist die Erstellung eines Netzplanes oft äusserst schwierig. Sie ist aber zweckmässig, weil der Zwang zu vorgängigem Durchdenken hilft, komplexe Verflechtungen zeitgerecht zu erkennen und weil zeitgerecht Massnahmen zu ihrer Lösung in die Wege geleitet werden können.

In den Abbildungen 3.2.6 bis 3.2.10 findet man Netzpläne, die den phasenweisen Ablauf eines EDV-Projektes detaillierter strukturieren. Auf die Angabe von Zeiten wurde dabei allerdings verzichtet, da diese sehr von der Grösse des Projektes abhängig sind. Die Inhalte der einzelnen Aktivitäten sind in Kapitel II.3 beschrieben.

## 2.6 Zusammenfassung

Die verschiedenen Techniken der Terminplanung ermöglichen es, den Ablauf eines Projektes in einer für alle Beteiligten ersichtlichen Form festzuhalten. Sie dienen dabei gleichzeitig als Hilfsmittel zur Terminüberwachung.

Für einfache Vorhaben genügt eventuell eine tabellarische Übersicht. Anschaulicher ist jedoch ein Balkendiagramm (Gantt-Chart). Für komplexere Vorhaben mit vielen Tätigkeiten und komplizierten Verflechtungen eignet sich die Netzplantechnik.

Es gibt eine Reihe von EDV-Programmen, die – auf der Basis einer festgelegten Ablaufstruktur und geschätzter Tätigkeitsdauer für die einzelnen Vorgänge – ein automatisches Durchrechnen aller Zwischentermine und disponiblen Zeiten, der Kapazitätssituation, der Kostenverläufe u.a.m. ermöglichen.

## 2.7 Literatur

1) Haberfellner, R.; Nagel, P.; Becker, M. u.a.: Systems Engineering. Methodik und Praxis.
2) Locher, R., Maurer, T.: Einsatz von Projektmanagementsoftware auf Personalcomputern.
3) Orgamatic: Projektmanagement für Profis
4) Microsoft Project: Anwender-Manual

# 3. Das Pflichtenheft

## 3.1 Allgemeines

Pflichtenhefte werden allgemein für die Beschreibung umfangreicher Aufgaben angelegt. Sie haben ein vollständiges Verzeichnis der zu erledigenden Arbeiten und/oder zu liefernden Geräte und Programme und deren genaue Beschreibung zu enthalten.

Der *Inhalt* des EDV-Pflichtenheftes richtet sich nach der Projektart gemäss Abschnitt II.1.1:

- gemeinsame Beschaffung von Hardware (HW) und Software (SW) oder
- Entwicklung von Individualsoftware oder
- Beschaffung von Standard-Anwendungssoftware

Das Pflichtenheft wird in der Phase Grobkonzept nach den Aktivitätenblöcken Situationsanalyse, Zielformulierung, Sollkonzepte und *vor* der Evaluation (s. Abb. 3.3.1) erarbeitet.

Das Pflichtenheft orientiert sich je nach Projektart an drei *Zielgruppen* (s. Abb. 3.3.2):

a) **Hardwarelieferanten:** bezüglich notwendiger Kapazitäten und Leistungen der Anlagen,
b) **Softwarelieferanten:** bezüglich zu erfüllender Funktionen und Datenkonzepten,
c) zukünftige **EDV-Anwender** (Kader und Mitarbeiter).

Wenn man diese nicht rechtzeitig einbindet, läuft man Gefahr, dass sie sich in der Konzeptionsphase mit der Lösung gar nicht ernsthaft auseinandersetzen und später

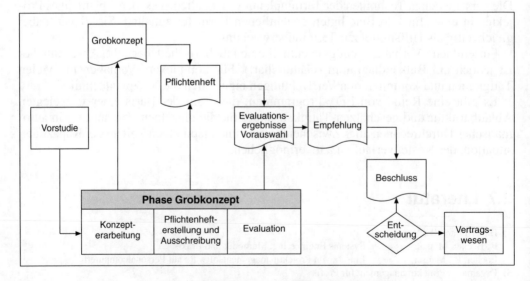

*3.3.1   Positionierung des Pflichtenheftes*

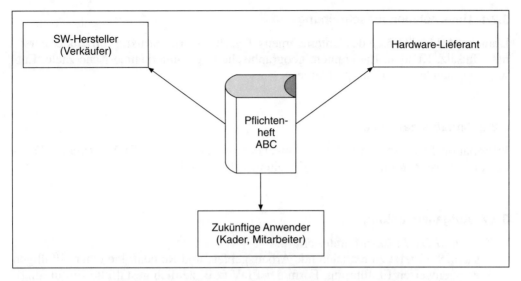

3.3.2  Das Pflichtenheft ist für drei Zielgruppen verbindlich

die erarbeitete Lösung untauglich finden und ablehnen. Schon aus diesem Grund allein ist immer ein Pflichtenheft zu erstellen.

Der *Detaillierungsgrad* des Pflichtenheftes richtet sich nach dem Zweck, den der Käufer (Auftraggeber) verfolgt:

a) Für eine *Potentialanalyse* und *Markterkundung* genügt ein allgemein gehaltenes, sehr grobes Pflichtenheft (Aufgabenbeschreibung).
b) Für die *Einholung von Offerten* für HW und SW wird ein Pflichtenheft gemäss Abschnitte 3.2ff erstellt. Dies ist der eigentliche Gegenstand dieses Kapitels.
c) Dieses Pflichtenheft wird vor der Vertragsunterzeichnung weiter detailliert und wird dann zum Bestandteil des Vertrages.

## 3.2 Gliederung des Pflichtenheftes

Jedes Pflichtenheft sollte folgendes enthalten:

- **Unternehmensbeschreibung**
- **Situationsanalyse**
- **Aufgabenstellung**    und den Anforderungskatalog
- **Fragenkatalog**         an die Lieferanten
- **Offertaufbau**           um die Vergleichbarkeit der Angebote zu erleichtern
- **Administratives**      hauptsächlich zur Abwicklung der Evaluation

Im folgenden wird der Inhalt eines Pflichtenheftes für die Einholung von Offerten für HW und SW behandelt.

### 3.2.1 Unternehmensbeschreibung

Branche, Art und Grösse des Unternehmens, Geschäftsform, Struktur, Produkte, Personal, Umsatz, Kunden, Lieferanten, geographische Lage, unternehmerische Ziele, Entwicklungstendenzen, Hauptprobleme.

### 3.2.2 Situationsanalyse

Informationsfluss, (Materialfluss), Anwendersoftware, Daten, EDV-Systeme, Fachpersonal, Kosten, Mengen und Häufigkeiten, Stärken und Schwächen.

### 3.2.3 Aufgabenstellung

- *Ziele des EDV-Einsatzes,* unterteilt in:
  - sachliche Ziele: zu realisierende Arbeitsgebiete und Reihenfolge einer allfälligen etappenweisen Einführung, Form der EDV (z.B. zeitlich gestaffelte Einführung), besondere sachliche Zielsetzungen (z.B. direkte Datenerfassung an Schaltern, mehrmonatige Parallelläufe)
  - EDV-politische Ziele: Es können verschiedene Aspekte im Vordergrund stehen, z.B. absolute Unabhängigkeit oder möglichst niedrige Kosten oder Restriktionen anderer Art.
  - personelle Ziele: Man will mit einem bestimmten Umfang des Personals oder eventuell ganz ohne EDV-Spezialisten (Programmierer) auskommen.
  - Terminziele: Der Beginnzeitpunkt der produktiven Arbeit für die verschiedenen Einsatzetappen wird angegeben.
  - Kostenziele: In speziellen Fällen können die oberen Grenzen für die Investitionskosten und die laufenden Kosten genannt werden.

Der Verfasser des Pflichtenheftes definiert in diesem Abschnitt somit seine Bedürfnisse aus seiner eigenen Sicht in seiner eigenen Sprache. Es ist auszudrücken, *was* zu lösen ist und nicht *wie* das zu geschehen hat. Jedoch sollen spezielle Anforderungen an Eingabe, Ausgabe, Verarbeitung, Dateien und Schnittstellen klar ausgedrückt werden.

- *Arbeitsgebiete:* Es wird eine Beschreibung der zu realisierenden Arbeitsgebiete erstellt, die folgendes enthalten soll:
  - Beschreibung des Sollkonzeptes der Verarbeitung. Materialfluss und Informationsfluss werden als schematische Zeichnungen und in verbaler Beschreibung dargestellt. Die wichtigen Transaktionen werden beschrieben und die Dateien werden aufgezählt und grob dimensioniert.
  - Mengen und Häufigkeiten werden festgehalten. Die notwendigen Reserven werden angegeben.
- *EDV-Lösungsmöglichkeiten:* In diesem Abschnitt wird beschrieben, welche Lösungen in Frage kommen und welche Wünsche der Anwender im besonderen hat. Dies betrifft die Verarbeitungsformen und die Betriebsarten, zentrale oder dezentrale Verarbeitung, Anschluss an Datennetze, Anforderungen an lokale Netze, Einsatz von Personal Computern am Arbeitsplatz u.a.m.

- *Leistungsanforderungen:* Die zu erbringenden Leistungen sind klar und eindeutig zu definieren. Es darf nicht vergessen werden, alle Bedingungen zu beschreiben, unter denen diese Leistungen erreicht werden müssen. Wesentlich ist die Gewährleistung von Antwortzeiten bei Dialogsystemen.
- *Sicherheitsanforderungen:* Für die Sicherheit gegen Schäden durch Feuer, Wasser unbefugten Zutritt, Sabotage kann der Offertsteller nur beratend Stellung nehmen. Er muss jedoch zu folgendem konkrete Angaben machen:
  - Massnahmen der Hardware und Software gegen unberechtigten Zugriff,
  - Erklärungen zur Verfügbarkeit der Hardware (Ausfallquote, mittlere Zeit zwischen Fehlern),
  - Häufigkeit und Dauer der vorbeugenden Wartung,
  - Wiederanlauf des Systems nach Ausfällen,
  - Angaben zur Datensicherung,
  - Verfügbarkeit von Ausweichanlagen,
  - Wiederbeschaffungsfrist beschädigter Anlageteile.
- *Allgemeine Anforderungen.* In diesem Abschnitt werden grundsätzliche und allgemeine Anforderungen des Anwenders verzeichnet. Hiezu einige Beispiele:
  - weitgehender Einsatz von Standardprogrammen (für Klein- und Mittelfirmen),
  - Angebote von Hardware und Software aus einer Hand,
  - Berücksichtigung der Personalsituation des Anwenders,
  - Schulung des Anwenderpersonals,
  - Unterstützung bei der Einführung bis zur schlüsselfertigen Übergabe,
  - Unterstützung bei der Datenerfassung (Erstanlage) oder bei der Datenübernahme und -konversion (Ersatzanlagen),
  - Verfügbarkeit von Testzentren,
  - Unterstützung im Betrieb.
- *Zusammenstellung der Mengen und Häufigkeiten.* Obwohl diese Zahlen schon bei der Beschreibung der einzelnen Arbeitsgebiete genannt wurden, werden die wichtigsten Mengen und Häufigkeiten nochmals übersichtlich zusammengestellt. Dies erleichtert allen Beteiligten die weitere Bearbeitung.
- *Konfiguration.* Der Anwender spezifiziert seine Wünsche, die im wesentlichen die *Peripheriegeräte* für den Computerraum mit dem zentralen Server und die Arbeitsplatzstationen (Clients) in den Fachabteilungen betreffen werden. Die Angaben sollen sowohl für den augenblicklichen Bedarf als auch für einen zukünftigen Ausbau gemacht werden.
- *Beilagen.* Es wird zweckmässig sein, dem Pflichtenheft einige Beilagen anzufügen. Dabei kann an folgendes gedacht werden:
  - Organisationsschema des Anwenders,
  - wichtige Formulare (Belege von Eingabedaten und Resultatblätter),
  - Detailspezifikationen. Bei der Aufnahme des Istzustandes oder Erarbeitung des Sollkonzeptes werden zahlreiche Details, die für den Anwender charakteristisch sind, bekannt. Es handelt sich dabei meist um Einzelheiten, die zum Zeitpunkt des Grobkonzeptes noch nicht sehr wichtig sind, die aber doch nicht vergessen werden sollten. Man legt eine geordnete Liste dieser Details an und kann sie dem Pflichtenheft beifügen. Der Offertsteller kann daraus erkennen, wo später Probleme zu erwarten sind.

### 3.2.4 Fragenkatalog an den Lieferanten

Um möglichst vollständige und vergleichbare Offerten zu erhalten, ist zu empfehlen, den Inhalt und den Aufbau der Offerte vorzuschreiben. Diesem Zweck dient der folgende Fragenkatalog.

- **Lösungskonzept**
  Aufgrund der geschilderten Anforderungen wird ein Lösungskonzept darzustellen sein. Darin beschreibt der Offertsteller seine Lösung im Gesamtüberblick, begründet seinen Hardware- und Software-Vorschlag und nennt besondere Gründe und Vorteile seiner Lösung.

- **Hardware-Konfiguration**
  - Zentraleinheit (Speichergrösse, Zykluszeit, Art der Konsole, Anschlussmöglichkeiten für externe Speicher und Peripherie, Technologie),
  - periphere Einheiten (welche Geräte sind anschliessbar, Typenblätter, Leistung, Übertragungsgeschwindigkeit),
  - Ausbaumöglichkeiten (Zentraleinheiten, externe Speicher, periphere Geräte: theoretische und empfohlene Anzahl),
  - Anspruch an die Umgebung (Raumbedarf, Temperatur, Luftfeuchtigkeit, elektrische Zuleitungen),
  - Wartung (nächste Reparatur- und Servicestelle, Garantiezeit Hardware, Wartungsdauer und -periodizität, Anzahl Installationen pro Techniker, Ausweichmaschinen in der Nähe, Installation von technischen Verbesserungen und ihre Kosten, Dauer, für welche Ersatzteile und Wartung gewährleistet sind),
  - Auslastung des Systems (Hauptspeicherauslastung, Verarbeitungszeit, Diskbelegung, Antwortzeiten).

- **Betriebssoftware**
  - Betriebssysteme
  - Job management (Programmauswahl mit Menuprozessor, Zugriffssicherung, Restartprozeduren nach Stromausfall, Logbuch),
  - Dienstprogramme (Beschreibung, welche sind zum angegebenen Preis offeriert, welche überdies verfügbar),
  - Datenbank-Management-System,
  - Übersetzer (Programmiersprachen),
  - Dokumentationssprache (Systemmeldungen, Betriebsprogramme, Anwenderdokumentation, Bedienungsanleitung),
  - Ausbildung (Operateure, Datatypistinnen, Programmierer, Anwender).

- **Anwendersoftware**
  Die Anwenderprogramme und Transaktionen müssen so dargestellt werden, dass ein klares Bild über den Ablauf gewonnen werden kann. Darüber hinaus sind die folgenden Punkte zu behandeln:
  - Unterstützung (bei der Ausarbeitung der Organisation, bei der Implementation, nach der Einführung),
  - Herstellung (durch eigene Programmierabteilung oder durch fremde Softwarehäuser),

- Standard-Software (Aufwand für die Einführung, Anpassungsaufwand, Wartung der Programme, Programmiersprache, Abgabe der Quellenprogramme, Art der Dokumentation, Referenzen),
- Individual-Software (ist sie erforderlich, kann sie der Offertsteller erstellen, welche Garantie wird geboten).

- **Unterstützung**
  - Umfang der angebotenen Beratung vor und nach Installation,
  - Anzahl unentgeltlicher Instruktionsstunden,
  - Kosten zusätzlicher Unterstützung (z.B. Anpassung bereits bestehender Programme).

- **Datenübernahme**
  - Ist die Übernahme bestehender und historischer Daten möglich?
  - Welche Daten müssen zusätzlich erfasst werden?
  - Anzahl und Art der Übernahme-Programme?
  - Welche Arbeiten hat der Anwender zu leisten?

- **Kosten**
  - Investitionen (Hardware, Software, Unterstützung, Zubehör, Datenübernahme),
  - laufende Kosten (Hardware: Wartung, Systemunterhalt; Software: Wartung, Lizenzgebühren, Programmunterhalt).

- **Vertragsbedingungen**
  - Garantie,
  - Lieferbedingungen,
  - Zahlungsbedingungen.

- **Angaben über die offerierende Firma**
  - die Firma, ihre Produkte und Dienstleistungen,
  - Lage und Grösse der nächsten Vetretung,
  - Seit wann ist die Firma in der EDV tätig?
  - Seit wann ist das angebotene Computermodell auf dem Markt und wie viele Anlagen sind im Lande installiert?
  - Referenzen für Branchenerfahrung, Hardware und Software.

- **Terminvorschlag**
  - Lieferfrist der Hardware,
  - produktiver Betriebsbeginn der einzelnen Etappen.

Der Fragenkatalog kann selbstverständlich verkürzt oder erweitert werden. Dies richtet sich danach, welche Kriterien man in die Evaluation einbeziehen will.

### 3.2.5 Aufbau der Offerte

Um eine Evaluation möglichst exakt und rasch durchführen zu können, wird empfohlen, dem Offertsteller die Form der Offerte zwingend vorzuschreiben. Sie könnte wie folgt gegliedert sein:

- Zusammenfassung und Einleitung,
- Vorstellung des Offertstellers,
- Bearbeitung des Fragenkatalogs:
  - Lösungskonzept,
  - Hardware und Software,
  - Unterstützung,
  - Kosten,
  - Vertragsbedingungen,
  - Termine,
  - Beantwortung spezieller Fragen,
- Ergänzungen des Offertstellers,
- Beilagen.

### 3.2.6 Administratives

Das Pflichtenheft ist in der Regel vertraulich und nach der Offertstellung zurückzugeben.

Dem Offertsteller ist mitzuteilen, wie und an wen er allfällige Rückfragen richten kann. Es wird dafür die schriftliche Form sehr empfohlen.

Das Pflichtenheft soll die Termine enthalten für:

- Abgabe der Offerte,
- Gespräche mit Offertstellern,
- Besichtigungen von Referenzanlagen,
- Abschluss der Evaluation und Entscheid,
- Vertragsunterzeichnung.

Es werden Angaben gemacht darüber, an wen die Offerte zu adressieren ist und in wieviel Exemplaren sie gewünscht wird.

Zusätzlich können Angaben zum Evaluationsverfahren gemacht werden. Legt man von vornherein im Pflichtenheft fest, dass die Offertsteller vom Evaluationsentscheid so schnell wie möglich schriftlich verständigt werden, dass jedoch die Gründe für den Entscheid nicht bekanntgegeben werden, so erspart man sich später einige Unannehmlichkeiten.

## 3.3 Schlusswort

Ein gutes Pflichtenheft muss der Aufgabenstellung und deren Stellenwert angemessen sein. Es sollte nicht mehr als 5% des Gesamtvorhabens kosten.

Es sollte weder zu oberflächlich, aber auch nicht zu detailliert sein. Letzteres verunmöglicht, Standard-Produkte oder Standard-Software zum Zug kommen zu lassen und verteuert die Lösung.

Pflichtenhefte haben in der EDV-Welt auch ihre Gegner; deren Argumente lauten (im folgenden einige Denkanstösse...):

- *«aufwendig, teuer, zeitraubend»*
  Würden Sie ein Haus bauen, ohne Pläne und Baubeschrieb?
- *«Gehen wir doch direkt zum bekanntesten (besten) Lieferanten»*
  Zu welchem Preis? Zu welchen Bedingungen? Was machen Sie im Streitfall?
- *«Wozu ein Pflichtenheft, wenn schlüsselfertige Lösungen vorhanden sind?»*
  Was ist schlüsselfertig, wenn die ablauforganisatorischen Bedürfnisse noch nicht spezifiziert sind? Fragen Sie Unternehmungen, die eine solche Prozedur schon hinter sich haben.
- *«Wir können und wollen uns jetzt noch nicht festlegen»*
  Dann hinterfragen Sie nochmals, ob Sie sich jetzt in ein aufwendiges EDV-Abenteuer einlassen sollten.

## 3.4 Literatur:

1) Ewald, P.: Software richtig eingekauft.
2) Frank, J.: Standard-Software.
3) Hackstein, R. (Hrsg): Produktionsplanungs- und -steuerungssysteme.
4) Horvath, P.; Petsch, M., Weihe, M.: Standard-Anwendungssoftware für das Rechnungswesen.
5) Schweizerische Vereinigung für Datenverarbeitung: EDV-Pflichtenhefte.
6) Schweizerische Vereinigung für Datenverarbeitung (SVD) (Hrsg.): Evaluation von Informatiklösungen.
7) Stahlknecht, Nordhauss: Fallstudie – Methodik der Hardware- und Softwareauswahl in kleinen und mittleren Unternehmungen, dargestellt am Beispiel eines Fachverlags.
8) Wintsch, E.: Die Analyse des Entscheidungsprozesses beim Kauf von Computern als Grundlage für die Marktbearbeitungsmassnahmen der Hersteller.
9) Schreiber, J.: Beschaffung von Informationsmitteln.

# 4. Evaluation

Unter Evaluation versteht man hier die Bewertung und Auswahl jener EDV-Lösung (Hard- und Software), die es dem Anwender ermöglicht, seine Informations- und Informationsverarbeitungsbedürfnisse am besten und am wirtschaftlichsten zu befriedigen. Grundlage für die Evaluation sind konkrete Offerten von Anbieterfirmen, die auf der Basis von Pflichtenheften ausgearbeitet wurden.

Der Ablauf kann gemäss Abb. 3.4.1 dargestellt werden.

## 4.1 Pflichtenheft als Ausgangsbasis

In der Phase Grobkonzept werden die Grundlagen für die Erstellung eines EDV-Pflichtenheftes geschaffen. Ohne Pflichtenheft ist es praktisch nicht möglich, einen Vergleich zwischen verschiedenen Angeboten vorzunehmen, da die Bezugsbasis fehlt. Das Pflichtenheft nützt dabei sowohl dem Anbieter als auch dem Kunden:

Es ermöglicht dem Anbieter zu erkennen, was der Kunde eigentlich will. Es zwingt ihn aber auch, zu Fragen Stellung zu nehmen, denen er eventuell lieber ausweichen möchte, die aber für den Kunden von Bedeutung sind.

Nähere Ausführungen hinsichtlich Aufbau und Inhalt des Pflichtenheftes findet man in Kapitel III.3.

## 4.2 Dreistufiges Evaluationsverfahren

Das vorgeschlagene Evaluationsverfahren sieht eine Auswahl in drei Filterstufen vor (Abb. 3.4.2):

- *Vorfilter,* das mit Hilfe allgemeiner Einschränkungen die nicht in Frage kommenden Angebote ausscheidet.
- *Grobfilter,* das gewisse Muss-Forderungen seitens des Kunden berücksichtigt und weitere Angebote ausscheidet, die diesen Muss-Forderungen nicht genügen.
- *Feinfilter,* das die in engerer Wahl verbleibenden Angebote miteinander vergleicht und schliesslich auch Leistungsvergleiche anstellt.

### 4.2.1 Vorfilter

Die zunächst vorgenommene Vor-Auslese beruht auf einfachen Überlegungen, die ohne aufwendiges Studium der Offerten vorgenommen werden können, z.B.

- Anbieten eines Anlagetyps, der bereits «in die Jahre» kommt bzw. dessen Ersatz unmittelbar zu erwarten ist (Hardware, Betriebssystem),
- auf wesentliche Teile des Pflichtenhefts wurde nicht eingegangen,
- Vertriebs- und Servicenetz des Anbieters unzureichend,
- schlechtes Image des Anbieters oder seiner zuständigen Geschäftsstelle,

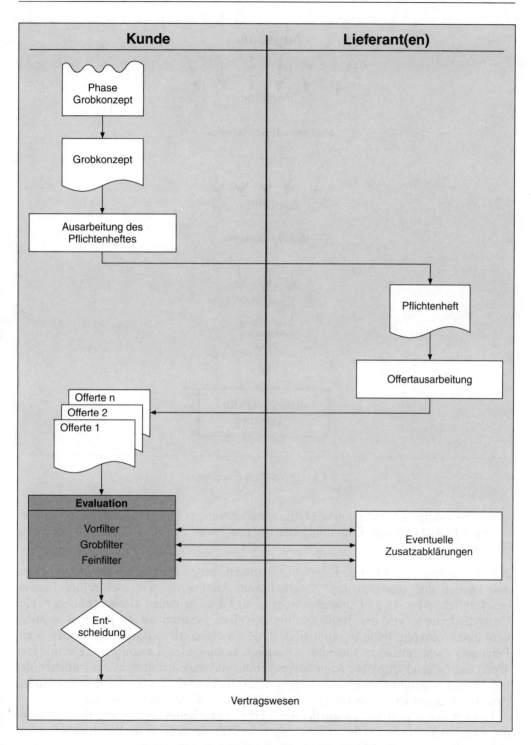

*3.4.1   Standort der Evaluation im Phasenablauf*

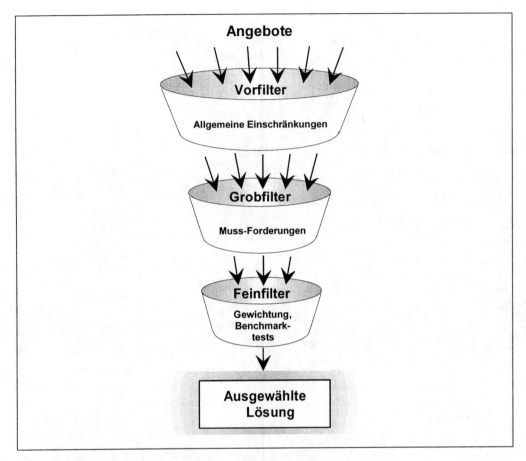

*3.4.2 Dreistufige Evaluation*

– unentschuldigtes Versäumen des Offertabgabetermins (Verdacht, dass diese Firma es später hinsichtlich der Einhaltung der versprochenen Leistung auch nicht so genau nimmt) usw.

Angebote, die gegen derartige Kriterien verstossen, müssen nicht mehr detailliert behandelt werden und scheiden aus. Natürlich sind Argumente, wie «schlechtes Image» etc. fraglich. Aber es gibt immer wieder auch Fälle, in denen Branchenkenner oder Geschäftsfreunde vor der Berücksichtigung eines bestimmten Lieferanten warnen, weil ihnen konkrete Fälle bekannt sind, in denen dieser zB. aufgrund unqualifizierten Personals nicht imstande war, die vertraglich vereinbarten Leistungen zu erbringen. Wenn ausreichend attraktive Alternativangebote vorhanden sind bzw. ein Anbieter, der auf die ihm gegenüber bestehende Skepsis angesprochen wird, keine zufriedenstellenden Antworten geben kann, wird man ein diesbezügliches Risiko lieber meiden.

Es fragt sich allerdings, warum derartige Firmen überhaupt zur Abgabe eines Angebotes eingeladen wurden. (Ohne Einladung kein Pflichtenheft, ohne Pflichtenheft keine Offertstellung möglich.) Hier spielen häufig allzu menschliche Faktoren mit: Ein Verkäufer bestürmt die Geschäftsleitung oder hat persönliche Beziehungen zu einer Führungskraft. Ein Ausschluss bereits vor Beginn der Offertphase wird als «zu hart» empfunden oder man hofft, dass diese Firma sich besonders anstrengen wird.

### 4.2.2 Grobfilter

Im zweiten Filter vor dem Beginn der eigentlichen Evaluation werden jene Angebote ausgeschieden, die erheblich gegen Forderungen im Pflichtenheft verstossen. Dazu ist es nun allerdings nötig, die Offerten eingehender zu studieren. Ausschluss-Kriterien in dieser zweiten Stufe können z.B. sein:

- erhebliches Überschreiten der maximal als tragbar erachteten Investitionssumme,
- Angebot eines Anlagetyps, der den Kapazitäts- und Verarbeitungsanforderungen nicht genügt,
- unzureichende Reservekapazität und Ausbaumöglichkeiten,
- Offertsteller hat keine branchenspezifische Anwendersoftware anzubieten,
- bestehende Anwendungssoftware kann nur bei aufwendiger Anpassung übernommen werden,
- Lösungen nur angekündigt, können aber nicht gezeigt werden,
- nicht akzeptierbarer Liefertermin usw.

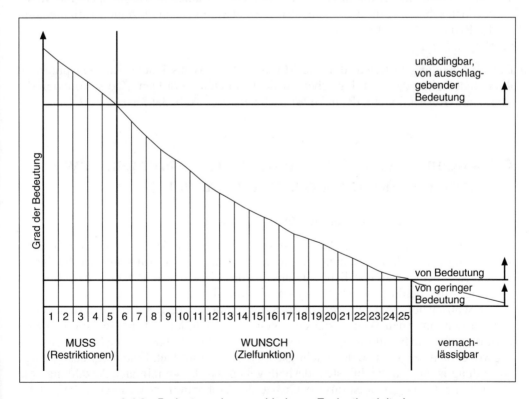

3.4.3  *Bedeutung der verschiedenen Evaluationskriterien*

Die Nichteinhaltung derartiger Mindestbedingungen verhindert, dass gewisse Angebote in die weiteren Betrachtungen einbezogen werden. Dadurch kann der grosse Arbeitsaufwand, der mit einer definitiven Evaluation in der Endphase verbunden ist, reduziert werden.

### 4.2.3 Feinfilter

In diesem Schritt wird das Verfahren der Entscheidungsanalyse angewendet, das sich übrigens nicht nur für die Evaluation von EDV-Systemen, sondern für jegliche Art von Entscheidungssituationen eignet. Folgende Schritte sind für die EDV-Evaluationen von Bedeutung:

1. Festlegen von *Muss-Zielen:* Diese stellen Schranken dar, die nicht über- bzw. unterschritten werden dürfen.
2. Festlegen von *Wunsch-Zielen* im Sinne von Anforderungen, deren Erfüllung darüber hinaus noch wünschenswert wäre, aber nicht unabdingbare Voraussetzung ist. Wunschziele können dabei unabhängig von Musszielen sein oder deren Erweiterung bzw. Ergänzung darstellen (z.B. Mussziel = Mindest-Kapazität oder -Leistung, Wunschziel = darüber hinausgehende Werte)
3. *Aufbereitung der Varianten.*
4. *Durchführung der Evaluation:* Beurteilung der Varianten im Hinblick auf die Muss- und Wunschziele. Prüfung der negativen Auswirkungen der einzelnen Varianten, um das Risiko auf ein Mindestmass zu beschränken.
5. *Entscheidung.*

Die Entscheidungskriterien, d.h. die Muss- und die Wunschziele, sind entsprechend ihrer Bedeutung oder nach logischen Gesichtspunkten zu ordnen. Zuerst kommen die Mussziele (Restriktionen), dann die Wunschziele (vgl. Abb. 3.4.3).

## 4.3 Allgemeines Beispiel einer Entscheidungsanalyse nach der Methodik der Nutzwertanalyse

### 4.3.1 Erstellen und Auswerten des Evaluationsblattes

Anhand eines Beispiels soll das Vorgehen näher erläutert werden: Wir möchten ein Haus kaufen und haben drei Varianten zur Auswahl (Abb. 3.4.4). Aufgrund der Musszielsetzungen scheidet Variante B bereits aus, da das Haus erst in 2 Jahren beziehbar ist (bedeutet Ausscheidung bereits im Vor- bzw. Grobfilter).

Als Wunschzielsetzungen werden 10 Kriterien definiert. Der Grad der Bedeutung, den wir den einzelnen Wunschzielsetzungen beimessen, kommt im Gewicht (G) zum Ausdruck. Für die Bestimmung des Gewichts wählt man am besten eine Skala von 1 bis 10, wobei man den Wert 10 den wichtigsten Kriterien zuordnet. Eine möglichst geringe Anzahlung ist uns am wichtigsten, deshalb geben wir der «minimalen Anzahlung» die Gewichtung 10. Dagegen ist uns die Grösse des Wohnzimmers weniger wichtig. Dies drücken wir mit dem Gewicht 4 aus.

# 4. Evaluation

| Firma: | | Entscheidungsanalyse – Evaluationsblatt | | | | | | | | | Dok. Nr.: | |
|---|---|---|---|---|---|---|---|---|---|---|---|---|
| Auftrag: | | | | | | | | Kurzzeichen: | | | Datum: | |
| **MUSS Z.** | VARIANTE | **A:** | | | **B:** | | | **C:** | | | | |
| 1. Anzahlung höchstens Fr. 80 000.- | | Fr. 60 000.- | | | Fr. 66 000.- | | | Fr. 76 000.- | | | | |
| 2. monatliche Zahlg. max. Fr. 2400.- | | Fr. 1800.- | | | Fr. 2200.- | | | Fr. 2200.- | | | | |
| 3. 4 Schlafzimmer | | 4 | | | 4 | | | 5 | | | | |
| 4. innerh. v. 60 Tagen beziehbar | | 45 Tage | | | 2 Jahre | | | 45 Tage | | | | |
| **WUNSCH-ZIELSETZUNG** | Gewicht (G) | Erfüllungsgrad (verbal) | Wertzahl (WZ) | G × WZ | Erfüllungsgrad (verbal) | Wertzahl (WZ) | G × WZ | Erfüllungsgrad (verbal) | Wertzahl (WZ) | G × WZ | | |
| 1. Minim. Anzahlung | 10 | Fr. 60 000.- | 10 | 100 | | | | Fr. 76 000.- | 8 | 80 | | |
| 2. Mögl. niedrige Monatsrate | 5 | Fr. 1800.- | 10 | 50 | | | | Fr. 2200.- | 7 | 35 | | |
| 3. Bequeme Büronähe | 8 | 15 Min. (Auto) | 8 | 64 | | | | 20 Min. (Auto) | 7 | 56 | | |
| 4. Schulnähe | 8 | 10 Min. (Bus) | 10 | 80 | | | | 15 Min. (Bus) | 8 | 64 | | |
| 5. Netter, moderner Stil | 2 | müssen uns daran gewöhnen | 8 | 16 | | | | modern | 10 | 20 | | |
| 6. Wohnzimmer | 4 | 48 m² eigenartiger Grundriss | 4 | 16 | | | | 52 m² guter Grundriss | 7 | 28 | | |
| 7. Modern eingerichtete Küche | 9 | gut | 8 | 72 | | | | sehr gut | 10 | 90 | | |
| 8. Gute Einkaufsmöglichkeiten | 8 | gut | 8 | 64 | | | | gut | 8 | 64 | | |
| 9. Ansprechende Umgebung | 7 | mittel | 6 | 42 | | | | schön | 9 | 63 | | |
| 10. | | | | | | | | | | | | |
| 11. | | | | | | | | | | | | |
| 12. | | | | | | | | | | | | |
| **GESAMTBEWERTUNG DER WUNSCHZIELSETZUNGEN** | | | | 504 | | | | | | 500 | | |

*3.4.4 Entscheidungsanalyse – Evaluationsblatt (Beispiel: Kauf eines Hauses)*

Zu jeder Variante ist nun verbal der Erfüllungsgrad der einzelnen Wunschzielsetzungen aufzuführen (Kolonne 3). Anschliessend ist mit einer Wertzahl (WZ), die wiederum zwischen 1 und 10 liegt, auszudrücken, wie gut die verschiedenen Varianten den einzelnen Wunschzielsetzungen entsprechen. So bekommt Variante A mit der relativ niedrigen Anzahlung von Fr. 60 000.– eine WZ von 10, Variante C dagegen nur eine solche von 8 usw. Schliesslich werden die gewichteten Wertzahlen (G × WZ) berechnet und pro Variante addiert. Die Summe der gewichteten Wertzahlen gibt jetzt Auskunft über die Gesamtzielerfüllung durch die einzelnen Varianten.

Variante A wäre also in unserem Beispiel die geringfügig bessere Lösung:

Varianten, deren Summen der Punktzahlen um weniger als 10 bis 15% differieren, können nicht als signifikant unterschiedlich betrachtet werden. Die Varianten mit den höchsten Punktzahlen werden noch einer Analyse potentieller Probleme unterzogen. Das heisst: Bevor man sich endgültig für eine der Varianten entscheidet, muss man sich noch überlegen, welche nachteiligen Auswirkungen die einzelnen Varianten mit sich bringen könnten.

### 4.3.2 Ermitteln und Auswerten nachteiliger Auswirkungen

Das Vorgehen ist ähnlich wie beim Evaluationsblatt. Anstelle der Gewichte verwendet man eine Masszahl (W) – in einer Skala von 1 bis 10 – mit der die Wahrscheinlichkeit für das Eintreten der entsprechenden nachteiligen Auswirkungen angegeben wird. Der Wertzahl entspricht die Tragweite (T). Diese drückt die Bedeutung aus, die wir der entsprechenden Position beimessen, und zwar im negativen Sinn. (Siehe Abb. 3.4.5).

In unserem Haus-Beispiel haben wir bei Variante A die nachteilige Auswirkung «weniger Spielgefährten für unsere Kinder». Wir messen diesem Faktor mit einem T von 7 eine relativ grosse Bedeutung bei und schätzen die Wahrscheinlichkeit für das Eintreffen dieser Auswirkung auf 7. Das ergibt ein W × T von 49.

Zu beachten ist, dass bei der Analyse der nachteiligen Auswirkungen – im Gegensatz zum Evaluationsblatt – bei den einzelnen Alternativen nicht die gleichen Argumente angeführt werden müssen. So sind es im Beispiel der Variante C deren drei und bei Variante A deren zwei von ganz unterschiedlicher Art.

Dies ist aber auch ein Grund dafür, um vor einer übertriebenen Verwendung dieser Möglichkeit zu warnen, da sie leicht zur Manipulation des Bewertungsergebnisses verleiten kann. Während die Beurteilung von Varianten im Evaluationsblatt aufgrund von Muss- und Wunschzielen den Vorteil hat, dass alle Varianten mit den gleichen Massstäben gemessen werden und die Bewertung damit «objektiver» wird, ist dies bei der nachträglichen Berücksichtigung nachteiliger Auswirkungen nicht mehr der Fall. Es ist deshalb zweckmässig, wichtige Argumente und Einsichten, die sich aus der Frage nach möglichen nachteiligen Auswirkungen ergeben, als Muss- oder Wunschziele in das Bewertungsschema einzufügen und nur im Ausnahmefall gesondert anzuführen.

Für jene Nachteile, bei denen man dies nicht tun will, ist der Erwartungswert der Nachteile zu berechnen und vom Total der gewichteten Wertzahl abzuziehen. Damit liegt das Ergebnis vor: Die Alternative mit der höchsten Punktzahl (im Beispiel A) ist die vorteilhafteste, sie entspricht aufgrund der zum Entscheidungszeitpunkt zur Verfügung stehenden Informationen unseren Zielvorstellungen am besten.

# 4. Evaluation

| Firma: | Entscheidungsanalyse Bewertung möglicher nachteiliger Auswirkungen | | | | | | | | | | Dok. Nr.: | | |
|---|---|---|---|---|---|---|---|---|---|---|---|---|---|
| Auftrag: | | | | | Kurzzeichen: | | | | | | Datum: | | |
| **Variante A** | | | | | **Variante B** | | | | | **Variante C** | | | |
| Nachteilige Auswirkung | W | T | W×T | | Nachteilige Auswirkung | W | T | W×T | | Nachteilige Auswirkung | W | T | W×T |
| Unangenehme gesellschaftliche Beziehungen, viele Kollegen (Firmenangehörige) wohnen in der Nähe | 8 | 4 | 32 | | | | | | | Risiko von Hochwasser im Keller, grössere Instandsetzungsarbeiten | 9 | 9 | 81 |
| Nur wenige Spielgefährten für die Kinder in der Nachbarschaft | 7 | 7 | 49 | | | | | | | Verkehrsreiche Gegend (Einkaufszentrum) | 9 | 9 | 81 |
| | | | | | | | | | | Schlechtes Gartenland | 5 | 10 | 50 |
| Erwartungswert-Nachteile | | | 81 | | Erwartungswert-Nachteile | | | | | Erwartungswert-Nachteile | | | 212 |

*3.4.5 Bewertung möglicher nachteiliger Auswirkungen (Beispiel: Kauf eines Hauses)*

## 4.4 Entscheidungsanalyse am Beispiel einer EDV-Evaluation nach der Methodik der Kosten-Wirksamkeits-Analyse

Die Methodik der Kosten-Wirksamkeits-Analyse unterscheidet sich von der vorher dargestellten Nutzwertanalyse darin, dass Kosten- und Wirksamkeitskriterien nicht in einer einzigen Tabelle zusammengefasst, sondern Wirksamkeit und Kosten von Varianten zunächst unabhängig voneinander getrennt behandelt und erst abschliessend zu einer Kosten-Wirksamkeits-Kennziffer verdichtet werden.

### 4.4.1 Darstellung der Methodik anhand eines Beispiels

Die Grundidee ist in Abb. 3.4.6 dargestellt.

Zunächst wird eine Wirksamkeitskennzahl auf analoge Art ermittelt, wie bereits bei der Nutzwertanalyse dargestellt. Ein geringfügiger Unterschied besteht darin, dass im Beispiel bewusst eine andere Methode der Gewichtszuteilung gezeigt wird. Diese besteht darin, dass ein Vorrat von z.B. 100 Gewichtspunkten entsprechend der Bedeutung, die man den einzelnen Kriterien geben möchte, auf diese verteilt wird (siehe Abb. 3.4.6, linke obere Tabelle). Aus dieser Tabelle geht auch hervor, dass die Variante V2 mit einer Wirksamkeitskennzahl von 705 knapp vor Variante V3 (Wirksamkeitskennzahl = 690) liegt. Die Kosten spielen dabei noch keine Rolle und werden in einer gesonderten Tabelle berücksichtigt (rechte obere Tabelle in Abb. 3.4.6). Die auf eine bestimmte Periode (z.B. Jahr) bezogenen Kosten wären für Variante V3 mit Fr./DM 430 000.– deutlich am günstigsten. Allein aufgrund der Kosten wäre Variante V3 zu bevorzugen.

Die Verdichtung auf eine gemeinsame Kennzahl erfolgt in der unteren Tabelle von Abb. 3.4.6: Die Gesamtkosten K werden durch die jeweilige Wirksamkeitskennziffer W dividiert. Daraus ergibt sich eine abstrakte Kennzahl, die ausdrückt, wieviel ein Wirksamkeits-Punkt kostet. Variante V3 wäre nach dieser Methode zu bevorzugen, da 1 Punkt auf der Wirksamkeitsskala mit Fr./DM 623.– am günstigsten kommt.

Die Ergebnisse können auch graphisch dargestellt werden, indem man für jede Variante die Kosten auf der vertikalen und die jeweiligen Wirksamkeitskennzahlen auf der horizontalen Achse aufträgt – siehe dazu Abb. 3.4.16.

### 4.4.2 Wirksamkeits-Kriterien für eine EDV-Evaluation

Zunächst ist eine möglichst vollständigen Kriterien-Liste aufzustellen. Diese wird hierarchisch in mehrere Stufen gegliedert. Die Kriterien jeder Stufe werden gewichtet, wobei man am einfachsten die Summe einer Stufe mit 100 annimmt und diese Summe auf die einzelnen Kriterien verteilt, entsprechend der relativen Bedeutung, die man ihnen geben möchte.

Ein Beispiel für einen hierarchisch aufgebauten Kriterienkatalog und eine entsprechende Gewichtung findet man in Abb. 3.4.7. Die Kosten bleiben zunächst unberücksichtigt, die Hardware erhält das Gewicht 25, Software 35 usw. In der Folge sollen die einzelnen Kriteriengruppen systematisch unterteilt werden.

# 4. Evaluation

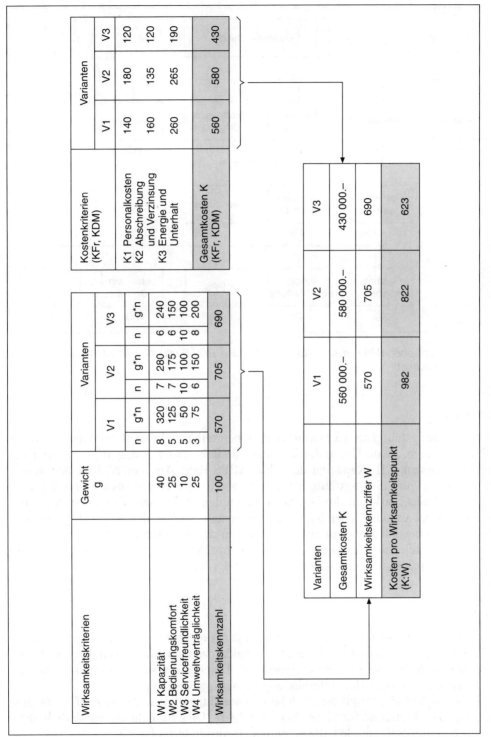

3.4.6 Kosten-Wirksamkeits-Rechnung (Beispiel nach Haberfellner R., u.a. Systems Engineering)

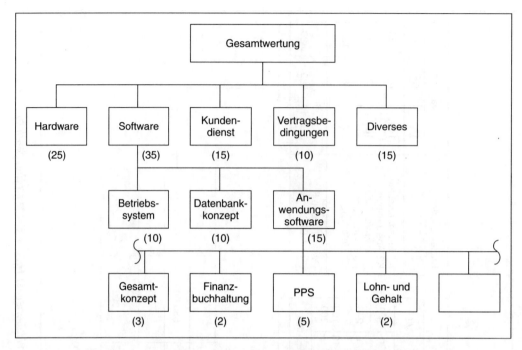

3.4.7 *Übersicht über Wirksamkeits-Kriterien für eine EDV-Evaluation (Kosten zunächst nicht berücksichtigt)*

### Hardware

Um die Leistungsfähigkeit der Hardware grob beurteilen zu können, wird man zunächst Daten verwenden, die die Computerlieferanten im Rahmen der Anlagenspezifikation zur Verfügung stellen, z.B. Kapazität der CPU, MIPS-Rate, Ausbaufähigkeit, Anschlussmöglichkeiten und Leistungsfähigkeit der Peripherie usw. Diese Angaben reichen aber in der Regel nicht aus, um die Hardware beurteilen zu können. Denn erst durch das Zusammenspiel verschiedener Systemkomponenten – unter der Regie der Betriebssoftware – lassen sich repräsentative Leistungsvergleiche durchführen.

Die dabei üblichen Messverfahren (Mixkennzahlen, Simulation und Benchmark-Test) werden später kurz behandelt. Abb. 3.4.8 zeigt einige Kriterien zur Beurteilung der Hardware.

### Software

Hinsichtlich der Software werden hier drei Fragenkomplexe voneinander unterschieden (Abb. 3.4.9): das Betriebssystem, das Datenbankkonzept und die Anwendungssoftware. Hersteller-unabhängige Betriebssysteme und Datenbanksysteme werden heute im Bestreben nach weniger Herstellerbindung immer interessanter.

Die Verfügbarkeit geeigneter Standard-Anwendungs-Software ist häufig das ausschlaggebende Kriterium für viele «Ersteinsteiger». Dies ist nicht verwunderlich, denn die Anwendungs-Software löst die eigentlichen Anwenderprobleme.

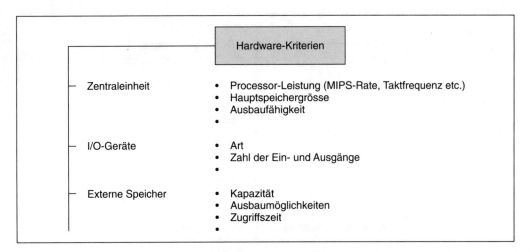

*3.4.8 Hardware-Kriterien*

## Leistungsermittlung von EDV-Anlagen (Hardware und Software)

Ein besonderes Problem bei der Evaluation stellt das Ermitteln der Leistungen der EDV-Anlage dar. Die Kenntnis der CPU-Kapazität oder MIPS-Rate allein genügt als Entscheidungsunterlage noch nicht. Erst beim Zusammenspiel der verschiedenen Systemkomponenten lassen sich repräsentative Leistungsmessungen durchführen. Dazu gibt es drei Vorgehensmöglichkeiten:

- Mixkennzahlen
- Simulation
- Benchmark-Tests

*Mixkennzahlen* ermittelt man, indem man mit einem Computerprogramm, das eine kleine aber repräsentative Mischung von Computerbefehlen enthält, die zur Auswahl stehenden Computeranlagen testet und vergleicht.

Mit Hilfe der *Simulationstechnik* wird das Verhalten eines Job-Mix, welcher gemäss den Spezifikationen des Kunden erstellt wurde, auf den zu evaluierenden Anlagen simuliert, und die Lieferanten-Spezifikationen werden überprüft. Die Leistungsergebnisse werden miteinander verglichen und der leistungsfähigsten Anlage die höchste Punktzahl zugewiesen. Der Vorteil dieses Verfahrens gegenüber den Mixkennzahlen liegt darin, dass nicht nur Programm-Befehle, sondern echte, wenn auch nur simulierte Applikations-Programme verglichen werden.

Als zuverlässigstes Verfahren zum Testen der Leistungen von EDV-Anlagen gilt der *Benchmark-Test*. Er ist allerdings nur dann anwendbar, wenn die entsprechenden Anwendungsprogramme bereits vorhanden sind. Dies ist praktisch nur bei einer EDV-Umstellung (Portierung wenigstens eines Teils der Programme auf eine andere Hardware-Plattform) oder bei Vorhandensein von Standard-Anwendungs-Software der Fall. Beim Benchmarking wird zuerst die zukünftige Arbeitslast auf der EDV-Anlage abgeschätzt. Aus diesem Arbeitsprogramm wird ein repräsentativer Job-Mix gewählt und dieser auf den konkurrierenden EDV-Anlagen verarbeitet. Die so erhaltenen Zeitwerte sind anschliessend auf das gesamte Arbeitsprogramm hochzurechnen und die Endergebnisse miteinander zu vergleichen.

Derartige Verfahren wird man allerdings nur bei jenen Angeboten anwenden, die in die engere Wahl kommen. Für alle übrigen wäre der Aufwand viel zu gross.

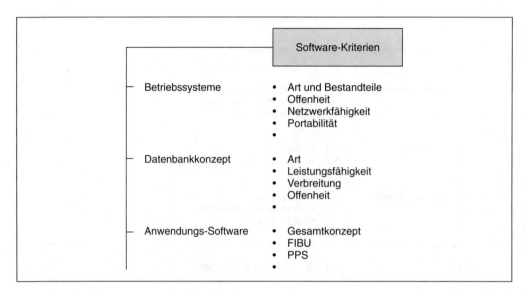

*3.4.9 Software-Kriterien*

**Kundendienst**

Vom Kundendienst in technischer und organisatorischer Hinsicht hängt zu einem wesentlichen Teil ab, ob die EDV-Anlage reibungslos und rechtzeitig installiert wird und ob nach Betriebsaufnahme ein hoher Verfügbarkeitsgrad der Anlage erreicht und aufrechterhalten werden kann (Abb. 3.4.10).

**Vertragsbedingungen**

In den Vertragsbedingungen werden Art und Umfang der Lieferungen spezifiziert, die Wartung geregelt und Rücktrittsrecht und Zahlungsbedingungen festgelegt (Abb. 3.4.11). Hier herein fallen auch die Abklärungen, ob die Anlage gekauft, gemietet oder im Leasing angeschafft werden soll.

**Diverse weitere Kriterien** (siehe Abb. 3.4.12)

Goodwill und Ruf eines Lieferanten sind ohne Zweifel Faktoren, die bei der Auswahl eine Rolle spielen. Eine kleine oder mittlere Firma wird das Risiko nicht auf sich nehmen können und wollen, Wegbereiter für einen «Newcomer» in der EDV-Branche zu sein. Man kann aber davon ausgehen, dass die etablierten Firmen ein entsprechendes Potential aufweisen. Trotzdem gibt es Unterschiede hinsichtlich der Qualität der Hardware, der Software, der Kundenunterstützung etc. Bestimmte Lieferanten haben sich in einzelnen Branchen besonders etabliert (Handel, öffentliche Verwaltung, Industrie, Banken etc.).

# 4. Evaluation

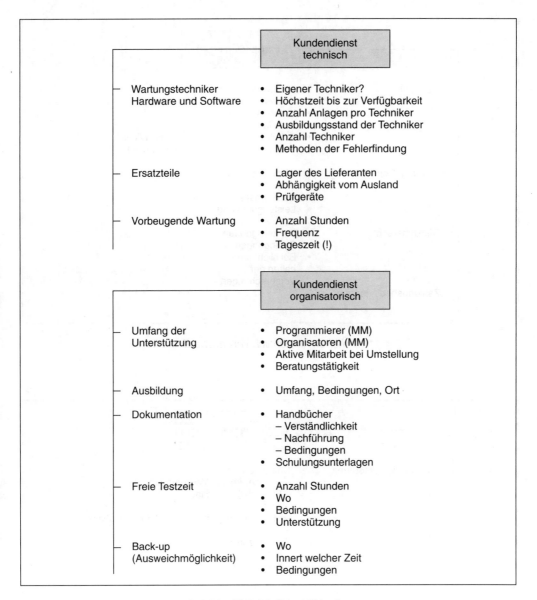

*3.4.10 Kundendienst-Kriterien*

Es gibt Firmen, die stark auf dem Gebiet der Prozessrechneranwendungen sind und weniger Erfahrung (und Software) auf dem kommerziellen Sektor aufweisen und umgekehrt.

Auf jeden Fall ist die Referenzliste zu prüfen, die Einholung gezielter Informationen bei den Referenzfirmen ist empfehlenswert.

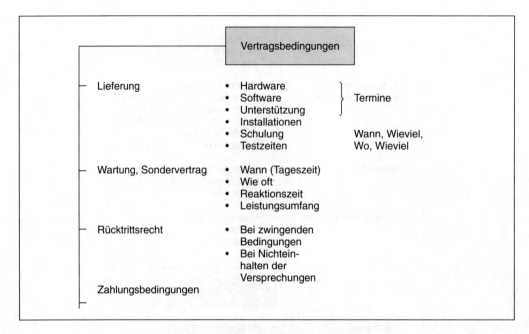

*3.4.11 Kriterien hinsichtlich Vertragsbedingungen*

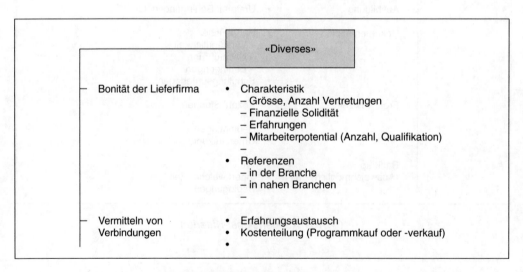

*3.4.12 Kriteriengruppe «Diverses»*

## Beispiel eines EDV-Kriterienkatalogs für eine Gemeindeverwaltung

Die Verwaltung einer Gemeinde mit ca. 15 000 Einwohnern will eine veraltete Batch-Lösung durch eine moderne Dialog-Lösung ersetzen. Die Phase Grobkonzept hat ergeben, dass die neue Lösung applikatorisch in drei Etappen realisiert werden sollte:

Etappe 1: Einwohnerkontrolle, Steuerwesen
Etappe 2: Finanzbuchhaltung, Lohn und Gehalt
Etappe 3: Energieabrechnung, Dienstleistungen der Gemeinde, Liegenschaftsteuern etc.

Ein Grobkonzept und ein Pflichtenheft wurden erarbeitet; das letztere an mehrere Lieferanten verschickt. Das Pflichtenheft stellte den Lieferanten eine Reihe von konkreten Fragen. Parallel dazu wurden die Kriterien festgelegt und gewichtet (siehe Abb. 3.4.13). Die eingehenden Angebote mit den Antworten auf die gestellten Fragen sowie Demonstrationen bei den Lieferanten und Aussagen von Referenzpersonen waren die Basis für die Bewertung.

Die Gewichtung der einzelnen Kriterien wurde auf die spezifischen Belange der betreffenden Gemeindeverwaltung zugeschnitten. So waren z.B. noch keine EDV-Fachleute vorhanden, darum wurde die Unterstützung durch den Lieferanten relativ hoch gewichtet.

Der Zielbaum der Evaluation war dreistufig. Abb. 3.4.13 zeigt einen Ausschnitt aus diesem Baum.

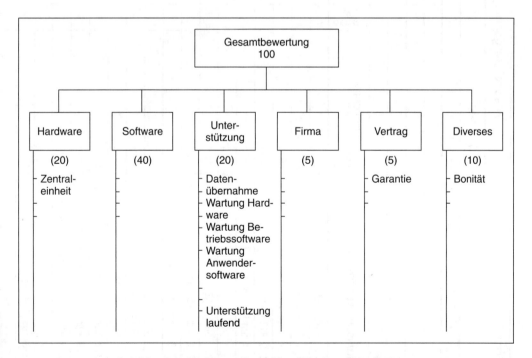

*3.4.13  Ausschnitt aus dem hierarchischen Kriterienbaum*

# Entscheidungsanalyse – Evaluationsblatt

Firma:  
Auftrag: Gemeinde Andorawil  
Dok. Nr.:  
Datum:  
Kurzzeichen: AL

| VARIANTE | | A: YORK AG | | | B: LORD COMP. | | | C: TELDAT LTD. | | |
|---|---|---|---|---|---|---|---|---|---|---|
| MUSS Z. | | Erfüllungsgrad (verbal) | | | Erfüllungsgrad (verbal) | | | Erfüllungsgrad (verbal) | | |
| 1. | | | | | | | | | | |
| 2. | | | | | | | | | | |
| 3. | | | | | | | | | | |
| 4. | | | | | | | | | | |
| WUNSCH-ZIELSETZUNG | Gewicht (G) | Erfüllungsgrad (verbal) | Wertzahl (WZ) | ZM × G | Erfüllungsgrad (verbal) | Wertzahl (WZ) | ZM × G | Erfüllungsgrad (verbal) | Wertzahl (WZ) | ZM × G |
| 1. HARDWARE | 20 | | 7.6 | 152 | | 8.15 | | | 5.45 | |
| 1.1 Zentraleinheit | (7) | | | 60 | | | 51 | | | 38 |
| 1.2 Externe Speicher | (5) | | | 38 | | | 40 | | | 20 |
| 1.3 Bildschirme | (3) | | | 24 | | | 28 | | | 28 |
| 1.4 Übrige Peripherie | (5) | | | 30 | | | 44 | | | 23 |
| 2. SOFTWARE | 40 | | 6.95 | | | 8.93 | | | 4.58 | |
| 2.1 Betriebssystem | (15) | | | 67 | | | 81 | | | 58 |
| 2.2 Anwendersoftware | (25) | | | 191 | | | 226 | | | 120 |
| 3. UNTERSTÜTZUNG | 20 | | 6.75 | 135 | | 8.5 | 170 | | 5.0 | 100 |
| 3.1 Datenübernahme | (4) | | 5 | 20 | | 10 | 40 | | 1 | 4 |
| 3.2 Wartung Hardware | (2) | | 4 | 8 | | 8 | 16 | | 6 | 12 |
| 3.3 Wartung Anwendersoftware | (2) | | 4 | 8 | | 8 | 16 | | 6 | 12 |
| 3.4 Wartung Betriebssoftware | (2) | | 9 | 18 | | 8 | 16 | | 6 | 12 |
| --- | --- | | --- | --- | | --- | --- | | --- | --- |
| 3.8 Ausbildung | (2) | | 15 | 30 | | 17 | 34 | | 12 | 24 |

# 4. Evaluation

| | | Verbale Beschreibung in der Detailevaluation | | Verbale Beschreibung in der Detailevaluation | | Verbale Beschreibung in der Detailevaluation | |
|---|---|---|---|---|---|---|---|
| 4. FIRMA | 5 | 6.4 | 32 | 9.6 | 48 | 5.0 | 25 |
| 4.1 Nächste Vertretung | (2) | 7 | 14 | 10 | 20 | 7 | 14 |
| 4.6 Alles aus einer Hand | (2) | 6 | 12 | 9 | 18 | 5 | 10 |
| 5. VERTRAG | 5 | 5.2 | 26 | 7.0 | 35 | 5.4 | 27 |
| 5.1 Garantie Hardware | (1) | 0 | 0 | 5 | 5 | 10 | 10 |
| 5.5 Allgemeine Bedingungen | (1) | 5 | 5 | 5 | 5 | 5 | 5 |
| 6. DIVERSES | 10 | 2 | 20 | 5.3 | 53 | 2.8 | 28 |
| 6.1 Raumbedarf | (1) | 8 | 8 | 6 | 6 | 10 | 10 |
| 6.2 Klimatisierung | (2) | 6 | 12 | 6 | 12 | 9 | 18 |
| **GESAMTBEWERTUNG DER WUNSCHZIELSETZUNGEN** | | | 643 | | 826 | | 472 |

*3.4.14 Evaluationsblatt – Gemeinde Andorawil*

Diese Kriterien (insgesamt über 100) wurden ins Evaluationsverfahren einbezogen. Das Evaluationsblatt in Abbildung 3.4.14 zeigt die zwei obersten Verdichtungsstufen der Evaluationskriterien samt ihrer Bewertung. Die Detailevaluation (auf der dritten Stufe) ist hier nicht ersichtlich. Die Namen der Computerhersteller sind aus verständlichen Gründen verfremdet.

Bei der Beurteilung hat sich eine schwerpunktsmässige Arbeitsverteilung in folgender Form bewährt: Die Festlegung der Beurteilungskriterien und ihrer Bedeutung soll zusammen mit den Entscheidungsorganen vorgenommen werden, denn die Kriterien und deren Gewichtung bestimmen ja massgebend das Wertsystem, über das Klarheit bestehen soll. Die Beurteilung des Erfüllungsgrades der einzelnen Kriterien durch die verschiedenen Varianten ist dann eher Sache von EDV-Sachverständigen.

Auf ähnliche Art werden nachteilige Auswirkungen ermittelt (hier nicht dargestellt) und in die Evaluation einbezogen. Beispiele hierzu können sein:

- Bei Bedarf von Individual-Anwendungssoftware kann die Lieferfirma wenig Unterstützung bieten.
- Die Personalpolitik der Firma lässt zu wünschen übrig (hohe Fluktuationsrate).
- Die Firma steht vor grossen Umorganisationen.

Im Gegensatz zu den Evaluationskriterien lässt sich die Liste der möglichen nachteiligen Kriterien nicht standardisieren.

### 4.4.3 Kostenkriterien

Die Kosten, die den übrigen Kriterien schlussendlich gegenüberzustellen sind, lassen sich gliedern in einmalige und laufende (wiederkehrende) Kosten – siehe Abb. 3.4.15. Für einen Vergleich zwischen mehreren Varianten sind die einmaligen Kosten (Investitionen etc.) über die Nutzungs- bzw. Abschreibungsdauer (z.B. jährliche Abschreibung, Verzinsung des eingesetzten Kapitals) in jährliche (wiederkehrende) Kosten umzurechnen. Somit können beide Kostenkomponenten addiert werden (zur Umrechnung der einmaligen Kosten siehe Kapitel III.5.3.3).

### 4.4.4 Evaluationsergebnisse

Die Entscheidung wird schwierig, wenn die Bewertung ergibt, dass die einzelnen Varianten nicht stark voneinander abweichen bzw. wenn die rechnerisch ermittelten Ergebnisse den intuitiven Erwartungen stark zuwider laufen. Es ist dann sinnvoll, die Kriterien bzw. ihre Gewichtung zu prüfen, um herauszufinden, wo welche Varianten besonders gut oder schlecht abschneiden. Vielfach ist es auch zweckmässig, die Gewichtung und Benotung im Sinne einer Sensitivitätsanalyse innerhalb eines als zulässig und vertretbar erscheinenden Rahmens zu verändern. Das Verfahren sollte nicht als Quelle automatischer Entscheidungen betrachtet werden, ihre Anwendung ersetzt die Entscheidung nicht, sie macht sie aber leichter verständlich, begründbar und nachvollziehbar.

# 4. Evaluation

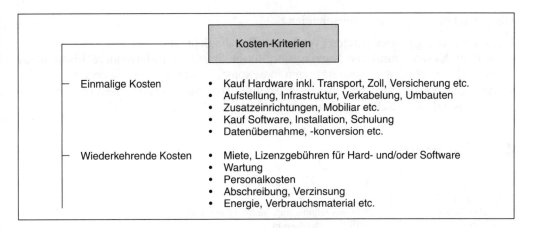

*3.4.15  Kosten-Kriterien*

Die Ergebnisse der Evaluation können schlussendlich in einer Kosten-/Wirksamkeits-Grafik dargestellt werden. Vertikal werden die Kosten jeder Variante und auf der horizontalen Achse die jeweiligen Wirksamkeitspunkte aufgetragen. Für jedes Angebot ergibt sich somit ein Punkt im Kosten-/Wirksamkeits-Diagramm (siehe Abb. 3.4.16).

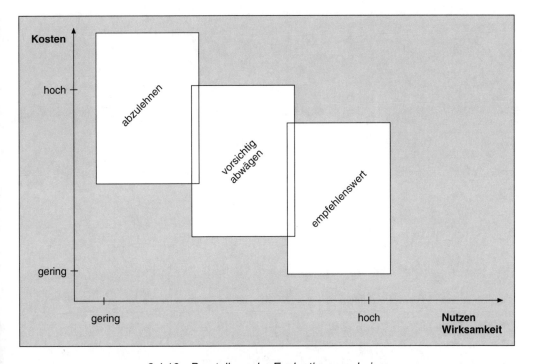

*3.4.16  Darstellung der Evaluationsergebnisse*

Dabei sind drei Felder zu unterscheiden :
- hohe Kosten, geringer Nutzen (Wirksamkeit): abzulehnen
- mittlere Kosten, mittlerer Nutzen: sorgfältige Prüfung, insbesondere hinsichtlich möglicher nachteiliger Auswirkungen bzw. sonstiger unwägbarer Faktoren
- niedrige Kosten, hoher Nutzen: vom Kosten-Nutzen-Standpunkt zu befürworten, aber evtl. zusätzliche Abklärungen zur Absicherung der Entscheidung.

## 4.5 Literatur:

| | | |
|---|---|---|
| 1) | Ewald, P.: | Software richtig eingekauft. |
| 2) | Haberfellner, R.; Nagel, P.; Becker, M. u.a.: | Systems Engineering. Methodik und Praxis. |
| 3) | Nomina: | ISIS-Software-Report. |
| 4) | Noth, Th. und Schwichtenberg, Th.: | PPS-Systeme auf dem Prüfstand. |
| 5) | Pest, W.: | Hardware-Auswahl leicht gemacht. |
| 6) | Scheer, A.-W.: | Standard-Anwendungs-Software. |
| 7) | Zangemeister, Ch.: | Nutzwertanalyse in der Systemtechnik. |

# 5. Kosten/Nutzen/Wirtschaftlichkeit

## 5.1 Allgemeine Überlegungen

Der Hauptzweck eines EDV-Systems liegt darin, den Wert einer Unternehmung zu steigern. Eine Investition in ein EDV-System ist nur dann sinnvoll, wenn die erzielte Effizienzsteigerung einerseits und die erreichten strategischen Wettbewerbsvorteile andererseits die Summe der Investitionen sowie der späteren Betriebskosten während der Amortisationsdauer überschreiten.

Informatik darf kein Selbstzweck sein: Ihr unternehmerischer Gegenwert muss jederzeit erkenntlich sein. Das soll dadurch, dass Informatiker und Unternehmensleitung verschiedene Sprachen sprechen, nicht beeinträchtigt werden. Dem Informatiker muss klar sein, dass der Manager die Verantwortung für den Erfolg des Unternehmens trägt und damit wiederum dem Informatiker den Grundstein für seine Arbeit legt.

| Die Sprache des Informatikers | Die Sprache des Unternehmers |
|---|---|
| Cache Memory, Transfer-Raten, WAN, Gate Ways, Bauds, VAS, LAN, CICS, UNIX, Bits, VSAM, Client-Server | Was bringt das?<br>Was kostet es?<br>Wie lange dauert es?<br>Ist es machbar?<br>Wie lange hält es?<br>Geht es nicht auch ohne?<br>.<br>.<br>. |

*3.5.1 Trotz verschiedener Sprachen sollen Informatiker und Manager sich darüber einig sein, dass der Nutzen die Kosten übersteigen muss*

Der Erfolg einer EDV-Investition kann durch das Verhältnis des Nutzens (Ertrag) zu den Kosten (Aufwand) gemessen werden.

Die EDV-Kosten werden meistens nach dem gleichen Schema berechnet (siehe Abschnitt 5.3.). Die Berechnung des *Nutzens* hingegen hängt von der Tragweite des Vorhabens ab. Abb. 3.5.2 zeigt schematisch vier verschiedene unternehmerische Ausgangssituationen, für die die EDV in Betracht gezogen wird und dazu die empfohlenen Ansätze für eine Quantifizierung des Nutzens. Daraus ist ersichtlich, dass je nach Tragweite eines EDV-Vorhabens verschiedenartige Verfahren zur Bewertung des Nutzens eingesetzt werden sollten:

1. Von einer *Neuausrichtung* kann man sprechen, wenn der EDV-Einsatz neue Anwendungen unterstützen soll, die bisher im Unternehmen nicht vertreten waren. Beispiel: Ein Versicherungsunternehmen, das bisher als Sachversicherer (Mobiliar, Auto, Haftpflicht) tätig war, will neu in die Krankenversicherung einsteigen. Hier werden die Nutzenfaktoren vor allem von strategischen Überlegungen bestimmt.
2. Vorhaben einer *Melioration* befassen sich mit der Verbesserung des Vorhandenen. Bisherige EDV-Lösungen werden durch neue und bessere ersetzt. Diese Gruppe ist heute unter allen EDV-Projekten am stärksten vertreten. Beispiel: Der Schalterdienst einer Bank hat stark zugenommen und die Antwortzeiten wurden unangenehm hoch. Das bestehende EDV-System muss durch ein wesentlich leistungsfähigeres ersetzt werden. Ausserdem sind moderne Systeme bei höherer Leistung meist wesentlich billiger. Hier wird die konventionelle Kosten-/Nutzen-Rechnung zum Zug kommen.
3. Will man *zusätzliche Dienstleistungen* erbringen, ist oft ein Weiterausbau des bestehenden Systems nötig. Beispiel: Ein Transportunternehmen will neu eine Platzreser-

| Ausgangssituation aus unternehmerischer Sicht | Ansatz für die Nutzenanalyse | Bemerkungen |
|---|---|---|
| 1. **Neuausrichtung:** neue Märkte, neue Produkte und Dienstleistungen | – Kritische Erfolgsfaktoren<br>– Strategische Analyse | s. Kapitel IV.4 «Strategischer Einsatz der Informatik |
| 2. **Melioration:** Rationalisierungs- und Ersatzinvestitionen, substitutive Anwendungen | – konventionelle Kosten-/Nutzen-Rechnung | Thema dieses Kapitels |
| 3. **Zusatzprodukte und Dienstleistung** auf bestehenden EDV-Plattformen: Erweiterungsinvestition, komplementäre Anwendungen | – ROI<br>– PAY BACK<br>– Interner Zinsfuss | Thema dieses Kapitels |
| 4. **«Technologische Kostproben»**, «Feasibility-Studies» | Finanzen, Kapazitäten und Termine nach *oben* begrenzen, Kosten als «Lerngeld» betrachten… | keine Wirtschaftlichkeitsrechnung |

*3.5.2 Verschiedene Ausgangssituationen (Problemtypen), verschiedene Ansätze zur Nutzenanalyse*

vierung anbieten. Dazu muss ein Datennetz realisiert werden und Bildschirmterminals sind einzurichten. Was kostet und was bringt das?
4. *Technologische Kostproben:* Nicht alle Projekte können der strategischen oder konventionellen Vorgehensweise unterworfen werden, da dann jede technologische Neuerung unterbunden würde. In solchen Fällen sind jedoch die vorgesehenen Kosten zu begrenzen und klare Zielsetzungen festzulegen. Beispiel: Lieferfahrzeuge eines Versandhandels werden mit Funkverbindung und Terminals an das Datennetz des Unternehmens angeschlossen, um vor Ort Bestellungen erfassen sowie Lieferscheine und Rechnungen ausdrucken zu können. Die Kosten sind erheblich, der Nutzen ist noch nicht abschätzbar. Die Lösung wird bezüglich Kosten und Terminen begrenzt, die Anwendung läuft im Versuchsbetrieb.

In den folgenden Ausführungen werden die Vorhaben der Typen 2 und 3 behandelt (siehe Tabelle 3.5.2). Gedanken zur Nutzenanalyse bei einer Neuausrichtung in der Unternehmung und in deren Informatik (Typ 1) werden im Kapitel IV.4 «Strategischer Einsatz der Informatik» besprochen. Zu Typ 4 «Technologische Kostproben» kann gesagt werden, dass derartige Projekte schon wiederholt zu Neuausrichtungen von Typ 1 geführt haben.

## 5.2 Das Grundprinzip

Eine Investition in Informatik ist dann zu befürworten, wenn der daraus resultierende Nutzen die Kosten übersteigt und sich ein positiver Ertrag ergibt:

$$\text{Nutzen} - \text{Kosten} = \text{Ertrag}$$

Diesen Sachverhalt verdeutlicht Abb. 3.5.3, welcher in den folgenden Abschnitten noch detailliert beschrieben wird.

Es gibt verschiedene Verfahren, Kosten und Nutzen zueinander ins Verhältnis zu setzen. Die gebräuchlichsten sind:

– *Kostenvergleichsrechnungen,* bei denen die Kosten verschiedener (vergleichbarer) Verfahren ermittelt und einander gegenübergestellt werden.
– *Rentabilitätsrechnungen,* bei denen die Verzinsung der Investition errechnet wird.
– *Amortisationsrechnungen,* bei denen die Zeitdauer ermittelt wird, innerhalb der sich eine Investition amortisiert.
– *Barwertmethode,* die – im Gegensatz zu den vorhergenannten Verfahren – nicht von zeitlich gleichbleibenden Kosten- bzw. Nutzenströmen ausgehen muss, sondern veränderliche Ströme zulässt. Ausserdem wird dabei der Zeitwert des Geldes berücksichtigt; frühere Einnahmen bzw. Einsparungen gelten als wertvoller als spätere.

Allen Verfahren gemeinsam ist, dass sie zunächst Angaben über die zu erwartenden Kosten und Nutzen in quantitativer Form benötigen.

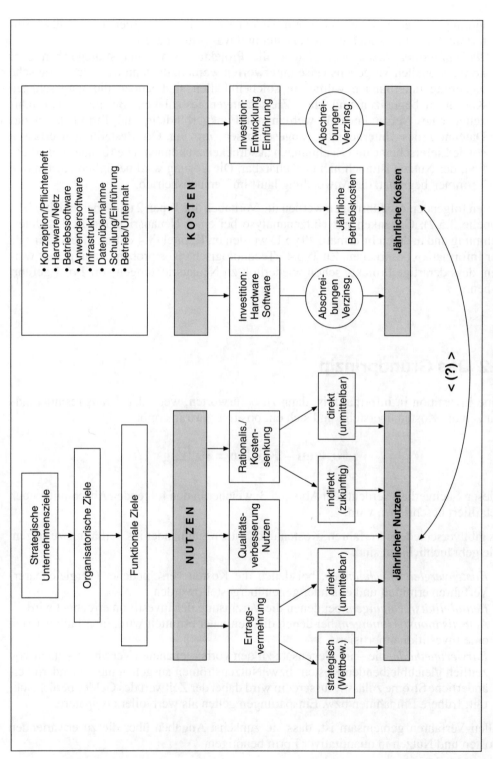

3.5.3 Kosten/Nutzen der Informatik

## 5.3 EDV-Kosten

Bei den Kosten ist zunächst zu unterscheiden zwischen

- **einmaligen** Kosten, also solchen, die nur einmal (in der Regel am Anfang) anfallen (z.B. Investitionen für Hard- und Software, Entwicklungs- und Umstellungskosten, bauliche Massnahmen etc.) und
- **wiederkehrenden** Kosten (laufenden Kosten), die erforderlich sind, um den EDV-Betrieb aufrechtzuerhalten.

Die einmaligen und die wiederkehrenden Kosten dürfen nicht einfach addiert werden. Es ist vielmehr notwendig, aus den einmaligen Kosten über die geplante *Nutzungsdauer* die jährlichen Abschreibungen und die Verzinsung des investierten Kapitals zu ermitteln. Das sich daraus ergebende Resultat wird dann zu den wiederkehrenden Kosten addiert.

Ausserdem ist zu unterscheiden zwischen

- *ausgabewirksamen Kosten,* also Kosten, die zu Ausgaben führen, die ohne EDV nicht auftreten würden (z.B. Anschaffung von Geräten und Programmen, Kauf von externen Leistungen, bauliche Massnahmen etc.) und
- *internen Kosten,* die nur kalkulatorisch anfallen und keine zusätzlichen Ausgaben oder Investitionen verursachen (z.B. Benützung vorhandener Räume, freier EDV-Kapazität u.ä.).

Die folgenden Checklisten enthalten Kostenkomponenten, die bei der Ermittlung der Wirtschaftlichkeit der EDV eine Rolle spielen können.

### 5.3.1 Einmalige Kosten

**Investitionen**

**Kosten für Hardware**

- Anschaffung von EDV-Hardware/Netzen (bei Miete/Leasing handelt es sich jedoch um wiederkehrende Kosten)
- Kosten für Lieferung und Installation
- Kosten für Verkabelung (LAN)
- Kosten für die Ablösung vorhandener EDV-Anlagen (z.B. aufgrund vorzeitiger Auflösung von Miet- oder Leasingverträgen)
- Anschaffung von Hilfsgeräten (Schneiden, Trennen etc.)
- Ersatz-Geräte

**Materialkosten**

- Datenträger
- Druck von Formularen etc.

## Kosten für Software

- extern beschaffte Betriebs- und Anwendungssoftware
- externe Programmierungskosten (Softwarehaus)

Bei **Eigenentwicklung** der Software:

- Organisation/Systemanalyse
- Datenbank-Design
- Programmiervorgaben
- Programmieren/Konversion
- Testen
- Dokumentation
- Software-Qualitätssicherung
- Datenbanken
- Ausbildung/Dokumentation
- Datenübernahme

## Kosten für sonstige externe Dienstleistungen

- Kosten für externe Beratung und Projektbetreuung
- Dienstleistungen von Service-Rechenzentren zur Umstellungsvorbereitung
- Anschaffungsnebenkosten (z.B Informationsreisen, Besichtigungen)
- Ausbildungs-Kurse und Nebenkosten
- Miete von Geräten für die Datenübernahme u.ä.

## Raumkosten

- für Neubau oder Umbau
- für Klimatisierung, Notstromanlage und sonstige Infrastruktur
- für räumliche Ausstattung (Spezialmöbel)

Diese Kosten können in dem in Abb. 3.5.4, *Formular «Einmalige Kosten»,* dargestellten Kalkulationsschema zusammengefasst werden.

## Kosten der Entwicklung und Einführung

Der zweite Teil des Formulars, **Entwicklung und Einführung,** ist entsprechend dem Phasenkonzept gegliedert und erleichtert dadurch die Überlegungen hinsichtlich der Vollständigkeit und des zeitlichen Anfalls dieser Kosten.

### 5.3.2 Wiederkehrende Kosten

**Personalkosten**

- Programmpflege, Stammdatenpflege
- Datenaufbereitung, -erfassung und -nachbearbeitung
- Arbeitsvorbereitung und Operating

## 5. Kosten/Nutzen/Wirtschaftlichkeit

| Firma: | Kalkulationsschema: Einmalige Kosten | | Dok. Nr.: |
|---|---|---|---|
| | Auftrag: | Kurzzeichen: | Datum: |

| Investitionen | nicht ausgabewirksam | ausgabewirksam | Total |
|---|---|---|---|
| Hardware (Kauf) | | | |
| Software (Kauf) | | | |
| Raum und Infrastruktur | | | |
| Datenerfassung (Kauf) | | | |
| Installationen | | | |
| Beratung | | | |
| Schulung | | | |
| Dokumentation | | | |
| Mobiliar, Hilfsgeräte | | | |
| | | | |
| | | | |
| Diverses | | | |
| **Total A: Investitionen** | | | |

| Entwicklung und Einführung | Ausf. Stelle | Personal AT | Personal Fr. | Computer Std. | Computer Fr. | Total Fr. |
|---|---|---|---|---|---|---|
| Vorstudie | | | | | | |
| Grobkonzept | | | | | | |
| Evaluation | | | | | | |
| Detailkonzept/Design | | | | | | |
| Realisierung: Programmierung/Datenbanken | | | | | | |
| Realisierung: Test | | | | | | |
| Realisierung: Konversion | | | | | | |
| Realisierung: Dokumentation, Benützerhandbücher | | | | | | |
| Einführung (Anpassung, Aufbau- und Ablauforganisation) | | | | | | |
| Planung und Koordination | | | | | | |
| Stammdatenaufnahme bzw. -übernahme | | | | | | |
| | | | | | | |
| Diverses | | | | | | |
| **Total B: Entwicklung und Einführung** | | | | | | |
| **Total A und B: Einmalige Kosten** | | | | | | |

Tagessatz: _____ Fr.   Computersatz: _____ Fr.   AT = Arbeitstag   Std. = Stunden

*3.5.4   Kalkulationsschema: Einmalige Kosten*

| Firma: | **Kalkulationsschema:** **Jährliche (wiederkehrende) Kosten** | | Dok. Nr.: | |
|---|---|---|---|---|
| | Auftrag: | | Kurzzeichen: | Datum: |
| **Position** | | Jährliche Kosten nicht ausgabe-wirksam | ausgabe-wirksam | Total |
| **Jährliche Betriebskosten** | | | | |
| Miete | | | | |
| Wartung | | | | |
| Lizenzgebühren | | | | |
| Personal Operating | | | | |
| Personal Datenerfassung | | | | |
| Systemunterhalt | | | | |
| Programmunterhalt | | | | |
| Verarbeitungskosten | | | | |
| Datenübertragungskosten | | | | |
| Energiekosten | | | | |
| Raumkosten | | | | |
| Hilfsmaterial | | | | |
| | | | | |
| | | | | |
| | | | | |
| | | | | |
| Diverses | | | | |
| **Jährliche Betriebskosten** | | | | |
| **Abschreibung und Zinsen** | | | | |
| Investitionen (A): Abschreibung ___ Jahre | | | | |
| Kalk. Zins ___ Prozent | | | | |
| Entwicklung (B): Abschreibung ___ Jahre | | | | |
| Kalk. Zins ___ Prozent | | | | |
| | | | | |
| | | | | |
| | | | | |
| | | | | |
| | | | | |
| **Abschreibung und Kalk. Zins** | | | | |
| **Jährl. Kosten (Betriebskosten plus Abschreibung plus Zins)** | | | | |

*3.5.5 Kalkulationsschema: Jährliche Kosten*

## Anlage

- Mieten für nicht gekaufte Anlagen oder Anlageteile
- Abschreibungen, Verzinsungen, Versicherungen bei Kauf
- Wartungskosten für Hardware

## Materialkosten

- Verbrauch und Nutzung von Datenträgern, Formularen
- sonstiges Verbrauchsmaterial

## Kosten für externe Dienstleistungen

- Wartungs- und Nutzungskosten für Software
- Dienstleistungen von Service-Rechenzentren u.ä.

## Raumkosten und Diverses

- Miete, Versicherungen, Energie, Steuern etc.
- Sicherheits- und Bewachungskosten
- Entsorgungskosten

## Datenübertragungskosten

- Gebühren für Stand- und Wählleitungen
- Modem-Kosten

Diese Kostenfaktoren können in Abb. 3.5.5, «Jährliche Kosten», systematisch zusammengefasst und mit Abschreibungen und Verzinsung der in Formular Abb. 3.5.4 ermittelten Investitionsgrössen vereinigt werden. Die Abschreibungsdauer ist aus Abschnitt 5.3.3 zu entnehmen.

### 5.3.3 Jährliche Kosten

Die jährlichen Kosten setzen sich aus drei Komponenten zusammen, die man zu addieren hat:

- Betriebskosten (wiederkehrende Kosten aus Abschnitt 5.3.2),
- Amortisation der einmaligen Kosten (Investitionen), die sich aus Investition geteilt durch die Nutzungsdauer ergibt (siehe unten) und
- Verzinsung der einmaligen Kosten, die sich errechnet aus der Verzinsung der halben Investitionskosten während der ganzen Nutzungsdauer.

Für die *Berechnung der jährlichen Kosten* kann folgende Formel verwendet werden:

$$JK = BK + \frac{I}{N} + \frac{I}{2} \times \frac{p}{100}$$

Es bedeuten:  JK ... Jahreskosten
BK ... Betriebskosten (jährlich, wiederkehrend)
I ... Investitionskosten (einmalig)
N ... Nutzungsdauer in Jahren
p ... Zinssatz

Für die *Nutzungsdauer* (N in obiger Formel) können folgende Erfahrungswerte eingesetzt werden:

| Hardware: | Mainframe | 8 Jahre | Anwender-Software | 7 Jahre |
|---|---|---|---|---|
| | Minicomputer | 5 Jahre | Gebäude (Ausbau) | 35 Jahre |
| | PCs | 3 Jahre | Inneneinrichtungen | 10 Jahre |
| | Client/Server | 5 Jahre | Mobiliar | 12 Jahre |
| | Netze (LANs) | 8 Jahre | Konzepte | 10 Jahre |

## 5.4 EDV-Nutzen

Der Nutzen einer eingeführten EDV-Lösung kann aus folgenden Komponenten bestehen (siehe auch linker Teil der Abb. 3.5.3):

- Sachzwänge (Musskriterien)
- direkte Kosteneinsparungen: Wegfall bisher aufgetretener Kosten
- vermeidbare Kosten: Ohne EDV würden *zukünftig* zusätzliche Kosten anfallen
- Erhöhung der Einnahmen durch direkte Massnahmen
- Erhöhung der Einnahmen durch strategischen EDV-Einsatz (s. IV. 4)

### 5.4.1 Sachzwänge

Es gibt Branchen, die heute ohne den Einsatz von EDV gar nicht mehr in der Lage wären, ihre Geschäftstätigkeit aufrechtzuerhalten. Man denke dabei nur an

- das Versicherungswesen,
- die Dienstleistungen der Banken,
- die Abwicklung des Flugverkehrs,
- die Platzreservierungs- und Hotelbuchungssysteme der Reiseorganisation,
- die Informationsdienste mit ihren allgemein zugänglichen Datenbanken.

Hier erübrigen sich Kosten-/Nutzen-Rechnungen. An ihre Stelle tritt die Frage: Können die für die EDV nötigen Mittel aufgebracht werden, um in eine (derartige) Dienstleistung einzusteigen, die ohne Informatik gar nicht erbracht werden kann?

### 5.4.2 Direkte Einsparungen

Bei allen Nutzenüberlegungen sind in der Regel die direkten Einsparungen das erste, woran gedacht wird. Zu diesen gehören:

- absolute Personaleinsparungen
- Wegfall von Mieten für konventionelle Geräte

- Wegfall von Servicekosten (Rechenzentrumsleistungen)
- absolute Materialeinsparungen
- Wegfall von Raumkosten
- geringere Kapitalbindung im Lager (Wegfall von Zinskosten)
- Reduktion der «Ware in Arbeit» (schnellerer Auftragsdurchlauf, weniger Kapitalbindung, Wegfall von Zinskosten)
- Reduktion von Überzeiten
- Reduktion von administrativen Fehlern
- Reduktion von Expressaufträgen (Feuerwehrübungen)
- Reduktion von Rückweisungskosten
- Optimierung der Beschaffungskosten

### 5.4.3 Vermeidbare (zukünftige) Kosten

Man beachte, dass die Lebensdauer eines neuen Informatiksystems etwa acht Jahre beträgt. Allfällige administrative Mehrkosten im Unternehmen in dieser Zeitperiode sollen durch die EDV aufgefangen werden.

- Erschliessung neuer Märkte mit geringem Personalaufwand
- kein zusätzliches Personal bei Erhöhung des Arbeitsvolumens
- vermeidbare zusätzliche externe Leistungen (z.B. zusätzliche Servicekosten)
- gezieltere Überwachung der Kreditoren (Zinsgewinne)
- frühzeitigere Erkennung von Ladenhütern, Vermeidung von Liquidationskosten
- bessere Nutzung knapp werdender Ressourcen
- Auffangen von Mehrkosten infolge diverser Veränderungen in der Zukunft, z.B. Gesetzesänderungen, Konkurrenzverhalten, Arbeitszeitverkürzung, Änderung von Wechselkursen, Beitritt zu wirtschaftlichen Märkten etc.

### 5.4.4 Erhöhung der Einnahmen

Durch verbesserte Dienstleistungen, erhöhte Produktivität und weitere Faktoren können die Einnahmen erhöht werden. Hier kommen zum Zug:

- Steigerung der Produktivität (Verkürzung des Durchlaufs durch geringere Liege- und Bearbeitungszeiten)
- Umsatzerhöhung durch bessere Termintreue
- schnellere Zahlungseingänge durch frühzeitige Fakturierung und zeitgerechte Mahnung

An dieser Stelle sei auf den «Strategischen Einsatz der Informatik» (s. IV. 4) hingewiesen. Die dort angestellten Überlegungen haben einen entscheidenden Einfluss auf Nutzungsmöglichkeiten der Informatik. Im folgenden sind die wichtigsten *Wettbewerbsfaktoren* nochmals aufgezeigt:

- Produktinnovation (EDV-gestützt)
- verbesserter Kundendienst
- erhöhte Kundenzufriedenheit
- verbesserte Konkurrenzfähigkeit
- Umsatzerhöhung durch erfolgreiche Wettbewerbsstrategien

- die Präsenz (regionale Verteilung, Aussendienst/Absatzwege),
- die Reaktionszeit (Lieferzeiten, Service, Angebotstermine),
- die Zuverlässigkeit einer Unternehmung (Termintreue, Qualität, Verfügbarkeit von Ersatzteilen),
- Zusatzdienste, die erst durch die Informatik ermöglicht werden.

### 5.4.5 Imponderabilien (nicht direkt quantifizierbare Faktoren)

Eine weitere Reihe wichtiger Nutzenkomponenten muss ebenfalls berücksichtigt werden, auch wenn ihre Grösse nicht von vornherein mit Sicherheit angegeben werden kann. Dazu einige Beispiele:

- Auskunftsbereitschaft,
- erhöhte Transparenz/verbesserte Führung im Unternehmen,
- die Entscheidungsfindung wird vom Computer unterstützt (Führungsinformationssysteme),
- Routinearbeiten werden in den Computer verlagert,
- Aufwertung des Arbeitsplatzes (Büroautomation),
- Spitzenbelastungen werden vermieden,
- die Personalabhängigkeit wird reduziert,
- Aktivierung des Humanpotentials,
- projekt- bzw. bereichsübergreifende Vorteile (Integration, Unité de doctrin),
- Prestigegewinn, Imageverbesserung.

**Die Quantifizierung dieser Faktoren sollte in enger Zusammenarbeit mit den Führungsinstanzen der jeweiligen Unternehmung vorgenommen werden. Es ist auch die beste Gelegenheit, im Projekt eine «Willensbildung» bezüglich der effizienten Nutzung der zukünftigen Informatik zu erzielen.**

Wenn man unwägbare Vorteile in Betracht zieht, sollte man auch Nachteile berücksichtigen, die nicht in den Kostenaufstellungen zum Ausdruck kommen, aber trotzdem vorhanden sein können, wie zum Beispiel:

- starre Abläufe
- Schwerfälligkeit bei Änderungen (oft mit hohen Kosten verbunden)
- Abhängigkeit von EDV-Spezialisten u.ä.

Die Formulare in den Abbildungen 3.5.6 und 3.5.7 ermöglichen eine Zusammenfassung der in Geldeinheiten ausdrückbaren Nutzenkomponenten sowie der quantifizierbaren Imponderabilien. Da es sich um Schätzungen handelt, sollten die Werte in ihrer Toleranzbreite (mit den Werten minimal, wahrscheinlich, maximal) eingegeben werden.

## 5.5 Verhältnis Kosten/Nutzen

Wie bereits einleitend erwähnt, gibt es verschiedene Verfahren, um Kosten (Aufwand) und Nutzen (Ertrag) zueinander ins Verhältnis zu setzen.

Einfache und investitionsarme Vorhaben werden mit den sogenannten «statischen Wirtschaftlichkeitsrechnungsverfahren» bearbeitet.

## 5. Kosten/Nutzen/Wirtschaftlichkeit

| Firma: | Nutzenanalyse – quantifizierbare Faktoren | | Dok. Nr.: | |
|---|---|---|---|---|
| | Auftrag: Schlemmer & Co. | Kurzzeichen: | Datum: | |
| **Nutzenart/Applikation** | | Minimum | Wahrsch. | Maximum |
| *Direkte Einsparungen (in Tausend Franken)* | | | | |
| Personaleinsparungen 3 Mannjahre à KFr. 100.-/Jahr | | | 300 | |
| Wegfall RZ-Lösung-Jahreseinsparung | | | 500 | |
| 20% weniger Ware auf Lager (8% Diskontsatz) | | | 200 | |
| Wegfall Miete konventionelle Terminals | | | 100 | |
| | | | | |
| Total 1: Direkte Einsparungen | | | 1100 | |
| *Vermeidbare Kosten* | | | | |
| Erschliessung neuer Märkte 2 Pers. Einsparung | | | 200 | |
| 30% mehr Produkte 3 Pers. Einsparung | | | 300 | |
| Mehrkosten durch Beitritt EWR werden vermieden | | | 400 | |
| | | | | |
| Total 2: Vermeidbare Kosten | | | 900 | |
| *Erhöhter Gewinn aus Mehreinnahmen* | | | | |
| Produktivitätssteigerung | | | 300 | |
| Schnellere Zahlungseingänge | | | 100 | |
| Marktanteil durch erhöhte Kundenzufriedenheit | | | 300 | |
| Strategische Wettbewerbsvorteile | | | 500 | |
| Total 3: Erhöhter Gewinn aus Mehreinnahmen | | | 1200 | |
| Total quantifizierbarer Nutzen/Jahr | | | 3200 | |

*3.5.6 Nutzenanalyse – Quantifizierbare Faktoren*

| Firma: | Nutzenanalyse – nicht direkt quantifizierbar | | Dok. Nr.: | |
|---|---|---|---|---|
| | Auftrag: Schlemmer & Co. | Kurzzeichen: | Datum: | |

| Sachgebiet / Nutzen | Minimum | Wahrsch. | Maximum |
|---|---|---|---|
| | | | |
| Verbesserte Transparenz | | | |
| Bessere Führbarkeit des Unternehmens | | | |
| Attraktivere Arbeitsplätze | | | |
| | | | |
| Image | | | |
| Vorteile gegenüber der Konkurrenz | | | |
| | | | |
| Geringere Personalabhängigkeit | | | |

*3.5.7 Nutzenanalyse – Imponderabilien*

Ein komplexes Informatik-Vorhaben wird über mehrere Jahre realisiert und während einer Periode von ca. acht Jahren genutzt. Wenn es sich um grössere (Millionen-)Beträge handelt, so muss der *Zeitwert* des Geldes (d.h. *wann* die Einnahmen bzw. Ausgaben anfallen und der geltende Diskontsatz) berücksichtigt werden (s. Abb. 3.5.8). In diesem Fall werden die «Dynamischen Verfahren der Wirtschaftlichkeitsrechnung» verwendet.

### 5.5.1 Statische Verfahren

**Kostenvergleichsrechnungen**

| | |
|---|---|
| Charakteristik: | Die Jahreskosten verschiedener Lösungen werden miteinander verglichen |
| Benötigte Zahlen: | Jahreskosten inkl. Abschreibungen und Zinsen jeder Variante |
| Entscheidungskriterien: | Wahl jener Variante mit den geringsten Jahreskosten |
| Vorteile: | sehr einfache Handhabung |
| Nachteile: | – Kosten- bzw. Ausgabenströme werden als im Zeitablauf gleichbleibend betrachtet |
| | – berücksichtigt nicht den Zeitwert des Geldes |

Das Verfahren ist nur dann geeignet, wenn die zu vergleichenden Varianten hinsichtlich der Leistung bzw. des Nutzens auch gleichwertig sind.

Dies ist normalerweise nicht der Fall, weshalb das Verfahren wie folgt modifiziert werden muss.

**Erfolgsdifferenzrechnung**

| | |
|---|---|
| Charakteristik: | Die Erfolge (E = quantifizierbarer Nutzen ./. Kosten) verschiedener Lösungen werden miteinander verglichen |
| Benötigte Zahlen: | – Jahreskosten inkl. Abschreibungen und Zinsen je Variante (K) |
| | – quantifizierter jährlicher Nutzen (N) |
| Entscheidungskriterien: | *Formel:* E = N – K |
| | Wahl jener Variante mit dem grössten Erfolg (E) (Nutzen grösser als Kosten) bzw. den geringsten Restkosten (Kosten grösser als Nutzen) |
| Vorteile: | sehr einfache Handhabung |
| Nachteile: | – Kosten- bzw. Nutzenströme werden als im Zeitablauf gleichbleibend betrachtet |
| | – berücksichtigt nicht den Zeitwert des Geldes |

Eine Investition kann auch dann sinnvoll sein, wenn der quantifizierbare Nutzen kleiner ist als die zu erwartenden Kosten. In einem derartigen Fall müssen aber ausreichende Argumente vorhanden sein (Imponderabilien), die die verbleibenden Restkosten mehr als kompensieren.

**Rentabilitätsrechnung**

| | |
|---|---|
| Charakteristik: | Quantifizierbarer Nutzen (N) minus Kosten (K) in Prozent der Investition (I): Return on Investment (ROI) |

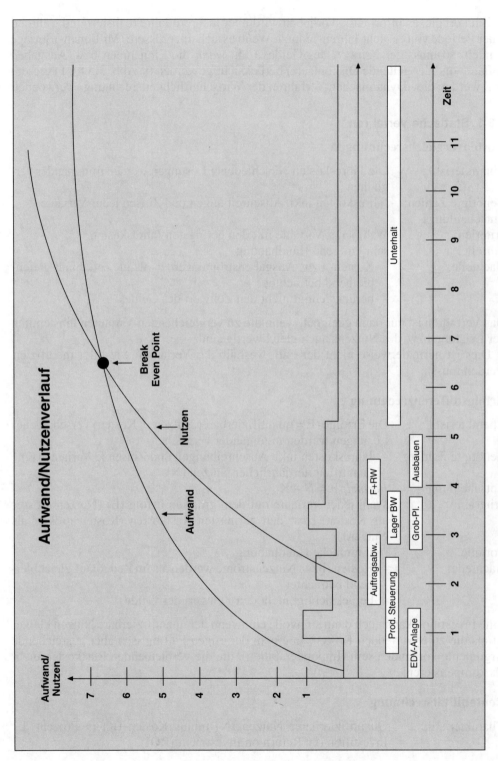

3.5.8  Zeitgebundener Aufwand- und Nutzenverlauf (kumuliert)

Benötigte Zahlen: – Jahreskosten inkl. Abschreibungen, jedoch exkl. Zinsen jeder Variante (K)
– quantifizierbarer jährlicher Nutzen je Variante (N)
– Investition jeder Variante (I)

Entscheidungs-kriterien:  *Formel:* $\text{ROI} = \dfrac{(N-K) \cdot 100}{0.5 \cdot I}$

(anzuwenden bei langjähriger Amortisation)
In der Praxis wird auch vielfach eine Formel verwendet, deren Nenner den gesamten Investitionsbetrag enthält

$(\text{ROI} = \dfrac{(N-K) \cdot 100}{I})$.

Für Vergleichsrechungen ist dies ohne Belang; man wählt die Investitionsvariante mit dem grösseren ROI.

Vorteile: sehr einfache Handhabung

Nachteile: – Kosten bzw. Nutzungsströme werden als im Zeitablauf konstant angesehen
– berücksichtigt nicht den Zeitwert des Geldes

**Amortisationsrechnung** (Bestimmung von «Pay-back-Periode» bzw. «Break Even Point»)

Charakteristik: Bestimmung des Zeitpunktes, an dem die kumulierten Einnahmeüberschüsse die Höhe der Investitionssumme erreichen (Zeitpunkt des «Break-Even-Point»)

Benötigte Zahlen: – Jahreskosten inkl. Zinsen exkl. Abschreibungen (K) jeder Variante
– quantifizierbarer Nutzen (N) jeder Variante
– Investition jeder Variante (I)

Entscheidungs-kriterium: *Formel:* Nutzenschwelle = $\dfrac{I}{N-K}$

Jene Variante ist die günstigste, die die kleinste Nutzenschwelle aufweist, die also den Break-Even-Point am schnellsten erreicht.

Vorteile: – leichte Anwendung
– Basis für die Liquiditätsplanung

Nachteile: – Kosten- bzw. Nutzenströme werden als im Zeitablauf konstant angesehen
– berücksichtigt nicht den Zeitwert des Geldes

### 5.5.2 Dynamische Verfahren

**Barwertmethode** (Kapitalwert- oder Diskontierungsmethode, Net Present Value)

Charakteristik: Konzept des Zeitwertes von Einnahmen und Ausgaben. Je früher Einnahmen und je später Ausgaben anfallen, umso günstiger. Die Vergleichbarkeit von Varianten wird dadurch hergestellt, dass alle

Benötigte Zahlen: zukünftigen Kosten und Nutzen auf den Investitionszeitpunkt abgezinst (diskontiert) werden.
$K_0 \ldots K_n$ = Kosten (ohne Abschreibungen) in den Jahren 0 bis n
$N_0 \ldots N_n$ = quantifizierbarer Nutzen in den Jahren 0 bis n
n = geplante Nutzungsdauer
i = Kalkulationszinsfuss (%/100)
L = Liquidationserlös
I = Investition

Entscheidungs-
kriterium:

$$Formel: B = (N_0 - K_0) + \frac{(N_1 - K_1)}{1+i} + \frac{(N_2 - K_2)}{(1+i)^2} + \ldots$$

$$+ \frac{N_n - K_n}{(1+i)^n} + \frac{L}{(1+i)^n} - I$$

Jene Variante ist die günstigste, die den grössten Barwert (B) aufweist. Bei annähernd gleichem Barwert ist jene Variante zu bevorzugen, die weniger Investitionen erfordert.

Vorteile:
– Bewertung des Zeitwertes der Kosten- und Nutzenströme
– Kosten- und Nutzenströme können im Zeitablauf veränderlich sein

Nachteile:
– komplizierter
– Schwierigkeit bei der Abschätzung von Kosten- und Nutzenströmen

**Methode des Internen Zinsfusses** (Internal Rate of Return)

Charakteristik: Konzept des Zeitwertes von Einnahmen und Ausgaben. Gesucht wird der Zinssatz, bei dem der Barwert null wird.

Benötigte Zahlen: wie Barwert

Entscheidungs-
kriterium: *Formel:* Gesucht wird jener interner Zinsfuss i, bei dem

$$I - (N_0 - K_0) - \frac{N_1 - K_1}{1+i} - \frac{N_2 - K_2}{(1+i)^2} - \ldots$$

$$- \frac{N_n - K_n}{(1+i)^n} - \frac{L}{(1+i)^n} = 0 \text{ ist.}$$

Günstigste Variante ist jene mit dem grössten internen Zinsfuss, der zudem den unternehmenspolitisch festgelegten Zinsfuss für Investitionen überschreiten muss.

Vor- und Nachteile: siehe Barwertmethode

## 5.5.3 Zur Genauigkeit der Ausgangsdaten

Kosten- und Nutzenschätzungen sind ohne Zweifel problematisch, da sie in der Regel einen relativ breiten Ermessensspielraum enthalten. Sie sollen aber trotzdem durchgeführt werden, da sie dazu zwingen, ein Projekt hinsichtlich seiner wirtschaftlichen Konsequenzen besser durchzudenken.

Ausserdem ist der wirtschaftliche Erfolg einer Investition dann wahrscheinlicher, wenn Nutzenerwartungen schriftlich festgehalten werden. Dies zwingt nämlich eher dazu, geplante Reduktionsmassnahmen (z.B. Personal, Materialverbrauch, Warenbestände etc.) auch tatsächlich durchzuführen.

Vor allzu aufwendigen Wirtschaftlichkeitsrechnungen muss angesichts der Ungenauigkeit der Ausgangsdaten gewarnt werden. Komma-Genauigkeit ist nicht erforderlich, man kann sich mit Grössenordnungen begnügen, die durch Streubereiche angegeben werden können.

### 5.5.4 Berücksichtigung von Imponderabilien

Je weniger die zu erwartenden EDV-Kosten durch einen quantifizierbaren Nutzen aufgewogen werden können, desto grösser ist die Bedeutung des nicht quantifizierbaren Nutzens (= Imponderabilien).

Es ist dabei zweckmässig, von folgenden Überlegungen auszugehen (s. Abb. 3.5.9):

1. Eine Investition ist nur dann sinnvoll[1], wenn der langfristige Nutzen grösser ist als die Kosten, die damit verbunden sind.
2. Das Vorhandensein (evtl. sogar Überwiegen) von Imponderabilien macht Kosten/Nutzen-Überlegungen nicht gegenstandslos, sondern soll sie ergänzen.
3. Es ist zweckmässig, von den gesamten Kosten zunächst den Betrag abzuziehen, der durch einen quantifizierbaren Nutzen gedeckt ist. Dadurch muss nur mehr der verbleibende Rest (b in Abb. 3.5.9) durch Imponderabilien gedeckt sein.

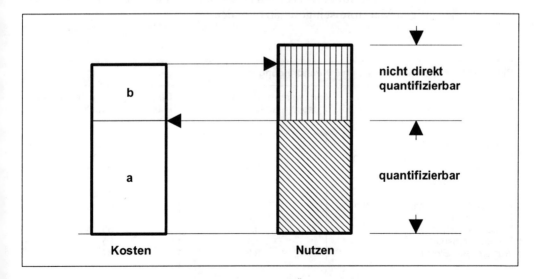

*3.5.9  Kosten/Nutzen-Überlegungen*

## 5.5.5 Rechnerunterstützung

Es gibt eine Reihe von sog. «Integrierten Paketen» für Personal Computer, die in Form sog. «Tabellenkalkulationsprogramme» Investitionsrechnungsfunktionen bieten.

Mit Hilfe derartiger Programmpakete können Sensitivitätsanalysen, Variantenrechnungen und graphische Darstellungen relativ einfach und schnell durchgeführt werden (z.B. LOTUS 1-2-3, EXCEL, SYMPHONY, OPEN ACCESS, MULTIPLAN, EPS u.a.)

## 5.6 Was darf die Informatik kosten?

Gemäss den allgemeinen Überlegungen des Abschnittes 5.1 soll ein positiver Ertrag für jedes Informatikprojekt angestrebt werden. Es ist darüber hinaus nach jeder Wirtschaftlichkeitsrechnung sinnvoll, die Grössenordnung der ermittelten Resultate nochmals zu überlegen und kritisch zu prüfen. Hiezu bieten sich drei Ansätze an:

*1. Ansatz:* Vergleich der Kosten mit einem *branchenüblichen groben Richtwert*. Zu diesem Zweck wird das Verhältnis der Jahreskosten der Informatik zum Jahresumsatz des Unternehmens betrachtet. In der Tabelle 3.5.10 findet man dazu Kennwerte für verschiedene Branchen, wobei die Informatikkosten in Prozent des Umsatzes angegeben sind. Beispiel: Einzel-/Grosshandel 0,8%.

*2. Ansatz:* Richtwert aus dem *Durchdringungsgrad*. Der Durchdringungsgrad gibt das Verhältnis der computerunterstützten Arbeitsplätze (PCs, Workstations, Terminals) zur gesamten Anzahl der Beschäftigten eines Unternehmens an. Sein Wert ist wiederum von der Branche abhängig. Er ist ebenfalls aus der Tabelle 3.5.10 ersichtlich. Die Grössenordnung der Informatikkosten wird als das Produkt «Anzahl Beschäftigte mal Durchdringungsgrad mal Kosten je Arbeitsplatz» ermittelt. Die Kosten je Arbeitsplatz müssen entsprechend den jeweiligen Marktpreisen geschätzt werden.

| Richtwerte für Informatikkosten und Durchdringungsgrad | | |
|---|---|---|
| Branche | Informatikkosten in Prozent des Umsatzes | Durchdringungsgrad: Prozentanteil computerunterstützter Arbeitsplätze |
| Luft-/Raumfahrt | 3,5 | 59,5 |
| Konsumgüter und Dienstleistungen | 3,1 | 83,2 |
| Finanzdienste | 5,3 | 92 |
| Maschinen, Autos | 1,7 | 66 |
| Chemie, Öl | 1,5 | 70,2 |
| Pharma, Nahrungsmittel, Getränke | 1,4 | 64 |
| übrige Industrie | 1,5 | 82 |
| Einzel-, Grosshandel | 0,8 | 53 |
| Verkehr, Transport | 3,1 | 85 |
| Wasser, Gas, Elektrizität | 3,3 | 87 |

3.5.10   *Informatikkosten verschiedener Branchen (Quelle: Computerworld Sept. 1993)*

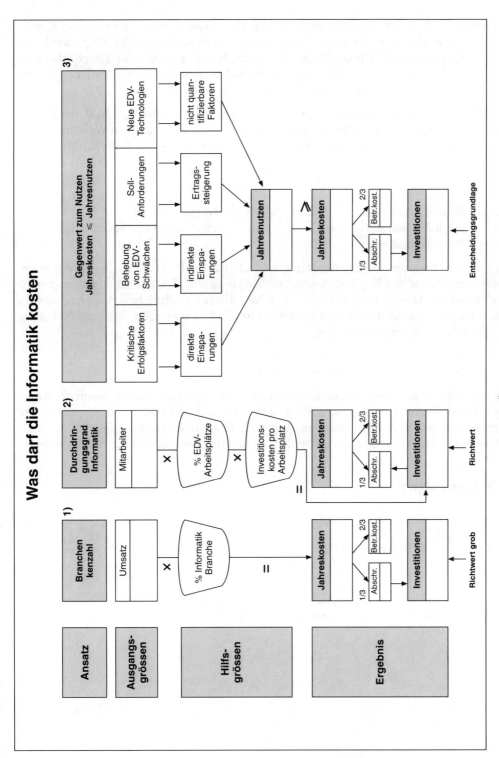

3.5.11  Drei Ansätze zur Überprüfung der Informatikkosten

*3. Ansatz:* Kalkulatorischer Jahresnutzen der Nutzwertanalyse (wie in diesem Kapitel beschrieben). Gemäss der Ausgangssituation (siehe Bild 3.5.2) wird eine geeignete Methode für die Nutzenanalyse ausgewählt, und nach Abschnitt 5.5.1 oder 5.5.2 wird der erwartete Nutzen berechnet. Die jährlichen Kosten sollten nicht grösser als der jährliche Nutzen sein.

Bei allen drei Ansätzen ergeben sich als Richtwerte die Investitionen bzw. die Jahreskosten. Investitionen oder Jahreskosten können in den jeweils anderen Wert umgerechnet werden. Dies geschieht mittels der folgenden Formel (aus Abschnitt 5.3.3):

$$JK = BK + \frac{I}{N} + \frac{I}{2} \times \frac{p}{100}$$

JK ... Jahreskosten  
BK ... jährliche Betriebskosten  
I ... Investitionskosten  
N ... Nutzungsdauer  
p ... Prozentsatz der Verzinsung

Im Bild 3.5.11 werden die drei Ansätze graphisch dargestellt. Um diese Ansätze gemeinsam einsetzen und die Ergebnisse miteinander vergleichen zu können, muss man noch eine Annahme darüber treffen, in welchem Verhältnis die jährlichen Betriebskosten zu den Kapitalkosten der Investition (Amortisation und Zins) stehen. Als erste Näherung empfiehlt sich folgende Aufteilung:

Betriebskosten = ⅔ der Jahreskosten  
Amortisation und Zins = ⅓ der Jahreskosten

Eine detaillierte Kostenrechnung kann erst dann durchgeführt werden, wenn die Angebote der Lieferanten vorliegen. Sollten dann wesentliche Differenzen gegenüber den Ergebnissen aus den beschriebenen Ansätzen festgestellt werden, ist die gewählte Informatiklösung noch einmal zu überdenken und die Kostendifferenz zu begründen.

## 5.7 Literatur:

1) R.N. Anthony, J.S. Reece: Accounting.
2) H.-J. Warnecke,
   M.-J. Bullinger, R. Hichert: Wirtschaftlichkeitsrechnung für Ingenieure.
3) Kruschwitz, L.: Investitionsrechnung.
4) Frank, W.L.: Critical issues in software: a guide to software economics, strategy and profitability.
5) Schierenbeck H.: Grundzüge der Betriebswirtschaftslehre.
6) Strassmann P.A.: The Business Value of Computers.

# 6. Rechtsverhältnisse im Informatik-Bereich

(François A. Bernath, Rechtsanwalt)

## A. Vertrags-Recht

In vielen Fällen ist die Beschaffung eines Informatik-Systems ein umfassendes und komplexes Projekt, welches überhaupt die Einführung einer neuen EDV-Lösung in einem Unternehmen darstellt oder das mit dem Wechsel von Hardware, Software, Übernahme von Programmen oder Einführung von neuen Applikationen verbunden ist.

Weil jedes Unternehmen in EDV-Einführungsphasen voll funktionsfähig bleiben muss und weil Misserfolge im Informatik-Bereich erfahrungsgemäss oft einen grossen finanziellen Schaden verursachen, ist es von eminenter Bedeutung, dass zwischen Anbieter und Anwender letztlich *einwandfreie* Verträge abgeschlossen werden.

In wenigen Wirtschaftsbereichen ist eine längere Zeit andauernde Abhängigkeit zwischen Vertragspartnern so relevant und so stark ausgeprägt wie im Informatik-Bereich. Auch diese Tatsache erfordert, dass die Risiken auf beiden Seiten erkannt und entsprechend *ausgewogene* und sorgfältig ausgearbeitete Vereinbarungen geschlossen werden.

Das heisst auch, dass diese Vereinbarungen den jeweiligen konkreten Umständen angepasst sein müssen.

Die vielseitigen Anwendungsmöglichkeiten der Informatik verursachen immer wieder juristische Probleme. Angestrebt ist die Lösung möglichst aller zukünftigen Probleme durch den Vertrag. Dazu ist es allerdings notwendig, möglichst viele Probleme rechtzeitig zu erkennen und entsprechend eine Lösung im Vertrag vorzusehen.

Missverständnisse oder zu einseitig formulierte Vertragsklauseln führen gerade im Informatik-Bereich später oft zu Konflikten und können verheerende Folgen haben. Zahlreiche Fälle mit durchgehend recht hohen finanziellen Verlusten haben gezeigt, dass der juristischen Seite bei der Lösung von EDV-Problemen bisher zu wenig Beachtung geschenkt worden ist.

Ein einwandfreier Vertrag jedoch trägt entscheidend zur Risikoverminderung und somit auch zur erfolgreichen Projektrealisierung bei.

Die in diesem Kapitel dargelegten Ausführungen basieren auf schweizerischem Recht. Viele Überlegungen gelten jedoch auch für die Nachbarstaaten.

**Zur Terminologie in diesem Kapitel:**

In den (standardisierten) Informatik-Verträgen ist oft von «Kunde», «Unternehmer», «Anbieter», «Käufer», «Besteller», «Anwender» etc. die Rede.

Um die Vertragsparteien klar auseinanderhalten zu können und wegen des Vorteils einer einheitlichen Terminologie werden in diesem Beitrag nur zwei Begriffe verwendet:

*Anbieter:* Der Anbieter ist jene natürliche oder juristische Person, welche auf dem Informatik-Markt eine Ware oder eine Dienstleistung anbietet (Ausdrücke, welche die gleiche Bedeutung haben: Verkäufer, Lieferant, Auftragnehmer, Hersteller, Leasinggeber, Unternehmer etc.).

*Anwender:* Der Anwender ist jene natürliche oder juristische Person, welche sich mit Waren auf dem Informatik-Markt eindeckt oder Dienstleistungen in Anspruch nimmt. Seine charakteristische Vertragsleistung besteht i.d.R. in einer Geldzahlung (Ausdrücke, welche die gleiche Bedeutung haben: Benützer, Käufer, Auftraggeber, Leasingnehmer, Besteller, Kunde etc.).

## 6.1 Vertragsarten

Die im Informatik-Bereich in der Regel anzutreffenden Verträge können in folgender Tabelle zusammengefasst werden:

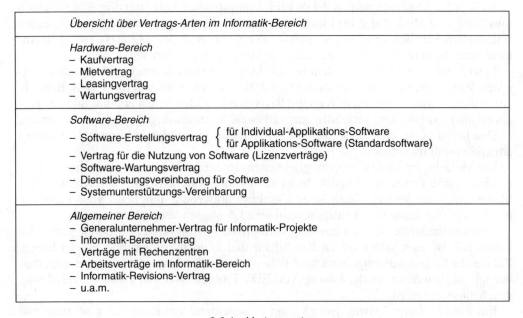

3.6.1 Vertragsarten

## 6.2 Vertragliche Verhandlungen

### 6.2.1 Die Pflichten zukünftiger Vertragspartner

Die Anbieter und Anwender sollten in der Offertenphase während der Vertragsverhandlungen in sachlicher, formaler und finanzieller Hinsicht gegenseitig ihre Risiken in bezug auf die Verwirklichung des Projektes kennenlernen und sich gegenseitig als loyale Partner respektieren.

Jeder Vertragspartner wird versuchen, eine für ihn möglichst vorteilhafte Lösung auszuhandeln. Das Ziel der Vertragsverhandlungen sollte aber gerade im Informatik-Bereich nicht die Maximierung der Vorteile für den einen der beiden Partner (meistens den Anwender), sondern ein ausgewogener und gegenseitig korrekter Vertrag sein. Vorvertragliche Verhandlungen sind keineswegs rechtlich bedeutungslos. Allgemein kann man sagen, dass sich die Parteien zu gegenseitigem Verhandeln nach Treu und Glauben verpflichten. Weil im Informatik-Bereich in vielen Fällen eine mit Know-how versehene Partei (Informatik-Spezialist) einem EDV-Laien gegenübertritt, ist es von besonderer Bedeutung, dass der Grundsatz zur Mitteilung der für die Gegenpartei wichtigen und für sie nicht erkennbaren Umstände und Tatsachen im üblichen Umfang eingehalten wird.

### 6.2.2 Die rechtliche Bedeutung der vorvertraglichen Verhandlungen

Bei Verletzung der vorgehend erwähnten Pflichten im Vorvertragsstadium können Schadenersatzansprüche entstehen, und zwar unabhängig davon, ob ein Vertrag zustande kommt oder nicht.

Ausführungen und Gespräche der Parteien können, soweit sie schriftlich fixiert wurden (Protokolle erstellen!), bei der Auslegung der späteren Verträge beigezogen werden, falls der Wille der Parteien nicht klar aus dem Vertragstext hervorgeht.

Wenn der Hersteller bewusst falsche Angaben macht, haftet er trotz einer allfälligen Wegbedingung. Zudem können falsche Angaben im Vorvertragsstadium den Erwerber zum Rücktritt vom Vertrag ermächtigen.

### 6.2.3 Einige wichtige Punkte

Bezüglich der vorvertraglichen Verhandlungen (Offertenphase) seien noch einige besonders wichtige Punkte erwähnt, die juristisch von Bedeutung sein können:

- Es soll ein verbindlicher Termin festgesetzt werden, bis wann eine Offerte zu erfolgen hat bzw. bis wann die Mitteilung des Verzichtes auf die Stellung einer Offerte zu erfolgen hat.
- Die Offerte muss die Vertragsbedingungen enthalten, unter denen die Informatik-Firma ihre Dienstleistungen erbringt.
- Es muss die Pflicht zur absolut vertraulichen Behandlung aller im Pflichtenheft enthaltenen Informationen und des Pflichtenheftes als Ganzes erwähnt werden.
- Falls es zu keiner Auftragserteilung kommt, muss die Informatik-Firma verpflichtet werden, das Pflichtenheft zurückzugeben.
- Die Stellung einer Offerte durch die Informatik-Firma sollte in der Regel unentgeltlich erfolgen.
- Der Offertenempfänger soll frei über die Offertenunterlagen verfügen können.

## 6.3 Allgemeine Geschäftsbedingungen (AGB) im Informatik-Bereich

Wo im Wirtschaftsleben wiederkehrende Rechtsverhältnisse geregelt werden müssen, erscheint es oft zweckmässig, diese in vorformulierte und typisierte Standard- oder Formularverträge zu kleiden. In der Informatik-Branche verwenden bisher vor allem die grossen Firmen solche vorgedruckten Verträge.

Die besondere Problematik dieser AGB liegt nun darin, dass in den meisten Fällen zuungunsten des Anwenders von der gesetzlichen Ordnung abgewichen wird. Ferner wird die Vergleichbarkeit von Angeboten erschwert, wenn sich die standardisierten Vertragsofferten verschiedener Informatik-Firmen nicht entsprechen.

Für Standardverträge resp. AGB sind gewisse allgemeine Auslegungsprinzipien entwickelt worden:

– Danach werden mehrdeutige oder unklare Texte zu Lasten des Verfassers ausgelegt (sog. Unklarheitsregel).
– Hat eine Vertragspartei nach Treu und Glauben mit einer Klausel (die sie übersehen hat) nicht rechnen dürfen, d.h. wenn die Klausel aus dem zu erwartenden Rahmen fällt und die eine Partei übermässig benachteiligt, so ist diese möglicherweise unverbindlich (sog. Ungewöhnlichkeitsregel).

Es empfiehlt sich unbedingt, standardisierte Verträge einer kritischen Überprüfung zu unterziehen und allenfalls Punkt für Punkt zu verhandeln. Dabei ist es von Bedeutung, dass Widersprüche beseitigt oder klargestellt werden. Die Bereinigung von Standardverträgen soll im wesentlichen auch im Sinne einer Zukunftssicherung vorgenommen werden.

Abänderungen von Standardverträgen sind in einem Nachtrag festzuhalten, wobei im Standardvertrag selbst auf diesen Zusatz hinzuweisen ist.

## 6.4 Zur Frage der rechtlichen Qualifikation einzelner Verträge im Informatik-Bereich

### 6.4.1 Qualifikation

In den folgenden Abschnitten werden verschiedene Vertragsarten im Informatik-Bereich kurz beschrieben und kommentiert. Heute noch ist die rechtliche Qualifikation der Mehrzahl dieser Verträge unklar und umstritten. Es fehlt bisher an gerichtlichen Präjudizien. Zum besseren Verständnis soll daher im Zusammenhang mit jeder aufgeführten Vertragsart auch kurz und summarisch auf die rechtliche Qualifikation (Rechtsnatur des Vertrages) eingegangen werden.

### 6.4.2 Juristisch unzutreffende Vertragsbezeichnung

Verträge werden oft von Nichtjuristen abgefasst und mit einem nichtssagenden oder falschen Titel versehen.

Prinzipiell gehört auch der Titel zum Vertragsinhalt, wie auch Randtitel oder Bezeichnungen über die Art des Vertrages zum Vertragsinhalt gehören.

Vertragsinhalte sind meistens auslegungsbedürftig. In bezug auf die Bezeichnung des Vertrages kommt es darauf an, welchen Vertrag die Parteien übereinstimmend eingehen wollten. Die falsche Bezeichnung im Titel etc. ändert am abgeschlossenen Vertragsinhalt und an der Rechtsnatur nichts.

Ergibt die Auslegung aber keinen eindeutigen Inhalt (auch in bezug auf den Titel des Vertrages), dann bleibt die Erklärung wirkungslos. Wenn der Empfänger einer Erklärung nicht verstehen kann, was der Absender meint, so werden sich die Parteien ohne weitere Erklärungsaustausche nicht einigen können.

Wurde die Erklärung von einer Partei aufgesetzt, wobei unklar bleibt, ob die Erklärung in einem engeren oder weiteren Sinne gemeint war, dann gilt – im Zweifel – die für den Erklärenden ungünstigere Version. Die Regel, dass im Zweifel die für den Verfasser des Vertragstextes ungünstigere Version des Textes gelte, ist hauptsächlich bei allgemeinen Vertragsbedingungen und Standardverträgen anwendbar.

Ist der Vertragstext vom Empfänger missverstanden worden, obwohl er ihn hätte verstehen sollen, dann hat der Absender trotz Auslegung zugunsten des Empfängers das Recht, den Vertrag wegen Irrtums anzufechten. Ein solcher Fall, in dem davon ausgegangen wird, der Empfänger hätte den wahren Inhalt erkennen sollen, liegt dann vor, wenn er den Vertrag nicht sorgfältig las oder, im Fall der Unklarheit, verpflichtet gewesen wäre, den Verfasser des Vertrages zu fragen, was dieser mit der unklaren Äusserung meine.

## 6.5 Der Erwerb von Hardware

### 6.5.1 Allgemeine Bemerkungen

Bis zum Abschluss des Grobkonzeptes engagiert sich der künftige Anwender oft mit grösseren finanziellen Mitteln und bringt sich eigentlich schon vor Vertragsabschluss in eine faktische Abhängigkeit zum Hersteller (Anbieter). In der Regel wird die Hardwarekonfiguration aufgrund des Grobkonzeptes festgelegt und basiert daher bei Neueinführung der EDV auf Schätzungen. Feinkonzept und die Programmierung erfolgen meist erst nach dem Hardware-Vertragsabschluss.

Bei juristischen Abklärungen ist das Ineinandergreifen der vier folgenden Systeme zu berücksichtigen:

– Hardwaresystem
– Betriebssystem
– Anwendungsprogrammsystem (Applikations-Software)
– Datenbanksystem

### 6.5.2 Rechtsnatur von Verträgen bei Erwerb von Hardware

Welcher Vertragstypus gewählt werden soll, hängt in erster Linie von Fragen finanzieller Art ab (Liquidität des Anwenders, steuertechnische Aspekte); ferner spielen bei der diesbezüglichen Entscheidung auch Fragen bezüglich Wachstumszielen des Anwenders sowie Nutzungsdauer eine Rolle. Heute ist auch vermehrt die Frage hinsichtlich zu erwartenden neuen Informatik-Systemen mit noch besseren Preis-/Leistungsverhältnissen zu beachten. Bei der Planung einer EDV-Einführung oder des Erwerbs einer neuen EDV-Anlage sollte sich der Anwender früh genug darüber informieren, welche Vertragsformen die Herstellerfirma resp. der Verkäufer zur Verfügung stellt, um den Entscheid bezüglich des Typus unter Berücksichtigung der technischen, betriebswirtschaftlichen, unternehmerischen, rechtlichen, finanziellen und steuertechnischen Aspekte treffen zu können.

### 6.5.3 Erwerb eines gesamten Informatik-Systems

Im Gegensatz zum Erwerb (Kauf, Leasing, Miete etc.) von einzelnen Maschinen und Zubehör steht das Inauftraggeben von gesamten Informatik-Systemen, die nach ganz spezifischen Plänen herzustellen sind und in der Regel Hardware- wie Softwarekomponenten beinhalten. Bei der Realisation solcher Informatik-Projekte ist der entsprechende Vertrag als Werklieferungsvertrag zu qualifizieren, welcher möglicherweise durch die Einbeziehung zur Projektrealisierung notwendiger zusätzlicher Leistungen auch Elemente aus anderen Vertragsarten enthält (Innominatkontrakt). Solche Verträge unterliegen den Bestimmungen über den Werkvertrag (Art. 363 ff OR) (vgl. dazu Kap. 6.9).

### 6.5.4 Unterschiede zwischen Kauf- und Werkvertrag

Die Tabelle in Bild 3.6.2 soll die wichtigsten Unterschiede der gesetzlichen Vorschriften zwischen Kauf- und Werkvertrag aufzeigen.

| Kaufvertrag | ← → | Werkvertrag |
|---|---|---|
| Übertragung einer Sache zu Eigentum (OR 184 I) | Hauptleistung | Herstellung eines Werkes durch Einsatz von Material und Arbeit (OR 363/365) |
| Ort der gelegenen Sache | Erfüllungsort | Ort der Abnahme |
| Vertragsabschluss (OR 185) | Übergang von Nutzen und Gefahr | Ablieferung des fertigen Werkes (OR 372) |
| Nach Wert der Sache (OR 184) | Preisbestimmung | Nach Wert von Material und Arbeit, als Festpreis oder nach Aufwand (OR 373/374) |
| Zug um Zug bei Eigentumsübertragung | Fälligkeit des Preises | Ablieferung beim Besteller |
| Wandelung, Minderung, evtl. Nachlieferung (OR 205/206) Nachbesserung | Rechte bei Mängeln | Zurückweisung des Werkes, Minderung oder unentgeltliche Verbesserung (OR 368) |
| Kausal für Sachmängel; Verschuldenshaftung für weitere Schäden (OR 197/208) | Umfang der Haftung | Kausal für Werkmängel; Verschuldenshaftung für weitere Schäden; Sorgfaltshaftung für Arbeitsausführung (OR 364/365/368) |
| Nur bei Mängeln der Kaufsache (OR 205) | Rücktrittsrecht des Erwerbers | Bei Sachmängeln; bei Preisüberschreitung; jederzeitiges Abbestellrecht mit Pflicht zu Schadloshaltung (OR 368/375/377) |

*3.6.2 Unterschiede zwischen Kauf- und Werkvertrag*

## 6.5.5 Verhandlung und Abschluss des Vertrages

Bei Vertragsverhandlungen sollte der Anwender wie folgt vorgehen:

- Grobkonzept/Analyse
- Erstellung eines Pflichtenheftes
- Beschreibung des Leistungsumfanges
- Einholen verschiedener Offerten mit Einführung in die Aufgabenstellung (Systemvorschlag des Anbieters)
- Entscheidung für ein System (Endauswahl)
- Entscheidung über die Form des Vertrages
- Ausarbeitung weiterer Vertragsbedingungen
- Abschluss des Vertrages

In der Evaluations- und Offertenphase dem Hersteller und Lieferanten abgerungene Zugeständnisse müssen schriftlich fixiert und im Vertrag verankert werden. In der Phase der Vertragsverhandlungen werden die Voraussetzungen für die spätere Durchsetzbarkeit von Ansprüchen bei Erfüllungsstörungen und -mängeln gesetzt.

## 6.5.6 Checkliste bei Verträgen über den Erwerb von Computern und Informatik-Systemen

(nicht abschliessend)

- Vertragsgegenstand
- Leistungsbeschreibung/-umfang des Anbieters
- Sachlicher Geltungsbereich des Vertrages
- Preisgestaltung
- Zahlungsmodalitäten
- Liefertermine/Installationstermine
- Lieferbedingungen
- Lieferbedingungen für Erweiterungen des Systems
- Abnahmebedingungen
- Eigentum/Nutzungs- und Gefahrenübergang
- Gewährleistung (Garantie)
- Haftungsfragen
- Rechtsfolgen aus Schlecht- oder Nichterfüllung des Vertrages
- Konventionalstrafen
- Wartungszusicherung
- Schulung des Personals des Anwenders und technische Betreuung und Unterstützung
- Gewährleistung für Schutzrechte
- Haftung des Anwenders für die Verletzung von Schutzrechten
- Geheimhaltungspflicht
- Datenschutz
- Zutrittsrecht zur Anlage
- Datensicherheit
- Abwerbungsverbot
- Rücknahme verwendeter Geräte oder Austausch in Zukunft

- Wiederverkauf/Wiederausfuhr
- Beendigung des Vertrages
- Erfüllungsort
- Gerichtsstand und anwendbares Recht
- Schriftform bezüglich Ergänzungen oder Abänderungen des Vertrages

## 6.6 Verträge für die Überlassung resp. Nutzung von Software (Lizenzvertrag)

### 6.6.1 Allgemeines

Es besteht eine Vielzahl von Erwerbsarten für Computer-Software. Im folgenden soll von Nutzung an vorhandenen Programmen, der sogenannten entbündelten Überlassung, die Rede sein. Computerprogramme bestehen aus Code und Dokumentation und bilden einen Einheitskomplex, an welchem Schutzrechte verschiedener Art und Intensität möglich sind. Die Art und Weise der Nutzung an solchen Programmen steht im Vordergrund. Es ist daher von besonderer Bedeutung, dass solche Verträge klar und präzise abgefasst werden.

### 6.6.2 Rechtsnatur des Vertrages

Computerprogramme stellen nach heutiger herrschender Auffassung sogenannte immaterielle Güter dar.

Die immateriellen Güter sind somit geistiger und allenfalls technischer Art und vertreten nicht nur begrifflich und rechtlich körperliche Sachen und Leistungen.

An immateriellen Gütern können (analog wie bei materiellen Sachen) Rechte geltend gemacht werden: sogenannte *immaterielle Rechte*. Diese Rechte verleihen ihrem Träger eine Anzahl von Befugnissen. Unter diese Befugnisse können die folgenden wichtigsten fallen: Ausschliesslichkeit des Gebrauchs, Recht des Inverkehrbringens resp. des Weitervertriebs, Kopierrechte, Befugnisse der Änderung, Anpassung, Weiterverarbeitung, Ergänzung oder Erweiterung eines Programms und ferner das Recht, als Urheber (Schöpfer des Computerprogramms) genannt zu werden usw.

Der Träger von immateriellen Rechten kann nun von diesen Befugnissen eine Anzahl, d. h. einen Teil, an Dritte zur Ausübung resp. zur Nutzung überlassen. Diese Überlassung wird mittels eines *Lizenzvertrages* geregelt; der Träger der immateriellen Rechte (Lizenzgeber) räumt einem Dritten (Lizenznehmer) eine *Lizenz* ein.

Der Lizenzvertrag wird in der Schweiz als sogenannter *Innominatkontrakt* bezeichnet. Diese Benennung ergibt sich aus dem Umstand, dass der Lizenzvertrag im schweizerischen Recht nicht ausdrücklich geregelt ist.

Da bei Softwarelizenzverträgen in der Regel gegenseitige Unterstützung, Wartung, Rechte auf Anpassung und möglicherweise bewilligungspflichtiger Änderung und Weiterentwicklung sowie Treue- und Geheimhaltungspflichten vereinbart werden, werden wegen dieser gesellschaftsähnlichen Merkmale (Problem der Abhängigkeit der Partner im EDV-Bereich!) einzelne Vertragsklauseln an gesellschaftsrechtliche Normen des

Obligationenrechtes angelehnt. Sodann können auch beim Softwarelizenzvertrag Miet- und Pachtrechtsvorschriften zur Anwendung kommen.

Zusammenfassend kann man sagen, dass der Softwarelizenzvertrag die Übertragung von Computerprogrammen resp. den Rechten daran an einen Dritten regelt.

Unter Softwarelizenzverträgen versteht man demnach grundsätzlich die Einräumung eines (nicht) ausschliesslichen, (nicht) übertragbaren entgeltlichen Rechtes, ein Computerprogramm oder ein Programmpaket in der durch den Vertrag festgelegten Weise zu benützen.

Trifft diese Umschreibung auf einen Geschäftsabschluss zu, so handelt es sich, rechtlich gesehen, jedenfalls um einen Lizenzvertrag mit seinen entsprechenden rechtlichen Folgen!

Unbeachtlich ist in einem solchen Fall die tatsächliche, irrtümliche und zum Teil nichtssagende Bezeichnung des Vertrags wie z.B. «Kaufvertrag», «Software-Vertrag», «Vereinbarung», «Programm-Lieferungsvertrag» u.a.m. Solche Bezeichnungen sind irreführend und können für die eine oder andere Vertragspartei unabsehbare Folgen oder böse Überraschungen herbeiführen!

### 6.6.3 Umfang der Lizenz

Der Umfang der Lizenz ist abhängig vom Zweck des Vertrages resp. des Informatik-Geschäftes. Je nach Zweck werden mehr oder weniger der oben beispielhaft erwähnten Befugnisse dem Lizenznehmer eingeräumt.

Nur nebenbei sei hier erwähnt, dass in der Regel kein Software-Lizenzvertrag zur Frage steht, wenn ein Anwender ein spezielles Programmpaket (z.B. zur Lösung, Bewältigung und Rationalisierung verschiedener Probleme und Arbeitsabläufe in einem speziellen Industriezweig wie z.B. dem Holzhandel) bei einer Softwarefirma in Auftrag gibt und sämtliche Erstellungskosten von der Problem- und Systemanalyse über Programmplanung, Codierung und Auslieferung eines funktionsfähigen Softwarepaketes übernimmt (diese Kosten können sich auf mehrere hunderttausend Franken belaufen). In solchen Fällen geht in der Regel gemäss Vertrag das gesamte immaterielle Rechtsgut auf den Anwender über, der unter Umständen selber daran interessiert ist, dieses Programmpaket in derselben oder in einer abgeänderten Form (innerhalb der Branchen) weiterzuvertreiben, um damit seine hohen Investitionskosten wirksam aktivieren zu können. Immer mehr grosse Anwender, die in der Lage sind, ihre Computerprogramme selbst zu entwickeln, bieten die von ihnen entwickelten und realisierten Problemlösungen auf dem EDV-Markt an. In vielen Fällen wird eine kommerzielle Auswertung schon vor der Softwareentwicklung im Budget mitberücksichtigt, da sonst die immer teurer werdenden Planungs- und Entwicklungskosten kaum mehr innert nützlicher Frist amortisiert werden könnten.

Wie eingangs dieses Beitrages erläutert wurde, muss heute auch in der Schweiz davon ausgegangen werden, dass Computerprogramme als immaterielle Güter unter noch genauer zu definierenden Umständen als Geschäftsgeheimnisse (als Know-how) und als urheberrechtliche Werke geschützt sind.

Der Anbieter (meistens handelt es sich um ein Softwarehaus oder um eine Computerfirma) hat in der Regel ein finanzielles Interesse daran, seine Programmpakete möglichst vielen Anwendern zugänglich zu machen, ohne jedoch die Schutzrechte zu verlieren. So wird er dem Anwender lediglich gewisse Befugnisse einräumen und die wesentlichen Schutzrechte in der Regel behalten wollen. Der Vorteil, den der Anwender dabei für sich in Anspruch nehmen kann, ist die Einsparung der teuren Entwicklungskosten für das Softwarepaket. Andererseits hat der Lizenznehmer jedoch ein Interesse daran, durch die bestehenden Schutzrechte des Lizenzgebers möglichst wenig eingeschränkt zu werden. In erster Linie wird der Anwender ein Interesse am Recht zum Gebrauch und zur Nutzung des Programmpaketes haben. (Viele Softwarelizenzverträge sind auf die Einräumung dieser Befugnisse beschränkt, was sich in vielen Fällen erst später – zum Entsetzen der einen Vertragspartei – als völlig ungenügend herausstellt!)

Welche Art des Vertrages zweckmässig ist, lässt sich nur im konkreten Einzelfall entscheiden. Der Lizenzgeber muss beurteilen, ob ihm durch eine ausschliessliche Lizenzvergabe mit höheren Gebühren oder durch eine mehrfache Lizenzvergabe mit kleineren, aber ebenfalls mehrfachen Gebühren eher gedient ist.

Es hängt nun von den spezifischen Interessen der beteiligten Vertragspartner ab,

a) welche Befugnisse eingeräumt werden sollen;
b) auf welche Weise die Rechte übertragen werden;
c) wie die Rechte ausgestaltet sind (übertragbar oder nicht).

Der Lizenzgeber hat regelmässig ein sehr intensives Interesse daran, dass die Programme (insbesondere bei Standardsoftware) vom Lizenznehmer nicht weiterverarbeitet werden und dass dieser die Programme nicht exklusiv nutzen kann. Werden jedoch (als illustrierendes Beispiel) Programme über ein Lenkwaffensystem an eine Militärbehörde in Lizenz vergeben, so wird sich diese u.U. eine Exklusivnutzung ausbedingen. Grundsätzlich hat der Lizenzgeber wenig Interesse daran, dass die lizenzierten Computerprogramme unkontrolliert zirkulieren und in einer Vielzahl von Kopien eingesetzt werden, weil er dann mit der Zeit befürchten muss, dass geschütztes Know-how preisgegeben wird. Beim Verkauf von Programmen im Sinne des Obligationenrechts lässt sich in der Regel eine entsprechende Kontrolle nicht durchführen.

Der Lizenzgeber wird daher darauf beharren, dass sich der Lizenznehmer dazu verpflichtet, die Programme nur auf einem genau bezeichneten Computer laufen zu lassen. Will oder muss der Lizenznehmer die Programme auf mehreren Anlagen benützen (z.B. On-Line-Verbundsystem, Duplex-System etc.), so wird er zweckmässigerweise für diese Anlagen eine sogenannte Mehrfachlizenz vereinbaren. Eine solche Lizenz ist in der Regel günstiger als eine Einzel-Lizenz für jede einzelne Anlage. Läuft ein Programm nur sicherheitshalber und somit unproduktiv auf einer Doppelanlage (auch dies ist u.U. nicht zu umgehen), dann soll der Lizenznehmer nicht darauf eingehen, falls der Lizenzgeber eine zusätzliche (entgeltliche) Lizenz verlangt.

Für das einwandfreie Funktionieren eines Betriebs ist der Umfang der Lizenz von entscheidender Bedeutung. Wird der Umfang der Lizenz im Vertrag ungenügend oder überhaupt nicht umschrieben (wie dies oft noch der Fall ist!), so kann der Anwender früher oder später unangenehme Überraschungen mit erheblichen finanziellen Folgen erleben. Die Software-Lizenzverträge berühren ein äusserst komplexes und schwieriges Fachgebiet. Laien, welche die diesbezügliche Problematik nicht überschauen und sich kein eigenes Urteil bilden können, wird daher empfohlen, sich vor der Unterzeichnung des Vertrages durch einen im EDV-Bereich versierten Anwalt beraten zu lassen. Eine

Beratung ist jedenfalls kostengünstiger als die möglichen Folgen eines ungenügenden Vertrages oder eines kostspieligen Prozesses.

### 6.6.4 Übersicht über den Umfang der Lizenz

**Grundprinzip:** Eine Lizenz auf definiertem und genau bezeichnetem System
*(Ausnahme: Back-up-System bei Ausfall)*

**Erweiterungen durch:**
- Mehrfachlizenzen
- Gebäude-Lizenzen/Stockwerk-Lizenzen
- Firmen-Lizenzen
- Konzern-Lizenzen
- Lizenz ohne produktiven Einsatz (Tests, Pilot-Projekte)
- Evaluations-Lizenz

**Kopieren des Lizenzmaterials:**
*Programme:* für Back-up, Kontroll-, Archivzwecke etc.
*Dokumentation:* i.d.R. keine Kopien; zusätzliche Dokumente gegen Schutzgebühr

**Definition des erlaubten Gebrauchs:**

**Einfacher Gebrauch**
- einlesen, speichern
- systeminterne Übermittlung

**Erweiterter Gebrauch**
- anpassen
- ändern, weiterentwickeln
- übersetzen
- Benutzung im Datenfernverarbeitungsverfahren (z.B. EDI)

*(Rechte an Original-Software verbleiben beim Lizenzgeber)*

**Übertragung des Gebrauchs**
- Wechsel des bezeichneten Systems
- Änderung des Installationsortes
  - für Umwandlung
  - bei Systemausfall

### 6.6.5 Pflichten des Lizenznehmers:

Ziel: Wahrung der Schutzrechte des Lizenzgebers

- Verbot, Programme zu kopieren
- Verbot, (schriftliche) Dokumentation zu kopieren
- Keine Zirkulation von Programmkopien ausserhalb des Betriebes
- Dekompilation Reverse Engineering nur erlaubt, um die erforderlichen Informationen über Schnittstellen zu unabhängig entwickelten Programmen zu beschaffen
- Keine Einsicht an Dritte, keine Weitergabe/Abtretung an Dritte
- Überbindung von Vertraulichkeitspflichten auf Mitarbeiter, Kunden etc.
- Datensicherungsmassnahmen
- Schutzrechtsvermerke auf Speichermedien und auf Programmkopien
- Pflicht zur Rückgabe bzw. Vernichtung der Software bei Vertragsbeendigung

- Verbot des Verkaufs der lizenzierten Software mit CPU als Occasion
- Zahlung der Lizenzgebühr

Mögliche Sanktionen:

- Recht zur fristlosen Auflösung des Vertrages
- Schadenersatz
- Konventionalstrafe

### 6.6.6 Checkliste für einen Softwarelizenzvertrag

- Umschreibung des Vertragsgegenstandes
- Lizenzen (Aufreihung der übertragenen Befugnisse)
- zusätzliche Lizenzen
- Liefertermine
- Ablieferung und Abnahme der Programme
- Gefahrtragung
- Einsatzbedingungen
- Verlust oder Beschädigung von Programmen
- Testperiode/Testergebnisse
- Ablieferung der Dokumentation
- Lizenzgebühren
- zusätzliche Kosten
- Zahlungsbedingungen
- Gewährleistung
- Haftung
- Änderungen, Weiterentwicklungen
- Wartungsfrage
- Verantwortlichkeit des Lizenznehmers
- Vertragsdauer
- Geltungsbereich
- Schutz und Sicherung der Rechte
- gewerbliche Schutzrechte
- Geheimhaltungspflichten, Vertraulichkeitsklausel
- Beendigung des Vertrages
- Schlussbestimmungen
- Erfüllungsort
- anwendbares Recht
- Gerichtsstandsklausel

## 6.7 Software-Erstellungsvertrag

### 6.7.1 Allgemeines

Die zum Betrieb einer EDV-Anlage notwendigen Programme können auch mittels anderer Möglichkeiten als durch Lizenzen beschafft werden. Im vorliegenden Abschnitt geht es um die Problematik bei der an einen Dritten in Auftrag gegebenen Entwicklung eines Programmpaketes. Es geht also um die Erstellung und Entwicklung von *Software*, die den speziellen Bedürfnissen des Anwenders angepasst ist (sog. massgeschneiderte Individualsoftware). Bei der Realisierung von Softwareprojekten bestehen verschiedene Formen der Mitwirkung des Softwareunternehmens (Anbieter). Es kann den Anwender lediglich beratend unterstützen, z.B. durch selektive Bereitstellung von Fachleuten, die nach Weisungen des Anwenders tätig werden. In solchen Fällen muss vereinbart werden, dass die Verantwortung für den Erfolg der Programmierung beim Anwender liegen soll.

Im vorliegenden Abschnitt gehen wir jedoch davon aus, dass der Anwender die Realisierung des Softwareprojektes extern vergibt und selber keine Verantwortung für die erfolgreiche Durchführung übernehmen will.

### 6.7.2 Rechtsnatur des Vertrages

Aus der Realisierung eines Softwareprojektes resultiert grundsätzlich ein unkörperliches Werk: das Computerprogrammpaket. Es geht hier demnach um die Frage, ob der Geltungsbereich der gesetzlichen Regeln über den Werkvertrag sich auf unkörperliche, immaterielle Arbeitsergebnisse (Programmierarbeit) erstreckt oder ob nicht allenfalls die Regeln über den einfachen Auftrag zur Anwendung gelangen. Die Anwendung des einen oder anderen Vertragstypus hat auf die Rechte und Pflichten der Parteien erhebliche Auswirkungen.

Das Auftragsrecht wird den tatsächlichen Gegebenheiten im Bereich der Entwicklung und Erstellung von Computerprogrammen in keiner Weise gerecht.

Der Softwareentwicklungsvertrag verpflichtet den Anbieter zur Herstellung eines Programmpaketes. Ein solches Werk ist ein Erfolg einer geleisteten qualifizierten Arbeit. Der Erfolg tritt als völlig verselbständigter Tatbestand zur blossen Programmierleistung hinzu und stellt eine Wertschöpfung dar, welche garantiert werden kann. Die Entwicklung von EDV-Software ist daher in erster Linie ein geistiges Werk und stellt als solches in der Regel den Erfolg geistigen Arbeitsaufwandes dar. Dass dieses geistige Werk zu einem gewissen Teil aus einer minimalen Stofflichkeit besteht (Diskette, Band etc. als Träger der Codierung), ändert nichts an der geistigen Natur des Werkes. Ein solches unkörperliches Werk kann Gegenstand eines Werkvertrages gemäss Art. 363 OR bilden.

Die bisherige Rechtsprechung des Bundesgerichtes sowie der überwiegende Teil der neueren Literatur qualifizieren das zum voraus garantierte unkörperliche Arbeitsresultat als Werk. Die Herstellung der Computer-Software ist eine geistige und somit unkörperliche Arbeitsleistung. Sie ist ein Geistwerk, das sich durch die Mittel Papier und Datenträger manifestiert und deshalb als Werk i.S. von Art. 363 OR zu betrachten ist.

Ohne hier auf Detailüberlegungen eingehen zu können, muss doch aus praxisorientierter Sicht festgestellt werden, dass gesamthaft betrachtet die Regeln des Werkvertragsrechts sich zur Erfassung von Computerprogrammprojektrealisierungen und deren Produkt als unkörperliches Werk eignen. Häufig sind aber die Normen des Werkvertragsrechtes nicht ausreichend.

Wir neigen daher zur Tendenz, den Softwareentwicklungsvertrag als Innominatskontrakt mit starken werkvertraglichen Elementen zu charakterisieren. Dieser Vertrag müsste letztlich also als Vertrag «sui generis» bezeichnet werden. Solche Verträge sind gänzliche Neuschöpfungen der rechtsbildenden Verkehrspraxis. Entsprechend der Tatsache, dass der rechtliche Informatik-Bereich ein noch relativ junges Rechtsgebiet darstellt, wird sich erst in Zukunft erweisen, ob der Softwareentwicklungsvertrag sich als einschlägiger Innominatskontrakt in die Informatik-Rechtspraxis einordnen wird.

### 6.7.3 Bemerkungen zum Vertragsinhalt

Die Realisierung eines Softwareentwicklungsprojektes von der Vorstudie über das Grobkonzept, die Detailspezifikation, die Programmierung, die Tests, die Rahmenorganisation etc. bis zur Einführung bringt in der Regel eine relativ komplexe Problematik mit sich. Sie bedarf dementsprechend umfangreicher rechtlicher Abklärungen, weshalb – aus Platzgründen – an dieser Stelle auf eine besondere Erläuterung der zu regelnden Vertragspunkte verzichtet werden muss und die Ausführungen auf eine Checkliste beschränkt werden.

### 6.7.4 Checkliste

- Kurze Umschreibung des Zwecks des Vertrages und des Realisierungskonzeptes
- Vertragsgegenstand (Leistungsbeschreibung in quantitativer und qualitativer Hinsicht), Pflichtenheft ist integrierender Bestandteil des Vertrages
- Dokumentation
- Tests
- Abnahmekriterien, Vertragserfüllungskriterien
- Liefertermin(e) und sonstige wichtige Termine
- Überwachung und Leitung des Projektes
- Obliegenheiten des Anwenders
- Aufklärungspflichten des Anbieters
- Vergabe von Unteraufträgen
- Gewährleistung
- Haftung
- Preisfestsetzung
- Zahlungsmodalitäten
- Zusicherung der Programmwartung
- evtl. Schulung des Personals des Anwenders
- Rechte am Arbeitsresultat
- Zuweisung der Schutzrechte
- Umschreibung der Nutzungsbefugnisse
- Geheimhaltung
- Datensicherheit
- Beendigung des Vertrages
- Partei-, Gläubiger- und Schuldwechsel
- Erfüllungsort
- Gerichtsstand und anwendbares Recht
- Schriftform bezüglich Ergänzungen und Abänderungen des Vertrages

## 6.8 Wartungsverträge

### 6.8.1 Allgemeines

Die Wartung im Informatik-Bereich kann auf der Basis folgender Rechtsbeziehungen zwischen Anbieter und Anwender erfolgen:

- als Garantieleistung beim Kauf eines Informatik-Systems,
- als Nebenleistung eines Miet- oder Leasing-Vertrages,
- als Gegenstand eines speziellen Wartungsvertrages.

Die Wartung von Hardware, die sich in der Regel an die Gewährleistung aus einem Kaufvertrag anschliesst, unterscheidet sich aus der Sicht des Anwenders grundsätzlich nicht von der Wartung bei Miete oder Leasing.

Das Grundziel der Informatik-Wartung ist es, eine hohe Verfügbarkeit bzw. Funktionstüchtigkeit des Informatik-Systems zu erreichen und zu garantieren. Es handelt sich um eine typische Optimierungsaufgabe, da eine höchste Verfügbarkeit in der Regel nur mit höheren Kosten zu erreichen sein wird. Dabei darf nicht ausser acht gelassen werden, dass der Begriff «Funktionstüchtigkeit» bei Informatik-Systemen sehr auslegungsbedürftig ist. Es geht ja nicht bloss darum, dass das System funktioniert, es muss auch mit einer gewissen Leistung funktionieren: Der Ausfall einiger Nebenfunktionen kann bis zu einer festzulegenden Grenze tolerierbar sein, darüber hinaus aber nicht. Der Begriff der «Funktionstüchtigkeit» muss offensichtlich vertraglich präzisiert werden, und die Informatik-Wartung muss die zugesicherten Eigenschaften erhalten. Die Definition des Informatik-Systems, seiner Leistung und Eigenschaften muss – als Grundlage des Vertrages – daher möglichst klar und eindeutig sein. Das Risiko der Funktionstüchtigkeit liegt in der Regel beim Eigentümer.

Unabhängige Wartungsfirmen, die ein breites Angebot aufweisen, sind in der Schweiz noch kaum vertreten. Der Umstand, dass viele Kleincomputer durch Vertragshändler mit einer bescheidenen technischen Basis vertrieben werden, ferner die Tatsache, dass viele Systeme aus ähnlichen Bausteinen aufgebaut werden, und schliesslich die Tendenz, Anlagen für besondere Zwecke aus Komponenten verschiedener Hersteller zusammenzustellen, könnten dazu führen, dass man in Zukunft vermehrt einer unabhängigen Wartungsfirma die Gesamtverantwortung für ein System übergibt.

Ein wesentlicher Punkt im Wartungsvertrag ist die Vereinbarung der Dauer, während der sich der Lieferant für die Wartung des Vertragsobjektes verpflichtet. Hat man der Wirtschaftlichkeitsrechnung eine Nutzungsdauer von z.B. 5 Jahren zugrunde gelegt, so sollte diese vom Lieferanten auch garantiert werden, und zwar möglichst verbunden mit einer an den Lebenshaltungskostenindex geknüpften Gleitpreisklausel, da Wartung zu übersetzten Preisen nicht akzeptiert werden soll.

Statt einer regelmässigen Pauschale für Wartungs-Leistungen kann die sogenannte «on call»-Wartung vereinbart werden: Die Wartungs-Firma wird nur auf Wunsch des Kunden gegen Bezahlung nach Aufwand (Regie-Arbeit) tätig.

Es bestehen verschiedene Formen des EDV-Wartungsvertrages: Standard-Wartungsverträge (periodische Wartung), erweiterte Wartung (z.B. mit Pikett-Dienst), Wartung nach Aufwand (Wartung auf Abruf) oder zentrale Wartung (Einsenden der Maschinen oder deren Teile in ein Wartungszentrum).

Ein Informatik-System wird üblicherweise analysiert, indem man die drei Teilsysteme Hardware, Software und Orgware betrachtet. Zur Hardware zählt man in der Regel auch die mikroprogrammierte Firmware; die Software zerfällt in Systemsoftware (Betriebssystem, Utilities, Compilers, etc.) und Applikations-Software (z.B. Buchhaltungs-Systeme); mit Orgware wird schliesslich der ganze Komplex betrieblicher Regelungen und Abläufe angesprochen, der den sinnvollen Einsatz und die Nutzung des Systems erst ermöglicht. Damit das Informatik-System funktionsfähig bleibt, müssen (mindestens) diese drei Systeme in einem Gleichgewicht sein – sie müssen einander angepasst sein. Das grosse Problem dabei ist die Tatsache, dass sich die (technischen, ökonomischen, sozialen etc.) Grundlagen dieser Teilsysteme ständig verändern.

### 6.8.2 Hardware-Wartung

Unter Hardware-Wartung versteht man die *Instandsetzung* und die *Instandhaltung* der einzelnen Maschinen und des Zubehörs eines Computersystems. Wurde eine Computeranlage aus Komponenten verschiedener Hersteller erworben (sog. Mixed-Hardware), so ist, sofern nicht der Lieferant der Anlage die Gesamtwartung übernimmt, mit jedem Hersteller ein separater Vertrag abzuschliessen. Die Frage, ob dies möglich und preisgerecht ist, muss selbstverständlich vor dem Erwerb der Anlage geklärt werden. Wenn das System erst nachträglich zur Mixed-Hardware wird, so stellt sich die Frage, ob die Wartung vom Hersteller der ursprünglichen Marke eingestellt werden kann, wenn herstellerfremde Anlageteile mitverwendet werden.

In der Hardware-Wartung wird unterschieden zwischen: Instandsetzung (korrigierende Wartung – corrective maintenance) und Instandhaltung (vorbeugende oder präventive Wartung – preventive maintenance).

Da nicht vorausgesagt werden kann, wann genau Hardware-Komponenten ausfallen werden, können die Ziele für die Hardware-Wartung nur nach zwei Möglichkeiten formuliert werden.

Es sind die folgenden:

– möglichst lange Laufzeiten ohne Unterbrüche (grosse MTBF = Mean Time Between Failures) und
– möglichst kurze Reparatur-Zeiten (kurze MTTR = Mean Time To Repair).

### 6.8.3 Software-Wartung

Bei der Software-Wartung (in Verträgen oft auch Programm-Pflege genannt) werden folgende Arten unterschieden:

– Anpassungs-Wartung (adaptive maintenance)
– korrigierende Wartung (corrective maintenance)
– Verbesserungs-Wartung (perfective maintenance)

Die *adaptive Software-Wartung* bezeichnet die Anpassung an geänderte Gegebenheiten (zumeist Hardware-Änderungen, die sich in der Software auswirken). Der Begriff adaptive Wartung wird meist für Änderungen verwendet, ohne die das System nicht mehr funktionieren würde. Dabei ist notwendigerweise die Einschränkung zu beachten, dass die Software nur unter definierten Bedingungen lauffähig sein muss (bestimmte Hardware und Betriebssystem). Da diese Bedingungen auch der ständigen Veränderung unterworfen sind, können sich Probleme ergeben, die nicht nur definitorischer Art sind.

Die *korrigierende Sofware-Wartung* ist das Suchen und Beheben von eigentlichen Fehlern. Was als Fehler anzusehen ist, wird oft eine Streitfrage sein. Das häufigste Problem bei der Software ist ungenügende Spezifikation der Anforderungen.

Die *perfective Software-Wartung* bedeutet technische Verbesserungen an der bestehenden Software, ohne den grundsätzlichen Aufbau des Systems zu ändern.

Die Ziele der Software-Wartung sind:

– Erhaltung der Kompatibilität mit der Hardware und Orgware,
– schnelle Behebung von aufgetretenen Fehlern.

### 6.8.4 Wartungsplan

Weiter muss vertraglich der individuelle Wartungsplan festgelegt werden. Man muss sich einigen, ob eine normale Wartung genügt oder ob für anwenderseitige Spitzenzeiten eine erweiterte Wartung notwendig ist. Möglicherweise kann der Benutzer eine ermässigte Wartungsgebühr aushandeln, wenn er gewisse Wartungsarbeiten selbst durchführt.

Der Wartungsplan wird in Funktion der vereinbarten und garantierten Funktionsverfügbarkeit des Informatik-Systems ausgearbeitet. Wird die Verfügbarkeit und Funktionstüchtigkeit eines Systems zeitlich garantiert, so ist die Ausfallzeit genau zu definieren, z.B. wie folgt:

Die Ausfallzeit beginnt mit dem Ausfall der Anlage bzw. des Anlageteils und endet mit jenem Moment, in welchem der Zustand wieder hergestellt ist, in welchem sich die Anlage bzw. der Anlageteil bei Ausfall bzw. Störung befand.

Für den Fall, dass die zugesicherte Verfügbarkeit nicht eingehalten wird, muss eine entsprechende prozentuale Ermässigung der Wartungsgebühr vereinbart werden (genaue Werte vereinbaren); evtl. kann eine Konventionalstrafe vereinbart werden.

Unbedingt muss eine verbindliche sogenannte «response-time» vereinbart werden. Danach verpflichtet sich die Wartungsfirma z.B. für eine Wartezeit von max. zwei Stunden vom Störungsmeldungseingang bis zum Eintreffen des Technikers beim Anwender.

### 6.8.5 Rechtsnatur des Wartungsvertrages

Bei der Instandsetzungs-Wartung ist die Rechtslage nicht sehr problematisch, weil die Wartungs-Firma bei solchen Arbeiten die Behebung einer Störung und damit auch einen Erfolg garantiert, weshalb nur ein Werkvertrag gemäss Art. 363 ff OR in Frage kommen kann.

Bei der Instandhaltungs-Wartung, die künftige Ausfälle verhindern soll, wird in der Regel nur eine sorgfältige Arbeit versprochen; in Verträgen wird praktisch nie eine ununterbrochene Funktionstüchtigkeit des Informatik-Systems garantiert. Wird hingegen eine Verfügbarkeit des Systems von X Stunden oder Y Prozenten während einer bestimmten Zeit garantiert, so kann darin eine Erfolgshaftung erblickt werden; die Leistung kann aufgrund der Normen des Werkvertragsrechtes beurteilt werden.

Sobald die Wartungs-Firma einen Erfolg nicht garantieren kann (oder will), kann auch kein Werkvertrag vorliegen. In solchen Fällen ist der Wartungsvertrag ein sogenannter Innominatsvertrag (Vertrag, der nicht gesetzlich geregelt ist), indem auf unbestimmte Dauer die Instandhaltung und/oder Instandsetzung des Systems (oder einzelner Geräte) und somit lediglich eine «möglichst hohe» Betriebstüchtigkeit versprochen wird. Demnach handelt es sich um einen Dauervertrag, der hinsichtlich der Instandstellung werkvertragliche und hinsichtlich der Instandhaltung auftragsrechtliche Elemente enthält. Es handelt sich aber nicht um eine Kombination gesetzlich geregelter Verträge und damit nicht um einen gemischten Vertrag, sondern um einen sogenannten Vertrag «sui generis».

### 6.8.6 Checkliste für den Wartungsvertrag

- Vertragsgegenstand
- Wartungsart/Wartungsbereitschaft
- Leistungsbeschreibung
- Begrenzung der Wartungspflichten (nicht eingeschlossene Leistungen)
- Pflichten und Obliegenheiten des Anwenders
- Erweiterung des Systems oder einzelner Geräte
- Wartungsgebühren und Zahlungsmodalitäten
- Gebührenerhöhungen
- allfällige zusätzliche Kosten
- Gewährleistung (Garantie) für die Wartung
- Haftung
- evtl. besondere Schulung des Personals des Anwenders im Zusammenhang mit Wartungsarbeiten
- Geheimhaltung
- Datensicherheit
- Geltungsdauer des Vertrages
- Beendigung des Vertrages
- Partei-, Gläubiger- und Schuldnerwechsel
- Erfüllungsort
- Gerichtsstand und anwendbares Recht
- Schriftform bezüglich Ergänzungen oder Abänderungen des Vertrages

Es ist empfehlenswert, in einem Anhang zum Vertrag das genaue Vorgehen der Parteien bei Wartungseinsätzen zu umschreiben.

## 6.9 Realisation grösserer Informatik-Projekte

### 6.9.1 Allgemeines

Die Realisation grösserer Informatik-Projekte verlangt eine umfassende und zukunftsausgerichtete Gesamtplanung, die der Vorwegnahme der Wirklichkeit möglichst nahekommt. Oft ziehen Anwender in solchen Fällen einen *Generalunternehmer* zu.

Ein Informatik-Projekt ist eine zeitlich begrenzte Organisationsform zur Realisation definierter Aufgaben, bei denen Fachwissen aus unterschiedlichen Bereichen benötigt wird. Es ist ein Vorhaben, welches zum Ziel hat, eine *informatikgestützte Lösung* eines betriebsspezifischen Anwenderproblems zu *entwickeln* und schliesslich operativ einzusetzen.

### 6.9.2 Leistungsumfang

Bei grösseren Informatik-Projekten ist es von entscheidender technischer sowie rechtlicher Bedeutung, dass der Leistungsumfang (des Generalunternehmers) möglichst genau umschrieben und definiert wird.

Es handelt sich immer um eine Kombination von materiellen und immateriellen Gütern (u.a. Software als immaterielle Information, verkörpert auf einem materiellen Medium).

### 6.9.3 Projektmanagement

Bei Realisationsvorhaben grösserer Informatik-Projekte ist ein juristisch abgesichertes Projektmanagement unentbehrlich.

Ein erfolgreiches Projektmanagement erfordert eine gute Kenntnis der betriebsfachlichen und der technischen Seite eines Informationssystems. Es ist deshalb verständlich, dass mitunter vorgeschlagen wird, einen Anwendervertreter zum Projektmanager zu machen. Oft sind einem Anwendervertreter jedoch die technischen Belange eines Informationssystems nicht genügend vertraut. Es ist i.d.R. sachgerechter, einen technisch qualifizierten, allerdings mit der Anwenderseite von Informationssystemen ebenfalls vertrauten Mitarbeiter mit dem Projektmanagement zu beauftragen; man sollte ihn unter hochqualifizierten Mitarbeitern der Systementwicklung, die an allen Projektphasen erfolgreich mitgearbeitet haben, auswählen.

### 6.9.4 Der (GU)-Rahmenvertrag

Der Rahmenvertrag legt Grundsätze und Rahmenbedingungen des Informatik-Projektes fest; der Inhalt gilt auch für die späteren Einzelverträge.

Einzelverträge sind als Konkretisierung des ursprünglichen Leistungsgegenstandes oder später als Leistungsänderungen, -ergänzungen im Sinne einer Vertragsänderung zu verstehen.

Gründe für den Abschluss eines (GU)-Rahmenvertrages:

- Komplexität des in Zukunft zu *entwickelnden* Leistungsgegenstandes, eventuell *Pilot*projekt;
- Ungenügender Wissensstand von Anwender/Anbieter, gegenseitiger, kooperativer Lernprozess;
- Langzeitcharakter der vertraglichen Beziehungen, mit in der Zeit variablen Rahmen- und Einsatzbedingungen;
- dynamisches, nicht statisches Regelungsbedürfnis

Beim GU-Informatik-Vertrag erfolgt eine ananloge Übernahme des Baurechts (reiner Werkvertrag), weil nicht «Backstein auf Backstein» aufeinandergestellt wird, sondern Idee mit Idee, Know-how mit Know-how kombiniert werden.

Beim Informatik-GU-Vertrag handelt es sich somit typischerweise um einen Innominatskontrakt, der sich in seiner Endphase vor allem an den Maximen des Werkvertragsrechtes ausrichtet. (Der Anwender will einen Erfolg, ein positives Resultat.)

Besondere Erwähnung verdienen daher das (für das Werkvertragsrecht charakteristische) jederzeitige «Abbestell-Recht» gegen volle Schadloshaltung des Unternehmers (Art. 377 OR), die Verbesserungspflicht bei Lieferung eines mangelhaften Systems (Art. 368 OR) und die Möglichkeit einer Preiserhöhung (durch den Richter!) bei Vorliegen ausserordentlicher Umstände (Art. 373 Abs. 3 OR).

Bezüglich der Subunternehmer (Hardware-Verkäufer, Lizenzgeber gewisser Software, sonstige Zulieferanten) ist auf Art. 101 OR zu verweisen; sie sind alle Erfüllungsgehilfen des GU. Dies ist insbesondere hinsichtlich der Rechtslage bei *Mangelfolgeschäden* von Bedeutung. Der Grundsatz, wonach nur bei Verschulden (vertraglich auf grobes Verschulden beschränkt) gehaftet wird, gilt bei Beizug von Subunternehmern nicht; Hauptunternehmer haftet dem Anwender gemäss Art. 101 OR.

### 6.9.5 Projektänderungen als Folge des Entwicklungsprozesses

Eine Besonderheit bei grösseren Informatik-Projekten ist die Tatsache, dass im Zeitpunkt des Vertragsschlusses die zu lösende Problematik oft nicht in ihrer ganzen Tragweite und Komplexität erkennbar ist. Es können sich daher im Laufe der Entwicklungsarbeiten veränderte Verarbeitungsbedingungen oder andere veränderte Verhältnisse ergeben, die eine Abänderung des Projektes erforderlich oder nützlich machen. Diese Eventualität gehört zum Wesen jedes grösseren Informatikprojektes.

Es muss daher von den Parteien erwartet werden können – und dies entspricht ihrem gesellschaftsähnlichen Loyalitätsverhältnis –, dass sie Projektanpassungen akzeptieren, allenfalls unter veränderten Preis-, Termin- oder anderen Bedingungen, soweit ihnen diese zumutbar sind.

Die Parteien haben somit grundsätzlich die Pflicht, Projektänderungen (allenfalls unter angepassten Bedingungen) zu akzeptieren.

### 6.9.6 Abnahme eines Informatik-Systems

Immer wieder entstehen in rechtlicher Hinsicht bezüglich der Begriffe «Ablieferung», «Installation» und «Abnahme» Missverständnisse oder falsche Interpretationen. In der Praxis und v.a. in gerichtlichen Verfahren spielt die zutreffende Definition dieser Begriffe eine entscheidende Rolle.

Als Grundsatz gilt, dass ein Vertrag so lange nicht erfüllt ist, als die *Abnahme des Informatik-Systems* nicht stattgefunden hat.

Mit der Abnahme bestätigt der Anwender, dass die geschuldete Leistung grundsätzlich erfüllt ist. Die Abnahme ist somit der Nachweis für die gehörige Leistungserfüllung. Weil Software jedoch nicht gänzlich mängelfrei sein kann, gilt ein Informatik-System auch dann als abgenommen, wenn nach der Abnahme noch Mängel vorhanden sind. Voraussetzung für die Abnahme ist jedoch, dass diese Mängel von untergeordneter Bedeutung und leicht zu beheben sind. Solche Mängel dürfen keinesfalls den vereinbarten und vorausgesetzten Gebrauch des Informatik-Systems erheblich mindern oder gar aufheben. Mit anderen Worten muss das Informatik-System grundsätzlich funktionsfähig und operativ einsetzbar sein.

Verweigert ein Anwender die Abnahme ungerechtfertigterweise, so stehen dem Anbieter verschiedene rechtliche Mittel zu seinem Schutze zur Verfügung, auf die hier jedoch nicht näher eingetreten werden kann. Jedenfalls gilt aber ein Informatik-System dann rechtlich als abgenommen, wenn der Anwender es operativ einsetzt.

Die Installation oder Ablieferung eines Informatik-Systems bedeutet hingegen lediglich die *Entgegennahme* der geschuldeten Leistungen resp. des Resultates und nicht dessen *Annahme*. Weil nicht nur ein Informatik-System, sondern ein den Spezifikationen entsprechend voll funktionstüchtiges und operativ einsatzfähiges System (= Erfolg) geschuldet ist, genügt zur Erfüllung des Vertrages die Entgegennahme nicht: Es bedarf im Informatik-Bereich vielmehr der *Annahme* des Systems durch den Anwender.

Die Annahme erfolgt – wie dargelegt – durch die Abnahme des Systems.

Bei Grossprojekten, die in Phasen realisiert werden und bei welchen Teillieferungen vorgesehen sind, sollte vereinbart werden, dass die Genehmigung (= Abnahme) einer Teillieferung keinen Verzicht des Anwenders auf die Ansprüche aus Gewährleistung bzw. Nichterfüllung bei Untauglichkeit des Gesamtsystems zum vorausgesetzten Gebrauch bedeutet. Die Abnahme-Erklärung darf in solchen Fällen nicht als «allgemeiner Gutbefund» der erbrachten Leistung interpretiert werden können.

Um für die Abnahme möglichst klare Verhältnisse zu schaffen, sind die Abnahme-Bedingungen vertraglich möglichst umfassend und dem Projekt angepasst zu vereinbaren.

## 6.10 Verträge über Informatik-Systemanalyse

### 6.10.1 Umschreibung des Begriffs

Unter Systemanalyse versteht man einen mehrstufigen Planungs- und Realisierungsprozess. Die Systemanalyse umfasst alle Arbeiten, die im Zusammenhang mit der Planung, Entwicklung und Realisierung eines Informatik-Projektes sowie der Einführung und Benützung von Computern erforderlich sind. Sie kann sich auf die Neueinführung der EDV in einem Unternehmen oder auch nur auf eine Änderung des Systems (bei der Hardware und/oder bei der Software) beziehen.

### 6.10.2 Rechtsnatur des Systemanalyse-Vertrages

Bei der Systemanalyse geht es demnach um die Realisierung eines gesamten Informatik-Projektes, die nach Abschluss eine Erfolgskontrolle ermöglicht.

Geschuldet ist somit ein vollumfängliches, gemäss vereinbarter Spezifikation funktionsfähiges Informatik-System. Dies bedeutet, dass in erster Linie eine körperliche Leistung geschuldet ist und dass ein Erfolg garantiert werden muss.

Die so verstandene und definierte Systemanalyse ist daher nach den Regeln des Werkvertrages zu behandeln.

Die Systemanalyse ist ein äusserst komplexer Planungsprozess, der je nach Projektziel und besonderen Umständen immer wieder anders aussehen wird. Der Inhalt der vertraglichen Vereinbarungen wird daher von Fall zu Fall verschieden sein. Die Ausarbeitung einer allgemeinen Checkliste wäre daher wenig nutzbringend. Wir verzichten somit hier auf eine solche Checkliste.

## 6.11 Verträge über Informatik-Beratung

### 6.11.1 Umschreibung des Begriffs

Unter Informatik-Beratung versteht man die Beratertätigkeit im Informatik-Bereich. Eine Beratungstätigkeit kann anlässlich der Einführung, der Reorganisation eines Informatik-Systems oder beim Misslingen eines Informatik-Projektes notwendig sein. Die Informatik-Beratung umfasst lediglich die Beratung und Unterstützung des Anwenders.

### 6.11.2 Rechtsnatur des Beratungsvertrages

Gegenstand der Beratung ist nicht ein umschriebenes Arbeitsresultat, für welches eine Erfolgsgarantie übernommen werden kann, sondern eine Dienstleistung im Interesse des Auftraggebers (Anwenders) mit dem Ziel, ihn beim Auftauchen einer Problematik im Informatik-Bereich bestmöglich zu unterstützen und zu beraten. Es kann nur eine Arbeitsleistung garantiert werden, die den Sorgfaltspflichten eines Informatik-Beraters entspricht. Der Beauftragte verspricht also nur ein Tätigwerden in einer bestimmten Richtung, ohne jedoch für den Eintritt des angestrebten Erfolgs einzustehen. Dies gilt auch dann, wenn der Berater Schriften, wie z.B. Pflichtenhefte, anfertigt.

Verträge mit Informatik-Beratern unterliegen daher dem Recht des Auftrages (Art. 394 ff OR). Dies hat u.a. zur Folge, dass das Vertragsverhältnis grundsätzlich jederzeit aufgelöst werden kann, d.h., dass der Auftrag jederzeit (zur Unzeit jedoch nur gegen Ersatz eines allfällig verursachten Schadens) widerrufen oder gekündigt werden kann.

## 6.12 Weitere Verträge im Informatik-Bereich

Im Informatik-Bereich existieren eine ganze Anzahl weiterer Verträge, die an dieser Stelle nicht weiter erläutert werden. Auch bei diesen Verträgen ist darauf zu achten, dass sie den EDV-spezifischen Umständen angepasst werden und diesen auch voll Rechnung tragen:

- Arbeitsverträge im Informatik-Bereich
- Versicherungsverträge im Informatik-Bereich
- Finanzierungsverträge im Informatik-Bereich
- Verträge mit Rechenzentren
- Konsortialverträge im Informatik-Bereich
- Verträge bezüglich Netzwerke
- EDI-Verträge (Datenkommunikation)
  u.a.m.

## B. Der Schutz von Computerprogrammen

### 6.13 Notwendigkeit des Softwareschutzes (mit Übersichtstabelle)

Anbieter wie Anwender können ein Interesse am Schutz «ihrer» Software haben, insbesondere dann, wenn es sich um Programme handelt, für deren Entwicklung grosse Summen investiert worden sind. Die Anbieter (in der Regel Softwarefirmen, die Programme entwickeln, herstellen und vertreiben) sind wie jeder andere Wirtschaftszweig auf die entgeltliche Verwertung der Leistungen angewiesen. Dies ist ohne wirksamen Schutz der entsprechenden Leistungen nicht ohne weiteres gewährleistet.

Die immer grösser werdende Bedeutung von Software und der sehr zukunftsorientierte Charakter dieses Wirtschaftszweiges bringen es mit sich, dass in diesem Gebiet vermehrt nach Schutzmöglichkeiten für die Software gesucht wird. Die vorwiegend sehr einfachen Reproduzierungstechniken im EDV-Betrieb und die zum Teil beträchtliche wirtschaftliche Bedeutung von Computerprogrammen rufen nach einem effizienten Schutz der von der Softwarebranche erbrachten Leistungen.

Folgende Rechtsbereiche können ein Schutz für Computerprogramme sein:

– urheberrechtlicher Schutz
– wettbewerbsrechtlicher Schutz
– markenrechtlicher Schutz
– patentrechtlicher Schutz
– Schutz von «Know-how»
– Topographie-Schutz (bei Mikrochip)

(Siehe dazu Bild 3.6.3)

## C. Computerkriminalität

### 6.14 Computerkriminalität

Der Begriff der Computerkriminalität umfasst alle tatsächlichen Erscheinungsformen von strafwürdigem bzw. strafbarem Verhalten, welche mit dem Computer in irgendeiner Weise zusammenhängen (siehe Abbildung 3.6.4).

**Die neuen Computerstrafrechtsnormen:**

Das Schweizerische Strafgesetzbuch trat am 1. Januar 1942 in Kraft. Bis 1994 fanden mehrere Revisionen statt. So wurden folgende Tatbestände des Computerstrafrechtes neu in das Gesetz aufgenommen:

– unbefugte Datenbeschaffung («Hacker-Tatbestand»)
– Beschädigung von Daten und «Viren-Tatbestand»
– betrügerischer Missbrauch einer Datenverarbeitungsanlage
– unbefugte Inanspruchnahme einer Leistung bezüglich Datenverarbeitungsanlagen
– Daten-Hehlerei

Teil III: Methoden für die EDV-Praxis

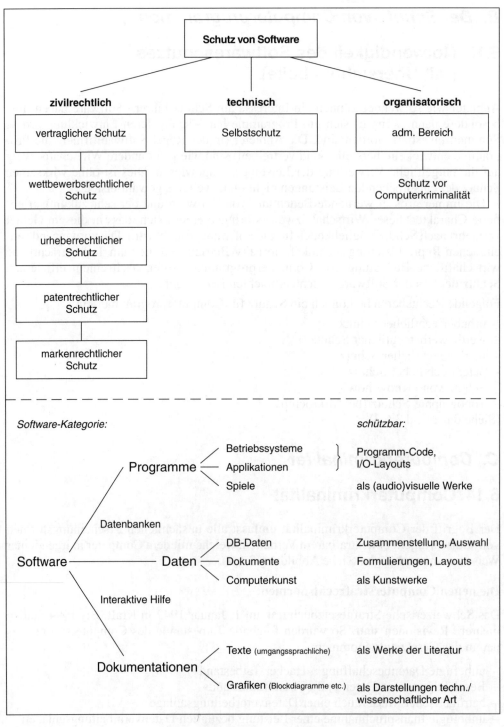

*3.6.3  Softwareschutz*

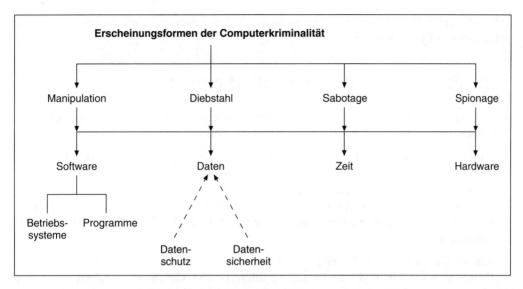

*3.6.4   Erscheinungsformen der Computerkriminalität*

## D. Produktehaftpflicht im Informatik-Bereich

### 6.15 Das Produktehaftpflichtgesetz

Am 1. Januar 1994 trat das neue Bundesgesetz über die Produktehaftpflicht (PrHG) in Kraft; damit gelten nunmehr auch in der Schweiz – wie bereits in 16 Staaten der Europäischen Union EU resp. des Europäischen Wirtschaftsraumes (ausser Frankreich und Spanien) – die strengen Anforderungen der Produktehaftung.

Rechtspolitischer Kern ist die Einführung einer verschuldensunabhängigen Haftung, d.h., die Hersteller von Endprodukten und alle anderen Hersteller, die im neuen PrHG den Herstellern gleichgestellt werden, können sich künftig nicht mehr durch den Nachweis von der Haftung befreien, bei der Wareneingangskontrolle, den Bearbeitungsvorgängen und der Endkontrolle alle zumutbaren Sicherungsmassnahmen zur Verhinderung von Fehlern ergriffen zu haben. Sie haften auch dann, wenn trotz strenger Kontrolle im Betrieb fehlerhafte Produkte auf den Markt kommen (sogenannte «Ausreisser»), wobei es völlig belanglos ist, ob der Fehler in ihrem Verantwortungsbereich oder etwa beim Zulieferer oder Rohstofflieferanten entstanden ist («Null-Fehler-Prinzip»). Nur dann werden sie von der Haftung frei, wenn ihr Produkt im Zeitpunkt des Inverkehrbringens fehlerlos gewesen war und der Fehler erst später durch die Handlungsweise anderer (zum Beispiel durch mangelhafte Reparatur, durch fehlerhaften Gebrauch etc.) entstanden ist. Zwar gelten in der Schweiz spätestens nach dem legendären «Schachtrahmen»-Entscheid des Bundesgerichtes von 1985 bereits verschärfte Anforderungen an den Entlastungsbeweis des Herstellers (das Bundesgericht verlangt vom Hersteller, dass Produktfehler «mit an Sicherheit grenzender Wahrscheinlichkeit ausgeschlossen werden müssen»), allerdings basiert die Haftungsverschärfung auch auf anderen Umständen, die kurz dargestellt werden sollen.

## 6.16 Erweiterung des Herstellerbegriffs

Eine gravierende Risikozunahme im Vergleich zur Verschuldenshaftung bringt das neue Produktehaftpflichtgesetz für Teile des Handels. Denn

– Unternehmen, die sich durch Anbringen von Zeichen oder Namen als Hersteller ausgeben, ohne dies tatsächlich zu sein («Quasi-Hersteller»),
– Importeure (auch für Waren aus den EWR-Staaten) und
– alle Lieferanten dann, wenn der eigentliche Hersteller nicht erkennbar ist («no-name-products») oder vom Händler innerhalb einer bestimmten Frist (1–3 Monate) nicht benannt wird,

haften als Hersteller (Art. 2 PrHG).

Damit müssen sie nicht mehr für händlertypische Gefahren, sondern in vollem Umfang auch für Konstruktions- und Fertigungsfehler einstehen, ohne darauf direkten Einfluss zu haben. Die Erweiterung des Kreises der Haftenden auf bestimmte Unternehmen aus dem Handelsbereich stellt aus der Sicht des Konsumenten neben der Einführung der verschuldensunabhängigen Haftung die zweite wichtige Änderung dar, da sie die Möglichkeiten, einen Anspruch durchzusetzen, deutlich verbessert.

## 6.17 Anwendung auch auf Hard- und Software

Zur Frage, inwieweit das Produktehaftpflichtgesetz auf EDV-Produkte anwendbar ist, gibt es bei Hardware als materiellem Produkt, d.h. bei den Endgeräten, bei Zubehör, Teilen, Zulieferungen sowie den Rohmaterialien, keine Zweifel. Sie könnten sich im Hinblick auf Software stellen und werden in der Tat in der Fachliteratur vielfach diskutiert. Hintergrund ist Art. 3 PrHG, der «beweglichen Sachen» als Produkt definiert. Bei der Frage der Subsumierung von Software unter diesem Produktbegriff verwirren Differenzierung nach Standardsoftware und Individualsoftware die Nichtjuristen leider eher, als dass sie Grundlagen für notwendige Risikominderungsentscheidungen böten. So wird hier die pragmatische Lösung vorgeschlagen, jede Art von Software als Sache im Sinne des PrHG zu betrachten, was im übrigen weitgehend beispielsweise der deutschen Rechtssprechung in anderen Bereichen durchaus entspricht. Das Bundesgericht hat sich über das Verhältnis von Computerprogrammen zu Art 713 ZGB noch nicht geäussert. Seines Erachtens kommt neben dem allgemeinen Deliktsrecht auch die verschuldensunabhängige Haftung als Anspruchsgrundlage in Betracht, wenn ein Kunde oder Dritter infolge fehlerhafter Hard- und/oder Software Schaden erleidet (allerdings nur bei Körper- oder Sachschaden an privat genutzten Sachen).

Die rechtliche Natur der Software ist in der Schweiz also noch nicht abschliessend geklärt. Dies muss spätestens mit der Einführung eines Produktehaftungsgesetzes geschehen, will man nicht mit den gleichen Problemen wie in Deutschland konfrontiert werden.

## 6.18 Die Risiken der Haftung des Softwareherstellers

Gehen wir vom Softwarebegriff von Honsell aus, so ist in Zukunft zumindest Standardsoftware ein Produkt im Sinn der EG-Richtlinie. Somit unterliegt sie einerseits der künftigen Produktehaftung und andererseits der Haftung aus Kaufvertrag oder Werkvertrag. Was bedeutet das für den Hersteller von Software? Wird damit nicht ein unabsehbares Haftungsrisiko geschaffen?

Art. 1 in Verbindung mit Art. 9 der EG-Richtlinie schliessen eine Haftung des Herstellers für Schäden ausserhalb des privaten Bereiches aus. Damit fällt ein Grossteil an Klagen weg (zum Beispiel Schadenersatz wegen entgangenem Gewinn). Es muss bloss Ersatz für Sachschäden an gewöhnlich für den privaten Ge- und Verbrauch bestimmten Sachen geleistet werden.

Gegen Risiken bezüglich Entwicklungsstand einer Software ist der Hersteller in Art. 7 lit. e der EG-Richtlinie abgesichert. Dieser schliesst die Ersatzpflicht des Softwareherstellers aus, wenn «der vorhandene Fehler nach dem Stand der Wissenschaft und Technik zu dem Zeitpunkt, zu dem er das betreffende Produkt in den Verkehr brachte, nicht erkannt werden konnte».

Der Softwarehersteller muss aber auch immer damit rechnen, im Rahmen der Verschuldenshaftung auch aus Art. 41 OR belangt zu werden.

# 7. Priorisierung

## 7.1 Interessenkonflikte

Überall, wo Ressourcen wie etwa Finanzen, Entwicklungskapazität, EDV-Dienstleistungen oder Personal einen Engpass darstellen, müssen im Hinblick auf die anstehenden Vorhaben Prioritäten gesetzt werden. Normalerweise wertet die an einer Dienstleistung interessierte Partei (Abteilung, Kunde, Gemeinde) ihr eigenes Anliegen mit höchster Priorität. (Analogie im Privatleben: «Wer darf bei einem überbuchten Flug nach New York noch mitfliegen?»).

Im *Gesundheitswesen* bestehen Zielkonflikte zwischen Jung und Alt, Präventivmedizin und Spitalwesen. In der *Chemie* gibt es ein Wettrennen zwischen den verschiedenen Sparten (Produkte) um die begehrte Ressource «Forschung und Entwicklung». In der *Oekologie* konkurrenzieren sich Luft, Gewässer und Boden um die limitierten finanziellen Ressourcen.

Desgleichen streiten sich in jedem *Staatsbudget* das Sicherheits-, das Sozial-, das Schulwesen und andere um den begehrten Steuerfranken.

Jede Branche hat also ihre typischen Interessenten, Engpassressourcen und Wertmassstäbe für die Zuteilung der limitierten Ressourcen (s. Abb. 3.7.1).

| Branche | Interessenten/Kunden | Engpass-Ressourcen | Wertmassstäbe |
|---|---|---|---|
| 1. Gesundheitswesen | Bevölkerung: Menschen von verschiedenen Alters- und Einkommensgruppen | Finanzielle Mittel, Ärzte, Spitäler, Diagnosegeräte | Medizinische Versorgung, soz. Gerechtigkeit, Finanzierung, Effizienz, Politik |
| 2. «Forschung und Entw.» in Chemieunternehmen | Verkaufsabteilungen, Produktebereiche, Unternehmensleitung, u.s.w. | Personal, finanz. Mittel, teure Laborgeräte, Zeit | Erfolgversprechende Produkte, Wirtschaftlichkeit, Marktanteile |
| 3. Umweltschutz-Projekte | Politiker, umweltbewusste Gruppen, Chemiefirmen | Geld, wirtschaftliche Interessen, Schadstofflimiten | Gesundheit, zukünftige Lebensräume, Einnahmequellen jetzt, Politik |

*3.7.1 Zielkonflikte und Engpass-Situationen in diversen Branchen*

Die typische Frage an ein Priorisierungssystem lässt sich anhand von Abb. 3.7.2 erklären:

Wie kommt man von einem Belastungsprofil **«Wunsch»**, welches eine Engpassressource überfordert, zu einem gerechten Belastungsprofil **«Machbar»**, welches die «richtigen» Projekte zulässt und die «weniger wichtigen» zeitlich verschiebt.

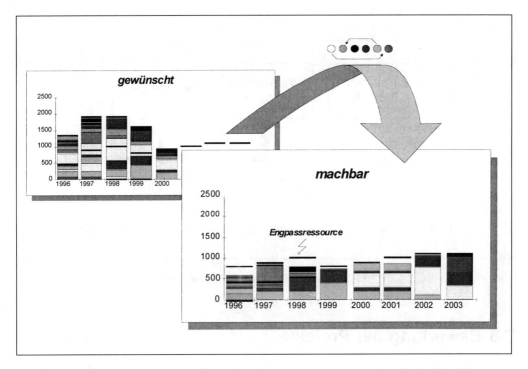

3.7.2 Belastungsdiagramm der Ressource «Investitionen» vor und nach der Priorisierung

## 7.2 Das System PRIO – Lösungsansatz

Das System PRIO ist ein EDV-gestütztes Vorgehen, welches ermöglicht, alle sachgebietsspezifischen Projekte einer Organisation im Hinblick auf bestehende Engpässe wie Finanzen, Arbeitsressourcen etc. auf effiziente Art zu planen, zu priorisieren und zu kontrollieren, ohne dass dabei der Blick aufs Wesentliche, etwa die «kritischen Erfolgsfaktoren» oder die «übergeordneten Unternehmensziele», verlorenginge.

Der Lösungsansatz zur Bewertung und anschliessenden Priorisierung der anstehenden Vorhaben basiert auf drei Säulen (s. Abb. 3.7.3). Sie werden für jede Branche und Organisation individuell definiert und parametrisiert. So z.B. für eine Informatikabteilung in einer Verwaltung:

- **Wirtschaftlichkeit:** direkte Einsparungen, Ertragsvermehrung, bessere Auslastung der Ressourcen, etc.
- **Strategische Vorteile:** Unterstützung der kritischen Erfolgsfaktoren der Unternehmung, vermehrte Kundenorientiertheit, Qualitätssicherung, Erschliessen neuer Märkte, Steigerung der Arbeitsplatzattraktivität, schnellere Reaktionszeit.
- **Gerechtigkeit:** gerechtes Verteilen der Ressourcen zwischen den verschiedenen Kunden, d.h. Abteilungen (Bereichen) der Unternehmung, Berücksichtigen der verstrichenen Wartezeit für das Realisieren der Projekte (Alterungsfunktion).

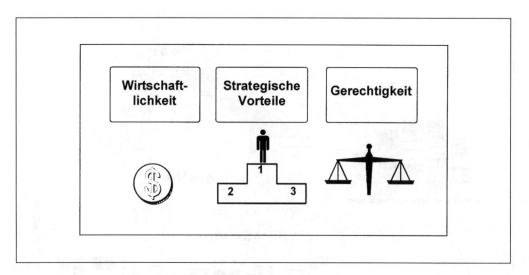

*3.7.3 Die drei Säulen der Priorisierung*

## 7.3 Bewertung der Projekte

Den grössten Einsatz fand das System PRIO bisher auf dem Gebiet der **Informatik**.

Das Prinzip des Priorisierungsprozesses basiert darauf, dass zunächst für jedes einzelne Informatikvorhaben analog einer Nutzwertanalyse ein Wirtschaftlichkeitsfaktor (WF) und ein strategischer Faktor (SF) ermittelt werden. Die Kriterien dieser Faktoren variieren von Unternehmung zu Unternehmung und sind parametrisierbar.

Ein Expertenteam erstellt eine Prioritätenmatrix mit den Achsen wirtschaftlicher Faktor (WF) und strategischer Faktor (SF). WF und SF können in diesem Verfahren jeweils Werte zwischen 0 und 3 annehmen. Somit ergeben sich neun Prioritätszahlen, als Option sind auch 36 Prioritätszahlen möglich. Je höher WF und SF sind, um so höher ist die Priorität (s. Abb. 3.7.4)

Anschliessend wird die Prioritätszahl mit einem sogenannten «Gerechtigkeitsfaktor» korrigiert. Der Aspekt der Gerechtigkeit enthält einerseits die aktuelle Ressourcenverteilung zwischen den einzelnen Organisationseinheiten unter Berücksichtigung ihrer «Intensität» bezüglich der Engpassressourcen und andererseits die Wartezeit des angemeldeten Vorhabens.

Wirtschaftlichkeitsfaktor (WF) und strategischer Faktor (SF) bestimmen die Koordinaten der Priorisierungsmatrix. Am Schnittpunkt kann man den Prio-Wert ablesen.

Beispiel: Das Projekt «Avor» erhält aufgrund der Bewertungen und der modifizierten Nutzwertanalyse die Werte WF = 2.1 und SF = 1.3. Aus diesen beiden Faktoren wird dann anhand der Prioritätenmatrix die projektspezifische Prioritätszahl ermittelt, nämlich 2. Dies bedeutet, dass dem Projekt «Avor» eine relativ hohe Priorität eingeräumt wird. Diese Zahl bestimmt die Reihenfolge im Falle einer Engpassterminierung.

# 7. Priorisierung

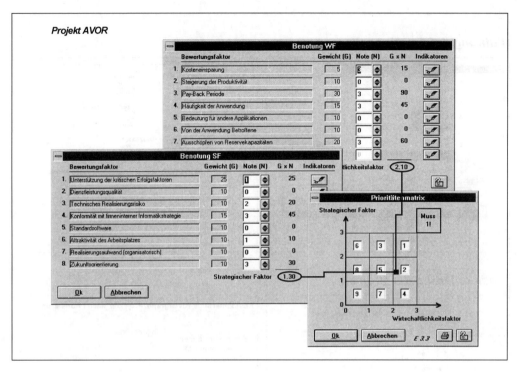

3.7.4  Der Mechanismus der Priorisierung (1 - höchste Priorität, 9 - tiefste Priorität)

## 7.4 Funktionalitäten des Systems

Mit Hilfe des Systems *PRIO*, welches auf dem bewährten *BWI*-Priorisierungsverfahren basiert, werden

- zentrale und dezentrale oder interne und externe Ressourcen der EDV erfasst, geplant, bewirtschaftet, den EDV-Vorhaben zugeordnet und Belastungsdiagramme erstellt.
- *EDV-Vorhaben systematisch* inventarisiert, kategorisiert, ihr Ressourcenbedarf erfasst, bewertet, bewirtschaftet, geplant nach Wunsch, priorisiert und neu geplant, tabellarisch und graphisch ausgewertet, nach der Portfolio- und Kiviatgraphenmethode analysiert.
- *Führungsinformationen für das Management erstellt.* Sie enthalten u.a. Informatikkosten im Verhältnis zum Firmenumsatz und Branchenwert, Wirtschaftlichkeit und Einsparungen mit den freigegebenen Projekten, Ausgabenverteilung der Informatikkosten, Ressourcenbedarf «make or buy» oder «zentral/dezentral», Portfolioanalyse sämtlicher Vorhaben.
- als Zusatzoption können alle Projekte einem *übergeordneten Controllingsystem* unterzogen werden. Dabei geht es um ein vielfach bewährtes und standardisiertes Verfahren (nach den Prinzipien des Systems Engineering des *BWI*), um Projekte nach Sache und Qualität, Terminen, Aufwand/Kosten fortschrittsgerecht zu überwachen.

## Führungsinformationen

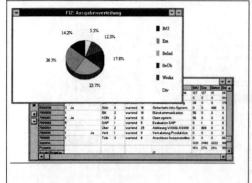
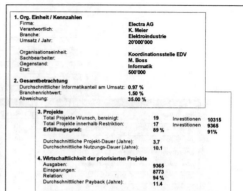

## Positionierung der Projekte

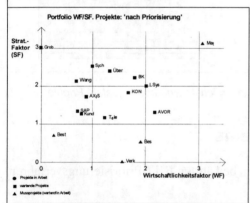

## Ressourcenmanagement

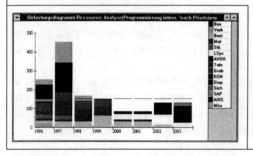
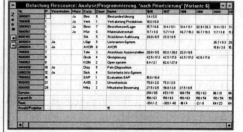

3.7.5  Auswertungsbeispiele System PRIO

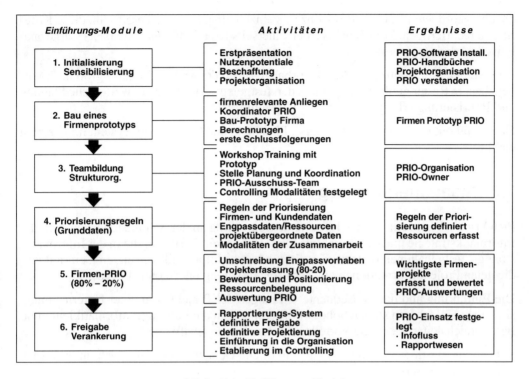

3.7.6   Prio-Einführungs-Module

Dabei entsteht eine wertvolle *Datenbank* von Organisationsbereichen und deren Kennwerten, Projektvorhaben, Projekttypen, Wirtschaftlichkeitskennzahlen, strategischen Gewichtungsparametern usw. Diese Datenbank lässt sich einfach erweitern und für Ad-hoc-Auswertungen verwenden. Einige Auswertungsmuster enthält die Abbildung 3.7.5.

## 7.5 Die Einführungsmodule

Das System PRIO wird in sechs Schritten unternehmensweit eingeführt. Sie sind in Abb. 3.7.6 hinsichtlich Aktivitäten und Ergebnissen je Modul dargestellt.

Nach einer Sensibilisierung des Managements wird die Software installiert. Zusammen mit einem Kernteam, bestehend aus einem Projektleiter (aus dem Engpassbereich) und den Bereichsvertretern der «Kunden» dieses Bereiches, wird ein Firmenprototyp erstellt und die Funktionalitäten des Systems PRIO werden getestet.

Anschliessend wird eine firmenweite Strukturorganisation etabliert, die die Belange der Planung und Priorisierung der Engpassressource managen wird.

Das Kernteam definiert die Kriterien der Priorisierung (WF, SF, Gerechtigkeitskriterien) nach dem Prinzip «act local and think global», d.h. bei allem «Lokalpatriotismus» sind die übergeordneten Belange des Konzerns einzuhalten. Es muss bereit sein, diese Kriterien zu rechtfertigen. Vom Team werden einerseits Kreativität und anderseits starke analytische Arbeit gefordert.

Nun werden die wichtigsten Projektvorhaben (nach der «80/20-Regel») grob nach vorgegebenem Raster geplant und gemäss den festgelegten Kriterien bewertet. Die Planung und Priorisierung erfolgt dann mit dem System PRIO.

Das Verfahren wird als Budgetierungs-, Planungs- und Controlling-System im Konzern etabliert.

## 7.6 Zusammenfassung

PRIO ist ein Werkzeug für das Informatik-Controlling an der Schnittstelle zwischen der Informatikstrategie und der Projektplanung. Es baut einerseits auf die in der Informatikstrategie festgehaltenen Kriterien für die zukünftige Informatik und andererseits auf verdichteten Projektinformationen aus der Projektplanung und -kontrolle auf.

Die Einführung und das konsequente «Managen der Projekte» in einer Unternehmung sind nicht einfach und stellen hohe Anforderungen an die Führung, Informatikleiter und Fachbereichsleiter. Doch die Vorteile rechtfertigen den Aufwand:

- Die Planungsdisziplin und das wirtschaftliche Denken in der Unternehmung werden massiv verbessert.
- Der Entscheidungsprozess wird systematisiert, objektiviert, beschleunigt und für alle Beteiligten transparent gemacht.
- Der Informatikleiter kann seine Planungsarbeiten gezielter, umfassender, rascher und mit weniger Ärger vollziehen.
- Die «Kunden» der Informatikabteilung werden in den Priorisierungsprozess einbezogen; dadurch verwandelt sich die «Konflikthaltung» zur «Konsenshaltung».
- Das Management erhält komprimierte, verständliche *«Entscheidungsunterlagen»* und kann sich in kürzester Zeit über die Eckwerte und den Gegenwert der Informatik des Unternehmens ein Bild machen.

Zusammenfassend kann gesagt werden, dass dieser Planungsbaustein hinsichtlich Zeit und Aufwand zu massgeblichen Verbesserungen im komplexen und konfliktgeladenen Umfeld der Informatik führt.

## 7.7 Literatur

1) Becker, M., Mäder,
   D., Ammann, J.:   EDV-gestütztes Planungsverfahren für die Informatik.
2) Becker, M.,
   Bögershausen, W.:   Benutzer-Handbuch des Programmpaketes «System PRIO».
3) Gruner, H.:   Ein Beitrag über den Wandel von Prioritäten.
4) Becker, M.:   Alles unter Kontrolle.

# 8. CASE

In vielen Gebieten der Technik und der Wirtschaft wird der Computer als Werkzeug eingesetzt, das wesentlich mehr leistet, als den Benutzer von Routinetätigkeiten zu entlasten. Der Computer wird auch zur Unterstützung von Entwicklungsarbeiten vielfach eingesetzt. Eine lange Reihe von Verfahren ist bekannt: CAD (Computer Aided Design) für Konstruktionen im Bau- und Maschinenwesen, CAI (Computer Aided Instruction) für Schulung und Ausbildung, CAM (Computer Aided Manufacturing) für automatische Fertigungssysteme, und andere mehr. So liegt es auf der Hand, den Computer auch bei der Entwicklung von Software oder von ganzen Informationssystemen einzusetzen. Das Resultat sind Verfahren und Methoden, die unter dem Begriff «CASE» zusammengefasst werden. «CASE» hat zwei Bedeutungen: Die umfassendere meint «Computer Aided Systems Engineering» und enthält Werkzeuge für die Entwicklung ganzer Systeme. Die bescheidenere Bedeutung beschränkt sich auf «Computer Aided Software Engineering» und damit auf die Softwareentwicklung.

## 8.1 Begriffe

Wenn ein Informationssystem entworfen und realisiert werden soll, ist eine ganze Kette von Spezifikations- und Entwurfsarbeiten, von Realisierungs-, Prüf- und Einführungstätigkeiten auszuführen: Spezifizieren der Anforderungen durch den Anwender, Auswahl der geeigneten Hardware, Erstellen des Datenmodells, Festlegen der Funktionen und damit der einzelnen Programme, Spezifikation der Programme, Entwurf von Bildern und Listen, Testen, Dokumentieren, Übernahme und Erfassung der Datenbestände, Schulen der Benützer, Inbetriebsetzung – um nur die wichtigsten zu nennen. Alle diese Tätigkeiten sind voneinander sehr verschieden, sie enthalten teils kreative, teils althergebrachte Elemente und unterliegen einer Menge von ganz verschiedenen Einflussgrössen. Es ist unmöglich, die geforderten Tätigkeiten mit einem einzigen, in sich geschlossenen Verfahren abzudecken.

*Vorgehensmodell:* Für die Systementwicklung gibt es zwar kein einheitlich angewandtes Vorgehen oder Verfahren, aber es existieren Vorgehensmodelle, die mit Erfolg eingesetzt werden. Beispiele sind Phasenkonzept und Prototyping. Ein Vorgehensmodell beschreibt das für den Ablauf der Entwicklung angestrebte Vorgehen. Es definiert Tätigkeiten, Resultate und deren Verknüpfung. Zu einem Vorgehensmodell gehören Konzepte, Methoden, Sprachen, Werkzeuge und Techniken.

*Konzepte* enthalten Aussagen, die Methoden, Werkzeuge und Sprachen miteinander verknüpfen. Beispiel: Grobkonzept im Phasenmodell. *Methoden* sind Anleitungen zum Vorgehen bei der Erarbeitung eines Resultats. Beispiel: Dreifiltermethode bei der Evaluation. *Sprachen* und *Notationen* sind Hilfsmittel zur Darstellung von Information. Beispiel: Programmiersprache C. *Werkzeuge* sind Hilfsmittel für die Ausführung, sie können Methoden unterstützen oder methodenunabhängig sein. Beispiel: Tabellenkalkulation.

Diesen Begriffen ist noch der Begriff der «Technik» beizufügen. *Technik* ist die Fertigkeit, mit zweckmässigen Mitteln ein bestimmtes Ziel zu erreichen, wie etwa die geschickte Anwendung eines Werkzeuges innerhalb einer Methode. Beispiel: Einsatz der Tabellenkalkulation bei der Durchführung einer Evaluation.

## 8.2 Anforderungen

Es liegt nahe, die Tätigkeiten innerhalb des Systementwicklungsprozesses soweit irgend möglich durch den Computer unterstützen zu lassen. CASE soll die Werkzeuge liefern, um im Rahmen eines geschlossenen Vorgehensmodells alle zweckmässigen Methoden einfach anwenden zu können! Dabei sollen diese Werkzeuge aufeinander abgestimmt sein, Systemdaten in einer gemeinsamen Datenbank *(Repositories)* verwaltet werden und einer einheitlichen Benutzeroberfläche gehorchen.

Folgende *Anforderungen* werden an CASE gestellt:

1. Alle Arbeitsschritte des gesamten Projektablaufes sollen geplant und überwacht werden können.
2. Die Entwicklungsarbeit soll durch ausgereifte Methoden unterstützt werden.
3. Die Entwurfsarbeit soll von der Implementierung getrennt auf einer rein logischen Ebene erfolgen.
4. Die Resultate sollen in einem Repository (Datenbank) abgelegt und dort auf Vollständigkeit und Übereinstimmung geprüft werden.
5. Die Resultate sollen automatisch in lauffähige Programme umgesetzt werden. Diese sollen allen gängigen Qualitätsansprüchen genügen.
6. Ausserdem sollen Datenstrukturen, Bildschirmmasken, Listenbilder, System- und Anwenderdokumentation generiert werden.

Ein Grundsatz besagt, dass der Anwender wissen muss, was er automatisieren will, wenn er automatisieren will. Verfügt er über hinreichende Kenntnisse der Systementwicklung und enthalten diese Kenntnisse Methoden, die durch CASE unterstützt werden: dann kann er CASE einsetzen! Aber das soll nicht entmutigen. Die Systementwicklung erfordert auf jeden Fall einen grossen Lernaufwand. Der Einsatz von CASE erhöht diesen Aufwand zu Beginn noch zusätzlich, was sich jedoch später lohnen kann.

## 8.3 Klassifikation

Man unterscheidet bei den verschiedenen Produkten, die als CASE angeboten werden, zunächst zwei Klassen:

– *Upper CASE:* Werkzeuge dieser Klasse unterstützen Problemanalyse, Datenmodellierung und Programmspezifikation, das heisst frühe Entwicklungsschritte.
– *Lower CASE:* Diese Werkzeuge helfen in den späteren Schritten, wie Programmentwurf, Kodierung und Test.

Im Markt stehen drei Gruppen von CASE-Produkten zur Verfügung, die im Idealfall als integrierte Systeme auch die Kluft zwischen Upper CASE und Lower CASE überbrücken können:

1) Individuelle Werkzeuge für Einzelfunktionen. Sie decken immer nur einen bestimmten Teilaspekt ab. Die Verbindung zu anderen Werkzeugen muss individuell vorgenommen werden.
2) Integrierte Werkzeugsysteme (Work Benches). Das sind umfassende CASE-Produkte aus der Hand eines Lieferanten. Eine Integration weiterer Komponenten ist schwierig. Für individuelle Bedürfnisse sind Anpassungen notwendig.
3) Integrierte Systeme mit Repository Ansatz. Sie bauen auf einer zentralen Informationsdatenbank (Repository) auf und ermöglichen den Einsatz beliebiger Werkzeuge. Sie stehen erst am Anfang der Entwicklung und verlangen vor einem Einsatz viel Eigenleistung des Anwenders.

In Abb. 3.8.1 ist eine CASE-Modellumgebung dargestellt, die eine ideale Werkzeugausstattung für die Systementwicklung enthält. Eine gemeinsame Benutzeroberfläche bietet einheitlichen Zugang zu den verschiedenen Komponenten. Die Gruppe von Werkzeugen im Zentrum dient den wichtigsten Tätigkeiten der Entwicklung. Sie stützt sich dabei auf eine Reihe von tätigkeitsübergreifenden Komponenten.

Es ergibt sich, dass für die Klassifikation von CASE-Werkzeugen verschiedene Ansätze verwendet werden können. Zusammenfassend betrachtet, entsprechen sie jeweils einem der folgenden Kriterien:

– Klassifikation nach *unterstützten Tätigkeiten:* Planen, Analyse, Entwurf, Codierung, Testen ...

**CASE-Modellumgebung**

| Gemeinsame Benutzeroberfläche | | | | | |
|---|---|---|---|---|---|
| Analyse-Werkzeuge | Design-Werkzeuge | Codier-Werkzeuge | Prüf-Werkzeuge | Simulations-Werkzeuge | Reverse-Engineering-Werkzeuge |
| (Werkzeuge zum Verfolgen von Anforderungen) | | | | | |
| Konfigurationswerkzeuge | | | | | |
| Projekt-/Entwicklungsmanagementwerkzeuge | | | | | |
| Dokumentationswerkzeuge | | | | | |
| gemeinsame Datenbank (Repository) | | | | | |
| Plattform (Betriebssysteme) | | | | | |

*3.8.1 CASE-Modellumgebung mit idealer Werkzeugausstattung*

- Klassifikation nach *unterstützten Methoden:* Structured Analysis, Structured Design, ...
- Klassifikation nach zugrunde liegenden *Funktionen:* generierende Werkzeuge, modellierende Werkzeuge, verwaltende Werkzeuge, prüfende Werkzeuge, ...
- Klassifikation nach der *«Verpackung»:* individuelle Werkzeuge, integrierte Werkzeuge (Work Benches), ... (siehe oben).

Die Klassifikation der CASE-Produkte erleichtert die richtige Auswahl. Das Verständnis der zugesicherten Eigenschaften sollte eine Voraussetzung für den Entscheid sein, denn die Beschaffung und der Einsatz von CASE-Werkzeugen verursachen grössere Kosten.

## 8.4 Kosten

Kostenschätzungen ergeben Investitionskosten von etwa 25 000 bis 100 000 Franken und jährlich wiederkehrende Kosten von etwa 15% dieses Betrages je Entwickler-Arbeitsplatz. Dazu kommen noch die Ausbildungskosten des Entwicklungspersonals.

## 8.5 Nutzenaspekte

Es gibt viele Gründe für CASE. Der Nutzen ist schwer zu quantifizieren, kann aber wohl qualitativ angegeben werden:

- Das Projektmanagement wird bei der Planung und Überwachung unterstützt.
- CASE ermöglicht die Zusammenarbeit grosser Teams.
- CASE verlangt ein methodisches Vorgehen. Durch Methodik werden Unsicherheiten und Zufälligkeiten auf dem Weg zum Ziel vermieden.
- Der Einsatz von Werkzeugen unterstützt und erleichtert die einzelnen Tätigkeiten. Arbeiten werden schneller ausgeführt, eine bestimmte Form der Resultate wird erzwungen, Fehler werden aufgezeigt oder verhindert.
- Bereits Existierendes wird nach Möglichkeit wiederverwendet.
- Eine vollständige, einheitliche Dokumentation ist leichter zu erstellen. Die Nachführung ist einfacher sicherzustellen.

## 8.6 Zusammenfassung

Mit CASE werden Möglichkeiten geboten, die die System- und Softwareentwicklung wesentlich beeinflussen. Der Aufwand für einen Einstieg ist nicht klein. Diesem sind die oben geschilderten Nutzenaspekte gegenüberzustellen. Kleine Anwender, die sich auf den Einsatz von Standardsoftware beschränken können, werden von CASE kaum betroffen. Softwarehersteller und grosse Anwender, die ihre Individualprogramme selbst schreiben, werden die Möglichkeiten von CASE und dessen Wirtschaftlichkeit in ihrem speziellen Fall laufend prüfen müssen.

## 8.7 Literatur

1) Biberstein, N.:     CASE-Tools, Auswahl Bewertung Einsatz.
2) Hruschka, P.:       Mein Weg zu CASE.
3) Parkinson, J.:      Making CASE Work.
4) Pressman, R.S.:     A Manager's Guide to Software Engineering.

# 9. Psychologische Aspekte der EDV

(Peter Müri, Dr. phil., dipl. Psychologe, Unternehmensberater ASCO, Zürich)

Während sich das Wissen um EDV-Technik ständig verbessert und die Anwendung von Datenverarbeitung bereits auf beträchtliches Erfahrungspotential zurückblickt, tritt die Behandlung der psychologischen Probleme eher an Ort. Dies hängt mit der andersartigen Methodik zusammen, mit der psychologische Probleme gelöst werden müssen. Projektmanagement oder verwandte Verfahren aus der naturwissenschaftlich-technischen Erfahrungswelt eignen sich nur zum Teil. Es sind Betrachtungsweisen und Behandlungsmethoden erforderlich, die dem Ingenieur-Techniker weniger vertraut sind, aber heute im Management allgemein immer mehr Beachtung finden. Sie sollen hier in vereinfachter Form dargestellt werden.

Der EDV-Fachmann sollte die psychologisch bedingten Chancen und Gefahren, Möglichkeiten und Grenzen der EDV so gut kennen, dass er an Ort und Stelle psychogene Schwierigkeiten erkennen, orten und behandeln kann, damit der Fortgang des Projektes nicht gehemmt wird und damit die Beteiligten nicht so leiden, dass Motivation und Identifikation ausbleiben. Dazu sollte er sich in die Grundlagen des Innovations-Managements oder der Organisationsentwicklung (1–3)* einarbeiten.

## 9.1 Das psychologische Hauptproblem: Die Angst vor der EDV

Jede bahnbrechende Erneuerung durchläuft mehrere Entwicklungsstufen, bis sie zur sozialen Selbstverständlichkeit wird. Jede Stufe hat ihre typischen Ängste und Widerstände zu überwinden. Die EDV hat auf diesem Weg bereits die schlimmsten Hürden überwunden. Sie steht, wenn man folgendem Schema (4) folgt, auf der letzten Stufe psychosozialer Entstehungsprozesse von Innovationen:

**Stufe 1: Entstehung der Innovation unter äusserem Druck oder Sachzwang**
Erster Computereinsatz in USA 1946 nach dem Weltkrieg für militärische Zwecke: ballistische Messungen, erst später als Instrument zum Abbau der unüberwindbaren Administrationsberge.

**Stufe 2: Euphorischer Boom der Innovation (sie ist «in»)**
Computer in Banken und Verwaltungen, in Produktions- und Steuerungsprozessen breit eingesetzt, EDV unter anderem eine Status- und Prestigefrage, ein psychologisches «Muss».

---

* Zahlen in Klammern verweisen auf das Literaturverzeichnis S. 422ff

## Stufe 3: Schwarzmalerei als Ausdruck der Angst vor der Innovation
Verteufelung des Computers als arbeitsplatzfressend, gesundheitsschädigend, unkontrollierbar und krisenanfällig: «Kurs auf den Eisberg», Computer als unmenschlich und gefährlich.

## Stufe 4: Grenzsetzung als Folge der Schwarzmalerei (Beachtung des realistischen Anteils der Verteufelung)
Datenschutz, kritischere Beurteilung von Mammut-Projekten, Relativierung der EDV-Gläubigkeit, schärfere Kosten-Nutzen-Kalkulation, Dezentralisierung (und damit Teilentmachtung) der EDV, Betonung der Grenzen der Maschinen-Intelligenz.

## Stufe 5: Integration der Innovation in bestehende Kulturen, Traditionen und gewohnte Abläufe
Computer kopiert bestehenden Arbeitsvorgang oder bewältigt nur leicht zu vereinfachende Teilabschnitte eines Prozesses, revolutioniert aber den Informations-Verarbeitungsprozess noch nicht.

## Stufe 6: Kreativer Sprung in der Anwendung der Innovation unter Ausschöpfung des eigentlichen Potentials der Neuerung (neue ganzheitlich-vernetzte Integration mit Kulturveränderung)
Computernetzwerke, Datenbanken, Künstliche Intelligenz, Verknüpfung mit Telematik und anderen Informations-Systemen zu einer neuen Technologie, Bildung eines neuen Welt- und Lebensverständnisses durch EDV-Integration auf höhere Stufe.

Die Ängste, die typisch sind für die ersten beiden Phasen (Sachzwang und Schwarzmalerei), mussten in den Anfängen bei der Initialisierung von EDV-Projekten intensiv bearbeitet werden. Sie haben sich gewandelt und beziehen sich heute weniger auf die EDV als technische Neuerung, sondern auf die EDV als sich rasant verändernde Technologie.

Der rasche Wandel erhöht die Anforderungen an die Umstellfähigkeit. Die Computer-Programme werden gleichzeitig komplexer. Der Benützer hat den Überblick und den Durchblick über die Software-Verknüpfung nicht mehr. Er fühlt sich angesichts laufend abnehmender Transparenz den Experten stärker ausgeliefert. Der Experte wird unter der Fülle der Daten erdrückt, so dass er den angestrebten Nutzen der Datenaufbereitung nicht ausschöpft. Die zunehmende Vielfalt erschwert die Kommunikation zwischen Projektsachbearbeitern und Anwendern, kurz: Chaos-Management ist gefragt, d.h. die Fähigkeit, mit unstrukturierten Situationen konstruktiv umzugehen.

Unter diesen Aspekten sind die gegenwärtigen psychologischen Probleme zu betrachten:

## Psychologische Probleme mit der EDV heute:

– psychologische Schwierigkeiten in Form von Kommunikations- und Kooperations-Störungen im Beziehungsnetz von Management, Projektteam, Anwendern und Benützern, die gegenüber früher – wegen zunehmender Komplexität – mehr Zeit- und Personalinvestitionen beanspruchen

- psychologische Schwierigkeiten in Form von subjektiven, nicht adäquaten Wahrnehmungs- und Handlungs-Störungen, welche die Output-Daten ungenügend verwerten (viel Papier und wenig Wirkung) und damit den EDV-Nutzen nicht voll zum Tragen bringen
- psychologische Schwierigkeiten im Zusammenhang mit dem überstürzten technologischen Wandel (Ohnmacht durch Kompetenzverlust, Skepsis bei kaum beurteilbaren neuen Markt- und Entwicklungsangeboten, verstärkte Abhängigkeit durch wachsende Spezialisierung)

*Diese neuen Ängste haben jedoch die alten nicht beseitigt, die vor allem in der Gestalt der «Kompetenzangst» weiterleben. Ein Benützer drückte sein Unbehagen folgendermassen aus: «Die EDV ist derart schwierig, dass ich nie alles begreifen werden. Deshalb stehen meine Stellung und mein Ansehen im Beruf in dauernder Gefahr.»*

**Alte und bleibende Ängste vor der EDV:**

... die EDV bleibt immer ein Rätsel
... ich werde nie alles verstehen und beherrschen
... ich werde nie mehr souverän in meiner Aufgabe

... ich bin abhängig von EDV-Experten
... die brauche zuviel Zeit für Umlernen
... ich habe Angst vor einem Datenabsturz
... ich hole mir ein Augenleiden oder andere gesundheitliche Schäden
... ich verliere Interesse an der Arbeit – wegen Monotonie
... ich werde ersetzbar und auswechselbar und verliere Stelle

... meine persönliche Erfahrung zählt weniger
... meine Arbeit wird langweiliger
... ich werde zur namenlosen Nummer gemacht

Ängste haben keine Relation zur Realität. Auch wenn der Beweis inzwischen erbracht ist, dass viele der angeführten Ängste unbegründet sind, können sie sich wider besseres Wissen einschleichen. Es braucht nur die heute in der Berufswelt überall schwelende Unsicherheit angesprochen zu werden, nicht mehr als fähig zu gelten, von der Entwicklung überholt zu sein und zum «alten Eisen» zu gehören.

Es ist Aufgabe der EDV-Manager, mitzuhelfen, diese Ängste abzubauen. Die einfachste Form der Angstbewältigung ist die *Umwandlung in Furcht*. Ängste haben kein bestimmtes Objekt, hingegen kennt die Furcht ihren Feind. Mit der Ausrichtung der Gefühle auf einen Gegenstand wird aus der Angst Furcht. Die frei wuchernde Angst wird dadurch gebändigt und die Ursache objektiviert, das heisst zum Gesprächsgegenstand gemacht. Die Anwender- und Benützer-Angst ist also bewusst auf das Objekt «EDV» zu richten und nicht etwa davon abzulenken.

Die in Furcht umgewandelte Angst kann in der Folge durch Einstellungsänderung entschärft werden. Dies geschieht, indem negative Gefühle, die durch das gefürchtete Objekt ausgelöst werden, durch positive ergänzt und ersetzt werden. Dazu muss die EDV neu erfahren werden. Erfahrung basiert immer auf Erlebtem, d.h. nicht nur auf gelerntem Wissen.

Als erstes versucht der EDV-Manager den Anwendern und Benützern das Schreckgespenst EDV «abzunehmen». Er tut dies, indem er deren Emotionen ernst nimmt.

Sodann vermittelt er neue positive Perspektiven und macht sie erfahr- und erlebbar. Dazu genügt nicht nur die logische Beweiskraft von Argumenten. Die Vorteile der EDV sind durch praktische Anschauung zu belegen. Anwender und Benützer müssen gleichsam «mit Händen greifen» (be-greifen) können, welche Verbesserungen und günstigen Folge-Effekte EDV-Lösungen bringen.

**Vorteile der EDV, die *erlebbar* zu machen sind:**

- höherer Komfort bei Routineabläufen
- raschere und bessere Resultate
- bessere Organisation der Arbeit
- direkter Zugriff zu einer Fülle von Informationen
- erleichtertes Arbeiten (viele Hilfen)
- Training im systematischen Denken
- Erfassen neuer Zusammenhänge
- spielerisches Element in der Arbeit (PC!)

Eine weitere Möglichkeit, Ängste zu bannen, kennt jedes Kind. Es gibt einem angstmachenden Etwas einen Namen und macht es damit verfügbar und mitteilbar. Mit der Namengebung verschwindet das Unheimliche. Der Gegenstand wird vertraut und gleichzeitig Austauschobjekt, an dem auch andere teilhaben.

Der EDV-Fachmann darf sich nie vor den Ängsten der Benützer und Anwender drücken oder sich davon anstecken lassen. Die Ängste dürfen und sollen geäussert werden, sind in den Blick zu nehmen, zu klassifizieren und zu bezeichnen. Wenn man dies öffentlich tut, wird – psychologisch betrachtet – das Einengende (Angst bedeutet Enge) in Distanz gerückt. Mit Vorteil verwendet man zur Beschreibung der Ängste entschärfende Begriffe und belegt sie noch mit einem Schuss Humor. Auf diese Weise werden Ängste zur sozialen Selbstverständlichkeit gemacht.

**Beispiel für Liste «gebannter» und «erlaubter» Ängste (5):**

- Zoo-Effekt: Der Benützer meint, er sei der einzige, der Fehler mache, und hält sich deswegen für dumm und ausgesetzt.
- Guckloch-Effekt: Der Bildschirm gleicht einem Guckloch, das dem Benützer nur einen kleinen Ausschnitt in das Geschehen erlaubt. Es fehlen ihm Übersicht und Durchblick, was ihn verunsichert.
- Zement-Effekt: Der Benützer hat den Eindruck, er sei durchsichtig und kämpfe gegen eine Wand. Er muss sich dem Computer anpassen. Dieser hat letztlich immer recht.
- Dalli-Dalli-Effekt: Die rasche Reaktion des Computers setzt den Benützer unter Druck. Er bildet sich ein, er müsse ebenso rasch reagieren und wird hektisch.
- Feedback-Effekt: Der Benützer erhält entweder zuviel oder zuwenig Informationen auf dem Bildschirm. Er wird oft zwischen Ratlosigkeit und übereifrigem, zeitaufwendigem Suchen hin und her gerissen.

Ängste gehören zum Leben und sind Signale für die bedrohte Seele wie der Schmerz für den Körper. Mit Lebensängsten muss man sich einrichten können. Von der EDV wird auch bei optimaler Transparenz und Souveränität ein Rest an Unsicherheit ausgehen, die in der Natur des Instrumentes liegt und – wie andere komplexe Maschienen – die Abhängigkeits-Angst im Menschen anspricht.

Viele Ängste sehen wie Befürchtungen aus; sind es aber nicht. Obwohl sich die Grundängste vor der EDV an konkrete Dinge heften, bleiben sie letztlich irrational und sind nicht eliminierbar.

**Konstante Grundängste vor der EDV:**

– Abhängigkeit von Hard- und Software und deren Pflege
(Was mache ich, wenn der Computer aussteigt und wenn der Experte – Computer-«Doktor» am heissen Draht – auch nicht mehr weiter weiss und die ganze Produktion lahmgelegt wird?)
> Schuld- und Strafangst

– Abhängigkeit von der «Blackbox» EDV
(Ich kenne In- und Output, weiss aber nicht wie das «Ding» funktioniert. Angst, durch eine Fehlmanipulation die teure Maschine stillzulegen oder Daten zu verlieren).
> Fehlerangst

– Abhängigkeit von der technischen Entwicklung bzw. von der unkontrollierten eigendynamischen Wucherung der Systeme
(«Wer einmal einen Computer hat, bringt ihn nicht mehr weg!» Der Markt generiert immer neue, noch raffiniertere Systeme, die infolge Verkettung mit dem Umfeld beschafft werden müssen und das Gesamtsystem immer weniger überblickbar machen. «Keiner weiss mehr bei uns Bescheid, wie die Software zusammenhängt.»)
> Angst vor der Ohnmacht

Der Umgang mit Ängsten bedeutet Umgang mit Gefühlen. In unserer gegenwärtigen Management-Kultur sind Gefühle nicht gefragt, sondern als Hindernis unerwünscht (6). Unsere Gesellschaft ist daran nicht unschuldig, hat sie doch jahrhundertelang Gefühlsäusserungen als unschicklich tabuisert.

Unter dem Tabu der Gefühlsäusserung haben auch positive Gefühle im Arbeits- und Erneuerungsprozess an Wert und Bedeutung eingebüsst. Gefühle sind aber, richtig eingesetzt, wertvolle Helfer bei der Einführung von Neuerungen. Um sie sinngemäss zu nutzen, ist zunächst ein neues Management-Verständnis erforderlich.

## 9.2 Das neue EDV-Management-Verständnis

Obwohl jedermann einsieht, dass der Mensch nicht wie ein Computer funktioniert, wird Computerlogik immer wieder bei zwischenmenschlichen Störungen im Projektablauf angewandt. Dabei wird übersehen, dass der Mensch in ebensolchem Masse ein Fühlwesen wie ein Denkwesen ist. Erfahrungen zum Beispiel werden ebenso im Gefühls-Speicher (limbisches System im Gehirn) abgelegt wie im Denk-Speicher (linke Hirnseite) (6).

Sobald der Mensch Daten austauscht, werden immer auch dazugehörige alte Erfahrungen angesprochen und damit Gefühle aktiviert. Gefühle lassen sich zwar ausblenden, aber nicht eliminieren.

Gefühle funktionieren wie Brillen, durch die man die Welt eingefärbt erfährt. Jeder Mensch hat aufgrund seiner Lebenserfahrung seine individuelle Brille und damit auch seine eigene Sichtweise. So formt sich dann jeder seine eigene Wahrheit von der Welt. Will man diese vielartigen Wahrheiten zur Übereinstimmung bringen, damit alle zum Beispiel unter einem EDV-Pflichtenheft dasselbe verstehen, ist eine aufwendige Abstimmung nötig, die Änderung der Eigenwahrheiten bedingt. Ein solcher «Brillenwechsel» bedeutet Ablösung von persönlichen, mit Gefühl besetzten Perspektiven.

Nun sind diese Perspektiven oder «Brillen» häufig nicht klar bewusst und treiben dementsprechend unkontrolliert ihr Unwesen. Dies zeigt sich am deutlichsten in der Art und Weise der Argumentation. Je festgelegter die Meinung, desto wahrscheinlicher, dass sich dahinter eine «Brille» versteckt, von der man sich nicht gern trennen möchte. Die damit verbundenen Gefühle werden dabei meist ausgeblendet. Eine Veränderung der Perspektive ist jedoch erst möglich, wenn diese Gefühle bewusst gemacht und unter Kontrolle sind.

Jedermann weiss aus eigener Erfahrung, wie sehr wir an liebgewonnenen Ideen und Theorien hängen und wie wir sie hartnäckig gegen eine Veränderung verteidigen. Um so mehr versteht sich, dass Erneuerungen nicht automatisch eingegangen werden, sondern entweder mit Gewalt erzwungen oder durch einen mühsamen Anpassungs-Prozess einverleibt werden müssen. Da bekanntlich Gewalt nur den Neuerungswiderstand verschärft, wird auch der EDV-Manager nicht um langwierige Überzeugungsarbeit herumkommen. Wenn sie Erfolg haben soll, muss sie sowohl das Denken als auch das Fühlen der Anwender und Benützer ansprechen.

Das aufwendige Abhören der Meinung der Gegenseite und das wiederholte Erklären und Veranschaulichen der Projektinhalte hat seine Vorteile. Die Auseinandersetzung mit dem Projektvorhaben an der Anwendungsfront wiederholt zwar die gedanklich bereits geleistete Projektarbeit, bringt dadurch aber neue, wichtige Einsichten an den Tag. Das liegt daran, dass die gefühlsmässige Aufarbeitung eines Stoffes mit Nichtsachverständigen einem Verdauungsprozess gleichkommt und Kreativität freisetzt. Wenn Gedanken *und* Gefühle in der zwischenmenschlichen Kommunikation «umgewälzt» werden, wird Raum für Intuition, Instinkt und Flair frei (21).

In denselben Genuss gelangt der Anwender und Benützer. Er fühlt sich durch die ernsthafte Auseinandersetzung einbezogen, identifiziert sich mit dem Projekt und erlebt die Entwicklung des Projektes ein Stück weit als Eigenentwicklung. Wenn dann noch seine Intuitionen und inneren Bilder miteinfliessen, beginnt er, mit dem Projekt zu leben, betrachtet es als sein Projekt und damit die neue Verarbeitungsform als sein Instrument. Die Einführung ist psychologisch vollzogen.

Ein solches psychologisches Vorgehen setzt ein neues Menschenbild (Abb. 3.9.1) und ein neues Organisations – bzw. Unternehmensverständnis (Abb. 3.9.2) voraus (7–10).

Jede Form von Zusammenarbeit hat neben der Sach-Ebene eine Kultur- und Dynamik-Ebene. Es werden auf der Kulturebene z.B. Beziehungen aufgebaut und Normen gebildet. Auf der Dynamik-Ebene spielen sich Prozesse ein, die ihre Eigendynamik entwickeln, das heisst zwischen Projektteam und Benützer/Anwender werden nicht nur Informationen ausgetauscht, sondern auch Haltungen, Gefühle, Werte. Nicht nur das *Was*

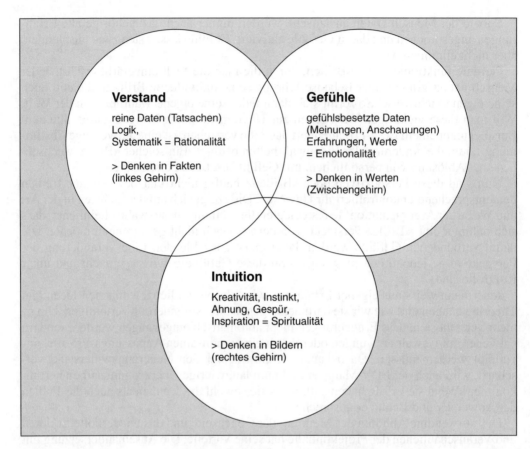

*3.9.1 Der dreidimensionale Mensch*

der Informationen (Umfang, Inhalt) fördert die Zusammenarbeit, sondern auch das *Wie* (Ausdrucksform, Einstellung zum anderen, Begegnungshaltung, Offenbarung eigener Werte, 11).

Diese Selbstverständlichkeiten werden immer wieder vergessen, weil unser Menschen- und Managementverständnis noch nicht dreidimensional angelegt ist. Man kann sich aber durch Selbsterziehung dazu bringen, die Kultur in jeder Aktivität zu berücksichtigen, indem man sie zum Thema macht.

**Einbezug der zweiten Dimension in die Projektarbeit:**

> nicht nur sich gegenseitig Aufgaben übertragen (1. Dimension), sondern auch Vertrauen bzw. Misstrauen artikulieren (2. Dimension)
> nicht nur Ziele und Termine festlegen (1. Dimension), sondern auch unterschwellige Interpretationsunterschiede erkennen und *kooperativ ausdiskutieren* (2. Dimension)
> nicht nur Kow-how und Daten austauschen (1. Dimension), sondern über zugrunde liegende *Wert*vorstellungen *kommunizieren* (2. Dimension)

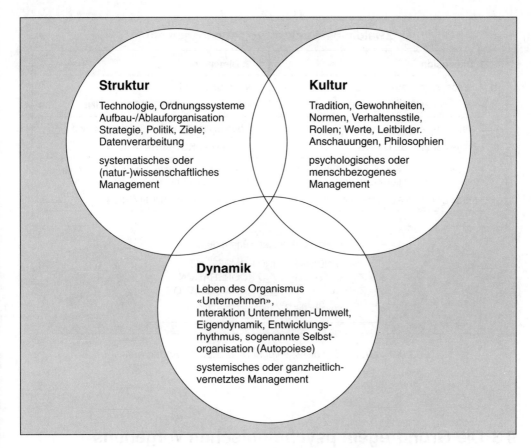

*3.9.2 Das neue Unternehmensbild*

Auf eine kürzere Formel gebracht, hat die Projektarbeit (und damit jede Management-Aufgabe) zwei Seiten, die gleichzeitig zum Zuge kommen sollen. Fehlt die zweite Seite, können sich Missverständnisse einschleichen, die meist erst später in Form von Fehlentscheidungen und -entwicklungen zu Tage treten und entsprechende Enttäuschungen auslösen.

Checkfragen zur zweiten Dimension:

> Wofür und wozu halte ich einen Partner *kompentent*? Wie denken andere über seine Kompetenz?
> Sind wir in der Zielsetzung wirklich *identisch* und gehen wir von der gleichen Philosophie und Grundanschauung aus?
> Habe ich den Partner wirklich aus seinem persönlichen Bezugs-System heraus *verstanden* und hat er mich verstanden?

3.9.3  Grundidee des zweidimensionalen Managements

## 9.3 Die Grundregeln psychologischen Vorgehens

Wer im obigen Sinne zweidimensional denkt und ein Projekt zweidimensional führt, das heisst nicht nur verstandesmässig vorgeht, sondern Gefühle und Werte von Projektträgern und Projektmitarbeitern einerseits und von Benützern und Anwendern andererseits einbezieht, besitzt die besten Voraussetzungen, um ein neues EDV-System in ein Unternehmen organisch «einzupflanzen». Er wird sich allerdings von seinem technologischen Weltbild ablösen müssen und die «Erbsünden» des rein rational orientierten Managements überwinden und von den klassischen «organisatorischen Mythen» (12) Abschied nehmen müssen.

Wie setzt man das zweidimensionale Verständnis in Verhalten um? Man darf nicht übersehen, dass bereits die entsprechende *Einstellung* (oder das entsprechende zweidimensionale Weltbild) schon zwei Drittel des Erfolges ausmacht. Anderseits ist zweidimensionales *Verhalten* leichter lernbar als die entsprechende *Haltung* (oder permanente Sichtweise). Und über das Einüben des richtigen Verhaltens kann man sich mit der Zeit eine entsprechende *Haltung* angewöhnen (ein altes, übrigens militärisches Erziehungsprinzip).

Die folgenden Verhaltens-Massnahmen beziehen die Wert- und Kulturebene ein, operieren also zweidimensional. Sie sind nach dem in diesem Buch vorgelegten Phasenkonzept geordnet.

## Massnahmen vor...

- Information der Betroffenen über das Vorhaben
- Abholen der Ziel-Ideen der Benützer und Verwerter
- Wertschätzung der Erfahrungen der Benützer und Verwerter
- Anhören und Akzeptieren der Anwenderbedürfnisse
- Schwachstellenanalyse nur in Zusammenarbeit mit Betroffenen
- Erfassung und Analyse der Unternehmenskultur
- Erfassen und Analysieren des Problemhintergrundes und Ermitteln der Kernproblematik, die dem EDV-Bedürfnis zugrundeliegt
- im Laufe der Vorstudie immer wieder: Rückkoppelung mit Anwendern

## Massnahmen während...

- Mitwirkung der Anwender in allen Phasen durch Aufbau eines geregelten Kommunikationsaustausches (einheitliches Sozialsystem zwischen Projektierenden und Anwendern)
- Einsatz eines Sozialpromotors neben einem Fachpromotor in der Funktion eines Architekten der neuen Kultur
- Zulassung von Schwarzmalerei seitens Anwendern (Widerstände ernst nehmen!)
- Einräumung von Verarbeitungszeit für die Anwender
- möglichst elastischer, anpassungsfähiger, offener Prozess bei fester Struktur und klaren Stationen
- Information und Instruktion in verdaubaren Schritten parallel zum Projektierungsprozess
- Anpassung der organisatorischen Randbedingungen (Führungsmittel, Arbeitsplätze, Teamzusammensetzung) in einer Frühphase unter Mitwirkung der Betroffenen

## Massnahmen nach...

- Einrichten einer Klagemauer und eines Notfalldoktors für Zwischenfälle
- regelmässiger Feedback und laufende Fortschrittskontrolle zwischen Projektverantwortlichen und Anwendern
- Unterstützung von Rationalisierungs-«Opfern» und Wiedereingliederung in neues Umfeld
- ernsthaftes Entgegennehmen von Abweichungen und Offenlassen der Schuldzuschreibung

Als roter Faden zieht sich durch alle drei Massnahmenkataloge das Abholen der Anwender und Benützer in ihren jeweiligen Vorstellungen, Meinungen, Haltungen und die Berücksichtigung der vorhandenen Normen, Gewohnheiten und Rituale. Das Eingehen und Verstehen der «Hinterköpfe» (Werte) und der «Hirnbühne» (Kultur) (4, 13, 14) ist nicht etwa mit der Einfrierung der bestehenden Verhältnisse gleichzusetzen. Im Gegenteil, die Akzeptanz der Vorbehalte und Einwände, der bisherigen Datenhandhabung und des alten Datenverständnisses ist lediglich eine notwendige Vorstufe für eine wirksame Infragestellung und Revision. Ohne dass die Betroffenen auf diese Weise ernst genommen und damit «mitgenommen» werden, wird es schwer halten, einschneidende Neuerungen innert nützlicher Zeit zum Leben zu bringen.

Man kann die Massnahmenliste unter folgenden Schlüsselbegriffen zu einem Verhaltenskodex zusammenfassen:

**Verhaltenskodex für psychologisches Vorgehen**

**Projektphasen:** > klar trennen und strukturieren, aber innerhalb einer Phase so viel Planungsflexibilität schaffen, dass Anliegen von Anwendern und Benützern Raum finden

**Entscheidungen:** > Haltepunkte setzen mit Rückschau: Sind alle Beteiligten emotional dabei? (d.h. Übereinstimmung der Werte, der Interpretation der Ergebnisse und der Schlussfolgerung)

**Rollen:** > nach jeder Phase Rollenauswertung: Wie hat jeder gearbeitet? Wie hat sich jeder integriert? Wie kompetent wird er angesehen? Was traut man ihm zu?

**Potential:** > jedes Erfahrungspotential ernst nehmen und nutzen, woher es auch immer kommt. Deswegen Kommunikation zwischen allen Beteiligten formell und informell offen halten und pflegen!

**Grenzen:** > Benutzer und Anwender an ihre Leistungsgrenzen führen (Umstellungsfähigkeit!) und diese sanft erweitern. Über dabei gemachte Erlebnisse und Erfahrungen kommunizieren lassen!

Im psychologischen Vorgehen wird man nie hundertprozentige Perfektion erlangen. Jeder Anlauf birgt auch für Experten immer wieder das Risiko, mit dem unberechenbaren Menschlichen nicht zu Rande zu kommen. Fehler sind deshalb die Regel, nicht die Ausnahme. Und Fehler sind willkommene Lernchancen, die ein sensitiver Manager sich nie entgehen lassen wird.

**Fehlerliste, eingeteilt nach Projektphasen**

| Fehler (vor allem seitens Projektteam und Management) | Auswirkungen (vor allem auf Anwender- und Benützerseite |
|---|---|
| **a) vor...** | |
| – kein Anknüpfen an die Normen (Unternehmens-Kultur) | Veränderungswiderstand (siehe nächster Abschnitt) |
| – unvollständige oder falsche Information der Belegschaft | existenzielle Ängste |
| – Gerüchtebildung | taktische Manöver, mangelnde Informations-Offenheit |
| – Übermacht der EDV-Technokraten | Rückzug in Passivität und Gleichgültigkeit |
| **b) während...** | |
| – keine Rücksichtnahme auf Input der Anwender | Defensivhaltung oder Aggression gegen Projekt |
| – keine Aufklärung über Endzustand | Auslösung wilder Phantasien und Festigung von Fehlannahmen |

- Information nach Belieben oder nur bei Abweichungen

- Zeitdruck oder Hektik bzw. Termindiktat statt Terminvereinbarungen
- zu wenig Schulung oder nur Frontalunterricht oder nur Instruktionsbücher
- keine Verarbeitungshilfen, oberflächliche, unvorbereitete Einführung

- überfallsartige Projektpräsentation, Überraschen mit vollendeten Tatsachen

Gefühl der Ohnmacht und Unmündigkeit: Faust im Sack oder Ressentiment (1, 15)
Angst vor Überforderung und Fehlern, Abschieben der Verantwortung grosse Anlaufschwierigkeiten (sog. Anfangswiderstand) und unbewusste Verzögerung
Aufbrechen alter unterschwelliger Konflikte, die nicht direkt mit dem Projekt zu tun haben
Veränderungswiderstand bis hin zur inneren oder faktischen Kündigung der guten Mitarbeiter, Resignation der alten Mitarbeiter

**c) nach...**
- Anlastung der Fehler beim Benützer und Verwerter, Reinwaschen der Experten
- Hammermethode gegenüber Personal
- Bloss-Stellen der überforderten Mitarbeiter

- Sündenbocksuche und Abstempeln schwarzer Schafe

- Kontrollübergriffe von Vorgesetzten oder Stäben dank EDV-Daten

minimale Nutzung der EDV, heimliches Weiterführen der alten Verfahren

indirekte oder direkte Sabotage
Fehler und Lücken als Folge von Kompetenzängsten und Selbstzweifeln
Störung des Teamzusammenhaltes, Schüren von Rivalitäten, keine gegenseitige Hilfe
Störung des Vertrauensklimas, Abkapselung und Informationsabstinenz

## 9.4 Behandlung von Veränderungs-Widerstand

Wer nach diesem Leitfaden EDV-Projekte abwickelt, wird den berüchtigten Widerstand von Anwendern und Benützern im Laufe der EDV-Einführung weitgehend herabsetzen können. Ganz zum Verschwinden bringen kann man ihn nicht, denn der Veränderungswiderstand gehört zum menschlichen Habitus (Condition humaine).

Widerstand gegen Innovation wurzelt nämlich in einem der drei fundamentalen Antriebe menschlichen Daseins. Nach der Selbst- und Arterhaltung gehört zu den primären Grundstrebungen aller Lebewesen das Bedürfnis nach Sicherheit. Erst darauf bauen sich die bekannten menschlichen Kontakt-, Anerkennungs- und Selbstverwirklichungsbedürfnisse auf (16, 17).

Sicherheit entsteht durch Kontinuität und Berechenbarkeit: Man fühlt sich zuhause, geborgen, wenn man weiss, woran man ist und was man zu erwarten hat. In der Gesellschaft verstärken Gebräuche, Rituale und Konventionen dieses Gefühl von Sicherheit.

Jede Neuerung bedroht dieses feste Gefüge von Gewohnheiten. Der Mensch möchte letztlich aus Gründen der Selbstsicherheit seinen alten Zustand erhalten.

Dem starken Erhaltungsantrieb steht der in der Regel etwas schwächere Erneuerungsantrieb gegenüber, der weniger fundamental ausgebildet und entwicklungsgeschichtlich jünger ist. Beide Bedürfnisse stehen im Idealfall in elastischem Gleichgewicht. Ein EDV-Projekt kann am besten realisiert werden, wenn weder das eine noch das andere Bedürfnis dominiert oder festgefahren ist. In der Regel macht der Widerstand gegen Veränderung mehr zu schaffen als der Widerstand gegen Festigung oder, anders ausgedrückt, Erhalten fällt leichter als Ändern.

Der EDV-Manager ist für das fliessende Gleichgewicht zwischen den beiden Extremen eine wirkungsvolle Leitfigur. Er sollte mit gutem Beispiel vorangehen und an seinen eigenen Veränderungs-Widerständen arbeiten:

**Überwindung des Veränderungswiderstandes bei sich selbst:**

1. Relativieren des ursprünglichen und starken Sicherheitsstrebens, das sich darin zeigt, dass man auf seiner Meinungs-Position länger als nötig beharrt.
2. Bereitschaft, sich in emotionale Ungewissheiten zu stürzen, d.h. Chaosfähigkeit zu entwickeln (4). Dazu gehört: Schwächen eingestehen; sich auf Neuland wagen, wo Expertenstatus nicht zählt; mit unbekannten Variablen experimentieren.
3. Alte Lieblingsvorstellungen, Erfahrungen, Werte ablösen und die Welt aus neuen Perspektiven betrachten, d.h. aus seiner Lebensgeschichte aussteigen, Verhaltensmuster aufbrechen, alte Rollendrehbücher (15, 18) umschreiben.

Wo sich der Veränderungswiderstand durch unmittelbare Kritik, durch Einwände oder auch durch Passivität anmeldet, kann er im Dialog offengelegt und abgebaut werden (auch Gefühlsseite im Partner ansprechen!). Häufig wird jedoch der Veränderungswiderstand gar nicht gespürt, weil er unbewusst bleibt. Dann äussert er sich viel raffinierter und muss als solcher zuerst erkannt werden.

**Versteckte Äusserung des Veränderungswiderstandes:**

| | |
|---|---|
| Verneinung | «Diese Lösung kann nicht funktionieren – wie x Beispiele beweisen» |
| | (Auf der Gefühlsebene: Es darf sie nicht geben) |
| Schwarzmalerei | «Diese Lösung hat katastrophale Folgen. Die Nachteile überwiegen.» |
| | (Auf der Gefühlsebene: Sie muss scheitern.) |
| Schreckliche Vereinfachung | «Diese Lösung ist keine Sache. Wir erledigen sie nebenbei.» |
| | (Auf der Gefühlsebene: Da lohnt sich ein Einsatz nicht.) |
| Utopiesyndrom | «Es läuft, wie es laufen muss. Schicksal: Es ändert sowieso nichts.» |
| | (Auf der Gefühlsebene: Das darf nicht angetastet werden.) |
| Ex-Cathedra-Beweis | «Auch Professor XY hat bewiesen, dass diese Lösung nicht funktioniert.» |
| | (Auf der Gefühlsebene: Ich übernehme keine Verantwortung.) |
| Fallbeispiel | «Die gleiche Lösung hat bei Firma X versagt.» |
| | (Auf der Gefühlsebene: Das soll mir nicht passieren.) |

Erklärungsmanie        «Die Lösung funktioniert so, weil…» oder: «Die Abweichung ist begründet durch…»
(Auf der Gefühlsebene: Mit Erklärungen schaffe ich mir die Sache vom Hals.)

So unterschwellig versteckt geäussert Widerstände wirken, sie sind ernst zu nehmen. Werden sie mit Gegenargumenten belegt, entsteht ein geistiges Ringen, das nur in einem eskalierenden Positionenkampf endet. Dann allerdings bieten sich nur noch folgende Möglichkeiten: mitspielen, aus dem Spiel aussteigen oder das Spiel ad absurdum führen (15).

Unter Beachtung der Grundsätze psychologischen Vorgehens lässt sich hingegen die unbeabsichtigte (unbewusste) Aufschaukelung von Widerständen vermeiden, vor allem wenn dazu folgende Vorgehens-Regeln beachtet werden:

## Strategie zur Verringerung von Widerständen

### Grundsatz «Mitwirkung»

- Die Anwender* sollen das Gefühl haben, das Projekt sei ihr eigenes.
- Die Anwender erkennen den persönlichen Gewinn oder die persönliche Entlastung durch die EDV.
- Die Anwender fühlen sich bei ihren Bedürfnissen abgeholt.
- Die Neugier der Anwender wird angestachelt durch interessante neue Erfahrungen.
- Die Anwender haben Einsicht in die Hintergedanken der Projektträger und umgekehrt (eigentliche Motivation).
- Die Anwender fühlen sich in ihrer Autonomie nicht beschnitten und haben Freiraum.
- Anwender und Entwickler haben Gelegenheit zur Auseinandersetzung, wenn gegensätzliche Meinungen aufeinanderprallen.

### Grundsatz «Einpflanzung in Kultur»

- Das Projekt hat die volle Zustimmung von oben und wird von der Geschäftsleitung verantwortet.
- Mit dem Projekt werden eine Reihe latenter und wichtiger Probleme im Unternehmen gelöst.
- Da Projekt bringt nachweislich eine sichtbare Verbesserung für das *ganze* Unternehmen.
- Der Projektverlauf ist für alle Mitarbeiter des Unternehmens zugänglich und transparent.
- Das Projekt wird in allen Phasen für Korrektur und Revision offengehalten.
- Das Projekt zerstört nicht bestehende Zusammenarbeitskulturen, sondern fördert sie, wenn auch unter neuen Voraussetzungen.

---

* Mit Anwendern sind auch Benützer gemeint.

Grundsatz **«Mehrdimensionaler Prozess»**

- Gefühle, Werte, Intuition usf. werden respektiert und verwertet, auch wenn sie nicht von Experten stammen.
- Jeder ist in gleichem Masse bereit, seine Lieblingstheorien über Bord zu werfen.
- Jeder ist bereit, sich neuen Überzeugungen offen zu stellen und darauf einzugehen.
- Jeder ist bereit, sich mit neuen Zielen, Methoden und Situationsanalysen auseinanderzusetzen und deren Chancen und Stärken zu gewichten.
- Alle tragen dazu bei, durch Vertrauen und Mut zur Offenheit ein «Sicherheitsklima» aufzubauen, das aus folgenden emotionalen Elementen besteht (18):
  - Zugehörigkeitsgefühl (= ver-trauen)
  - Zuversicht (= ver-sichern)
  - Akzeptation von Grundordnungen (= ver-ankern)
  - sozialer Austausch (= ver-stehen)

## 9.5 Die psychologische Dimension der Projektphasen

Das Phasenkonzept der EDV-Einführung basiert auf einer rational, durch das Denken ermittelten Struktur. Diese ist nun durch die psychologische Dimension zu ergänzen. Und es ist zu fragen, ob sich der psychologische Entwicklungsprozess auch in typische Phasen gliedern lässt. Seit Lewin (19, 20) hat sich in der Innovations-Psychologie das Drei-Phasen-Konzept eingebürgert:

**1. Auftauen** (Unfreezing)
> *Ablösung* von alten Theorien (Denken) und Ideologien bzw. Verhaltensmuster (Fühlen)

**2. Verändern** (Change)
> Neuformung, Umformung bestehender Konzepte (Denken) und Muster (Fühlen) auf neue Gegebenheiten durch sogenannte *Neukalibrierung*

**3. Festigen** (Refreezing)
> Integration der veränderten Konzepte (Denken) und Verhaltensmuster (Fühlen) in den Kontext (Abläufe), Strukturen, Ziele, Menschen usf.) mittels *Implementierung* («Einpflanzung in die Unternehmenskultur»)

Werden diese drei Stufen über das Phasenkonzept der EDV-Entwicklung gelegt, setzt die Ablösung bereits bei der Vorstudie ein – und nicht wie so oft erst bei der Detailstudie –. Die Neukalibrierung hat sich beim Grobkonzept zu bewähren. Und die Implementierung beginnt mit der Programmierung.

Natürlich können emotionale Prozesse nicht so scharf getrennt werden wie die Projektstufen. Deshalb überlappen sich Ablösung, Neukalibrierung und Implementierung. Das Ineinandergreifen sollte auch gezielt gefördert werden, denn die Ablösung zieht sich meist bis in die Realisierungsphase hinein (wo oft erst wie Schuppen von den Augen fällt, was sich verändert), während die Neukalibrierung bereits bei der Vorstudie anlaufen muss.

# 9. Psychologische Aspekte der EDV

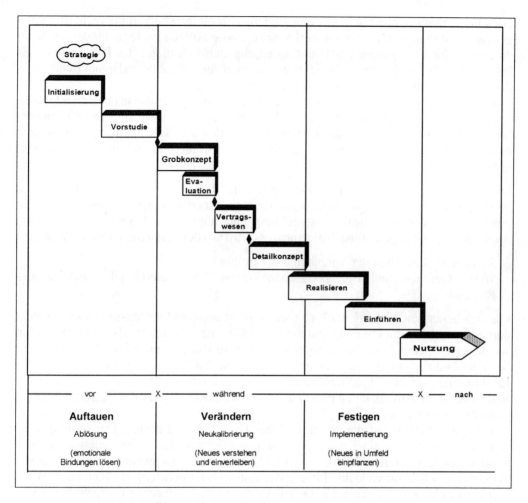

*3.9.4 Die psychologische Dimension der Projektphasen*

Dieser Entwicklungs-Dreischritt gilt nicht nur für das ganze Phasenkonzept, sondern wiederholt sich innerhalb jeden Phasenblocks und sogar innerhalb jeder einzelnen Phase. Der psychologische Entwicklungsprozess lässt sich im Kleinen wie im Grossen nachzeichnen und macht sich immer da bemerkbar, wo Problemlöse-Zyklen durchschritten werden:

**Problemlöse-Zyklus und psychologische Dimensionen**

Lagebeurteilung und Zielsetzung → Ablösung
Lösungssuche und Entscheidung → Neukalibrierung
Durchführung und Kontrolle → Implementierung

Der psychologische Entwicklungsprozess verändert emotionale Bindungen und hat – wie oben erwähnt – viele Widerstände zu überwinden. Dieser schwierige Vorgang wird erleichtert, wenn er nicht dem einzelnen überlassen bleibt, sondern im Team öffentlich gemacht und vom Team getragen wird. Der bewusste Vollzug im Team bindet das Team zu einer Schicksalsgemeinschaft zusammen, die sich voll hinter das Projekt stellt. Es leuchtet ein, dass nicht nur das Projektteam, sondern auch die Anwender und Benützer in diese Teambildung einbezogen werden sollten.

Der emotionale Vorgang der Ablösung und Neuformung soll also in der Projektgruppe und zwischen Projektgruppe und Anwender/Benützer regelmässig zum Thema gemacht werden. Dies muss zwingend an den Übergangsstellen der Phasenblöcke getan werden, wo der wichtige und gültige Entscheid über die Vorstudie und über das Detailkonzept gefällt wird.

Die Veranstaltung gleicht einer Projekt-Review, nur dass nun der persönliche emotionale Prozess und der emotionale Gruppenprozess besprochen werden. Dieses Verfahren nennt sich in der Organisationsentwicklung und Innovations-Psychologie *«Prozess-Analyse»* (1). Der abgelaufene Projektprozess wird aus doppelter Sicht kritisch beurteilt:

- Sachebene (Einhalten der Vorgaben und Struktur)
- Wert-, Gefühls- und Beziehungsebene (persönlicher emotionaler und sozialer Prozess)

Für die «heilende» Wirkung der Prozessanalyse ist entscheidend, dass jeder ein Anrecht darauf hat, seine subjektiven Erfahrungen zur Geltung zu bringen. Es sollte vermieden werden, dass persönliche Meinungen von Meinungsführern oder Projektleitern sofort bewertet und zur gruppengültigen erhoben werden. Nachdem jeder seine persönlichen Erfahrungen eingebracht hat und dabei ernst genommen wurde, kann in einem zweiten Schritt versucht werden, einen roten Faden zu erkennen und Schlussfolgerungen für die Fortsetzung zu ziehen.

Auf jeden Fall ist auf die Abfolge «Ich – Du – Wir» zu achten. Der Individualteil («Ich-Du») besteht in einer Auslegeordnung persönlicher Ideen, Vorschläge, Ansätze. Unqualifizierte Gefühle, Ahnungen, Bilder (2. Dimension!) sind ebenso zuzulassen wie abgestützte, scharf durchdachte Lösungsvarianten (1. Dimension). Im Teamteil («Wir») werden anschliessend Fakten und Daten von aussen (z.B. Experten) eingeholt und verwertet. Die Bildung eines gemeinsamen Nenners darf sich nicht nur auf gedanklicher Ebene vollziehen, sondern muss auch die Diskussion von Wertvorstellungen einschliessen, so dass am Schluss das Ergebnis von einem wirklichen Einverständnis getragen wird, hinter dem alle mit ihrer ganzen Persönlichkeit stehen.

## Stufen innerhalb einer psychologischen Phase

**Individualstufe:** Auslegeordnung aller individuellen Anschauungen (inkl. Gefüh-
**(«Ich-Du»)** len, d.h. Informationen aus dem «Bauch» und Intuitionen, d.h. Informationen aus dem «sechsten Sinn») und wertfreie «Abnahme» der eingebrachten Informationen
↓

**Teamstufe:** Input von nachweisbaren Fakten und Experten-Daten (Analysen,
**(«Wir»)** Erhebungen etc.)
↓

Suche nach dem «roten Faden» bzw. Heraushören und -spüren eines Trends (3. Dimension)
↓
Messung an den Zielgrössen (1. Dimension) und an der Organisations-Dynamik (2. Dimension)
↓
Bildung eines Konsens bezüglich Sache (1. Dimension) und bezüglich Werthaltungen (gefühlsmässige Interpretation der Sache, 2. Dimension)

Wer in diesem Prozess rational und emotional (das heisst zweidimensional) kommuniziert, hat auch die Chance, von der dann einsetzenden Intuition (3. Dimension) zu profitieren. Die Intuition liefert Schlüsselideen mit geringem Aufwand und hoher Stimmigkeit. Wir sind heute auf diese Quelle schlüssiger Informationen angewiesen, da oft eine systematische Lösungssuche viel zu aufwendig und zeitraubend ist (21).

Verstand, Gefühl und Intuition sind Funktionen, die während des Projektierungsverfahrens immer wieder als Informationsquellen beizuziehen sind. Natürlich bergen diese «Reservoire» auch Gefahren: In der Anwendung des Verstandes operieren wir oft eingleisig kausal-analytisch. Gefühle verleugnen wir. Oder wir lassen sie in Form von groben Affekten explodieren. Dagegen kommen sie selten als «Werte» oder «Anschauung» explizit zur Äusserung. Der Intuition misstrauen wir. Zurecht, da wirklicher Instinkt von persönlichen Präferenzen oft nicht zu unterscheiden ist.

Die drei Informationsquellen sind also vorsichtig zu benützen. Man schöpft aus ihrem Potential, wenn man sich immer wieder folgende Fragen stellt (6, 7, 21):

**Fragen zur dreidimensionalen Projektarbeit**

| | |
|---|---|
| Wie sieht das Problem von aussen aus? | KONTEXT! |
| > vernetzt-ganzheitliche Sicht: | (1. Dimension: Verstand) |
| Welche Werte liegen der Sache zugrunde? | KULTUR! |
| > wertorientierte Sicht: | (2. Dimension: Gefühl) |
| Welche Ressourcen können aktiviert werden? | KRÄFTE! |
| > energetische Sicht: | (3. Dimension: Intuition) |

Das dreidimensionale Vorgehen schafft eine Art «Rückversicherung» im Projektierungsverfahren. Alle Beteiligten sehen die Zusammenhänge gleich, gehen vom gleichen Werthintergrund aus und benützen die gleichen Ressourcen. Die Wahrscheinlichkeit, dass sich Projektmitglieder missverstehen oder die Anwender und Benützer sich emotional absetzen, wird gering.

Andererseits steigt die Wahrscheinlichkeit, dass in der Zielrealisierung keine überraschenden Differenzen entstehen. Der Projektierungsprozess läuft somit «harmonisch» ab, das heisst nicht ohne Konflikte (15), sondern mit frühzeitiger Erkennung der Konfliktgefahr und mit systematischer Konfliktbearbeitung, welche auch die Gefühlsebene einbezieht.

| Überblick über das dreidimensionale Vorgehen ||||| 
|---|---|---|---|---|
| | Phasenblock 1 | Phasenblock 2 | Phasenblock 3 | Ziel |
| Projekt-management | Initialisierung/ Vorstudie | Grob- und Detail-konzept | Realisierung/ Einführung | Nutzung |
| Psycho-logische Phasen | Auftauen | Verändern | Festigen | Integrierte Entwick-lung |
| Dreidimen-sionale Bearbei-tung | Ablösung von: ↓ | Neukalibrierung durch: ↓ | Implementierung mit: ↓ | |
| 1. Dim.: Verstand | persönlichen Lieblingstheorien -anschauungen | Ganzheits- und Ver-netzungsperspektiven | elastischem Prozess-design und mit Potential-Aktivierung | Ganzheit durch KONTEXT |
| 2. Dim.: Gefühl | Eigenerfahrung und sozialen Verbindlich-keiten | Werteverschiebungen und Rollenänderungen | emotionaler Beset-zung und Imagination des Ergebnisses | Gemein-samkeit durch KULTUR |
| 3. Dim.: Intuition | Ichinteressen und vermeintlichen Sach-zwängen | Suche nach neuen Energien und nach neuem Sinn und Zweck | Nutzung der Eigen-dynamik und Ver-trauen in Selbst-organisation | Potential-ausschöp-fung durch KRÄFTE |

*3.9.5 Die Phasenblöcke und das dreidimensionale Vorgehen*

## 9.6 Literatur:

| | | |
|---|---|---|
| 1) | Müri Peter: | Organisationsentwicklung, Die Unternehmung 33 (1979) Nr. 2 |
| 2) | Kälin Karl u. Müri Peter: | Sich und andere führen, Ott-Verlag, Thun, 1985 |
| 3) | Müri Peter: | Erfolg durch Kreativität, Kreativ-Verlag, Egg, 1984 |
| 4) | Müri Peter: | Chaos-Management, Kreativ-Verlag, Egg, 1985 |
| 5) | zitiert nach Weltwoche | Nr. 8 vom 19. Februar 1987 |
| 6) | Kälin Karl u. Müri Peter: | Führen mit Kopf und Herz, Ott-Verlag, Thun, 1988 |
| 7) | Müri Peter: | Das Führungsverständnis der 90er Jahre, IO-Management-Zeitschrift 57 (1988) Nr. 2 |
| 8) | Weinert Ansfried: | Lehrbuch der Organisationspsychologie, Urban & Schwarzenberg, München, 1981 |
| 9) | von Rosenstiel Lutz: | Grundlagen der Organisationspsychologie, Poeschel-Verlag, Stuttgart, 1980 |
| 10) | Lattmann Charles: | Die verhaltenswissenschaftlichen Grundlagen der Führung des Mitarbeiters, Haupt-Verlag, Bern 1981 |
| 11) | Müri Peter: | Ab morgen gilt zweidimensionales Führen, IO-Management-Zeitschrift 56 (1987) Nr. 12 |
| 12) | Westerlund Gunnar u.a.: | Organisationsmythen, Klett-Cotta-Verlag, Stuttgart, 1981 |
| 13) | Müri Peter: | Am Beginn des neuen Kulturzeitalters, IO-Management-Zeitschrift 54 (1985) Nr. 4 |

14) Greipel Peter: Strategie und Kultur, Haupt-Verlag, Bern 1988
15) Müri Peter: Der Chef als Konfliktlöser, IO-Management-Zeitschrift 55 (1986) Nr. 11
16) Maslow Abraham: Motivation und Persönlichkeit, Walter-Verlag, Olten, 1977
17) Bennis Warren G. u.a. Änderung des Sozialverhaltens, Klett-Verlag, Stuttgart, 1975
18) Müri Peter: Der Chef – Viele Rollen, IO-Management-Zeitschrift 55 (1986) Nr. 7/8
19) Lewin Kurt: Frontiers in Group Dynamics, Human Relation 1947 Nr. 1
20) Glasl Friederich: Organisationsentwicklung, Haupt-Verlag, Bern, 1975
21) Müri Peter: Dreidimensional führen mit Verstand, Gefühl und Intuition, Ott-Verlag, Thun, 1990
22) Semmel Markus: Die Unternehmung aus evolutionstheoretischer Sicht, Haupt-Verlag, Bern, 1984

# 10. Darstellungstechniken

In diesem Kapitel werden einige Möglichkeiten graphischer Darstellungen gezeigt, die in der Informatik verwendet werden können. Solche Grafiken dienen der Visualisierung verschiedenster Sachverhalte, Ausgangssituationen, Lösungsideen und der Ist- und Soll-Zustände von Systemen. Sie erleichtern die Verständigung zwischen den Beteiligten eines Projekts, besonders zwischen Anwendern und EDV-Spezialisten.

Mit derartigen Darstellungen haben sich drei Personengruppen zu befassen:
- *Anwender:* Der Anwender macht seine Anforderungen mit Hilfe von Grafiken deutlicher. Er versteht auch den Informatiker leichter, wenn ihm dieser seine Lösungsideen anhand von Bildern erklärt.
- *Informatiker:* Er vereinfacht die Kommunikation nach allen Seiten durch die Verwendung geeigneter Darstellungen. Diese unterstützen ihn überdies bei der Systemanalyse, beim Programmentwurf und bei der Dokumentation seiner Arbeiten.
- *Entscheidungsträger:* Der Manager muss sich sowohl über die Anforderungen der Anwender als auch über die Lösungsideen der Informatiker gründlich und rasch ins Bild setzen. Klare Grafiken erleichtern diese Arbeit.

Für die besprochenen Darstellungen sind zwei Betrachtungsweisen zu unterscheiden:
- die *betriebliche Sicht,* die angibt, was geschieht und wie ein Arbeitsablauf vollzogen wird und
- die *EDV-Sicht,* die – oft recht abstrakt – die Lösung im EDV-System beschreibt.

Zwischen den beiden Sichten gibt es Überlappungen. Diese sind sehr willkommen, da sie das gegenseitige Verständnis von Anwendern und Informatikern zusätzlich fördern.

Es werden im folgenden solche Darstellungen in den Vordergrund gestellt, die vor allem den Anwender betreffen. Er muss erfahren, welche Möglichkeiten er zur Darstellung der Ausgangssituation und seiner Anforderungen hat und wie die Systemgestaltung und schliesslich der Sollzustand bildlich dargestellt werden können. Nicht das Allerneueste wird behandelt, sondern das am besten Verständliche, das Deutliche. Der Inhalt wird in drei Teile gegliedert: in betriebliche Darstellungen (Ablauforganisation), in Darstellungen des Informatiksystems und in allgemein verwendbare Hilfsmittel.

## 10.1 Ablauforganisation

Zur Darstellung betrieblicher Abläufe werden *Ablaufdiagramme* gezeichnet. Sie basieren auf Symbolen der Graphentheorie. Die Tätigkeiten oder Zustände werden meist als Knoten oder Rechtecke, ihre Abfolge als Pfeile dargestellt. Für spezielle Gebiete sind Ablaufdiagramme und deren Symbole genormt: Datenflusspläne der Informatik in DIN 44300, Fliessbilder der Mess-, Steuer- und Regelungstechnik in DIN 19227, Fliessbilder der Verfahrenstechnik in DIN 28004.

Ablaufdiagramme zeigen im allgemeinen die beteiligten Stellen, deren Tätigkeiten sowie die Flüsse von Material und Information zwischen den Stellen. In manchen Bran-

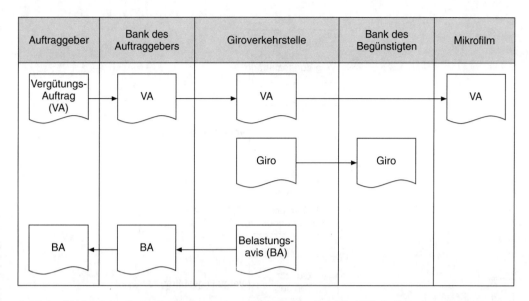

3.10.1  Stellenorientierte Darstellung eines Arbeitsablaufes. Die Tätigkeiten der einzelnen Stellen werden zusätzlich verbal beschrieben.

chen oder Anwendungen ist der Materialfluss nicht wesentlich oder er entfällt überhaupt, was die Ablaufdiagramme vereinfacht. Je nachdem ob die Stellen oder der Arbeitsablauf in den Vordergrund gestellt werden sollen, verwendet man «stellenorientierte» oder «ablauforientierte Darstellungen».

Der *stellenorientierte Ablaufplan* (Bild 3.10.1) zeigt die betroffenen Stellen in nebeneinanderliegenden Spalten und die zwischen den Stellen fliessenden Informationen in Form von Dokumenten oder Nachrichten. Er stellt für jede Stelle dar, welche Informationen sie von wem erhält und an wen bestimmte Informationen weiterzugeben sind. Was jede einzelne Stelle mit den Informationen zu tun hat, wird im Begleittext verbal beschrieben. Jede Stelle erhält dadurch ein klares Bild ihrer Funktion im beschriebenen Ablauf. Auch der Gesamtablauf ist gut zu erkennen. Allerdings werden grössere Darstellungen mit mehr als sechs bis acht Stellen recht unhandlich.

Die *ablauforientierte Darstellung* (Bild 3.10.2) zeigt die Logik eines Ablaufes besonders gut. Mit ihr können die Sequenz der Tätigkeiten und die logischen Abhängigkeiten einfach entworfen und deutlich dargestellt werden. Der Vorteil dieser Darstellungsart liegt im deutlichen Aufzeigen der gesamten Zusammenhänge. Bei grösseren Diagrammen ergibt sich ein Nachteil daraus, dass eine bestimmte Stelle an mehreren verschiedenen Orten eingetragen werden muss, wodurch eine stellenorientierte Betrachtung erschwert wird.

## 10.2 Informatiksystem

Im Kapitel II.3 wurde ausgeführt, dass Informatiklösungen im Kern aus vier Bausteinen bestehen (siehe Bild 2.3.5): Datenmodell, Funktionen, Funktionsabläufe und EDV-Platt-

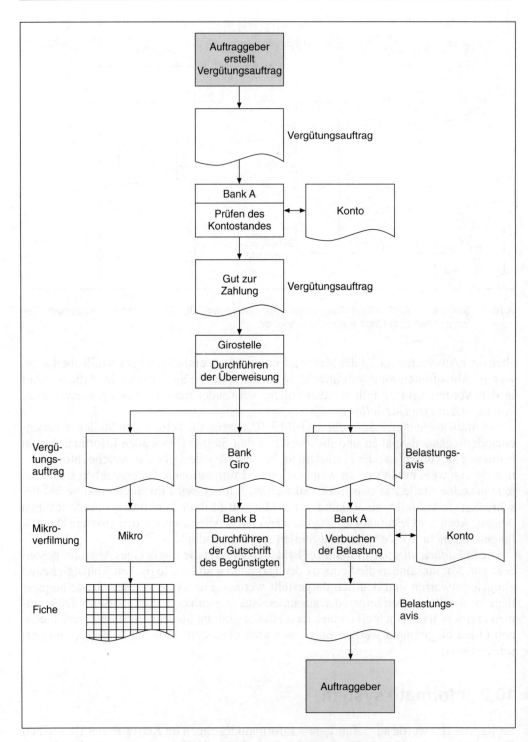

*3.10.2 Ablauforientierte Darstellung*

formen. Die folgenden Ausführungen zeigen, wie der Entwurf und die Dokumentation dieser vier Bausteine durch geeignete Darstellungen unterstützt werden können.

### 10.2.1 Informationsflüsse

Die Darstellung von Informationsflüssen ist ein Spezialfall der Ablaufdiagramme. Sie konzentriert sich auf die Flüsse und die Bearbeitung der betrieblichen Daten. Die Informations- oder Datenflüsse werden erfasst und analysiert, um die Anforderungen an ein EDV-System zu erkennen.

Die Zeichnungen von Datenflüssen nach *Yourdon/De Marco* sind einfach und übersichtlich. Ein Beispiel zeigt Bild 3.10.3. Das betrachtete System (Auftragsabwicklung) ist als Kreis dargestellt. Es ist durch Datenflüsse (Pfeile) mit vier externen Systemen verbunden, die als Quadrate gezeichnet werden (Kunde, Lieferant, Kreditkarten-Gesellschaft, Management).

Das Diagramm lässt sich beliebig verfeinern, indem das betrachtete System in seine Subsysteme aufgespalten wird (z.B.: Bestellungserfassung, Lagerverwaltung, Rechnungstellung und andere mehr).

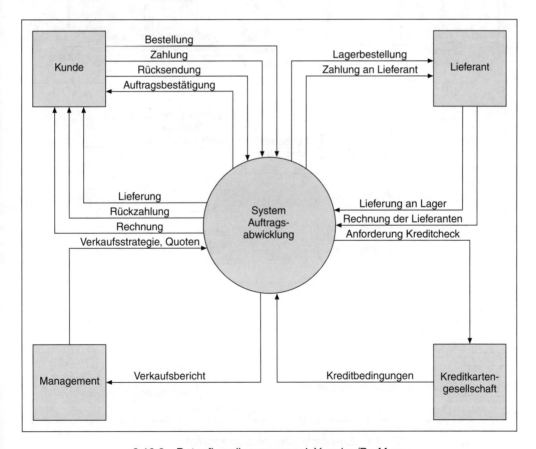

*3.10.3   Datenflussdiagramm nach Yourdon/De Marco*

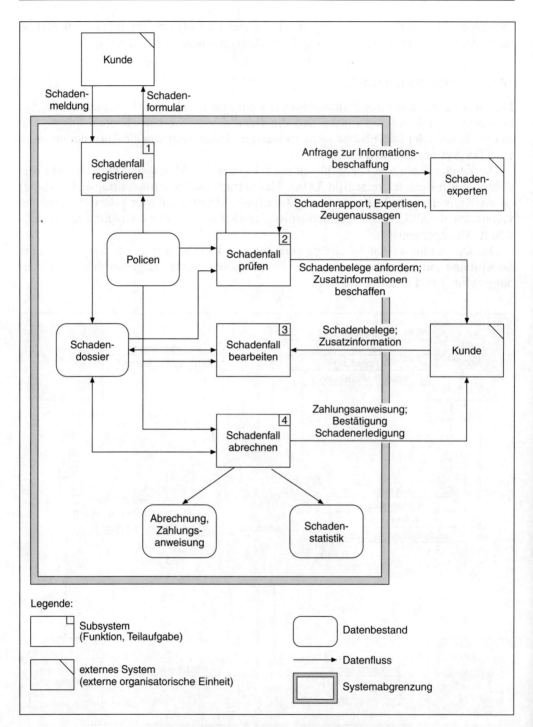

3.10.4 Erweitertes Datenflussdiagramm
Schadensabwicklung in einer Versicherung

Das *Datenflussdiagramm nach E. Fuchs* (Bild 3.10.4) zeigt für eine analoge Anwendung nicht nur die Subsysteme mit den Datenflüssen, sondern auch die beteiligten Datenbestände (Dateien) einer EDV-Lösung.

In diesem erweiterten Datenflussdiagramm lassen sich Datenmodell und Funktionenmodell bereits grob erkennen.

### 10.2.2 Datenbestände

Für die Projektierung eines EDV-Systems ist der Entwurf des Datenmodells ein zentraler und entscheidender Schritt. Man hat sowohl den Ist-Zustand als auch den Soll-Zustand des Datenmodells darzustellen. In der Praxis wird vorwiegend das Entity-Relationship-Modell verwendet. (Erklärungen findet man im Glossarium unter den Stichworten «Entität» und «Relationenmodell».)

In diesem Modell müssen die Objektmengen (Entitätsmengen) und die Beziehungen (Relationen) zwischen ihnen dargestellt werden. Man verwendet vielfach die Notation nach James Martin und Clive Finkelstein, die man auch als IEM-Darstellung (nach Information Engineering Method) bezeichnet. Im Relationenmodell kennt man allgemein vier Typen von Beziehungen. Das Bild 3.10.5 zeigt, wie sie nach IEM gezeichnet werden.

Die verschiedenen Arten von Beziehungen verknüpfen die beteiligten Entitätsmengen zu einem vollständigen Datenmodell. Das Bild 3.10.6 zeigt eine solche Darstellung. Betrachtet man dort die Entitätsmengen «Artikel» und «Lieferant», so sagen die Relationen folgendes aus: «Jeder Lieferant liefert einen oder mehrere Artikel. Jeder Artikel hat einen Lieferant (und nicht mehrere).»

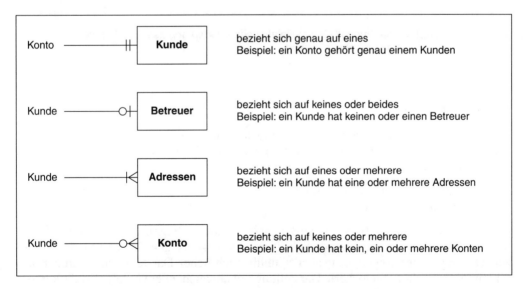

*3.10.5   Darstellungen von Relationen nach IEM*

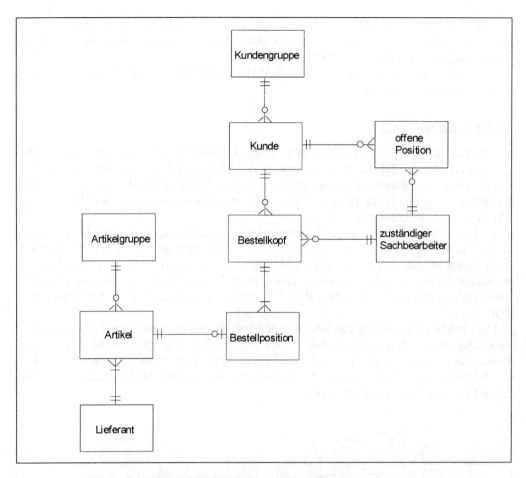

3.10.6  Datenmodell (Entity-Relationship-Model) gemäss IEM-Notation
        Beispiel: Bestellwesen

## 10.2.3 Funktionen

Daten werden durch Funktionen bearbeitet. Das muss – vor allem zum Verständnis des Anwenders – in irgendeiner Form dargestellt werden. Hier findet man zwei Arten von Diagrammen, die nacheinander eingesetzt werden:

– das Funktions-Hierarchie-Diagramm,
– das Funktions-Ablauf-Diagramm.

Die Bilder 3.10.7 und 3.10.8 zeigen Beispiele für diese Diagramme. Man kann Funktionsdiagramme in einem weiteren Schritt mit den zugehörigen Datenbeständen ergänzen. Das ist oft unerlässlich, kann aber zu unübersichtlichen Darstellungen führen. Empfohlen sei eine sehr aufgelockerte Darstellung mit ausreichender verbaler Erklärung. Als Muster kann Bild 3.10.9 angesehen werden.

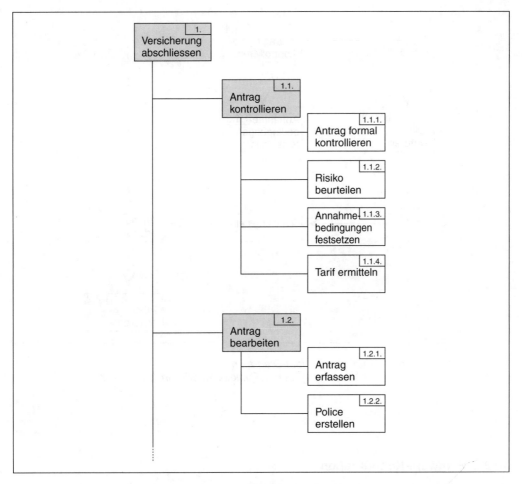

3.10.7   Funktions-Hierarchie-Diagramm
         Beispiel: Versicherungsabschluss

### 10.2.4 Prozesse und Transaktionen

Wenn eine Gruppe von Funktionen zusammengefasst wird und im EDV-System geschlossen und automatisch als ein Ganzes abläuft, bezeichnet man diesen Funktionsablauf allgemein als *Prozess* oder – wenn es sich um eine Dialogverarbeitung handelt – als *Transaktion*. Das Bild 3.10.9 zeigt die Darstellung eines solchen Funktionsablaufes. Dort sind Funktionen als Rechtecke, Dateien als Trommeln und Informationsflüsse als Pfeile zu den Dateien gezeichnet. Weitere Pfeile, die von einer Funktion zur nächsten führen, zeigen den logischen Ablauf.

Für die Darstellung einzelner Transaktionen ist ein anderes Beispiel im Bild 2.3.6 gezeigt worden. Dort sind die verschiedenen Funktionen innerhalb der Transaktion nur aus der verbalen Beschreibung ersichtlich.

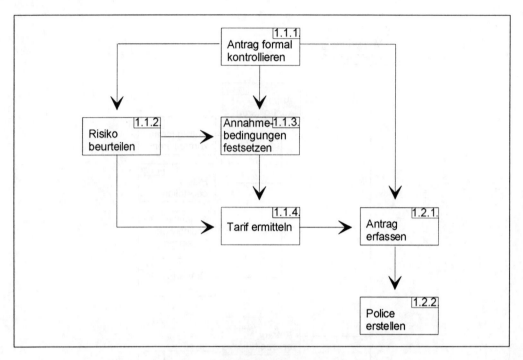

*3.10.8 Funktions-Ablauf-Diagramm
(in Anlehnung an das Funktionsmodell in Abb. 3.10.7)*

### 10.2.5 Hardware-Konfiguration

Zur Veranschaulichung von Hardware-Konfigurationen werden die einzelnen Geräte des Systems durch Symbole oder kleine Skizzen (Icons) dargestellt. Die Datenkanäle, die die Geräte verbinden, zeichnet man als Pfeile. Kurze schriftliche Angaben (z.B. Hersteller, Typ, Bezeichnung, Leistung) ergänzen das Bild (siehe Bild 3.10.10).

## 10.3 Hilfsmittel

Als allgemein einsetzbare Hilfsmittel lassen sich viele Tabellen und graphische Darstellungen verwenden. Es sei hier nur auf bereits bekannte Darstellungen hingewiesen:

– Problemstrukturierung   Bild 2.3.1
– Checklisten             Bild 2.3.9
– Balkendiagramm          Bild 3.2.2
– Netzplandarstellungen   Bilder 3.2.3 ff.

10. Darstellungstechniken                                                                 433

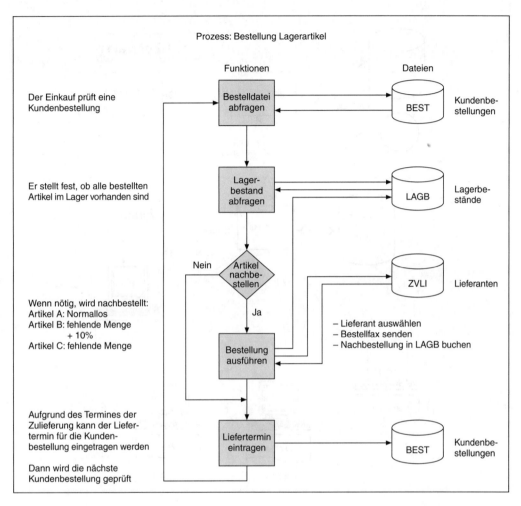

*3.10.9   Prozesse setzen sich aus einer Reihe von Funktionen zusammen*

Eine weitere Technik soll hier ergänzend behandelt werden, die in der Systemanalyse und beim Programmentwurf gute Dienste leistet: die Verwendung von *Entscheidungstabellen*. Das Bild 3.10.11 zeigt das Grundschema.

Entscheidungstabellen sind nützlich, wenn komplizierte logische Voraussetzungen geprüft werden müssen, um daraus die nötigen Aktionen abzuleiten. Leider werden Entscheidungstabellen bei einer grösseren Anzahl von Bedingungen sehr umfangreich und unübersichtlich – sie sind aber gerade dann ein gutes Hilfsmittel, um alle möglichen Fälle zu erfassen. Es gibt Übersetzungsprogramme, die Entscheidungstabellen direkt in Computerprogramme umwandeln. Diese werden in einer höheren Sprache erstellt und können selbständig oder als Teil zum Einbau in ein Programm verwendet werden.

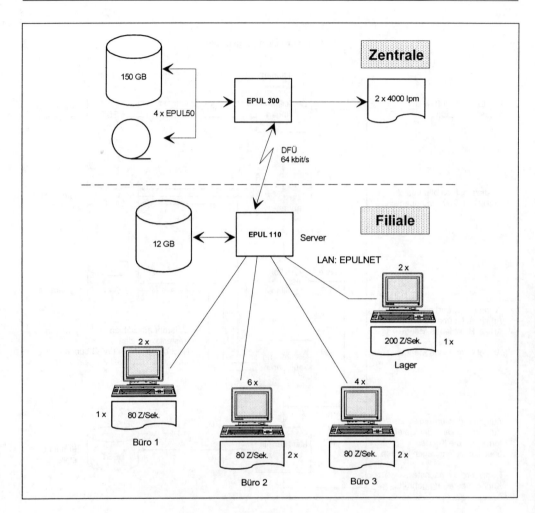

*3.10.10 Konfigurationsschema*

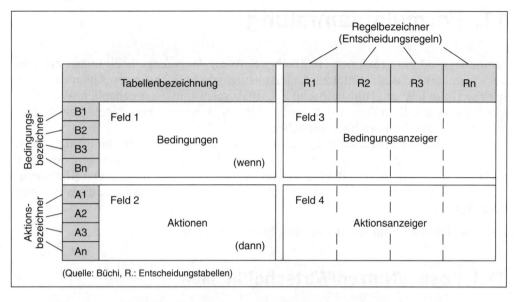

3.10.11  Grundschema einer Entscheidungstabelle

| | Auftragsdisposition | R1 | R2 | R3 | R4 |
|---|---|---|---|---|---|
| B1 | Auftragssumme > 10 000.– | N | N | J | J |
| B2 | Endtermin < Normal-DLZ | N | J | N | J |
| A1 | Entscheidung bei Disponent | x | x | | |
| A2 | Rücksprache bei Terminplanung | | x | | x |
| A3 | Entscheidung durch Chef der Materialdisposition | | | x | x |

J = Ja
N = Nein
x = Zutreffende Aktion

3.10.12  Beispiel einer Entscheidungstabelle

## 10.4 Literatur

1) H. Löffler, J. Meinhardt,
   D. Werner:           Taschenbuch der Informatik.
2) W.F. Daenzer,
   F. Huber (Hrsg.):    Systems Engineering.
3) J. Twiehaus:         Der Schlüssel zur Computer Software.
4) H. Jäger:            Darstellungstechniken für EDV-Informationssysteme.
5) R. Böhm, E. Fuchs,
   G. Pacher:           System-Entwicklung in der Wirtschafts-Informatik.

# 11. Formularsammlung

Formulare sind trotz zahlreich erhältlicher Software-Werkzeuge noch immer ein sinnvolles Organisationshilfsmittel zur Unterstützung von administrativen Abläufen. Ob sie in Papierform oder am Bildschirm im Zugriffsbereich sind, ist unerheblich. Wichtig ist jedoch, dass alle Betroffenen sich an die ablauforganisatorischen Regeln halten sowie Sinn und Zweck der Formulare verstehen.

Die im folgenden dargestellten Formulare sind hauptsächlich für die Planung, Kontrolle und Entscheidung bei der Abwicklung von EDV-Projekten vorgesehen. Sofern sie nicht schon sonst in diesem Buch angewendet wurden (s. Hinweise in den Klammern), wird zu jedem leeren Formular auch ein ausgefülltes Formular im Sinne eines Beispiels beigefügt.

Die aufgeführten Formulare decken folgende Bereiche ab:

## 11.1 Kosten/Nutzen/Wirtschaftlichkeit

Kalkulationsschema: Einmalige Kosten (3.11.1), s. Kapitel III.5/Fallstudie S. 646
Kalkulationsschema: Jährliche Kosten (3.11.2), s. Kapitel III.5/Fallstudie S. 647
Nutzenanalyse – quantifizierbare Faktoren (3.11.3) s. Kapitel III.5/Fallstudie S. 648
Nutzenanalyse – Nicht direkt quantifizierbar (3.11.4), s. Kapitel III.5/Fallstudie S. 649
Kennzahlen (3.11.5), s. Kapitel III.5/Fallstudie S. 650

## 11.2 Projektmanagement, Terminierung

Projekt-Antrag/Auftrag (3.11.6), s. Kapitel III.1/Fallstudie S. 577, 600
Terminplanung (Balkendiagramm) (3.11.7), s. Kapitel III.2/Fallstudie S. 652
Aufwand und Kosten (Ist/Soll) (3.11.8, 3.11.8a) S. 444/445
Kostenplanung und -kontrolle (3.11.9, 3.11.9a) S. 446/447
Arbeitsauftrag (3.11.10), s. Kapitel III.1, S. 288
Fortschrittsbericht (3.11.11)

## 11.3 Evaluation

Nutzwertanalyse (3.11.12), s. Kapitel III.4/Fallstudie S. 642, 643
Risikobewertung (3.11.13), Kapitel III.4, S. 329
Zusammenfassung Variantenvergleich (3.11.14), s. Fallstudie S. 645

## 11.4 Personal

Stellenbeschreibung (3.11.15), s. Fallstudie S. 666

| Firma: | **Kalkulationsschema: Einmalige Kosten** | | Dok. Nr.: |
|---|---|---|---|
| | Auftrag: | Kurzzeichen: | Datum: |

| Investitionen | nicht ausgabe-wirksam | ausgabe-wirksam | Total |
|---|---|---|---|
| Hardware (Kauf) | | | |
| Software (Kauf) | | | |
| Raum und Infrastruktur | | | |
| Datenerfassung (Kauf) | | | |
| Installationen | | | |
| Beratung | | | |
| Schulung | | | |
| Dokumentation | | | |
| Mobiliar, Hilfsgeräte | | | |
| | | | |
| | | | |
| Diverses | | | |
| **Total A: Investitionen** | | | |

| Entwicklung und Einführung | | Ausf. Stelle | Personal | | Computer | | Total |
|---|---|---|---|---|---|---|---|
| | | | AT | Fr. | Std. | Fr. | Fr. |
| Vorstudie | | | | | | | |
| Grobkonzept | | | | | | | |
| Evaluation | | | | | | | |
| Detailkonzept/Design | | | | | | | |
| Realisierung | Programmierung/Datenbanken | | | | | | |
| | Test | | | | | | |
| | Konversion | | | | | | |
| | Dokumentation, Benützerhandbücher | | | | | | |
| Einführung (Anpassung, Aufbau- und Ablauforganisation) | | | | | | | |
| Planung und Koordination | | | | | | | |
| Stammdatenaufnahme bzw. -übernahme | | | | | | | |
| | | | | | | | |
| Diverses | | | | | | | |
| **Total B: Entwicklung und Einführung** | | | | | | | |
| **Total A und B: Einmalige Kosten** | | | | | | | |

Tagessatz: _____ Fr.    Computersatz: _____ Fr.    AT = Arbeitstag   Std. = Stunden

*3.11.1  Kalkulationsschema: Einmalige Kosten*

| Firma: | **Kalkulationsschema:** <br> **Jährliche (wiederkehrende) Kosten** | | Dok. Nr.: |
|---|---|---|---|
| | Auftrag: | Kurzzeichen: | Datum: |

| **Position** | Jährliche Kosten nicht ausgabewirksam | ausgabewirksam | Total |
|---|---|---|---|
| **Jährliche Betriebskosten** | | | |
| Miete | | | |
| Wartung | | | |
| Lizenzgebühren | | | |
| Personal Operating | | | |
| Personal Datenerfassung | | | |
| Systemunterhalt | | | |
| Programmunterhalt | | | |
| Verarbeitungskosten | | | |
| Datenübertragungskosten | | | |
| Energiekosten | | | |
| Raumkosten | | | |
| Hilfsmaterial | | | |
| | | | |
| | | | |
| | | | |
| | | | |
| Diverses | | | |
| **Jährliche Betriebskosten** | | | |
| **Abschreibung und Zinsen** | | | |
| Investitionen (A): Abschreibung ____ Jahre | | | |
| Kalk. Zins ____ Prozent | | | |
| Entwicklung (B): Abschreibung ____ Jahre | | | |
| Kalk. Zins ____ Prozent | | | |
| | | | |
| | | | |
| | | | |
| | | | |
| | | | |
| **Abschreibung und Kalk. Zins** | | | |
| **Jährl. Kosten (Betriebskosten plus Abschreibung plus Zins)** | | | |

*3.11.2 Kalkulationsschema: Jährliche Kosten*

# 11. Formularsammlung

| Firma: | Nutzenanalyse – quantifizierbare Faktoren | | Dok. Nr.: | |
|---|---|---|---|---|
| | Auftrag: | Kurzzeichen: | Datum: | |

| Nutzenart/Applikation (in _____ Franken) | Minimum | Wahrsch. | Maximum |
|---|---|---|---|
| **Direkte Einsparungen/Jahr** | | | |
| | | | |
| | | | |
| | | | |
| | | | |
| | | | |
| | | | |
| | | | |
| | | | |
| | | | |
| | | | |
| | | | |
| | | | |
| | | | |
| Total 1: Direkte Einsparungen | | | |
| **Vermeidbare Kosten/Jahr** | | | |
| | | | |
| | | | |
| | | | |
| | | | |
| | | | |
| | | | |
| | | | |
| Total 2: Vermeidbare Kosten | | | |
| **Erhöhter Gewinn aus Mehreinnahmen/Jahr** | | | |
| | | | |
| | | | |
| | | | |
| | | | |
| | | | |
| Total 3: Erhöhter Gewinn aus Mehreinnahmen | | | |
| Total quantifizierbarer Nutzen/Jahr | | | |
| | | | |
| | | | |

*3.11.3   Nutzenanalyse – quantifizierbare Faktoren*

Teil III: Methoden für die EDV-Praxis 440

| Firma: | Nutzenanalyse – nicht direkt quantifizierbar || Dok. Nr.: |
|---|---|---|---|
| | Auftrag: | Kurzzeichen: | Datum: |

| Sachgebiet / Nutzen | | Minimum | Wahrsch. | Maximum |
|---|---|---|---|---|
| | | | | |

*3.11.4 Nutzenanalyse – Nicht direkt quantifizierbar*

| Firma: | Kennzahlen<br>Aufwand / Nutzen / Wirtschaftlichkeit | | | Dok. Nr.: |
|---|---|---|---|---|
| | Auftrag: | | Kurzzeichen: | Datum: |

| Position | Betrag | | |
|---|---|---|---|
| | pessim. | wahrschein. | optim. |
| **Aufwand** | | | |
| Investitionen (einmalige Kosten) | | | |
| Jährliche Betriebskosten (wiederkehrende Kosten) | | | |
| Jährliche Abschreibungen | | | |
| Kalkulatorische Zinsen | | | |
| **Total jährliche Kosten** | | | |
| **Nutzen (quantifiziert)** | | | |
| Direkte Einsparungen | | | |
| Vermeidbare Kosten | | | |
| Erhöhter Gewinn aus Mehreinnahmen | | | |
| Quantifizierte Imponderabilien | | | |
| **Total jährlicher Nutzen** | | | |
| **Wirtschaftlichkeitskennzahlen** | | | |
| ROI-Return in Investment (Abschreibungsdauer ___ Jahre)    [%] | | | |
| Pay-Back-Amortisationsdauer    [Jahre] | | | |
| Barwert (Abschreibungsdauer ___ Jahre)    [in 1000 Fr.]<br>(Diskontzins ___ Prozent) | | | |
| Interner Zinsfuss (Abschreibungsdauer ___ Jahre)    [%] | | | |

*3.11.5   Kennzahlen*

Teil III: Methoden für die EDV-Praxis 442

| Firma: | **Projekt-Antrag / Auftrag** | | Dok. Nr.: |
|---|---|---|---|
| | Projekt: | Kurzzeichen: | Datum: |
| | Phase: | | Sachb.: |
| Auftrags-Bezeichnung: | | Kurzzeichen: | Auftrags-Nr.: |
| 1. Kurzbeschreibung (Ausgangssituation, Aufgabenstellung, Untersuchungs-Gestaltungsbereich); 2. Zweck / Erwarteter Nutzen; 3. Grundlagen; 4. Form des Ergebnisses; 5. Sonstiges | | | Projektleiter: |
| | | | Projektgruppe: |
| | | | Steuerungs-Ausschuss: |
| | | | Start-Termin: |
| | | | Abschluss-Termin: |
| | | | Kosten: |
| | | | Verteiler: |
| | | | Antragsteller: |
| | | | Datum: |
| | | | Genehmigt: |
| | | | Datum: |

*3.11.6   Projekt-Antrag/Auftrag*

| Firma: | **Terminplanung (Balkendiagramm)** | | Dok. Nr.: |
|---|---|---|---|
| | Projekt: | Kurzzeichen: | Datum: |
| | Phase: | | Sachb.: |

| Tätigkeit / Phase | Verantw. | |
|---|---|---|
| | | |
| | | |
| | | |
| | | |
| | | |
| | | |
| | | |
| | | |
| | | |
| | | |
| | | |
| | | |
| | | |
| | | |
| | | |
| | | |
| | | |
| | | |
| | | Zeiteinteilung |

*3.11.7 Terminplanung (Balkendiagramm)*

Teil III: Methoden für die EDV-Praxis 444

| Firma: | **Aufwand und Kosten Ist / Soll** ||||||| Dok. Nr.: ||
|---|---|---|---|---|---|---|---|---|---|
| | Projekt: |||||| Kurzzeichen: | Datum: ||
| | Phase: ||||||| Sachb.: ||
| Zeiteinheit | Aufwand und Kosten laufend |||| Aufwand und Kosten kumulativ ||||
| | Aufwand in || Kosten in || Aufwand in || Kosten in ||
| | Ist | Soll | Ist | Soll | Ist | Soll | Ist | Soll |
| | | | | | | | | |
| | | | | | | | | |
| | | | | | | | | |
| | | | | | | | | |

*3.11.8 Aufwand und Kosten (Ist/Soll)*

## 11. Formularsammlung

| Firma: ABC | Aufwand und Kosten   Ist / Soll | | | Dok. Nr.: | |
|---|---|---|---|---|---|
| | Projekt: Anlage XY | | Kurzzeichen: | Datum: Juni 19.. | |
| | Phase: Hauptstudie | | | Sachb.: | |

| Zeiteinheit | Aufwand und Kosten laufend | | | | Aufwand und Kosten kumulativ | | | |
|---|---|---|---|---|---|---|---|---|
| | Aufwand in AT | | Kosten in 1000 Fr. | | Aufwand in AT | | Kosten in 1000 Fr. | |
| | Ist | Soll | Ist | Soll | Ist | Soll | Ist | Soll |
| Februar 19.. | 200 | 250 | 320 | 375 | 200 | 250 | 320 | 375 |
| März 19.. | 350 | 330 | 560 | 495 | 550 | 580 | 880 | 870 |
| April 19.. | 380 | 320 | 608 | 480 | 930 | 900 | 1488 | 1350 |
| Mai 19.. | 200 | 200 | 300 | 300 | 1130 | 1100 | 1788 | 1650 |
| Juni 19.. | 400 | 300 | 640 | 450 | 1530 | 1400 | 2828 | 2100 |
| Juli 19.. | | 400 | | 600 | | 1800 | | 2700 |
| | s. dazu graphische Darstellung Formular BWI/SE9 (S. 447) | | | | | | | |

*3.11.8a   Aufwand und Kosten (Ist/Soll)-Beispiel*

Teil III: Methoden für die EDV-Praxis

| Firma: | **Kostenplanung und -kontrolle** | | Dok. Nr.: |
|---|---|---|---|
| | Projekt: | Kurzzeichen: | Datum: |
| | Phase: | | Sachb.: |

Kosten in

Plankosten – – – – –    Istkosten ⎯⎯⎯    Prognose —×—×—    Zeit

*3.11.9   Kostenplanung und -kontrolle*

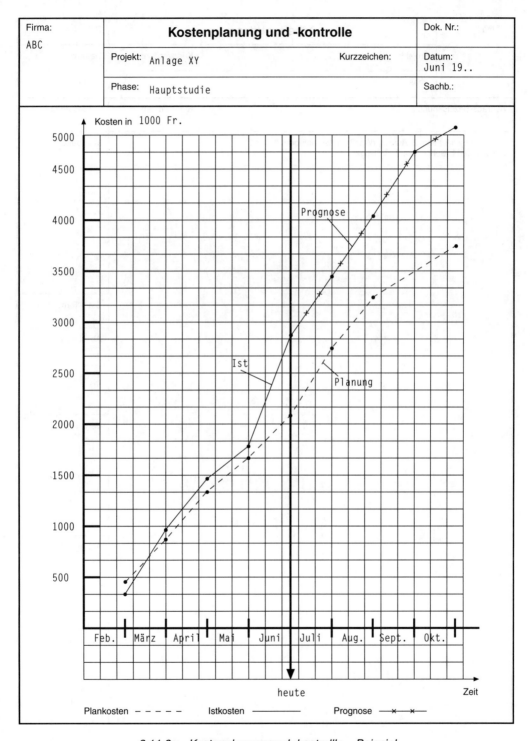

3.11.9a   Kostenplanung und -kontrollle – Beispiel

Teil III: Methoden für die EDV-Praxis

| Firma: | **Arbeitsauftrag** | | Dok. Nr.: |
|---|---|---|---|
| | Projekt: | Kurzzeichen: | Datum: |
| | Phase: | | Sachb.: |
| Auftrags-Bezeichnung: | | Kurzzeichen: | Auftrags-Nr.: |
| 1. Ausgangssituation; 2. Auftrag (Was?); 3. Grundlagen; 4. Wie?  5. Form des Ergebnisses; 6. Sonstiges | | | Mitarbeiter: |
| | | | Start-Termin: |
| | | | Abschluss-Termin: |
| | | | Kosten/Aufwand: |
| | | | Verteiler: |
| | | | Antragsteller: |
| | | | Datum: |
| | | | Genehmigt: |
| | | | Datum: |

*3.11.10   Arbeitsauftrag*

# 11. Formularsammlung

| Firma: | **Fortschrittsbericht** | | Dok. Nr.: |
|---|---|---|---|
| | Projekt: | Kurzzeichen: | Datum: |
| | Phase: | | Sachb.: |

| Auftrags-Bezeichnung: | Kurzzeichen: | Auftrags-Nr.: |
|---|---|---|
| Projektleiter: | Berichts-Zeitraum: | Datum: |

| Phasen: | | | | | | | |
|---|---|---|---|---|---|---|---|
| Start: | | | | | | | |
| Ende:  geplant | | | | | | | |
| effektiv | | | | | | | |
| Aufwand: geplant | | | | | | | |
| effektiv | | | | | | | |

1 = Derzeitiger Stand   2 = Schwierigkeiten   3 = Erforderliche Massnahmen
4 = Weiteres Vorgehen   5 = Sonstiges   6 = Verteiler

Fortschrittsbericht:

*3.11.11   Fortschrittsbericht*

Teil III: Methoden für die EDV-Praxis 450

# Nutzwertanalyse: Bewertungsmatrix / Variantenvergleich

Firma: | Dok. Nr.:
Projekt / Systemkomponente: | Kurzzeichen: | Datum:
Phase: | | Sachb.:

| Varianten | | Var: | | | Var: | | | Var: | | |
|---|---|---|---|---|---|---|---|---|---|---|
| Teilziele / Kriterien<br><br>Finanziell / funktionell / personell<br>sozial / gesellschaftlich | Gewicht<br>(g)<br>**) | Erfüllungsgrad<br>(Kommentar) | Note<br>(n)<br>*) | g * n | Erfüllungsgrad<br>(Kommentar) | Note<br>(n) | g * n | Erfüllungsgrad<br>(Kommentar) | Note<br>(n) | g * n |
| | | | | | | | | | | |
| | | | | | | | | | | |
| | | | | | | | | | | |
| | | | | | | | | | | |
| | | | | | | | | | | |
| | | | | | | | | | | |
| | | | | | | | | | | |
| | | | | | | | | | | |
| Gesamtbewertung / Gesamtzielerfüllung | | | | | | | | | | |

**) Summe = 100     *) Note = 0: sehr schlecht    5: mittelmässig    10: sehr gut

*3.11.12  Nutzwertanalyse*

# Risikobewertung / Variantenvergleich

| Firma: | | | Dok. Nr.: |
|---|---|---|---|
| Projekt / Systemkomponente: | | Kurzzeichen: | Datum: |
| Phase: | | | Sachb.: |

Variante:

| Risiken | W | T | W × T |
|---|---|---|---|
| | | | |
| | | | |
| | | | |
| | | | |
| | | | |
| | | | |
| | | | |
| | | | |
| | | | |
| | | | |
| | | | |
| Erwartungswert-Nachteile | | | |

Variante:

| Risiken | W | T | W × T |
|---|---|---|---|
| | | | |
| | | | |
| | | | |
| | | | |
| | | | |
| | | | |
| | | | |
| | | | |
| | | | |
| | | | |
| | | | |
| Erwartungswert-Nachteile | | | |

Variante:

| Risiken | W | T | W × T |
|---|---|---|---|
| | | | |
| | | | |
| | | | |
| | | | |
| | | | |
| | | | |
| | | | |
| | | | |
| | | | |
| | | | |
| | | | |
| Erwartungswert-Nachteile | | | |

Legende: **Bewertung der Risikowahrscheinlichkeit (W)**
W = 0 der Risikofall wird nicht erwartet
W = 5 das Risiko tritt mit mittlerer Wahrscheinlichkeit ein
W = 10 die Wahrscheinlichkeit ist hoch

**Bewertung der Tragweite (T)**
problemspezifisch z.B.: T = 0 keine Auswirkung
T = 5 Störfall
T = 10 Katastrophe

*3.11.13 Risikobewertung*

| Firma: | Zusammenfassung Variantenvergleich | | | Dok. Nr.: |
|---|---|---|---|---|
| | Projekt / Systemkomponente: | | Kurzzeichen: | Datum: |
| | Phase: | | | Sachb.: |
| Position: \ Kurzbezeichnung der Varianten | Var: | Var: | Var: | |
| Erfüllungsgrad der Mussziele und Sollziele | | | | |
| Gesamtzielerfüllung gemäss Nutzwertanalyse | | | | |
| Ergebnisse der Wirtschaftlichkeitsberechnung | | | | |
| Ergebnisse der Risikobewertung | | | | |
| Empfehlung | | | | |
| Begründung | | | | |

*3.11.14   Zusammenfassung Variantenvergleich*

# 11. Formularsammlung

| Firma: | | **Stellenbeschreibung** | |
|---|---|---|---|

1. Bezeichnung
2. Vorgesetzte Stelle
3. Mitarbeiter
4. Stellvertretung, Platzhalterschaft
5. Funktionen und Hauptaufgaben




6. Profil des Stelleninhabers

6.1 Schulausbildung:



6.2 Berufsausbildung:



6.3 Zusatzkenntnisse:



6.4 Besondere Anforderungen:



*3.11.15   Stellenbeschreibung*

Teil IV

# EDV-Management

Es ist wichtiger, die richtigen Dinge zu tun,
als die Dinge richtig zu tun.
(Peter Drucker)

Das Ganze ist mehr
als die Summe der Teile.
(Aristoteles)

# Teil IV: EDV-Management

**Einleitung** .................................................. 461

**1. Von der Unternehmensvision zum Informatik-System** ......... 462
 1.1 Die richtigen Dinge tun .................................. 462
 1.2 Die Unternehmensvision .................................. 463
 1.3 Das Leitbild ............................................ 463
 1.4 Unternehmensziele ....................................... 463
 1.5 Die Unternehmensstrategie ............................... 464
 1.6 Process Engineering ..................................... 464
 1.7 Potentiale der Informatik ............................... 466
 1.8 Das richtige Informatiksystem (IS) ...................... 467
 1.9 Literatur ............................................... 467

**2. Aufbauorganisation und Aufgaben einer zentralen Abteilung «Organisation und Informatik»** .......................... 468
 2.1 Ist eine Abteilung «Organisation und Informatik» in Klein- und Mittelbetrieben nötig? ......................... 468
 2.2 Organisatorische Einbindung der Abteilung «Organisation und Informatik» ......................................... 469
 2.3 Grundsätze der Aufbauorganisation für die Informatik einer Grossunternehmung ...................................... 469
 2.4 Die zentrale Informatik und ihre Unterabteilungen ....... 473
 2.5 Individuelle Datenverarbeitung (IDV) .................... 477
 2.6 Literatur ............................................... 477

**3. EDV-Möglichkeiten** ....................................... 478
 3.1 Bedarfsarten ............................................ 478
  3.1.1 Integrierte kommerzielle Applikationen ............. 478
  3.1.2 Technisch-wissenschaftliche Applikationen .......... 478
  3.1.3 EDV-Unterstützung am Arbeitsplatz .................. 478
  3.1.4 Individuelle Datenverarbeitung ..................... 478
  3.1.5 Informationsbeschaffung ............................ 479
  3.1.6 Spezialbedürfnisse ................................. 479
 3.2 EDV-Möglichkeiten ....................................... 479
  3.2.1 IDV-Einzelplätze ................................... 479
  3.2.2 IDV-LAN ............................................ 480
  3.2.3 Client-/Server-Systeme ............................. 480
  3.2.4 Abteilungsrechner (Minicomputer) ................... 480
  3.2.5 Grosscomputer und Standardsoftware ................. 481
  3.2.6 Grosscomputer und Individualsoftware ............... 481
  3.2.7 Spezialsysteme ..................................... 482
 3.3 Autonome EDV versus Outsourcing ......................... 486
  3.3.1 Autonome EDV im Hause .............................. 486
  3.3.2 Outsourcing (Rechenzentrums-Lösung) ................ 488

| | | |
|---|---|---|
| 3.4 | Zum Einsatz von Gebrauchtcomputern | 489 |
| 3.5 | Literatur | 490 |

**4. Strategischer Einsatz der Informatik** ......... 491
- 4.1 Definitionen ......... 491
- 4.2 Wechselwirkung zwischen Unternehmensstrategie und Informatikstrategie ......... 491
  - 4.2.1 Wettbewerbsarten ......... 491
  - 4.2.2 Kundenorientierung ......... 493
  - 4.2.3 Strategische Vorteile durch den Einsatz der Informatik ......... 494
- 4.3 Kritische Erfolgsfaktoren ......... 495
- 4.4 Die Wertschöpfungskette und die Potentiale der Informatik ......... 498
- 4.5 Das Informatik-Positionierungsdiagramm ......... 500
- 4.6 Das zukünftige strategische Applikationsportfolio ......... 502
- 4.7 Literatur ......... 504

**5. Informatikstrategie** ......... 505
- 5.1 Einführung ......... 505
- 5.2 Inhalt der Informatikstrategie ......... 505
- 5.3 Das Applikationsportfolio ......... 505
- 5.4 Dimensionierung und Technik ......... 509
- 5.5 Gestaltung und Organisation ......... 510
- 5.6 Umsetzungsstrategie ......... 513
- 5.7 Das Vorgehen bei der Erarbeitung der Informatikstrategie – Zusammenfassung ......... 514
- 5.8 Schlussbetrachtungen ......... 516
- 5.9 Literatur ......... 517

**6. EDV-Betrieb bei einer dezentralen Informatikstelle** ......... 518
- 6.1 Einführung ......... 518
- 6.2 Die «Informatik-F»-Stelle und ihr Umfeld ......... 518
- 6.3 Aufgaben und Aufgabenteilung der «Informatik F» ......... 519
  - 6.3.1 Hauptaufgaben ......... 519
  - 6.3.2 Obliegenheit gegenüber der zentralen Informatik («Informatik Z») ......... 522
- 6.4 Zusammenwirken «Informatik F»/«Informatik Z» ......... 523
- 6.5 Das Inventar und die Dotierung der dezentralen Informatikstelle ......... 524
- 6.6 Das Wissensinventar der «Informatik F» ......... 526
- 6.7 Schlussbetrachtungen ......... 527
- 6.8 Literatur ......... 527

**7. Erfolgskontrolle in der Informatik** ......... 528
- 7.1 Einleitung ......... 528
- 7.2 Die Kontrollebenen ......... 529
- 7.3 Projektkontrolle ......... 529
  - 7.3.1 Kontrolle auf Zielerreichung ......... 529
  - 7.3.2 Aktualisierung und Wartung (benutzerorientierte Überwachung) ......... 530

| | | |
|---|---|---|
| 7.4 | Die Leistungskontrolle | 532 |
| | 7.4.1 Anlagenorientierte Überwachung | 532 |
| | 7.4.2 Softwareorientierte Überwachung | 533 |
| 7.5 | Administration, Planung und Schnittstellen bei der «Informatik F» | 533 |
| 7.6 | Kennzahlen der Informatik | 535 |
| 7.7 | Literatur | 535 |

**8. Sicherheit der EDV** ........ 536
8.1 Allgemeines ........ 536
8.2 Gefahren ........ 536
8.3 Schadenfälle und ihre Folgen ........ 537
8.4 Sicherheitsmassnahmen ........ 538
    8.4.1 Sicherheitsmassnahmen zur Verhinderung von Schäden ........ 538
    8.4.2 Massnahmen zur Bewältigung von Schadenfällen ........ 542
8.5 Computerviren ........ 544
8.6 Sofortmassnahmen – 10 Gebote ........ 545
8.7 Literatur ........ 546

**9. Berufe der Datenverarbeitung** ........ 547
    Literatur ........ 555

# Einleitung

Mit diesem Teil des Buches sollen in erster Linie folgende Personenkreise angesprochen werden:

- Verantwortliche für Informatikstellen in den Abteilungen oder Bereichen der Grossunternehmen,
- Leiter oder Koordinatoren von Informatikstellen in Mittel- oder Kleinfirmen,
- fortschrittliche Anwender, die die Aufgaben der EDV-Leiter kennenlernen wollen und die sich für die «grossen Zusammenhänge» interessieren.

In einigen Kapiteln des Teiles IV werden wiederholt die Bezeichnungen «Informatik Z» und «Informatik F» verwendet. Diese bedeuten:

- «Informatik Z» steht für die *zentrale Abteilung für Organisation und Informatik*.
- «Informatik F» bezeichnet die (dezentralen) Stellen für *Organisation und Informatik in den verschiedenen Fachbereichen*.

Die Linienverantwortlichen der Fachabteilungen (Produktion, Marketing, Verkauf, Ämter der öffentlichen Verwaltungen und andere) übernehmen neben ihren angestammten Aufgaben immer mehr auch die Verantwortung für «ihre» EDV. So entstehen bewusst dezentrale Kompetenzstellen der Informatik («Informatik F»). Deshalb wird von manchen Anwendern erwartet, dass sie nicht nur in EDV-Projekten kompetent mitwirken, sondern auch in der Lage sind, die *Führung* einer Informatikstelle zu übernehmen. Diese Aufgabe ist recht anspruchsvoll, weil sie mehrere, zum Teil konträre Anforderungen stellt:

- Der Leiter einer solchen Stelle muss wissen, wie deren Aufbau- und Ablauforganisation beschaffen sein sollen.
- Er muss sich klar darüber sein, wie der Betrieb in einer bereichseigenen EDV-Stelle («Informatik F») ablaufen soll.
- Er muss global denken und lokal handeln. Das heisst, er muss die *Gesamtstrategie* der Informatik im Konzern («Informatik Z») oder in der Verwaltung respektieren und gleichzeitig eine effiziente *bereichsinterne Informatik* betreiben.

Dieser Teil soll kein Handbuch für vollamtliche EDV-Leiter («Informatik Z») in Grossfirmen sein. Er soll vielmehr als Leitfaden für Anwender dienen, die zu einem der oben genannten Personenkreise gehören und nicht nur mit einem EDV-Projekt, sondern auch mit der EDV-Organisation (Hardware, Software, Personal, Infrastruktur, Strategie, Prioritäten, Arbeitsplanung etc.) konfrontiert werden.

Mit dieser Zielsetzung werden hier diejenigen Aspekte behandelt, die nicht direkt mit einem Projekt zu tun haben, sondern den *übergeordneten* Belangen der Entwicklung dienen. Dazu gehören Fragen der Informatikstrategie und des strategischen Einsatzes der Informatik, der Aufbauorganisation, der Einsatzmöglichkeiten und des Betriebes, des Controlling, der Sicherheit und andere. Damit soll den Betroffenen oder Interessierten für eine Aufgabe als *interner Berater* Unterstützung geboten werden.

# 1. Von der Unternehmensvision zum Informatik-System

## 1.1 Die richtigen Dinge tun

Wenn der Anwender nicht nur kompetent an einem EDV-Projekt mitwirken, sondern auch die Verantwortung für ein EDV-Kompetenzzentrum übernehmen soll, dann sollte er mit den unternehmensstrategischen Aspekten vertraut sein. Dieses Kapitel behandelt einige Grundsatzaspekte dazu.

Das Motto von Peter Drucker, eines der führenden Unternehmensforscher unseres Jahrhunderts

> «Es ist wichtiger, die *richtigen Dinge* zu tun, als die Dinge richtig zu tun»

sollte jeder Führungskraft im EDV-Bereich stets präsent sein. Denn die EDV ist nur ein Werkzeug, um Dinge effizient (also richtig) abzuwickeln. Das Identifizieren der *richtigen Dinge* ist Sache der Unternehmensführung, ihrer Ziele und ihrer Strategie.

In Abb. 4.1.1 wird schematisch der Weg dargestellt, der zu einer sinnvollen und zielgerechten Informatik in der Unternehmung führt.

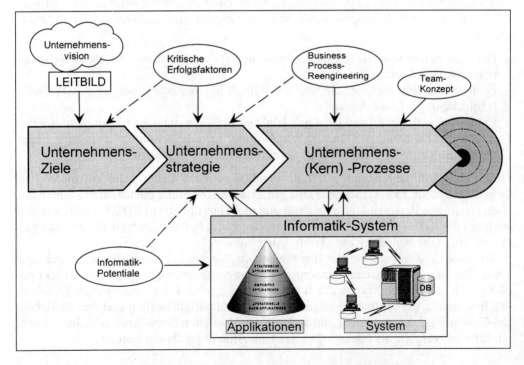

*4.1.1 Von der Unternehmensvision zum Informatik-System*

Im folgenden werden die einzelnen Etappen und die hier verwendeten Begriffe kurz umschrieben und deren Zusammenhänge sowie deren Wechselwirkungen aufgezeigt.

## 1.2 Die Unternehmensvision

Sie steht am Anfang jeder unternehmerischen Tätigkeit. Die Unternehmensvision ist ein Gedankenprozess und eine Willensbildung der Führungskräfte. Sie ist der «Polarstern», an dem sich das Management und die Mitarbeiter orientieren.

## 1.3 Das Leitbild

Es konkretisiert die Einstellung (die Philosophie) zu sämtlichen unternehmerischen Tätigkeiten. Im wesentlichen definiert ein Leitbild nach K. Bleicher folgende Aspekte:

1. *Rollenverständnis der Unternehmung in der Gesellschaft*
   *Verantwortung gegenüber Aktionären, internen Gruppen und der Gesellschaft.*
2. *Rollenverständnis der Unternehmung als organisatorische Einheit*
   *Institutionelle, funktionelle, soziale Zweckbestimmung.*
3. *Rollenverständnis von Mitarbeitern und Management / Verhaltensweise*
   *Führungsphilosophie und innere Einstellung zu Arbeit, Mitmenschen, Kunden, Kapitalgebern usw.*
4. *Ordnungsphilosophie*
   *Regelung der Zusammenarbeit und der Informationspolitik. Regelung von Machtverhältnissen und Konfliktmanagement.*

## 1.4 Unternehmensziele

Auf der Basis des Leitbildes werden Vorgaben in Form von Unternehmenszielen konkret definiert.

Die Unternehmensziele präzisieren den gewünschten anzustrebenden, aber auch zu vermeidenden zukünftigen Zustand der Unternehmung.

Auf Unternehmensebene begegnet man vor allem folgenden Zielklassen:

1. *wirtschaftliche Ziele*
   *wie Rendite, Kosten, Erlös, Risiko*
2. *soziale Ziele*
   *wie Arbeitsbedingungen, gesellschaftliche Auswirkungen*
3. *ökologische Ziele*
   *wie Emissionen*

Unternehmensziele sind in der Regel eher allgemein gehalten (z.B. *Überleben, Wachstum, Rentabilität, Prestige usw.)*

Die funktionellen Ziele trifft man eher auf der *Projektebene* an. Hier geht es um Grössen wie Leistung betreffend Quantität und Qualität, Benutzerfreundlichkeit, Wartbarkeit, Lebensdauer usw.

## 1.5 Die Unternehmensstrategie

Sie ist der eigentliche Weg (resp. Vorgehensplan) zum Ziel. In der freien Marktwirtschaft geht es um die *«Kunst des Wettbewerbs»*, denn der Unternehmenserfolg wird im Wettbewerb entschieden. Somit ist eine Unternehmensstrategie

> **die Ausrichtung der Fähigkeiten des Unternehmens (Produkt, Markt, Logistik, Infrastruktur) auf die optimale Erfüllung der Wettbewerbskriterien.**

Hier sei auf die *Potentiale der Informatik* (Abschnitt 1.7) hingewiesen, welche, richtig genutzt, die Unternehmensfähigkeiten weitgehend prägen können.

Eine Unternehmensstrategie hat *Langfristcharakter*. Sie beschränkt sich auf die Ausrichtung der *kritischen Erfolgsfaktoren* (s. Kapitel IV/4) der Unternehmung, hält dazu viele Optionen offen und lässt möglichst grossen operativen Spielraum.

## 1.6 Process Engineering

Ist die Unternehmensstrategie bekannt, so gilt es, diejenigen *Kern-Prozesse* zu definieren, die zum Erfolg der Unternehmung (im Sinne der Zielsetzungen) führen. Nun sollen im Sinne von Peter Drucker «die richtigen Prozesse (Dinge)» bestimmt werden.

Ein Ansatz dazu ist das seit 1993 bekannte sogenannte *«Business Process Reengineering (BPR)»*. M. Hammer und J. Champy, die als Väter dieser Ansätze gelten, definieren es wie folgt: *«BPR ist das grundlegende Überdenken und das radikale Neugestalten der Geschäftsprozesse, um markante Verbesserung der unternehmerischen Leistungen, wie Produktivität, Kosten, Qualität und Geschwindigkeit zu erzielen»* (Hammer/Champy 1993, S. 32).

Was in der Unternehmung bis jetzt gemacht wurde, soll nicht gedankenlos einfach besser, schneller oder kostengünstiger vollzogen werden. Als erstes muss sich die Unternehmung vielmehr die Frage stellen

> *Warum machen wir es überhaupt?*

Dieser Ansatz ist zwar von der Idee her nicht neu (dies will auch jedes neue Logistikkonzept, resp. jede «Ablauforganisation-Soll»), jedoch von der Art der Durchsetzung recht schlagkräftig, ja sogar extrem. Die wichtigsten Grundsätze des BPR lauten:

**1. Prozesse (und nicht Strukturen) dominieren**

Im Vordergrund steht der Prozess (der Ablauf) und die dazugehörige Ablauforganisation. Die *Aufbau*organisation ist der *Ablauf*organisation anzupassen (s. Abb. 4.1.2). Das heisst: weg vom Denken in Funktionen und Spezialdisziplinen und hin zu Gesamtabläufen (übergreifenden Prozessketten) mit klar definierten, zuständigen Verantwortlichen (sogenannten Prozess-Owner).

Zu den wichtigsten Kernprozessen gehören in der Regel Entwicklung, Offertwesen, Auftragsabwicklung, Fabrikation und Dienstleistungen (z.B. Wartung).

# 1. Von der Unternehmensvision zum Informatik-System

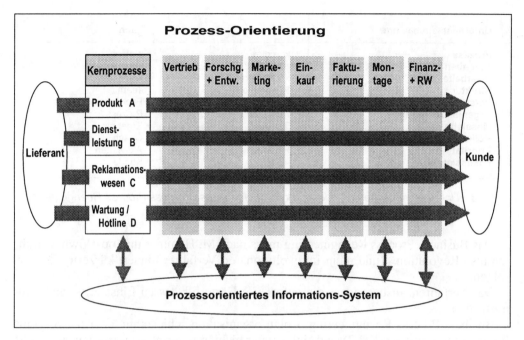

*4.1.2  Business Process Reengineering – Prozessorientierung*

## 2. Triagieren der Unternehmensprozesse

Gliederung der Prozesse in Kategorien:

- komplexe Prozesse,
- mittelmässig komplexe Prozesse,
- Routineprozesse.

Für jede Prozesskategorie gibt es den «besten Weg» der Handhabung und der Abwicklung.

## 3. Neugestaltung der Prozesse mit Einsatz der Informatik

Neugestaltung der Kernprozesse unter Einsatz moderner Mittel der Informatik.

*Schritt 1:*  Überprüfen der Geschäftsziele und der Prozesse, die zu deren Erreichung führen.
*Schritt 2:*  Bestandesaufnahme der Prozesse und Auswahl der zu gestaltenden Kernprozesse.
*Schritt 3:*  Analyse der Kernprozesse und deren Informatik.
*Schritt 4:*  Neugestaltung schlanker, durchgehender informatikgestützter Prozesse.

Die potentiellen *Veränderungen* durch den konsequenten Einsatz von BPR umschreibt M. Hammer etwa wie folgt (s. Tabelle 4.1.3):

| Unternehmensbelange | von | → | nach |
|---|---|---|---|
| Prozess | komplex | | einfach |
| Aufgaben | einfach | | komplex |
| Mitarbeiter | kontrolliert | | kompetent |
| Struktur | Hierarchie | | Team |
| Personal | Arbeiter / Manager | | Fachspezialisten |
| Organis. Gliederung | Funktion | | Prozess |
| Messlatte | Tätigkeit | | Ergebnis |
| Rolle Führung | Befehlsgeber | | Coach |
| Priorität | Finanzen | | Aktivitäten |
| Fokussierung | «Boss» | | Kunde |

4.1.3 *Unternehmerische Veränderungen als Folge eines Business Process Reengineering*

Das Business Process Reengineering muss nach M. Hammer im Top-Down-Verfahren als «Revolution» (und nicht im evolutionären Verfahren) innert kürzester Zeit erfolgen.

Das Verfahren, insbesondere die geforderte Härte für dessen Einsatz, ist nicht unumstritten.

Business Process Reengineering, Ablauforganisation schlechthin, oder der Systems Engineering Ansatz (s. II/2.3) sind einige unter mehreren Verfahren um organisatorische Lösungskonzepte, sprich *Vorgaben* für die Informatik (s. Abb. 2.1.1 erster Kasten) zu entwerfen. Es ist hier nicht der Ort, diese Verfahren zu werten und zu vergleichen. Entscheidend ist, *dass* die Informatik zu klaren Konzeptvorgaben kommt.

## 1.7 Potentiale der Informatik

Die Kenntnis der *Potentiale der Informatik* ist für den Leiter eines EDV-Kompetenzzentrums ausschlaggebend. Informatik ist eine sehr schnellebige Technologie, deren Entwicklung ständig im Auge zu behalten ist. Denn die Technologie bestimmt, wie die Verbindung zum Kunden aussieht. Zum Zeitpunkt der Entstehung der 10. Auflage dieses Buches, standen u.a. im Vordergrund:

- ungebrochene Steigerung der *Leistungsfähigkeit und Kapazität* von Rechnern mit neuen Architekturen (z.B. Parallel-Prozessor-Systeme),
- vermehrte Nutzung von *Multimedia-Systemen* am Arbeitsplatz. Dabei werden Sprache, bewegte Bilder, Text, Daten, Grafik, Telefonie und Netzwerke allgemein integriert eingesetzt.
- interaktives Digitalfernsehen,
- Desktop-Videokonferenzen,
- *EDI – Electronic Date Interchange*,
- *Groupware* (siehe Glossarium),
- *mobile Datenerfassung* und elektronische Notizblöcke (Notepads),
- *Imaging: bildverarbeitende* Techniken, wie Scanner-Technologie, Bildbearbeitungs-Software, neuzeitliche Archivierungstechniken,

- *GUI – Grafic User Interface:* Codeworte und Funktionstasten werden durch Symbole, die das Objekt charakterisieren, ersetzt. Die Programmbenutzer werden durch die Fenstertechnik und durch Hilfsfunktionen unterstützt (Einsparung: mehrere Dutzend Prozente gegenüber den «alten» Verfahren).
- hochentwickelte *Simulation,*
- *Expertensysteme,*
- *neuronale Netzwerke,*
- *objektorientierte Programmierung,*
- *Fuzzy-Logik.*

Diese «EDV-Potentiale» sollten nicht blindlings gekauft und eingesetzt werden, sondern immer nur im Zusammenhang mit den im vorhergehenden Abschnitt definierten Kernprozessen.

## 1.8 Das richtige Informatiksystem (IS)

Das Konzipieren schlanker, EDV-unterstützter Kernprozesse und die Planung von adäquaten Informatiksystemen erfolgen parallel.

Das Informatiksystem besteht im wesentlichen aus dem Applikationsportfolio, den Datenbanken und den Hardwareplattformen samt ihren Betriebssystemen.

Die Grundlagen für die Planung solcher Systeme sind im Kapitel «Informatik-Strategie» (IV/5) beschrieben.

## 1.9 Literatur

1) Bleicher, K.: Leitbilder. Orientierungsrahmen für eine integrative Managementsphilosophie.
2) Hammer, M., Champy, J.: Reengineering the Coporation.
3) Peters and Waterman: In Search of Excellence.
4) Porter, M.E.: Wettbewerbsstrategie.
5) Porter, M.E.: Wettbewerbsvorteile.
6) Burrus, D.: Technotrends. 24 Technologien, die unser Leben revolutionieren werden.

## 2. Aufbauorganisation und Aufgaben einer zentralen Abteilung «Organisation und Informatik»

### 2.1 Ist eine Abteilung «Organisation und Informatik» in Klein- und Mittelbetrieben nötig?

Viele Klein- und Mittelbetriebe, autonome Produktionsbereiche innerhalb von Grosskonzernen und ähnliche Organisationseinheiten in Wirtschaft und Verwaltung sind im Anfang ihrer Auseinandersetzung mit der Informatik der Ansicht, sie wollten keine eigenen EDV-Spezialisten und schon gar keine eigene EDV-Abteilung. Diese Ansicht ist verständlich, schliesslich will man ja ein Rationalisierungsinstrument beschaffen und nicht den Overhead erhöhen.

Trotzdem ist folgendes zu bedenken: Auch wenn man konsequent Standardsoftware einzusetzen gedenkt und Anpassungsarbeiten und Neuentwicklungen nach aussen vergibt, wird es nötig sein, eigene EDV-Kompetenz aufzubauen und diese auf irgendeine Art organisatorisch zum Ausdruck zu bringen. Dies kann dadurch geschehen, dass ein sogenannter «EDV-Verantwortlicher» bestimmt wird. Dieser müsste nicht vollamtlich beschäftigt werden, hätte aber folgende Aufgaben zu übernehmen:

- Betreuung der Anlagen und Geräte, wobei er eventuell durch einen Mitarbeiter zur Bedienung unterstützt wird,
- Koordination der Kontakte zu Hardware- und Softwarelieferanten,
- Durchführung kleinerer Arbeiten an der Software (Anpassungen, Änderungen),
- Datensicherung und -archivierung,
- Anlagenüberwachung,
- Beratung der Benützer und deren Vorgesetzten bis zur Geschäftsleitung in EDV-Angelegenheiten,
- Planung und Koordination der Erweiterung des EDV-Einsatzes in Zusammenarbeit mit den Anwendern,
- Erstellen des EDV-Budgets,
- Kostenüberwachung etc.

In dem Umfang, in dem die EDV-Kompetenz des EDV-Verantwortlichen zunimmt, nimmt die Abhängigkeit von Externen ab – und das ist durchaus positiv. Es wachsen aber in der Regel auch das Aufgabengebiet und das Bedürfnis, die Stelle personell auszuweiten. Ein nächster Schritt wird ja oft darin bestehen, einen Stellvertreter des EDV-Verantwortlichen einzusetzen, um nicht von einem einzigen Mitarbeiter abhängig zu sein, der wegen Urlaub, Krankheit oder Stellenwechsel ausfallen kann. Diese Entwicklung ist nicht prinzipiell abzulehnen, sie sollte aber aufmerksam beobachtet werden.

Je grösser das Aufgabengebiet der Informatik in einem Unternehmen, in einem Bereich oder in einer Abteilung wird, desto mehr Aufgaben sind zu lösen, die sich nur auf den Einsatz und den Betrieb der Informatikmittel beziehen und desto mehr «Spezialisten» werden benötigt. Wenn EDV-Mitarbeiter beschäftigt werden, so müssen sie organisatorisch eingegliedert werden. Das führt schliesslich zur Schaffung einer EDV-Stelle oder EDV-Abteilung, die wiederum einen Chef und einen Platz im Organisationsschema des Unternehmens beansprucht.

## 2.2 Organisatorische Einbindung der Abteilung «Organisation und Informatik»

Die Abbildung 4.2.1 zeigt den Trend der Zeit im Hinblick auf die Einbindung der Abteilungen «Organisation» und «DV-EDV-Informatik» in die Aufbauorganisationen der Unternehmen.

Am Anfang des Computerzeitalters war die EDV ein Teil der Buchhaltung. In den 60er Jahren wurde sie als selbständige Abteilung des Stabes oder als ein Anhängsel zur «Organisation» eingegliedert. In den 70er Jahren wurde die EDV zu einer dominierenden zentralistischen Abteilung mit Verantwortung für die Organisation. Seit den 80er Jahren bevorzugte man gleichzeitig eine zentrale Informatik und verteilte EDV-Ressourcen in praktisch allen Bereichen der Unternehmung (DDP – Distributed Data Processing).

Die 90er Jahre sind von der *Vernetzung* geprägt. In jedem Fachbereich und in jeder Abteilung findet man EDV-Anlagen, sei es als Abteilungsrechner oder als Workstations, die über Lokale Netze kommunizieren. Diese Vernetzung führt zu einer neuen Bau- und Betriebsform der Informatik, zu den sogenannten Client/Server-Systemen. Die Bedeutung der zentralen EDV-Organisation tritt zurück, da die Client/Server-Architektur nicht an eine hierarchische Gliederung der Informatik gebunden ist.

## 2.3 Grundsätze der Aufbauorganisation für die Informatik einer Grossunternehmung

Aus dem oben Gesagten können drei Tendenzen abgeleitet werden:

- Die zentrale EDV wird wegen ihrer zunehmenden Anwendung in allen Unternehmensbereichen und wegen der dadurch entstehenden Koordinationserfordernisse hierarchisch hoch eingebunden.
- Wegen der engen Verzahnung von Informatik und Ablauforganisation wird oft ein gemeinsamer Funktionsbereich «Organisation und Informatik» geschaffen.
- Die Informatik wird, dank der Möglichkeiten der modernen Kommunikationstechnologie, unternehmensweit vernetzt.

Es sei hier ausdrücklich darauf hingewiesen, dass die Frage «zentrale Gross-EDV oder dezentralisierte Datenverarbeitung» nicht identisch ist mit der Frage der organisatorischen Eingliederung der EDV. Die Schaffung einer zentralen EDV-Stelle heisst nicht, dass alle EDV-Anlagen zentral aufgestellt und betrieben werden müssen bzw. dass jegliche Softwareentwicklung und -anpassung durch diese Stelle zu geschehen hätte. Es

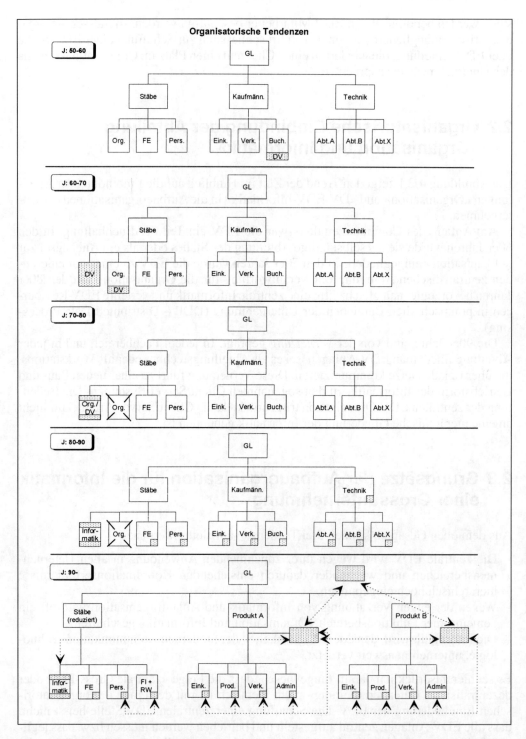

*4.2.1   Zeitlicher Trend für die organisatorische Einbindung der «Organisation und Informatik»*

heisst lediglich, dass eine zentrale Stelle existiert, die Koordinations- und Unterstützungsfunktionen für verschiedene Benützer ausführt und die auch bereichsübergreifende EDV-Applikationen betreibt, die wegen ihrer breiten Ausstrahlung nicht dezentralisiert werden sollen.

Es gibt Beispiele einer gut ausgewogenen Dezentralisation der Informatik, die durch oder mit Unterstützung einer zentralen EDV-Abteilung geplant und realisiert wurden – ebenso, wie es auch Beispiele für schlecht funktionierende zentrale EDV-Systeme gibt, die weit entfernt von den echten Benützerbedürfnissen zentral geplant und realisiert wurden. Und es gibt Beispiele für absolut unkoordiniert entstandene dezentrale Inselsysteme, deren Integration aufgrund von Inkompatibilitäten der Hardware und der Konzepte praktisch unmöglich ist. Die Art der Eingliederung der EDV-Abteilung kann keine Gewähr für die Güte einer Lösung bieten.

In den meisten Fällen bewährt sich für die Informatik in Mittel- und Grossunternehmen die Strategie der

## koordinierten Dezentralisation.

Für diese Organisationsform gelten folgende Grundsätze:

1. Eine *zentrale Abteilung Organisation und Informatik («Informatik Z»)* bietet zentrale Organisations-, EDV- und Koordinationsdienstleistungen an. Sie ist für die Durchsetzung der Informatikrichtlinien in der gesamten Unternehmung zuständig. Falls ein zentrales Rechenzentrum mit zentralen Anwendungen betrieben wird, ist es hier eingebunden, manchmal als eigene Unterabteilung.
2. In den einzelnen Fachbereichen/-abteilungen (d.h. direkt beim Anwender) werden *Informatik-Kompetenz-Stellen («Informatik F»)* gebildet. Dort werden die dezentralen Systeme betrieben und weiterentwickelt, Benutzer werden beraten, die Individuelle Datenverarbeitung (IDV) wird betreut und koordiniert, an der Anwendungsentwicklung und an der Softwarewartung wird mitgearbeitet. Solche «Informatik F»-Stellen können verschieden ausgerüstet sein, von einigen wenigen Personal Computern bis zu grossen Client-/Server-Systemen oder leistungsfähigen Abteilungsrechnern (Abb. 4.6.3 Typ 3 und Typ 4). Durch die Einrichtung dieser Kompetenzstellen wird eine Eigenverantwortung der Abteilungen in bezug auf Organisation und Informatik institutionalisiert und vollzogen.
3. Die *Leitung der «Informatik F»* in den einzelnen Fachabteilungen erfolgt durch speziell eingesetzte Organisations- und Informatikbeauftragte (OIB). Der OIB untersteht der Abteilungsleitung, ist verantwortlich für die Entwicklung und Realisierung der Organisation und Informatik der Abteilung und ist Angehöriger des Fachgremiums für Organisation und Informatik (FGOI).
4. Das *Fachgremium Organisation und Informatik (FGOI)* umfasst den Leiter der zentralen Abteilung («Informatik Z») und die Leiter aller dezentralen Informatikstellen. Seine wesentliche Aufgabe ist die Realisierung der Koordination der dezentralen Informatik.
5. Die *Verteilung der Ressourcen zentral/dezentral*
   Wie die zentralen und dezentralen Computersysteme dimensioniert werden, wird in der Informatikstrategie festgelegt (siehe Kapitel IV/5).

Teil IV: EDV-Management

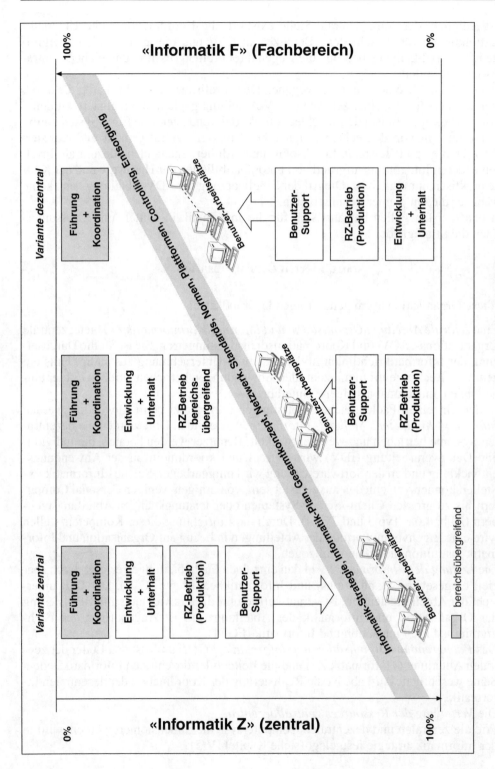

4.2.2 Aufgaben zentraler und dezentraler Informatikstellen
(☐ Aufgaben der zentralen Informatik)

Entscheidend sind folgende Prinzipien (s. Abb. 4.2.2):

- Informatik-Strategie, Planung, Netzwerke, Normen und Standards sind *zentral geregelt (s.* Diagonale in Abb. 4.2.2).
- Die übergeordnete Führung und Koordination der Informatik ist *zentral zu* positionieren.
- Je kleiner die Unternehmung ist, um so weniger sollte man dezentralisieren.
- Das Ausmass der Dezentralisierung in Grossunternehmungen und Verwaltungen hinsichtlich
   - Entwicklung und Unterhalt,
   - RZ-Betrieb (Produktion),
   - Benützer-Unterstützung,
   
   ist von Fall zu Fall individuell zu regeln. Die Einflussfaktoren sind in Abb. 4.5.4 ersichtlich.

Vertieftere Ausführungen sind in Kapitel IV/6 «EDV-Betrieb bei einer dezentralen Informatikstelle» und insbesondere in Abb. 4.6.3 zu finden.

Oberstes Ziel ist, die Benutzer in den Fachbereichen (auf ihren verschiedenen operativen-, dispositiven- und Führungsebenen) durch die Informatik optimal zu unterstützen.

Damit sind die Prinzipien einer modernen Organisationsform für die Bereiche Organisation und Informatik in grossen und mittleren Unternehmen umrissen. Es steht fest, dass die beiden genannten Bereiche eng zusammenhängen und nicht mehr getrennt betrachtet werden können. Weiters hat sich im Lauf der Jahrzehnte eine hierarchisch klare Lösung für die Aufbauorganisation und Betriebsform herausgebildet und bewährt, die oben behandelte *«koordinierte Dezentralisation».* Sie lässt sich sehr flexibel den verschiedensten unternehmensbedingten Anforderungen und Gegebenheiten anpassen, so dass sie als allgemein gültige Lösung für die betriebliche Organisation und Informatik angesehen werden kann. Ihre beiden Fundamente, die zentrale Informatik Z und die dezentralen Informatikstellen (Informatik F) werden im nächsten Abschnitt und im Kapitel IV/6 näher beleuchtet. Dabei wird – im Sinne der Zielsetzung dieses Buches – die Informatik in den Vordergrund gestellt. Aber immer sind die Belange der Organisation als gleichbedeutend anzusehen und den Überlegungen beizuordnen.

## 2.4 Die zentrale Informatik und ihre Unterabteilungen

Die folgenden Ausführungen betreffen vor allem Grossunternehmen, grosse Verwaltungen und grosse Mittelbetriebe. Für kleinere Unternehmungen gelten sie beschränkt und sind mit entsprechenden Einschränkungen zu verstehen.

Die zentrale Abteilung für Organisation und Informatik («Informatik Z») erfüllt im Bereich der Informatik folgende Aufgaben:

- Sie sorgt für die Einhaltung und Durchführung der Strategie der koordinierten Dezentralisation,
- ist für die Gesamtplanung der Informatik und deren Verwaltung zuständig,
- schafft die Voraussetzungen für eine effiziente und wirtschaftliche Gesamtinformatik im Unternehmen,

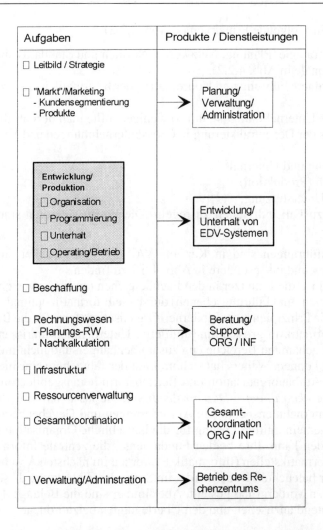

4.2.3  Produkte und Dienstleistungen der zentralen Informatik

- sorgt für die erforderliche Informatikbasis in allen beteiligten Bereichen und Abteilungen,
- sorgt für die Vollständigkeit, Zweckmässigkeit und Kompetenzverteilung der Informatikprodukte (Planung, Verwaltung, Entwicklung und Unterhalt von EDV-Systemen, Beratung, Unterstützung, Gesamtkoordination, siehe Abb 4.2.3),
- berät und schult die Linie (Geschäftsleitung, Bereichs- und Abteilungsleitungen) und steigert deren Informatikkompetenz,
- verkehrt mit externen Informatikgremien,
- erbringt Organisations- und Informatikdienstleistungen,
- erbringt die zentralen Dienstleistungen des Rechenzentrums.
- Sie ist durch ihren Leiter direkt der Geschäftsleitung unterstellt.

## Der Informatik-Leiter

Der Informatik-Leiter ist der Chef der zentralen Abteilung Informatik und Fachvorgesetzter der Informatik-Beauftragten in den Fachabteilungen. Seine Aufgaben umfassen die Planung, Vorbereitung, Durchführung und Kontrolle der oben beschriebenen Dienste seiner Abteilung. Die Geschäftsleitung hat seine Kompetenzen klar und ausdrücklich zu regeln. Diese Kompetenzregelung ist periodisch zu überprüfen und allenfalls anzupassen. Der Informatik-Leiter ist oft direkt der Geschäftsleitung unterstellt, aber auch Unterstellungen unter den Finanzchef oder einen anderen Bereichsleiter kommen vor.

## Das Fachgremium

In grossen Unternehmen steht dem Informatik-Leiter ein «Fachgremium Organisation und Informatik (FGOI)» zur Seite, das ihn in folgenden Belangen unterstützt:

- Sicherstellung der Strategie der koordinierten Dezentralisation,
- Verbindung der Fachbereiche und -abteilungen mit der zentralen Abteilung «Informatik Z»
- Vereinbaren der Prioritäten grösserer Projekte (s. III/7 «Priorisierung»),
- Begutachtung und Beratung für Methoden und Normen der Informatik,
- Beratung und Vereinbarung der mittelfristigen Planung einschliesslich der Budget- und Kostenverteilungsfragen,
- Unterstützung und Regelung von Kompetenzfragen,
- Hilfe in Schwierigkeiten und Notfällen.

Dem Fachgremium gehören an: ein Mitglied der Geschäftsleitung (Vorsitz), der Informatik-Leiter, alle Leiter der Informatik F-Stellen bzw. die abteilungsinternen Informatik-Beauftragten und – je nach Bedarf – Abteilungsleiter der Linie. Diese Zusammensetzung wäre eine mögliche Lösung. Eine andere Möglichkeit ist, nur Informatik-Fachleute in das Gremium aufzunehmen und dessen Funktionen auf reine Informatikfragen zu beschränken. Übergreifende Probleme können dann durch den Informatik-Leiter in Direktionssitzungen abgehandelt werden.

## Die Gliederung der zentralen Informatik

In grossen Unternehmen und Verwaltungen sind der zentralen Abteilung Organisation und Informatik viele Aufgaben zugeordnet und demgemäss eine grosse Anzahl von Mitarbeitern zugeteilt, so dass ihre Aufteilung in mehrere Organisationseinheiten notwendig ist. Ein Beispiel dafür sei im folgenden angegeben (siehe Abb. 4.2.4). Es wäre dann zutreffend, wenn in der zentralen Abteilung etwa 20 bis 100 Mitarbeiter tätig wären.

- *Abteilung Gesamtplanung und Koordination:* Sie unterstützt in erster Linie die Tätigkeit des Informatik-Leiters. Sie bearbeitet die Aufbereitung und Disposition der finanziellen Mittel für die Informatik, die Standards und Richtlinien, die Initialisierung der Informatikprojekte der Abteilungen, die prioritäts- und ressourcengerechte Kanalisierung der Aufträge. Die Abteilung ist zuständig für die Kommunikation mit den Kompetenzzentren der Bereiche und Abteilungen in beiden Richtungen, sie fördert auch die direkte Verständigung zwischen diesen Zentren.

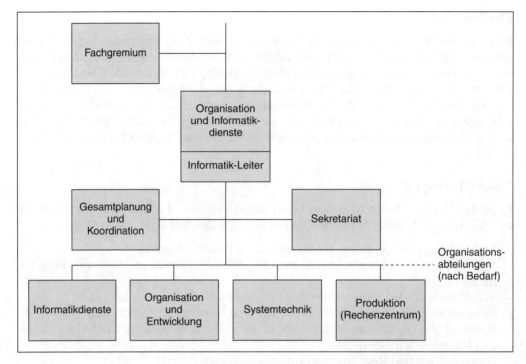

*4.2.4 Aufbauorganisation einer zentralen Informatikabteilung (mit mehr als 20 Mitarbeitern)*

- *Abteilung Informatikdienste:* Sie erbringt Dienstleistungen der Organisation und Unterstützung, betreut die bereichsübergreifenden Datennetze, sorgt für den organisatorisch und technisch optimalen Einsatz der Arbeitsplatzausrüstungen und koordiniert deren Beschaffung.
- *Abteilung Organisation und Entwicklung:* Sie erbringt Dienstleistungen im Rahmen von Informatikprojekten für Organisation, Entwicklung, Einführung und Wartung von Softwareprodukten, sowohl für den Einsatz von Standardsoftware als auch bei Eigenentwicklungen. Auch die Koordination und Durchführung der Benutzerschulung liegt in ihren Händen.
- *Abteilung Systemtechnik:* Sie ist im Rahmen des laufenden Betriebes und auch bei Projekten zuständig für die Planung, Konfiguration, Installation und für den Betrieb der technischen Basisstrukturen. Dies betrifft vor allem die eingesetzten Betriebssysteme, die Software der Datenbanken und Datennetze. Sie besorgt ausserdem die Beschaffung zentraler Hardware- und Softwarekomponenten. Die Betreuung der Benutzer von Personal Computern gehört dort zu ihren Aufgaben, wo diese bereichsübergreifend durchgeführt werden muss oder vom Kompetenzzentrum in der Fachabteilung nicht geleistet werden kann.
- *Abteilung Produktion:* Sie ist verantwortlich für den Betrieb des zentralen Rechenzentrums, für die Durchführung des Sicherheitskonzeptes inklusive der Behebung von Störungen sowie für die Beschaffung und Bewirtschaftung des Verbrauchsmaterials.

## 2.5 Individuelle Datenverarbeitung (IDV)

An vielen Arbeitsplätzen wird «Individuelle Datenverarbeitung (IDV)» betrieben: Die Mitarbeiter setzen Personal Computer, Workstations oder Terminals für Aufgaben ein, für die nur sie allein zuständig sind. Sie können dabei «eigene» Datenbestände aufbauen oder sich über ein Netz an andere Datenbestände anschliessen. Sie verwenden Standardsoftwaresysteme für ihre Untersuchungen und Auswertungen (Beispiele: Tabellenkalkulation, Grafik, Textsysteme). Wenn für diese Tätigkeiten die Beschaffung und der Betrieb von Hardware und Software nicht koordiniert und geregelt werden, entsteht im Unternehmen ein «Wildwuchs», der schliesslich zu einem Informatikchaos führt. Ausserdem brauchen viele dieser individuellen Benützer fachliche Unterstützung und Beratung. Auch diese muss koordiniert werden.

Für die Bearbeitung der angedeuteten Aufgaben ist eine spezialisierte Stelle zu empfehlen, die man als «Information Center (IC)» bezeichnet. Ein solches hat im einzelnen etwa folgende Aufgaben:

- Beschaffung einheitlicher Hardware für die individuellen Benützer (Terminals, Workstations, Personal Computer, Drucker, Plotter),
- Bereitstellung von Software-Werkzeugen (Datenabfragesprachen, Listengeneratoren, Textsystemen, Tabellenrechnung, Grafikprogrammen u.a.m),
- Verfügbarmachung von Datenbeständen und Datenschnittstellen,
- Beratung und Schulung,
- Erstellen von Bedienungsanleitungen und Informationsblättern zu den beschafften Hilfsmitteln.

Man kann ein Information Center mit den oben skizzierten Aufgaben zentral einrichten. In grossen Unternehmen wird es aber zweckmässig sein, der Zentrale nur die zentralen Aufgaben (das ist hauptsächlich die Beschaffung) zuzuteilen und die dezentralen Informatikstellen in den Abteilungen mit der Unterstützung und Schulung der Benützer zu beauftragen.

Es ist nicht Sache der Individuellen Datenverarbeitung, Aufgaben zu übernehmen, die ein eigenes Entwicklungsprojekt erfordern. Sie ist ausschliesslich bei Einmalabfragen, Spezialberichten, Sonderfällen und Arbeiten am Platz, die auf einen Benützer beschränkt sind. Durch die Eingliederung des Information Center in eine wohldefinierte Aufbauorganisation der Informatik wird die nötige Ordnung geschaffen und die Sicherheit wird gewährleistet.

## 2.6 Literatur

1) Bleicher, K.: Organisation. Strategien, Strukturen, Kulturen.
2) Verband der Datenverarbeitungsfachleute (VDF): Berufe der Wirtschaftsinformatik in der Schweiz.
3) Klebert, K., Schrader, E., Straub, W.G.: KurzModeration.

## 3. EDV-Möglichkeiten

An jeden EDV-Leiter werden immer wieder Wünsche für die Realisierung zusätzlicher Anwendungen in EDV-Projekten herangetragen. Um diese besser in den Griff zu bekommen, seien die typischen Bedarfsarten und die sich anbietenden EDV-Möglichkeiten etwas vereinfacht im folgenden zusammengestellt. Dies ist für das sachgerechte Antragswesen, für das Freigabeverfahren und für die Ressourcenplanung in der Stelle für Organisation und Informatik (OI) von grosser Bedeutung.

### 3.1 Bedarfsarten

Der Bedarf an Computerleistungen lässt sich grob in sechs Kategorien gliedern:

#### 3.1.1 Integrierte kommerzielle Applikationen

Dazu gehören einige der häufigst vorkommenden Informatikapplikationen, besonders bei Mittel- und Grossfirmen der Industrie, z.B.: Auftragsabwicklung, Finanz- und Rechnungswesen, Materialwesen, Produktionsplanung und -steuerung, CIM-Computer Integrated Manufacturing, Einkauf und Verkauf, Personalsysteme etc.

Verwaltungen und Dienstleistungsunternehmungen haben ebenfalls einen grossen Bedarf für administrativ/kommerzielle Applikationen.

#### 3.1.2 Technisch-wissenschaftliche Applikationen

Rechenintensive Aufgaben aus dem Ingenieurwesen, der Architektur sowie Einsatz von quantitativen Entscheidungstechniken sind typisch für diese Bedarfskategorie. (Beispiele dazu sind: Festigkeitsberechnungen, Wärmebilanzrechnungen, kritische Drehzahlen von Kurbelwellen, Optimierungsaufgaben.)

Typisch für diese Bedarfsart ist, dass diese Applikationen mit isoliertem Charakter (Inselprobleme) wenig Ein- und Ausgabedaten haben; sie sind jedoch sehr rechenintensiv.

#### 3.1.3 EDV-Unterstützung am Arbeitsplatz

Im Vordergrund stehen zwei grosse Einsatzgebiete:

- Computerunterstützung bei der Entwicklung von Produkten (Variantenkonstruktion, Entwerfen, Zeichnen),
- Büroautomation (vernetzt mit einheitlicher integrierter Software).

#### 3.1.4 Individuelle Datenverarbeitung

Individuelle Datenverarbeitung (abgek. IDV) betrifft die Rationalisierung der Arbeit am individuellen Arbeitsplatz in den verschiedenen Ebenen der Unternehmung (Unternehmensleitung, Stäbe, AVOR, Technik usw.). Dabei geht es nicht um integrierte Informationssysteme, sondern schlichtweg um die *Rationalisierung der persönlichen Arbeit* mit Hilfe von Rechenverfahren und stets auf den neuesten Stand gebrachten Dateien sowie um Textverarbeitungsprogramme, welche den Verarbeitungsprozess beschleunigen.

### 3.1.5 Informationsbeschaffung

Wissen ist Macht. Ein Wissensvorsprung kann in der Wirtschaft einen entscheidenden Erfolgsfaktor darstellen. Die heutige EDV-Technologie, basierend auf leistungsfähigen Grosscomputern und fortschrittlicher Kommunikationstechnik, ermöglicht einen Zugriff zu Informationssystemen, die für viele Wissensgebiete eine Vielfalt von Informationen bereitstellen.

### 3.1.6 Spezialbedürfnisse

Die EDV der 90er Jahre bringt ständig neue Produkte auf den Markt (s. IV/1.7 «Potentiale der Informatik»). In vielen Fällen können sie erheblichen Nutzen (wenn auch lokal und vorderhand isoliert) der Unternehmung bringen, z.B.:

Dezentrale Datenerfassung im off-Line-Betrieb (SBB-Befragung von Reisenden, Inventuren) durch mobile Datenerfassung.

Marketing und Werbung unterstützt durch Multimedia Kundendienstleistungen, ebenso durch Computer Aided Telephony.

Diese sechs Bedarfskategorien erscheinen in der Praxis meistens in einer *gemischten* Form, so dass die scharfe Trennung, die soeben dargestellt wurde, nur selten vorgefunden wird. Anschliessend werden nun die EDV-Möglichkeiten erörtert, wobei aus der Tabelle in Abb. 4.3.2 zu entnehmen ist, welche Möglichkeit sich für eine der soeben aufgezählten Bedarfsarten anbietet.

## 3.2 EDV-Möglichkeiten

Die verschiedenen sich anbietenden Rechnertypen wurden in I/6 «Computertypen» beschrieben. Der EDV-Leiter/Koordinator, der eine Bedarfsmeldung erhält, denkt jedoch sofort in Begriffen von *Projekten* für die Erbringung einer Lösung. Darum werden hier die EDV-Möglichkeiten nach *Projekt-Kategorien* gegliedert.

Wie bei den vorher beschriebenen Bedarfsarten überschneiden sich auch die im folgenden aufgeführten *EDV-Möglichkeiten.* Trotzdem sollen ihre Charakteristiken schwergewichtsmässig nach sieben Kategorien gegliedert werden:

### 3.2.1 IDV-Einzelplätze

In der Individuellen Datenverarbeitung (abgek. IDV) sind Einzelplätze mit leistungsfähigen Personal Computern ausgerüstet. Sie haben folgende Eigenschaften:

– Die Arbeitsplätze sind nicht vernetzt.
– Es gibt keine Schnittstellen zu anderen Systemen.

- Die Hardware wird innerhalb eines Unternehmens möglichst einheitlich gemäss einer Flottenpolitik beschafft.
- Es gibt keine gemeinsame Peripherie für mehrere Arbeitsplätze.
- Es wird einheitliche Software eingesetzt (meist PC-Standardsoftware), die der Produktepalette des Unternehmens entspricht.
- Die Beschaffung erfolgt ohne eigentliche EDV-Projektierung.

### 3.2.2 IDV-LAN

Wenn mehrere Arbeitsplätze miteinander kommunizieren oder Peripheriegeräte von diesen gemeinsam benutzt werden sollen, werden die eingesetzten Personal Computer durch ein Lokales Netz (abgek. LAN) miteinander verbunden. Das heisst:

- Die Arbeitsplätze sind vernetzt.
- Eine einfache Datenbank kann eingesetzt und gemeinsam benutzt werden.
- Lokales, unabhängiges Arbeiten ist möglich.
- Es wird ebenfalls einheitliche Hardware und einheitliche Software gemäss der Produktepalette beschafft, soweit dies zweckmässig ist.
- Für den Betrieb des LAN wird Serversoftware benötigt, die gemäss der Produktepalette beschafft wird.
- Globale «Plattformen» können eingerichtet werden (Beispiel: Spezialrechner mit hoher Rechenleistung für gemeinsame Benützung).
- Eine EDV-Projektierung ist erforderlich.

### 3.2.3 Client-/Server-Systeme

Diese moderne Systemarchitektur reicht von einfachen Konfigurationen bis zu Grosssystemen für sehr viele Benutzer. Folgende Charakteristiken sind allen Grössenordnungen gemeinsam:

- Die einzelnen Arbeitsplätze werden gemäss der Client-/Server-Architektur miteinander vernetzt.
- Es sind anspruchsvolle Datenbanklösungen möglich (Datenbankserver).
- Als Software werden eingesetzt: PC-Standardsoftware gemäss Produktepalette, anspruchsvolle Datenbanksoftware und Individualprogramme gemäss speziellen Anforderungen.
- Offene Systeme werden verwendet: Die PC-Produktepalette der verschiedenen Hersteller wird je nach Bedarf eingesetzt und vernetzt.
- Ein organisatorisches EDV-Lösungskonzept ist notwendig.

### 3.2.4 Abteilungsrechner (Minicomputer)

Diese Systeme umfassen einen zentralen Minicomputer, an den mittels Terminals sehr viele Benutzer angeschlossen werden können. Der Rechner kann mit anderen Systemen verbunden oder vernetzt werden. Man findet folgende Eigenschaften:

- Es werden meist proprietäre Systeme verwendet: Die gesamte Hardware und das Betriebssystem kommen vom selben Lieferanten.

- Zum grossen Teil wird Standardsoftware eingesetzt. Wenn nötig, wird diese modifiziert.
- Für Zwecke der Bürokommunikation oder für spezielle Anwendungen (Beispiel: technische Aufgaben) können Personal Computer eingebunden werden.
- Die Systeme werden u.a. im Downsizing anstelle von Grosscomputern eingesetzt.
- Die Ausbaumöglichkeiten (Upgrade) sind weitreichend. Es können die Leistungen älterer Grosscomputer erreicht und übertroffen werden.
- Der Einsatz ist als normales EDV-Projekt vorzubereiten.

### 3.2.5 Grosscomputer und Standardsoftware

Es werden leistungsfähige Grosscomputer eingesetzt. Man verwendet vor allem Standardsoftware, die den Anforderungen entsprechend parametrisiert (d.h. angepasst) werden kann. Daneben ist oft noch ein kleinerer Anteil von Individualsoftware im Einsatz. Die wesentlichen Eigenschaften sind:

- Die Hardware erbringt sehr hohe Leistung.
- Es können viele Terminals angeschlossen werden, die Konfigurationen sind ausbaufähig.
- Die Standardsoftware arbeitet bereichsübergreifend.
- Grosse Datenmengen können verarbeitet werden.
- Der Grosscomputer kann als Host eingesetzt werden: Personal Computer bzw. mehrere Lokale Netze können in das System eingebunden werden.
- Die Anwender müssen ihre Ablauforganisation an die Standardsoftware anpassen.
- Das organisatorische Konzept kann relativ einfach gehalten werden. Die Realisierungszeit ist verhältnismässig kurz.

### 3.2.6 Grosscomputer und Individualsoftware

Für viele Grosscomputer bieten sich Einsatzgebiete mit sehr speziellen Anforderungen, die nur mit dem Einsatz von Individualsoftware – oft sind es Eigenentwicklungen der Anwenderfirmen – erschlossen werden können. Die Eigenschaften sind ähnlich wie oben, aber es gibt auch wesentliche Unterschiede:

- Ein organisatorisches Konzept mit einem umfassenden Pflichtenheft (Datenmodell, Funktionsmodell, Funktionsabläufe, Rahmenorganisation) ist ein *Muss*.
- Die Hardware ist auch hier sehr leistungsfähig, sehr viele Terminals können angeschlossen werden.
- Die anwenderspezifische Software ist bereichsübergreifend.
- Die Individualsoftware wird im eigenen Unternehmen oder in einem Softwarehaus entwickelt.
- Grosse Datenmengen können verwaltet werden.
- Personal Computer und/oder mehrere Lokale Netze können eingebunden werden.
- Man erarbeitet eine massgeschneiderte Lösung, die dem Soll der Ablauforganisation des Anwenders voll Rechnung trägt.
- Die Entwicklung dauert lang.
- Die Kosten sind hoch.

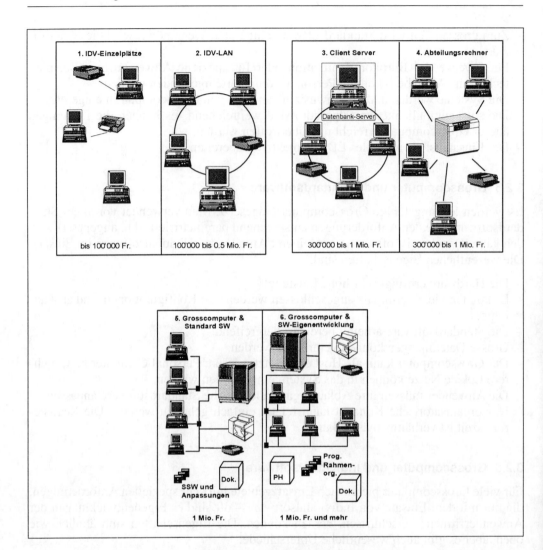

*4.3.1 Sechs typische EDV-Projektkategorien*

Diese sechs Projektkategorien sind schematisch in Abb. 4.3.1 dargestellt. Die Spezialsysteme werden im Abschnitt 3.2.7 gesondert behandelt.

Die Abb. 4.3.2 zeigt schematisch, welche Bedarfsarten sich durch welche Projektkategorien abdecken lassen.

### 3.2.7 Spezialsysteme

#### a) Computer Integrated Manufacturing (CIM)

Mitte der 80er Jahre war der Computereinsatz im Entwicklungs- und Produktionsprozess, hauptsächlich bei Grossfirmen, bereits zu einer Tatsache geworden. Die Arbeiten der verschiedenen Etappen, von der Idee zu einem neuen Produkt, bis zu dessen Herstellung einschliesslich der damit verbundenen administrativen Arbeiten werden vom Computer weitgehend unterstützt. Es handelt sich dabei um spezifische Hard- und Softwaresysteme, die sich für diese Unterstützungsfunktionen besonders eignen.

Man spricht über die CA (Computer Aided)-Funktion:

- ENTWICKELN/ZEICHNEN
  CAD (Computer Aided Design). Entwerfen und Zeichnen von Anlagen oder Anlageteilen mit Hilfe des Computers. Die Entwurfs- und Berechnungsfunktionen sind im Computer gespeichert, so dass der Konstrukteur nur noch die variablen Grössen über ein Bildschirmgerät einzugeben hat.

- PRODUZIEREN
  CAM (Computer Aided Manufacturing). EDV-unterstützte Produktion, wie numerische Steuerungen von Werkzeugmaschinen, Steuerung von Montagevorgängen, Steuerung von Lager- und Transportvorgängen und Messdatenerfassung.

- ENGINEERING
  CAE (Computer Aided Engineering). Dies ist ein totales «System-Konzept», in dem Konstruktions- und Fertigungshilfen gekoppelt sind. Das wesentliche Merkmal dieses Systems besteht darin, dass die im Konstruktionsstadium festgelegten Produktdaten direkt für die Herstellung von Zeichnungen, Stücklisten, NC-Programmen u.a.m. verwendet werden.

Ferner sind aus der kommerziellen EDV die PPS-Systeme bekannt, wobei nun als Endziel diese mit dem CAD gekoppelt werden sollten. Man spricht dann von

- CAP (Computer Aided Production Planning). Rechnerunterstützte Produktionsplanung, gekoppelt mit CAD für das bessere Konstruieren, für geringere Werkzeugkosten, für leichteres Erkennen von zusammenhängenden Teilen. CAP verwendet die Konstruktionsinformationen zur Erstellung von Dokumenten (Stücklisten) und für die Aufstellung von Arbeitsplänen.

In diesem Zusammenhang ist noch das CAI (Computer Aided Instruction) zu erwähnen. Hier unterstützt der Rechner, ausgestattet mit entsprechenden Lernprogrammen, den Schüler respektive den einzuführenden Mitarbeiter.

### b) Bürokommunikation

Kaum ein Gebiet der Wirtschaft wurde hinsichtlich der Rationalisierung so vernachlässigt wie die Büroarbeit.

Nachdem nun in der ersten Hälfte der 80er Jahre recht gute Erfahrungen mit der Textverarbeitung gemacht wurden, kommen in den 90er Jahren die integrierten Bürosysteme vermehrt zum Einsatz.

Das Endziel der Bürokommunikation ist in erster Linie die *Integration* von Daten, Texten, Graphiken, Bildern und Sprache im Sinne einer *individuellen* Informationsverarbeitung. In zweiter Linie kommen die *Schnittstellen* zur operationellen Datenverarbeitung und zur Telekommunikation dazu.

## c) Datendienste

Es werden heute von den Postverwaltungen, von den Fernsehgesellschaften und von nationalen und internationalen Institutionen Datendienste angeboten, die es praktisch jedermann ermöglichen, Informationen aus Datenbanken abzurufen oder auch Datenverbindungen zu beliebigen Zwecken herzustellen. Im folgenden wird eine Auswahl der Möglichkeiten kurz beschrieben.

– *Teletext:* Die meisten Fernsehgesellschaften bieten einen Datendienst an, der von jedem Fernsehapparat aus benützt werden kann, wenn dieser mit einem speziellen Decoder ausgerüstet ist. Der Dienst eignet sich nur für den Empfang von Daten. Man kann jedoch die Datenbanken verschiedener Informationsanbieter ansprechen, je nach eingestelltem Fernsehsender. Anwendungsbereich: Abfragen von allgemeinen Informationen über Fernsehprogramme, Tagesnachrichten, Wetterberichte, Börsenkurse, Flugpläne und ähnliches. Der Benutzer muss sich auf das Angebot der empfangenen Fernsehgesellschaft beschränken. Der Dienst ist kostenlos.

– *Bildschirmtext (Btx):* Dieser Dienst wird von den Telefonverwaltungen angeboten, in der Schweiz unter dem Namen «Swiss Online». Er benützt zur Übertragung das Telefonnetz und gestattet den Zugriff über einen Fernsehapparat, der mit einem Adapter und einer Tastatur zusätzlich ausgerüstet ist. Heute werden jedoch meistens Personal Computer als Terminals verwendet. Im Gegensatz zum Teletext ist Dialogverkehr möglich. Btx bietet den Zugriff auf öffentliche und private Datenbanken und gestattet einen interaktiven Datenverkehr zwischen Benutzer und Informationsanbieter. Der Anwendungsbereich entspricht dem Teletext, zusätzlich wird geboten: Dialogverkehr im Telebanking, Flug- und Hotelreservationen, Einkauf bei Versandhäusern, Aussenden von Telegrammen und Fax, elektronische Post und weiteres. Der Dienst wird vor allem im Inland benützt, Verbindungen ins Ausland sind zum Teil möglich.

– *Datenbankdienste:* Für Gruppen von Benutzern mit Spezialinteressen werden Dienste angeboten, die eine Dialogverbindung zwischen einem Personal Computer als Terminal und einer ganz bestimmten Gruppe von Datenbanken ermöglichen. Diese Datenbanken enthalten Informationen geschlossener Wissensgebiete: Physik, Chemie, Medizin, Biologie, Luftfahrt, Wirtschaft und Finanz und andere. Einige Tausende solcher Datenbanken sind ansprechbar. Man unterscheidet:
  - *bibliographische Datenbanken* (Titel, Stichwörter),
  - *Faktendatenbanken* (statistische Daten, Börsennotierungen, physikalische und chemische Werte) und
  - *Volltextdatenbanken* mit vollständigen Texten von Publikationen aller Art.

  Diese Datenbankdienste gestatten dem Benutzer mit Hilfe integrierter Software ein einfaches Suchen und Finden der Objekte. Die Geschwindigkeit der Datenübertragung wird so hoch wie möglich gehalten, die Kosten für Abfragen und Informationen sind beträchtlich.

– *Datennetzdienste:* Diese Dienste ähneln im Prinzip und Angebot dem Btx-System. Jedoch sind sie erstens von vornherein für den Anschluss von Personal Computern ausgelegt, zweitens für die Datenübertragung mit hoher Geschwindigkeit eingerichtet und drittens für den internationalen, weltumspannenden Datenverkehr eingesetzt. Sie

# 3. EDV-Möglichkeiten

| EDV-Möglichkeiten \ Bedarfsarten | 1 Kommerziell integriert | 2 Technisch Wissensch. | 3 Arbeitsplatz integriert | 4 Individuelle DV | 5 Informationsbeschaffung | 6 Spezial Anforderg. |
|---|---|---|---|---|---|---|
| **Projektkategorien** | | | | | | |
| IDV-Einzelplätze | | ✓ | | ✓ | | |
| IDV-LAN | | ✓ | ✓ | ✓ | | |
| Client-Server | ✓ | | ✓ | | | |
| Abteilungsrechner Minicomputer | (✓) | | ✓ | | | |
| Grosscomputer mit Standard SW | ✓ | ✓ | | | | |
| Grosscomputer mit SW Eigenentw. | ✓ | ✓ | | | | |
| **Spezialsysteme** | | | | | | |
| a  Computer Integrated Manufacturing (CIM) | ✓ | | ✓ | | | ✓ |
| b  Bürokommunikation | | | ✓ | | | |
| c  Datendienste | (✓) | (✓) | (✓) | | ✓ | |
| d  Multimedia | | | | | | ✓ |
| e  Mobile Datenerfassung | | | | | | ✓ |
| f  Palmtop | | | | ✓ | | ✓ |

4.3.2  Bedarfsarten und sich anbietende EDV-Möglichkeiten (ausgedrückt in Projektkategorien)

verwenden alle öffentlich verfügbaren Datenkanäle, wie nationale Telefon- und Datennetze der Post und privater Unternehmen, staatliche und private Satellitenstrecken und andere. Als Beispiel sei der Datennetzdienst «CompuServe» genannt, der viele Hunderttausend Teilnehmer zusammenschliesst.

Das *Angebot* an Dienstleistungen umfasst: Elektronische Post und Kommunikation jeder Art, Unterstützung für Computer-Hardware und Standardsoftware, Einkauf bei Versandhäusern, Spiele, Informationen aus Wirtschaft und Finanz, Nachrichten, Wetterprognosen, Sportberichte, Informationen für persönliche Interessen und Hobbies, Spezialinformationen für verschiedene Berufsgruppen, Zugriff zu Bibliotheken mit Lexika und Nachschlagewerken, Reiseinformationen und vieles andere mehr. Das Angebot wird immer weiter ausgebaut und vergrössert sich täglich. Die Übertragungsleistungen sind relativ hoch. Die fixen Kosten sind sehr niedrig, die variablen Kosten können hoch werden, wenn man viele Dienste in Anspruch nimmt.

## d) Multimedia

Multimediasysteme schliessen alle bekannten Informationsformen (Text, Graphik, Bild, bewegtes Bild, Ton) in einem System unter der Leitung eines Computers zusammen. Die Anwendung solcher Systeme reicht von der Herstellung einfacher Verkaufspräsentationen bis zu abendfüllenden Happenings. Um Anwendungen realisieren zu können, benötigt man neben der Computerhardware und einem Multimedia-Softwaresystem noch ein voll ausgerüstetes Audiovisionsstudio mit Ein- und Ausgabegeräten.

## e) Mobile Datenerfassung

Für die Datenerfassung vor Ort stehen Geräte in Grösse eines Taschenrechners zur Verfügung, die Daten direkt (optisch, magnetisch, elektrisch) oder über Eingabetasten erfassen, dann speichern und wieder abgeben können. Die Übertragung der Daten vom Erfassungsgerät zum Computer kann entweder *off-line* über Datenträger (Kassetten, Datenkarten) oder *on-line* über Telefonkanäle erfolgen. Die Anwendung umfasst zahllose Möglichkeiten, von der Lagerinventur bis zum Check-out von Kernkraftwerken.

## f) Palmtop

Von den Datenerfassungsgeräten in Taschenrechnergrösse ist es nur ein Schritt zu den Palmtop-Computern. Während man den Laptop-Computer noch auf die Schenkel («laps») legen musste, hat der Palmtop-Computer auf der flachen Hand («palm») Platz. Moderne Exemplare dieser Gattung wiegen 300 Gramm samt den Batterien für monatelangen Betrieb. Sie haben eine (kleine) Volltastatur und einen Bildschirm für Text und Graphik. Software für Büroanwendungen, Textverarbeitung, Tabellenkalkulation und Datenbank ist fest eingebaut. Palmtops lassen sich mit geeigneten Programmiersprachen frei programmieren und können ihre Daten direkt oder über ein Modem zu anderen Computern übertragen. Anwendung: alles für unterwegs. Kosten: bescheiden.

## 3.3 Autonome EDV versus Outsourcing

### 3.3.1 Autonome EDV im Hause

Die Anschaffung einer eigenen EDV-Anlage ist die übliche Art, den Computer einzusetzen. Das Angebot der Hersteller beginnt bei sehr preisgünstigen Kleincomputern, die sich auch kleinste Firmen leisten können, und bietet bis hinauf zu den grössten EDV-Anlagen eine lückenlose Reihe von Maschinen verschiedener Leistungsklassen. Hat man intensive Datenverarbeitungsaufgaben zu lösen, wie z.B. das Finanz- und Rechnungswesen oder die Produktionssteuerung grösserer Unternehmen, ist eine eigene Anlage meist von Vorteil.

**Vorteile**

Der Herr über seine eigene EDV-Anlage zu sein, hat grosse Vorteile. Die wichtigsten davon sind:

- *Unabhängigkeit.* Die Entscheidung über Art, Zeitpunkt und Frequenz der Verarbeitung liegt in der eigenen Hand. Die Prioritäten können selbst gesetzt werden.

- *Know-how.* Eine Folge der Unabhängigkeit ist der Aufbau eines eigenen Erfahrungspotentials. Mit jedem neuen Anwendungsgebiet, das mit Hilfe des Computers realisiert wird, steigt das Wissen in den Bereichen Organisation, Datenverarbeitungstechnik, Rechenmethoden, Programmierung und Verarbeitung. Im Falle der Übernahme weiterer Anwendungsgebiete kann auf dem bestehenden Grundstock aufgebaut werden.
- *Kürzere Auswertungszeiten.* Im eigenen Rechenzentrum hat man erste Priorität, und man muss die Daten nicht weit transportieren. Ein Service-Rechenzentrum hingegen muss den Anforderungen vieler Kunden gerecht werden, und die «Anmarschwege» sind nicht immer kurz.
- *Keine Datentransferkosten.* Im eigenen Hause entfallen Kosten für Boten, Post und Modem-Telefonleitung, die bei auswärtiger Verarbeitung einkalkuliert werden müssen.
- *Geringe Kosten für zusätzliche Arbeiten.* Auch in der EDV kommt der Appetit mit dem Essen. Wenn zusätzliche Arbeiten der EDV übergeben werden sollen, kommt das im eigenen Hause meist billiger zu stehen als auswärts. Service-Rechenzentren stellen Rechnungen für jeden zusätzlichen Datensatz, jedes Programm, jede Sekunde der Verarbeitung, jedes zusätzliche Ausgabeblatt.
- *Geheimhaltung.* Service-Rechenzentren erbringen grosse Anstrengungen für die Geheimhaltung vertraulicher Daten. Die Geheimhaltung vertraulicher Daten und Programme ist im eigenen Hause trotzdem besser gewährleistet.

**Nachteile**

Eine eigene EDV-Anlage bringt auch Probleme mit sich:

- *Kosten.* Der grösste Teil der EDV-Kosten sind Fix-Kosten, d.h. sie können nicht abgebaut werden, wenn Anforderungen und Beschäftigung zurückgehen.
- *Personalprobleme.* Geeignetes Personal ist einzustellen und zu schulen. Auch hier kann man in ein unliebsames Abhängigkeitsverhältnis geraten.
- *Infrastruktur.* Eine eigene Infrastruktur ist aufzubauen: Man benötigt Räume, bauliche Veränderungen, Energieversorgung, Klimatisierung, Hilfsmaschinen und Möbel.
- *Sicherheitsmassnahmen* müssen getroffen werden für Maschinenausfall, Datenverlust, gegen Elementarschäden, Nachlässigkeit und Böswilligkeit.
- *Anfangsschwierigkeiten.* Da bei der ersten Installation einer EDV-Anlage Kenntnisse und Erfahrungen fehlen, gibt es Mehrarbeit, Überstunden, evtl. Terminüberschreitungen, falsche Resultate, Verärgerung im Hause und bei Geschäftspartnern.
- *Beschränkte Kapazität.* Aus Kostengründen ist man bestrebt, EDV-Anlagen möglichst den Anforderungen anzupassen und nicht zu gross zu dimensionieren. Wenn aus applikatorischen Gründen oder durch starkes Anwachsen der Datenmengen die Anlage überlastet wird, können temporäre Engpassprobleme auftreten. Der Service eines grossen Rechenzentrums mit genügend Reservekapazität kennt solche Probleme nicht.

Wer sich für eine autonome EDV-Anlage entscheidet, muss neben einer Wirtschaftlichkeitsanalyse die oben angedeuteten – zur Hauptsache organisatorischen – Belange beachten. Sie sind lösbar, wenn sich das Management der Probleme annimmt und bei Bedarf temporär einen erfahrenen auswärtigen Berater beizieht.

### 3.3.2 Outsourcing (Rechenzentrums-Lösung)

Outsourcing bedeutet die Auslagerung einer oder mehrerer der folgenden Informatikfunktionen:

- Rechenzentrumsbetrieb,
- Systemintegration (funktionsfähige Verbindung der verschiedenen Systeme, die der Kunde nutzt),
- Anwendungsprogrammierung,
- Netzmanagement,
- Wartung von Hard- und Software.

Hier wollen wir uns nur mit dem Aspekt des Rechenzentrumsbetriebes auseinandersetzen. Dies ist auch der häufigste Fall des Outsourcing.

Es besteht überall die Möglichkeit, EDV-Arbeiten aller Anwendungsgebiete rasch und einwandfrei durch Service-Rechenzentren erledigen zu lassen. Im Hause des EDV-Anwenders werden Terminals installiert. Diese bestehen aus Kleincomputern oder Servern, an denen eine Anzahl von Bildschirmen und Druckern angeschlossen werden können. Das Ganze wird über Telefon- oder Datenkanäle mit einem Grosscomputer im Service-Rechenzentrum verbunden.

Die Konkurrenz unter den Rechenzentren ist gross. Solche, die sich im Markt seit langem halten konnten, liefern ihre Verarbeitungen in erstklassiger Qualität, zuverlässig und schnell. Aber diese Serviceleistungen sind nicht billig.

**Vorteile**

Das Outsourcing bringt dem Anwender folgende Vorteile:

- geringe Fixkosten,
- keine EDV-Personalprobleme,
- Bearbeitung durch fachkompetentes EDV-Personal,
- komfortable Programmpakete,
- leistungsfähige Hardware,
- keine Kapazitäts- und RZ-Sicherheitsprobleme,
- grosse Infrastrukturen erübrigen sich,
- alle Vorteile der Echtzeit-Dialogverarbeitung werden gewahrt,
- kleinere Arbeiten können im Hause, grössere auswärts durchgeführt werden,
- man hat die Unterstützung erfahrener Spezialisten und sammelt trotzdem schrittweise eigene Erfahrungen.

**Nachteile**

Dazu gehören:

- Man gerät in eine hohe Abhängigkeit.
- Es fehlt der Zwang zum Aufbau einer eigenen EDV-Kompetenz im Hause. Dies ist langfristig ein Nachteil.
- Die Kosten sind relativ hoch, da ausser Kosten für die eigenen Geräte und das Rechenzentrum auch noch Kosten der Datenübertragung getragen werden müssen.

- Die Antwortzeiten im Dialogverkehr sind meist grösser als bei eigenen Anlagen.
- Die Geheimhaltung von firmeneigenen Programmen und Daten ist eher problematisch.

Bei vielen Unternehmungen, die zum «Outsourcing» greifen, findet man oft den gleichen Grund:

> **«Die EDV und ihre Kosten sind der Unternehmung über den Kopf gewachsen».**

Die Gründe dafür sind meistens:

- keine Informatikstrategie,
- mangelhaftes Projektmanagement,
- fehlende Berechnung von Kosten/Nutzen/Wirtschaftlichkeit,
- keine interne Verrechnung der EDV-Entwicklungs- und Produktionskosten (keine «Preisschilder»),
- wenig Normen und Standards,
- Vernachlässigung der organisatorischen Komponente bei der Erarbeitung von Informatiklösungen,
- kein echtes EDV-Controlling,
- schwache Kommunikation zwischen Unternehmens- und EDV-Leitung.

Ein «Outsourcing» löst nur einen Teil der oben erwähnten Probleme und dies auch nur temporär. Am besten fährt eine Unternehmung mit «Outsourcing», wenn sie aus einer Position der *Stärke* mit voller Klarheit über Vor- und Nachteile über einen Zeitraum von acht Jahren entscheidet.

## 3.4 Zum Einsatz von Gebrauchtcomputern

Preisgünstige Kaufmöglichkeiten für EDV-Anlagen bietet der Occasionsmarkt. Wie der weitverbreitete Einsatz von gemieteten Maschinen zeigt – in Miete werden häufig gebrauchte Maschinen installiert – ist dieser Weg durchaus gangbar. Die Preise für Zentraleinheiten liegen bei Gebrauchtmaschinen je nach Alter und Zustand zwischen 10% und 40% des Neuwertes, bei Peripherieeinheiten zwischen 30% und 90%.

Angebote für solche Systeme müssen in üblicher Weise evaluiert werden. Dabei ist auf folgendes besonders zu achten:

- Die *Kapazität* des Systems muss ausreichend, aber nicht unnötig überdimensioniert sein.
- Es muss bekannt sein, *wie lange* die Anlage in Zukunft benützt werden soll. Je älter sie ist, desto weniger lange wird man mit ihr arbeiten können.
- Der *Preis* muss nicht nur mit dem seinerzeitigen Neuwert, sondern auch mit den gegenwärtigen Preisen neuer Anlagen gleicher Kapazität verglichen werden.
- Die *Herkunft* der Anlage und die *Gründe* für den Verkauf sollten bekannt sein.
- Die Anlage muss besichtigt werden können, und ein *Probelauf* soll möglich sein.
- Es ist eine vertragliche *Garantiezeit zu* vereinbaren, innerhalb welcher Reparaturen gratis vorgenommen werden.

- Bei Nichtgenügen der Anlage soll ein *Rücktritt* innerhalb einer bestimmten Frist möglich sein.
- Die Herstellerfirma soll bereit sein, die *Wartung* des Systems im Rahmen eines Pauschal-Wartungsvertrages zu übernehmen.
- Bezieht man das System bei einem Occasionshändler, sollen *Referenzen* eingeholt werden.

Zeigen diese Abklärungen als Ergebnis, dass allen Anforderungen entsprochen wird, so sind die nötigen Voraussetzungen für den Einsatz des Gebrauchtcomputers gegeben.

## 3.5 Literatur

1) Löffler, H.:                 Taschenbuch der Informatik.
2) Weiss, R.:                  Mit dem Computer auf «Du».
3) Peters, T.:                  Liberation Management.
4) Burrus, D.:                 Technotrends.

# 4. Strategischer Einsatz der Informatik

## 4.1 Definitionen

Um Begriffsverwirrungen zu vermeiden, sollen hier vorab zwei Begriffe definiert werden, die zwar ähnlich klingen, jedoch verschiedene Bedeutung haben:

> *Strategischer Einsatz der Informatik*
> Einsatz der Informatik um echte *Wettbewerbsvorteile* und Rentabilitätssteigerungen zu erzielen.

Die Anforderungen an die Informatik, um der Unternehmung strategische Vorteile zu verschaffen, werden durch das Management der Firma unter Mitwirkung der Informatikleitung formuliert.

> *Informatikstrategie*
> Langfristiges *Einsatzkonzept* von EDV-Mitteln, Hardware, Software, Netzwerken, Methoden, Werkzeugen usw., um die Informatikbedürfnisse hinsichtlich Rationalisierungszielen und strategischen Zielen des Unternehmens optimal abzudecken.

Die Informatikstrategie wird hauptsächlich durch Informatikspezialisten definiert. Dieses Thema wird im nächsten Kapitel IV/5 abgehandelt.

## 4.2 Wechselwirkung zwischen Unternehmensstrategie und Informatikstrategie

Bis zum Ende der 80er Jahre war der Hauptzweck des Informatikeinsatzes die Rationalisierung und die Kostensenkung in der Unternehmung. Darüber wurde eingehend im Kapitel III/5 «Kosten/Nutzen/Wirtschaftlichkeit» berichtet. In diesem Kapitel wird nun das Potential der Informatik zur *Steigerung der Wettbewerbsfähigkeit* der Unternehmung aufgezeigt. Hier stehen bedeutende Mittel zur Verfügung, die es erlauben, Informatik als «Waffe» im Wettbewerbskampf einzusetzen.

Das Erkennen und Nutzen dieser Potentiale kann die Unternehmensstrategie wesentlich beeinflussen (s. Abb. 4.4.1).

Die Analyse des Potentials der Informatik für die Steigerung der Wettbewerbsfähigkeit verbindet die Unternehmensstrategie mit der Informatikstrategie (s. dazu Kap. IV/3, «EDV-Möglichkeiten», und Abschnitt IV/1.7, «Potentiale der Informatik»).

### 4.2.1 Wettbewerbsarten

Es gibt viele Mittel, die im Wettbewerb eingesetzt werden können. Zu den wichtigsten zählen:

*Preisvorteil:* bei ähnlichen Leistungen, z.B. Flugverkehr, Autos, Versicherungen
*Reputation:* Markenname als Garant für Qualität, Leistung, z.B. IBM, Mercedes

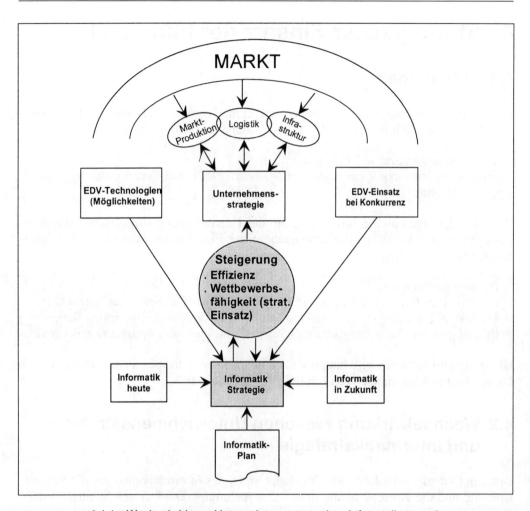

*4.4.1 Wechselwirkung Unternehmensstrategie – Informatikstrategie*

*Zeitvorteil:* Die Behauptung von H.P. Halek «Nicht die Grossen werden die Kleinen besiegen, sondern die Schnellen die Langsamen» hat sich in ihren Ansätzen bewahrheitet.
Für die Entwicklung neuer technischer Produkte steht immer weniger Zeit zur Verfügung. Die Entwicklung der Glühlampe im 19. Jahrhundert dauerte etwa 30 Jahre, während die technische Entwicklung der integrierten Schaltungen nur zwei Jahre erforderte (s. Abb. 4.4.2).
*Fazit:* Die Chancen für neue Produkte müssen «schnell» wahrgenommen werden. Man läuft sonst Gefahr, dass die Konkurrenz schneller sein und in die Marktlücke springen könnte.

*Innovations-* Beispiele: Mikroelektronik als Bestandteile der Produkte von morgen.
*vorteil:* Der digitale Recorder von Sony.

# 4. Strategischer Einsatz der Informatik

*Werteorientie-* Loyalität, Ehrlichkeit, Offenheit, Verständnis etc. Man tut, was einem
*rung:* richtig erscheint und nicht immer unbedingt wirtschaftlich ist. Kurzfristig hat man vielleicht eine Einbusse, aber langfristig ergibt sich eine positive Auswirkung auf den Kunden und dessen Kaufentscheid.

*Service-* Hervorragender Service für Investitions- oder Konsumgüter sowie im
*bezogenheit:* Dienstleistungsbereich ist einer der wichtigsten Wettbewerbsfaktoren in unserer «Wegwerfgesellschaft».

Der Abschnitt IV/4.3 «Kritische Erfolgsfaktoren» beleuchtet die hier genannten Aspekte näher.

## 4.2.2 Kundenorientierung

Alle namhaften Unternehmensforscher sind auf verschiedenen Wegen zu ähnlichen Schlüssen gekommen:

... je mehr ein Unternehmen kundenorientierte Erfolgspositionen aufbaut, desto besser schneidet es im Wettbewerb ab

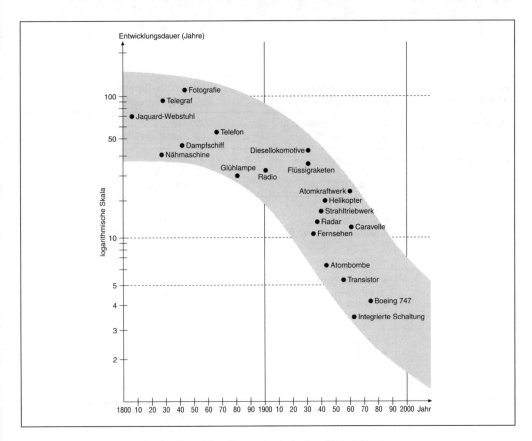

*4.4.2 Beschleunigung technischer Entwicklungen*

Nach Albach macht sich eine Kundenorientierung bemerkbar durch

- rasches Erkennen der Kundenwünsche,
- schnelle Lieferbereitschaft,
- das Eingehen auf Sonderwünsche der Kunden,
- besten Service,
- Qualitätsgarantie durch eine intensive After-sale-Betreuung.

### 4.2.3 Strategische Vorteile durch den Einsatz der Informatik

Die Informatik der 90er Jahre hat einen hohen Reifegrad erreicht. Durch ihr günstiges Preis-/Leistungsverhältnis lässt sie sich dafür einsetzen, den Kunden eines Unternehmens ausserordentliche Dienstleistungen zu bieten.

Die Tabelle 4.4.3 fasst zusammen, wie durch die Informatik die Kundennähe vergrössert und damit strategische Vorteile gewonnen werden können.

Die Ausschöpfung dieser Potentiale der EDV führt zur Definition des Informatik-Anwendungsportfolio-Solls, welches das Fundament der Informatiksstrategie darstellt (s. Kap. IV/5).

| Parameter der Kundennähe | Unternehmerische Aspekte | Informatik-Unterstützung |
|---|---|---|
| Präsenz | • regionale Verteilung<br>• Aussendienst | ◁ Netze<br>◁ Notebook/MDE |
| Reaktionszeit | • Lieferzeiten<br>• Service<br>• Angebote | ◁ PPS<br>◁ Disposition<br>◁ Offertwesen |
| Zuverlässigkeit | • Liefertermine<br>• Qualität<br>• Verfügbarkeit von Ersatzteilen | ◁ PPS<br>◁ CAQ<br>◁ Lagerbewirtschaftung<br>◁ Bedienungshinweise<br>◁ per EDV |
| Flexibilität | • Berücksichtigung von Kundenwünschen<br>• Produkteverbesserung<br>• neue Technologien | ◁ CAD/CAM<br>◁ CAE<br>◁ Mikroelektronik |
| Zusatzdienste | • Einsatzberatung<br>• Erledigung eines Teils der Administration der Kunden<br>• Entsorgung | ◁<br>◁ spezielle Informatikdienste<br>◁ |
| Kosten | • angemessen tief | ◁ rationelle Entwicklung und Auftragsabwicklung |

*4.4.3 Strategische Vorteile durch den Einsatz von Informatik*

## 4.3 Kritische Erfolgsfaktoren

Am besten gelangt man zu einem treffsicheren Anforderungskatalog an die zukünftige Informatik über die «kritischen Erfolgsfaktoren» der Unternehmung.

Prof. C. Pümpin definiert sie in seinem Werk «Management strategischer Erfolgspositionen (SEP)» wie folgt:

> *SEP-Strategische Erfolgsposition*
> Bei einer SEP handelt es sich um eine in einer Unternehmung durch den Aufbau von wichtigen und dominierenden Fähigkeiten bewusst geschaffenen Voraussetzung, die es dieser Unternehmung erlaubt, im Vergleich zur Konkurrenz langfristig überdurchschnittliche Ergebnisse zu erzielen.

Die Formulierung der SEPs respektive der Unternehmensstrategie ist Sache der Unternehmensleitung.

Ähnliche Ansätze findet man bei J.F. Rockart, USA, der mit ausgedehnten Studien nachgewiesen hat, dass

> es meistens einige wenige Kriterien sind, die, wenn hervorragend erfüllt, den Erfolg der Firma sichern.

Diese Faktoren nennt er «Critical Success Factors (CSF)», d.h. «Kritische Erfolgsfaktoren».

Auch M.E. Porter und K. Nagel haben sich eingehend mit diesem Thema befasst und branchenbezogene kritische Erfolgsfaktoren eruiert. In der Tabelle 4.4.4 sind einige der in den 80er und 90er Jahren gängigen, branchenbezogenen kritischen Erfolgsfaktoren in den USA aufgeführt.

Die Sammlung der kritischen Erfolgsfaktoren (abgek. KEF) in Abb. 4.4.4 kann als Anregung dienen, um diese in der eigenen Unternehmung oder im eigenen Verantwortungsbereich zu definieren. Sie sind in der Regel von mehreren Einflussgrössen geprägt:

1. Charakteristik der Branche,
2. Wettbewerbsstrategie,
3. Positionierung und Geographie,
4. Umweltfaktoren,
5. temporäre Faktoren.

Kritische Erfolgsfaktoren müssen messbar sein. Nur dann kann ein Führungsinformationssystem etabliert und entsprechende Kontroll- und Steuermechanismen können in Gang gesetzt werden.

Es sind also die Messgrössen der kritischen Erfolgsfaktoren, die die Anforderungen an die Funktionen der strategischen Informatikapplikationen definieren.

Abb. 4.4.5 verdeutlicht diesen Sachverhalt.

Verallgemeinert sehen Fine und Hax die Festlegung von vier strategischen Leistungsgrössen (KEFs) und ihre Messgrössen wie folgt:.

| | |
|---|---|
| **Automobil-Industrie**<br>• Form (Styling)<br>• Verkaufsnetz<br>• Produktionskosten unter Kontrolle<br><br>**Nahrungsmittel-Industrie**<br>• neue Produkte<br>• zweckmässiger Vertrieb<br>• effiziente Werbung<br><br>**Versicherungen**<br>• effizientes Agentennetz<br>• gute Administration<br>• Innovationsgeist beim Entwerfen von neuen Versicherungspolicen<br><br>**Supermarkt**<br>• Produktemix<br>• Lager<br>• Verkaufsförderung<br>• Preise<br><br>**Kreditinstitute**<br>• aktive Kundenbearbeitung<br>• aktive Serviceberatung<br>• Kundennähe<br>• Automation des «Tagesgeschäftes»<br>• Globalisierung der Märkte<br>• ertragsorientiertes Verkaufen<br>• Stabilisieren der Kundentreue<br>• qualifizierte und motivierte Mitarbeiter<br>• hohe Produktivität | **Fertigungsunternehmen**<br>• Preis-/Leistungsverhältnis<br>• massgeschneiderte Lösungen<br>• hoher Servicegrad<br>• Betriebssicherheit (Produktehaftung)<br>• pünktliche Lieferung<br>• innovative Lösungsansätze<br>• Flexibilität<br>• Nutzung der Konstruktionserfahrung<br>• kurze Durchlaufzeiten<br>• optimale Lagerhaltung<br><br>**Speditions-Branche**<br>• Fahrplan-Einhaltung<br>• Auslastung der Fahrzeuge (LKWs)<br>• keine Fehlverladung<br>• richtige, zeitgerechte Anlieferung<br>• korrekte Berechnung<br><br>**Verkehrsunternehmen**<br>• Auslastung des Fuhrparks<br>• Einhaltung der Qualitätsstandards<br>• Verkehrserträge<br>• Kapazitätsanpassung<br>• adäquate Preisgestaltung<br><br><br>Quelle: «Das System der Erfolgsfaktoren»<br>Handbuch des Informationsmanagements im Unternehmen und unveröffentlichte Unterlagen von J.F. Rockart |

*4.4.4 Branchenbezogene «kritische Erfolgsfaktoren (KEFs)» nach J.F. Rockart und K. Nagel*

| KEF | Messgrössen |
|---|---|
| • *Kosten* | Stückkosten, Gesamtkosten, Lebenszykluskosten |
| • *Lieferbereitschaft* | Anteil rechtzeitiger Lieferungen, Reaktionszeit auf wechselnden Bedarf, Lieferfristen im Vergleich zur Konkurrenz |
| • *Qualität* | Nacharbeit, Produktzuverlässigkeit, Reparaturkosten |
| • *Flexibilität* | Produktvarianten, Produktsubstitute, Eingehen auf Kundenwünsche |

Bevor also in Zukunft einzelne EDV-Projekte initialisiert werden, sollten dem Management der Informatik die übergeordneten Funktionen bekannt sein, die die KEFs der Unternehmung unterstützen. Nur so kann man den Überblick bewahren, die richtigen Prioritäten setzen und Suboptimierungen vermeiden.

Macht sich ein Unternehmen die Mühe, *seine* kritischen Erfolgsfaktoren zu identifizieren und zu formulieren, so gewinnt es dadurch zahlreiche Vorteile:

❏ Zwang zur Identifikation der wichtigen Erfolgsfaktoren der Unternehmung, auf die man sich konzentrieren muss (keine Verzettelung)

## 4. Strategischer Einsatz der Informatik

| Nr. | Kritischer Erfolgsfaktor | Messgrösse → Funktionalität |
|---|---|---|
| 1. | Image in der Finanzwelt | Preis-/Gewinn-Verhältnis |
| 2. | Technologiefortschritt aus Kundensicht | – Meinung der Kunden aufgrund von Interviews |
| 3. | Erfolg im Markt | – Wachstum bezogen auf die Branche<br>– Anteil eines jeden Produktes im Markt |
| 4. | Risikokenntnisse bei den wichtigsten Angeboten und Verträgen | – «Erfahrungsjahre» mit ähnlichen Produkten<br>– neue oder alte Kunden<br>– Beziehungen zu Kunden |
| 5. | Gewinnspanne beim Produkt | Vergleiche zu anderen Produkten hinsichtlich Gewinn |
| 6. | Moral in der Unternehmung (Faktor Mensch) | – Fluktuation<br>– Abwesenheit<br>– informale Kommunikation |

*(nach J.F. Rockart)*

**4.4.5** *Kritische Erfolgsfaktoren und ihre Messgrössen am Beispiel der Firma MICROWAVE ASSOCIATE (60 Mio $, Kommunikationsbranche)*

❏ Setzen von richtigen Massstäben
❏ Schaffen der Grundlagen für das Führungsinformationssystem
❏ Vermeiden der Informationsfalle «leicht zugreifbare Daten». Grundlage zur Differenzierung zwischen «must» und «nice to know»
❏ Grundlage für Planungsprozesse (Mittelfristplanung)
❏ besseres Verständnis der Unternehmung
❏ «erleichtert» das Leben des Managers

Die Definition der kritischen Erfolgsfaktoren ist Sache der oberen Führungsebenen.

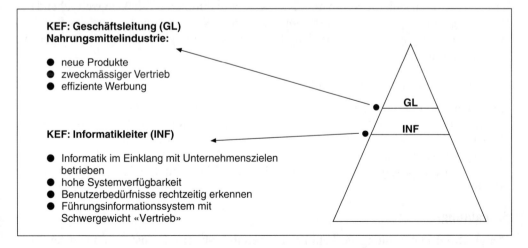

**4.4.6** *Ebenen der kritischen Erfolgsfaktoren (KEFs)*

In kleinen bis mittelgrossen Unternehmungen formuliert man die kritischen Erfolgsfaktoren in der Regel nur für eine Ebene, in mittelgrossen bis grossen Unternehmungen für zwei bis drei Ebenen. Es versteht sich von selbst, dass die kritischen Erfolgsfaktoren aufeinander abgestimmt sein müssen (s. Abb. 4.4.6).

## 4.4 Die Wertschöpfungskette und die Potentiale der Informatik

Zur Verdeutlichung der Möglichkeiten der Informatik bei der Erbringung von Zusatzdienstleistungen an den Kunden sei der Lebenszyklus eines Produktes oder einer Dienstleistung betrachtet (s. Abb. 4.4.7).

### 1. Bedarfsermittlung

Oft sind sich Kunden nicht recht im Klaren, was und wieviel sie von einem bestimmten Produkt oder einer Dienstleistung brauchen.

*Bedarfskalkulationen* (zum Beispiel mit Einsatz von Notebooks) ermöglichen die *individuelle* Dimensionierung von Produkten/Dienstleistungen im Versicherungswesen, bei der Auslegung von Heizungs- und Lüftungsanlagen oder von Antriebsmotoren.

### 2. Selektion des Produktes oder der Dienstleistung

Manche Produzenten übernehmen heute auch die «Beraterfunktion», indem sie ihre eigenen Produkte und Konkurrenzangebote in einem objektiven Vergleichsprogramm einander gegenüberstellen, welches *aus der Sicht des potentiellen Käufers* Leistungs- und Preisvergleiche anstellt.

### 3. Bestellung

Die Bestellungsabwicklung ist normalerweise mit vielen Formalismen verbunden. Lieferanten erkaufen sich die Sympathien der Käufer dadurch, dass sie sich weitgehend der Bestellungsabwicklung des Kunden anpassen (inkl. Numerierungssystem des Kunden) oder sogar ihre Informatik gänzlich dazu zur Verfügung stellen (z.B. Reisebüros, Pharma/Apotheken u.a.m.).

### 4. Warenempfang und -kontrolle

Ein beachtlicher Teil der Tätigkeit des Einkaufs ist die Mengen- und Qualitätskontrolle. Chemie- und Lebensmittelunternehmen nehmen den Kunden weitgehend diese Arbeit ab. Durch eigene aufwendige EDV-gestützte Qualitätsprüfungsverfahren können sie verbindliche Dokumente zum Produkt beifügen und dem Kunden die Sicherheit vermitteln, dass er die richtigen Produkte in der richtigen Menge und in der richtigen Qualität erhalten hat.

### 5. Zahlung

Der elektronische Zahlungsverkehr ist eine bereits etablierte Dienstleistung an den Kunden. Banken und Postdienste sind die grössten Anbieter dieser Dienstleistung.

# 4. Strategischer Einsatz der Informatik

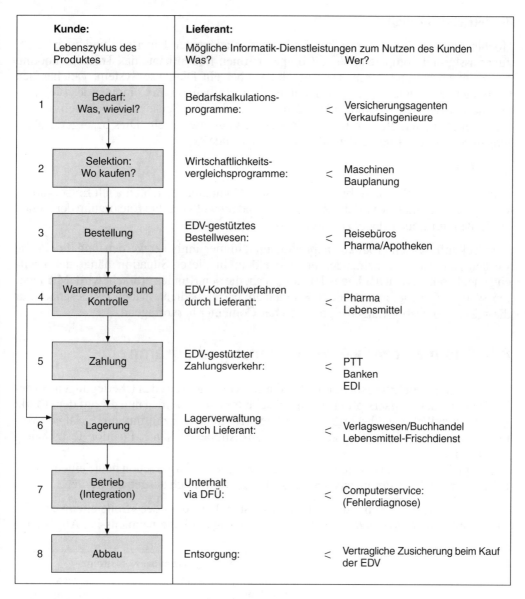

4.4.7  *Lebenszyklus von Produkten/Dienstleistungen und mögliche Unterstützung durch Informatik*

## 6. Lagerbewirtschaftung

Frischdienstlieferanten und Getränkehandelsunternehmen führen oft im Sinne eines Dienstes am Kunden dessen Lagerverwaltung. Mit Hilfe der EDV können sie ihren Grosskunden in regelmässigen Abständen sagen, was er hat und was er (von ihnen) braucht.

## 7. Betrieb/Unterhalt

Hochtechnisierte Investitionsgüter fordern einen adäquaten Unterhalt, und zwar rasch, zuverlässig und kompetent. Viele Computerfirmen führen heute das Trouble-shooting per Fernverarbeitung durch. Dies geschieht über ein Diagnose-System, welches den Computer des Kunden «abtastet» und über Fernverarbeitung im Computer des Lieferanten die fehlerhaften Komponenten identifiziert. Um den Schaden zu beheben, ist nur mehr der als fehlerhaft identifizierte Bestandteil auszuwechseln. Dies besorgt ein Wartungstechniker des Lieferanten oder sogar der Kunde selbst.

## 8. Abbau

Seit Anfang der 90er Jahre bieten die meisten Computerlieferanten auch Entsorgungsverträge an. Mit diesen wird die Rücknahme und umweltgerechte Entsorgung der Geräte am Ende ihrer Lebensdauer sichergestellt.

In Zukunft werden Produkte in ihrer Qualität immer ähnlicher werden, und ihre Preise werden sich kaum voneinander unterscheiden. In dieser Situation hängt der Kaufentscheid vom Niveau der Dienstleistungen ab, die den Kunden erbracht wird. Mit anderen Worten: Der Lieferant, der den Kunden am besten bedient, macht das Geschäft. Für diese Zusatzdienstleistungen eignet sich der Computer hervorragend.

## 4.5 Das Informatik-Positionierungsdiagramm

Aus den kritischen Erfolgsfaktoren (Abschnitt IV/4.3) und aus den Überlegungen bei der Betrachtung der Wertschöpfungskette (Abschnitt IV/4.4) werden nun die auf dem Markt wirksamsten Wettbewerbsvorteile gegenüber der Konkurrenz formuliert. Es ist von Vorteil, sowohl die IST-Position als auch die anzustrebende SOLL-Position festzuhalten (s. Abb. 4.4.8).

Beispiel: Bei den Zusatzdiensten an Kunden weist die Firma schon heute einen Vorteil gegenüber der Konkurrenz aus. Dieser soll in Zukunft noch ausgebaut werden.

Aus den vorhergehenden Aussagen wird verständlich, dass der «Sollstellenwert» der Informatik eine *individuelle Angelegenheit* eines jeden Unternehmens ist. Allgemeine

| Wettbewerbsvorteile | Stellung gegenüber Konkurrenz | | | |
|---|---|---|---|---|
| | wesentlich schlechter | schlechter | besser | wesentlich besser |
| Qualität | | | I--------► S | |
| Herstellungskosten | | I-----------► S | | |
| Zusatzdienste an Kunden | | | | I-----------► S |
| Lieferfrist | | | I-------► S | |
| Produkt-Technologie | | I-------► S | | |
| . | | | | |

Legende: 0 – Durchschnitt der wichtigsten Wettbewerber, I – IST, S – SOLL

*4.4.8 Positionierung der KEFs IST/SOLL im Vergleich zur Konkurrenz*

Rezepte gibt es nicht. Um den Stellenwert der zukünftigen Informatik in der Unternehmung zu bestimmen, müssen die zuständigen Führungsgremien frühzeitig zweierlei erkennen:

1. die Bedeutung (Beitragsmöglichkeit) der Informatik für die rationelle und effiziente Herstellung von Produkten und Erbringung von Dienstleistungen.
2. die Wichtigkeit der Informatik für das Erreichen von Wettbewerbsvorteilen.

Es handelt sich also um zwei Dimensionen, die sich an der Portfolio-Darstellung in Abb. 4.4.9 veranschaulichen lassen.

*Erste Dimension:* Rationalisierung und Kostensenkung durch EDV-Einsatz (x-Achse s. Abb. 4.4.9)

Je mehr ein Produktionsprozess oder eine Dienstleistung sich durch EDV rationalisieren lässt, desto wichtiger ist ihr Einsatz:

- Bei Banken und Versicherungen ist die EDV heute unentbehrlich. Daher liegen sie im Diagramm rechts (hoher X-Wert).
- Bei Industrieunternehmen stehen Materialfluss und Arbeit über dem Informationsfluss. Die Informatik ist ein wichtiges Rationalisierungsmittel, aber nicht so unentbehrlich wie bei Banken und Versicherungen (mittlerer X-Wert).
- In der Grundstoffindustrie herrscht der Materialfluss vor, die Informatik ist hier weniger ausgeprägt (niedriger X-Wert).

*Zweite Dimension:* Wertschöpfung durch die Informatik (y-Achse, s. Abb. 4.4.9)

Heute benützt man die EDV wo immer möglich, um im harten Konkurrenzkampf wettbewerbsfähiger dazustehen. Dies erreicht man durch Erbringen von Zusatzdienstleistungen an Kunden, durch Innovationen und verbesserte Reaktionsfähigkeit auf die Anforderungen des Marktes. Zum Beispiel:

- Kundendienste der Banken, wie Home-Banking (hoher Y-Wert),
- vom ursprünglichen Platzreservierungssystem zum Reisegesamtarrangement der Fluggesellschaften (aufstrebender Y-Wert),
- Industrie geht trotz Serienfertigung auf individuelle Kundenwünsche ein (CAD, CAM, mittlerer Y-Wert).

Solche Informatikdienstleistungen lassen sich zu vertretbaren Kosten erst seit Mitte der 90er Jahre erbringen.

Aus der Grafik in Abb. 4.4.9 ersieht man den Stellenwert der Informatik für einige Branchen der Wirtschaft.

Der Grundsatz für die Bestimmung der Informatikstrategie ist:

1. Bestimmung des *heutigen* Stellenwertes der Informatik im Informatik-Positionierungs-Diagramm.

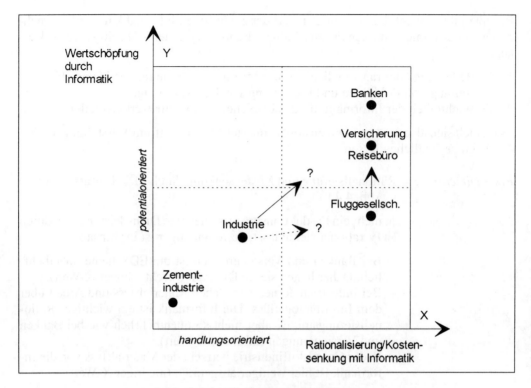

4.4.9   Informatik-Positionierungs-Diagramm

2. Bestimmung der Marschrichtung für die weitere Entwicklung der Informatik in den nächsten fünf bis zehn Jahren und deren Positionierung im Portfoliodiagramm (s. Abschnitt IV/4.6).

## 4.6 Das zukünftige strategische Applikationsportfolio

Wie kommt man nun nach all dem vorher Gesagten zum strategischen Applikationsportfolio im Rahmen des Gesamtapplikationsportfolios (Abb. 4.4.10) der Informatik?

Die im folgenden beschriebenen Aktivitäten sind vorwiegend durch ein Team von Repräsentanten der Firmenleitung und der Informatik vorzunehmen. Ein «Herunterdelegieren» führt selten zu umsetzbaren Ergebnissen.

Folgende Vorgehensweise wird empfohlen (s. Abb. 4.4.10):

Ausgehend von den Unternehmenszielen werden verschiedene Strategien (Handlungsalternativen) zu deren Erreichung aufgestellt und bewertet. Die bestgeeignete Strategie definiert die kritischen Erfolgsfaktoren der Unternehmung. Für die kritischen Erfolgsfaktoren werden die Messgrössen zu deren Beurteilung bestimmt. Daraus werden die erforderlichen Funktionen abgeleitet, die schliesslich das strategische Führungsinformationssystem der Firma bestimmen.

## 4. Strategischer Einsatz der Informatik

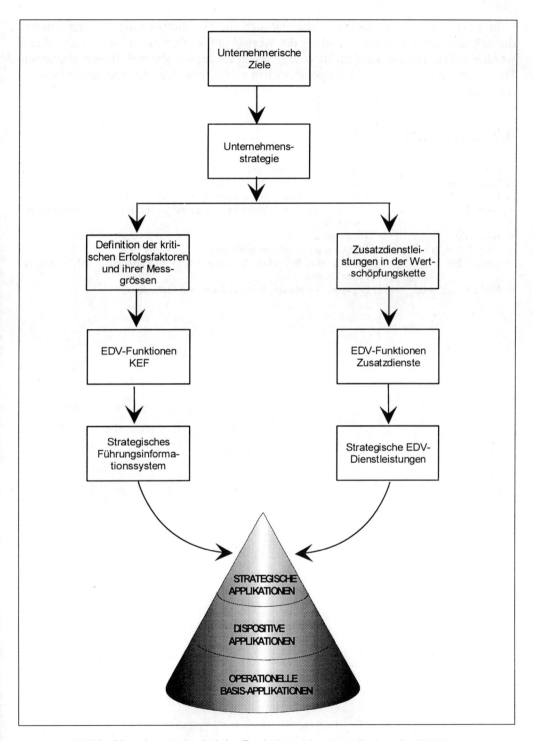

*4.4.10 Vorgehensweise bei der Erarbeitung der strategischen Applikationen*

In einem zweiten Arbeitsgang überlegt sich die Geschäftsleitung, welche Zusatzdienstleistungen dem Kunden entlang der Wertschöpfungskette (Abb. 4.4.7) angeboten werden sollen. Daraus werden die strategischen Zusatzdienstapplikationen abgeleitet. Diese können teilweise bei den operationellen und dispositiven Applikationen positioniert sein.

## 4.7 Literatur:

1) Pümpin, C.: Management strategischer Erfolgspositionen.
2) Watermann, R..H.: Auf der Suche nach Spitzenleistungen.
3) Porter, M.E.: Wettbewerbsvorteile – Spitzenleistungen erreichen und behaupten.
4) Nagel, K.: 200 Strategien, Prinzipien und Systeme für den persönlichen und unternehmerischen Erfolg.
5) Burris, D.: Technotrends.
6) Fine N., Hax, N.: Designing a Manufacturing Strategy.
7) Rockart, N.: The Changing Role of the Information Systems Executive. A Critical Success Factors Perspective.
8) Rockart/Grescenzo: Engaging Top Management in Information Technology.

# 5. Informatikstrategie

## 5.1 Einführung

Über den strategischen Einsatz der Informatik wurde im Kapitel IV/4 berichtet. In diesem Kapitel werden Charakteristik, Inhalt (Komponenten) und Herleitung der *Informatikstrategie* behandelt.

Die Informatikstrategie ist ein *langfristiges Einsatzkonzept* für EDV-Mittel, ihre Organisation und ihre Umsetzungsprinzipien, mit dem Ziel, der Unternehmung nebst Rationalisierungs- und Kostensenkungsvorteilen echte Wettbewerbsvorteile zu verschaffen.

Eine Informatikstrategie ist kein Informatikplan, sie gibt Marschrichtungen und Leitlinien vor, jedoch nicht konkrete Aktionspläne für die Beschaffung von Anlagen und Programmen, ebenso wenig detaillierte Ressourcenpläne.

## 5.2 Inhalt der Informatikstrategie

Die Informatikstrategie leitet sich primär aus der *Unternehmensstrategie* ab. Die Zusammenhänge sind aus den Abbildungen 4.1.1 und 4.4.1 ersichtlich.

Der Inhalt einer Informatikstrategie lässt sich in vier Komponenten unterteilen:

– *Applikationsportfolio:*
  Es enthält die unternehmerischen Funktionen, die die Informatik abzudecken hat und die Softwareanwendungen, welche diese abdecken werden.
– *Dimensionierung* und *Technik* der Informatik:
  Diese Komponente legt die erforderlichen Dimensionen (Grössenordnungen) der Informatikinfrastruktur und -ressourcen sowie die angewendeten Technologien, Plattformen, Normen, etc. fest.
– *Gestaltung* der Informatik und die *Organisation* ihres Umfeldes:
  Hier werden die Verteilung (Auslegung) der Informatikressourcen in der Unternehmung, die organisatorische Eingliederung und die Strukturorganisation vorgegeben.
– *Umsetzungsplanung* und *Prioritäten:*
  Die Prinzipien der Umsetzung, die Methodik der Festlegung von Prioritäten, grobe Ressourcenpläne und grobe Terminpläne (Meilensteinpläne) werden angegeben.

Jede Komponente wird in den folgenden Abschnitten näher erläutert.

Abbildung 4.5.1 zeigt die Positionierung der Informatikstrategie zwischen der Unternehmensstrategie und dem Informatikplan.

## 5.3 Das Applikationsportfolio

Grundlagen jeder Informatikstrategie ist das Applikationsportfolio (erste Komponente), das als Resultat der in den Kapiteln IV/1 und IV/3 beschriebenen Gedankenprozesse und Abläufe formuliert worden ist.

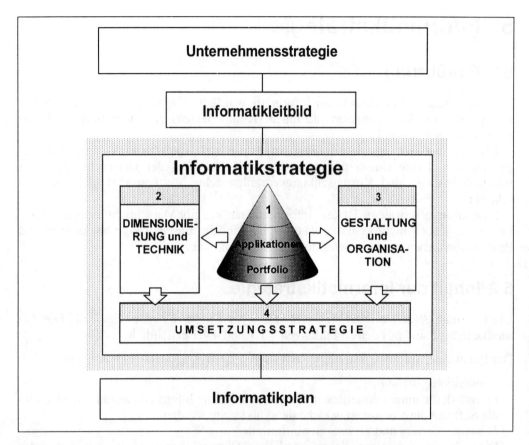

*4.5.1 Positionierung der Informatikstrategie*

Das Applikationsportfolio darf nicht eine unbesehene Wunschliste von Anwendern aus verschiedenen Bereichen der Unternehmung darstellen. Es muss in jedem Fall dem Prinzip der *Effektivität* gehorchen: Erst wenn man sicher ist, das Richtige zu tun, werden die verschiedenen Nutzenaspekte im Sinne von Abb. 4.5.2 analysiert. Die EDV-Anwendung sollte nur ins Anwendungsportfolio aufgenommen werden, wenn die quantitativen und qualitativen Nutzenaspekte die erwarteten Kosten überwiegen.

Eine ausführliche Darstellung der Berechnung dieser Nutzwerte befindet sich im Kapitel III/5 «Kosten, Nutzen, Wirtschaftlichkeit».

Das Applikationsportfolio muss in der Phase «Informatikstrategie» nicht in ausgereifter Form, sondern nur im Sinne eines Rahmenkonzeptes vorliegen. Planungsgrundlage können eine grobe Beschreibung und die Eckwerte je Hauptapplikation sein. In Abb. 4.5.3 ist ein Raster aufgeführt, der die wichtigsten Aspekte einer solchen Grobprojektierung enthält. Für die strategische Phase genügt ein Projektbeschrieb von wenigen Seiten.

Das Applikationsportfolio gliedert sich nach drei Ebenen (s. Abb. 4.5.2) und enthält etwa folgende Applikationen:

# 5. Informatikstrategie

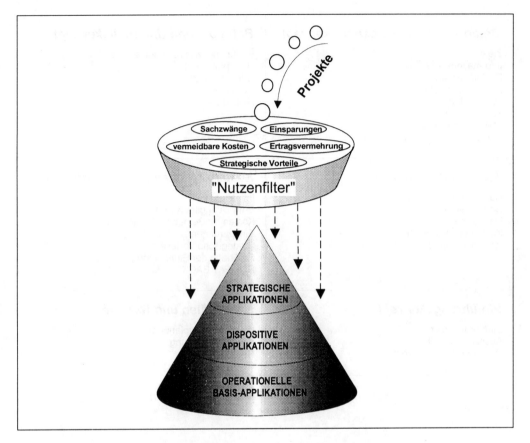

*4.5.2  Nutzenaspekte der Informatikapplikationen*

*Strategische Applikationen*
- Führungsinformationssystem
- Kundensupport
- Kundeninformationssystem
- Mittelfristplanung
- Budgetierung
- Konkurrenzanalyse

*Dispositive Applikationen*
- Materialwirtschaft
- Einkauf
- Verkauf
- PPS-Disposition
- Logistik
- Grobplanung

*Operationelle Basis-Applikationen*
- Finanz- und Rechnungswesen
- Personalwesen
- Fakturierung
- Debitoren/Kreditoren
- Auftragsabwicklung
- PPS – operationell
- Bürokommunikation

| Organisatorisches Lösungskonzept | Betriebs- und Unterhaltskonzept |
|---|---|
| Ziele<br>Informationsfluss Soll<br>Funktionalitäten<br>Funktionsabläufe<br>Daten (Modell)<br>Mengen und Häufigkeiten<br>Ablauforganisation<br>Aufbauorganisatorische Aspekte | Rechnungszentrumsbetrieb<br>Unterhalt<br>Unterstützung<br>Hot-Line<br>Help-Deck |
| **Technisches Konzept** | **Kosten- / Nutzen-Betrachtungen** |
| Hardwareplattform (vermutet)<br>Betriebssystem<br>Datenbank<br>Kommunikationssystem<br>Anwendersoftware | Investitionen<br>Entwicklungsaufwand<br>Kosten für Betrieb und Unterhalt<br>Einsparungen<br>Strategische Vorteile<br>Erhöhung der Einnahmen<br>ROI, PAY BACK |
| **Einführungskonzept** | **Kapazitäten und Termine** |
| Einführungsplan<br>Ausbildungsstoff<br>Dokumentationskonzept | Wunschterminplanung<br>Kapazitätsplanung<br>Ressourcen |

*4.5.3   Rahmenkonzept für eine erste Projektierung*

Die strategischen Applikationen sind ausführlich im Kapitel IV/4 und in der Abb. 4.4.10 behandelt.

Das Applikationsportfolio wird zusammengefasst zu einem unternehmensweiten Rahmenkonzept, bestehend aus:

- einem logischen Datenmodell,
- einem unternehmensweiten Funktionsmodell,
- den Kernfunktionsabläufen (Prozessen),
- den notwendigen Anwendungsprogrammen,
- einem ersten Layout der notwendigen Plattformen (Hardware, Betriebssystem, Telekommunikation, Datenbankmanagementsysteme, usw.).

Die obigen Begriffe sind in Kap. II/3.2.2 «Konzeptbearbeitung» und Abb. 2.3.5 näher erläutert.

Das Applikationsportfolio erfordert ein konsequentes Management (Erfassen, Mutieren, Löschen der Projekte). Das Werkzeug PRIORISIERUNG I (s. Kapitel III/7) bietet Hilfe für diese Aufgabe.

## 5.4 Dimensionierung und Technik

Aus den zusammengefassten Anforderungen des Applikationsportfolios (s. Abschnitt 5.3) werden nun durch Fachspezialisten die adäquate *Informatik-Technologie (IT)* und ihre *Dimensionen* (Grössenordnungen) festgelegt (zweite Komponente).

Das geforderte Applikationsportfolio, die erfolgsversprechenden Hard- und Software-Technologien sowie die Ziele und Randbedingungen der Unternehmung führen zum technologischen Layout der zukünftigen Informatik.

*Erforderliche Technologie*

- Hardware-Architektur und -Leistung:
  - Mainframes, Client-/Server-Architekturen, Abteilungsrechner, Netzwerke, Workstations, IDV
  - Prozessor-Leistungen und Speicherkapazitäten
  - Peripheriekonzept: Drucker, Plotter, etc.
- Netzwerk-Architektur:
  - Ebenen: 1. übergeordnete Gesamtsteuerung, 2. Abteilungsebene und 3. Arbeitsplatzebene
  - Arealverkabelung/Gebäudeverkabelung
- Applikations-Architektur:
  - Prinzipien, z.B.
    - konsequente Trennung zwischen Daten und Funktionen
    - sinnvolle Aufteilung zwischen Clients und Server
    - Funktionen so «arbeitsplatznah» wie möglich
    - klares Schnittstellenkonzept
- Daten-Architektur:
  - übergeordnetes Datenmodell auf Datengruppenebene
  - Verteilungskonzept der Daten
  - Data-Dictionary
  - «Gewollte Redundanzen» ermöglichen koordinierte Datensammlung und Datenverwaltung
- Datenbank-Managementsysteme und Abfragesprachen:
  - produktespezifische DBMS/SQL
- Betriebssysteme:
  - offene oder proprietäre Betriebssysteme/betriebssystemnahe Software
- Bürokommunikationssysteme:
  - Text, Daten, Graphik usw., Schnittstellen zur konventionellen EDV. Endbenutzer-Werkzeuge für schlecht strukturierbare Aufgaben
- Entwicklungsumgebung:
  - CASE-Tools je nach Anwenderkategorie und Computerebene
- Standards:
  - z.B. OSI, X-Open, TCP/IP ...
- graphische Benutzeroberfläche:
  - standardisierte Benutzeroberflächen
- Dokumentengestaltung:
  - z.B. ODA/ODIF, EDIFACT
- Entwicklungsumgebung

- Normen
- Sicherheitskonzept

*Personal-Ressourcen* (s. auch Abschnitt 5.6 in diesem Kapitel)

- Führung: Leitung, administratives Personal
- Organisation und Organisatoren, Analytiker, Programmierer
  Entwicklung:
- Rechenzentrum: Operator, Dispatcher, Hilfspersonal
- Systemtechnik: Datenbank-, Kommunikations-, Betriebssystemspezialisten
- Information Center: PC-Support, Benutzerbetreuer, Hot-line

*Infrastruktur und Diverses*

- Räumlichkeiten: für Rechenzentrum, Entwicklung, ...Lager
- Material: Papier, Bänder, Platten etc.
- Energie: inklusive Notstromaggregate
- Ersatzteile: inklusive Ersatz-PCs

*Finanzen*

- Investitionskosten: – für Hardware, Software, Netz ... → extern
  – für die Finanzierung der EDV-Organisation → intern
- Betriebskosten: – für die Aufrechterhaltung des laufenden Betriebes
- Einnahmenbudget: – für erbrachte Organisations- und Informatik-Dienstleistungen, intern und extern
- Preisbestimmung: – für Dienstleistungen der EDV

## 5.5 Gestaltung und Organisation

Die dritte Komponente der Informatikstrategie «*Gestaltung und Organisation*» beschäftigt sich mit der Frage «Wie soll die Informatik gestaltet, organisiert und eingesetzt werden?»

Die Gestaltung (Auslegung) der Informatik (s. Abb. 4.5.4) ist von folgenden Einflussgrössen abhängig:

- Stellenwert der Informatik in Zukunft
- Aufbauorganisation des Unternehmens
- gegenwärtige Situation der Informatik im Unternehmen
- Dimension der Informatik (s. Abschnitt 5.4)
- geplanter Durchdringungsgrad der Informatik
- Stellenmarkt und Personalsituation
- Fragen der Sicherheit
- Probleme des Datenschutzes u.a.m.

# 5. Informatikstrategie

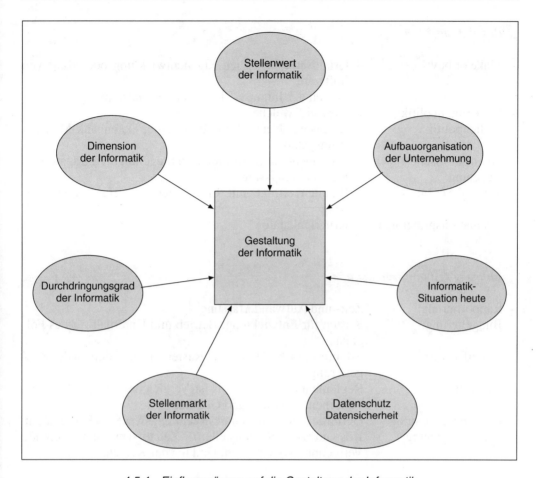

*4.5.4   Einflussgrössen auf die Gestaltung der Informatik*

Bei der Gestaltung der Informatik in einer Unternehmung werden folgende Parameter im Sinne von groben Richtlinien bestimmt:

*Zentralisation / Dezentralisation*

- Datenorganisation: Architektur der Datenverteilung (verteilte Datenbanken), Organisation der Führungsdatenbanken und ihre Verteilung.
- Ressourcenverteilung: Wie sollen zwischen der zentralen Informatik und den dezentralen Kompetenzzentren
  - die Hardware,
  - die Infrastruktur,
  - die Personalressourcen,
  - das «EDV-Know how»,
  - und die finanziellen Mittel
  
  verteilt werden?

## Beschaffung

- Make or buy: – Grundsätze bezüglich Eigenentwicklung oder Kauf von Software
  - Fragen der Inhouse-EDV oder des Outsourcings
- Lieferantenpolitik: – wieviele, welche
- Flottenpolitik: – Hardware, Netze, Betriebssysteme, Datenbank-Managementsysteme
- organisatorische Regelung: – Aufgaben- und Kompetenzenregelung, Antragswesen, Entscheidungswege
- Vertragswesen: – Rahmenverträge mit Lieferanten von Hard- und Software
- Evaluationsprinzipien: – Kriterienkatalog.

## Führung / Ablauforganisation

- Rapportierung: Zeit- und Aufwanderfassung
- Budgetierung: Kosten für Entwicklung, Betrieb und Unterhalt für das Folgejahr
- Mittelfristplan: 5-Jahresplan mit ähnlichem Raster wie demjenigen der Budgetierung
- Controlling: Reglementierung des Soll-Ist-Vergleiches bezüglich Sache, Terminen, Aufwand und Qualität
- Leistungserfassung und Verrechnung: Definition des Informatik-Rechnungswesens (Kostenarten, Kostenträger, Kostenstellen), Zeitaufschreibung, direkte Verrechnung der Kosten, Umlage der Kosten.

## Projektabwicklung

Projektorganisation (siehe dazu Kapitel III/1 «Projektmanagement») bezüglich:

- Projektabwicklung
- Projektplanung und -kontrolle
- Leistungserfassung
- Dokumentation

## Diverses

- Marketing Informatik: Informations-Bulletin, Berichterstattung
- Verkauf von Informatikdienstleistungen: die Informatik als eine «Einnahmequelle» der Unternehmung

Aus all dem oben Gesagten resultiert die Strukturorganisation der Informatik.

## Strukturorganisation

- Aufbauorganisation: siehe dazu Kapitel IV/2
- Aufgabenteilung: Verantwortung, Kompetenzen
- Entscheidungsgremien: Zusammensetzung, Verantwortung, Kompetenzen
- Entscheidungs-  Auftragswesen, Freigabeverfahren, etc.
  prozeduren:
- Informationswesen: Sitzungen, Protokolle, Berichte, Informationen

## 5.6 Umsetzungsstrategie

Die Umsetzung der ersten drei Komponenten der Informatikstrategie hat ebenfalls strategische Bedeutung. Meistens handelt es sich um umfangreiche Aufwands- und zeitintensive Vorhaben, die nur *gestaffelt* realisiert werden können. Die *Priorisierung* dieser Vorhaben ist Sache der Unternehmensleitung. Ein entsprechendes Verfahren wurde in Kapitel III/7 «Priorisierung» beschrieben.

## Ressourcen-Planung

Wenn der Priorisierungsprozess vollzogen ist, liegen die Bedürfnisse nach den verschiedenen Ressourcen je nach Projekt respektive Investitionsantrag vor. Es gilt nun, diese zu kumulieren je nach Ressourcenart:

❏ **Personal**

- Organisatoren
- Analytiker/Programmierer
- Systembetreuer
- Datenbankmanagement-Spezialisten
- Netzwerkmanagement-Spezialisten

- Operating
- Anwender-Support
- Führung/Planung/Koordination
- Schulung und Information
- Information Center

❏ **EDV-Plattformen**

- Rechnerkapazität (Host, Abteilungsrechner, Client-/Server)
- Speicherkapazität (extern)
- Netzwerke

- Arbeitsplatzstationen
- Bürokommunikationsinfrastruktur
- PCs

❏ **Finanzen**

- Investitionsbedarf
- Rahmenbudget für Informatikabteilung
- Finanzplan (grob)

- Rahmenbudget für externe Dienstleistungen
- Rahmenbudget für (Teil-) Outsourcing
- zeitliche Verteilung der einmaligen und wiederkehrenden Kosten

❑ **Infrastruktur und Diverses**

- Räumlichkeiten
- Leitungen
- Maschinenräume
- Klima
- Notstromaggregate
- Archiv
- Sicherheit

*Zeitplanung* (grob)

- grobe Realisierungseinheiten des Informatikportfolios und der Beschaffung der Plattformen

## 5.7 Das Vorgehen bei der Erarbeitung der Informatikstrategie – Zusammenfassung

Dieses Vorgehen beruht im wesentlichen auf drei Säulen (s. Abb. 4.5.5):

- Die EDV-Technologie mit dem Stand von heute ist die erste Grundlage. Der heutige Stand der Technik für Hard- und Software wird als Ausgangspunkt genommen. Da eine Informatikstrategie meist für etwa zehn Jahre Gültigkeit haben soll, müssen die Trends bezüglich EDV-Technologie für diese Zeitspanne einbezogen werden.
- Die Unternehmensstrategie ergibt den Bedarf an EDV-Leistungen und die Zielsetzungen für deren Einsatz gemäss den in Kapitel IV/4 gezeigten Marschrichtungen (Informatik-Positionierungs-Diagramm).
- Aus der Informatikanalyse gehen die wesentlichen Stärken und Schwächen des EDV-Ist-Zustandes hervor. Die Stärken sollten auch für die Zukunft erhalten, die Schwächen vermindert oder beseitigt werden.
- Diese drei Komponenten führen in der Studie zu einem (vorläufig fiktiven) *Informatik-Leitbild*, das in Form verschiedener Szenarien variiert werden kann.

Jede Variante des Leitbildes führt zu einer entsprechenden Variante der Strategie, d.h. zu einer möglichen Lösung. Es ist nun Sache der EDV-Fachleute, aus den möglichen Lösungen die bestgeeignete auszuwählen und diese dem Management des Unternehmens vorzuschlagen.

Die gewählte Strategie wird zur «Doktrin» erhoben und wird als Leitlinie für zukünftige Initialisierungen von EDV-Projekte und als Entscheidungsgrundlage benützt.

Im Anschluss zur Informatikstrategie wird ein *Informatikplan* erstellt, der die Massnahmen zur Realisierung des benötigten EDV-Gesamtsystems beschreibt.

Jede mittlere und grössere Unternehmung sollte sich deshalb frühzeitig mit der Ausarbeitung ihrer Informatikstrategie befassen. Die Strategie steht vor der Realisierung von Grossprojekten (s. Abb. 4.5.6). Sie ist der Wegweiser zur Erarbeitung des mittelfristigen Informatikplanes des Unternehmens. Erst danach werden die einzelnen Projekte gemäss Phasenkonzept (siehe Teil II) abgewickelt.

# 5. Informatikstrategie

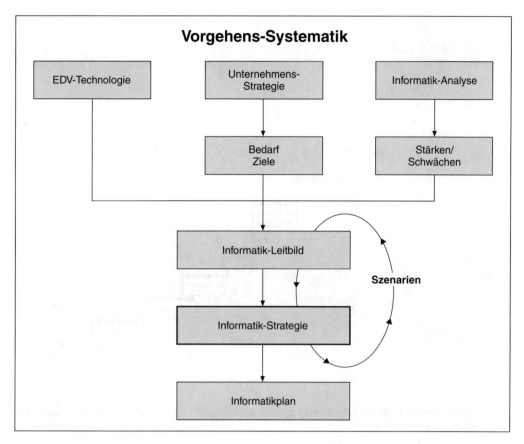

4.5.5 Vorgehen bei der Erarbeitung einer Informatikstrategie
(die Überlegungen sind für einen Zeithorizont von 10 Jahren anzustellen)

Wer ist für die Erarbeitung der Informatikstrategie verantwortlich (s. Abb. 4.5.6)? Es sind grundsätzlich die Impulsgeber der Unternehmung: die Geschäftsleiter, das Kader und die für die Informatik Verantwortlichen. Impulse und Ideen sollten von unten nach oben getragen werden, vom:

- *angelernten Benutzer*, dem die EDV zum Alltagswerkzeug geworden ist.
- *Problemlöser*, der oft ungeduldig schnelle ad-hoc-Lösungen realisieren möchte.
- *EDV-Projektleiter* und Mitgestalter von Informationssystemen aus der Linie.

Die «grosse Linie» kommt jedoch aus der Unternehmensstrategie. Auf jeden Fall muss die Informatikstrategie von der Geschäftsleitung gutgeheissen und unterstützt werden.

Über jedem Lösungskonzept und über allen Beschaffungen und den damit verbundenen Investitionskosten muss die Strategie mit ihren Leitgedanken stehen. Es kann der Unternehmensleitung nicht erlassen werden, für die fundamentalen Überlegungen und die Entwicklung dieser Leitgedanken den erforderlichen Aufwand zu leisten.

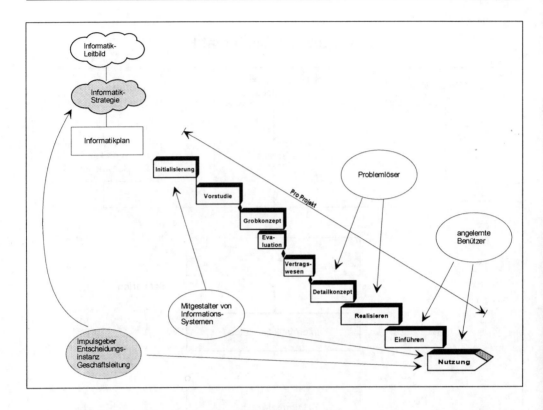

*4.5.6 Informatikstrategie und ihr Bezug zum Phasenkonzept und zu den involvierten Stellen in der Unternehmung*

## 5.8 Schlussbetrachtungen

«Wer den Hafen nicht kennt, in den er segeln will, für den ist kein Wind ein günstiger», Seneca.

Eine Informatikstrategie zwingt, sich mit der Zukunft auseinanderzusetzen, Ideen zu entwickeln (Willensformulierung) und Wege zur Umsetzung zu planen.

Abschliessend und zusammenfassend einige wichtige Grundsätze für die Informatik in der zweiten Hälfte der 90er Jahre:

– Die Informatik ist eine *Dienstleistungsstelle*, kein Selbstzweck.
– «Koordinierte Dezentralisation» ist schwierig, aber erfolgversprechend.
– Effektivität kommt vor Effizienz.
– keine Realisierung ohne Konzept
– den strategischen Einsatz der Informatik rechtzeitig konzipieren
– Komplexität reduzieren

- auf erprobte Technologien setzen
- Jedes grössere Projekt unterliegt einer Kosten-/Nutzen-/Wirtschaftlichkeitsanalyse.
- Produkte und Vorgehen standardisieren
- Kostentransparenz
- verursachergerechte Verrechnung

## 5.9 Literatur

1) Daenzer, W.F.: Systems-Engineering.
2) Balzert, H.: Die Entwicklung von Softwaresystemen.
3) Meffert, Th.: Protoyping. Weg aus dem Projektdilemma.
4) Mertens, P. (Hrsg.): Lexikon der Wirtschaftsinformatik.
5) Stahlknecht, P.: Einführung in die Wirtschaftsinformatik.
6) Zimmermann, G.: Bewähren sich Phasenmodelle in der Praxis?
7) Selig, J.: EDV-Management.
8) SQS Gesellschaft für Software-Qualitätssicherung mbH (Hrsg.): Test-Konventionen.
9) Schmitz, P.: Bons, H.; van Megen, R.: Software-Qualitätssicherung – Testen im Software-Lebenszyklus.
10) Ward J./Griffiths P./Whitemore P.: Strategic Planning for Information Systems.

# 6. EDV-Betrieb bei einer dezentralen Informatikstelle

## 6.1 Einführung

In diesem Kapitel werden Charakteristik, Spannungsfeld und Aufgaben einer dezentralen Informatikstelle («Informatik F») geschildert. Die möglichen Ausprägungen einer solchen Stelle sind, wie Abb. 4.6.3 zeigt, recht vielfältig. Im folgenden wird eine «Informatik F»-Stelle mittleren Typs (Typ 3 in Abb. 4.6.3) beschrieben.

Ziel einer jeden «Informatik-F»-Stelle im Rahmen der *koordinierten Dezentralisation* ist,

> den eigenen Fachbereich mit optimalen *Ablauforganisations- und Informatikdienstleistungen* zu versehen, bei gleichzeitiger Konformität mit den Informatikrichtlinien der Gesamtunternehmung (Konzern, Verwaltung).

## 6.2 Die «Informatik-F»-Stelle und ihr Umfeld

Die «Informatik F» ist eine dezentrale Stelle für Organisations- und Informatikdienste, die dem Fachbereich bzw. der Linienabteilung angehört. Für die Belange der Informatik arbeitet sie eng mit den zentralen Informatikinstanzen («Informatik Z») zusammen.

Das Umfeld, welches die Aktivitäten der «Informatik F» bestimmt, ist einerseits der *Fachbereich*, dem es angehört, mit dessen

a) Bedürfnissen und Anforderungen an die Informatik,
b) finanziellen, personellen und infrastrukturellen Restriktionen für diese Art von Dienstleistungen.

Andererseits bestimmt *die «Informatik Z»* mit ihren

a) strategischen, technischen und organisatorischen Leitlinien für die Informatik der Gesamtunternehmung,
b) administrativen Anforderungen hinsichtlich Planung, Budgetierung und Gesamtkoordination der Informatikbelange in der Unternehmung

die Aktivitäten der «Informatik F».

Abb. 4.6.1 verdeutlicht dieses Spannungsfeld und zeigt gleichzeitig, dass ein «Informatik F»-Leiter zwei Herren zu dienen hat, was einerseits fachliche Fähigkeiten und Durchsetzungsvermögen, andererseits Verständnis für die grösseren Zusammenhänge der Informatik und Kompromissbereitschaft erfordert.

Es geht dabei um das Prinzip

> *«global denken und lokal handeln».*

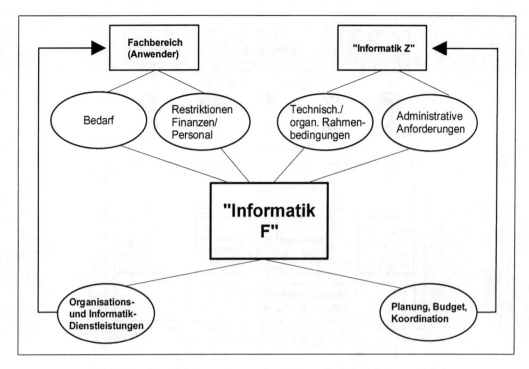

*4.6.1   Das Umfeld einer dezentralen Informatikstelle («Informatik F»)*

## 6.3 Aufgaben und Aufgabenteilung der «Informatik F»

### 6.3.1 Hauptaufgaben

Um den Bereich optimal mit einer adäquaten Organisations- und EDV-Infrastruktur zu versorgen, sind sechs Aktivitätenblöcke (s. Abb. 4.6.2) nötig. Sie können entweder durch die zentrale «Informatik Z», durch die «Informatik F», oder durch eine *sinnvolle Kombination* von beiden erbracht werden.

Diese Aktivitätenblöcke seien nun näher beschrieben:

#### 1) Bedarfsermittlung und Rahmenkonzept

Die Führungsinstanzen der Fachbereiche werden für die Potentiale der Informatik sensibilisiert. Die Kernprozesse werden identifiziert und im Sinne des Process Engineering (s. Kap. IV/1.6) restrukturiert. Der Bedarf für adäquate (schlanke) Informationssysteme wird definiert.

Die Summe aller Informatikbedürfnisse im Fachbereich wird zu einem ersten Informatikkonzept, (s. Kap. IV/5.3), respektive einem Applikationsportfolio zusammengefasst.

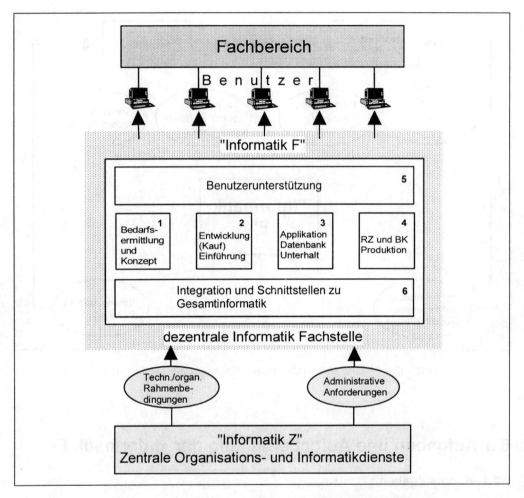

*4.6.2 Die wichtigsten Aktivitäten einer «Informatik F»-Stelle*

- *Empfohlene Durchführung durch:* «Informatik F» federführend, evtl. durch «Informatik Z»
- *Arbeitstakt:* jährlich für das Budget, nach Bedarf bei grösseren Vorhaben

## 2) Entwicklung und Einführung

Das Rahmenkonzept wird zu einem Informatik-Pflichtenheft (s. Kap. III/3) erweitert. Grundsätzlich gibt es vier Möglichkeiten, um die gewünschte Anwendersoftware bereitzustellen (in der Reihenfolge der Präferenzen):

– Anpassung von bereits vorhandener Software im Hause,
– Beschaffung und Anpassung von Standardsoftware,

- Eigenentwicklung,
- Entwicklung durch ein Softwarehaus.
- *Empfohlene Durchführung:* «Informatk Z» und/oder externe SW-Häuser
- *Arbeitstakt:* nach Bedarf

### 3) Unterhalt von Software-Applikationen und Datenbanken

Das Informationssystem, das die Prozesse des Bereiches unterstützt, ist organisatorisch und technisch zu unterhalten. Dazu gehören Behebung von Fehlern, Versionenmanagement, Anpassungen an neue Bedürfnisse, Pflege der Datenbanken, kleinere Programmanpassungen, Hot line-Beratung.

- *Empfohlene Durchführung:* «Informatik F»-Mitarbeiter unter Beibezug der Entwickler der Software und der Datenbanken
- *Arbeitstakt:* ständige Präsenz, Arbeiten laufend nach Bedarf

### 4) Rechenzentrums- und Bürokommunikationsdienstleistungen (Produktion)

Diese umfassen die Aufrechterhaltung der Funktionstüchtigkeit der EDV-Infrastruktur für die klassischen EDV-Applikationen (PPS, Einkauf, Verkauf usw.) sowie Bürokommunikationsanwendungen (Textverarbeitung, Grafik, Tabellenkalkulationen usw.).

Die Arbeiten sind stark von der Plazierung der Server und allfälliger Abteilungsrechner abhängig. Falls mehr als nur die EDV-Arbeitsplätze (die Clients) im Fachbereich stationiert sind, so fällt der «Informatik F» ein komplexer Verantwortungsbereich zu: Netzwerkmanagement, Unterhalt des Betriebssystems der Server, Unterhalt der Datenbankmanagementsysteme, Aufrechterhaltung einer Hot line zur «Informatik Z» und zu den Lieferanten von Hardware und Netzen, Tuning der Anlagen u.a.m.

- *Empfohlene Durchführung:* durch «Informatik Z», resp. Outsourcing-Kapazität
- *Arbeitstakt:* durchgehend, je nach Bedarf ein- bis zweischichtig

### 5) Benutzerunterstützung

Zur Benutzerunterstützung gehören:

- Implementierung ihrer Applikationen,
- Implementierung der Bürokommunikationswerkzeuge,
- Hilfe beim Umgang mit ihren Workstations,
- Behebung von Handhabungsschwierigkeiten,
- Behebung von Fehlern,
- Verhütung von EDV-Schadenfällen (s. Kap. Sicherheit, IV/8),
- Konzeption und Realisierung von einfachen Datenbankabfragen.

- *Empfohlene Durchführung:* «Informatik F»-Mitarbeiter mit Hot line zu «Informatik Z» und zu Lieferanten
- *Arbeitstakt:* durchgehend

### 6) Integration/Schnittstellen zur Gesamtinformatik

Die «Informatik F» darf nicht eine Informatik-Insel sein. In jeder grösseren Organisation gibt es zahlreiche Integrations- und Schnittstellenprobleme, die von der «Informatik F» mit dem gleichen Engagement wie bei der Lösung der bereichsinternen Aufgaben zu bearbeiten sind. Dazu gehören:

- Dateneingabe für bereichsübergreifende Applikationen, die auf Plattformen der «Informatik Z» eingesetzt werden,
- Ermitteln und Übertragen von verdichteten Daten für das gesamtunternehmerische Führungsinformationssystem,
- Aufrechterhaltung von HW-, SW- und Datenschnittstellen zu Applikationen von benachbarten Bereichen,
- Einhalten der bereichsübergreifenden Informatiknormen,
- Verantwortung für die Integration in die Bürokommunikations-Infrastruktur,
- Verantwortung für die Integration in die Gesamtinformatik-Plattformen,
- Verantwortung für Schnittstellen zu externen Datenbanken,
- Vertretung der Interessen des Fachbereichs bei unternehmensweiten Organisations- und Informatikprojekten.

- *Empfohlene Durchführung:* «Informatk F» in Abstimmung mit «Informatik Z»
- *Arbeitstakt:* laufend nach Bedarf

### 6.3.2 Obliegenheit gegenüber der zentralen Informatik («Informatik Z»)

Nebst den fachlichen Integrationsaufgaben der Fachbereichsinformatik hat die «Informatk F» noch eine ganze Reihe von Obliegenheiten gegenüber der «Informatik Z».:

**1) Studieren, anerkennen und sich halten an die**

- zentrale Informatikstrategie
- Normen für Hardware, Netze und Software
- Normen für Entwicklung und Dokumentation
- Richtlinien für das Informatik-Controlling und -Reporting
- Antrags- und Freigabeverfahren
- Methoden der Kosten-/Nutzen-/Wirtschaftlichkeitsrechnung
- Beschaffungsrichtlinien
- Entsorgungsrichtlinien

**2) Abstimmen mit «Informatik Z»**

- Informatik-Konzept
- Mittelfristplan Informatik
- technische Ressourcen
- personelle Ressourcen
- Finanzplan

**3) Unterstützung und Mitwirkung bei**

- Informatikgremien
- bereichsübergeifenden Konzepten
- Anpassung von Normen

- Sicherheitskonzepten und -massnahmen
- Lösung von Engpassproblemen
- Backup-Konzepten
- Schulung für Organisations- und Informatikbelange
- Eingaben für Budget und Mittelfristpläne
- Controlling und Berichterstattung ans oberste Management

> Merksatz:
> Langfristig kann es der Informatik des Fachbereichs nur dann gut gehen, wenn es auch der Informatik der Gesamtunternehmung gut geht.

## 6.4 Zusammenwirken «Informatik F» / «Informatik Z»

Das oberste Ziel der Informatik ist, dass die Unternehmensleitung, jeder Fachbereich und ihre Mitarbeiter die notwendige Organisations- und EDV-Unterstützung für die Abwicklung der Geschäftsprozesse erhalten. Bis Mitte der 80er Jahre war dies meist eine Angelegenheit der zentralen Informatik.

Mit dem Aufkommen der Mikroelektronik und des PC und der permanenten Verbesserung des Preis-/Leistungsverhältnisses von Hardware, Kommunikation und Software wurde der natürliche Trend zur Dezentralisation der Informatik vom *wirtschaftlichen* Standpunkt legitim. Doch genügt dieses Argument allein noch lange nicht, einen solchen Schritt zu unternehmen. Was auf den ersten Blick günstig scheint, kann mittelfristig gesehen sehr teuer zu stehen kommen.

Unabdingbar für eine teilweise Verlagerung der Informatikaktivitäten zu dezentralen Stellen sind:

- Organisations-Fachkompetenz
- Informatik-Fachkompetenz
- Führungskompetenz
- Kooperationswille (mit der «Informatik Z» und anderen Fachbereichen)
- positive Haltung gegenüber den Gesamtbelangen der Informatik in der Unternehmung.

Nur bei der Erfüllung dieser Voraussetzungen kann man schrittweise zur *koordinierten Dezentralisation* hinüberleiten.

Abb. 4.6.3 zeigt einige typische Ausprägungen von dezentralen Informatikstellen («Informatik F»). Auf der Diagonalen sind alle jene Belange aufgeführt, die für eine *koordinierte* Informatik in einer Unternehmung notwendig sind. Dies ist primär Angelegenheit der «Informatik Z».

Die zentrale «Informatik Z» und die dezentrale «Informatik F» können die Verantwortung für die sechs Hauptaktivitätenblöcke, gemäss Abschnitt IV/6.3 unter sich aufteilen. Je mehr Aufgaben eine «Informatik F» übernimmt, umso weniger wird die «Informatik Z» damit belastet.

Teil IV: EDV-Management

Die allgemeine Devise lautet:

> *Dezentral, soviel wie möglich und vertretbar.*
> *Zentral, soviel wie nötig.*

Damit ist noch nicht gesagt, dass eine «Informatik F» vom «Typ 5» den Idealzustand darstellt. Ausschlaggebend für die Festlegung des «Informatik F»-Typs sind: die Grösse des Fachbereichs, die Art der Geschäftsabwicklung, seine Informatik-Bedürfnisse, seine organisatorische Reife und sein Informatikwissen.

## 6.5 Das Inventar und die Dotierung der dezentralen Informatikstelle

Was gehört nun zur Ausrüstung einer «Informatik F»? Selbstverständlich hängt es vom «Informatik F»-Typ (s. Abb. 4.6.3) ab.

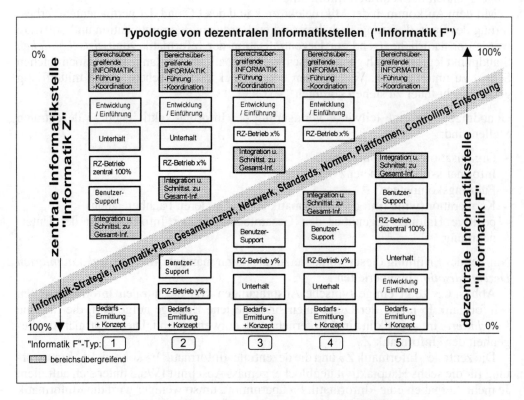

*4.6.3 Zusammenwirken «Informatik F»/«Informatik Z»*

# 6. EDV-Betrieb bei einer dezentralen Informatikstelle

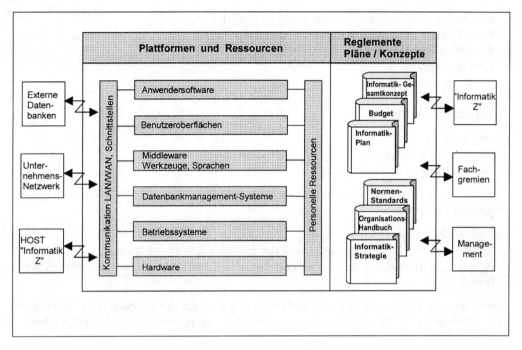

*4.6.4   Das Inventar der «Informatik F»*

In Abb. 4.6.4 ist schematisch eine «Inventarliste» für eine «Informatik F» des mittleren Typs 3 dargestellt. Es gehören folgende Komponenten dazu:

**EDV-Plattformen**

- Server
- Workstations
- Netzwerk (LAN)
- Schnittstellen zum Host («Informatik Z»)
- Schnittstellen zu externen Datenbanken
- (Infrastruktur)

**System-Software und Middleware**

- Betriebssystem
- Bürokommunikationssystem
- Datenbankmanagementsystem
- Netzwerkmanagement
- Werkzeuge für Entwicklung/Dokumentation

**Übergeordnete Organisations- und Informatik-Richtlinien**

- Informatikstrategie
- Organisations-Handbuch

- Informatik-Gesamtkonzept (unternehmensweit)
- EDV-Plattformen (Analyse und Designmethoden)
- Standards und Normen
- Informatikplan
- Priorisierungskonzept

**Personelle Ressourcen**

- Organisation
- Applikations-Support
- Bürokommunikation-Support

Die Dotierung (Mengen, Grössen, Dimensionen) der «Informatik F» ist abhängig von folgenden Faktoren:

- Grösse des Fachbereichs,
- Stellenwert und Benutzungsintensität der Informatik im Fachbereich,
- Anteil an Informatikdiensten, welche die «Informatik Z» für den Fachbereich erbringt.

Nach einer Studie der Gartner Group (1993) gab man für die dezentrale Informatik im Jahre *1993* ca. *1.9%* des Umsatzes aus und wird im Jahre *1998 4.6%* dafür ausgeben.

## 6.6 Das Wissensinventar der «Informatik F»

Ohne adäquate Fähigkeiten kann keine «Informatik F» erfolgreich arbeiten. Da man sie normalerweise «schlank» (lean) dotieren will, ist *Polyvalenz* im Können und in der Einsatzbereitschaft der Mitarbeiter höchst wünschenswert. Abb. 4.6.5 gibt eine Übersicht über die notwendigen Kenntnisse und die Wissenstiefe für einen «Informatik F»-Leiter.

| Wissenstiefe | Übersicht | Verständnis | Mitwirken | Anwendung |
|---|---|---|---|---|
| Unternehmens- und Fachbereichsstrategie | ■ | | | |
| EDV-Möglichkeiten | | ■ | | |
| Informatik-Schulungsangebot | ■ | | | |
| Informatik-Strategie (intern) | | | ■ | |
| Informatik-Gesamtkonzept | | | ■ | |
| Informatik-Infrastruktur im Unternehmen | | | | ■ |
| Normen und Plattformen (intern) | | | | ■ |
| Informatik-Plan (intern) | | | | ■ |
| EDV-Betrieb «Informatik F» (gem. Kap. IV/6.3) | | | | ■ |
| Controlling | | | | ■ |
| Sicherheitskonzept (intern) | | | | ■ |
| Planungs- und Budgetierungsprozeduren | | | | ■ |

*4.6.5 Wissens- und Fähigkeitsinventar des Leiters «Informatik F»*

## 6.7 Schlussbetrachtungen

Das hier geschilderte Konzept der koordinierten Dezentralisation kann aus gesamtunternehmerischer Sicht nur dann zum Erfolg führen, wenn die dezentralen Informatikstellen (Informatik F) der diversen Unternehmungsbereiche als *echter Verbund unter der Führung der «Informatik Z»* funktionieren.

Die *Chancen* dieser Organisationsform sind:

- erhöhte Akzeptanz im Fachbereich
- Sicherung von Kunden- und Marktnähe
- kurze Entscheidungs- und Realisierungszeiten
- Vermeidung von Overhead durch flache Hierarchien
- flexible, effiziente Struktur.

Die *Gefahren* sind:

- Bereichsegoismus und Gefahr der absoluten Dezentralisation
- Doppelspurigkeiten und Nichtnutzung des Synergiepotentials
- ineffiziente Ressourcenverteilung
- Explosion der versteckten Informatikkosten.

Es ist die Aufgabe der Unternehmensleitung und der Informatikverantwortlichen, die strategischen, organisatorischen, fachlichen und psychologischen Voraussetzungen zu schaffen, damit dieser *föderalistische* Ansatz für die Informatik auch ein Erfolg wird.

## 6.8 Literatur

1) Liebetrau G.: Die Feinplanung von DV-Systemen.
2) Österle/Brenner/Hiebers: Unternehmensführung und Informationssystem.
3) Gartner Group: Conference Presentation 1993.
4) DIN Deutsches Institut für Normung e.V. (Hrsg.): Software-Entwurf, Programmierung, Dokumentation, Schaltzeichen.
5) DIN Deutsches Institut für Normung e.V. (Hrsg.): DIN 66234: Bildschirmarbeitsplätze, Teil B.
6) Elzer, P. F.: Management von Softwareprojekten.
7) Frühauf, K., Sandmayr, H., Ludewig, S.: Software-Projektmanagement und -Qualitätssicherung.
8) Grupp, B.: Methoden der Ist-Aufnahme und Problemanalyse.
9) Heilmann, H., Reusch, N.: Datensicherheit und Datenschutz.
10) Koreimann, D.S.: Leitfaden für das Datenbankmanagement.
11) Küpper, H.U.: Ablauforganisation.
12) Mertens, P.: Aufbauorgansiation der Datenverarbeitung.
13) Schuppenhauer, P.: Grundsätze für eine ordnungsmässige Datenverarbeitung.

# 7. Erfolgskontrolle in der Informatik

## 7.1 Einleitung

In diesem Kapitel wird die Erfolgskontrolle und nicht das Controlling der Informatik behandelt.

Controlling in der Informatik wird in der Praxis und in der Literatur sehr verschiedenartig interpretiert: von der «trockenen» Checkliste für die Überprüfung von gewissen funktionellen und monetären Aspekten bis zum totalen Führungs- und Kontrollkonzept. Hier werden lediglich die wichtigsten Aspekte der Erfolgskontrolle in einer Unternehmung mit einer koordiniert dezentralisierten Informatik behandelt.

Zu den wichtigsten Instrumenten der Erfolgskontrolle zählen

- Kosten-/Nutzen-/Wirtschaftlichkeitsrechnung, s. Kap. III/5
- Projektfortschrittskontrolle, s. Kap. III/1
- Leistungsverrechnung nach Normen der «Informatik Z»
- Finanzplanung nach Normen der «Informatik Z»
- Kennzahlensysteme

Auch in diesem Kapitel gehen wir von der «koordinierten Dezentralisation» mit einer zentralen Informatikabteilung («Informatik Z») und dezentralen Informatikstellen in den Fachbereichen («Informatik F») aus.

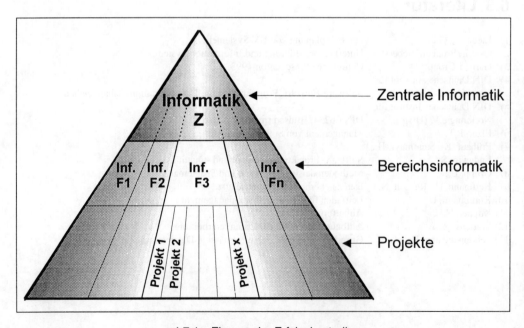

*4.7.1   Ebenen der Erfolgskontrolle*

## 7.2 Die Kontrollebenen

Wann erfüllt eine unternehmensweite (koordinierte, dezentrale) Informatik ihre Aufgaben erfolgreich? Dies geschieht,

- wenn jedes Projekt im Fachbereich vom funktionellen, wirtschaftlichen und strategischen Standpunkt ein Erfolg ist.
- wenn der Rechenzentrumsbetrieb (die Produktion) einwandfrei und die Benutzerunterstützung zweckmässig ablaufen.
- wenn die EDV-Administration effizient (unbürokratisch) und kostengünstig ist.
- wenn die Zusammenarbeit zwischen «Informatik Z» und «Informatik F» reibungslos funktioniert.

Dementsprechend ist die Erfolgskontrolle auf drei Ebenen durchzuführen (s. Abb. 4.7.1):

- Projektebene
- Ebene «Informatik F»
- Ebene «Informatik Z»

## 7.3 Projektkontrolle

Die Basis des EDV-Erfolges ist der Erfolg der einzelnen Projekte.

### 7.3.1 Kontrolle auf Zielerreichung

Die der Entscheidung für die Projekteinführung zugrundeliegenden Kosten- und Nutzenangaben (siehe Kapitel III/5) sind auf ihre Einhaltung zu prüfen. Dabei geht es lediglich um die Prüfung der Grössenordnung der quantifizierbaren Werte von Kosten und Nutzen. Eine buchhalterische Genauigkeit ist weder möglich noch erforderlich.

Eine Überprüfung der nicht quantifizierbaren Vorteile («Imponderabilien», wie z.B. bessere Transparenz, schnellere Verfügbarkeit von Informationen etc.) ist ebenfalls durchzuführen.

Diese Erfolgskontrolle hat nicht den Zweck, nachträglich Schuldige zu finden bzw. Zensuren verteilen zu können. Sie soll vielmehr

- dem Projektteam bereits in der Planungsphase zukünftiger Projekte helfen, auf dem Boden der Realität zu bleiben. Wenn das Projektteam weiss, dass die spätere Prüfung der Kosten- und Nutzenschätzungen planmässig vorgesehen ist, wird es zu *realistischeren Schätzungen* tendieren.
- deutlicher Anstoss zur *Durchsetzung angekündigter Massnahmen* sein (z.B. Personalreduktion, Auflösen dezentraler Karteien, Zusammenlegen von Stellen, Elimination von Ladenhütern etc.). Vielfach werden derartige Massnahmen zwar angekündigt, dann aber nicht durchgeführt, weil sie nicht im Kompetenzbereich des Projektteams liegen und die Linienstellen die damit verbundenen Schwierigkeiten scheuen. Wenn Projektteam und Linieninstanzen wissen, dass die Einhaltung der

angekündigten Massnahmen geprüft wird, ist die Wahrscheinlichkeit ihrer Durchsetzung grösser.
- durch eine zielgerichtete *Funktionskontrolle* nachträgliche Verbesserungen ermöglichen. Es ist also beispielsweise zu prüfen, ob die
  - Eingabe reibungslos erfolgt
  - Daten vollständig sind
  - Verarbeitung richtig und rechtzeitig erfolgt
  - Antwortzeiten akzeptabel sind
  - Ablauforganisation zweckmässig ist usw.

Sollten dabei Fehler z.B. hinsichtlich der Handhabung durch die Anwender oder das EDV-Personal bzw. in Konzept oder Programm festgestellt werden, sind Massnahmen zu ihrer Behebung zu ergreifen.

Hinsichtlich der Zuständigkeit für die Durchführung der Erfolgskontrolle sind verschiedene Möglichkeiten denkbar:

- Die Leitung des Fachbereiches beauftragt die Anwender und die «Informatik F», eine Stellungnahme abzugeben.
- Der Projektleiter oder ein Mitglied der Projektgruppe wird beauftragt, eine schriftliche Stellungnahme zu erarbeiten. Diese wird mit den Anwendern und der EDV-Stelle besprochen.
- Eine neutrale Stelle (intern oder extern), die mit dem Projekt nichts zu tun hatte, wird mit der Untersuchung und der Stellungnahme beauftragt. (Die Wahl dieser Variante lässt darauf schliessen, dass das Projekt nicht gerade glücklich abgelaufen ist und ein «Schiedsrichter» benötigt wird.)

Als Zeitpunkt für die Erfolgskontrolle wird vorgeschlagen, diese ca. ein Jahr nach erfolgter Einführung durchzuführen.

### 7.3.2 Aktualisierung und Wartung (benutzerorientierte Überwachung)

Von besonderer Bedeutung für die Erfolgskontrolle sind Aktualisierung und Wartung der Anwendungssoftware. Diese können – über den gesamten Lebenszyklus betrachtet – einen beträchtlichen Aufwand verursachen (einige Untersuchungen nennen Werte von 50% bis zu einem Mehrfachen des Entwicklungsaufwandes). Ursachen dafür können in geänderten Gesetzen und Vorschriften, zusätzlichen Benutzerwünschen, organisatorischen Umstellungen, geänderter Hardware bzw. Betriebssoftware – aber auch in schlichten Programmfehlern liegen.

Von besonderer Bedeutung für die Aktualisierung und Wartung ist eine gute Dokumentation, da diese den Aufwand für das Einlesen in und das Verstehen von vorhandenen Programmen wesentlich reduzieren kann.

Hier sind Verbesserungsmöglichkeiten bzw. zusätzliche EDV-Leistungen zu überlegen, die dem Benützer angeboten werden könnten, wie z.B.:

- Daten auf einen noch höheren Aktualitätsstand bringen
- Führungsinformationssysteme ergänzen

- Verdichtung der grossen Zahlenmengen für das Management, Statistiken und graphische Darstellungen
- Abfragemöglichkeiten im Dialog installieren
- mobile Datenerfassung
- Schnittstellen zur Bürokommunikation umstellen

Ganz von allein wächst der Appetit mit dem Essen. Je effizienter die bereits vorhandenen EDV-Lösungen funktionieren und je reibungsloser und kompetenter ihre Planung und Einführung abgewickelt wurden, um so grösser wird das Interesse nach mehr EDV-Leistung sein. Doch Vorsicht, man sollte immer unterscheiden zwischen dem Zweckmässigen und dem «Schön wäre es, ...». Letzteres ist in der Regel abzulehnen, weil es die Reserven der EDV unnötigerweise erschöpft.

Die benutzerorientierte Überwachung schliesst auch die Prüfung der tatsächlichen Verwendung der Computerleistungen durch die Benutzer ein. Nicht oder nur sehr sporadisch beanspruchte Computerleistungen sind nach Rücksprache mit dem Benutzer stillzulegen. Dadurch können Rechen- und Speicherkapazität für dringendere Anwendungen freigesetzt werden.

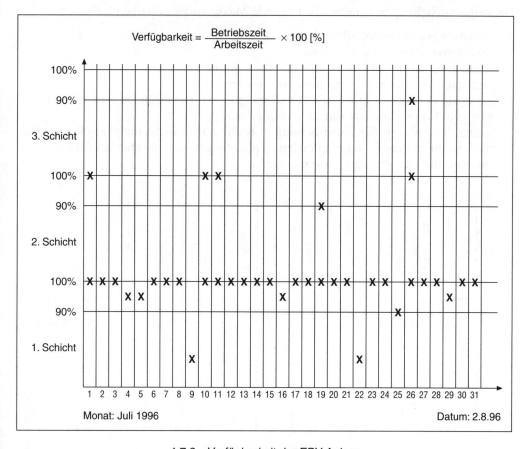

4.7.2  Verfügbarkeit der EDV-Anlage

Ein permanentes Abrechnen (Accounting) der Computerleistungen und ein klares Kostenverrechnungssystem unterstützen derartige Bestrebungen.

## 7.4 Die Leistungskontrolle

Hier geht es vor allem um die Überwachung der Hard- und Softwareleistungen der «Informatik F».

### 7.4.1 Anlagenorientierte Überwachung

Die laufende Überwachung der Verfügbarkeit der Anlage, das Führen von Ausfall- und Fehlerrapporten dienen als Grundlagen für Gespräche mit dem Lieferanten, für die Fehleranalyse und die Planung von Gegenmassnahmen.

Formularbeispiele für die Überwachung der Verfügbarkeit der EDV-Anlage, für den Aufbau von Fehlerrapporten bzw. von EDV-Statistiken u.ä. findet man in den Abbildungen 4.7.2 und 4.7.3.

Derartige Aufstellungen können z.B. folgende Massnahmen bewirken:

- Austausch von fehleranfälligen Hardwarekomponenten
- verbesserter Service und Unterhalt
- Redimensionierung des Netzwerks und der Computeranlagen
- gezieltere Verrechnung von Computerleistungen
- Staffelung der Kostensätze (z.B. Verbilligung in den Randstunden), um eine gleichmässigere Computerauslastung zu erreichen u.ä.
- Tuning der Anlagen, d.h. Abstimmung in bezug auf Eingabe und Ausgabe der Rechenleistung auf die zu verarbeitenden Applikationen und ihre Häufigkeiten
- Überkapazität des Rechners extern anbieten.

| Datum | Zeit | Dauer des Unterbruchs | falsches Handling | Programm | Daten | Hardware | Betriebssoftware | Kommunikation | Operating | Anderes | Bemerkungen |
|---|---|---|---|---|---|---|---|---|---|---|---|
| 4. 7. | 1330 | 1 Std. | | | | | | x | | | Netzstörung |
| 5. 7. | 0830 | 1 Std. | | | | | | x | | | Test Netz |
| 9. 7. | 0700 | 6 Std. | | | | x | | | | | CPU-Wartung |
| . | . | . | | | | . | | | | | |
| . | . | . | | | | . | | | | | |

*4.7.3 Fehlerrapport*

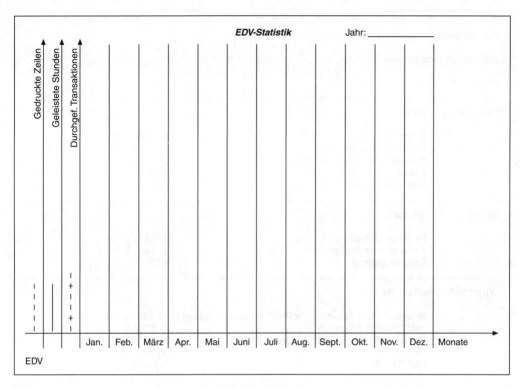

*4.7.4 EDV-Jahresstatistik*

### 7.4.2 Softwareorientierte Überwachung

Dazu sind sowohl Massnahmen im Bereich der Betriebs- als auch der Anwendungssoftware zu rechnen:

– Neue Betriebssoftware ist meist rationeller.
– verbesserte Programmierungstechniken einsetzen (objektorientiertes Programmieren, SE-Tools etc.),
– Programme anpassen, verändern,
– Programme standardisieren,
– Überwachen einer lückenlosen Programmdokumentation,
– zweckmässige Organisation der Daten,
– Bürokommunikation mit Schnittstellen zur konventionellen EDV einführen.

## 7.5 Administration, Planung und Schnittstellen bei der «Informatik F»

Zur erfolgreichen Nutzung der EDV gehört eine wirkungsvolle Administration und Einsatzplanung. Insbesondere sind dazu zu zählen:

*Kantonale Verwaltung ABC*

**Führungsinformationen**

(Beträge in 1000 Fr.)

**Gesamtbetrachtung**

| | |
|---|---|
| Gesamtbudget | Fr. 3 000 000 |
| Investitionsbedarf EDV | Fr. 12 000 |
| EDV-Jahreskosten (inkl. Pers.) | Fr. 63 000 |
| **Anteil EDV/Budget** | **2,1%** |
| **Branchenkennzahl** | **2,0%** |

**EDV-Projekte/Vorhaben**

| | |
|---|---|
| Projekte nach Wunsch | 92 (Anz.) |
| Projekte nach Budget | 67 (Anz.) |
| **Erfüllungsgrad** | **73%** |

**Wirtschaftlichkeitszahlen**

| | |
|---|---|
| Investitionen Informatik (Amortisationsdauer 8 Jahre) | Fr. 12 000 |
| Jahreskosten Informatik | Fr. 63 000 |
| Einsparungen/Jahr durch Neuinvestitionen | Fr. 4 500 |
| **ROI** | **37,5%** |
| **PAY BACK** | **3 Jahre** |

**Verteilung der Informatikausgaben**

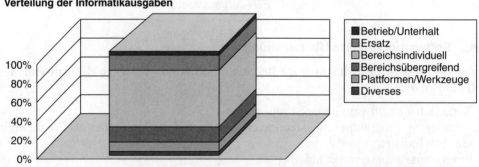

**Ressourcenverteilung (in Mannjahren à 240 AT)**

| | Zentral | | Dezentral | | Total | |
|---|---|---|---|---|---|---|
| Projektmanagement | 2.20 | ca. 2% | 2.38 | 2% | 4.58 | 4% |
| Organisation | 3.88 | 3% | 5.62 | 4% | 9.50 | 7% |
| Analyse/Progr. | 7.30 | 6% | 5.92 | 5% | 13.22 | 11% |
| Betrieb/Unterhalt | 79.34 | 62% | 12.66 | 10% | 92.00 | 72% |
| Systemtechnik | 7.58 | 6% | 0.08 | 0% | 7.66 | 6% |
| IS-Beratung | 1.44 | 1% | 0.00 | 0% | 1.44 | 1% |
| **Total** | **101.74** | **ca. 79%** | **26.66** | **ca. 21%** | **128.40** | **100%** |

*4.7.5 Management-Rapport (Führungsinformationen)*

- permanente Kontakte mit den Benützern
- Erstellung des EDV-Budgets
- mittelfristige EDV-Planung
- Befolgung der zentralen Informatikstrategie
- permanente Kontakte zur «Informatik Z»
- systematische Arbeitsvorbereitung
- genaue Leistungsaufzeichnung und Accounting von Computerleistungen
- Beachtung von Sicherheitsproblemen:
  Sicherheitsarchiv, Katastrophenplan, Kontrollen, Zutrittsberechtigung, Versicherungen etc. (Weiteres hiezu in Kapitel IV/9)
- Planung von Service und vorbeugendem Unterhalt
- Überwachung des Verbrauchsmaterials (z.B. Verwendung von Abfallpapier als Notizblöcke usw.)

Weitere Informationen sind im Kapitel IV/6 «EDV-Betrieb bei einer dezentralen Informatikstelle» enthalten.

## 7.6 Kennzahlen der Informatik

Sie betreffen:

- die Führung und Steuerung des eigenen Bereichs,
- die «Rechtfertigung» der Aufwendung gegenüber dem Fachbereich,
- Vergleiche mit ähnlichen Organisationseinheiten,
- das Zusammenwirken mit der «Informatik Z».

Hier werden nur einige der wichtigsten Kennzahlen für ein EDV-Führungssystem vorgeschlagen. Kennzahlen sind insbesondere für die «Informatik Z» wichtige Führungsmittel, sie sollten aber auch in der «Informatik F» mit zunehmender Professionalität ihren festen Platz haben. Die klassischen Führungsinformationen weisen die erbrachten EDV-Leistungen in einer Periode aus, z.B. Anzahl Transaktionen, Eingabe-/Ausgabeoperationen, geleistete Rechenstunden usw. (s. Abb. 4.7.4). Doch sollten sich moderne Informatikstellen damit nicht begnügen. Wichtig ist, dass der *Bezug zur Unternehmung*, Kosten-/Nutzen-Relationen und Verwendungszweck der Informatikressourcen erkennbar werden.

Ein Muster eines solchen Management-Rapports ist in Abb. 4.7.5 wiedergegeben. Dieser Rapport wurde mit dem Programmpaket «PRIOISIERUNG I», welches im Kapitel III/7 «Priorisierung» beschrieben ist, erstellt.

## 7.7 Literatur

1) Frühauf, K., Sandmayr, H.,
   Ludewig, S.:            Software-Projektmanagement und Qualitätssicherung.
2) von Steenis, H.:        Informationssysteme – wie man sie plant, entwickelt und nutzt.
3) Hahn, D. (Hrsg.):       Planungs- und Kontrollrechnung.
4) Nagel, K.:              Nutzen der Informationsverarbeitung.

# 8. Sicherheit der EDV

## 8.1 Allgemeines

Jeder Anwender ist durch seinen Entschluss, die EDV einzusetzen, von dieser abhängig geworden. Er ist abhängig von der Hardware, von der Software, von den gespeicherten Datenbeständen, von den Einrichtungen der Datenübertragung, von der Infrastruktur und vom Personal, speziell vom EDV-Personal.
Gefährdet sind sowohl Rechenzentren als auch Personal Computer, Workstations und Datennetze. Zu den Gefahren gehören Elementarereignisse (vor allem Feuer – die grösste Gefahr für jede EDV-Anlage), menschliches Versagen (unbeabsichtigte Fehlmanipulationen), technische Defekte, Missbrauch und Sabotage.

Daher ist es unumgänglich, folgende Grundsätze zu berücksichtigen:

1. Sicherheitsmassnahmen müssen getroffen werden. Zunächst sind alle bekannten und möglichen Massnahmen zu prüfen. Dann ist zu entscheiden, auf welche von ihnen aus Gründen der Wirtschaftlichkeit oder des praktischen Betriebes verzichtet werden soll.
2. Die Verantwortung für die Sicherheit der EDV trägt die Geschäftsleitung. Sie überträgt die Prüfung und Durchführung von Sicherheitsmassnahmen geeigneten Mitarbeitern.

Die Sicherheitsmassnahmen lassen sich in zwei Gruppen unterteilen, nämlich in:

– vorbeugende Massnahmen, die allfällige Schäden möglichst verhindern und
– Massnahmen, die die Folgen eines trotzdem eintretenden Schadens möglichst gering halten.

Im folgenden sollen die Gefahren und möglichen Schäden näher betrachtet und elementare Sicherheitsmassnahmen angegeben werden.

## 8.2 Gefahren

Eine Gefahr nennt man ein drohendes Unheil, d. h. die Möglichkeit, dass ein schadenverursachendes Ereignis eintritt. Für das Eintreten eines Schadensereignisses besteht eine gewisse Wahrscheinlichkeit, die man als Risiko bezeichnet. Gefahren haben ihren Ursprung in Gefahrenquellen. Die durch sie bedrohten Objekte nennt man Gefährdungsobjekte.

In der Abbildung 4.8.1 sind die wesentlichen Gefahren mit ihren Quellen, Objekten und Sicherheitsmassnahmen zusammengefasst.

Im wesentlichen sind folgende *Gefahrenquellen* bekannt:

1. Die grösste Gefahr für jedes EDV-System stellt *der Mensch* dar, dabei kann es sich um Mitarbeiter oder betriebsfremde Personen handeln. Die Gefahren können unab-

sichtlich (Fehlmanipulation), oder durch fahrlässiges (Unachtsamkeit, Sorglosigkeit) oder böswilliges Verhalten (Kriminalität) entstehen.
2. *Elementarereignisse:* Feuer, Wasser, Blitzschlag, Erdbeben u.a. können von aussen auf ein EDV-System einwirken und weitgehende Beschädigungen oder Zerstörungen zur Folge haben. Feuer- und Wasserschäden sind häufig auch die Folge technischer Defekte in einem Rechenzentrum selbst.
3. *Technische Defekte:* Fehler der Hardware, der Ausfall von Datenträgern, Fehler in Datenübertragungssystemen, Defekte der Klimaanlagen oder der Stromversorgung und vieles andere mehr.

Diesen drei Gruppen lassen sich alle wichtigen Gefahrenquellen zuordnen. Sie setzen die folgenden *Gefährdungsobjekte* gewissen *Gefahren* aus:

- *Hardware* kann beschädigt, zerstört oder entwendet werden.
- *Software* (Betriebssystem und Anwendersoftware) kann zerstört, manipuliert oder entwendet werden. Die Software wird am stärksten durch Computerviren gefährdet, die sie zerstören und damit den Betrieb lahmlegen. Anderseits wird Software im grossen Massstab gestohlen (unberechtigt kopiert), wodurch deren Herstellern grosse Verluste entstehen.
- Den gleichen Gefahren sind die *Datenbestände* ausgesetzt.
- Das *EDV-Personal* kann körperlich gefährdet werden.
- Die *Infrastruktur* (Stromversorgung, Klimaanlagen, Räumlichkeiten, Datenübertragungseinrichtungen, Telefon, Zugangswege und Transporteinrichtungen, Dokumentationsarchiv u.a.m.) kann geschädigt und unbenützbar werden.
- Die *Ablauforganisation* kann indirekt entscheidend gestört werden.
- *Vermögen und Ertrag* des Unternehmens können schwerwiegend vermindert werden.

Aus der obigen Aufzählung ist zu erkennen, dass sowohl *direkte Gefahren* bestehen, die die EDV-Anlagen und ihr Umfeld direkt bedrohen, als auch *indirekte Gefahren,* die durch Ausfall oder Manipulation der EDV dem Unternehmen Schaden zufügen können.

## 8.3 Schadenfälle und ihre Folgen

Kleine Schadenfälle gehören zum täglichen Betrieb der EDV und haben in der Regel keine grossen Auswirkungen. Es gibt etwas Mehrarbeit, Überstunden, vielleicht einen Computerausfall auf kurze Zeit.

Ein Beispiel für solche kleine Schadenfälle:

- Ein Operator hat ein Magnetband zu kopieren, irrtümlich kopiert er das leere Band auf das volle und der Datenbestand ist zerstört. Es muss auf die letzte Sicherstellung zurückgegriffen werden und alle Arbeiten seither sind zu wiederholen. Dies kann etliche Stunden oder sogar Tage dauern.

Der entstehende Schaden bei derartigen Bagatellfällen ist zwar relativ klein, da die Anzahl der Fälle aber ausserordentlich gross ist, kommt ein erheblicher Schadenumfang mit beträchtlichen Gesamtkosten zustande.

Am anderen Ende der Skala der Schadenfälle stehen Katastrophen, die zwar relativ selten vorkommen, jedoch so gravierende Folgen haben, dass die Basis des Unternehmens in Gefahr gerät. Dazu ein Beispiel:

- Beim Vollbrand eines Warenhauses wird auch die EDV-Anlage zerstört. Die Datenbestände sind sichergestellt und in einem feuerfesten Schrank im Rechenzentrum aufbewahrt, der während vier Stunden Feuersicherheit bietet. Der Brand wütet jedoch fast einen ganzen Tag. Nahezu alle Daten sind verloren, ebenso alle Programme und die komplette EDV-Anlage. Es gibt keine Unterlagen mehr für die Buchhaltung, die Debitoren (Zehntausende von Ratenschuldnern), Anlagen und Lagerbestände vor dem Brand (Versicherungsanspruch). Schwere Verluste sind die Folge.

Für alle Arten von Gefahren bestehen viele Angriffsmöglichkeiten. Auch böswillige, kriminelle Verursacher richten grosse Schäden an. Viele Manipulationen ereignen sich aufgrund mangelhafter Funktionstrennung zwischen Fachabteilung und EDV-Abteilung. Der Schaden entsteht meist durch gefälschte Eingabedaten oder durch Falschsteuerung von Verarbeitungsabläufen zu Gunsten des Täters. Durch die Automatisierung der EDV-Abläufe kann eine Manipulation durch den Täter mühelos immer wieder automatisch wiederholt und ausgenützt werden.

## 8.4 Sicherheitsmassnahmen

In erster Linie werden Sicherheitsmassnahmen getroffen, um sich den vorhandenen Gefahren entgegenzustellen und das Eintreten von Schadensereignissen zu verhindern. Es ist aber allgemein bekannt, dass es in keinem Bereich des Lebens auf unserer Erde eine *vollkommene Sicherheit* gibt. Ein Restrisiko ist immer vorhanden. Deshalb muss auch an Massnahmen gedacht werden, die nach dem Eintreten eines Schadenfalles zur Wirkung kommen und dessen Folgen möglichst gering halten.

### 8.4.1 Sicherheitsmassnahmen zur Verhinderung von Schäden

Diese Massnahmen werden vorbeugend getroffen und können unterteilt werden in EDV-technische, bauliche und organisatorische Massnahmen.

Zu den *EDV-technischen Massnahmen* gehören:

- Periodische Sicherstellung von Daten und Programmen. Sicherstellung heisst hier Kopieren der Daten und der Software auf geeignete Datenträger (Magnetbänder, Magnetplatten, Disketten). Diese Datenträger werden mehrfach erstellt und an sicheren Orten im Hause (feuerfeste und einbruchsichere Schränke) und auf jeden Fall auch *ausserhalb* des Unternehmens (Bankschliessfach) deponiert.
- Programmtechnische Zugriffssicherung zu Daten und Programmen mit Hilfe von Passwörtern. Jeder Zugriffsberechtigte verfügt über ein oder mehrere geheime Passwörter, die ihm den Zugriff gestatten und zwar in mehreren Stufen: nur Einsicht oder aber Einsicht und Änderung. Die Passwörter werden periodisch geändert. Erfolgen mehrfache Zugriffsversuche mit ungültigen Passwörtern, so muss der Zugriff über den betreffenden Pfad generell gesperrt werden.

- Verschlüsselung (Chiffrierung) der Daten und eventuell auch von Programmen nach Methoden der Kryptographie. Für diese Verschlüsselung können Softwaremethoden verwendet werden, jedoch auch Hardware (Verschlüsselungsmaschinen) ist erhältlich. Besonders bei der Datenfernübertragung geheimer Daten oder solcher, deren Manipulation zu verhindern ist, muss diese Massnahme angewendet werden. Datenübertragungskanäle sind in der Regel relativ leicht anzuzapfen.
- Es ist sicherzustellen, dass Programme schon im Entstehen fortlaufend dokumentiert werden. Nach Abschluss der Programmierung ist die Dokumentation zu bereinigen. Alle Programmänderungen sind in der Dokumentation festzuhalten.
- Die Programmerstellung hat entsprechend betriebsinternen Normen zu erfolgen, für deren Aufstellung und Einhaltung der EDV-Chef verantwortlich ist. In den Programmen sind Vorkehrungen zu treffen, die die Eingabe falscher Daten weitgehend verhindern. Allfällige Fehler im Ablauf sollen einen «Absturz» des Systems, d.h. eine Unterbrechung der Verfügbarkeit nicht auslösen können.
- Zuhanden der Operateure und Benützer sind klare und vollständige Bedienungsanleitungen zu erstellen.
- Beim Einsatz neuer Software ist diese mit Hilfe von Virensuchprogrammen zu prüfen. Dies gilt speziell für den Betrieb von Personal Computern und lokalen Netzen.

Die wichtigsten *baulichen Massnahmen* sind:

- Computerräume dürfen von aussen nicht als solche gekennzeichnet sein. Wegweiser, Türschilder und Hinweisschilder (z. B. im Lift) sollen nicht vorhanden sein.
- Der Computerraum einer grösseren EDV-Anlage soll einbruchs-, feuer-, wasser- und erdbebensicher sein. Er soll demnach in einem Massivbau untergebracht werden und keinesfalls im Erdgeschoss. Im Keller ist wegen Überflutung Vorsicht geboten. In Boden, Wänden und Decken sollen keine Wasserleitungen verlegt sein.
- Das Gebäude, in dem der Computerraum liegt, muss mit einer einwandfreien Blitzschutzanlage versehen sein.
- Die Türen zum Computerraum müssen feuerhemmend und einbruchssicher sein, falls er nicht ohnehin in einer Sicherheitszone (s. organisatorische Massnahmen) liegt.
- Falls Fenster im Computerraum vorhanden sind, sollen sie aus Panzerglas bestehen oder mit einer Splitterschutzfolie beklebt werden.
- Die Inneneinrichtung (Boden, Bodenbelag, Möbel etc.) soll aus nichtbrennbarem Material bestehen.
- Im Doppelboden sollen alle Kabel ordentlich und übersichtlich verlegt sein, der Zwischenraum soll leicht zugänglich und frei von Ablagerungen aller Art sein (Sauberkeit!).
- Für den Computerraum soll ein Feuermeldesystem eingerichtet werden (Detektoren über den Maschinen und im Doppelboden).
- Es sind bei allen Türen geeignete Feuerlöscher anzubringen.
- Bei grösseren EDV-Systemen empfiehlt sich die Einrichtung einer Schutzgasanlage die Brände im Entstehen erstickt (Personal wird nicht gefährdet).
- Die Ein- und Austrittsöffnungen zur Klimaanlage sollen mit automatischen Brandschutzklappen versehen sein. Schächte, Filter und Öffnungen der Klimaanlage sollen gegen Eingriffe von aussen gesichert sein.

| Gefährdete Objekte | Schadenfall (Gefahr) | Gefahren- quellen | Sicherheitsmass- nahmen |
|---|---|---|---|
| **Hardware**<br>Rechner<br>Peripherie<br>Terminals<br>Übertragungs-<br>einrichtungen | Beschädigung<br>Zerstörung<br>Manipulation<br>Diebstahl | Elementar-<br>schäden<br>Feuer<br>Wasser<br>Blitzschlag<br>Erdbeben | Brandschutz<br>Massivbau<br>Feuerlöscher<br>Rauchverbot<br>Ordnung bei Material und Abfällen<br>Brandmelder |
| **Software**<br>Systemsoftware<br>Anwendungs-<br>software | Manipulation<br>Zerstörung<br>Diebstahl | Einbruch<br><br>Personal (Viren)<br><br>Technische Defekte | Schutzgas<br><br>Zutrittskontrollen (Closed shop)<br><br>Sorgfalt bei Personalauswahl<br><br>Versicherung<br><br>Sicherstellungskopien<br><br>Virensuchprogramme |
| **Daten**<br>Dateien<br>Datenträger | Manipulation<br>Beschädigung<br>Zerstörung<br>Diebstahl<br>Gewalt | Programmfehler<br>Elementarschäden<br>Einbruch<br>Personal (Viren) | Sorgfalt<br>Sicherstellungskopien<br>Kontrollen<br>Versicherung<br>Closed shop<br>Virensuchprogramme |
| **Infrastruktur**<br>Energie<br>Klima<br>Räume | Störung<br>Ausfall<br>Beschädigung<br>Zerstörung | Technische Defekte<br>Elementarschäden<br>Gewalt<br>Personal | Notstromversorgung<br>Closed shop<br>Kontrolle<br>Blitzschutz<br>Ausweichanlagen |
| **Personal** | Unfall | Elektrizität<br>Feuer | Weisungen<br>Closed shop<br>Feuerlöscher |
| **Ablauforganisation**<br>Belegwesen<br>Datenträger<br>Datenübertragung<br>Transporte | Störungen<br>Beschädigung | Fehldisposition<br>Transportbehin-<br>derungen<br>Technische Defekte<br>Personal (Viren) | Weisungen<br>Kontrollen<br>Alternativen<br>Virensuchprogramme |

*4.8.1 Gefahren und Sicherheitsmassnahmen*

- Zutrittssicherung: Die Zugänge zu den Computerräumen sind versperrt zu halten, sie dürfen mit Passepartouts nicht geöffnet werden können.
- Alle elektrischen Installationen müssen in einwandfreiem Zustand sein. Eine Notbeleuchtung ist vorzusehen.
- Gegen Netzausfall soll eine Not- oder Dauerstromversorgung vorgesehen werden.
- Der Geräuschpegel in grossen Maschinenräumen soll mit Hilfe einer Schalldämpfung niedrig gehalten werden.

*Organisatorische Massnahmen* können meist schnell und mit geringen Kosten realisiert werden. Die wichtigsten Massnahmen sind die folgenden:

- Die Geschäftsleitung ernennt einen EDV-Sicherheits-Beauftragten, der für alle Sicherheitsbelange verantwortlich ist. Es soll keine Personalunion mit dem EDV-Chef vorliegen.
- Der Sicherheitsbeauftragte erstellt schriftlich ein Sicherheitskonzept, das alle geplanten Massnahmen und ihre Durchführung enthält. Das Konzept wird von der Geschäftsleitung genehmigt und unterzeichnet.
- Wenn die wichtigsten Sicherheitsmassnahmen realisiert sind, wird das Sicherheitskonzept zum Sicherheits-Handbuch erweitert. Dieses Buch enthält dann alle Details, die mit EDV-Sicherheitsfragen in Zusammenhang stehen, wie: Weisungen an das Personal, Regeln zum Verhalten in den Räumen der Sicherheitszone, Regeln zum Verhalten bei besonderen Gefahren oder in Schadenfällen, Aufzeichnungen von Besuchern, Tagebuch besonderer Vorfälle, Katastrophenplan, Telefon- und Adressenverzeichnis und vieles andere mehr.
- Je eine Kopie des Sicherheitshandbuches und der wichtigsten Teile der Hardware- und Softwaredokumentation (Programmbeschreibungen) werden ausser Haus, am besten in der Wohnung des Sicherheits-Beauftragten und eines Mitgliedes der Geschäftsleitung aufbewahrt. Diese Kopien werden periodisch nachgeführt.
- Closed-shop-Betrieb. Der Computerraum, das Archiv und allfällige Nebenräume werden bei grösseren Anlagen zu einer Sicherheitszone zusammengefasst. Zu dieser Zone haben nur solche Personen Zutritt, die sich darin unbedingt aufhalten müssen. Im Computerraum selbst halten sich nur Operateure und wenn nötig Reparaturpersonal auf. Reinigungspersonal arbeitet unter Aufsicht. Personen, die ausnahmsweise Zutrittserlaubnis erhalten, werden in ein Besucherbuch eingetragen.
- Der Zutritt für betriebsfremdes Personal wird durch entsprechende Weisungen an den Portier und das EDV-Personal geregelt. Betriebsfremdes und eigenes Personal haben zur EDV nur nach Genehmigung durch den Sicherheitsbeauftragten Zutritt. Für die Einhaltung der Zutrittsregelung ist der Operateur verantwortlich.
- Im Maschinenraum ist auf Ordnung zu achten. Brennbares Material (Papier, Abfälle, Putz- und Lösungsmittel) darf nur wenn unbedingt nötig und in möglichst kleinen Mengen gelagert sein.
- Angelieferte Waren sind ausserhalb der Sicherheitszone auszupacken und nur mit geöffneter Verpackung in den Computerraum zu bringen.
- Für die Sicherheitszone soll ein Bewachungsdienst eingerichtet werden, der ausserhalb der normalen Arbeitszeit in Aktion tritt.
- Das Personal, das im Computerraum bzw. in der Sicherheitszone arbeitet, muss über die Sicherheitsmassnahmen orientiert werden. Das Verhalten im Schadenfall (wie

z.B. die Benützung der Feuerlöscher) ist periodisch zu üben. Ausserdem sind in den Räumen schriftliche Weisungen zu diesem Verhalten anzuschlagen.
- Für die Sicherstellung der Software und Daten sind verpflichtende Weisungen zu erlassen, ebenso für die Aufbewahrung der Sicherheitskopien (Datenträger).
- Passwörter sind den Berechtigten durch den Sicherheits-Beauftragten mitzuteilen. Sie dürfen nirgends in der Nähe von EDV-Elementen oder von jedermann einsichtbar notiert werden.
- Für die Benützung von Personal Computern werden die Sicherheitsmassnahmen analog, jedoch vereinfacht angeordnet. Es wird empfohlen, der Sicherstellung von Programmen und Daten die nötige Aufmerksamkeit zu schenken. Ausserdem soll über alle Arbeiten Buch geführt werden.
- Terminals und Personal Computer müssen von ihren Benützern, die den Arbeitsplatz oder den Raum für länger als einige Minuten verlassen, so gesichert werden, dass Unberechtigte nicht irgendwelche Manipulationen vornehmen können.
- Bei der Einstellung von EDV-Personal ist mit grösster Sorgsamkeit vorzugehen.
- In grösseren Unternehmen und bei grösseren Anlagen ist auf die Trennung der Funktionen (Anwender/ Programmierer/Operateur) zu achten.
- Überstundensituationen sind zu überwachen.
- Datenträger müssen auch ausserhalb der Sicherheitszone bzw. ausserhalb des Unternehmens gegen Diebstahl, Missbrauch, Beschädigung usw. gesichert werden.
- Beschädigte Datenträger dürfen bei ihrem Ausscheiden keine lesbaren Daten mehr enthalten. Datenträger zur Wiederverwendung müssen zuverlässig gelöscht werden. Gebrauchtes Computerpapier darf nur als Altpapier abgegeben werden, wenn es sicher keine geschützten Daten enthält, sonst ist es zu vernichten .

Die lange Reihe von möglichen organisatorischen Massnahmen könnte noch fortgesetzt werden. Es liegt im Verantwortungsbereich des Sicherheits-Beauftragten, mit der nötigen Phantasie Schwachstellen aufzufinden und entsprechende Massnahmen zu treffen. Allen organisatorischen Massnahmen ist gemeinsam, dass sie oft leicht einzuführen und zu überwachen sind. Sie können jedoch den Betriebsablauf unter Umständen unzulässig behindern, was kontraproduktiv wirkt, da die betroffenen Mitarbeiter verärgert werden und die Massnahmen zu umgehen suchen.

### 8.4.2 Massnahmen zur Bewältigung von Schadenfällen

Wenn im EDV-Bereich ein kleiner oder vielleicht sogar schwerwiegender Schadenfall eingetreten ist, werden die Verantwortlichen danach trachten, diesen Schaden zu beheben und innerhalb möglichst kurzer Zeit den normalen EDV-Betrieb wieder aufzunehmen. Es wäre mühsam und es ginge sehr viel Zeit verloren, wenn man sich erst nach dem Schadenereignis überlegen würde, was nun zu geschehen habe. Deshalb ist es empfehlenswert, für diesen Fall weitere vorbeugende Massnahmen zu treffen. Im folgenden sollen hiezu einige Anregungen vermittelt werden.

**Kleinere Schadenfälle**

Die Grösse eines Schadenfalles lässt sich durch die Zeitdauer abgrenzen, während der ein EDV-System ausfallen darf, ohne zu einer schwerwiegenden Beeinträchtigung des

Betriebes einer Unternehmung zu führen. Natürlich ist diese Zeitspanne je nach Betriebsart verschieden, sie liegt zwischen einigen Minuten und einigen Tagen, je nach Einsatzgebiet.

Kleinere Schadenfälle treten häufig auf, sie müssen routinemässig bewältigt werden können. Folgendes ist vorzukehren:

- Der Operateur am Computer muss wissen, wie er Hardwarefehler von Softwarefehlern unterscheiden kann, welche Fehler er selbst beheben kann und an wen er sich zu wenden hat, wenn er Hilfe benötigt. Er muss wissen, wen und wie er über das Vorliegen der Störung zu informieren hat. Telefonnummern des technischen Dienstes, der verantwortlichen Softwarelieferanten, des EDV-Chefs, der Geschäftsleitung, der Polizei und Feuerwehr müssen ihm jederzeit bekannt sein. Auch wenn er ausserhalb der normalen Arbeitszeit im Einsatz ist, muss er die nötigen Verbindungen herstellen können.
- Der Operateur muss genau wissen, was er nach Behebung der Störung zu tun hat, damit der normale Betrieb wieder aufgenommen werden kann. Es werden oft Datensicherstellungen wieder einzuspielen und gewisse Arbeiten zu wiederholen sein. Dazu benötigt er detaillierte, schriftliche Anweisungen.
- Benutzer am Bildschirm oder an einem Personal Computer müssen wissen, wie sie eine Störung erkennen können, wen sie im Schadenfall zu verständigen haben, wie sie erkennen, dass eine Störung behoben ist und was sie nach dieser Störung zu unternehmen haben, damit der normale Betrieb weitergehen kann.
- Nach der Störung ist ein Protokoll mit wichtigen Kenngrössen (Ursache, Dauer, Art der Behebung, etc.) vom Operateur oder Benutzer auszustellen und dem EDV-Chef und dem Sicherheits-Beauftragten zuzustellen. Ein vorbereitetes Formular erleichtert die Arbeit.

Für den Sicherheitsbeauftragten und für den EDV-Chef wird es nützlich sein, auch bei Bagatellfällen die Protokolle regelmässig auszuwerten, damit die häufigsten Fehlerursachen erkannt und wenn möglich ausgeschaltet werden.

**Schwerwiegende Schadenfälle und Katastrophen**

Wenn EDV-Anlagen für so lange Zeit ausfallen, dass das Unternehmen spürbar geschädigt wird, liegt ein schwerwiegender Schadenfall vor. Die Grösse des entstehenden Schadens ist unmittelbar von der Dauer des Ausfalles der EDV abhängig. Deshalb müssen rechtzeitig *vorbeugende Massnahmen* getroffen werden, die die Ausfallzeit möglichst kurz und den finanziellen Schaden möglichst gering halten. Ein Teil der vorbeugenden Massnahmen wurde bereits in den vorhergehenden Abschnitten aufgeführt, wie z.B. das Sicherstellen (Kopieren) von Programmen und Daten. Weitere mögliche Massnahmen sind:

- Abschliessen von Versicherungen. Es ist möglich, bei Computerherstellern die schnelle Verfügbarkeit einer Ersatzanlage zu vereinbaren. Darüber hinaus kann man bei verschiedenen Versicherungen die Maschinen gegen Elementarschäden, das Unternehmen gegen Vertrauensbruch, die Datenbestände für Wiederbeschaffung versichern lassen.

- Für den Katastrophenfall ist im voraus ein Krisenstab zu bestimmen. Ihm sollen ein Mitglied der Geschäftsleitung, der EDV-Chef und der Sicherheitsbeauftragte sowie nach Notwendigkeit weitere Spezialisten angehören. Es ist festzulegen, wie der Krisenstab zu alarmieren ist und was er zu tun hat.
- Ein Ersatzbetrieb ohne EDV-Anlage ist organisatorisch vorzubereiten und der EDV-lose Betrieb ist periodisch, mindestens halbjährlich, zu üben.
- Wenn nötig, sind Vereinbarungen über die Verwendung von Ersatzanlagen ausser Haus zu treffen und bei der Post ist die Vorbereitung von Datenkanälen zu veranlassen. Auf der Ersatzanlage ist das Einspielen von Programmen und Daten vorzubereiten. Bei Bereitschaft zu gegenseitiger Hilfe sind solche Vereinbarungen oft kostenlos. Der Ersatzbetrieb ist versuchsweise zu realisieren und periodisch zu üben.
- Mit dem Computerlieferanten sind alle Modalitäten einer möglichst raschen Reparatur oder Wiederbeschaffung vorzubereiten. Das gleiche gilt für die allfällige Wiederinstandstellung der Räumlichkeiten und der übrigen Infrastruktur.
- Für alle diese Massnahmen bedarf es schriftlicher Weisungen. Auch Hinweise, Formulare, Adressen, Telefonnummern usw. müssen schriftlich festgehalten werden. Das gesamte Schriftgut wird in einem *Katastrophenplan* zusammengefasst. Er ist als Teil des Sicherheitshandbuches in mehreren Exemplaren im Unternehmen und ausserhalb bei den Verantwortlichen zu deponieren und stets auf neuestem Stand zu halten.

Mit den hier angeführten organisatorischen, vorbeugenden Massnahmen kann ein Wiederanlauf schwer gestörter EDV-Anlagen relativ schnell realisiert werden.

## 8.5 Computerviren

Computerviren sind gefährlich, da sie die Manipulation von Programmen und die Zerstörung von Datenbeständen bewirken können und nicht ohne weiteres zu entdecken sind. Sie können ganze Informationssysteme lahmlegen. Viren sind Programme, die sich vervielfachen, sich verbreiten und verschiedene Funktionen in einem Computersystem ausüben können. Sie werden meist als Teilprogramm in ein Wirtsprogramm des Betriebssystems oder der Anwendersoftware eingeschleust und führen dann ihre Befehle vor oder während des Ablaufs des Wirtsprogrammes aus. Computerviren sind besonders im Bereich der Personal Computer anzutreffen, wo sie durch Anwendungsprogramme zweifelhafter Herkunft, durch Raubkopien und zwielichtige Spielprogramme eingeschleppt werden. Die Gefahren haben sich durch die zunehmende Vernetzung der Computer (LAN, WAN) noch vergrössert, da sich Viren über Datennetze ausbreiten können. Es existieren bereits Tausende Arten verschiedener Computerviren, die zum Teil höchst raffiniert konstruiert sind. Sie befallen Datenträger aller Art und auch Hauptspeicher, wo sie sich im Betriebssystem, in Anwendungsprogrammen und sogar in Datenbeständen einnisten. Es gibt sogenannte *Tarnkappen-Viren,* die sich selbst verschlüsseln, sodass sie mit keinem Suchprogramm gefunden werden können. Die *speicherresidenten Viren* installieren sich im Hauptspeicher und überwachen und stören dann permanent die Tätigkeiten der Benutzer.

**Was kann man gegen Computerviren tun?**

Folgendes ist notwendig bzw. möglich:

- regelmässige Sicherstellung der Datenbestände,
- Bezug der Software nur von einwandfreien Quellen,
- Prüfung aller eingehenden Datenträger, seien sie leer oder beschrieben, durch Virensuchprogramme,
- getrennte Speicherung von Programmen einerseits und Daten andererseits,
- Schreibsperre für alle Datenträger mit Programmen,
- Einsatz von «Wachhunden», d.h. von Prüfprogrammen, die im Hauptspeicher permanent aktiv sind und auf eindringende Viren reagieren,
- ständige Überwachung der Programme und der Datenbestände (auf Platten) durch spezialisierte Software mit Kontrolle auf unbeabsichtigte Vergrösserung.

Solche Massnahmen sind wirkungsvoll, geben aber nie hunderprozentige Sicherheit. Such- und Erkennungsprogramme führen meist nur bei bereits bekannten Virenarten zum Ziel. Am wichtigsten ist ständige Vorsicht und eine aktive Minimierung der Gefahr. Alle Datenträger, die man aus der Hand gibt und später wieder verwendet, müssen mit Vorsicht wie neue Datenträger behandelt werden.

**Wie kann man Viren entfernen?**

Diese Arbeit sollte man einem Fachmann überlassen. Er kann den Virus mit einem spezialisierten Löschprogramm entfernen oder überschreiben – wenn er den Virus identifizieren konnte. Ist dieses Vorgehen ohne Erfolg, so bleibt kein anderer Ausweg, als den befallenen Speicher (Hauptspeicher, Magnetplatte) radikal zu löschen («neu zu formatieren auf low level»). Dann müssen die Programme und Datenbestände aus Sicherungskopien neu geladen werden, wobei man sicher sein muss, dass diese Sicherungskopien nicht auch schon verseucht sind. Bei vernetzten Systemen kann die Regenerierung zu einem ausserordentlich grossen Aufwand führen.

## 8.6 Sofortmassnahmen – 10 Gebote

In den bisherigen Abschnitten wurden so viele Massnahmen beschrieben, dass die Gefahr besteht, dass wegen der Vielzahl der Aufgaben keine einzige gelöst wird. Deshalb sollen im folgenden einige Massnahmen angeführt werden, die ohne grossen Aufwand jetzt sofort in kürzester Zeit durchgeführt werden können.

1. Die Geschäftsleitung bestimmt einen Sicherheits-Beauftragten und definiert seine Verantwortung und seine Kompetenzen.
2. EDV-Chef und Sicherheitsbeauftragter regeln und kontrollieren das Sicherstellen und Aufbewahren von Daten und Programmen.
3. Im Maschinenraum wird eine durchgreifende Ordnung etabliert, unnötiges und feuergefährliches Material und Abfälle werden entfernt. Ein Rauchverbot wird eingeführt oder durchgesetzt.
4. Geeignete Feuerlöscher werden in genügender Zahl beschafft, an geeigneten Stellen angebracht. Ihre Benützung wird geübt.

5. Das Rechenzentrum wird zur Sicherheitszone erklärt. Die Zutrittserlaubnis wird nur den unmittelbar am Computer Beschäftigten schriftlich erteilt.
6. Die Sicherheitszone wird bis auf weiteres mit den vorhandenen Türschlössern zu jeder Zeit versperrt gehalten.
7. Alle Hinweisschilder zur EDV im Betrieb werden entfernt.
8. Das EDV-Personal, die Benutzer von Terminals und Personal Computern, Portier und Türkontrolle werden im Hinblick auf erhöhte Sicherheit orientiert.
9. Der Sicherheits-Beauftragte beginnt mit der Erstellung eines Sicherheitskonzeptes. Er startet Abwehrmassnahmen gegen Computerviren.
10. Geschäftsleitung, EDV-Chefs und Sicherheits-Beauftragter erarbeiten eine erste Weisung für das Vorgehen nach einem schweren Schadenfall.

Die hier aufgeführten zehn Sofortmassnahmen lassen sich innerhalb eines Tages verwirklichen. Und damit ist viel erreicht: Die Verantwortlichen vermeiden, dass ihnen grobe Fahrlässigkeit vorgeworfen werden kann. Ausserdem ist sicherlich mehr als die Hälfte des Möglichen für die EDV-Sicherheit getan. Danach können in Ruhe und mit Überlegung alle weiteren Massnahmen geprüft und realisiert werden, die in diesem Zusammenhang sinnvoll erscheinen.

## 8.7 Literatur

1) Zweifel: Buchführungsdelikte mittels EDV und Massnahmen zu deren Verhinderung.
2) Weyer, Pütter: Organisation und Technik der Datensicherung.
3) Siemens (Hrsg.): Sicherheitsvorkehrungen für Rechenzentren.
4) Beutelsbacher: Kryptologie.
5) Cyranek, Bauknecht (Hrsg.): Sicherheitsrisiko Informationstechnik.
6) Thaller: Computersicherheit.
7) Kane: Keine Macht den Viren.

# 9. Berufe der Datenverarbeitung

Auf dem Gebiet der EDV können drei Tätigkeitsbereiche unterschieden werden, denen wiederum verschiedene Berufsarten zuzuordnen sind:

- Organisation und Analyse:
  - EDV-Organisator
  - EDV-Analytiker
  - Systemspezialist, Datenbankspezialist
  - Analytiker/Programmierer
- Programmierung:
  - Systemspezialist
  - Analytiker/Programmierer
  - Programmierer
- Betrieb der EDV-Anlagen:
  - Leiter Produktion
  - Systemspezialist, Datenbankspezialist
  - Operator
  - Datatypistin
  - Hilfspersonal

Die Tätigkeit innerhalb der EDV-Berufe umfasst ein Gebiet, das sich von der Entwicklung bis zum Betrieb erstreckt und die Anforderungen der Anwendungen mit den Möglichkeiten der EDV-Systeme verbindet. In Abbildung 4.9.1 ist dieses Umfeld dargestellt. Die Stellung der einzelnen EDV-Berufe und diejenige des Anwenders sind skizziert.

Die einzelnen Bereiche stellen folgendes dar:

I  *Anwendung/Betrieb:* Hier findet man die EDV-Benutzer, EDV-Koordinatoren, die Auftraggeber und das Management. An der Schnittstelle zum EDV-System stehen Datatypistin und Operator, die im Betrieb die Verbindung vom Anwender zum Computer herstellen.

II *Anwendung/Entwicklung:* Dieses Gebiet ist von den EDV-Organisatoren, Analytikern und Programmierern besiedelt. Es ist das Gebiet der Vorbereitung und Realisierung von EDV-Projekten.

III *EDV-System/Entwicklung:* In diesem Quadranten wirken die Spezialisten als wichtige Fachleute zur Verbindung der Anwendungsprogramme mit der Betriebssoftware, den Datenbanken und den Kommunikationseinrichtungen.

IV *EDV-System/Betrieb:* Auch im Betrieb haben die Spezialisten verschiedene Aufgaben. Operator, Datatypistin und Hilfspersonal schliessen den Kreis zum Anwender.

Die Abbildung 4.9.2 zeigt die Zuordnung der EDV-Berufe und ihre Beziehung zum Anwender und EDV-System.

Die Schweizerische Vereinigung für Datenverarbeitung (SVD) und der Verband der Datenverarbeitungs-Fachleute (VDF) haben den Berufen der Wirtschaftsinformatik eine

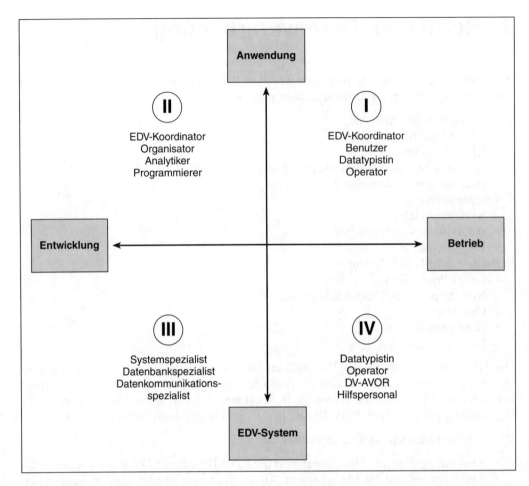

*4.9.1 Die Stellung der EDV-Spezialisten und des Benutzers in den vier Bereichen der betrieblichen EDV-Welt*

Schrift gewidmet, in der die Anforderungen, das Tätigkeitsgebiet, die Ausbildung und die Bezeichnungen von 68 Informatikberufen einander zugeordnet werden.

Die im folgenden besprochenen Berufe finden sich bei grösseren EDV-Anwendern. Kleinere Unternehmen werden mehrere Aufgaben durch eine Person bearbeiten lassen. Andererseits gibt es aber in Grossfirmen, bei Computer-Herstellern und in Softwarehäusern noch weitere, spezialisierte Arbeitsbereiche.

**Der EDV-Organisator**
(VDF: Wirtschaftsinformatiker, Wirtschaftsorganisator, Organisator, Organisations-Spezialist, Organisations-Methodiker)

Die Planung und Vorbereitung des EDV-Einsatzes erfordert erhebliche Organisationsarbeit. Der Organisator hat die Aufgabe, potentielle EDV-Gebiete zu erkennen und für den Einsatz vorzubereiten. Für die Einsatzvorbereitung muss er

# 9. Berufe der Datenverarbeitung

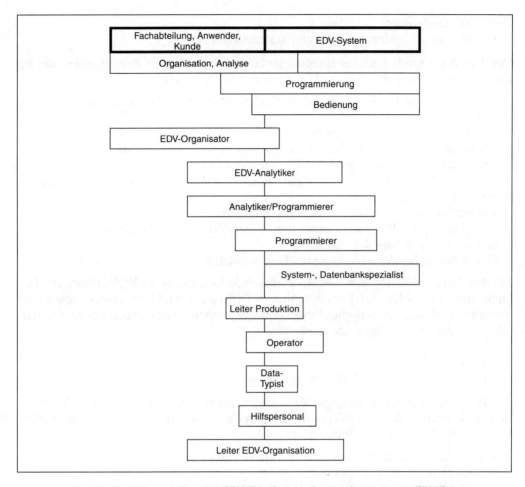

*4.9.2 Die Beziehungsnähe der EDV-Berufe zum Anwender und zum EDV-System*

- die realen Zustände im Betrieb erfassen (Istanalyse),
- die Ablauforganisation überprüfen und verbessern (wenn nötig)
- das künftige Konzept (Sollkonzept) erarbeiten,
- die administrativen Abläufe gestalten und
- die EDV-Applikationen in den allgemeinen Betriebsablauf eingliedern.

Wenn das Konzept realisiert ist, wirkt der Organisator weiter als Koordinator zwischen verschiedenen Fachabteilungen und der EDV. Er ist auch zur Information des Personals sehr gut geeignet, da er die wesentlichen Zusammenhänge überblickt.

Als Organisator eignen sich Personen mit umfassenden Kenntnissen der jeweiligen Fachgebiete und der EDV-Belange, mit organisatorischer Ausbildung (Aufbauorganisation, Ablauforganisation, Projektleitung) und betriebswissenschaftlichen Grundkenntnissen (Wirtschaftlichkeitsanalysen etc.) Initiative, analytisches Denkvermögen, systematische Arbeitsweise und Geschick im Umgang mit Menschen sind unerlässlich.

**Der EDV-Analytiker**
(VDF: Wirtschaftsinformatiker, Analytiker/Programmierer)

Der Analytiker erarbeitet eine computergerechte Lösung für ein Arbeitsgebiet, das für die EDV vorgesehen ist. Hiezu gehören folgende Tätigkeiten:

- Aufnehmen von betrieblichen Ist-Zuständen im Bereich der Informationsverarbeitung,
- Analysieren von Schwachstellen,
- Abstimmen der organisatorischen Zielsetzung mit den Anwendern,
- Erarbeiten von Sollkonzepten und Lösungsvorschlägen,
- Formulieren der erforderlichen organisatorischen und technischen Voraussetzungen für die Realisierung,
- Entwicklung des Projektes bis zur Programmierreife,
- Koordination der Programmierarbeiten, Unterstützung der Programmierer beim Testen mit Vorbereitung der Testdaten,
- Federführung bei der Abfassung der Dokumentation.

Für den Beruf des Analytikers werden umfassende Kenntnisse der EDV (Hardware, Datenorganisation, Software), der betrieblichen Organisation und der Projektfachgebiete gefordert. Initiative, analytisches Denkvermögen, systematisches Vorgehen und Bereitschaft zur Zusammenarbeit sind notwendig.

**Der Programmierer**
(VDF: Programmierer, Analytiker/Programmierer)

Der Programmierer (Anwendungs-, Applikationsprogrammierer) erstellt auf Grund des Lösungskonzeptes des Analytikers ein fachgerechtes Computerprogramm und bearbeitet es bis zur Aufnahme der Produktion:

- Beraten des Analytikers in programmtechnischen Belangen,
- Entwerfen der programmtechnischen Lösung,
- Mitarbeit beim Datenbank- und Kommunikationsentwurf,
- Entwurf der Datenbank-Strukturen,
- Entscheid über die Verwendung bestehender Programmbausteine,
- Codieren von Programmen unter Einhaltung der Programmierrichtlinien,
- Vorbereiten und Durchführen von formalen, technischen und applikatorischen Tests,
- Erstellen und Nachführen der Programm-Dokumentationen.

Die Anforderungen umfassen das Beherrschen mehrerer Programmiersprachen, Kenntnisse von Programmiermethoden und -techniken, ein oder mehreren Betriebssystemen sowie Erfahrungen in den Anwendungsgebieten. Die Fähigkeit zu konzentrierter und sorgfältiger Arbeit muss stark ausgeprägt sein. Abstraktionsvermögen, Ordnungssinn und saubere Arbeitstechnik sind erforderlich.

**Der Analytiker/Programmierer**
(VDF: Bezeichnung identisch)

Dieser Beruf vereint in sich die Tätigkeiten des Analytikers und des Programmierers. Die Synthese ermöglicht ein optimales Erstellen der Programme. Dadurch, dass beide

Tätigkeiten von einer Person abgewickelt werden, können Verständigungsschwierigkeiten und Arbeitsüberschneidungen vermieden und damit Zeit und Kosten gespart werden. Analytiker/Programmierer haben grosse fachliche Kompetenz und sehr anregende Arbeit, da sie sowohl technisch als auch kreativ herausgefordert werden.

Die Anforderungen in diesem Beruf sind hoch, denn es müssen die Aufgaben und Fähigkeiten des Analytikers und des Programmierers erfüllt werden.

**Der Systemspezialist**
(VDF: Systemspezialist, Informatik-Methodiker, Wirtschaftsinformatiker)

Dem Systemspezialisten (Systemprogrammierer, Systems Engineer) obliegt der Einsatz und die Wartung der Systemsoftware (Betriebssystem, Dienstprogramme). Seine Funktionen umfassen:

- Evaluieren von Hard- und Betriebssoftware vor der Anschaffung,
- Planen des Einsatzes von Hardware und Betriebssoftware,
- Erproben und Freigeben der Betriebssoftware oder ihrer neuen Komponenten,
- Installieren und Anpassen von Standard-Software,
- Verwalten und (wenn nötig) Erstellen von Systemsoftware-Dokumentationen,
- Abklären und Beheben fehlerhafter Systemzustände,
- Unterstützung der Programmierer und des Bedienungspersonals bei der Anwendung der Betriebssoftware und der Standard-Software-Pakete und bei der Suche und Korrektur von Fehlern.

In vielen Unternehmungen ist der Systemspezialist auch für die Einrichtung, Sicherstellung und Verwaltung der Datenbestände verantwortlich.

Die Anforderungen sind umfangreich und anspruchsvoll:

- Kenntnisse aller verwendeten Programmiersprachen und der Assemblersprache,
- detaillierte Kenntnisse der eingesetzten Systemsoftware,
- Kenntnis der Hardware und der Maschinenbedienung,
- Erfahrungen als Analytiker/Programmierer,
- Fähigkeit zu konzentrierter, sorgfältiger Arbeit, schöpferisches Denken, Abstraktionsvermögen,
- hohe Belastbarkeit.

**Der Datenbank-Spezialist**
(VDF: Datenbank-Spezialist, Datenarchitekt)

Für diese Berufsgruppe, die mit den System-Spezialisten verwandt ist, gibt es eine Reihe weiterer Bezeichnungen: Datenbankprogrammierer, -verwalter, -koordinator, -manager oder -designer. Diese Spezialisten besitzen als wichtigstes eine genaue Kenntnis der Datenbank-Software, die als umfangreiche Sammlung von Programmen das Betriebssystem ergänzt und immer als Fertigprodukt vom Maschinenhersteller oder von einem Softwarehaus bezogen wird. Die Aufgaben sind sehr anspruchsvoll, wobei der Beratung grosse Bedeutung zukommt:

- Beratung der EDV-Verantwortlichen und Anwender bei der Auswahl des Datenbanksystems,
- Evaluieren der Datenbank-Software,
- Unterstützung der Systemspezialisten beim Datenbank-Einsatz,
- Aufbauen und Einführen der Datenbank, Beratung der Anwender beim Strukturieren und Formatieren der Daten,
- Unterstützung der Anwender bei der Benützung der Abfragesprache,
- Einführen von Sicherstellungs-, Reorganisations- und Wiederanlauf-Verfahren,
- Aktualisieren der Software und Beheben von Fehlern.

In manchen Unternehmen wird dem Datenbankspezialisten auch die Verantwortung für den gesamten Datenbestand übertragen (VDF: Daten-Administrator). Das umfasst die Verantwortung für die Aktualität, die Richtigkeit und die Sicherheit der Daten.

Die Anforderungen an Datenbankspezialisten decken sich mit denjenigen für Systemspezialisten. Hinzu kommen Kenntnisse über die Eigenschaften und Möglichkeiten der gängigen Datenbanksysteme sowie sehr detaillierte Kenntnisse des zum Einsatz kommenden Systems.

**Der Operator**
(VDF: Operator Subsysteme, Operator)

Der Operator bedient, steuert und überwacht die EDV-Anlage. Er nimmt Arbeitsaufträge für das System entgegen, legt die Reihenfolge und Termine für die Ausführung fest und steuert schliesslich die Durchführung von Programmen anhand ihrer Bedienungsanleitung. Der Operator bedient die Ein- und Ausgabegeräte und externen Speicher: Er wechselt Magnetplatten aus, spannt Magnetbänder ein und aus, versorgt den Schnelldrucker mit Papier u.a.m. Bei Systemfehlern orientiert er den Systemprogrammierer, bei Maschinenausfällen benachrichtigt er den Wartungsdienst und die Benutzer.

Er führt Sicherstellungsarbeiten durch, besorgt die Archivierung der Datenträger, überwacht das Klima im Maschinenraum, verhindert den Zutritt von Unbefugten, sorgt für Sauberkeit und veranlasst die Bestellungen von Verbrauchsmaterial. Diese vielfältigen Aufgaben werden häufig auf mehrere Personen verteilt.

Erforderlich sind Kenntnisse des Betriebssystems, schnelle Auffassungsgabe, Fähigkeit zu logischen Schlüssen und vernünftiger Reaktion, Verständnis für technische Zusammenhänge und logische Abläufe, Ordnungssinn und handwerkliches Geschick.

**Der Leiter Produktion**
(VDF: Operator, Produktionsplaner)

Der Leiter der Produktion (Anlagechef) leitet die Gruppe «Rechenzentrumsbetrieb». Ihm obliegen folgende Aufgaben und Verantwortungen:

- Einsatzplanung für Personal und EDV-Anlagen,
- personelles Führen der Mitarbeiter,
- Sicherstellen der Aus- und Weiterbildung der Mitarbeiter,
- Planen, Budgetieren und Kontrollieren des Einsatzes und Betriebsmittel,

- Überwachung der Funktionsweise der Anlagen, der Verfügbarkeit der EDV-Anlage (Erarbeiten von Kennzahlen, Massnahmen bei Abweichungen), der Zuverlässigkeit von Datenübertragungen,
- Planung, Ausführung und Kontrolle von Sicherheitsmassnahmen,
- Überwachung der Verwaltung von Datenträgern und Verbrauchsmaterial.

Zu den Anforderungen gehören Führungsqualifikationen und Fachkenntnisse der Hard- und Software. Ausserdem sind Ordnungssinn, kostenbewusstes Denken, Erfahrungen als Operator und Teamgeist erforderlich.

**Datatypisten**
(VDF: Datentypist)

Die Datatypisten haben die Aufgabe, Daten von ihren Urbelegen (Lieferscheine, Rechnungen, Kundenaufträge usw.) manuell über eine Tastatur auf einen maschinell verarbeitbaren Datenträger zu übertragen. Solche Datenträger sind heute Disketten, Magnetbänder und andere. Eine direkte Datenerfassung mit Bildschirmgeräten am Computer ist im vermehrten Masse üblich. Diese wird allerdings auch häufig direkt durch die Benutzer vorgenommen.

Voraussetzungen für den Beruf sind: Neigung zur Routinearbeit, Konzentrationsfähigkeit, Genauigkeit, Zuverlässigkeit, Fingerfertigkeit, gutes Sehvermögen und Ausdauer.

**Hilfspersonal**

Unter der schlichten Bezeichnung Hilfspersonal sollen einige Arbeitsbereiche erwähnt werden, ohne die ein geordneter Arbeitsablauf im grösseren Rechenzentrum nicht möglich wäre.

*Arbeitsvorbereiter* (VDF: Produktionsplaner) entlasten Anlagechef und Operator durch organisatorische Vorbereitung der Aufträge, Terminverfolgung und Kontrolle.

Datenbestände und Programme werden in gesicherten Archiven aufbewahrt; ein *Archivar* (VDF: nicht erfasst) ist dafür verantwortlich.

Weitere *Hilfskräfte* werden für den Materialnachschub (Papier, Formulare, Etiketten, Schachteln) und für die Bedienung von Rüstmaschinen (Trennen, Zuschneiden, Verpacken von Ausgabelisten) gebraucht.

**Der Leiter der EDV-Organisation**

Der Leiter EDV-Organisation (auch EDV-Chef genannt) ist verantwortlich für die optimale Organisation und Abwicklung der Informationsverarbeitung in einem Unternehmen. Meist sind ihm folgende Funktionsbereiche unterstellt:

- EDV-Anlagen und ihr Bedienungspersonal,
- EDV-Organisatoren und EDV-Analytiker,
- Programmierer und
- Datenerfassung.

Der Leiter EDV-Organisation berät die Geschäftsleitung in den Fragen der Organisation, Datenverarbeitung und Automation und setzt deren EDV-Politik durch. Er ist für die wirtschaftliche Führung der EDV-Abteilung verantwortlich. Weitere Aufgaben sind:

- personelles Führen der Mitarbeiter,
- Planen und Kontrollieren des Personaleinsatzes,
- Sicherstellen der Aus- und Weiterbildung der Mitarbeiter,
- Planen, Budgetieren und Kontrollieren des Sach- und Betriebsmitteleinsatzes,
- Gewährleisten des Berichts- und Informationswesens.

An der Spitze der Anforderungen liegt die Fähigkeit zur Führung hochqualifizierter Mitarbeiter. Solide Fachkenntnisse in Organisation, Betriebswirtschaft und Informatik sind notwendig. Die Fähigkeit für einen sinnvollen Umgang mit den EDV-Anlagen und das Bewusstsein ihrer Dienstleistungsfunktion sind weitere Voraussetzungen. Ein EDV-Chef muss unternehmerisch denken und handeln. Unerlässlich sind praktische Erfahrungen als Organisator, Analytiker und Programmierer.

Die neuzeitlichen EDV-Architekturen (Netze, Endbenützer-Systeme, PCs, verteilte EDV-Intelligenz) verlagern das Aufgabengebiet des Leiters EDV/Organisation in Richtung eines *Informations-Managers*, der eng mit den Fachabteilungen zusammenarbeiten muss.

**Spezialisten in Grossfirmen**

In grossen Unternehmen sind Bedürfnisse für weitere Arten von EDV- und Informatik-Spezialisten vorhanden. Zum Teil erfordern die dort eingesetzten komplexen Systeme weitere Fachkräfte, oder es werden wegen des Umfanges der Aufgaben und der erforderlichen Kenntnisse die Funktionen auf mehrere Personen mit unterschiedlicher Spezialisierung aufgeteilt.

Der *EDV-Koordinator* (VDF: IC-Systemspezialist, deckt einen Teil der Aufgaben ab) koordiniert in einem Konzern die EDV-Konzepte und vertritt einheitliche Richtlinien für die Abwicklung von EDV-Projekten. Diese Stelle wird heute auch oft schon in mittelgrossen Firmen besetzt: Hier geht es um die Koordination von Beschaffung und Betrieb dezentraler Anlagen, wie Abteilungsrechner und Personal Computer.

Der *EDV-Revisor* (VDF: Informatik-Revisor) führt Risikoanalysen in der Informationsverarbeitung durch, erstellt Sicherheitsrichtlinien, überwacht ihre Einhaltung und führt Revisionen bei den EDV-Anwendungen durch.

Ein *Sicherheitsbeauftragter* (VDF: Informatik-Sicherheitsbeauftragter) bewertet Risiken, schlägt Sicherheitsmassnahmen vor und realisiert sie.

Ein *Datenschutzbeauftragter* (VDF: Datenschutz-Koordinator) verhindert den Missbrauch personenbezogener Daten und sorgt für die Einhaltung der Datenschutz-Gesetze.

Der *EDV-Instruktor* (VDF: Informatik-Instruktor) ermittelt und befriedigt die Ausbildungsbedürfnisse von EDV-Spezialisten und Anwendern.

Ein *Chef-Datatypist* (VDF: nicht bezeichnet) wird mit der Leitung der Gruppe «Datenerfassung» beauftragt.

Ein *Netzwerk-Spezialist* (VDF: Netzwerk-Operator) bedient und überwacht die Datenübertragungsanlagen. Er führt betriebsbedingte Massnahmen durch, analysiert Fehlerzustände und behebt Ausnahmesituationen im Datennetz.

Der *Kommunikations-Spezialist* (VDF: Telematiker) ist verantwortlich für das Daten-Kommunikationskonzept und für die Massnahmen zur Anpassung und Erweiterung der Kommunikationsmittel. Er plant und überwacht Terminal-Installationen, evaluiert die Betriebsmittel der Datenübertragung und überprüft ihre Wirtschaftlichkeit.

Ein *Netzwerk-Verwalter* (VDF: Netzwerk-Administrator) sorgt für die Registrierung aller Netzkomponenten und der angeschlossenen Geräte in einem Inventar, überwacht die Kosten, vergibt Adressen und Zugriffsberechtigungen, erstellt Betriebsrichtlinien und wirkt bei der Beschaffung neuer Komponenten mit.

Bei einem grösseren EDV-Personalbestand werden die Management-Aufgaben des Leiters EDV-Organisation zum Teil delegiert. Ein *Leiter Systementwicklung* wird als Chef einer Gruppe «Systementwicklung» mit EDV-Analytikern und Programmierern eingesetzt. Die Abteilung «Systemtechnik» wiederum, die die Systemspezialisten, die Datenbank- und Kommunikationsspezialisten umfasst, wird einem *Leiter Systemtechnik* unterstellt.

### Ausbildungsmöglichkeiten

Wie bereits ausgeführt wurde, sind die Ausbildungsmöglichkeiten für EDV-Berufe noch nicht einheitlich, zum Teil fehlen sie überhaupt. Vielfach ist es noch immer Aufgabe der EDV-Hersteller und auch einiger Grossfirmen, EDV-Spezialisten (Analytiker, Programmierer) auszubilden. Heute haben die Mitarbeiter der EDV-Abteilungen die verschiedensten Ausbildungen hinter sich: von der Berufslehre bis zum Universitätsabschluss. Die Entwicklung ist im Fluss und zeigt vorläufig die verschiedensten Ergebnisse. Ausbildungsmöglichkeiten bieten Hochschulen, Ingenieurschulen, Handelsschulen, Privatschulen und weiterhin auch die EDV-Hersteller und Grossfirmen (Banken, Versicherungen, Industrie). Zeugnisse und Titel haben sehr unterschiedliche Aussagekraft, ausschlaggebend sind die Kenntnisse und Fähigkeiten.

Wer sich für einen EDV-Beruf interessiert, erhält Auskunft beim lokalen Berufsberater oder bei der Niederlassung eines Computer-Herstellers.

### Entwicklungsmöglichkeiten

Alle EDV-Berufe bieten sehr vielversprechende Entwicklungsmöglichkeiten. Ein Aufstieg muss aber wie überall durch Einsatz, Lernen und Können erarbeitet werden – und er dauert seine Zeit. Vom Programmierer führt der Weg über den Analytiker zum Organisator, dann vielleicht zum Systemspezialisten oder Leiter EDV-Organisation. Auch innerhalb einer bestimmten Tätigkeit ist es möglich, Karriere zu machen, da die fachlichen Anforderungen sehr weit gehen können. So kann ein Operator mit zunehmender Erfahrung immer anspruchsvollere Arbeiten übernehmen – bis hinauf zur Kontrolle der grössten EDV-Multiprocessor-Systeme, wo er dann vielleicht einem Stab von Operatoren vorsteht. Das gleiche gilt für Programmierer, die innerhalb ihres Faches weite Entwicklungsmöglichkeiten haben und Chef- oder Seniorprogrammierer werden können. Die EDV-Berufe bieten die Möglichkeiten sowohl des Aufstiegs in der Linie zu Führungspositionen als auch des Aufstiegs innerhalb des Tätigkeitsbereiches auf der Leiter fachlicher Kompetenz.

## Literatur

1) Schweizerische Vereinigung für Datenverarbeitung SVD Verband der Wirtschafts- informatik-Fachleute (VDF): Berufe der Wirtschaftsinformatik in der Schweiz.
2) Twiehans, H.J., Dostal, W.:   Computerberufe – Berufe und Bildung in der Datenverarbeitung.

Teil V

# Fallstudie «Elektra»

«Ich höre und vergesse; ich sehe und erinnere mich;
ich tue selber und verstehe.»

(Konfuzius)

# Inhaltsverzeichnis

**Liste der Aufgaben und Lösungen** .................................. 560

**1. Einleitung** ................................................... 561

**2. Fallschilderung** .............................................. 562
2.1 Geschichte und Struktur des Unternehmens ..................... 562
2.2 Produkte, Umsatz, Gewinn .................................... 563
2.3 Konkurrenz .................................................. 564
2.4 Administration .............................................. 564
2.5 Lager ....................................................... 565
2.6 Finanz- und Rechnungswesen .................................. 565
2.7 EDV-Ausrüstung .............................................. 565
2.8 Material- und Informationsfluss ............................. 567

**3. Phase: Strategie und Initialisierung (I)** ..................... 568
3.1 Ausgangslage aus der Sicht des Managements .................. 569
3.2 Informatikleitbild der CIL .................................. 569
3.3 Aufgaben .................................................... 570
3.4 Lösungen zu den Aufgaben .................................... 572
3.5 Abschluss der Phase «Strategie und Initialisierung» ......... 576

**4. Phase: Vorstudie (V)** ......................................... 578
4.1 Einleitung .................................................. 579
4.2 Zu Beginn der Phase Vorstudie ............................... 579
4.3 Während der Phase Vorstudie ................................. 580
4.4 Am Schluss der Phase Vorstudie .............................. 601

**5. Phase: Grobkonzeption und Evaluation (G)** ..................... 604
5.1 Zu Beginn der Phase Grobkonzeption und Evaluation ........... 606
5.2 Während der Phase Grobkonzeption und Evaluation ............. 610
5.3 Am Schluss der Phase Grobkonzeption und Evaluation .......... 653

**6. Phase: Detailkonzeption (D)** .................................. 657
6.1 Zu Beginn der Phase Detailkonzeption ........................ 658
6.2 Während der Phase Detailkonzeption .......................... 659
6.3 Am Schluss der Phase Detailkonzeption ....................... 668

**Schlusswort zur Fallstudie «Elektra»** ............................ 669

# Liste der Aufgaben und Lösungen

| Phase | Aufgabe | Seite |
|---|---|---|
| I | 1. Erste Schlussfolgerungen über die Betriebsorganisation und Informatik der Firma Elektra AG | 571 |
| | 2. Zielstrukturierung | 571 |
| | 3. Strategischer Einsatz der Informatik | 572 |
| | 4. Informatikleitbild und -strategie | 572 |
| V | 5. Reaktionszeit auf Kundenanfragen/-Bestellungen | 581 |
| | 6. Analyse des Informationsflusses – Ist | 585 |
| | 7. Entscheidungsgespräch 1 | 601 |
| G | 8. Projektabgrenzung | 607 |
| | 9. Reorganisation der Aufbauorganisation | 610 |
| | 10. Reaktionszeit bei Kundenbestellungen (nach der Reorganisation) | 613 |
| | 11. Reorganisation des Informationsflusses | 616 |
| | 12. Evaluation – Grob | 620 |
| | 13. Evaluation – Detail | 622 |
| | 14. Wirtschaftlichkeitsrechnung | 624 |
| | 15. Entscheidungsgespräch 2 | 653 |
| D | 16. Exakte Formulierung von Detailspezifikationen | 660 |
| | 17. Stellenbeschreibung | 664 |
| | 18. Aufgaben und Ausrüstung der Informatikstelle | 667 |

# 1. Einleitung

Am Fallbeispiel «Elektra AG» soll der EDV-Anwender die Abwicklung eines typischen EDV-Projektes aus der Sicht des Auftraggebers und des zukünftigen Informatik-Verantwortlichen verfolgen können und dabei das in diesem Buch erworbene Wissen vertiefen. Das Projekt wird gemäss dem *Phasenkonzept* abgewickelt, so dass die Schilderungen des Geschehens in chronologischer Reihenfolge erscheinen. Am Beginn des Fallbeispiels stehen grundsätzliche Betrachtungen, aus denen ein Informatik-Leitbild und eine Informatik-Strategie für die «Elektra AG» abgeleitet werden.

Jedes Kapitel (ausgenommen die ersten zwei) behandelt eine Phase und entspricht der folgenden Ablauflogik:

1. Schilderung der Situation zu *Beginn* der Phase,
2. Tätigkeiten *während* der Phase,
3. *Schluss* der Phase und Übergang zur nächsten Phase.

In den verschiedenen Kapiteln werden insgesamt 18 Aufgaben an den Leser gestellt. Die Antworten sind im Text des Fallbeispiels oder in den jeweiligen Abschlussberichten der Phasen enthalten.

Auf diese Art werden die Phasen «Strategie und Initialisierung», «Vorstudie», «Grobkonzept und Evaluation» sowie «Detailkonzeption» behandelt. Die Phasen «Realisieren» und «Einführen» werden hier nicht geschildert, weil diese vor allem Sache des EDV-Projektteams und nicht Sache des Auftraggebers sind.

Das vorliegende Fallbeispiel behandelt die Tochtergesellschaft eines Konzerns. Die Mutterfirma der Konzerngruppe betreibt ein gut ausgerüstetes Rechenzentrum. Neuerdings besteht eine klare Konzernstrategie betreffend Organisation, Administration und EDV. Das Informatik-Leitbild und die EDV-Lösung der «Elektra AG» tragen diesen Umständen Rechnung. Es wird schliesslich eine Client-/Server-Lösung gewählt, wobei das Lokale Netz mit dem Datennetz der Muttergesellschaft verbunden ist.

Will der Leser sein EDV-Wissen entwickeln und testen, so sollte er selbständig Antworten zu den gestellten Aufgaben erarbeiten und sie anschliessend mit den Antworten im Text vergleichen. Ein rasches Durchblättern nützt wenig! Im Text der Fragen und Antworten sind Hinweise auf den grundlegenden Stoff der Teile I bis IV angeführt. Es wird dem Leser empfohlen, in den angegeben Kapiteln nachzuschlagen: erst so wird der Stoff richtig eingeprägt.

## 2. Fallschilderung

### 2.1 Geschichte und Struktur des Unternehmens

Die Firma «Elektra» wurde vor 25 Jahren als Einzelunternehmen durch den Elektroingenieur Heinz Baumann gegründet. Der Unternehmenszweck war zunächst der Handel mit elektronischen und elektrischen Bauteilen und die Erzeugung von Thermostaten und einfachen Heizungsreglern. Das Unternehmen wuchs in den ersten Jahren derart, dass ein Wechsel der Rechtsform zu einer Aktiengesellschaft erforderlich wurde. Das Wachstum hielt weiter an und der Firmengründer entschloss sich vor zehn Jahren, sein Unternehmen in die Konzerngruppe «Components International Ltd. (CIL)» einzugliedern. Damit wurde für die «Elektra AG» eine wirkungsvolle äussere Unterstützung in den Bereichen Management und Marketing sichergestellt.

Der CIL sind drei weitere Unternehmen der Elektrobranche angegliedert: «Radarcon AG» in Basel, «Telion SA» in Yverdon und «Sebastian und Sohn GmbH» in Kreuzlingen (siehe Bild 5.2.1).

Heinz Baumann ist weiterhin Direktor der «Elektra AG». Der Personalbestand umfasst 159 Mitarbeiterinnen und Mitarbeiter, die in fünf Hauptbereichen tätig sind:

- *Abt. Einkauf:* 15 Personen bearbeiten Offerteinholung, Bestellungen (8 Mitarbeiter), Eingangskontrolle,
- *Abt. Betrieb:* 90 Personen sind tätig in der Arbeitsvorbereitung, Fabrikation und Montage, Transport,
- *Abt. Vertrieb:* 22 Personen beschäftigt mit Offertbearbeitung, Bestellungsbearbeitung, Versand, Kundendienst,
- *Abt. Verwaltung:* 20 Personen tätig in der Personaladministration, Lagerverwaltung (7 Mitarbeiter), Buchhaltung,
- *Abt. Entwicklung:* 6 Personen betreiben Studien, Entwicklung, Konstruktion.

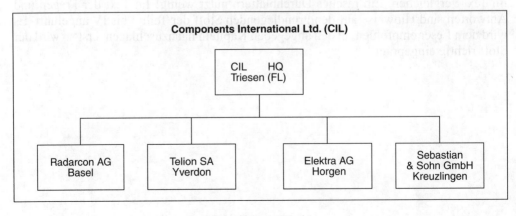

*5.2.1 Konzernstruktur*

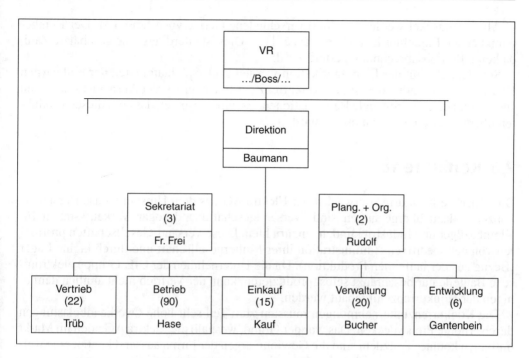

5.2.2   Organigramm der «Elektra AG»

Das *Sekretariat* und die Stelle *Planung und Organisation* sind Stabsstellen, sie sind mit insgesamt fünf Personen besetzt. Das Organigramm der «Elektra AG» ist im Bild 5.2.2 dargestellt.

## 2.2 Produkte, Umsatz, Gewinn

Das Unternehmen vertreibt alle gängigen Bauteile der Elektronik an Laboratorien und Hobbyelektroniker: Relais, integrierte Schaltungen (Chips), Widerstände, Transistoren, Schalter, Stecker, Spezialkabel etc. Für die Maschinen- und Apparateindustrie werden Einzelkomponenten und Baugruppen der Mikroelektronik geliefert. Ausserdem werden – basierend auf diesen Bauteilen – Steuer- und Regelmodule entwickelt und produziert: Impulszähler, Stromversorgungsgruppen, Steuerungen für Haushaltgeräte und Werkzeugmaschinen, einfache Verkehrssteueranlagen und Spezialschalter.

Die «Elektra AG» hatte im letzten Jahr einen Umsatz von 36 Mio. Franken, je 18 Mio. Franken entfielen auf Handels- bzw. Fertigungsartikel.

Insgesamt umfasst der Komponentenhandel ca. 30 000 verschiedene Artikel. Der Preis der Einzelkomponenten schwankt zwischen Fr. 0.05 (Widerstände) bis Fr. 8000.– (Steuerungen). Eine überschlägige Kalkulation hat ergeben, dass der Reingewinn bei den Handelsartikeln etwa 2% des Umsatzes ausmacht.

Als Eigenartikel werden ca. 2000 verschiedene Gerätetypen fabriziert. Der Reingewinn bei den Eigenfabrikaten liegt bei ca. 11%. Dies ist allerdings eine geschätzte Zahl, da keine Betriebsabrechnung geführt wird.

Seit dem Beginn der Eigenfabrikation werden auch Spielautomaten der einfachsten Kategorie hergestellt. Hier ist die Konkurrenz besonders gross, der Absatz ist seit Jahren stark rückläufig. Es gibt viele Reklamationen. Es wird vermutet, dass mit diesen Produkten überhaupt kein Gewinn erzielt wird.

## 2.3 Konkurrenz

Die schärfste Konkurrenz erwächst der Elektra AG aus dem Umstand, dass Herstellerkonzerne dazu übergegangen sind, Versandgeschäfte und sogar Verkaufsstellen für Kleinbezüger und Industriekunden einzurichten. Diese Versand-Gesellschaften profitieren von der speditiven Administration ihrer Muttergesellschaft und durch kleine Lager (Bezug aus der laufenden Produktion). Da die Unternehmen der CIL-Gruppe elektronische Bauteile nur beschränkt selbst produzieren, kann der Vertrieb nicht ähnlich demjenigen der Konkurrenz aufgebaut werden.

Die Konkurrenzunternehmungen mussten zum Teil sehr hohe Overheadbelastungen durch erhöhte Preise decken. Das war der Grund, weshalb die Elektra AG noch im Markt mithalten konnte. Trotzdem sind die Gewinnmargen der Firma äusserst knapp; eine weitere Umstrukturierung auf dem Markt wird sie kaum noch bewältigen können.

## 2.4 Administration

Der Anteil der Administration am Umsatz wurde bei Handelsartikeln mit 25%, bei Fertigungsartikeln mit 14% geschätzt.

Die Auftragsabwicklung lässt viel zu wünschen übrig: es kommt oft vor, dass ein Auftrag erst nach 3 Wochen bestätigt wird und auch dies nicht immer einwandfrei.

Das Personal ist mit sehr viel Feuerwehrarbeit beschäftigt; die Hektik in der Unternehmung ist eine alltägliche Angelegenheit. Besondere Schwierigkeiten gibt es bei den Mitarbeitern der Auftragsabwicklung, die mit dem Lager zu tun haben. Hier liegt die Fluktuation des Personals bei 20% pro Jahr.

Die Konzernleitung der CIL äusserte bereits mehrmals ihre Besorgnisse in mehrfacher Hinsicht:
1. Die gewandelte Marktsituation wurde durch die Elektra nicht bewältigt. Im Gegenteil: Auch die älteren Kunden werden zusehends unzufriedener wegen der geringen Lieferbereitschaft, der falschen Auskünfte, der langen Lieferfristen und Antwortzeiten.
2. Dem Management fehlen aktuelle Führungsinformationen. Es hat keine Übersicht über Lagerbewegungen und Lagerbestand, geleistete Produktion, Arbeitsvorrat, Lieferbereitschaft. Monatsbilanzen können nicht erstellt werden.
3. Die internen Reibereien des Personals vermindern den Nutzeffekt des Vertriebsapparates. Die hohe Fluktuationsrate stellt einen schwerwiegenden Kostenfaktor dar. Beides vermindert die Leistungsfähigkeit und das Image der Firma.

## 2.5 Lager

Aus historischen Gründen hat die Elektra AG drei Lager, zwischen denen ständig Warenverschiebungen stattfinden. Jedes Lager wird mit einem eigenen Personal Computer unabhängig verwaltet. Die Hardware kommt von verschiedenen Herstellern. Die Software wurde teils selbst erstellt, teils kostenlos als Shareware bezogen. Der Datenbestand ist oft nicht nachgeführt und in manchen Fällen falsch.

Fehler in den Buchungen und in den Saldorechnungen sind keine Seltenheit. Die Lagerreservationen werden in einer Art «Schleichhandel» betrieben. Oft kommt es auf die Beziehungen zwischen dem Sachbearbeiter aus dem Vertrieb und dem Lageristen an, ob eine bestimmte Komponente für einen bestimmten Auftrag ausgeliefert wird oder nicht. Es gibt sogenannte «schwarze Bestände».

Die Vielzahl der Produkte, die fast täglich auf den Markt kommen, kann von der Elektra AG keinesfalls kontinuierlich verfolgt werden. Die Nachfrage nach den Produkten wird nur unvollkommen erfasst. Dies mag der Grund sein, dass die Lieferbereitschaft bei Handelsartikeln bei nur etwa 70% liegt.

Die Lagerkosten sind hingegen sehr hoch und betragen etwa 35% bei den Handelsartikeln, was in dieser Branche als sehr hoch anzusehen ist. Grund und Zusammensetzung der Kosten sind nicht bekannt.

## 2.6 Finanz- und Rechnungswesen

Die «Elektra AG» führt derzeit lediglich eine Finanzbuchhaltung, die den Steuergesetzen entspricht. Im Rechnungswesen werden auch die Fakturierung und die Lohnabrechnung bearbeitet. Es gibt keine Betriebsabrechnung und keine Nachkalkulation.

*Dienstleistung für Telion SA, Yverdon:* Seit drei Jahren führt die «Elektra AG» für ihre Schwesterunternehmung Telion SA deren Fakturierung durch. Diese Dienstleistung ist unbefriedigend aus drei Gründen:

1. Die Fakturierung der Telion SA ist heute verschieden von derjenigen der «Elektra AG». Man setzt jetzt ein separates Programmpaket ein.
2. Es gibt immer wieder Reklamationen, weil der Telion SA die Fakturierung zu langsam erledigt wird.
3. Das Entgelt für die Dienstleistung scheint gering und man vermutet in der «Elektra AG», dass diese Fakturierung pro Jahr etwa 50 000 Franken Verlust verursacht.

## 2.7 EDV-Ausrüstung

Die Zentralverwaltung der Muttergesellschaft CIL verfügt über ein modernes und leistungsfähiges EDV-System mit Einrichtungen für Datenfernverarbeitung. Bei Bedarf könnte es als Host verwendet werden.

Die «Elektra AG» betreibt für ihre Finanzbuchhaltung und für die Lohnabrechnung ein Dialogsystem «Meisterklasse 79». Es ist mit drei Bildschirmterminals und einem

Zeilendrucker ausgerüstet und zehn Jahre alt. Dieses System ist überlastet und nicht ausbaubar, die Wartungskosten sind hoch. Die Lohnabrechnung muss jeden Monat in Wochenend- und Nachtschichten bearbeitet werden. Als Verbindung zur Muttergesellschaft werden wöchentlich von der «Elektra AG» die verlangten Kennzahlen und zusammenfassenden Daten auf Datenträgern (Disketten) übermittelt. Dabei sind Verzögerungen bis zu 3 Wochen (15 Arbeitstage) üblich. Eine Datenkommunikation von der CIL zur «Elektra AG» existiert nicht.

Neben den drei Personal Computern in den drei Lagern stehen weitere PCs im Einsatz:
– je ein PC für Textverarbeitung im Sekretariat und in der Verwaltung,
– ein PC im Vertrieb für die provisorische Kundenadministration,

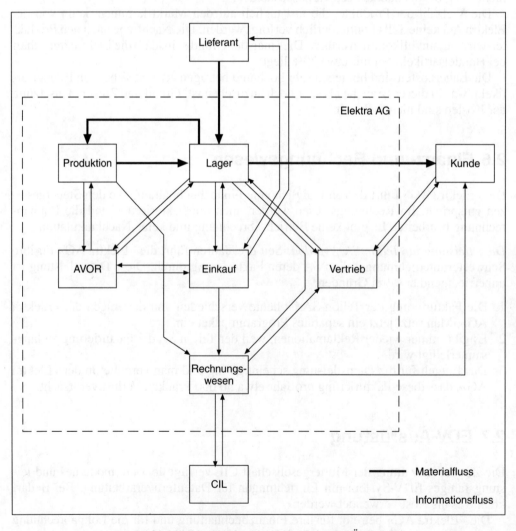

5.2.3   *Material- und Informationsfluss (grobe Übersicht)*

- ein PC im Einkauf für die «Lieferantenkartei»,
- ein PC mit Plotter als CAD-System in der Entwicklung.

Der Betrieb arbeitet konventionell mit Stücklisten und Arbeitsdokumenten auf Papier.

Die eingesetzten Personal Computer sind in Hardware und Software unterschiedlich: verschiedene Hersteller, verschiedene Betriebssysteme, verschiedes Alter. Zwischen den PCs gibt es ausser gelegentlichem Diskettentransfer keine Verbindungen. Geeignete Sicherheitsvorkehrungen fehlen. Die Dokumentation der Anwendungsprogramme besteht lediglich aus handschriftlichen Notizen der Benutzer.

Die fachliche und EDV-technische Betreuung aller eingesetzten Systeme erfolgt ausschliesslich durch Herrn Allstein, der sich als 2. Buchhalter aus privatem Interesse der Computertechnik verschrieben hat. Die betroffenen Arbeitsabläufe sind damit weitgehend von diesem Mitarbeiter abhängig.

## 2.8 Material- und Informationsfluss

Wie das Bild 5.2.3 zeigt, scheint der Materialfluss übersichtlich und klar strukturiert. Er ist allerdings vereinfacht dargestellt, da nicht nur ein Lager vorhanden ist, sondern deren drei: Komponentenlager, Materialstelle und Speditionslager. Die Aufgaben der einzelnen Lager sind nirgends definiert und überschneiden sich.

Der Informationsfluss ist unübersichtlich, fast alle Stellen verkehren mit jeder anderen Stelle. Ein Hin und Her von Arbeitspapieren und Datenträgern findet statt, dazu kommen noch häufig persönliche oder telefonische Rückfragen, Interventionen und Ergänzungen.

# 3. Phase «Strategie und Initialisierung»

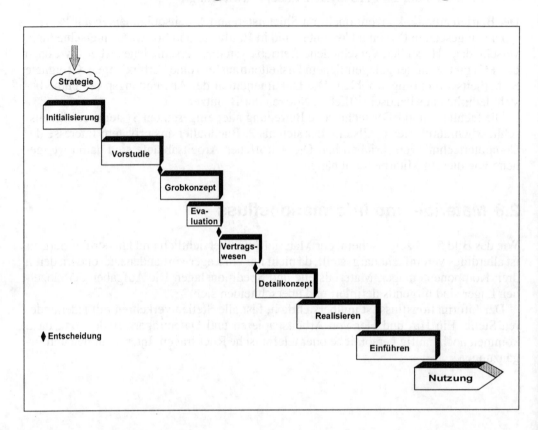

## Inhaltsverzeichnis

| | | |
|---|---|---:|
| 3.1 | Ausgangslage aus der Sicht des Managements | 569 |
| 3.2 | Informatikleitbild der CIL | 569 |
| 3.3 | Aufgaben | 570 |
| | 3.3.1 Aufgabe 1: Erste Schlussfolgerungen über die Betriebsorganisation und Informatik der «Elektra AG» | 571 |
| | 3.3.2 Aufgabe 2: Zielstrukturierung | 571 |
| | 3.3.3 Aufgabe 3: Strategischer Einsatz der Informatik | 572 |
| | 3.3.4 Aufgabe 4: Informatikleitbild und -strategie | 572 |
| 3.4 | Lösungen zu den Aufgaben | 572 |
| 3.5 | Abschluss der Phase «Strategie und Initialisierung» | 576 |

## 3.1 Ausgangslage aus der Sicht des Managements

Das Management der Muttergesellschaft ist aus mehreren Gründen besorgt:
- Die Konkurrenzsituation hat sich für die «Elektra AG» zugespitzt. Man ist zwar noch nicht in den roten Zahlen, aber die Gewinne wurden von Jahr zu Jahr kleiner, besonders bei den Handelsartikeln.
- Die Auskunftsbereitschaft der «Elektra AG» lässt zu wünschen übrig: Die routinemässig gelieferten Kennzahlen kommen oft sehr spät, ein Teil der Zahlen ist falsch. Ad-hoc-Auskünfte sind meistens gar nicht zu erhalten.
- Im Vergleich mit den übrigen Töchtern hat die «Elektra AG» die höchsten EDV-Kosten im Bereich der Finanzbuchhaltung, wobei Leistungsfähigkeit und Zuverlässigkeit in den letzten zwei Jahren fragwürdig geworden sind. Die fehlende Betriebsbuchhaltung ist zu einer Existenzfrage für die Eigenfabrikation geworden.

Die Direktion der «Elektra AG» stellt folgendes fest:
- Die Informatik-Ressourcen sind veraltet, unsicher, teuer und sie entsprechen den modernen Anforderungen in keiner Weise.
- Weil eine einheitliche Informatikstrategie innerhalb der ganzen CIL bis vor kurzem gefehlt hat, wurden Entscheidungen und Beschaffungsanträge immer wieder zurückgewiesen oder aufgeschoben.
- Die ungenügende Informatik hat bereits Auswirkungen auf das Tagesgeschäft: schlechte Lagerbewirtschaftung, unzufriedene Kunden, ungehaltenes Personal (starke Fluktuation).
- Andererseits lässt eine Erneuerung der EDV-Ressourcen keine direkten Einsparungen erwarten: Der Personalbestand in der Verwaltung kann nicht mehr verringert werden.
- Neue EDV-Ressourcen sind aus grundsätzlichen und existenzsichernden Überlegungen erforderlich: Es geht einerseits um eine brauchbare Führungsinformation und andererseits um den strategischen Einsatz der Informatik. Um der gefährlichen Konkurrenzsituation zu begegnen müssen neue Wege beschritten werden!
- Obwohl die Produktion der Fertigungsartikel gewinnbringend arbeitet, hat es den Anschein, dass die Nachfrage stagniert. Gleichartige Produkte aus Ostasien sind viel billiger und erreichen den Markt. Sie haben jedoch bis jetzt wegen rudimentärer Vertriebsorganisationen und fehlender Servicestellen noch wenig Einfluss auf das Geschäft. Es ist zu überlegen, ob eine neue Aufgabenstellung für die Entwicklungsabteilung Vorteile bringen könnte.

## 3.2 Informatikleitbild der CIL

Am Ende des abgelaufenen Geschäftsjahres hat der Verwaltungsrat der CIL in Zusammenarbeit mit einem Beratungsunternehmen ein Informatikleitbild erarbeitet und eine Informatikstrategie verabschiedet. Diese sind für die CIL und alle ihre Töchter verbindlich, wobei den letzteren einerseits möglichst viel Freiheit eingeräumt, andererseits aber bei Bedarf auch weitgehende Dienstleistungen zur Verfügung gestellt werden sollen. Der folgende Auszug gibt die wichtigsten Regelungen wieder:

> **Informatikleitbild der CIL (Auszug):**
>
> – ...
> – Die Organisation und die eingesetzten Systeme der Informatik sollen in erster Linie den individuellen, zum Teil divergierenden Bedürfnissen der Tochtergesellschaften dienen. In zweiter Linie müssen sie aber auch dem zentralen Führungskonzept der CIL entsprechen.
> – Die Tochtergesellschaften können frei darüber entscheiden, wo das Schwergewicht ihrer Informatik hinsichtlich Investitionen, Personaldotierung und Infrastruktur liegen soll: im eigenen Hause oder bei der Muttergesellschaft. Die CIL ist bereit, Informatik-Dienstleistungen gegen Berechnung der Selbstkosten für ihre Tochtergesellschaften zu übernehmen.
> – Richtet eine Tochtergesellschaft ihre Informatik hauptsächlich im eigenen Hause ein, so ist sie verpflichtet, den Anforderungen der CIL hinsichtlich Schnittstellen und Übergabe von Datenbeständen nachzukommen.
> – Die CIL stellt den Tochtergesellschaften das Know-how und die Beratung ihrer Informatikspezialisten zu Selbstkosten zur Verfügung und gewährt den freien Zugang zu ihren gespeicherten Marktinformationen und den Statistikdaten des Konzerns.
> – Allen Beschaffungen von Informatik-Ressourcen ist ein einheitliches Beschaffungskonzept zugrunde zu legen. Hersteller, die den Konzern bereits zufriedenstellend beliefert haben, werden bei weiteren Anschaffungen bevorzugt.
> – Wesentliche Entscheidungsgrundlage bei Beschaffungen muss die Wirtschaftlichkeit der Lösung sein. Dabei ist die Perspektive des Konzerns und nicht diejenige einzelner organisatorischer Einheiten massgebend.
> – Die EDV-Systeme sind im Hinblick auf zweckmässige Funktion auszulegen. Die Struktur des Konzerns erfordert, dass die Grundsätze der «koordinierten Dezentralisation» als Richtlinie eingehalten werden.
> – Der strategische Einsatz der Informatikmittel kann im Wettbewerb entscheidend sein. Hier müssen alle Möglichkeiten ausgeschöpft werden, wobei der Ausschuss des Verwaltungsrates der CIL jede gewünschte Unterstützung zur Verfügung stellt.
> – ...

## 3.3 Aufgaben

Seit kurzem ist Herr Boss im Verwaltungsrat der CIL tätig. Er beschliesst, Sanierungsmassnahmen in der «Elektra AG» einzuleiten. Es wird sich dabei um ein Reorganisationsvorhaben handeln, das mit der Einführung neuer EDV-Systeme gekoppelt sein wird. Es wird beschlossen, eine externe Beratungsfirma für Organisation und EDV – das Unternehmen «Idea» – beizuziehen. Bevor jedoch ein Beratungsauftrag erteilt wird, will sich Herr Boss selbst ein Bild über die Problematik der «Elektra AG» verschaffen. Versetzen Sie sich nun in die Lage von Herrn Boss und erarbeiten Sie Lösungen zu den folgenden Aufgabenstellungen:

## 3.3.1 Aufgabe 1: Erste Schlussfolgerungen über die Betriebsorganisation und Informatik der «Elektra AG»

Nennen Sie stichwortartig Ihre Feststellungen und Vermutungen (im Sinne des «Business Process Reengineering», s. Teil IV, Kap. 1.6, S. 464) zu Betriebsorganisation und Informationswesen der «Elektra AG» nach folgendem Raster:

*Feststellungen* betreffend:
- Produktesortiment, insbesondere Spielautomaten,
- Einkaufspolitik,
- Auftragsabwicklung,
- Rentabilität,
- Führungsinformationen,
- Konkurrenzsituation.

*Vermutungen* betreffend:
- Effizienz der Administration (inkl. Dienstleistung: Fakturierung für Telion SA)
- Kostenstruktur,
- Lagerbewirtschaftung,
- Bedarfsanalyse.

Welche *Konsequenzen* leiten Sie daraus ab?

*Mängel-/Ursachenbetrachtung:*

Erstellen Sie eine Liste der wichtigsten Mängel und nennen Sie dafür mögliche Ursachen. Überlegen Sie die notwendigen Massnahmen zu ihrer Behebung. Geben Sie Ihre Antwort im folgenden Raster:

| *Beobachete Mängel:* | *Mögliche Ursachen:* | *Allfällige Massnahmen:* |
| --- | --- | --- |

*Anmerkung:* Die Eingliederung im Konzern und weitere Randbedingungen stehen in diesem Fallbeispiel nicht zur Diskussion, sind jedoch zu berücksichtigen.

## 3.3.2 Aufgabe 2: Zielstrukturierung

Überlegen Sie sich, welche operationellen Ziele Sie für ein neues Informationssystem setzen möchten, und zwar nach folgendem Raster:

- Service am Kunden,
- Rationalisierung,
- Personal,
- Termine,
- Führung.

### 3.3.3 Aufgabe 3: Strategischer Einsatz der Informatik

> Erwägen Sie, ob ein zukünftiges EDV-System auch strategisch eingesetzt werden könnte und machen Sie entsprechende Anregungen. Benützen Sie dazu die Ausführungen in Teil IV, Kapitel 4.
> Beschreiben Sie die Art der Anwendung, den zugehörigen Einsatz des Personals, Nutzen und Erfolg für die Kunden und innerhalb der «Elektra AG».

### 3.3.4 Aufgabe 4: Informatikleitbild und -strategie

> Entwerfen Sie in Stichworten ein Informatikleitbild und eine Informatikstrategie für die «Elektra AG» in Ergänzung zum Informatikleitbild der CIL (siehe Kapitel 3.2). Benützen Sie dazu auch die Ausführungen im Teil IV, Kapitel 1.3 (Leitbild) und Kapitel 5 (Strategie).

*Hinweis für den Leser:* Im folgenden finden Sie Lösungen zu den von Herrn Boss gestellten Aufgaben. Vergleichen Sie Ihre Antworten mit den vorgeschlagenen Lösungen und bedenken Sie, dass es bei Organisationsproblemen nicht nur eine richtige Lösung gibt, sondern dass mehrere sinnvolle Lösungen möglich sind.

## 3.4 Lösungen zu den Aufgaben

> **Lösung Aufgabe 1: Erste Schlussfolgerungen über die Betriebsorganisation und Informatik der «Elektra AG»**
>
> *Feststellungen:*
>
> - Produktesortiment: sehr gross und unterschiedlich, insbesondere ist die Produktion von Spielautomaten im Sinne des «Business Process Reengineering (BPR)» (s. IV/1.6) fragwürdig,
> - Dienstleistungen: Die Durchführung der Fakturierung für Telion SA ist unrentabel und undankbar im Sinne des BPR,
> - Einkaufspolitik: schlecht (Lager teuer, Lieferbereitschaft klein),
> - Auftragsabwicklung: umständlich, langsam,
> - Rentabilität: gering,
> - Führungsinformation: keine Betriebsabrechnung,
> - Konkurrenz: gefährlich.

## Lösung Aufgabe 1 (Fortsetzung)

*Vermutungen:*

- Effizienz der
  Administration:      gering (25% des Umsatzes, hoher Personalanteil),
- Kostenstruktur:      Gemeinkosten 25 + 35 = 60%! 2% Reingewinn,
- Lagerbewirtschaftung: unsystematisch,
- Bedarfsanalyse:     unmöglich.

*Konsequenzen:*

- Produktesortiment straffen,
- Auftragsabwicklung neu organisieren,
- Lagerbewirtschaftung einführen,
- Einkauf rationalisieren,
- Betriebsabrechnung einführen,
- Fakturierung als Dienstleistung für Telion SA im Sinne des BPR aufheben,
- Informatiklösungen integrieren,
- strategischen Informatikeinsatz planen.

*Mängel-/Ursachenbetrachtung:*

| Beobachtete Mängel | Mögliche Ursachen | Ev. Massnahmen |
|---|---|---|
| – Hohe Kosten der Administration<br>– Umständliche Lagerbewirtschaftung<br>– Unzufriedenes Personal | – Unrationelle Hilfsmittel<br>– Schlechte Organisation<br>– Unrationelle Dienstleistung für Dritte | – Bessere Sachmittel<br>– Bessere Organisation<br>– Bessere Schulung<br>– Dienstleistung für Dritte im Sinne des BPR prüfen, evtl. einstellen |
| – Langsame Auftragsabwicklung | – Schlechter Informationsfluss | – Lagerbewirtschaftung verbessern<br>– Bessere Organisation<br>– Bessere Schulung<br>– Mehr gezielte Statistik<br>– Informationsfluss verbessern |
| – Hohe Lagerkosten | – Keine Statistiken<br>– Keine Betriebsabrechnung | |
| – Geringe Lieferbereitschaft | – Falsche Artikeldisposition | |
| – Unzufriedene Kunden | – Lange Antwortzeiten<br>– Zu hohe Lieferfrist<br>– Zu geringe Lieferbereitschaft | – Verbessertes Informationssystem<br>– Einsatz strategischer Anwendungen<br>– Reorganisation<br>– Unrentable Produkte (Spielautomaten) aufgeben |
| – Unzufriedene Konzernleitung | – Schlechter Geschäftserfolg<br>– Interne Reibereien<br>– Unrentable Produkte | |

## Lösung Aufgabe 2: Zielstrukturierung

*Ziele für eine organisatorische Verbesserung*

*Kundenziele:* schnellere Auskunftserteilung, höhere Lieferbereitschaft, kürzere Lieferzeit, bessere Beratung der Kunden, besserer Service, neue (strategische) Dienstleistungen.

*Rationalisierungsziele:* einfacherer Materialfluss (weniger Lager, weniger interne Transporte), geringere Lagerkosten, Aufgabe unrentabler Produkte und Rechenzentrums-Dienstleistungen im Sinne des «Business Process Reengineering (BPR)» einfacherer Informationsfluss, beschleunigter Informationsfluss (keine Datenübermittlung auf Papier oder Datenträger), zweckmässige Bürokommunikation.

*Personalziele:* kein «Kampf um Reservationen» mehr, einfache Auskunftsbeschaffung, kleinere Belastung des Personals, Vermeiden der Feuerwehreinsätze.

*Zeitziele:* Sofortmassnahmen innerhalb von fünf Monaten, Realisierung einer neuen Informatiklösung innerhalb von zwei Jahren,

*Führungsziele:* verbesserte Managementinformation für Geschäfts- und Konzernleitung, verbesserte Wettbewerbssituation durch strategische Anwendungen und neue Dienstleistungen, Transparenz in der Unternehmung, einheitliche Informatik.

## Lösung Aufgabe 3: Strategischer Einsatz der Informatik

Die Lösung dieser Aufgabe zeigt der Auszug eines Schreibens von Herrn Baumann («Elektra AG») an Herrn Boss (CIL):

**Strategische Anwendungen**  Horgen, 8. Oktober

Sehr geehrter Mr. Boss,

im Anschluss an unser Gespräch am letzten Abend der Leipziger Messe und nach Rücksprache mit meinen Herren Trüb (Vertrieb) und Dr. Gantenbein (Entwicklung) kann ich Ihnen folgendes mitteilen:

Wir werden ein neues EDV-System zusätzlich zu allen anderen Anwendungen auch für strategische Dienstleistungen einsetzen. Um dieses Ziel zu erreichen, werden wir:

– die Abteilung «Entwicklung» zu Dienstleistungen für unsere Kunden bereitstellen (Entwurfsberatung, CAD-Dienste, Beratung im Hot-line-Verfahren für den Einsatz unserer Produkte, technische Detailauskünfte). Dafür wird unsere zukünftige Komponenten-Datenbank für Abfragen der Kunden via Btx eingerichtet. Ausser-

## Lösung Aufgabe 3 (Fortsetzung)

dem stellen wir unseren Kunden unsere Entwurfssoftware und das CAD-System gegen Entgelt zur Verfügung, wobei sie diese Systeme über unsere Swissnet-Anschlüsse der Telecom benutzen können.
- als Software einen «automatischen Einkaufsberater» bereitstellen, der in der Lage sein wird, Bestellungen zu bearbeiten, die via Fax bei uns eintreffen. Sollten diese Bestellungen Komponenten enthalten, die nicht mehr dem neuesten Stand der Technik entsprechen, wird das System automatisch eine Antwort verfassen, die dem Besteller den moderneren Typ erklärt und ihm dessen Lieferung anbietet.

Durch diese Massnahmen wollen wir erreichen, dass die Mitarbeiter der Entwicklungsabteilung weiterhin sinnvoll eingesetzt werden, dass unseren Kunden Fehler und unnötige Ausgaben erspart werden und sie bei uns eine Dienstleistung erhalten, die sonst nirgends geboten wird. Damit wird unsere Stellung im Wettbewerb mit den Konkurrenten wesentlich gefestigt.

Ich bin überzeugt, dass Sie mit meinen Ausführungen ...

## Lösung Aufgabe 4: Informatikleitbild und Informatikstrategie

Das *Informatikleitbild* der «Elektra AG» enthält folgende Aspekte:

1. Die Informatikstelle erfüllt ausschliesslich Aufgaben der Dienstleistung. Sie trägt eine hohe Verantwortung, da die Steuerung des Betriebes der Elektra AG und dessen Kernprozesse von der Funktion der Informatik abhängig sind.
2. Die Informatikstelle stellt ihre Dienstleistungen drei Institutionen zur Verfügung: dem Management der Elektra AG, den Fachbereichen und der zentralen Informatik der CIL.
3. Ihre Aufgaben umfassen die Unterstützung der Kernprozesse im Betrieb durch den Einsatz des EDV-Systems und die Unterstützung der Benutzer, um ihnen eine ausreichende Informatikkompetenz zu vermitteln. Die Eigenentwicklung von Anwendungen gehört nicht dazu.
4. Die Normen und Standards der Informatik der CIL werden eingehalten. Sind Abweichungen notwendig, erfolgen sie nur mit dem Einverständnis der CIL.

Die *Informatikstrategie* der «Elektra AG» wurde in Anlehnung an Teil IV, Kapitel 5 erstellt. Sie enthält die folgenden vier Komponenten:

- *Applikations-Portfolio:*
  gesamtes Rechnungswesen, Lohnabrechnung, Auftragsabwicklung, Lagerbewirtschaftung, Bedarfsermittlung, Lieferantenauswahl, Bestellungsüberwachung, Personalinformationssystem, Stücklistenverwaltung, Büroautomation, strategische Anwendungen (Anwendungsberatung, CAD-Service, Einkaufsberatung u.a.m.

> **Lösung Aufgabe 4 (Fortsetzung)**
>
> – *Dimensionierung und Technik:*
>   Client-/Server-Architektur, lokales Netz, Standardsoftware, relationale Datenbank, Durchdringungsgrad: 50% der Arbeitsplätze mit Workstations ausgerüstet, leistungsfähige Datenverbindung zur CIL, keine internen Programmierer und Analytiker.
>
> – *Gestaltung und Organisation:*
>   Aus Sicht der Elektra AG handelt es sich um eine zentrale Informatiklösung («Informatik Z»), die aufgrund der geringen Unternehmensgrösse vorzuziehen ist. Für den Gesamtkonzern und die Informatik der CIL wird eine koordinierte Dezentralisation angestrebt, aus dieser Sicht ist die Informatikstelle der Elektra AG eine Stelle «Informatik F». Die Kosten der Informatik werden innerhalb der Elektra AG nicht direkt verrechnet, sondern den Gemeinkosten zugerechnet. Der Sicherheit wird ein hoher Stellenwert zugemessen.
>
> – *Umsetzung:*
>   Die Informatikstelle ist mit 1,5 Personen dotiert. Sie ist der Abteilung «Planung und Organisation» unterstellt. In der Studie für den Einsatz des neuen Systems werden die Reihenfolge der zu realisierenden Einsatzgebiete und die Termine festgelegt werden (siehe Grobkonzept).

## 3.5 Abschluss der Phase «Strategie und Initialisierung»

Mit den oben beschriebenen Überlegungen und Tätigkeiten näherte sich diese erste Phase ihrem Abschluss. Wie ursprünglich vorgesehen, wurde zur externen Beratung das Unternehmen «Idea» beigezogen. Die Herren Dr. Trepp, Gut und Burri der «Idea» führten orientierende Gespräche mit den Abteilungsleitern der «Elektra AG» durch. Man beschloss nach Rücksprache mit Herrn Baumann, zunächst eine Vorstudie durchzuführen. Ein Projektantrag wurde ausgearbeitet und von Herrn Baumann genehmigt. In der Abbildung 5.3.1 ist dieser Projektantrag/-auftrag dargestellt.

Nachdem Herr Boss den Projektantrag/-auftrag studiert hatte, überprüfte er anhand der Liste empfehlenswerter Tätigkeiten (siehe Teil II, Kapitel 3.1.3), ob alles Nötige veranlasst worden war. Er fragte bei der «Idea» an, wo er ähnlich strukturierte Unternehmen mit eingeführten modernen EDV-Lösungen finden konnte. Dies führte zu einem Besuch bei der «Elcotron AG», die ihre seit 1½ Jahren eingeführte EDV-Lösung demonstrierte. Kurz danach wurden die Herren Bucher und Kauf zur Teilnahme an einem Seminar «Moderne Informatik für Anwender» angemeldet.

Herr Baumann informierte seine Mitarbeiter über das Rationalisierungsvorhaben im allgemeinen und über die bevorstehende Vorstudie der «Idea» im Detail. Die betroffenen Mitarbeiter sicherten Herrn Baumann ihre Unterstützung zu und betonten ihr besonderes Interesse an einer integrierten Gesamtlösung. Als Startdatum für die Vorstudie wurde der 1. November bestimmt. Die Belegschaft wurde durch einen dreiseitigen Aushang an der Anschlagtafel orientiert.

## 3. Phase «Strategie und Initialisierung»

| Firma:<br>Elektra AG | **Projekt-Antrag / Auftrag** | | Dok. Nr.: 874 |
|---|---|---|---|
| | Projekt: EDV-Einsatz | Kurzzeichen:<br>EDV-V | Datum: 28.10. |
| | Phase: Vorstudie | | Sachb.: Rudolf |
| Auftrags-Bezeichnung:<br>Vorstudie EDV-Erneuerung | | Kurzzeichen:<br>EDV-V | Auftrags-Nr.:<br>874-1 |

| | |
|---|---|
| 1. Kurzbeschreibung (Ausgangssituation, Aufgabenstellung, Untersuchungs-Gestaltungsbereich);<br>2. Zweck / Erwarteter Nutzen; 3. Grundlagen; 4. Form des Ergebnisses; 5. Sonstiges | Projektleiter:<br>Gut (Idea)<br>Projektgruppe:<br>Burri (Idea)<br>Dr. Trepp (Idea)<br>Trüb, Allstein, Rudolf |
| 1. Kurzbeschreibung<br>Wegen der hohen Kosten der Administration und des Lagers, der Unzulänglichkeiten im Rechnungswesen und bei der Lohnabrechung und der Überalterung unserer EDV-Geräte hat das Projektteam zu untersuchen:<br>- Rechnungswesen und Lohnabrechung.<br>- Lagerbewirtschaftung<br>- Auftragsabwicklung<br>- Integration der DV-Anwendungen | Steuerungs-Ausschuss:<br>Baumann<br>Faber (CIL)<br>Gut (Idea) |
| Folgenden Fragen ist nachzugehen:<br>- Wie soll das neue Rechnungswesen aufgebaut werden?<br>- Kann die Auftragsbearbeitung beschleunigt werden?<br>- Können die Lagerkosten gesenkt und gleichzeitig die Lieferbereitschaft erhöht werden?<br>- Können strategische Anwendungen neu erschlossen werden?<br>- Wie wäre ein neues EDV-System technisch auszulegen? | Start-Termin:<br>1.11.<br>Abschluss-Termin:<br>30.1. |
| 2. Zweck, erwarteter Nutzen<br>- Organisation und Kommunikation verbessern<br>- Konkurrenzfähigkeit entscheidend fördern<br>- Lagerkosten senken<br>- Arbeitsabläufe rationalisieren<br>- Führbarkeit des Unternehmens verbessern | Kosten:<br>int. 50 000.-<br>ext. 65 000.- |
| 3. Grundlagen<br>- Informatik-Leitbild der CIL mit Ergänzungen der Elektra,<br>- Informatik-Leitbild der Elektra AG<br>- Aktennotiz Baumann vom 8.10. bezügl. strategischem Einsatz der EDV | Verteiler:<br>Dir. Boss CIL<br>Dir. Faber CIL<br>Dir. Baumann<br>Gut Idea<br>Trüb (Vertrieb)<br>Arbenz (AVOR)<br>Kauf (Einkauf)<br>Rudolf (Org)<br>Gantenbein (E)<br>Allstein (Buchh) |
| 4. Form der Ergebnisse<br>Am 30.1. legt das Projektteam den Vorstudienbericht vor. Inhalt: Istanalyse, Ziele, Bereiche der Reorganisation, Einsatzart der EDV, Kostenvorschau, Antrag für das weitere Vorgehen mit Termin- und Kostenplan. | Antragsteller:<br>Gut (Idea)<br>Rudolf (Org.) |
| 5. Sonstiges<br>Die Herren Bucher (Rechnungswesen) und Arbenz (Fabrikation) werden laufen die in Untersuchungen mit einbezogen. Für die Analyse strategischer Anwendungen arbeiten die Herren Dir. Baumann und Dr. Gantenbein (Entwicklung) im Projektteam mit.<br>Dir. Baumann wird wöchentlich (jeweils montags) über den Projektfortschritt mündlich orientiert.<br>Das Projekt erhält den Namen «EDV 2002». | Datum:<br>15.10.<br>Genehmigt:<br>Baumann<br>Datum:<br>29.10. |

*5.3.1   Projekt-Antrag / Auftrag*

# 4. Phase: Vorstudie

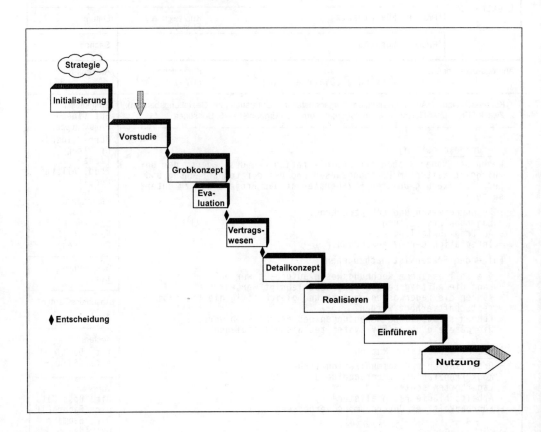

## Inhaltsverzeichnis

| | | |
|---|---|---:|
| 4.1 | Einleitung | 579 |
| 4.2 | Zu Beginn der Phase Vorstudie | 579 |
| | 4.2.1 Projektorganisation | 579 |
| | 4.2.2 Aufgabengliederung des Projektteams | 580 |
| 4.3 | Während der Phase Vorstudie | 580 |
| | 4.3.1 Aufgabe 5: Reaktionszeit auf Kundenanfragen/-Bestellungen | 581 |
| | Lösung Aufgabe 5 | 584 |
| | 4.3.2 Aufgabe 6: Analyse des Informationsflusses – Ist | 585 |
| | Formulare | 586 |
| | 4.3.3 Bericht: «Vorstudie» | 591 |
| 4.4 | Am Schluss der Phase Vorstudie | 601 |
| | 4.4.1 Vorbereitung des Entscheides, Aufgabe 7 mit Lösung | 601 |
| | 4.4.2 Entscheid | 603 |

## 4.1 Einleitung

Der Auftraggeber hat in der Phase «Vorstudie» in erster Linie Auskünfte zu erteilen. Die Beratungsequipe (IDEA) hat die Aufgabe, eine Untersuchung der Probleme der Elektra AG durchzuführen.

Eine der wichtigsten Aufgaben des Auftraggebers am Ende dieser Phase ist es, den Vorstudienbericht zu studieren und sich mit den Vorschlägen der Projektgruppe auseinanderzusetzen, ihn allenfalls zu modifizieren bzw. als gemeinsame Basis für das weitere Vorgehen zu genehmigen.

Die Fragen und Antworten am Schluss dieses Abschnittes sind das Muster eines typischen Entscheidungsgesprächs zwischen Auftraggeber und Projektleiter.

## 4.2 Zu Beginn der Phase Vorstudie

### 4.2.1 Projektorganisation

Für die Durchführung der Phase Vorstudie wird folgende Projektorganisation vorgeschlagen:

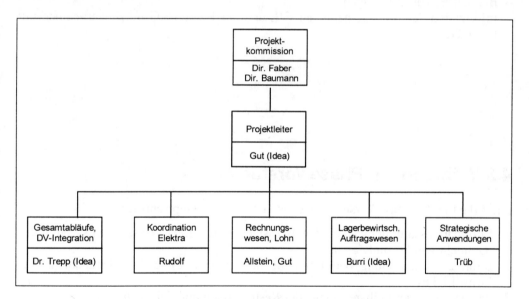

*5.4.1 Projektorganisation für die Vorstudie*

Herr Rudolf ist der interne Projektkoordinator der Elektra AG. Er wirkt als Bindeglied zwischen der externen Projektgruppe und den internen Stellen im Unternehmen.

### 4.2.2 Aufgabengliederung des Projektteams

Die drei Mitarbeiter der Firma IDEA teilen ihre Analyse- und Berichterstattungstätigkeit wie folgt auf:

- Zielanalyse (des Elektra-AG-Managements)   – Gut
- Ist-Analyse Gesamtinformationsfluss   – Trepp
- Ist-Analyse Materialfluss   – Trepp
- Ist-Analyse Auftragsabwicklung und Lager   – Burri
- Ist-Analyse Rechnungswesen und Lohn   – Gut
- DV-Integration   – Trepp
- Schnittstellenprobleme zum Konzern CIL   – Gut
- Lösungsmöglichkeiten   – Trepp, Burri, Gut
- Kosten-/Nutzen-Überlegungen   – Gut
- Termine   – Gut
- Planung des weiteren Vorgehens   – Gut
- Berichterstattung   – Gut (Trepp, Burri)
- Präsentation   – Gut, Burri

Herr Rudolf (Elektra AG) hat folgende Aufgaben:

- Kontakte zwischen der IDEA und den Mitarbeitern der Elektra AG herzustellen
- Beschaffen von Unterlagen
- Information des Managements der CIL und der Elektra AG im Einvernehmen mit Herrn Gut.

## 4.3 Während der Phase Vorstudie

Die Arbeit in der Phase Vorstudie wickelt sich in fünf Hauptschritten ab:

1. Informationssammlung über den Istzustand durch Interviews, Arbeitsverfolgung, Sammeln von Formularen usw.
2. Informationssammlung betreffend die langfristigen Ziele des Managements der Firma Elektra
3. Analyse der unmittelbaren Ziele, der Restriktionen und Schwachstellen
4. Ausarbeitung von Lösungen
5. Berichterstattung und Präsentation

Wie einleitend gesagt, sollten Sie sich nun in eine dieser Tätigkeiten einschalten, nämlich in das Erfassen und Skizzieren des Ist-Informationsflusses. Besonders soll hier dem Problem der *langen Antwortzeiten auf Kundenanfragen oder -bestellungen* Aufmerksamkeit gewidmet werden.

## 4.3.1 Aufgabe 5: Reaktionszeit auf Kundenanfragen/-Bestellungen

Eines der Hauptprobleme der «Elektra AG» ist *die lange Antwortzeit von der Bestellung des Kunden bis zur Auftragsbestätigung*. Viele Kunden wechseln allein aus diesem Grund zur Konkurrenz hinüber.

Herr Gut (Idea) hat die «Elektra AG» gebeten, einen Satz von Formularen, wie sie intern verwendet werden, zusammenzustellen, und zwar so, dass der Informationsfluss an einem Beispiel der Auftragsabwicklung sichtbar wird.

Zu den Formularen gab Herr Rudolf noch einen Kommentar ab:

«Wie Sie aus den beiliegenden Mustern sehen, werden unsere Formulare zum grössten Teil direkt von den Computern erstellt und erlauben so eine gute Verbindung von einer Abteilung zur anderen. Die Formulare «Verfügbarkeitsanfrage», «Neigemeldung» und «Herstellungsauftrag» dienen gleichzeitig als Antwortbeleg. Dadurch werden Fehler vermieden und Kopierkosten gespart. Der zeitliche Ablauf ist in den Formularen gut ersichtlich, wenn Sie für jeden Formularteil das Erstellungsdatum, den Absender und den Empfänger beachten.»

Sie erhalten folgende Formulare:

V1 – Bestellung (24. 6.)
V2 – Verfügbarkeitsanfrage an Lager/Antwort an Vertrieb (25. 6./5. 7.)
V3 – Neigemeldung an Einkauf/Antwort an Lager (26. 6./4. 7.)
V4 – Beschaffungsauftrag an Avor/Auftragsbestätigung an Einkauf (26. 6./3. 7.)
V5 – Verfügbarkeitsanfrage (Avor) an Komponentenlager/Antwort an Avor (28. 6./2. 7.)
V6 – Neigemeldung an Einkauf/Bestellungsbestätigung an Lager (1. 7./1. 7.)
V7 – Fabrikationsauftrag (5. 7.)

Wieviel Zeit verstreicht heute von der Bestellung des Kunden bis zur Auftragsbestätigung?

Versuchen Sie (indem Sie sich für eine Weile in die Lage eines Mitarbeiters der Firma «IDEA» versetzen), den *zeitgebundenen Informationsfluss* darzustellen. (Hinweis: Mit Vorteil lösen Sie gleichzeitig Aufgabe 6).

Die Stellen, die sich an diesem Informationsfluss beteiligen, sind:

– Kunde (K)
– Vertrieb (V)
– Lager (La)
– Einkauf (E)
– AVOR (A) (und Fabrikation)
– Lieferant (Li)

## Aufgabe 5 (Fortsetzung)

*Hinweis:*

Im Grunde genommen gibt es vier Möglichkeiten bei der Bearbeitung einer Kundenanfrage oder -bestellung:

Ⓐ Fremd- und Eigenartikel vorhanden

Ⓑ Fremdartikel nicht vorhanden

Ⓒ Eigenartikel nicht vorhanden, aber Fremdkomponenten für deren Herstellung vorhanden

Ⓓ Eigenartikel nicht vorhanden und Fremdkomponenten für deren Herstellung nicht vorhanden

Einfachheitshalber gehen Sie davon aus, dass jede Anfrage resp. Antwort *eine Zeiteinheit* fordert.
 Wieviele Zeiteinheiten fordert eine Antwort in jedem der Fälle A, B, C und D? Benützen Sie hiezu das vorgesehene Antwortblatt.

## 4. Phase: Vorstudie

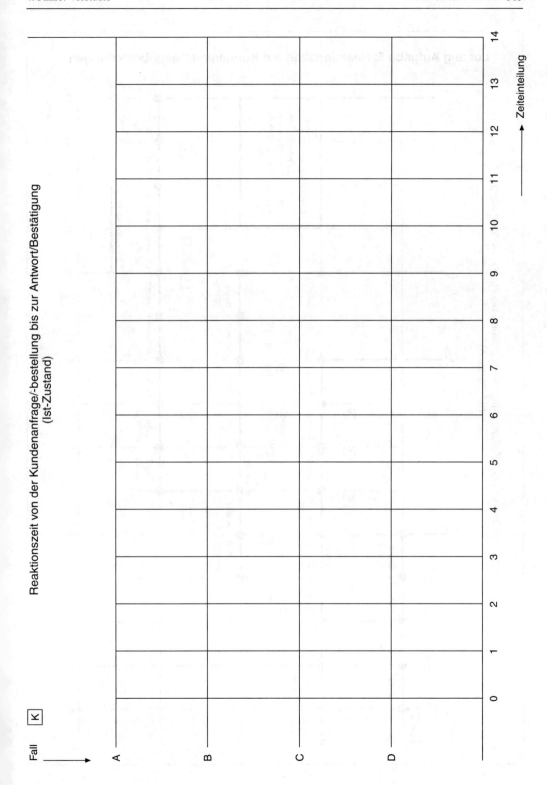

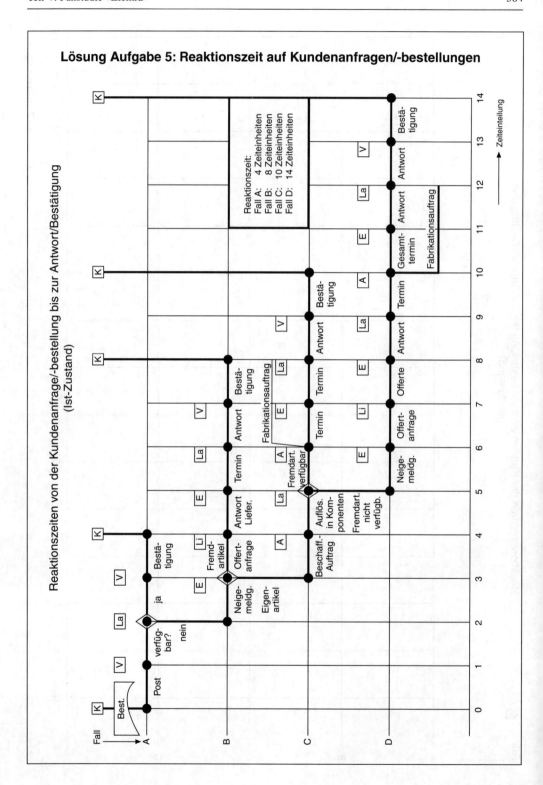

## 4.3.2 Aufgabe 6: Analyse des Informationsflusses – Ist

Stellen Sie ausgehend von der Formularsammlung der «Elektra AG» den stellenbezogenen Informationsfluss dar. Benützen Sie hiezu das Antwortblatt, Seite 590.
Beurteilen Sie die Zweckmässigkeit des Ablaufs. Welche Verbesserungen schlagen Sie vor? Organisatorisch? Im Ablauf? Die Lösung dieser Aufgabe ist im Vorstudienbericht der Projektgruppe, Abschnitt 6.2 und Beilage VB.1, enthalten.

Teil V: Fallstudie «Elektra»

## SIGNAL AG
### 8054 ZÜRICH

**Bestellung Nr.** EL 22 774

*Auf Paketadresse, Frachtbrief, Lieferschein und Rechnung erwähnen!

Elektra AG
Vertrieb

8810 Horgen

*Ku-Nr. 1722*
*Auftrag 3814*

Ihr Angebot:

Unser Zeichen

Datum Zürich, den 24.6.

| Menge | Artikelbezeichnung | Preis SFr. |
|---|---|---|
| 2'000 | Widerstände "Resista" 24 | 500.-- ✓ |
| 500 | Widerstände "Resista" 48 | 200.-- ✓ |
| 200 | Digitalanzeiger für Impulszählung "Electrina 25" gemäss beiliegender Spezifikation | 1'600.-- ✓ |

*Lieferung gegen Rechnung*
*5% Rabatt   2% Skonto*
*25.6.   Vertrieb*

Liefertermin: 23.7.

☐ Eigenbedarf
☐ steuerfrei GE 877.582

Für diesen Auftrag haben ausschliesslich umstehende Bedingungen Gültigkeit.
Wir erbitten 1 Exemplar unterzeichnet als Auftragsbestätigung zurück.

Mit freundlichen Grüssen
**SIGNAL AG**

Beilagen:

## 4. Phase: Vorstudie

| ELEKTRA AG<br><br>**Verfügbarkeits-**<br>**Anfrage/Antwort** | **ANFRAGE**<br>VERTRIEB an KOMP.LAGER<br>Datum: 25.6.<br>Visum: *25* | **ANTWORT**<br>KOMP.LAGER an VERTRIEB<br>Datum: -5. Juli<br>Visum: *ge* |
|---|---|---|
| Auftrag: 3814<br>vom     : 24.6. | Kunde: 1722<br>Signal AG, 8054 Zürich | Lieferfrist: 23.7. |

| Art.-Nr. | Artikel | Menge | Kommentar |
|---|---|---|---|
| 112434 | W'stand 24 | 2000 | sofort |
| 112436 | W'stand 48 | 500 | sofort |
| 117532 | Electrina 25 | 200 | ab 13.7. / ev. 50 sofort! |

Das Komponentenlager ist bereit, die verfügbaren Artikel
**X** dem Auslieferlager oder
___ der Materialstelle (Fabrikation) zu übergeben.

*Abgeliefert am:* 5.7.
*Visum . . . . :* 25
*Teillieferung :*
*Bemerkung . . :*

**Kontrolle Betriebsleitung**
*Datum:* 6.7.   *Visum:* B

---

| ELEKTRA AG<br><br>**Neigemeldung**<br>**mit Antwort** | **NEIGEMELDUNG**<br>KOMP.LAGER an EINKAUF<br>Datum: 26.6.<br>Visum: *fehl.* | **ERLEDIGT (Antwort)**<br>EINKAUF an KOMP.LAGER<br>Datum: -4 Juli<br>Visum: *Fr.* |
|---|---|---|

| | *Folgende Artikel gehen zur Neige:* | | | Antwort Einkauf | |
|---|---|---|---|---|---|
| Art.-Nr. | Artikel | Bestand | pendente Bestellg | Termin | Menge |
| 117532 | Electrina 25 | 50 | 200 | 13.7. | 500 |

Der Lieferant hat den Termin **garantiert**/unverbindlich genannt.

Bemerkungen:   intern /2

| ELEKTRA AG            | **BESCHAFFUNGSANTRAG**       | **LIEFERZUSAGE (Antwort)** |
|-----------------------|------------------------------|----------------------------|
| **Beschaffungs-**     | EINKAUF an AVOR              | AVOR an EINKAUF            |
| **Antrag**            | Datum: 26.6.                 | Datum: 3.7.                |
|                       | Visum: *Schl.*               | Visum: *Hedr.*             |

| Mitteilung:                               || **Antwort AVOR**                         ||
| Folgende Artikel sind zu produzieren:     || Aufgrund der Produktionsbelastung kann geliefert werden bis: ||

| Art.-Nr. | Artikel      | Menge | Termin | Kommentar |
|----------|--------------|-------|--------|-----------|
| 117 532  | Electrina 25 | 500   | 13.7. *vge* |      |

Bemerkungen:

---

| ELEKTRA AG                    | **ANFRAGE**                   | **ANTWORT**                   |
|-------------------------------|-------------------------------|-------------------------------|
| **Verfügbarkeits-**           | AVOR an KOMP.LAGER            | KOMP.LAGER an AVOR            |
| **Anfrage/Antwort**           | Datum: 28.6.                  | Datum:                        |
|                               | Visum: *kel*                  | Visum: -2. Juli *Lg.*         |
| Auftrag: 3814                 | Kunde: Nr. 1722               | Lieferfrist:                  |
| vom    : 24.6.                | Signal AG, 8054 Zürich        |                               |

| Art.-Nr. | Artikel        | Menge    | Kommentar |
|----------|----------------|----------|-----------|
| 225 000  | Digital IC/SX-5 | 5'000 ✓ | sofort    |
| 234 112  | Decimal Deco   | 500 ✓    | 10.7.     |
| 222 718  | Kondensator    | 1'500 ✓  | sofort    |
| 223 712  | Steckplatte    | 500 ✓    | sofort    |

Das Komponentenlager ist bereit, die verfügbaren Artikel
___ dem Auslieferlager oder
**X** der Materialstelle (Fabrikation) zu übergeben.

Abgeliefert am: 2.7.
Visum . . . . : *Mf*
Teillieferung : *ohne Pos. 234 112*
Bemerkung . . : Fabrikat. "<u>Electrina 25</u>"

| Kontrolle Betriebsleitung |
|---------------------------|
| Datum: 16.7.   Visum: *Hack* |

# 4. Phase: Vorstudie

| ELEKTRA AG<br>Neigemeldung<br>mit Antwort | NEIGEMELDUNG<br>KOMP.LAGER an EINKAUF<br>Datum: 1.7.<br>Visum: *Muf.* | ERLEDIGT (Antwort)<br>EINKAUF an KOMP.LAGER<br>Datum: **- 1. Juli**<br>Visum: *Fr.* |
|---|---|---|

| *Folgende Artikel gehen zur Neige:* | | | | Antwort Einkauf | |
|---|---|---|---|---|---|
| Art.-Nr. | Artikel | Bestand | pendente Bestellg | Termin | Menge |
| 234 112 | Decimal Deco | 35 | 500 | *10.7.* | *600* |

Der Lieferant hat den Termin garantiert/unverbindlich genannt.

Bemerkungen: *extern, Siement & Gall*

---

| ELEKTRA AG<br>Fabrikations-<br>Auftrag | Absender: AVOR<br>Datum: **5.7.**<br>Visum: *Dreyer* | geht an: FABRIKATION<br>z.H. Meister<br>___ Obermüller<br>**X** Skudrzyk |
|---|---|---|

| Artikel-Nr.: 117 532 | Artikel: *Electrina 25* | Menge: 500 |
|---|---|---|
| Fabrikationsbeginn: **11.7.** | Liefertermin: **13.7.** | |

Das folgende Material kann im Komp.-Lager bezogen werden:

| Art.-Nr. | Artikel | Menge | verfügbar | Bemerkung |
|---|---|---|---|---|
| 225 000 | *Digital IC/SX-5* | 5'000 | *sofort* | |
| 234 112 | *Decimal Deco* | 500 | *10.7.* | |
| 222 718 | *Kondensator* | 1'500 | *sofort* | |
| 223 712 | *Steckplatte* | 500 | *sofort* | |

Bemerkungen: *Keine Revisionen an Maschine 0713 während dieser Zeit!*

Teil V: Fallstudie «Elektra»  590

| | | | | | | |
|---|---|---|---|---|---|---|
| INFORMATIONSFLUSS – IST | KUNDE | VERTRIEB | LAGER | EINKAUF | AVOR | LIEFERANT |
| | | | | | | |

(Antwortblatt zu Frage 6)

## 4.3.3 Bericht «Vorstudie»

Im folgenden wird der Vorstudienbericht auszugsweise wiedergegeben.

| IDEA | Vorstudie: EDV-2002 | ELEKTRA AG<br>Bericht<br>Seite: 1 |
|---|---|---|

Inhaltsverzeichnis:

1. Zusammenfassung
2. Einleitung
3. Ziel des Projektes
4. Zweck des Berichtes
5. Definitionen
6. Situationsanalyse
    6.1 Rechnungswesen und Lohnabrechnung
    6.2 Auftragsabwicklung
    6.3 Lagerbewirtschaftung
    6.4 Textverarbeitung (Korrespondenz, Archiv)
    6.5 Strategische Anwendungen
7. Lösungsmöglichkeiten
    7.1 Allgemeines
    7.2 Organisatorische Massnahmen
    7.3 Hardware
    7.4 Software
    7.5 Varianten
8. Kostenüberlegungen
9. Umfang der Phase Grobkonzeption und Evaluation
10. Termine, Empfehlungen

Verteiler:

CIL: HH. Dir. Boss, Dir. Faber
Elektra AG: HH. Dir. Baumann, Allstein, Arbenz, Gantenbein, Hase, Kauf,
            Rudolf, Trüb

Bearbeitet durch:
Elektra AG: Dr. Gantenbein, Trüb
Idea:       Burri, Gut, Dr. Trepp

Zürich, 30. Januar

| | | ELEKTRA AG |
|---|---|---|
| **IDEA** | Vorstudie: EDV-2002 | **Bericht**<br>Seite: 2 |

1. Zusammenfassung

   *Anlass der Untersuchung:*
   ...

   *Angestrebte Ziele:*
   ...

   *Durchführung:*
   In Zusammenarbeit mit allen Abteilungen des Unternehmens wurde eine Ist-Analyse vorgenommen. Die wichtigsten Arbeitsabläufe, besonders diejenigen der Auftragsabwicklung und der Lagerverwaltung, wurden detailliert untersucht. Der Untersuchungsauftrag verlangte eine zusammenfassende Untersuchung im Unternehmen. Es konnten jedoch Schwerpunkte gesetzt werden, da Verbesserungen in erster Linie in der Auftragsabwicklung erreicht werden müssen.

   *Schlussfolgerungen:*
   Die Untersuchungen ergaben, dass in einer ersten Etappe organisatorische Änderungen (Reorganisation der Auftragsabwicklung und der Lagerverwaltung) durchgeführt werden müssen. Diese bilden die Voraussetzung für die zweite Etappe: den wirtschaftlichen Einsatz eines neuen, integrierten EDV-Systems für alle betrieblichen und strategischen Anwendungen und für die Büroautomation.

   *Vorschlag:*
   Das Projektteam schlägt vor, Fr. 100 000.- als ausgabenwirksame Kosten für die Durchführung einer Grobkonzeption freizugeben, aufgrund der

   - die Reorganisation durchgeführt,
   - für die Anschaffung eines neuen EDV-Systems entschieden,
   - die Realisierung neuer, strategischer Anwendungen vorbereitet und
   - Vertragsverhandlungen und eine Detailkonzeption eingeleitet werden können.

2. Einleitung

   Der Projektauftrag lautete im wesentlichen wie folgt:
   ...
   - Kann die Auftragsbearbeitung beschleunigt werden?
   - Können die Lagerkosten gesenkt und gleichzeitig die Lieferbereitschaft erhöht werden?
   - Können strategische Anwendungen neu erschlossen werden?
   ...

| | | ELEKTRA AG |
|---|---|---|
| **IDEA** | Vorstudie: EDV-2002 | Bericht<br>Seite: 3 |

3. Ziel des Projektes

   Durch gezielte Massnahmen soll folgendes erreicht werden:
   - Organisation und Kommunikation im Unternehmen sollen entscheidend verbessert werden. Die bestehenden Insellösungen sind zusammenzuführen und heute unzureichende Lösungen oder solche, die keine Erweiterung ermöglichen (Beispiel: Rechnungswesen) sind neu zu konzipieren und auszustatten.
   - Die Konkurrenzfähigkeit ist zu verbessern. Dafür müssen die Unzulänglichkeiten der Auftragsabwicklung behoben und neue Anwendungen, die dem Kunden dienen, erschlossen werden.
   - Die Lagerkosten sind zu senken. Eine zweckmässige Lagerbewirtschaftung muss etabliert werden.
   - Die Arbeitsabläufe sollen rationalisiert werden. Die Zusammenarbeit der Sachbearbeiter mit dem EDV-System muss vereinfacht und klar geregelt werden.
   - Die Führbarkeit des Unternehmens ist zu verbessern. Dem Management und der Muttergesellschaft sind die gewünschten Kennzahlen und Ergebnisse richtig und schnell zu liefern.

   Geeignete Massnahmen, um diese Zielsetzungen möglichst gut zu erfüllen, sind im Laufe der Vorarbeiten diskutiert worden. Sie werden im Kapitel 7 «Lösungsmöglichkeiten» vorgeschlagen.

4. Zweck des Berichtes

   Aufgrund dieses Berichtes soll entschieden werden,
   - ob eine Reorganisation schon in Kürze durchgeführt werden soll und
   - welche der vorgeschlagenen Arbeitsbereiche in eine Grobkonzeption einzubeziehen und in welchem Detaillierungsgrad sie dort zu behandeln sind.

5. Definitionen

   Bei den Analysearbeiten wurde festgestellt, dass besonders in der Auftragsabwicklung eine Reihe von Bezeichnungen nicht klar definiert sind. So sind z.B. die Begriffe «Komponente» und «Artikel» nicht von einander abgegrenzt. Im vorliegenden Projekt haben die untenstehenden Begriffe folgende Bedeutung:
   - *Artikel:* verkaufsfertiges Produkt.
   - *Eigenfertigungs-Artikel, Eigenartikel:* Produkt, das in der eigenen Fabrikation bearbeitet und dadurch verkaufsfertig gemacht wird.
   - *Fremdartikel, Handelsartikel:* Produkt, das lediglich eingekauft und ohne Bearbeitung weiterverkauft wird.
   - *Komponente:* Eigen- oder Fremdartikel, der für den Zusammenbau zu einem verkaufsfertigen Produkt benötigt wird.

| IDEA | Vorstudie: EDV-2002 | ELEKTRA AG<br>Bericht<br>Seite: 4 |
|---|---|---|

## 6. Situationsanalyse

Im Rahmen der Vorstudie wurden für die Beschreibung des Ist-Zustandes alle wichtigen Informations- und Materialflüsse untersucht. Gleichzeitig wurde ein Inventar der Stärken und Schwächen in den verschiedenen Arbeitsbereichen erstellt. Als Drittes sind die Anforderungen und Wünsche der Anwender aufgenommen worden.

Als *grundsätzlicher Mangel* war festzustellen, dass heute mit unzusammenhängenden Insellösungen gearbeitet wird und dass die eingesetzte Software (mit Ausnahme des Rechnungswesens) aus Einzelanfertigungen besteht. Die zugehörige Dokumentation ist unzulänglich oder fehlt überhaupt. Der Betrieb aller eingesetzten Systeme ist von einem einzigen Mitarbeiter abhängig, der dauernd überlastet wird.

### 6.1 Rechnungswesen und Lohnabrechnung

...

...

Es sind vor allem zwei Anforderungen, die für das Rechnungswesen erfüllt werden müssen: Erstens benötigt man ein System mit mindestens fünf Arbeitsplätzen und genügender Ausbaukapazität. Und zweitens muss die Betriebsabrechnung eingeführt werden.

### 6.2 Auftragsabwicklung

Die Untersuchungen haben ergeben, dass trotz des Einsatzes einiger Personal Computer zwischen den beteiligten Abteilungen (Vertrieb, Lagerverwaltung, Einkauf, Fabrikation) ein langwieriges Hin und Her von Arbeitspapieren stattfindet.

- *Informationsfluss:* Da die Karteien und Dateien (insbesondere die Stücklistenkartei und die Lagerdateien) auf verschiedene Stellen verteilt sind, durchläuft eine normale Auftragsabwicklung mehrere Stellen. Dabei wird die Datenkommunikation mit Hilfe von Arbeitspapieren abgewickelt. Der heutige Ablauf ist in Beilage VB.1 dargestellt.

    *Die dezentrale Verteilung der Karteien und Dateien rührt von der Idee her, dass jene Stelle, die eine Kartei oder Datei erstellt, diese auch zu bewirtschaften hat.* So ist beispielsweise die AVOR die einzige Stelle, die aufgrund ihrer Fachkenntnisse eine Stückliste erstellen kann. Deshalb ist die Stücklistenkartei auch in der AVOR stationiert. Das hat zur Folge, dass sich die AVOR schon in der Phase der Abklärung der Verfügbarkeit zwischen Vertrieb, Einkauf und Lager schiebt. Dem könnte abgeholfen werden, wenn der Vertrieb Zugriff zur Stücklistenkartei hätte. Er müsste dann nur *eine* Verfügbarkeitsanfrage über alle Artikel und Komponenten an das Lager richten.

    Ausserdem gibt es unnötige Zwischenetappen bei den Beziehungen zwischen Lagerverwaltung und Einkauf. Für eine speditive Auftragsabwicklung wäre es nützlich, die Lagerdateien beim Einkauf oder gleich ganz vorne beim Vertrieb zu verwalten.

| IDEA | Vorstudie: EDV-2002 | ELEKTRA AG<br>Bericht<br>Seite: 5 |
|---|---|---|

- *Materialfluss:* Hier ist die Führung dreier verschiedener Lager auffallend. Das *(1) Komponentenlager* nimmt die eingehenden Artikel und Komponenten auf und lagert sie, solange sie weder reserviert noch verkauft sind. Die *(2) Materialstelle* dient der Fabrikation für reservierte Komponenten, und schliesslich werden im *(3) Auslieferungslager* jene Artikel gesammelt, die durch Bestellungen belegt sind.
  Die Lagerverwaltung begründet diese dezentralen Lager wie folgt: ...
  Heute sind für die Lagerbearbeitung fünf Magaziner und drei Kleinmaterialfahrer eingesetzt. Es ist anzunehmen, dass durch eine zentral und konsequent geführte Lagerbewirtschaftung Arbeitszeiten und Kosten eingespart werden können.
- *Stärken:* Da in den Lagern genügend Personal zur Verfügung steht, ist die Ordnung und Sauberkeit vorbildlich.
- *Schwächen:* Die Umständlichkeit der heutigen Auftragsabwicklung führt zu inoffiziellen «Expressaufträgen». Die Lageristen halten von manchen Artikeln «schwarze Bestände» und sind auch bereit, für bevorzugte Verkäufer Artikel bereitzustellen, die schon für andere Aufträge reserviert sind. Sie betreiben «mehrstufige Reservationen», die an manchen Tagen zu endlosen Streitereien führen. Sogenannte «Feuerwehraktionen» werden von der Geschäftsleitung sogar gefördert und haben nur deshalb noch nicht zu einem Chaos geführt, weil sie wegen des stagnierenden Geschäftsganges derzeit relativ selten sind.
- *Anforderungen und Wünsche:* Antwortzeit für Kundenanfragen in 90% der Fälle am selben oder nächsten Arbeitstag. Keine Antwortzeit länger als fünf Tage. Transparente Verfügbarkeit aller Artikel und Komponenten. Gesicherte Reservationen.

### 6.3 Lagerbewirtschaftung

Die Situation der Lagerbewirtschaftung steht in enger Verbindung mit der Auftragsabwicklung, daher ...
...

- *Anforderungen und Wünsche:* Die Lagerverwaltung konnte oder wollte keine konkreten Angaben machen. Die Geschäftsleitung hat hingegen klare Forderungen gestellt: eine einzige Lagerdatei, immer aktuelle Daten (zulässige Verzögerung unter einer Stunde), Zugriff von mehreren Orten, Zugriffsberechtigung auf verschiedenen Stufen, automatische Bestellvorschläge, automatisches Erkennen von Ladenhütern, Kennzeichnung von Nachfolgeartikeln, Statistiken automatisch erstellt (täglich, wöchentlich, monatlich) und sofort verfügbar, Standardsoftware mit hohem Komfort. Die Geschäftsleitung will an der Evaluation beteiligt werden.

### 6.4 Textverarbeitung (Korrespondenz, Archiv)

... ...

| IDEA | Vorstudie: EDV-2002 | ELEKTRA AG<br>Bericht |
|---|---|---|

### 6.5 Strategische Anwendungen

Wie bekannt, werden die derzeit installierten Computer (mit einer Ausnahme Personal Computer verschiedener Hersteller) für strategische Anwendungen nicht eingesetzt. Wie die Herren Dir. Baumann und Dr. Gantenbein ausführten, sind die personellen und fachlichen Voraussetzungen für solche Anwendungen durchaus gegeben. Eine erste Übersicht zeigt folgende Einsatzmöglichkeiten:

- Unterstützung für den Schaltungsentwurf (Struktur, Komponentenwahl),
- CAD-Dienste, Ausführen von Schaltplänen nach Kundenangaben mit technischer Überprüfung,
- Einrichten einer «Hotline» zur Sofortberatung für Eigenschaften und Einsatz der Eigenartikel,
- automatischer «Einkaufsberater» zum Hinweis auf neuere und bessere Produkte.

Die ersten drei Dienstleistungen könnten durch die Entwicklungsabteilung, die letzte durch den Vertrieb betreut werden.

### 7. Lösungsmöglichkeiten

#### 7.1 Allgemeines

Die im Kapitel 3 genannten Zielsetzungen können nur durch grundsätzliche Änderungen der bestehenden Organisation und Informatik erreicht werden. Diese Änderungen betreffen:

a) die Aufbau- und Ablauforganisation,
b) die Struktur und den Betrieb der Informatik,
c) neue Aufgabenstellungen für die Entwicklungsabteilung.

Die jetzige Auftragsabwicklung und Lagerbewirtschaftung erfüllt die organisatorischen Anforderungen für einen zweckentsprechenden EDV-Einsatz im Rahmen eines integrierten Systems nicht. Eine organisatorische Umstellung bringt derart entscheidende Veränderungen im Betriebsablauf mit sich, dass sie - wenn möglich - nicht zum gleichen Zeitpunkt wie die Umstellung der EDV durchgeführt werden sollte. Im vorliegenden Fall könnte diese Umstellung frühzeitig realisiert werden.

#### 7.2 Organisatorische Massnahmen

Wir schlagen vor, die organisatorischen Massnahmen demnächst zu beginnen und in zwei Etappen durchzuführen:

*7.2.1 Etappe 1:* Reorganisation der Auftragsabwicklung und Lagerbewirtschaftung

Diese Etappe umfasst folgendes Massnahmenpaket:

- Zentralisierung der ganzen Auftragsabwicklung (AA) im Vertrieb. Dazu gehört auch, dass das Bestellwesen vom Einkauf in die Auftragsabwicklung übergeht.

| IDEA | Vorstudie: EDV-2002 | ELEKTRA AG<br>Bericht<br>Seite: 7 |
|---|---|---|

- Zugriff des Vertriebes auf die Lagerdateien. Falls dies technisch nicht möglich sein sollte, müssen die Lagerdateien im Vertrieb geführt werden.
- Stationierung der Stücklistenkartei beim Vertrieb.
- Zusammenlegung der drei Lager in den Räumen des heutigen Komponentenlagers.
- Dazu kommen eine Neukonzeption der Informationsabläufe, Versetzungen im Personal, Änderung der Stellenbeschreibungen.

*7.2.2 Etappe 2:* Einsatz des neuen EDV-Systems

In dieser Etappe werden realisiert:

- Ersatz des bisherigen Systems für das Rechnungswesen und die Lohnbuchhaltung, Einführung der Betriebsabrechnung.
- Übernahme der Auftragsabwicklung und der Lagerbewirtschaftung in das neue, integrierte Computersystem.
- Einführung der Büroautomation.
- Realisierung der strategischen Anwendungen. Für diesen Schritt sind auch organisatorische Massnahmen zu treffen, wie die Erweiterung der Entwicklungsabteilung, Pflichtenhefte für diese Abteilung und die einzelnen Mitarbeiter, Ablauforganisation der Anwendungen und etappenweise Einführung.

### 7.3 Hardware

Die Hardware wird zusammen mit der Software aufgrund einer Ausschreibung und Evaluation mit darauffolgenden Vertragsverhandlungen zu beschaffen sein. Zwei Feststellungen dürfen heute schon gemacht werden:

- Die Architektur der neuen Anlage wird einem Client-/Server-System entsprechen, das mit der CIL verbunden wird.
- Bei der Auswahl des Lieferanten werden solche bevorzugt, deren Produkte im Konzern schon jetzt zufriedenstellend eingesetzt sind.

### 7.4 Software

Damit die Betriebsdaten zum Zweck der Führungsinformation beliebig ausgewertet werden können, müssen sie in einer *relationalen Datenbank* gespeichert werden.

Für die Anwendungsprogramme kommt gemäss der Informatikstrategie nur Standard-Software in Frage. Diese muss so weit anpassbar sein, dass die Ablauforganisation der «Elektra AG» möglichst wenig zu ändern ist. Ausserdem muss darauf geachtet werden, dass die Software-Produkte von vornherein für Client-/Server-Lösungen konzipiert wurden.

| | | ELEKTRA AG |
|---|---|---|
| **IDEA** | **Vorstudie: EDV-2002** | **Bericht** |
| | | Seite: 8 |

7.5 Varianten

Die folgenden Varianten für eine Lösung wurden untersucht:

...

...

Wie sich aus den verschiedenen Bewertungen und Diskussionen ergeben hat, wird von den Anwendern, vom Entscheidungsgremium und vom Beratungsunternehmen die oben ausführlich geschilderte Lösung (Vorgehen in zwei Etappen, Client-/Server-System, Standard-Software) bevorzugt. Bei der weiteren Bearbeitung des Projektes soll jedoch die Lösung des «*Outsourcing*» zum Vergleich mit einbezogen werden.

8. Kostenüberlegungen

Im gegenwärtigen Zeitpunkt ist es noch nicht möglich, für die Kosten und den erwarteten Nutzen realistische Angaben zu machen. Deshalb kann jetzt auch noch keine Wirtschaftlichkeitsrechnung erstellt werden. Die nötigen Entscheidungsunterlagen werden in der folgenden Phase der Grobkonzeption erarbeitet. Der Aufwand für diese nächste Phase wird Fr. 100 000.- an ausgabenwirksamen Kosten betragen. Die Freigabe dieses Betrages wird aus folgenden Überlegungen heraus empfohlen:

Die Elektra AG wendet für die Administration jährlich ca. 7 Mio. Franken, für die Lager ca. 6.3 Mio. Franken auf. Kann mit den zu untersuchenden Massnahmen auch nur 1% an Einsparungen erzielt werden, so resultiert daraus bereits eine jährliche Einsparung von Fr. 133 000.-. Diese jährliche Einsparung entspricht bei einem Zinssatz von 4% und einer Abschreibungsdauer von 10 Jahren einem Investitionskapital von Fr. 1 110 000.-. Eine Startinvestition von Fr. 100 000.- für die Phase Grobkonzeption und Evaluation ist aus dieser Sicht gerechtfertigt.

9. Umfang der Phase Grobkonzeption und Evaluation

Die freizugebende Phase umfasst die Arbeiten gemäss Projektantrag (siehe Beilage VB.2).

10. Termine, Empfehlungen

Die Phase «Grobkonzeption und Evaluation» könnte am 15. Februar begonnen und am 30. Juni abgeschlossen werden.

Das Projektteam empfiehlt die Freigabe der Phase «Grobkonzeption und Evaluation» gemäss Projektantrag (siehe Beilage VB.2).

Beilagen:

VB.1: Informationsfluss Auftragsabwicklung (Ist-Zustand)
VB.2: Projektantrag/-auftrag «Grobkonzeption und Evaluation»

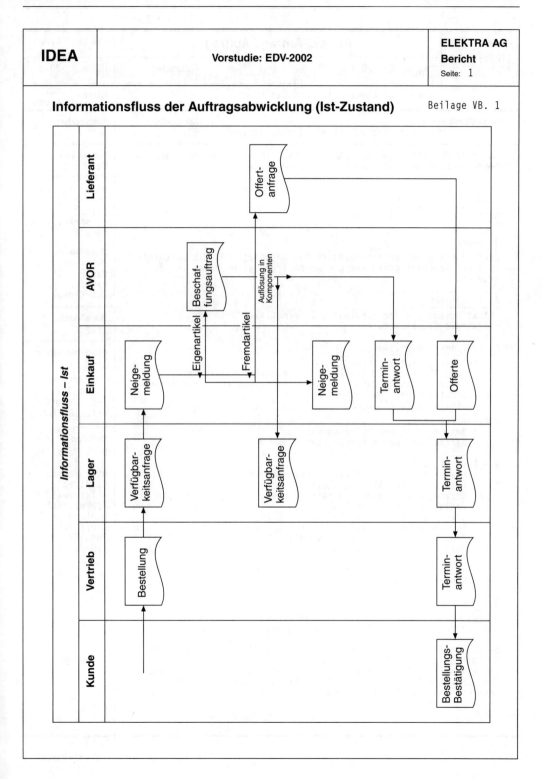

| Firma:<br>Elektra AG | **Projekt-Antrag / Auftrag** | | Dok. Nr.: 1220 |
|---|---|---|---|
| | Projekt: EDV-2002 | Kurzzeichen:<br>EDV-G | Datum: 30.1. |
| | Phase: Grobkonzeption und Evaluation | | Sachb.: Gut<br>(Idea) |
| Auftrags-Bezeichnung:<br>Organisatorisches und EDV-techn. Konzept | | Kurzzeichen:<br>EDV-G | Auftrags-Nr.: |

| 1. Kurzbeschreibung (Ausgangssituation, Aufgabenstellung, Untersuchungs-Gestaltungsbereich);<br>2. Zweck / Erwarteter Nutzen; 3. Grundlagen; 4. Form des Ergebnisses; 5. Sonstiges | Projektleiter:<br>Gut (Idea) |
|---|---|
| 1. Kurzbeschreibung<br>Auftrag gemäss Vorstudienbericht vom 30.1.<br><br>2. Zweck<br>Erarbeitung einer entscheidungsreifen Unterlage für die Durchführung der Reorganisation und die Anschaffung einer neuen EDV-Anlage<br><br>3. Grundlagen<br>Situationsanalyse der Vorstudie, Informatikleitbild und -strategie CIL/Elektra AG.<br><br>4. Form des Ergebnisses<br>4.1 Reorganisationsvorschlag<br>   - Neugliederung der Stellen für die Auftragsabwicklung,<br>   - Neuorganisation der Entwicklungsabteilung zur Durchführung strategischer Anwendungen<br>   - Stellenbeschreibungen.<br>4.2 Pflichtenheft<br>   - Beschreibung des Unternehmens<br>   - Darstellung der Anforderungen<br>   - ...<br>4.3 Bericht: Grobkonzept<br>   - Auszug aus dem Reorganisationsvorschlag,<br>   - Auszug aus dem Pflichtenheft,<br>   - Kurzbeschreibung des Gesamtkonzeptes,<br>   - Verlauf der Ausschreibung,<br>   - Charakteristik der einzelnen Angebote,<br>   - Beschreibung des Evaluationsverfahrens,<br>   - Bewertungsübersicht mit Kommentar,<br>   - Kosten, Nutzen, Wirtschaftlichkeit,<br>   - Terminplan,<br>   - Vorschlag des zu beschaffenden Systems,<br>   - Empfehlung für das weitere Vorgehen.<br><br>5. Sonstiges<br>Da grundsätzlich nur der Einsatz von Standard-Software vorgesehen ist, haben die im Pflichtenheft und im Grobkonzept dargestellten Daten- und Funktionsmodelle nur den Zweck, die Anforderungen beispielhaft zu illustrieren. Die Lösungen dürfen ohne weiteres von diesen Darstellungen abweichen.<br>Büroautomation: Der Software-Anbieter hat die Eigenschaften und Möglichkeiten für Textverarbeitung, Archivierung, Tabellenrechnung und Grafik verbindlich zu beschreiben. | Projektgruppe:<br>Burri (Idea)<br>Dr. Trepp<br>(Idea)<br>Allstein, Trüb,<br>Rudolf<br><br>Steuerungs-<br>Ausschuss:<br>Faber (CIL)<br>Baumann<br>Gut (Idea)<br><br>Start-Termin:<br>15.2.<br><br>Abschluss-Termin:<br>30.6.<br><br>Kosten:<br>int. 30 000.-<br>ext. 100 000.-<br><br>Verteiler:<br>Dir. Boss CIL<br>Dir. Faber CIL<br>Dir. Baumann<br>Gut/Idea<br>Allstein/Buchh<br>Arbenz/AVOR<br>Gantenbein/E<br>Kauf/Eink<br>Rudolf/Org<br>Trüb/Vert<br><br>Antragsteller:<br>Gut (Idea)<br>Rudolf (Org.)<br><br>Datum:<br>30.1.<br><br>Genehmigt:<br><br><br>Datum: |

Beilage VB.2

## 4.4 Am Schluss der Phase Vorstudie

### 4.4.1 Vorbereitung des Entscheides

Die Tätigkeiten der Projektgruppe werden mit einem Bericht abgeschlossen, der Herrn Boss am 30. 1. abgegeben wird.

Studieren Sie diesen Bericht aufmerksam und versuchen Sie, eine Reihe von Fragen betreffend die Relevanz, den Inhalt des Berichtes und das zukünftige EDV-Projekt zu formulieren.

**Aufgabe 7: Entscheidungsgespräch 1 (nach Abgabe des Vorstudienberichtes)**

Skizzieren Sie ein Entscheidungsgespräch mit Fragen des Herrn Dir. Boss und vermutete Antworten des Beraters Gut zu folgenden Themen:

- unternehmerische Bereinigungen, Neustrukturierungen
- Relevanz des Vorhabens (EDV-Projekt)
- Voraussetzungen für das Projekt
- Chancen und Risiken
- Lebensdauer der Lösung
- Kostenaspekte
- notwendige Unterstützung des Managements

Auf den nächsten Seiten finden Sie als Antwort zu Aufgabe 7 eine *mögliche Variante* des Verlaufes eines solchen Gesprächs.

**Lösung Aufgabe 7: Entscheidungsgespräch 1 (nach Abgabe des Vorstudienberichtes) zwischen Direktor Boss (D) und Berater Gut (B).**

1. D: «Sie haben die Elektra AG durchleuchtet: Auf welche Kernprozesse haben Sie sich konzentriert?»
   B: «Wir haben drei Kernprozesse zum Ausganspunkt unserer Untersuchungen gemacht: erstens die Auftragsabwicklung, zweitens die Lagerverwaltung mit dem Einkauf und drittens die Produktion.»

2. D: «Passiert es öfters, dass man aus Anlass einer EDV-Umorganisation auch unternehmerische Umstrukturierungen und «Entschlackungen» vorschaltet? Ich meine damit den Verzicht auf die Produktion von Spielautomaten und auf unsere Rechenzentrums-Dienstleistung an die Telion SA.»

**Lösung Aufgabe 7 (Fortsetzung)**

B: «Meistens sind EDV-Projekte die Folge einer unternehmerischen Neuorientierung. Aber wenn einmal eine Wechselwirkung eintritt, so ist das ganz natürlich und sollte als Synergieeffekt ausgenützt werden.»

3. D: «Was passiert, wenn wir die EDV der Elektra AG nicht erneuern (kurzfristig, mittelfristig, langfristig)?»
B: «*Kurzfristig:* Der heutige Ärger steigert sich. Es gibt vermehrt Wochenendschichten und Nachtarbeit. *Mittelfristig:* Es könnte sein, dass der Ruf der Firma hinsichtlich Lieferbereitschaft und Termintreue derart leidet, dass ein erheblicher Umsatzrückgang stattfindet. Gute Leute könnten weggehen, weil sie ständig überfordert werden und von einer Katastrophe in die andere geraten. Die *langfristigen* Folgen sind unüberblickbar, jedenfalls düster.»

4. D: «Ist unser Personal reif für eine integrierte EDV und eine relationale Datenbank? Wenn nein, wie soll es zur Reife gebracht werden?»
B: «Reife ist zu unterteilen in
1. geistige Bereitschaft, Neues einzusetzen und
2. Know-how.
Wenn das erste vorhanden ist, kann das zweite durch Ausbildung erreicht werden. Wichtig ist, dass sich das Management – vom Generaldirektor bis zum Lagerchef – hinter die Sache stellt. Es muss sich auch Zeit nehmen, bei der Einführung der EDV motivierend mitzumachen. Diese Motivation, die Ausbildung in Kursen und das praktische Training on-the-job bringen das Personal zur Reife.»

5. D: «Ist die Technologie der Client-/Server-Architektur in Hardware und Software schon genügend ausgereift?»
B: «In der Hardware ist alles in grosser Auswahl und perfekter Konstruktion am Markt. Die Software muss hingegen sorgfältig evaluiert werden.»

6. D: «Stehen eventuell preiswertere Neuankündigungen vor der Tür?»
B: «Noch immer wird die Hardware billiger: nicht mehr von Tag zu Tag, aber von Quartal zu Quartal. Doch wir dürfen nicht *das* überlegen, sondern der *Zweck* ist massgebend, den das neue System erfüllen soll.»

7. D: «Wo liegen die grössten Schwierigkeiten bei der Realisierung des Systems? Und wo bei dessen Einsatz?»
B: «Bei der Realisierung liegen Sie in der Umorganisation der Auftragsabwicklung und in der Anpassung der Ablauforganisation an die Standard-Software. Beim Einsatz ist dann die Aufrechterhaltung eines schlagkräftigen EDV-Teams problematisch, weil die Elektra AG zu klein ist, um dauernd eine interessante EDV-Tätigkeit zu bieten.»

> **Lösung Aufgabe 7 (Fortsetzung)**
>
> 8. D: «In wievielen Jahren wird die neue EDV-Lösung wiederum überholt sein?»
>    B: «Wir müssen unterscheiden zwischen «überholt» und «unbrauchbar». Technisch gesehen wird die Hardware vielleicht in sechs Jahren überholt sein, die Methode der Lösung viel später, vielleicht in 15 Jahren. Unbrauchbar wird die Lösung nie sein. Unbrauchbar wird aber die Hardware, frühestens jedoch erst in zehn Jahren.»
> 9. D: «In Punkt 10 der Vorstudie sehe ich eine Durchlaufzeit von mehr als zwei Jahren. Wird die Hardware aus Ihrem Konzept dann nicht bereits veraltet sein?»
>    B: «Gewissermassen ja. Das wird aber für jeden Zeitpunkt der Fall sein, in dem wir starten.»
> 10. D: «Zu Ihren Kostenüberlegungen in Absatz 8 haben Sie doch noch sicher eine Reihe von nicht quantifizierbaren Faktoren, bitte nennen Sie mir die wichtigsten!»
>     B: «– Bessere Transparenz des Betriebsgeschehens,
>        – aussagekräftige Führungsinformationen,
>        – besserer Ruf bei den Kunden.
>        – Sie bekommen die Lieferanten besser in den Griff.
>        – Durch eine saubere Arbeitsdoktrin und klare Abläufe sind Sie weniger auf routiniertes Personal angewiesen: Das vereinfacht Ihre Personal- und Rekrutierungsprobleme.»
> 11. D: «Welche Unterstützung erwarten Sie von der Geschäftsleitung im Falle einer Realisierung?»
>     B: «Erstens: Sie muss sich Zeit nehmen, um die vorgeschlagene Konzeption zu studieren und zu verstehen.
>     Zweitens: Sie muss sich mit der Lösung identifizieren.
>     Drittens: Sie muss das Personal motivieren, ohne aber mit der neuen EDV zu drohen.»
>
> *Ende des Gesprächs.*

### 4.4.2 Entscheid

Aufgrund des Vorstudienberichtes und des geführten Entscheidungsgespräches beantragen die Herren Dir. Boss und Dir. Baumann beim Verwaltungsrat der CIL, das Projekt fortzusetzen und die Phase *«Grobkonzeption und Evaluation»* freizugeben.

Der Verwaltungsrat gibt alle in der Vorstudie vorgeschlagenen Anwendungen für eine Fortsetzung des Projektes frei.

Am 15. Februar erhält das Beratungsunternehmen «Idea» den Auftrag, die Phase «Grobkonzept und Evaluation» in Angriff zu nehmen.

*Schluss der Phase Vorstudie.*

# 5. Phase: Grobkonzeption und Evaluation

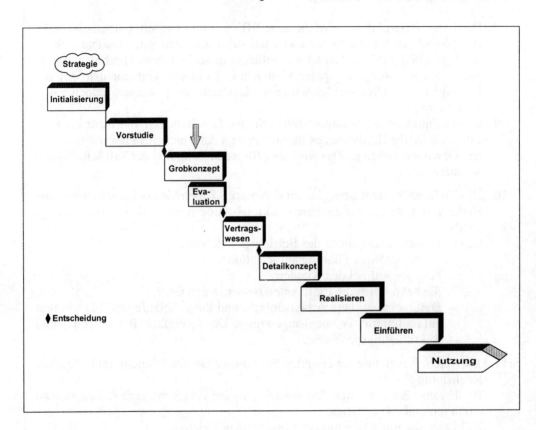

## Inhaltsverzeichnis

5.1 Zu Beginn der Phase Grobkonzeption und Evaluation ............... 606
    5.1.1 Abgrenzungen .......................................... 606
    5.1.2 Aufgabe 8: Projektabgrenzung ............................ 607
           Lösung Aufgabe 8 ....................................... 608
    5.1.3 Organisatorisches ....................................... 609
5.2 Während der Phase Grobkonzeption und Evaluation ................. 610
    5.2.1 Aufgabe 9: Reorganisation der Aufbauorganisation ........... 610
           Lösung Aufgabe 9 ....................................... 611
    5.2.2 Aufgabe 10: Reaktionszeit bei Kundenbestellungen ........... 613
           Lösung Aufgabe 10 ...................................... 615
    5.2.3 Aufgabe 11: Reorganisation des Informationsflusses ........... 616
           Lösung Aufgabe 11 im Bericht Beilage G1 .................. 637

| | | | |
|---|---|---|---|
| | 5.2.4 | Aufgabe 12: Evaluation – Grob | 620 |
| | | Lösung Aufgabe 12 im Bericht Beilage G5 | 641 |
| | 5.2.5 | Aufgabe 13: Detailevaluation | 622 |
| | | Lösung Aufgabe 13 | 623 |
| | 5.2.6 | Aufgabe 14: Wirtschaftlichkeitsrechnung | 624 |
| | | Lösung Aufgabe 14 im Bericht Beilage G11 | 650 |
| | 5.2.7 | Bericht «Grobkonzeption und Evaluation» | 627 |
| 5.3 | Am Schluss der Phase Grobkonzeption und Evaluation | | 653 |
| | 5.3.1 | Aufgabe 15: Entscheidungsgespräch 2 | 653 |
| | | Lösung Aufgabe 15 | 653 |
| | 5.3.2 | Entscheid | 655 |

## 5.1 Zu Beginn der Phase Grobkonzeption und Evaluation

### 5.1.1 Abgrenzungen

Der Verwaltungsrat und die Direktion der CIL und die Direktion der «Elektra AG» haben den Vorstudienbericht gelesen und diskutiert. Danach fand eine Aussprache der Direktoren mit den Abteilungsleitern der «Elektra AG» statt. Im Gegensatz zu den ursprünglichen Befürchtungen, die Erneuerung der EDV-Systeme werde auf Ablehnung stossen, trat gerade das Gegenteil ein. Eine Reihe neuer Wünsche und Anforderungen wurden vorgebracht und zur Lösung im neuen System empfohlen. Der folgende Auszug aus den Gesprächen gibt darüber Aufschluss.

- Herr Bucher (Verwaltung): «... Das Konzept sieht vor, das Rechnungswesen, die Lohnabrechnung, die Auftragsbearbeitung und weiteres in das neue System zu übernehmen. Gleichzeitig soll die Betriebsabrechnung eingeführt werden. Dazu habe ich drei Bemerkungen: Erstens müssen wir etappenweise vorgehen. Ich kann nicht gleichzeitig das Rechnungswesen und den Lohn umstellen und auch noch die neue Betriebsabrechnung einführen. Zweitens brauche ich nicht nur ein Lohnprogramm, sondern ein Personalinformationssystem. Und drittens ist mir die Büroautomation sehr wichtig. Gibt das eine Einzelplatzlösung oder ein integriertes System?... Ferner wäre zu wünschen, die Organisation unserer Eigenfabrikation mit einer gut ausgebauten Materialabrechnung zu ergänzen. Damit könnte dann auch eine Nachkalkulation abgewickelt werden, natürlich computergesteuert.»
- Herr Kauf (Einkauf): «Ich möchte Sie auf die grosse Belastung der Einkaufsabteilung hinweisen. Nur 40% der Einkäufe können wir telefonisch erledigen, der Rest muss schriftlich bestellt werden. Die Bestellungsüberwachung ist mit der derzeitigen einfachen Hängeregistratur kaum zu bewältigen. Und zur Lieferantenauswahl: Fast jeder Mitarbeiter hat für bestimmte Artikel seine bevorzugten eigenen Lieferanten. Eine Vereinheitlichung kann nur mit Hilfe der EDV erfolgen, dabei könnten wir dann noch günstigere Bedingungen aushandeln. Und dann noch die Bedarfsermittlung: Ein maschinell gesteuertes Verfahren könnte viel Geld sparen. Mit Hilfe von Trendanalysen könnten wir den Bedarf besser prognostizieren, die Lieferbereitschaft erhöhen und unsere Ladenhüter abbauen.»

Auch die übrigen Abteilungsleiter meldeten sich mit weiteren Wünschen zu Worte. Nach einer eingehenden Diskussion fasste Herr Baumann die Anliegen zusammen und sagte unter anderem folgendes:

«... Meine Herren, ich bin angenehm überrascht, dass Sie dem neuen EDV-Projekt so positiv gegenüberstehen. Ihre Zustimmung reicht sehr weit und Sie haben eine Reihe von Wünschen geäussert, die durchaus plausibel erscheinen und lokal betrachtet zum grössten Teil berechtigt sind. Bedenken Sie aber bitte, dass wir ein relativ kleines Unternehmen sind und einigen Einschränkungen unterliegen:

- Unsere finanziellen Mittel sind limitiert.
- Wir haben uns nach den Informatik-Leitbildern und der Informatik-Strategie der CIL und der Elektra zu richten.

– EDV-Umstellungen kosten Aufwand und Zeit, auch unsere personellen Möglichkeiten sind beschränkt.
– Wir werden alle für uns wichtigen Anwendungen der EDV realisieren, aber nicht gleichzeitig! Die EDV-Projekte werden zeitlich gestaffelt bearbeitet werden. Damit schliesse ich mich auch dem Rat der «Idea» an.

Wir werden in der ersten Phase die Finanzbuchhaltung und die Lohnabrechnung auf das neue System bringen, ebenso die Fakturierung mit der Zahlungsüberwachung. Gleichzeitig werden wir eine neue Auftragsbearbeitung und auch die Lagerverwaltung einführen. Besonderes Gewicht lege ich auf die Realisierung strategischer Anwendungen (Anwendungsberatung für unsere Produkte, CAD-Service und Einkaufsberatung für Kunden). Da werden wir in Kürze die Vorbereitungen starten. Erst in einer zweiten Etappe möchte ich die Betriebsabrechnung, die Stücklistenverwaltung als Beginn eines PPS, die Lageroptimierung und die integrierte Büroautomation an die Hand nehmen. Mit der Textverarbeitung am lokalen Arbeitsplatz soll aber von Anfang an gearbeitet werden können. Wenn wir das alles haben, können wir die Lieferantenverwaltung und das Personalinformationssystem in Angriff nehmen.

Damit sich im Laufe der nächsten Jahre alle unsere Wünsche erfüllen lassen, müssen wir von vornherein ein System anschaffen, das sich im grossen Stil erweitern lässt. Wenn wir zu Beginn vielleicht 25 oder 30 computerunterstützte Arbeitsplätze haben, so werden das in *fünf Jahren vielleicht 60 oder 80 sein müssen!*

Ich danke Ihnen für Ihre Mitarbeit und wünsche uns allen ein gutes Gelingen des Vorhabens.»

### 5.1.2 Aufgabe 8: Projektabgrenzung

Erarbeiten Sie eine Projektabgrenzung aufgrund der vorhergehenden Diskussionsbeiträge und der Beschlussfassung von Herrn Baumann.

Zeichnen Sie ein Schema, das

– die Anwendungen und betroffenen Stellen des EDV-Projektes (innerhalb der Systemgrenze),
– die im Moment nicht zu berücksichtigenden Arbeitsgebiete (ausserhalb der Systemgrenze)

darstellt.

## Lösung Aufgabe 8: Projektabgrenzung

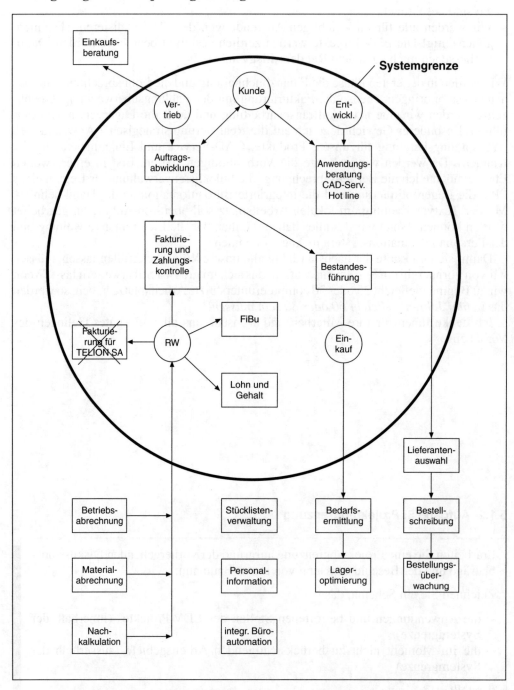

5.5.1 *Projektabgrenzung in der Phase Grobkonzept. (Die Dienstleistung für TELION SA entfällt im Sinne des Business Process Reengineerings)*

### 5.1.3 Organisatorisches

Nachdem die Aufgabenstellung abgegrenzt worden war und sich die Geschäftsleitung für das im Vorstudienbericht vorgeschlagene Vorgehen entschieden hatte, wurden die Arbeiten auf fünf Wegen fortgesetzt:

1. Organisatorische Änderungen und neuer Informationsfluss (neues Formularwesen),
2. Rechnungswesen und Lohn: Ersatz der alten Lösung,
3. Automatisierung der Auftragsabwicklung und der Lagerverwaltung,
4. Analyse strategischer Anwendungen,
5. Einstellung der Dienstleistung an die Telion SA.

Die Projektorganisation für die neue Phase wurde aufgestellt (siehe Abb. 5.5.2).

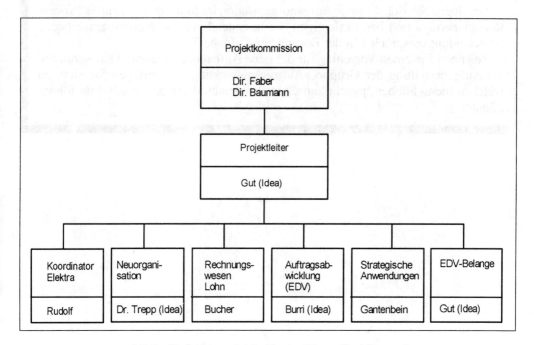

*5.5.2   Projektorganisation in der Phase Grobkonzept*

Mit dem ersten Teilprojekt wurde unverzüglich begonnen. Dabei hatten alle Instanzen der «Elektra AG» mitzuwirken, da alle von der Reorganisation betroffen waren. Den Mitarbeitern der Lagerverwaltung und fünf Einkäufern wurde mitgeteilt, dass sie binnen drei Monaten dem Vertrieb zugeteilt werden. Diese Mitteilung wurde von den Betroffenen misstrauisch aufgenommen und gab bei der ganzen Belegschaft Anlass zu Gerüchten. Deshalb beauftragte Herr Baumann die Idea, zusammen mit den Abteilungsleitern alle Mitarbeiter in Vertrieb, Einkauf und Verwaltung über die geplante Reorganisation zu orientieren.

Nach diesen Gesprächen legte sich die Aufregung und die Arbeiten der ersten Etappe wurden in Angriff genommen. Detaillierte Darstellungen der Umstrukturierung mit Organigrammen, Stellenbeschreibungen und Terminplänen wurden erarbeitet und von den Beteiligten und Betroffenen nach einigen Debatten gutgeheissen.

## 5.2 Während der Phase Grobkonzeption und Evaluation

### 5.2.1 Aufgabe 9: Reorganisation der Aufbauorganisation

Die Reorganisation der Auftragsabwicklung und die Erschliessung strategischer Anwendungen erfordern eine Änderung der Aufbauorganisation der «Elektra AG».

Überlegen Sie sich die neue Aufbauorganisation im Sinne des «Business Process Reengineering» und berücksichtigen Sie in erster Linie die Kernprozesse (siehe Entscheidungsgespräch 1 in der Lösung zur Aufgabe 7).

Zeichnen Sie einen Vorschlag für die neue Aufbauorganisation. Definieren Sie die Aufgabestellung der Gruppe «Auftragsabwicklung». Überlegen Sie sich, zu welchen menschlichen, psychologischen Problemen diese Reorganisation führen könnte.

# Lösung Aufgabe 9: Reorganisation der Auftragsabwicklung

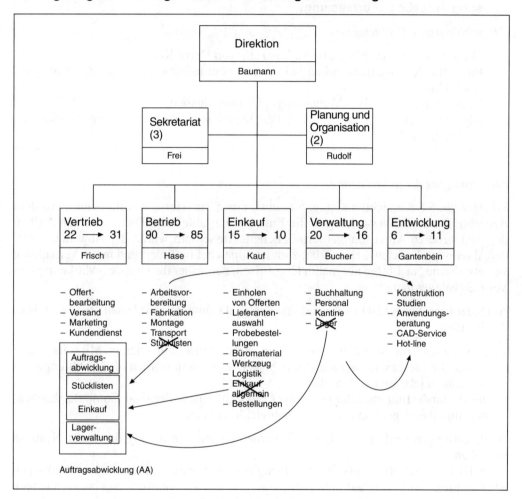

5.5.3   Neuorganisation der Elektra AG

*Aufgaben der Auftragsabwicklung (AA):*

- Beantworten von Kundenanfragen,
- Erstellen der Auftragsbestätigungen,
- Verantwortung für die Durchführung der Aufträge (materiell und terminlich),
- Lagerverwaltung,
- Erteilen von Bestellaufträgen an den Einkauf,
- Herstellungsaufträge an die AVOR,
- Verwalten und Nachführen der Stücklisten,
- Offertanfragen an Lieferanten,
- Führen von Bedarfsstatistiken für Artikel und Komponenten.

> **Lösung Aufgabe 9 (Fortsetzung)**
>
> *Psychologische Probleme:*
>
> – «Entmachtung» des Einkaufs, Verärgerung von Herrn Kauf,
> – Probleme der Zusammenarbeit bei der neu gegründeten Stelle für die Auftragsabwicklung,
> – Schwächung der Stelle «Verwaltung»: Unzufriedenheit,
> – allgemeine Angst vor der «neuen EDV», die mit so drastischen Umorganisationen eingeleitet wird.

*Ergänzung zur Aufgabenlösung:*

Wie in Abb. 5.5.3 ersichtlich ist, gab es auch einen Transfer von Mitarbeitern aus dem Betrieb und aus der Verwaltung in die Entwicklungsabteilung. Dies sollte den Aufbau der strategischen Anwendungen ermöglichen. Ausserdem wurde der Abteilungsleiter der Abteilung «Vertrieb», Herr Trüb, zum Personalchef befördert und in die Verwaltung versetzt. Seine Nachfolge übernahm Herr Frisch, der bisher die Gruppe «Marketing» im Vertrieb geleitet hatte.

Auch der Einsatz der bisher verwendeten Personal Computer wurde neu überdacht. Hier das Resultat:

– Ein Personal Computer geht vom Einkauf in die Auftragsabwicklung. Mit seiner Hilfe werden die Lieferanten verwaltet wie bisher, ausserdem werden die Bestellungen an Lieferanten jetzt hier geschrieben.
– Die Bestandesführung aller drei Lager wird auf einem Personal Computer konzentriert und dieser geht an die Auftragsabwicklung über.

Beide Lösungen sind provisorisch, sie werden bis zur Einführung des neuen Systems betrieben.

Im Hinblick auf «Business Process Reengineering» wäre es sinnvoll, die Abteilungen «Verwaltung» und «Einkauf» zusammenzulegen. Die Geschäftsleitung hat sich jedoch dagegen ausgesprochen, da sie es vorzieht, evolutionär und nicht radikal vorzugehen.

## 5.2.2 Aufgabe 10: Reaktionszeit bei Kundenbestellungen (nach der Reorganisation)

Nach der Reorganisation der Auftragsabwicklung und einer Umverteilung der Aufgaben wird die Reaktionszeit auf Kundenbestellungen drastisch gesenkt.

Skizzieren Sie auf dem gleichen Zeitraster wie in Aufgabe 5 den Ablauf der neuen Auftragsabwicklung.

Jetzt beteiligen sich folgende Stellen an diesem Informationsfluss:

| | | |
|---|---|---|
| – Kunde | | – K |
| – Auftragsabwicklung bestehend aus: | – Offertbearbeitung | – AA |
| | – Lagerverwaltung | |
| | – Einkauf | |
| | – Stücklistenverwaltung | |
| – Lieferant | | – Li |
| – AVOR | | – A |

Auch in diesem Fall gibt es vier Möglichkeiten:

Ⓐ Fremd- und Eigenartikel vorhanden

Ⓑ Fremdartikel nicht vorhanden

Ⓒ Eigenartikel nicht vorhanden, aber Fremdkomponenten für deren Herstellung vorhanden

Ⓓ Eigenartikel nicht vorhanden und Fremdkomponenten für deren Herstellung nicht vorhanden

Der Einfachheit halber gehen Sie davon aus, dass jede Anfrage resp. Antwort *eine Zeiteinheit* erfordert.

Wie gross ist die Wartezeit pro Fall, wenn jede Anfrage resp. Antwort eine Zeiteinheit dauert?

Verwenden Sie den Zeitraster auf der nächsten Seite. (Hinweis: Lösen Sie diese Aufgabe in Verbindung mit Aufgabe 11).

Teil V: Fallstudie «Elektra»

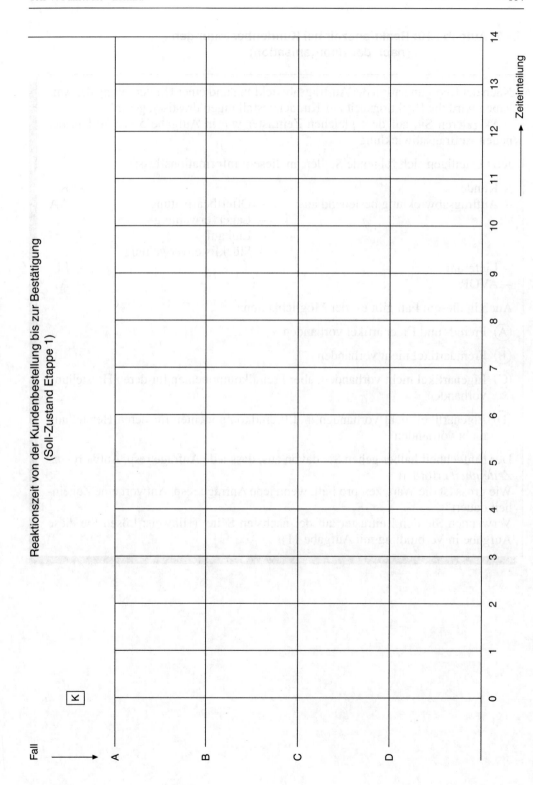

## 5. Phase: Grobkonzeption und Evaluation

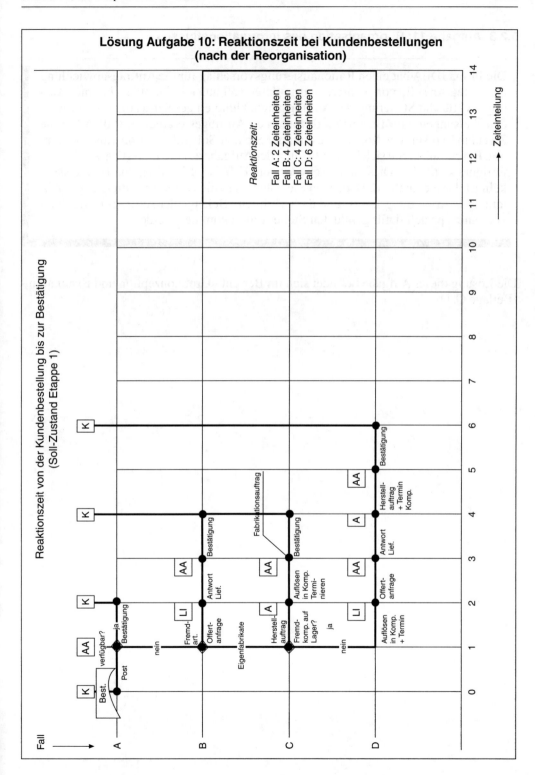

## 5.2.3 Aufgabe 11: Reorganisation des Informationsflusses

> Die Firma IDEA hat einen Rationalisierungsvorschlag für die Auftragsabwicklung erarbeitet. Anstelle von mehreren Formularen soll nun *ein* Formular (interner Auftrag IA) für die Steuerung der Auftragsabwicklung eingesetzt werden. Dazu wurden Weisungen zum Belegfluss des internen Auftrages erarbeitet. Prüfen Sie die Zweckmässigkeit des Vorschlages, indem Sie den Soll-Informationsfluss skizzieren. Beschränken Sie sich bei der Lösung der Aufgabe auf die Lieferung von Eigenfertigungsartikeln. (Dies ist der schwierigere Fall. Die Lieferung von Handelsartikeln ist darin enthalten.) Bedenken Sie dabei, dass die Lagerverwaltung in die Abteilung Vertrieb integriert ist und dass sämtliche Belange der Auftragsabwicklung von einer speziell dafür gebildeten Stelle wahrgenommen werden.

Die Lösung dieser Aufgabe befindet sich im Bericht «Grobkonzeption und Evaluation» (Beilage G.1).

## 5. Phase: Grobkonzeption und Evaluation

| INTERNER AUFTRAG | | | | LAUFWEGE | | | | | | | | | | |
|---|---|---|---|---|---|---|---|---|---|---|---|---|---|---|
| Kunde: | wenn eine Eigenfertigung ausgeführt werden muss | | | ohne Eigenfertigung | | | | | | | | | | |
| Best.-Nr.: | z.Hd. Avor | Terminierung | Fortschritt | Fortschritt | Lieferschein | | | | | | | | | |
| Best.-Datum: | ☐ Avor | ☐ Avor<br>☐ Auftrags-<br>abwicklung | ☐ Avor<br>☐ Fabrik<br>☐ Avor | ☐ Versand<br>☐ Fakturierung<br>☐ Auftragsabw. | ☐ Versand<br>☐ Kunde | | | | | | | | | |
| | 1 | | 2 | 3 | 4 | | | | | | | | | |
| | Lieferant | | | Verpackung | B = bestellt<br>F = zu fertigen | | | | | | | | | |
| Art.-Nr. | Firma | Art.-Nr. | Einheit | Preis pro Einheit | Dim. | g | Anz. | Termine | B<br>F | | | | | |
| Menge / Bezeichnung | | | | | | | | | | | | | | |
| | | | | | | | | | | | | | | |
| | | | | | | | | | | | | | | |
| | | | | | | | | | | | | | | |
| | | | | | | | | | | | | | | |
| | | | | | | | | | | | | | | |
| | | | | | | | | | | | | | | |
| | | | | | | | | | | | | | | |
| | | | | | | | | | | | | | | |

## Weisungen zum «Internen Auftrag» (IA)

Der Interne Auftrag (IA) ersetzt die Formulare «Verfügbarkeitsanfrage», «Neigemeldung», «Beschaffungsauftrag» und «Fabrikationsauftrag». Der IA wird mit der Reorganisation der Auftragsabwicklung am 1. August eingeführt. In der ersten Etappe der Neuorganisation wird der IA vom Personal Computer der Auftragsabwicklung als Formular auf Papier gedruckt. Mit der Einführung des neuen EDV-Systems wird der IA zu einer Bildschirmmaske der integrierten Verarbeitung.

### Arbeitsablauf und Informationsfluss:

*Stelle Auftragsbearbeitung (AA):*
- Trifft eine Bestellung vom *Kunden* in der Stelle AA ein, so notiert sie wie bisher Bestellnummer, Kundennummer, Lieferbedingungen, Zahlungsbedingungen und Rabatt auf der Bestellung. Diese bleibt beim Mitarbeiter «Versand».
- Dann erstellt die AA einen *Internen Auftrag IA*. Alle Artikel und Komponenten werden auf dem IA notiert.
- Sind alle Handelsartikel verfügbar?
  *JA:* Der IA geht mit entsprechendem Vermerk an den Mitarbeiter «Versand».
  *NEIN:* Die AA erstellt eine Kopie des IA und verlangt mit ihr vom Einkauf die Bestellung des fehlenden Artikels. Sobald der Liefertermin bekannt ist, notiert sie diesen auf dem IA und übergibt ihn dem Mitarbeiter «Versand».
- Sind alle Eigenfertigungsartikel verfügbar?
  *JA:* Der IA geht mit entsprechendem Vermerk an den Mitarbeiter «Versand».
  *NEIN:* Falls Komponenten für die Fabrikation fehlen, erstellt die AA eine Kopie des IA und verlangt mit ihr vom Einkauf die Bestellung der fehlenden Komponenten. Sobald der Liefertermin bekannt ist oder wenn alle Komponenten ohnehin im Lager vorhanden sind, geht der IA zum Mitarbeiter «Versand», eine Kopie des IA geht an die Avor.

*Stelle Arbeitsvorbereitung (Avor):*
- Sie trägt die Fabrikationstermine auf dem IA ein, erstellt zwei Kopien und schickt das Original des IA an die AA zurück.
- Eine Kopie des IA geht als *Fabrikationsauftrag* mit zusätzlichen Unterlagen zur gegebenen Zeit an die Fabrikation. Diese Kopie dient auch als Bezugschein für die Komponenten.
- Die zweite Kopie des IA wird im Archiv abgelegt.

*Stelle Auftragsabwicklung (AA):*
- Hat die AA Kenntnis aller Termine, schickt sie die Auftragsbestätigung an den Kunden.

*Fabrikation:*
- Sie produziert aufgrund des IA (Fabrikationsauftrag) und schickt nach Fertigstellung den IA mit einem entsprechenden Vermerk an die Avor zurück, die ihn an AA weiterleitet.

*Stelle Auftragsabwicklung (AA):*
- Der Mitarbeiter «Versand» erstellt eine Kopie als Auszug des IA als Lieferschein und schickt diesen mit der Ware an den *Kunden*.
- Danach geht der IA mit einer Kopie der Bestellung an die *Buchhaltung*, diese fakturiert und schickt den IA mit einem Vermerk an die AA zurück.

## 5. Phase: Grobkonzeption und Evaluation

| INFORMATIONSFLUSS SOLL | | | | |
|---|---|---|---|---|
| KUNDE | AUFTRAGSABWICKLUNG | AVOR | FABRIK | BUCHHALTUNG |
| | | | | |

## 5.2.4 Aufgabe 12: Evaluation (grob)

Zur Evaluation wurde Herr Ratgeb von der zentralen EDV-Planung der CIL beigezogen. Ein Extrakt aus dem Pflichtenheft zeigte, dass unter anderem folgende Anforderungen gestellt wurden:

- Als Architektur kommt nur eine Client-/Server-Lösung in Frage. Die Speicherkapazität der Netz- und Datenbankserver ist so auszulegen, dass alle kurz- und mittelfristig geplanten Anwendungen verwirklicht werden können.
- Zunächst sollen folgende Geräte eingesetzt werden:
  - 1 Schnelldrucker zentral,
  - 33 Work Stations (davon 9 im Vertrieb, 2 im Betrieb, 2 im Einkauf, 7 in der Verwaltung, 6 in der Entwicklung, 5 in der Direktion und in den Stabsabteilungen, 2 im Netzbetrieb)
  - 11 Drucker Typ A (Laserdrucker oder Tintenstrahldrucker),
  - 7 Drucker Typ B (Matrixdrucker),
  - 1 Verbindungsrechner (Gateway) zur Datenfernübertragung.
- Ausbaumöglichkeit bis zum dreifachen Peripheriebedarf.
- Die Antwortzeiten sollen in 95% der Anfragen 1 Sekunde, bei Spitzenlast 3 Sekunden nicht überschreiten.
- Die Work Stations sollen hohen Bedienungskomfort bieten.
- Als Betriebssysteme werden UNIX für die integrierten Anwendungen und MS-DOS für die Work Stations gewünscht.
- Die Anwendungssoftware sollte erprobt, für Client-/Server-Systeme konzipiert und vom Hardwarehersteller als Generalunternehmer mit angeboten werden.

Es wurden Angebote von neun Herstellern evaluiert:

Intelec AG, DAC, Teldat Corp., Processing SA, Multidata AG, QUACOMP, Robotag, Progress AG, Luftcomp Inc.

Die Kriterien des Vorfilters waren:

- geschäftspolitische Aspekte,
- maximale Hardwarekosten Fr. 300 000.–,
- Client-/Server-Architektur mit Unix und MS-DOS,
- Generalunternehmer für erprobte Anwendersoftware.

Von den verbleibenden Anbietern nach der Vorevaluation wurden detailliertere Unterlagen angefordert. Die Anforderungen der Grobevaluation waren:

- garantierte Antwortzeiten,
- Ausbaumöglichkeiten,
- Liefertermin: Herbst,
- komfortable Work Stations,
- leistungsfähiges Servicenetz mit Wartungsgarantie,
- Anbieter seit mindestens fünf Jahren in der Branche.

## Aufgabe 12 (Fortsetzung)

Die untenstehende Tabelle enthält Angaben der neun Anbieter zu den Kriterien des Vorfilters und des Grobfilters. Welche Hersteller bleiben für die Detailevaluation noch übrig?

| | Ausscheidekriterien \ Hersteller | INTELEC AG | DAC | TELDAT CORP. | PROCESSING SA | MULTIDATA AG | QUACOMP | ROBOT AG | PROGRESS AG | LUFTCOMP INC. |
|---|---|---|---|---|---|---|---|---|---|---|
| Vorfilter | Geschäftspolitische Gründe | ok | abzulehnen | ok | ok | ok | ok | ok | ok | ok |
| Vorfilter | Hardware max. Fr. 300 K | 290 | 250 | 300 | 270 | 220 | 450 | 280 | 270 | 400 |
| Vorfilter | Betr. System Client/Server | ja | ja | ja | nein | ja | ja | ja | ja | ja |
| Vorfilter | Anwend.-SW. General-Unternehmen | ok | nicht vorhand. | ok | nicht vorhand. | nicht vorhand. | ? | ok | ok | ok |
| Grobfilter | garantiert. Antwortzeiten | ja | | ja | | | | nein | ja | |
| Grobfilter | Ausbau möglich | ja | | ja | | | | nein | ja | |
| Grobfilter | Termin: Herbst | ok | | ok | | | | ok | ok | |
| Grobfilter | Qualität Work Stations | gut | | sehr gut | | | | mittel | gut | |
| Grobfilter | Service, Wartungsgarantie | sehr gut | | gut | | | | genügend | gut | |
| Grobfilter | mind. 5 Jahre in der Branche | 8 J. | | 8 J. | | | | 8 J. | 12 J. | |

Die Lösung der Aufgabe befindert sich im Bericht «Grobkonzeption und Evaluation» in Beilage G.5.

## 5.2.5 Aufgabe 13: Detailevaluation

In der Regel ist die Detailevaluation die Angelegenheit von EDV-Fachleuten. Der Auftraggeber sollte das nötige Verständnis für ihr Verfahren mitbringen, um bei der Gewichtung der Zielsetzung mitreden zu können und um den Evaluationsprozess als solchen zu verstehen.

Versuchen Sie, die folgenden Kriterien – die einen Ausschnitt aus einem Anforderungskatalog darstellen – in einen «Zielbaum» einzuordnen:

- Hardware (20)
- Referenzen
- Frequenz des Kundendienstes
- Vorbeugende Wartung
- Software
- Datenbank-Server
- Peripherie (60)
- Zahlungsbedingungen
- Betriebssoftware
- Leistungsgarantien
- Novell
- Druckerleistung (80)
- Server-Technologie
- Speichervolumen
- Drucker (30)
- Zugriffszeit Datenbank-Server
- Grösse der Lieferfirma
- Finanzielle Lage
- Kundendienst
- Einzelformularzufuhr
- Lagerpaket
- Anwendersoftware
- Btx
- Netzbetriebssystem
- Rücktrittsrecht
- Tageszeit der vorbeugenden Wartung
- Vertragsbedingungen

Bei vier Kriterien sind in Klammern *prozentuale* Gewichtszahlen angegeben. Berechnen Sie das Gewicht des operativen Zielkriteriums: *Druckerleistung*.

5. Phase: Grobkonzeption und Evaluation

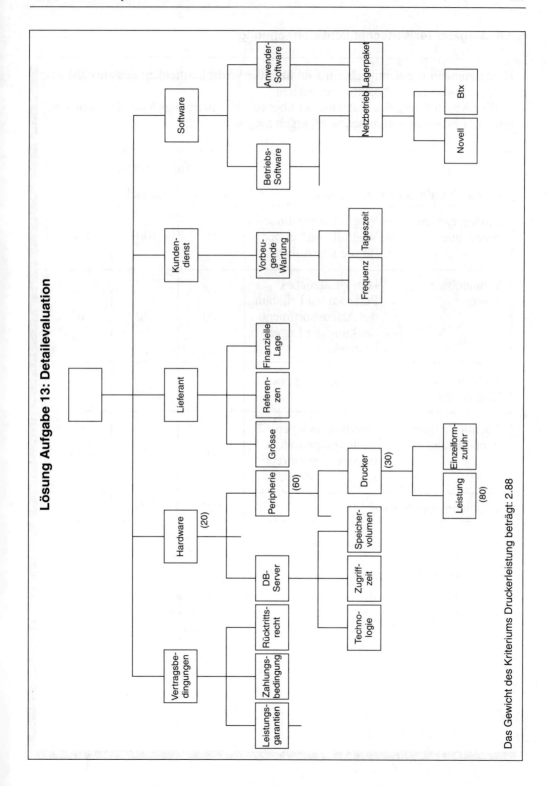

Das Gewicht des Kriteriums Druckerleistung beträgt: 2.88

## 5.2.6 Aufgabe 14: Wirtschaftlichkeitsrechnung

Herr Baumann versucht, sich ein Bild über die Wirtschaftlichkeit des zur Diskussion stehenden EDV-Projektes zu machen.

Eine Abschätzung des Nutzens, der über die Abschreibungsdauer von fünf Jahren als konstant angenommen wird, ergab folgendes Bild:

| Durchschnittlicher Nutzen (quant.) | | (in Fr. 1000.–) | | |
|---|---|---|---|---|
| | | pessim. | wahrsch. | optim. |
| Direkte Kosteneinsparung | – Wegfall Überstunden<br>– Wegfall von Service für die alte Anlage | 50 | 100 | 120 |
| Vermeidbare Kosten: | – kein zusätzliches Personal bei Erhöhung des Artikelsortiments<br>– Senkung der Lagerbestände | 20 | 30 | 60 |
| Erhöhung der Einnahmen: | – Vergrösserung des Umsatzes | 60 | 90 | 220 |
| Quantifizierbare Imponderabilien: | – Straffung des Verwaltungsapparates<br>– bessere Termintreue<br>– strateg. Anwendung | 20 | 80 | 240 |
| Total jährlicher Nutzen | | 150 | 300 | 640 |

Die Investitionen betragen:

   im pessimistischen Fall:                     Fr. 694 000.–
   im wahrscheinlichen Fall:               Fr. 623 000.–
   im optimistischen Fall:                   Fr. 589 000.–

**Aufgabe 14 (Fortsetzung)**

Der jährliche Aufwand variiert:

|  | Kosten in Fr. 1000.– | | |
|---|---|---|---|
| Durchschnittlicher Aufwand | pessim. | wahrsch. | optim. |
| Jährliche Kosten | 109 | 91 | 82 |
| Kalkulatorische Zinsen | 17 | 16 | 15 |
| Subtotal | 126 | 107 | 97 |
| Jährliche Abschreibungen 1. bis 3. Jahr | 168 | 153 | 145 |
| Jährliche Abschreibungen 4. und 5. Jahr | 95 | 82 | 77 |
| Total jährliche Kosten 1. bis 3. Jahr | 276 | 260 | 251 |
| Total jährliche Kosten 4. und 5. Jahr | 203 | 189 | 183 |

Somit entsteht folgender Geldfluss:

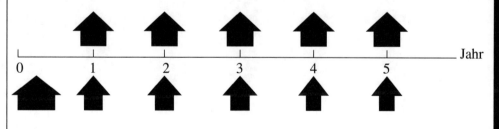

jährlicher Nutzen Fr. 300 000.–

Investition Fr. 623 000.–

jährlicher Aufwand Fr. 260 000.–

Fr. 189 000.–

Ab dem 4. Jahr ergibt sich eine erhöhte Wirtschaftlichkeit dadurch, dass die Software auf drei Jahre abgeschrieben wurde.

## Aufgabe 14 (Fortsetzung)

Berechnen Sie
- den Return On Investment (ROI)
- die Payback-Periode

des Projektes.

Überlegen Sie sich, wie Sie die Grössen

- Barwert und
- Interner Zinsfuss

berechnen würden.
 Versuchen Sie, die Werte abzuschätzen.
 Die Lösung der Aufgabe ist im Bericht «Grobkonzeption und Evaluation» Beilage G.11 zu finden.

## 5.2.7 Bericht «Grobkonzeption und Evaluation»

Der Bericht wird im folgenden auszugsweise wiedergegeben. Der Beilagenteil ist besonders zu beachten; er enthält wesentliche Ergebnisse der Planungs- und Konzeptionsarbeit.

| IDEA | Grobkonzeption und Evaluation: EDV-2002 | ELEKTRA AG<br>Bericht<br>Seite: 1 |
|---|---|---|

```
Inhaltsverzeichnis:

 1. Zusammenfassung
 2. Einleitung
 3. Ziel und Zweck
 4. Reorganisationsvorschlag
 5. Etappe 1: Organisatorische Änderungen
    5.1  Auftragsabwicklung
    5.2  Lagerzentralisation und -bewirtschaftung
    5.3  Neue Dienstleistungen
 6. Etappe 2: Einsatz des neuen EDV-Systems
 7. Das Pflichtenheft
 8. Kurzbeschreibung des Gesamtkonzeptes
    8.1  Datenmodell
    8.2  Funktionenmodell
    8.3  Funktionsabläufe
 9. Verlauf der Ausschreibung, Evaluationsverfahren
10. Beschreibung der ausgewählten Anlage
11. Kosten, Nutzen, Wirtschaftlichkeit
12. Terminplan
13. Empfehlung und Antrag
    Beilagen


Verteiler:

CIL:         HH. Dir. Boss, Dir. Faber
Elektra AG:  HH. Dir. Baumann, Allstein, Arbenz, Frisch, Dr. Gantenbein,
             Hase, Kauf, Rudolf, Trüb


Bearbeitet durch:

Elektra AG:  Bucher, Rudolf, Dr. Gantenbein
Idea:        Burri, Gut, Dr. Trepp


Zürich, 1. Juni.
```

| **IDEA** | Grobkonzeption und Evaluation: EDV-2002 | **ELEKTRA AG**<br>**Bericht**<br>Seite: 2 |
|---|---|---|

1. Zusammenfassung

   Der vorliegende Bericht ist das Ergebnis der Studie für die Grobkonzeption. Er enthält konkrete Lösungsvorschläge, die in zwei Etappen durchgeführt werden können:
   - Reorganisation der Auftragsabwicklung als Voraussetzung für eine neue, integrierte EDV-Lösung,
   - Einsatz eines neuen EDV-Systems für das Rechnungswesen, die Lohnabrechnung, die Auftragsabwicklung, die Lager-Bestandesführung und für die Erschliessung neuer Dienstleistungen als strategische Anwendungsgebiete.

   Aufgrund dieses Berichtes sind drei Entscheidungen zu fällen:
   - Durchführung der Reorganisation (Etappe 1),
   - Entscheid für den Einsatz eines neuen EDV-Systems Typ TELDAT 341/52 unter Vorbehalt positiver Vertragsverhandlungen,
   - Freigabe der Detailkonzeption mit Realisierung der Etappe 2.

   Die Entscheidungen haben Investitionen von Fr. 623 000.- im Verlauf eines Jahres zur Folge. Sie werden innerhalb von 3,2 Jahren amortisiert, was einer internen Verzinsung von $16^1/_2\%$ entspricht.

   Die Durchlaufzeit vom Zeitpunkt des Entscheides bis zur Inbetriebnahme des neuen Systems, also für die Phasen «Vertragsverhandlungen», «Detailkonzeption», «Realisierung» und «Einführung» wird 12 Monate betragen. Das neue System könnte somit am 1. Juli des nächsten Jahres produktiv eingesetzt werden.

2. Einleitung

   Der Bericht basiert auf der Vorstudie und auf dem Projektauftrag vom 15. Februar. Er setzt die Kenntnis der Vorstudie voraus, insbesondere der Situationsanalyse und der Definitionen. ...

3. Ziel und Zweck

   Mit dem vorgeschlagenen Lösungskonzept können folgende Ziele erreicht werden:
   - wesentlich beschleunigte Auftragsabwicklung,
   - reduzierte Lagerbestände bei grösserer Lieferbereitschaft,
   - vereinfachte Administration mit besseren Hilfsmitteln,
   - neuartige Dienstleistungen zur Besserstellung im Wettbewerb.

   Daraus resultiert folgender Nutzen:
   - Rationalisierung durch Wegfall von Engpässen und Überstunden,
   - Vergrösserung des Umsatzes durch schnellere Auftragsabwicklung, grössere Lieferbereitschaft, bessere Termintreue und neuartigen Service,
   - verminderte Lagerkosten,

| IDEA | Grobkonzeption und Evaluation: EDV-2002 | ELEKTRA AG<br>Bericht<br>Seite: 3 |
|---|---|---|

- verbesserte Ablauforganisation (Prozessorientierung) und Wegfall unwirtschaftlicher Dienstleistungen im Sinne des «Business Process Reengineering»,
- bessere Arbeitsbedingungen und Zufriedenheit des Personals.

4. Reorganisationsvorschlag

   Die geplante Reorganisation wird alle Abteilungen des Unternehmens berühren. Sie ist geprägt von zwei Vorhaben: erstens von der <u>Neuordnung der Auftragsabwicklung</u>, zweitens von der Einführung neuer <u>Dienstleistungen für die Kunden («strategische Anwendungen»)</u>. Die Reorganisation soll in zwei Etappen erfolgen:
   - *Etappe 1:* Änderungen in der Aufbau- und Ablauforganisation sowie Einführung eines vereinfachten Formularwesens.
   - *Etappe 2:* Einsatz des neuen, integrierten EDV-Systems.

5. Etappe 1: Organisatorische Änderungen

5.1 Auftragsabwicklung

   Die Auftragsabwicklung soll wie folgt organisiert werden:
   - Der Vertrieb ist für die geordnete Abwicklung aller Bestellungen zuständig. Das hat zur Folge, dass 5 Mitarbeiter aus dem Einkauf, 2 Personen aus der Avor und 3 Lagerverwalter aus der Vewaltung in die Abteilung «Vertrieb» versetzt werden.[1]
   - Die Dateien der drei Lager werden in einer Datenbank eines Personal Computers vereint. Dieser geht an den Vertrieb über, wo die erwähnte Datenbank auch verwaltet wird.
   - Die Lieferantendatei geht mit ihrem Personal Computer vom Einkauf in den Vertrieb.
   - Die Stücklistenkartei geht von der Avor in den Vertrieb.
   - Die Avor bleibt berechtigt, Komponenten für Eigenfertigungsartikel zu reservieren und in der Lagerkartei vermerken zu lassen...
   
   Aus diesen Vorschlägen resultiert ein Informationsfluss, wie er in der Beilage G.1 «Auftragsabwicklung Informationsfluss Soll» dargestellt ist. Vorläufig wird die neue organisatorische Lösung noch mit den alten Hilfsmitteln (Karteien, Personal Computer, Formulare auf Papier: «Interner Auftrag IA») durchgeführt. Dabei sollen mögliche Verbesserungen in der Ablauforganisation aufgespürt und eingerichtet werden.

5.2 Lagerzentralisation und -bewirtschaftung

   Die Zentralisation der drei Lager wird mit der oben zitierten Zusammenlegung der Lagerdateien begonnen. Sie wird weiter von einem separaten

---

[1] siehe auch Aufgabe Nr. 9 mit Lösung und Bild 5.5.3.

| IDEA | Grobkonzeption und Evaluation: EDV-2002 | ELEKTRA AG<br>Bericht<br>Seite: 4 |
|---|---|---|

Ausschuss untersucht. Die Schlussfolgerungen dieser Untersuchungen werden die EDV-Lösungen beeinflussen, und zwar hinsichtlich der benötigten Datenstationen und der Belastung des Datenbankrechners.
...
...

### 5.3 Neue Dienstleistungen

Obwohl die neuen, wettbewerbsorientierten Dienstleistungen[2] erst mit der Installation des neuen EDV-Systems wirksam werden können, müssen die organisatorischen Vorbereitungen schnell an die Hand genommen werden. Sie haben auch personelle Konsequenzen. Deshalb wird folgendes vorgeschlagen:

a) Mit den Vorbereitungen und der Durchführung der neuen Dienstleistungen wird die Abteilung «Entwicklung» beauftragt.

b) Die gegenwärtigen Aufgaben dieser Abteilung bleiben daneben unverändert erhalten.

c) Die neuen Dienstleistungen basieren auf dem Einsatz des neuen EDV-Systems. Sie umfassen folgende Dienste für die Kunden:

- *Entwurfsberatung:* Die «Elektra AG» stellt ihren Kunden Erfahrungen und Methoden für den Entwurf von Eigenfabrikaten basierend auf Komponenten und Handelsartikeln der «Elektra AG» zur Verfügung. Die «Elektra AG» fertigt Prototypen nach den Anforderungen der Kunden an.
- *CAD-Service:* Die «Elektra AG» unterstützt ihre Kunden beim Einsatz von CAD und stellt ihnen ihr CAD-System im Service zur Verfügung.
- *Hot-line zur schnellen Beratung:* Die «Elektra AG» richtet einen Hot-line-Beratungsdienst ein, den ihre Kunden via Telefon, Telefax oder Swissnet in Anspruch nehmen können. Dieser Dienst wird über die normalen Bürozeiten hinaus angeboten.

d) Das Personal und die technischen Hilfsmittel der Abteilung «Entwicklung» werden verstärkt wie folgt:

- *Personal:* Zur Unterstützung im administrativen Bereich werden zwei Mitarbeiter aus der Verwaltung, zur Unterstützung in der technologischen Beratung drei Mitarbeiter aus dem Betrieb (Fabrikation) in die Abt. «Entwicklung» versetzt.
- *Hilfsmittel:* Am 1. Juli wird der Personal Computer der Verwaltung im Auslieferungslager, der dort nicht mehr benötigt wird, der «Entwicklung» übergeben. Mit seiner Hilfe soll die Administration der strategischen Anwendungen vorbereitet werden. Die CAD-Anlage der Abteilung wird erweitert und beschleunigt. Bei der Einführung des neuen EDV-Systems erhält die «Entwicklung»: 6 Work Stations und 2 Drucker. Die Work Stations sind am Datennetz angeschlossen und gestatten die Verbindung mit dem Swissnet zur CIL und zu den Kunden.

---

[2] siehe auch Kapitel IV/4: «Strategischer Einsatz der Informatik».

| IDEA | Grobkonzeption und Evaluation: EDV-2002 | ELEKTRA AG<br>Bericht<br>Seite: 5 |
|---|---|---|

e) Herr Dr. Gantenbein (Leiter «Entwicklung») wird bis 1. Juli die Durchführung der obigen Aufgabenstellung im Detail planen, insbesondere die Ablauforganisation für die genannten Funktionen ausarbeiten und Entwürfe für daraus folgende Stellenbeschreibungen und interne Weisungen der Direktion vorlegen.

...
...

6. Etappe 2: Einsatz des neuen EDV-Systems

In der zweiten Etappe wird das neue EDV-System eingeführt. Dann kommen die organisatorischen Änderungen der Etappe 1 voll zur Wirkung, d.h. sie erzielen den geplanten Nutzen. Gemäss dem hier vorgeschlagenen Lösungskonzept werden zunächst folgende Einsatzgebiete erschlossen:

- Auftragsabwicklung,
- Lager: Bestandesführung,
- Rechnungswesen: Finanzbuchhaltung, Lohnabrechnung, Fakturierung und Zahlungskontrolle,
- neue Dienstleistungen: computerunterstützte Anwendungsberatung, Hotline-Beratung, CAD-Service.

Mit diesen Arbeitsgebieten setzt sich der vorliegende Bericht im wesentlichen auseinander.

Weitere Anwendungen im Rechnungswesen (Betriebsabrechnung, Materialabrechnung, Nachkalkulation, Kreditoren), in der Lagerbewirtschaftung, in der Fabrikation und bei den neuen Dienstleistungen («Einkaufsberatung») sollen erst nach der Realisierung der ersten Einsatzgebiete untersucht und allenfalls eingeführt werden. Die Ausbaumöglichkeiten des vorgeschlagenen, neuen EDV-Systems lassen dieses Vorgehen zu.

In dieser Etappe wird auch die Fakturierung als <u>Dienstleistung</u> für die Telion SA (Yverdon) <u>eingestellt</u> und mit unserer Unterstützung auf die eigene EDV-Anlage der Telion SA übernommen.

7. Das Pflichtenheft

Die Ausschreibung wurde mit der Erstellung eines Pflichtenheftes[3] eingeleitet. Dieses wurde entsprechend dem folgenden Raster ausgearbeitet:

- *Das Unternehmen «Elektra AG»* und der Konzern CIL: Art und Grösse, Branche, Geschäftsform, Produkte, Personal, Umsatz, Kunden, Lieferanten, Konkurrenz, Stellung im Markt, Probleme.
- *Situationsanalyse:* Materialfluss, Informationsfluss, Fachpersonal, Arbeitsgebiete, EDV heute, Datenbestände, Mengen und Häufigkeiten, Stärken und Schwächen, Gründe für die Neuorganisation.
- *Aufgabenstellung:* Ziele des EDV-Einsatzes (sachliche, EDV-politische, personelle, Kostenziele), Arbeitsgebiete (Systemabgrenzung), Soll-

---
[3] siehe auch Kapitel III/3: «Das Pflichtenheft».

| IDEA | Grobkonzeption und Evaluation: EDV-2002 | ELEKTRA AG<br>Bericht<br>Seite: 6 |
|---|---|---|

konzepte, Lösungsmöglichkeiten, gewünschte Systemarchitektur, gewünschte EDV-Konfiguration. Spezialwünsche: garantierte Antwortzeiten, garantierte Ausbaumöglichkeiten, weitere Einsatzmöglichkeiten in der Zukunft (Büroautomation, PPS).

- *Sicherheitsanforderungen.*
- *Allgemeine Anforderungen:* Standard-Anwendungs-Software, Anbieter als Generalunternehmer, Schulung, Unterstützung, Wartung, Garantien.
- *Fragenkatalog:* Hardware, Software, Unterstützung, Datenübernahme, Kosten, Vertragsbedingungen (Generalunternehmer?), Termine, Firmenbeschreibung des Anbieters.
- *Administratives:* Form der Offerte, Referenzanlagen, Beschreibung des Evaluationsverfahrens.

Das Pflichtenheft wurde am 1. April zwölf Herstellern zugestellt.

8. Kurzbeschreibung des Gesamtkonzeptes

Das neue EDV-System soll zunächst nur für einen Teil der geplanten Einsatzgebiete in Betrieb genommen werden. Dies ist oben im Abschnitt 6 beschrieben. Grundsätzlich wird das System auf zweierlei Art benützt werden:

- *Arbeiten im Dialog:* Sachbearbeitung (z.B.: Bestellerfassung, Erstellen «Interner Auftrag», Verbuchungen), Ändern von Daten, Bestandesführungen etc.
- *Batchverarbeitungen:* Massenverarbeitungen, meist Druckarbeiten während der Nacht, wie: Fakturierung, Lohnabrechnung, Inventarlisten, Statistiken. Dazu gehören auch Verwaltungsarbeiten für das System selbst (Sicherstellungen).

8.1 Datenmodell

Die Datenbestände werden in einer relationalen Datenbank[4] gespeichert. Diese muss so ausgebildet sein, dass alle Anwendungen sowohl der ersten als auch der weiteren Ausbaustufen des Systems integriert werden können. Ist für jede einzelne Anwendung in der Standard-Anwendungs-Software eine eigene Datenbank vorgesehen, müssen Schnittstellen und Programme zur Verbindung vorhanden sein.

Da die «Elektra AG» nur Standard-Anwendungs-Software einsetzen will, hat sie auch die Datenbank dieser Software zu verwenden. Es erübrigt sich deshalb hier ein detaillierter Datenbankentwurf als Vorgabe.

Um jedoch die Angaben der Anbieter bezüglich der Speichergrössen und Zugriffszeiten überprüfen zu können, wurden für die einzelnen Fachgebiete provisorische Datenmodelle entworfen. In <u>Beilage G.2</u> ist beispielhaft ein Datenmodell für die Auftragsabwicklung dargestellt.

---

[4] siehe auch Kapitel I/4.3: «Datenbank» und III/10.2.2 «Datenbestände».

| IDEA | Grobkonzeption und Evaluation: EDV-2002 | ELEKTRA AG<br>Bericht<br>Seite: 7 |
|---|---|---|

### 8.2 Funktionenmodell[5]

Auch an dieser Stelle kann nur ein Vorschlag mit Beispielcharakter angegeben werden, da die einzelnen Funktionen und Funktionsabläufe von der Standard-Anwendungs-Software festgelegt werden. Insbesondere bestimmt diese, wie die Funktionen in Programme/Prozeduren aufgeteilt oder zusammengefasst werden. Die folgende Liste diene der Übersicht:

- *Funktionen im Rechnungswesen:*
  - ...
  - ...
- *Funktionen der Lohnabrechnung:*
  - ...
  - ...
- *Funktionen der Auftragsabwicklung:*
  (siehe Beilage G.3 «Funktionsmodell»)
  - *Dialogarbeiten:* Kunden-Neuaufnahme, Kunden-Änderung, Kunden-Löschung, Kunden-Anzeige, Bestellungserfassung («Interner Auftrag IA»), Änderung IA, Anzeige IA, Druck der Auftragsbestätigung, Lieferscheindruck gemäss IA...
  - *Batcharbeiten:* Kundenliste, Artikel-Bewegungsliste, ABC-Analyse (Wert), ABC-Analyse (Artikelgruppe), Artikel je Kunde...
- *Funktionen Lager-Bestandesführung:*
  - ...
  - ...
- *Funktionen Anwendungsberatung:*
  - ...
  - ...

Dazu kommen alle Funktionen des Systemunterhalts und der Systemsicherung, die vom Bedienungspersonals des neuen Systems zusammen mit den Beratern des Lieferanten im Detail geplant werden müssen.

### 8.3 Funktionsabläufe

Die Funktionsabläufe der einzelnen Anwendungen werden im folgenden beschrieben (siehe auch Beilage G.4 der Funktionsabläufe für die Auftragsabwicklung).
...
...

### 9. Verlauf der Ausschreibung, Evaluationsverfahren[6]

Das Pflichtenheft wurde am 1. April an zwölf Hersteller versandt, von denen innerhalb der Abgabefrist (30. April) neun ein Angebot eingereicht haben.

---

[5] siehe auch Kapitel II/3.2.2.3 a) und b) «Tätigkeiten/Grobkonzept erarbeiten/Funktionen und Funktionsumfang/Funktionsabläufe».
[6] siehe auch Kapitel III/4 «Evaluation».

| IDEA | Grobkonzeption und Evaluation: EDV-2002 | ELEKTRA AG<br>Bericht<br>Seite: 8 |
|---|---|---|

Zunächst mussten fünf Anbieter ausgeschieden werden, da sie wesentliche Musskriterien nicht erfüllten: teils war ihre Hardware zu teuer (eine obere Grenze von Fr. 300 000.- durfte nicht überschritten werden), teils konnten sie keine geeignete Standard-Anwendungs-Software anbieten oder waren nicht bereit, die Verantwortung des Generalunternehmers zu übernehmen.

Nach diesem Vorfilter verblieben vier Anbieter: INTELEC AG, TELDAT CORP., ROBOT AG und PROGRESS AG. In einem weiteren Ausscheidungsgang, dem Grobfilter, musste die ROBOT AG ausgeschlossen werden. Sie war nicht bereit, Antwortzeiten und Ausbaumöglichkeiten zu garantieren und hatte auch nur wenig komfortable Work Stations angeboten.

Diese Vorausscheidung ist in Beilage G.5 dargestellt.

Für die verbliebenen drei Anbieter wurde die Evaluation gemäss der Nutzwert-Analyse durchgeführt. Details dazu sind in den Beilagen G.6 und G.7 festgehalten. Die Lieferanten boten folgende Anlagen an:

```
INTELEC AG:      INTELEC 505
TELDAT Corp.:    TELDAT 341/52
Progress AG:     PROGRESS III
```

Die wichtigsten Kennzahlen zeigt folgende Tabelle (Beträge in 1000 Fr.):

| angebotenes System<br>Kennwerte | INTELEC 505 | TELDAT 341/52 | PROGRESS III |
|---|---|---|---|
| Zielbewertung (Nutzenpunkte) | 701 | 859 | 656 |
| Investitionen:<br>Hardware, Netz, Standardsoftware [Fr.]<br>Einführung [Fr.] | 590<br>50 | 558<br>65 | 580<br>220 |
| Einmalige Kosten [Fr.] | 640 | 623 | 800 |
| Jährliche Kosten [Fr.]<br>Jährliche Abschreibungen und Zins [Fr.] | 120<br><br>144 | 91<br><br>169/98 | 90<br><br>180 |
| Kosten und Abschreibung jährl. [Fr.] | 264 | 260/189 | 270 |
| Nutzen, jährlich [Fr.] | 300 | 300 | 300 |
| Pay-Back [Jahre] | 3,9 | 3,2 | 4,2 |
| Barwert [Fr.] | 79 | 213 | 23 |
| Int. Zinsfuss [%] | 8,9 | 16,5 | 6,0 |

Das System TELDAT 341/52 ist also nicht nur die wirtschaftlichste Variante, sondern entspricht auch am besten den Zielvorstellungen der «Elektra AG». Der Variantenvergleich ist in den Beilagen G.7.1 und G.7.2 zusammengefasst.

| | | ELEKTRA AG |
|---|---|---|
| **IDEA** | **Grobkonzeption und Evaluation: EDV-2002** | **Bericht** Seite: 9 |

10. Beschreibung der ausgewählten Anlage

Die für die Anlage TELDAT 341/52 erforderliche Konfiguration ist in <u>Beilage G.12</u> dargestellt. Sie umfasst:

- 1 Netzserver, Typ TELDAT 341-11, mit Prozessor 80486 66 MHz, 32 MB Arbeitsspeicher und 1 GB externem Speicher,
- 1 Datenbankserver, Typ TELDAT 341-22, mit Pentium Prozessor 110 MHz, 64 MB Arbeitsspeicher und 4 GB externem Speicher,
- 1 Gateway, Typ Larsen 3, als Anschluss des LAN (1 MHz) an das Swissnet (64 kbit/s),
- 1 Schnelldrucker, Typ TELDAT 1403, 2500 Zeilen/Minute,
- 33 Work Stations, Typ TELDAT 52, mit Prozessor 80486 50 MHz, 16 MB Arbeitsspeicher, 640 MB Plattenspeicher, Bildschirm 15'' SSVGA,
- 11 Drucker, Typ Cromex 501, Laserdrucker mit Auflösung 512x512 dpi, 12 Seiten/Minute,
- 7 Drucker, Typ Cromex 66, Matrixdrucker 36 Nadeln, 212 Zeilen/Minute,
- 1 Kombination Satz «Connection Hardware» für LAN, Typ SPEED/TOKEN, 1 MHz, für 128 Anschlussknoten.

Welche Geräte in welcher Anzahl in den einzelnen Abteilungen installiert werden sollen, ist dem Konfigurationsschema in <u>Beilage G.12</u> zu entnehmen. Ein Aufstellungsplan wird in der Detailkonzeption erstellt.

11. Kosten, Nutzen, Wirtschaftlichkeit

Die Ergebnisse der detaillierten Wirtschaftlichkeitsrechnung[7] für die gewählte Anlage sind in den <u>Beilagen G.8 bis G.11</u> dargestellt. Die Wirtschaftlichkeitsanalyse belegt, dass mit einer internen Verzinsung von über 16% gerechnet werden darf. Es erhebt sich die Frage, wieweit dieser (wahrscheinliche) Wert gesichert ist und in welche Richtung allfällige Schwankungen tendieren. Hierzu folgendes:
...
...

12. Terminplan

(Siehe dazu die graphische Darstellung in <u>Beilage G.13</u>.)

Bei einem Entscheid vor dem 1. Juli könnten die Vertragsverhandlungen im Juli durchgeführt und abgeschlossen, die Verträge im August unterzeichnet werden. Die bestellte Anlage sollte vor Jahresende geliefert werden, was bei einer Lieferfrist von drei Monaten keine Schwierigkeiten erwarten lässt. Die Installation der Hardware würde dann im Januar erfolgen.

*Etappe 1 (organisatorische Änderungen):* Die Planung und Vorbereitung kann im August beginnen und dauert etwa sechs Wochen. Mit der Realisierung kann noch im August begonnen werden. Mit 1. Oktober werden dann die orga-

---

[7] siehe auch Kapitel III/5 «Kosten/Nutzen/Wirtschaftlichkeit».

| IDEA | Grobkonzeption und Evaluation: EDV-2002 | ELEKTRA AG<br>Bericht<br>Seite: 10 |
|---|---|---|

nisatorischen Änderungen wirksam. Ausgenommen davon sind die «neuen Dienstleistungen» gemäss Abschnitt 5.3, deren Einsatz gleichzeitig mit dem Abschluss der Etappe 2 erfolgt.

*Etappe 2 (neues EDV-System):* Die Detailkonzeption kann noch im Juli begonnen und ebenfalls bis Ende Januar abgeschlossen werden. Für die Realisierung (Parametrisieren der Standardsoftware, Erstellen von Zusatzprogrammen, Testen der Anwendersoftware, Ausbildung der Benutzer u.a.m.) werden etwa vier Monate benötigt, so dass diese Phase Ende Mai beendet werden kann. Danach erfolgt im Juni die Einführung mit Datenübernahme und Datenerfassung. Dann kann die

*Aufnahme der Produktion am 1. Juli des nächsten Jahres*

erfolgen.

### 13. Empfehlung und Antrag

Das Projektteam empfiehlt, die organisatorischen Änderungen zu genehmigen und als neues System die EDV-Anlage TELDAT 341/52 zu beschaffen.

Es beantragt, die erforderlichen Mittel für Investitionen in Höhe von Fr. 623 000.- und für jährliche Kosten Fr. 91 000.- freizugeben, Vertragsverhandlungen durchzuführen und die Detailkonzeption anzuordnen.

Der Projektleiter und seine Mitarbeiter danken allen, die an diesem Grobkonzept mitgearbeitet haben, für ihre wertvolle Tätigkeit. Die Direktionen der CIL und der Elektra AG haben das Vorhaben tatkräftig unterstützt, die Mitarbeiter der Fachabteilungen haben ihr Spezialwissen voll zur Verfügung gestellt, und die Anbieter haben zum Teil ausgezeichnete Vorschläge eingebracht. All dies hat es ermöglicht, das Grobkonzept in der kurzen Zeit von $3^1/_2$ Monaten fertigzustellen und alle wichtigen Entscheidungsunterlagen aufzubereiten. Herzlichen Dank allen Beteiligten!

*Das Projektteam*

### Verzeichnis der Beilagen

| | |
|---|---|
| G.1 | Auftragsabwicklung: Informationsfluss Soll |
| G.2 | Auftragsabwicklung: Vorschlag für ein Datenmodell |
| G.3 | Auftragsabwicklung: Funktionsmodell |
| G.4 | Auftragsabwicklung: Funktionsabläufe |
| G.5 | Evaluation: Vorfilter und Grobfilter |
| G.6.1 | Evaluation: Nutzwertanalyse, Bewertungsmatrix |
| G.6.2 | Details zu G.6.1 |
| G.7.1 | Evaluation: Nutzwertanalyse, Einbezug der Kosten |
| G.7.2 | Evaluation: Variantenvergleich |
| G.8 | Einmalige Kosten |
| G.9 | Jährliche (wiederkehrende) Kosten |
| G.10.1 | Nutzenanalyse: quantifizierbare Faktoren |
| G.10.2 | Nutzenanalyse: nicht direkt quantifizierbare Faktoren |
| G.11 | Kennzahlen zu Aufwand, Nutzen, Wirtschaftlichkeit |
| G.12 | Konfiguration System TELDAT 341/52 |
| G.13 | Terminplan |

5. Phase: Grobkonzeption und Evaluation

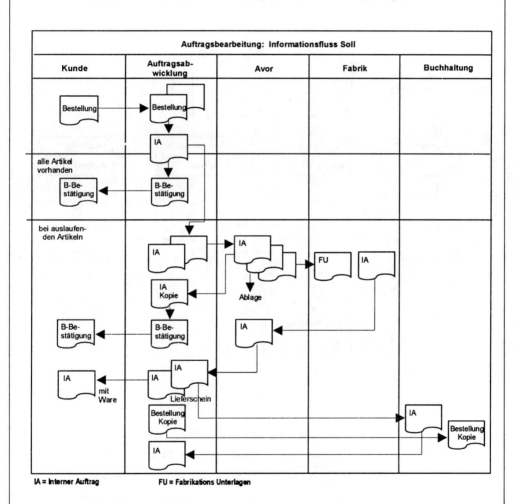

Teil V: Fallstudie «Elektra»

| IDEA | Grobkonzeption und Evaluation: EDV-2002 | ELEKTRA AG<br>Bericht<br>Seite: |
|---|---|---|

Beilage G.2

## Vorschlag für ein Datenmodell der Auftragsabwicklung

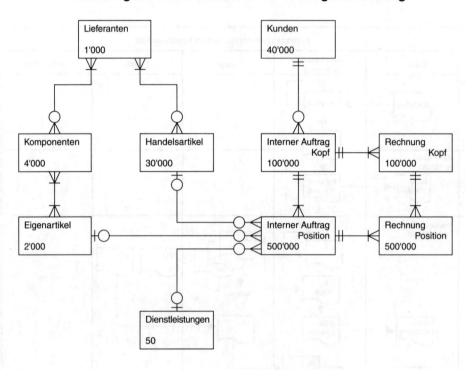

Die Kästchen stellen Entitätsmengen dar.

Die Zahlen geben an, wieviele Entitäten als Datensätze im Real-time-Betrieb verfügbar sein sollen.
(Grundlage: Alle Daten bleiben während drei Jahren online verfügbar.)

Richtwert für die Speicherkapazität der Datenbank «Auftragsabwicklung» inklusive 200% Reserve: 500 MB.

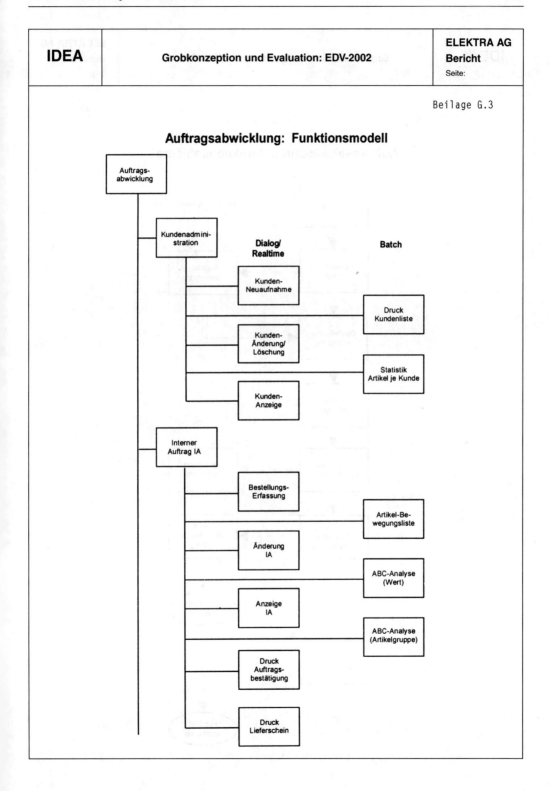

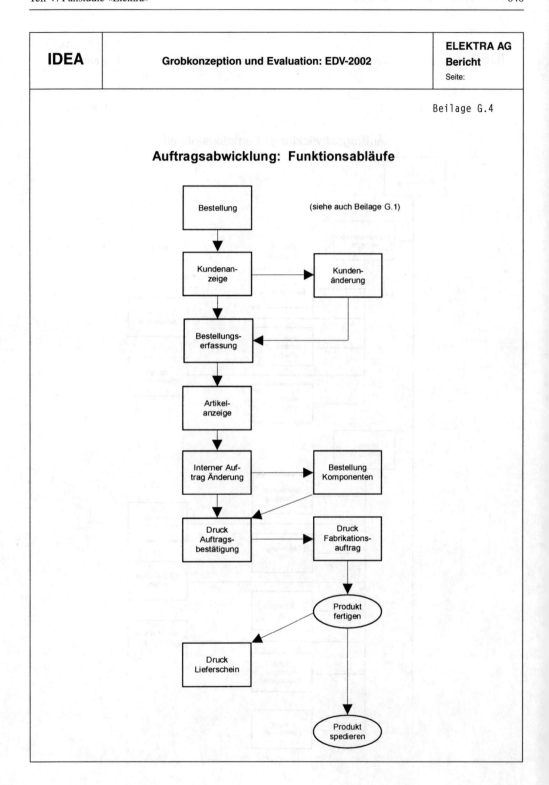

| IDEA | Grobkonzeption und Evaluation: EDV-2002 | ELEKTRA AG Bericht Seite: |

Beilage G.5

Evaluation: Vorfilter und Grobfilter (Lösung der Aufgabe 12)

Nach dem Vorfilter verbleiben die Anbieter: INTELEC AG; TELDAT CORP., ROBOT AG und PROGRESS AG.
Nach dem Grobfilter verbleiben die Anbieter: INTELEC AG, TELDAT CORP. und PROGRESS AG.

|  | Hersteller / Ausscheide-Kriterien | Intelec AG | DAC | Teldat Corp. | Processing SA | Multidata AG | Quacomp | Robot AG | Progress AG | Luftcomp Inc. |
|---|---|---|---|---|---|---|---|---|---|---|
| Vorfilter | Geschäftspolitische Gründe | ok | abzulehnen | ok | ok | ok | ok | ok | ok | ok |
| Vorfilter | Hardware max. Fr. 300 K | 290 | 250 | 300 | 270 | 220 | 450 | 280 | 270 | 400 |
| Vorfilter | Betr. Syst. Client/Server | ja | ja | ja | nein | ja | ja | ja | ja | ja |
| Vorfilter | Anwend.-SW, General-Unternehm. | ok | nicht vorhand. | ok | nicht vorhand. | nicht vorhand. | ok | ok | ok | ok |
| Grobfilter | garantiert. Antwortzeiten | ja |  | ja |  |  |  |  | nein | ja |
| Grobfilter | Ausbau möglich | ja |  | ja |  |  |  |  | nein | ja |
| Grobfilter | Termin: Herbst | ok |  | ok |  |  |  |  | ok | ok |
| Grobfilter | Qualität Work-Stations | gut |  | sehr gut |  |  |  |  | mittel | gut |
| Grobfilter | Service, Wartungsgarantie | sehr gut |  | gut |  |  |  |  | genügend | gut |
| Grobfilter | mind. 5 Jahre in der Branche | 8 J. |  | 8 J. |  |  |  |  | 8 J. | 12 J. |

| IDEA | Grobkonzeption und Evaluation: EDV-2002 | ELEKTRA AG Bericht Seite: |

Beilage G.6.1

**Nutzwertanalyse: Bewertungsmatrix / Variantenvergleich**

Firma: Elektra AG
Projekt / Systemkomponente: EDV-2002
Phase: Grobkonzeption u. Evaluation/Übersicht
Kurzzeichen:
Dok. Nr.: 107.1/12
Datum: 1.6.
Sachb.: Gut

| Varianten | | Var: INTELEC | | | Var: TELDAT | | | Var: PROGRESS | | |
|---|---|---|---|---|---|---|---|---|---|---|
| Teilziele / Kriterien Finanziell / funktionell / personell sozial / gesellschaftlich | Gewicht (g) **) | Erfüllungsgrad (Kommentar) | Note (n) *) | g*n | Erfüllungsgrad (Kommentar) | Note (n) | g*n | Erfüllungsgrad (Kommentar) | Note (n) | g*n |
| Zusammenfassung | | | | | | | | | | |
| 1. Hardware | 15 | bewährt aber wenig ausgebaut | 6,2 | 93 | hohe Leistung | 9,1 | 137 | gutes Konzept | 7,9 | 118 |
| 2. Software | 35 | | 7,1 | 248 | | 8,3 | 290 | | 6,8 | 238 |
| 3. Unterstützung | 25 | | 9,2 | 230 | | 8,1 | 202 | | 5,4 | 135 |
| 4. Lieferant | 10 | | 8,5 | 85 | | 9,5 | 95 | | 5,8 | 58 |
| 5. Verträge | 5 | | 9,1 | 45 | | 7,0 | 35 | | 9,5 | 47 |
| 6. Diverses | 10 | | 0 | 0 | | 10 | 100 | | 6,0 | 60 |
| Gesamtbewertung / Gesamtzielerfüllung | | | | 701 | | | 859 | | | 656 |

*) Summe = 100  **) Note = 0: sehr schlecht  5: mittelmässig  10: sehr gut

5. Phase: Grobkonzeption und Evaluation

| IDEA | Grobkonzeption und Evaluation: EDV-2002 | ELEKTRA AG Bericht Seite: |
|---|---|---|

Dok. Nr.: 107.2/12
Datum: 1.6.
Sachb.:

Beilage G.6.2

**Nutzwertanalyse: Bewertungsmatrix / Variantenvergleich**

Firma: Elektra AG
Projekt / Systemkomponente: EDV-2002
Phase: Grobkonzeption u. Evaluation

| Varianten Teilziele / Kriterien Finanziell / funktionell / personell sozial / gesellschaftlich | Gewicht (g) **) | Var: INTELEC Erfüllungsgrad (Kommentar) | Note (u) *) | g * u | Var: TELDAT Erfüllungsgrad (Kommentar) | Note (u) | g * u | Var: PROGRESS Erfüllungsgrad (Kommentar) | Note (u) | g * u |
|---|---|---|---|---|---|---|---|---|---|---|
| **1. Hardware** | 15 | | | | | | | | | |
| 1.1 Technologie Netz | 1 | Lightning ring | 8 | 8 | Speed token | 10 | 10 | Mikro flight | 6 | 6 |
| 1.2 DB-Server | 1,5 | 80486/66 MHz 2 GB | 5 | 7,5 | Pentium/110 MHz 4 GB | 8 | 12 | 80486/75 MHz 3 GB | 6 | 9 |
| 1.3 Netz-Server | 1 | 80486/66 MHz 1 GB | 7 | 7 | 80486/66 MHz 1 GB | 7 | 7 | 80486/75 MHz 3 GB | 8 | 8 |
| 1.4 Verkabelungssystem | 0,5 | Oklahoma Vox | 6 | 3 | General Wire | 9 | 4,5 | General Wire | 9 | 4,5 |
| 1.5 Techn. Workstation | 1,5 | Super PC | 6 | 9 | VCST | 9 | 13,5 | SCT | 8 | 12 |
| 1.6 Ergonomie Workstation | 2,5 | genügend | 5 | 12,5 | sehr gut | 10 | 25 | sehr gut | 10 | 25 |
| | | | | | | | | | | |
| 1.n Leistung Drucker | 1,5 | 1400 lpm | 8 | 12 | 2500 lpm | 10 | 15 | 1100 lmp | 7 | 10,5 |
| Gesamtbewertung / Gesamtzielerfüllung Hardware | | | | 93 | | | 137 | | | 118 |

**) Summe = 100    *) Note = 0: sehr schlecht    5: mittelmässig    10: sehr gut

| IDEA | Grobkonzeption und Evaluation: EDV-2002 | ELEKTRA AG<br>Bericht<br>Seite: |
|---|---|---|

Beilage G.7.1

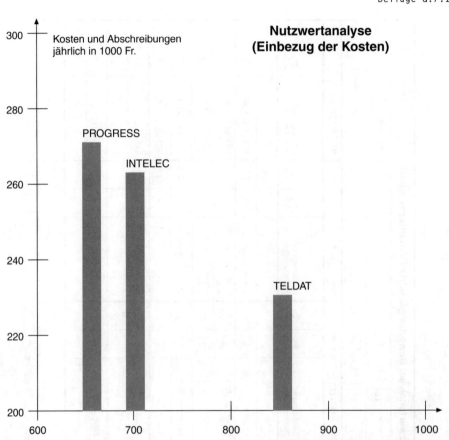

Die jährlichen Kosten (inklusive Abschreibung und Zins) für die Investitionen betragen bei

| | INTELEC | 264 000 Fr. | im 1. bis 5. Jahr |
|---|---|---|---|
| | TELDAT | 260 000 Fr. | im 1. bis 3. Jahr |
| | | 189 000 Fr. | im 4. bis 5. Jahr |
| d.h. | | 231 000 Fr. | im Schnitt |
| | PROGRESS | 270 000 Fr. | im 1. bis 5. Jahr |

Das System des Anbieters TELDAT entspricht in der Gesamtwertung am besten den Zielvorstellungen der Elektra AG. Es stellt auch von den Kosten gesehen die günstigste Lösung dar.

| IDEA | Grobkonzeption und Evaluation: EDV-2002 | ELEKTRA AG Bericht Seite: |
|---|---|---|

Beilage G.7.2

| Firma: Elektra AG | **Zusammenfassung Variantenvergleich** | | | Dok. Nr.: 2002-5a | |
|---|---|---|---|---|---|
| | Projekt / Systemkomponente: EDV-2002 | | Kurzzeichen: | Datum: 1.6. | |
| | Phase: Grobkonzeption und Evaluation | | | Sachb.: Gut | |
| Kurzbezeichnung der Varianten<br><br>Position: | Var:<br>INTELEC 505 | Var:<br>TELDAT 341/52 | Var:<br>PROGRESS III | | |
| Erfüllungsgrad der Mussziele und Sollziele<br>Vorfilter (Mussziele):<br>Grobfilter (Mussziele): | gut<br>sehr gut | sehr gut<br>sehr gut | sehr gut<br>befriedigend | | |
| Gesamtzielerfüllung gemäss Nutzwertanalyse<br>Nutzenpunkte | 701 | 859 | 656 | | |
| Ergebnisse der Wirtschaftlichkeitsberechnung<br>1. Pay Back<br>2. Barwert 1000 Fr.<br>3. Int. Zinsfuss | 1. 3,9 Jahre<br>2. 79<br>3. 8,9% | 3,2 Jahre<br>213<br>16,5% | 4,2 Jahre<br>23<br>6,0% | | |
| Ergebnisse der Risikobewertung<br>entfallen | | | | | |
| Empfehlung | 2. Wahl: Kommt in Frage, falls TELDAT ausfällt. | Die Anschaffung dieses Systems wird empfohlen, vorbehalten sind erfolgreiche Vertragsverhandlungen. | | | |
| Begründung | Erfahrungsgemäss<br>a) Zuverlässiger Anbieter<br>b) kulante Verträge | 1.) Höchster Nutzen<br>2.) Wirtschaftlich beste Lösung<br>3.) Im Konzern schon zweifach mit Erfolg eingeführt. | | | |

| IDEA | Grobkonzeption und Evaluation: EDV-2002 | ELEKTRA AG<br>Bericht<br>Seite: |
|---|---|---|

Beilage G.8

| Firma:<br>Elektra AG | **Kalkulationsschema: Einmalige Kosten** | | Dok. Nr.: 2002-6 |
|---|---|---|---|
| | Auftrag: EDV-2002 | Kurzzeichen: | Datum: 1.6. |

| Investitionen TELDAT 341/52 | nicht ausgabe-wirksam | ausgabe-wirksam | Total |
|---|---|---|---|
| Hardware (Kauf) | | 300 000 | 300 000 |
| Software (Kauf) | | 150 000 | 150 000 |
| Raum und Infrastruktur | 20 000 | 15 000 | 35 000 |
| Datenerfassung (Kauf) | | | |
| Installationen | 20 000 | 36 000 | 56 000 |
| Beratung | | | |
| Schulung | | | |
| Dokumentation | | 2 000 | 2 000 |
| Mobiliar, Hilfsgeräte | 5 000 | 5 000 | 10 000 |
| | | | |
| Diverses | | 5 000 | 5 000 |
| **Total A: Investitionen** | 45 000 | 513 000 | 558 000 |

| Entwicklung und Einführung | Ausf. Stelle | Personal | | Computer | | Total Fr. |
|---|---|---|---|---|---|---|
| | | AT | Fr. | Std. | Fr. | |
| Vorstudie | | | | | | |
| Grobkonzept  } bereits erfolgt | | | | | | |
| Evaluation | | | | | | |
| Detailkonzept/Design | | | | | | |
| Realisierung: Programmierung/Datenbanken | | | | | | |
| Test | | 40 | 1000 | | | 40 000 |
| Konversion | | | | | | |
| Dokumentation, Benützerhandbücher | | | | | | |
| Einführung (Anpassung, Aufbau- und Ablauforganisation) | | | | | | 10 000 |
| Planung und Koordination | | | | | | |
| Stammdatenaufnahme bzw. -übernahme | | | | | | 10 000 |
| | | | | | | |
| Diverses | | | | | | 5 000 |
| **Total B: Entwicklung und Einführung** | | | | | | 65 000 |
| **Total A und B: Einmalige Kosten** | | | | | | 623 000 |

Tagessatz: 1000 Fr.    Computersatz: — Fr.    AT = Arbeitstag
Std. = Stunden

# 5. Phase: Grobkonzeption und Evaluation

| IDEA | Grobkonzeption und Evaluation: EDV-2002 | ELEKTRA AG<br>Bericht<br>Seite: |
|---|---|---|

Beilage G.9

| Firma:<br>Elektra AG | **Kalkulationsschema:**<br>**Jährliche (wiederkehrende) Kosten** | | Dok. Nr.: 2002-7 |
|---|---|---|---|
| | Auftrag: EDV-2002 | Kurzzeichen: | Datum: 1.6. |

| **Position** TELDAT 341-52 | Jährliche Kosten nicht ausgabewirksam | Jährliche Kosten ausgabewirksam | Total |
|---|---|---|---|
| **Jährliche Betriebskosten** | | | |
| Miete | | | |
| Wartung | | 12 000 | 12 000 |
| Lizenzgebühren | | 6 000 | 6 000 |
| Personal Operating  ½ Person | | 35 000 | 35 000 |
| Personal Datenerfassung | | | |
| Systemunterhalt | | 6 000 | 6 000 |
| Programmunterhalt | | 9 000 | 9 000 |
| Verarbeitungskosten | | | |
| Datenübertragungskosten | | 12 000 | 12 000 |
| Energiekosten | | 3 000 | 3 000 |
| Raumkosten | 4 000 | | 4 000 |
| Hilfsmaterial | | 4 000 | 4 000 |
| | | | |
| | | | |
| | | | |
| Diverses | | | |
| **Jährliche Betriebskosten** | 4 000 | 87 000 | 91 000 |
| **Abschreibung und Zinsen** | | | |
| Investitionen (A): Abschreibung  5  Jahre (Fr. 408 000) | | | 81 600 |
| Kalk. Zins  5  Prozent | | | 10 200 |
| Entwicklung (B): Abschreibung  3  Jahre (Fr. 215 000) | | | 71 700 |
| Kalk. Zins  5  Prozent | | | 5 400 |
| A: Investitionen exkl. Standardsoftware | | | |
| B: Standardsoftware u. Einführung | | | |
| | | | |
| | | | |
| **Abschreibung und Kalk. Zins** | | | 168 900 |
| **Jährl. Kosten (Betriebskosten plus Abschreibung plus Zins)** | | | 259 900 |

| IDEA | Grobkonzeption und Evaluation: EDV-2002 | ELEKTRA AG<br>Bericht<br>Seite: |
|---|---|---|

Beilage G.10.1

| Firma:<br>Elektra AG | Nutzenanalyse – quantifizierbare Faktoren | | Dok. Nr.: | 2002-8 |
|---|---|---|---|---|
| Auftrag: | EDV-2002 | Kurzzeichen: | Datum: | 1.6. |

| Nutzenart/Applikation (in ___ Franken) | Minimum | Wahrsch. | Maximum |
|---|---|---|---|
| **Direkte Einsparungen/Jahr** | | | |
| Wegfall Überstunden | 20 000 | 70 000 | 90 000 |
| Wegfall Service alte Anlage | 30 000 | 30 000 | 30 000 |
| | | | |
| | | | |
| | | | |
| | | | |
| | | | |
| | | | |
| Total 1: Direkte Einsparungen | 50 000 | 100 000 | 120 000 |
| **Vermeidbare Kosten/Jahr** | | | |
| Kein zusätzliches Personal bei Erhöhung des Artikelsortimentes | 10 000 | 15 000 | 30 000 |
| Senkung der Lagerbestände | 10 000 | 15 000 | 30 000 |
| | | | |
| | | | |
| Total 2: Vermeidbare Kosten | 20 000 | 30 000 | 60 000 |
| **Erhöhter Gewinn aus Mehreinnahmen/Jahr** | | | |
| Vergrösserung des Umsatzes | 60 000 | 90 000 | 220 000 |
| | | | |
| | | | |
| | | | |
| Total 3: Erhöhter Gewinn aus Mehreinnahmen | 60 000 | 90 000 | 220 000 |
| Total quantifizierbarer Nutzen/Jahr | 130 000 | 220 000 | 400 000 |
| Total nicht direkt quantif. Nutzen/Jahr | 20 000 | 80 000 | 200 000 |
| Gesamter Nutzen/Jahr | 150 000 | 300 000 | 600 000 |

## 5. Phase: Grobkonzeption und Evaluation

| IDEA | Grobkonzeption und Evaluation: EDV-2002 | ELEKTRA AG<br>Bericht<br>Seite: |
|---|---|---|

Beilage G.10.2

| Firma:<br>Elektra AG | **Nutzenanalyse – nicht direkt quantifizierbar** | | Dok. Nr.: | 2002-8a |
|---|---|---|---|---|
| | Auftrag: EDV-2002 | Kurzzeichen: | Datum: | 1.6. |

| Sachgebiet / Nutzen | | Minimum | Wahrsch. | Maximum |
|---|---|---|---|---|
| | *Fabrikation* | | | |
| 1 | Vergrösserung des Ausstosses um 5% durch kürzere Wartezeiten für Teile in der Montage | | | |
| 2 | Einsparung von Produktionskosten durch Zusammenfassung von Losen 3% | | | |
| 3 | Vergrösserung des Ausstosses um 1% durch geringere Rüstzeit | | | |
| 4 | Reduktion von Überstunden um 12% durch bessere Kapazitätsauslastung | | | |
| | *Auftragsabwicklung* | | | |
| 1 | Vergrösserter Umsatz durch kürzere Reaktionszeit, kleinerer Kundenverlust | | | |
| 2 | bessere Termintreue | | | |
| | *Allgemein* | | | |
| 1 | Vergrösserter Umsatz um 0,5% wegen Einsatz strategischer Anwendungen | | | |
| 2 | Allgemein verbessertes Image | | | |
| 3 | Verbesserte Ablauforganisation, allgemeine Straffung, (Business Process Reengineering) | | | |
| 4 | Wegfall unwirtschaftlicher Dienstleistungen | | | |
| | Nicht direkt quantifizierbarer Nutzen/Jahr | 20 000 | 80 000 | 200 000 |

| IDEA | Grobkonzeption und Evaluation: EDV-2002 | ELEKTRA AG<br>Bericht<br>Seite: |
|---|---|---|

Beilage G.11

| Firma:<br>Elektra AG | Kennzahlen<br>Aufwand / Nutzen / Wirtschaftlichkeit | | Dok. Nr.:<br>2002-11 |
|---|---|---|---|
| | Auftrag: EDV-2002 | Kurzzeichen: | Datum:<br>1.6. |

| Position TELDAT 341/52 | Betrag in 1000 Fr. | | |
|---|---|---|---|
| | pessim. | wahrschein. | optim. |
| **Aufwand** | | | |
| Investitionen (einmalige Kosten) | 666 | 623 | 608 |
| Jährliche Betriebskosten (wiederkehrende Kosten) | 109 | 91 | 82 |
| Jährliche Abschreibungen     Jahr 1 bis 3 | 168 | 153 | 145 |
| Jahr 4 und 5 | 95 | 82 | 77 |
| Kalkulatorische Zinsen | 17 | 16 | 15 |
| **Total jährliche Kosten**     Jahr 1 bis 3 | 294 | 260 | 245 |
| Jahr 4 und 5 | 221 | 189 | 179 |
| **Nutzen (quantifiziert)** | | | |
| Direkte Einsparungen | 50 | 100 | 120 |
| Vermeidbare Kosten | 20 | 30 | 60 |
| Erhöhter Gewinn aus Mehreinnahmen | 60 | 90 | 220 |
| Quantifizierte Imponderabilien | 20 | 80 | 200 |
| **Total jährlicher Nutzen** | 150 | 300 | 640 |
| **Wirtschaftlichkeitskennzahlen** | | | |
| ROI-Return in Investment (Abschreibungsdauer 3 bzw. 5 Jahre) 1-3 [%]<br>Investition = 623 000                                                                4, 5 | -46<br>-23 | 13<br>36 | 127<br>148 |
| Pay-Back-Amortisationsdauer [Jahre] | 27,8 | 3,2 | 1,1 |
| Barwert (Abschreibungsdauer _5_ Jahre) [in 1000 Fr.]<br>(Diskontzins _5_ Prozent) | -519 | 213 | 1735 |
| Interner Zinsfuss (Abschreibungsdauer _5_ Jahre) [%] | -48 | 16,5 | 79 |

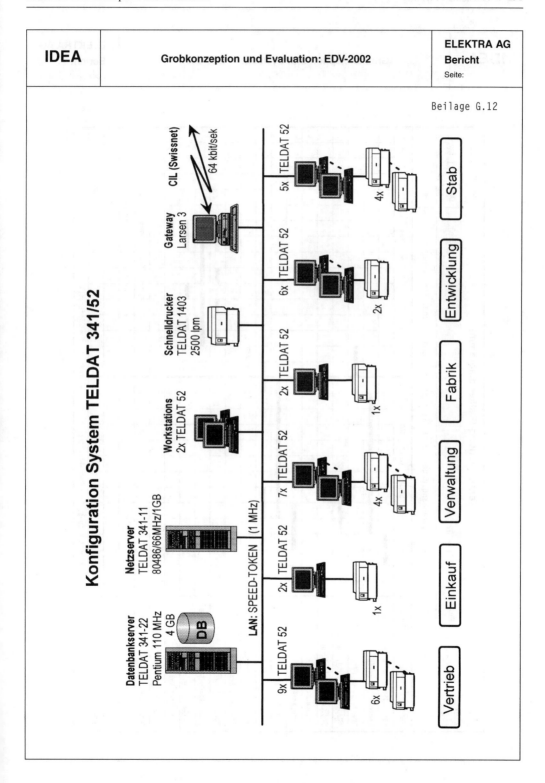

Teil V: Fallstudie «Elektra» 652

| IDEA | Grobkonzeption und Evaluation: EDV-2002 | ELEKTRA AG Bericht Seite: |

Beilage G.13

| Firma: Elektra AG | Projekt: EDV 2002 | | Dok. Nr.: 2002-13 |
|---|---|---|---|
| | Phase: Vertragsverhandlungen, Detailkonzeption, Realisierung, Einführung | Kurzzeichen: | Datum: 1.6. |
| | **Terminplanung (Balkendiagramm)** | | Sachb.: Gut |

| Tätigkeit / Phase | Verantw. | Juni | Juli | Aug. | Sept. | Okt. | Nov. | Dez. | Jan. | Feb. | März | April | Mai | Juni | Juli | Aug. |
|---|---|---|---|---|---|---|---|---|---|---|---|---|---|---|---|---|
| Vertragsverhandlungen | GL, PL | █ | █ | | | | | | | | | | | | | |
| Lieferfrist HW+SW | Lief | | █ | █ | █ | █ | █ | | | | | | | | | |
| Installation HW+Betr. SW | Lief | | | | █ | █ | | | | | | | | | | |
| Etappe I Planung, Vorber. | PT | | | █ | █ | | | | | | | | | | | |
| Org. Änd. Realisierung | PT | | | | █ | █ | | | | | | | | | | |
| Etappe 2: Detailkonzept | | | | | | | | | | | | | | | | |
| Datenanalyse | PT | | | | | █ | █ | | | | | | | | | |
| Programmspezifik. | PT | | | | | | █ | █ | █ | | | | | | | |
| Ablauforganisation | PT | | | | | | █ | █ | | | | | | | | |
| Sicherheitskonzept | PT, GL | | | | | | | █ | █ | | | | | | | |
| Etappe 2: Realisierung | | | | | | | | | | | | | | | | |
| Parametrisierungen | PT | | | | | | | | █ | █ | █ | | | | | |
| Programmanpassungen | Lief. | | | | | | | | █ | █ | █ | █ | █ | | | |
| Tests | PT | | | | | | | | | | | █ | █ | | | |
| Benutzerschulung | PT | | | | | | | | | | | | █ | █ | | |
| Etappe 2: Einführung | | | | | | | | | | | | | | | | |
| Datenübernahme | PT | | | | | | | | | | | | | █ | | |
| Ablauforganis. neu | PT | | | | | | | | | | | | | █ | █ | |
| Verbesserungen, Tuning | PT | | | | | | | | | | | | | | █ | █ |
| Start Produktion | alle | | | | | | | | | | | | | | 1.7. | |

GL = Geschäftsleitung, PL = Projektleiter, PT = Projektteam, Lief = Lieferant

Zeiteinteilung

## 5.3 Am Schluss der Phase Grobkonzeption und Evaluation

### 5.3.1 Aufgabe 15: Entscheidungsgespräch 2 (am Schluss der Phase Grobkonzeption und Evaluation)

Studieren Sie den Abschlussbericht der Firma IDEA vom 1. 6. und skizzieren Sie, wie in Aufgabe 7, ein Entscheidungsgespräch mit Fragen des Entscheidungsgremiums unter der Leitung von Herrn Dir. Boss (D) und vermutete Antworten des Beraters Gut (B) zu folgenden Themen:

- die Unruhe, welche die bevorstehende EDV-Reorganisation hervorgerufen hat
- die Lieferantenauswahl
- Sicherheitsaspekte der EDV
- Auswirkungen des neuen EDV-Systems auf die Kunden
- Gesamtverantwortung und Leistungsgarantien
- Schnittstellen zu anderen Arbeitsgebieten
- Vollständigkeit der Kostenrechnung
- Risiken und Vorteile bei der Freigabe des Antrages

Auf den nächsten Seiten finden Sie eine *mögliche Variante* des Verlaufes eines solchen Gesprächs.

**Lösung der Aufgabe 15: Entscheidungsgespräch 2 (am Schluss der Phase Grobkonzeption und Evaluation)**

1. D. «Wie Sie wissen, hat Ihre Studie eine beträchtliche Unruhe im Unternehmen verursacht. An wem und woran liegt das?»
   B. «Das Management ist frühzeitig über den Gang der Entwicklung orientiert worden. Die geplante Instruktion des Personals wurde von Ihnen akzeptiert. Die Orientierungen haben zwar stattgefunden, doch waren sehr viele Absenzen zu verzeichnen, besonders bei der Arbeitsvorbereitung. Ausserdem haben Sie sich doch weniger Zeit für Studium, Information und Motivation genommen, als ursprünglich vorgesehen war.
   Doch sollte Sie die Unruhe nicht besorgt machen, sie liegt in der Natur einer Umstellung.»

2. D: «Ich dachte, Sie würden Herrn Messikommer, Chef der Lagerverwaltung, zur Raison bringen können... Jetzt ist er noch wütender als zuvor.»
   B: «Herr Messikommer ist verunsichert. Er fürchtet, dass ihm durch die EDV gewisse Trümpfe aus der Hand genommen werden. Sobald er merken wird, dass

**Lösung Aufgabe 15 (Fortsetzung)**

seine Trümpfe durch die EDV-Unterstützung noch wertvoller sein werden, wird sich seine Wut legen. Allerdings wird sich sein Charakter nicht ändern!»

3. D: «... hören Sie, ich will in meinem Unternehmen ein Rationalisierungsmittel und keine Revolution...»
B: «Ein Rationalisierungsmittel ist im ersten Moment gewissermassen eine Revolution. Erst wenn man dazu Vertrauen gewinnt, dann wird es nicht als Gefahr, sondern als nützliches Instrument betrachtet. Und dies erfolgt erst in der Nutzungsphase. Haben Sie bitte Geduld!»

4. D: «Die Firma ‹MULTIDATA› hat sich bei mir beklagt, dass sie in die Evaluation nicht einbezogen wurde und machte Andeutungen, dass sie ihre Elektrokomponenten evtl. auch woanders kaufen kann...»
B: «Nicht ohne Absicht haben wir Ihnen das Pflichtenheft zur Stellungnahme zugesandt, die Evaluationskriterien bekanntgegeben und Sie in den Entscheidungsprozess mit einbezogen. Die Firma MULTIDATA hat keine Standard-Software, sondern nur sehr preiswerte Hardware. Unsere Einstellung zur Standard-Software, der wir höchste Priorität einräumen, ist Ihnen ja bekannt.»

5. D: «Wie lösen Sie die Sicherheitsprobleme der Verarbeitung: besonders befürchte ich die Gefahr von Viren im lokalen Netz.»
B: «Gegen Viren werden wir zwei Massnahmen treffen: Erstens erhält keine Work Station der Benützer eine Diskettenstation, so dass vom Benützer her keine Viren eingeschleppt werden können. Und zweitens können nur Systembediener, also geschulte Fachleute, Programme und Daten über Disketten einlesen. Diese werden ihren Input stets mit den neuesten Virensuchprogrammen testen. Andere Eingaben, z.B. via Swissnet, lassen wir nicht zu. Im übrigen werden wir während der Detailkonzeption auch ein Sicherheitskonzept ausarbeiten, gemäss dem alle notwendigen Schutzmassnahmen auszuführen sein werden.»

6. D: «Was für Auswirkungen hat das neue Konzept auf unsere Kunden, inwiefern sind sie davon berührt?»
B: «Vorteile sind kurze Antwortzeiten für Auskünfte, schnellere Lieferung, weniger Fehler. Wir werden den Kunden auch ganz neuartige Dienstleistungen anbieten – wie Sie wissen.»

7. D: «Sind Sie als Beratungsfirma bereit, die Gesamtverantwortung zu übernehmen? Eine Leistungsgarantie abzugeben?»
B: «Wir können die geforderten Leistungen der Hard- und Softwarelieferanten sehr exakt formulieren. Durch detaillierte Pflichtenhefte und Verträge kann das Projekt recht gut abgesichert werden. Wir können allerdings nicht die Haftung für eine Leistung übernehmen, die ein Hard- oder Softwarelieferant Ihnen vertraglich zugesichert hat. Wir können und werden aber im Streitfall Ihre Interessen vertreten.»

# 5. Phase: Grobkonzeption und Evaluation

> **Lösung Aufgabe 15 (Fortsetzung)**
>
> 8. D: «Ihr sogenanntes Grobkonzept enthält ja schon Datenmodelle und ähnliches. Was wollen Sie noch in der Detailkonzeption machen? Können wir diese Phase nicht überspringen und Geld sparen?»
>    B: «Wie Sie wissen, muss die ganze Anlage richtig dimensioniert werden. Dazu sind u.a. Angaben über die Menge der zu speichernden Daten nötig, die aus den vorliegenden Records hervorgehen. Die definitive Organisation und Struktur der Records im einzelnen aber können erst nach der Evaluation festgelegt werden, da sie *produktespezifisch* sind. So gibt es noch eine grosse Zahl von weiteren Problemen, die in der Grobkonzeption grundsätzlich gelöst wurden, für die aber sämtliche Details noch festgelegt werden müssen.»
>
> 9. D. «Welche Schnittstellen (nicht Anschlussgebiete) zu anderen Systemen müssen noch berücksichtigt werden? (Diese muss ich als Nachtrag zu Ihrem Bericht anfordern!)»
>    B: «Das sind die Schnittstellen zur PTT (VESR, VASR), ferner diejenigen zur CIL und für die Zukunft die Schnittstellen zum geplanten Hochlager mit automatischer Steuerung.»
>
> 10. D: «Ich möchte mir anhand von Referenzanlagen über die vorgeschlagene Maschine selber ein Bild machen. Wann? Wie? Wo? Womit?»
>     B: «Das ist Ihr gutes Recht, wird organisiert!»
>
> 11. D: «In der Beilage G.8 schreiben Sie in Ihrer Kostenrechnung: Vorstudie, Grobkonzeption, Evaluation – bereits erfolgt und setzen das als 0 ein. Das ist eine *unvollständige* Kostenrechnung, die das Bild verfälscht. Was haben Sie dazu zu sagen?»
>     B: «Es geht um den Nutzen, der von jetzt an durch die zusätzlichen Aufwendungen entsteht. Die bisherigen Kosten sind ja nicht mehr zu beeinflussen.»
>
> 12. D: «Wenn wir jetzt dem Projekt zustimmen, so ist ja praktisch der Zug abgefahren. Gehe ich recht in der Annahme, dass es in den nächsten Phasen nur um das *Wie*, aber nicht um das *Ob* geht? Wenn ja, was würden Sie an meiner Stelle tun?»
>     B: «Ja, es geht nur mehr um das *Wie*. Mit Ihrem Entscheid ist ein Risiko verbunden. Aber *kein* Risiko einzugehen, ist auch ein Risiko.
>     In Ihrer Situation ist das Risiko des Nichtstuns zu gross, und die Folgen wären schwerwiegend. Daher würde ich diesem Projekt zustimmen.»
>
> *Ende des zweiten Entscheidungsgesprächs.*

## 5.3.2 Entscheid

Die EDV-Kommission (Herren Dir. Boss und Dir. Faber der CIL und Herr Dir. Baumann der Elektra) hat nach eingehenden Diskussionen beschlossen, das Projekt freizugeben und unter Vorbehalt der Genehmigung durch den Verwaltungsrat

- die EDV-Anlage TELDAT 341/52 zu beschaffen,
- die Phasen «Vertragsverhandlungen» und «Detailkonzeption» freizugeben.

Die Firma IDEA wurde beauftragt, unverzüglich mit der Firma TELDAT in Vertragsverhandlungen zu treten und die Phase Detailkonzeption in Angriff zu nehmen.

*Ende der Phase «Grobkonzeption und Evaluation».*

# 6. Phase: Detailkonzeption

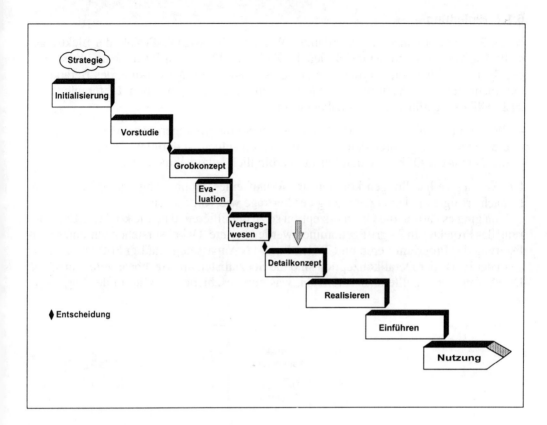

## Inhaltsverzeichnis

6.1  Zu Beginn der Phase Detailkonzeption ........................... 658
    6.1.1  Einleitung ............................................ 658
    6.1.2  Neue Projektorganisation ............................. 659
6.2  Während der Phase Detailkonzeption ........................... 659
    6.2.1  Aufgabe 16: Exakte Formulierung von Detailspezifikationen ..... 660
        Lösung Aufgabe 16 ....................................... 662
    6.2.2  Aufgabe 17: Stellenbeschreibung ........................ 664
        Lösung Aufgabe 17 ....................................... 666
    6.2.3  Aufgabe 18: Aufgaben und Ausrüstung der Informatikstelle ...... 667
        Lösung Aufgabe 18 ....................................... 667
6.3  Am Schluss der Phase Detailkonzeption ......................... 668
Schlusswort .................................................... 669

# 6.1 Zu Beginn der Phase Detailkonzeption

## 6.1.1 Einleitung

In der Phase Grobkonzeption wurden die Weichen für das EDV-Projekt der Elektra gestellt. Die Marschrichtung hinsichtlich der Ziele, Applikationen, Termine und Kosten ist gegeben. Anschliessend wurden von der Elektra AG unter Mitwirkung des Beratungsunternehmens Idea Vertragsverhandlungen mit dem ausgewählten Lieferanten, der TELDAT AG, geführt. Es ging dabei darum,

- die Verantwortung der TELDAT AG als Generalunternehmer festzulegen,
- die Unterstützung durch den Lieferanten im einzelnen zu definieren und
- die Details der Offerte in den Vertrag verbindlich aufzunehmen.

Die Vertragsverhandlungen konnten im Verlauf eines Monats abgeschlossen werden. Danach erfolgte die Unterzeichnung der Verträge wie vorgesehen.

Nun ging es darum, die Grobkonzeption so zu detaillieren, dass die konkrete Realisierung des Projektes in Angriff genommen werden konnte. Dabei verstehen wir unter Realisierung das Programmieren und Testen bzw. das Anpassen gekaufter Software.

In der Phase der Detailkonzeption sind die Spezialisten und Sachbearbeiter am Werk. Der Auftraggeber sollte aber *verstehen*, was nun geschieht. Er sollte in der Lage sein,

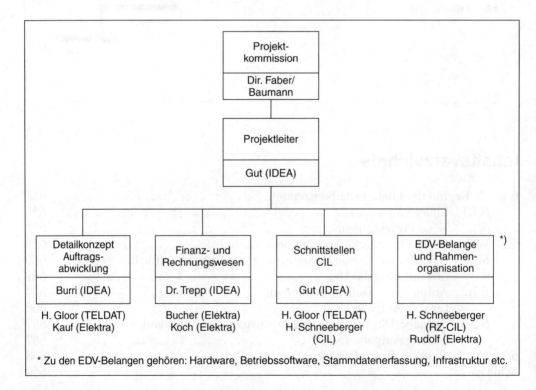

5.6.1   *Projektorganisation der Phase Detailkonzeption*

seine Detailwünsche für die Verarbeitung exakt zu definieren. Er muss verstehen, was ein Wunsch resp. ein Zusatzwunsch nach der Phase Grobkonzeption an Arbeitsaufwand bedeutet. Ferner muss er in der Lage sein, Detailkonzepte einigermassen zu interpretieren, damit er gegebenenfalls seine Einwilligung dazu geben kann.

### 6.1.2 Neue Projektorganisation

Die Projektorganisation ist für die Phase Detailkonzeption neu zu regeln, weil nun zwei neue Instanzen zu den Arbeitsgruppen beigezogen werden:

– Mitarbeiter des Lieferanten (H. Gloor)
– Mitarbeiter des RZ-CIL (H. Schneeberger)

Die Projektleitung bleibt nach wie vor bei Herrn Gut von der Firma IDEA.

Der Projektleiter rapportiert den Auftragsfortschritt monatlich an die Projektkommission, Sondervorkommnisse werden ad hoc behandelt.

## 6.2 Während der Phase Detailkonzeption

Nun werden die Applikationen, die in der Grobkonzeption nur global geschildert wurden, so spezifiziert, dass sie als exakte Programmierungsunterlage für die Phase Realisierung dienen können. Alles, was jetzt durch die vier Arbeitsteams erarbeitet wird, trägt Definitiv-Charakter. Die Verständigung zwischen dem Auftraggeber und dem Auftragnehmer muss 100%ig sein. Die folgende Aufgabe 16 schildert einen solchen Fall.

## 6.2.1 Aufgabe 16: Exakte Formulierung von Detailspezifikationen

Hier ein Auszug aus einem Gespräch zwischen Herrn Burri (IDEA) und Herrn Bucher von der Verwaltung:

Herr Bucher: «... unser Fakturierreglement ist sehr komplex. Die einzelnen Fakturen können ohne den Eingriff unserer Verkäufer kaum bewältigt werden. Der Computer kann da höchstens die Rechenoperationen erledigen.»

Herr Burri: «Wollen Sie trotzdem vielleicht versuchen, mir die Spezifikation zu erklären?»

Herr Bucher: «Gut, versuchen wir es einmal.
Als erstes unterscheide ich zwischen Kunden, die zahlungskräftig sind und eine Sofortzahlung wünschen und solchen, die die Ware auf Abzahlung kaufen.
Im ersten Fall und sofern die Rechnung mindestens Fr. 10 000.– ausmacht, so lautet die Zahlungsbedingung 30 Tage unter Abzug von 10% Skonto. Liegt beim gleichen Kunden der Betrag zwischen Fr. 3000.– und Fr. 10 000.–, so ist das Skonto bei der gleichen Zahlungsfrist nur 5%. Beträge unter Fr. 3000.– müssen innert 30 Tagen netto bezahlt werden. Diese Regel gilt auch für die nicht zahlungskräftigen Kunden. Kunden, welche die Ware auf Abzahlung kaufen und einen Betrag von mehr als Fr. 10 000.– zu begleichen haben, erhalten eine Rechnung für die Abzahlung in 12 gleichen Monatsraten mit einem Zuschlag von 3%. Bei der gleichen Kundenkategorie, die Beträge zwischen Fr. 3000.– und Fr. 10 000.– zu begleichen hat, werden Rechnungen für 3 Monatsraten ausgestellt mit einem Zuschlag von 1%.
Nun urteilen Sie selbst Herr Burri: Ist das nicht zu komplex, um es mit dem Computer zu bewältigen?»

Versetzen Sie sich in die Lage von Herrn Burri und versuchen Sie, eine *Entscheidungstabelle* zu skizzieren, die aus Bedingungen und Aktionen besteht. (Siehe Kapitel III/10.)

Als Wegleitung wurde die erste Entscheidungsregel im vorgegebenen Formular (siehe Folgeblatt) bereits eingetragen.

## Aufgabe 16 (Fortsetzung)

| | Regel<br>Bedingungen<br>Aktionen | 1 | 2 | 3 | 4 | 5 | 6 |
|---|---|---|---|---|---|---|---|
| **Bedingungen** | Zahlungskräftiger Kunde/ Sofortzahlung gewünscht | ja | | | | | |
| | Nicht zahlungsfähiger Kunde | – | | | | | |
| | Rechnung grösser oder gleich Fr. 10000.– | ja | | | | | |
| | Rechnung zwischen Fr. 3000.– und Fr. 10000.– | – | | | | | |
| | Rechnung kleiner als Fr. 3000.– | – | | | | | |
| **Aktionen** | 30 Tage; 10% Skonto | x | | | | | |
| | 12 Monatsraten + 3% | | | | | | |
| | 3 Monatsraten + 1% | | | | | | |
| | 30 Tage netto | | | | | | |
| | 30 Tage 5% Skonto | | | | | | |

## Lösung Aufgabe 16: Exakte Formulierung von Detailspezifikationen

Was Herr Bucher in umständlicher und unübersichtlicher Art ausgedrückt hat, lässt sich in der folgenden Entscheidungstabelle einfach, exakt und übersichtlich darstellen.

|  | Regel<br>Bedingungen<br>Aktionen | 1 | 2 | 3 | 4 | 5 | 6 |
|---|---|---|---|---|---|---|---|
| Bedingungen | Zahlungskräftiger Kunde/<br>Sofortzahlung gewünscht | ja | ja | ja | – | – | – |
| | Nicht zahlungskräftiger<br>Kunde | – | – | – | ja | ja | ja |
| | Rechnung grösser oder<br>gleich Fr. 10000.– | ja | – | – | ja | – | – |
| | Rechnung zwischen<br>Fr. 3000.– und Fr. 10000.– | – | ja | – | – | ja | – |
| | Rechnung kleiner<br>als Fr. 3000.– | – | – | ja | – | – | ja |
| Aktionen | 30 Tage; 10% Skonto | x | | | | | |
| | 12 Monatsraten + 3% | | | | x | | |
| | 3 Monatsraten + 1% | | | | | x | |
| | 30 Tage netto | | | x | | | x |
| | 30 Tage 5% Skonto | | x | | | | |

Diese Tabelle dient auch für nicht eingeweihte Analytiker und Programmierer als *Detailspezifikation* für die Erarbeitung und das Testen des definitiven Computerprogramms.

In der Phase Detailkonzeption ist die Verständigung zwischen dem Auftraggeber (dem zukünftigen Anwender des Systems) und dem EDV-Fachmann oft problematisch. Zwar weiss der Sachbearbeiter aus der Linie, was er von einem Informationssystem erwartet; er hat aber Mühe, dies exakt auszudrücken. Ein gangbarer Weg ist, mit dem *Entwurf der gewünschten Ausgaben* zu starten. Sind diese einmal exakt spezifiziert, so ist dann die Formulierung der notwendigen Eingabedaten, der Dateien, der Verarbeitungsregeln usw. nichts anderes als eine logische Folgerung. Die Definition des Outputs fordert vom Auftraggeber ein gewisses Mass an kreativem Denken sowie Vor- und Darstellungsvermögen.

Nebst den direkten EDV-Belangen gibt es noch eine ganze Reihe von Detailarbeiten, hinsichtlich (siehe Teil IV, Kap. 6, EDV-Betrieb):

- Rahmenorganisation
- Stammdatenübernahme
- Sicherheitskonzept
- Backup-Prozeduren
- Personalbelangen.

Die Firma Elektra will sicherlich keine personalintensive EDV-Abteilung in ihrer Organisation sehen. Ein Verantwortlicher für die Belange der EDV und die halbe Arbeitszeit einer Person aus der Buchhaltung zur Stellvertretung und Reserve sind das absolute Minimum für die Aufrechterhaltung des Betriebes und Unterhaltes der EDV-Hardware, der Systemsoftware und der Benützerapplikationen. Die Zuteilung oder Einstellung des Personals ist Sache der Unternehmensleitung.

Lösen Sie in diesem Zusammenhang die folgende Aufgabe Nr. 17: Stellenbeschreibung.

## 6.2.2 Aufgabe 17: Stellenbeschreibung

Das System TELDAT 341/52 ist zwar ein einfaches System, doch braucht es sicherlich einen Verantwortlichen für die Belange der EDV. Für eine kompetente Fachberatung wird die EDV-Abteilung der CIL besorgt sein; die Handhabung des Systems, die Verwaltung der Daten und die organisatorischen Belange müssen jedoch an Ort und Stelle (bei der Elektra AG) wahrgenommen werden.

Für den zukünftigen EDV-Verantwortlichen ist eine Stellenbeschreibung zu erarbeiten.

Folgender Raster wird empfohlen:

1. Bezeichnung der Stelle
2. Vorgesetzte Stelle
3. Mitarbeiter
4. Stellvertreter, Platzhalterschaft
5. Funktionen und Hauptaufgaben
6. Profil des Stelleninhabers
6.1 Schulausbildung
6.2 Berufsausbildung
6.3 Zusatzkenntnisse
6.4 Besondere Anforderungen

Sie finden ein entsprechendes Formular auf der nächsten Seite.

| Firma: | **Stellenbeschreibung** | |
|---|---|---|
| | | |

1. Bezeichnung
2. Vorgesetzte Stelle
3. Mitarbeiter
4. Stellvertretung, Platzhalterschaft
5. Funktionen und Hauptaufgaben

6. Profil des Stelleninhabers

6.1 Schulausbildung:

6.2 Berufsausbildung:

6.3 Zusatzkenntnisse:

6.4 Besondere Anforderungen:

## Lösung Aufgabe 17: Stellenbeschreibung

| Firma: | **Stellenbeschreibung** | |
|---|---|---|
| 1. Bezeichnung | EDV-Verantwortlicher | |
| 2. Vorgesetzte Stelle | | |
| 3. Mitarbeiter | Ein $^1/_2$ Mitarbeiter aus der Buchhaltung | |
| 4. Stellvertretung, Platzhalterschaft | Stellvertreter des Finanz- und Rechnungswesens | |
| 5. Funktionen und Hauptaufgaben | Leitung der EDV | |
| | • Koordination mit den Rechenzentren der CIL | |
| | • Termin- und Kapazitätsplanung (Batchapplikation) | |
| | • Überwachung der Funktionstüchtigkeit der Anlage | |
| | • Koordination und Kontakte mit den Hard- und Softwarelieferanten | |
| | • Betreuung der Applikationen | |
| | • Verantwortlich für Datensicherung und Datenarchivierung | |
| | • Beratung der Benützer EDV | |
| | • Budget- und Einsatzplan | |
| | • Vorschläge für Hard- und Softwarebeschaffung, Berichterstattung/Information | |
| 6. Profil des Stelleninhabers | | |
| 6.1 Schulausbildung: | Kaufmännische Ausbildung oder | |
| | Technische Ausbildung; | |
| | Berufslehre oder | |
| | Maturität | |
| 6.2 Berufsausbildung: | EDV-Grundausbildung beim Lieferanten hinsichtlich Handhabung der Anlage | |
| | Kenntnisse des Betriebssystems | |
| | Firmeninterne, anwendungsorientierte Weiterbildung | |
| 6.3 Zusatzkenntnisse: | Erfahrung mit Datennetzen/Netzadministration erwünscht | |
| 6.4 Besondere Anforderungen: | Hohe Zuverlässigkeit und Sorgfalt/Planungs- und Organisationsfähigkeit/gute Auffassungsgabe/Selbständigkeit/Lernbereitschaft/Aufgeschlossenheit/Belastbarkeit und Ausdauer | |

Dieser Anforderungskatalog sollte als *Leitbild* dienen, auch wenn die Anforderungen nicht zur Gänze erfüllt werden.

Die Projektkommission steht zu diesem Zeitpunkt vor der Aufgabe, den Verwaltungsrat der CIL über ihren Entscheid zu informieren. Als Unterlage dazu bieten sich einzelne Kapitel des Berichtes «Grobkonzeption und Evaluation» an. Der Verwaltungsrat bezweifelt jedoch vorläufig die Notwendigkeit, in der «Elektra AG» eine eigene Informatikstelle einzurichten. Er ist der Meinung, allfällige Aufgaben einer solchen Stelle könnten im Rechenzentrum der CIL nebenbei erledigt werden. Deshalb hält es der Projektleiter für notwendig, die Aufgaben der Informatik der «Elektra AG» und die Anforderungen an deren Informatikstelle nochmals deutlich zu beschreiben. Mit dieser Beschreibung sollen Sie sich in der nächsten (und letzten) Aufgabe der Fallstudie auseinandersetzen.

### 6.2.3 Aufgabe 18: Aufgaben und Ausrüstung der Informatikstelle

Beschreiben Sie anhand der Abb. 4.6.2 und 4.6.4 die wichtigsten Aufgaben für die Informatikstelle der «Elektra AG» und ihre Ausrüstung als Unterlage für eine Präsentation vor dem Verwaltungsrat der CIL.

**Lösung der Aufgabe 18:**

1. *Bedarfsermittlung und Rahmenkonzept:*
   In der hier behandelten (ersten) Ausbaustufe werden folgende Kernprozesse in die Informatik aufgenommen: Rechnungswesen, Lohnabrechnung, Auftragsabwicklung, Lager-Bestandesführung, Anwendungsberatung (neue, strategische Dienstleistung). Für die integrierte Bearbeitung dieser Anwendungen wird ein neues System in Client-/Server-Architektur beschafft. Die Informatikstelle hat die Aufgabe, nach der Inbetriebsetzung des neuen Systems zusammen mit der Geschäftsleitung weitere Kernprozesse zu analysieren und ihre Bearbeitung durch die Informatik vorzubereiten.

2. *Entwicklung und Einführung:*
   Für einen allfälligen weiteren Ausbau des Informationssystems erarbeitet die Informatikstelle das Pflichtenheft und beschafft im Einvernehmen mit der Geschäftsleitung die nötige Hardware und Standardsoftware.

3. *Unterhalt der Anwendungssoftware und der Datenbank:*
   Die Informatikstelle sorgt für den laufenden Unterhalt der Anwendungssoftware und der Datenbank. Sie analysiert allfällige Anforderungen der Anwender, prüft deren Notwendigkeit und Wirtschaftlichkeit und veranlasst die Realisierung von Anpassungen im Einvernehmen mit der Geschäftsleitung.

> **Lösung Aufgabe 18 (Fortsetzung)**
>
> 4. *Dienstleistungen des Rechenzentrums:*
>    Die Informatikstelle sorgt für die Betriebsbereitschaft der Hardware und der Betriebssoftware des eingesetzten Client-/Server-Systems. Sie leitet die Durchführung der Batchverarbeitungen. Sie sorgt für die rasche Behebung allfälliger Störungen und für die Durchführung der Sicherheitsmassnahmen.
>
> 5. *Benutzerunterstützung:*
>    Die Informatikstelle unterstützt die Benutzer in der Bedienung ihrer Workstations, bei der Durchführung der Anwendungen, bei der Definition von Datenbankabfragen, bei der Feststellung von Fehlern und bei der Behebung von Störungen, bei der Formulierung von Anforderungen für Programmerweiterungen oder -änderungen. Sie hilft den Benutzern bei der Verhütung und Bewältigung von Schadenfällen.
>
> 6. *Verbindung zur zentralen Informatikstelle der CIL:*
>    Die Informatikstelle der «Elektra AG» stellt die Verbindung von den Benutzern zur zentralen Informatikstelle der CIL und zu den Lieferanten her.
>
> *Ausrüstung:* Diese umfasst die gemeinsam genützten Komponenten des Client-/Server-Systems TELDAT 341/52, und zwar Netzserver, Datenbankserver, Schnelldrucker, Gateway, zwei Work Stations, einen Laserdrucker.

Die oben ausgearbeitete Unterlage wurde zusammen mit dem Grobkonzept von den Herren Direktor Baumann und Projektleiter Gut am 1. August dem Verwaltungsrat der CIL in Triesen präsentiert. Auf Vorschlag seines Präsidenten wurde der Weiterführung des Projektes und der Schaffung einer Informatikstelle für die «Elektra AG» zugestimmt, auf das Einspracherecht einstimmig verzichtet und Direktor Boss die Vollmacht erteilt, über allfällige Erweiterungen des neuen Systems nach eigenem Gutdünken zu entscheiden.

## 6.3 Am Schluss der Phase Detailkonzeption

Die Phase Detailkonzeption schliesst mit einer Vielzahl von Detailabläufen der in Zukunft zu realisierenden Applikationen und mit einer Gesamtübersicht der Schnittstellen und Übergänge der einzelnen Teilbereiche des EDV-Systems. Ein Gesamtdatenflussplan zeigt, wie die Daten vom Moment der Erfassung über alle Phasen, den Plausibilitätstest, die Speicherung bis zur Archivierung resp. Vernichtung gehandhabt werden.

Die Dokumentation ist sehr umfangreich und kann von der Führung des Unternehmens nicht mehr im Detail durchgearbeitet werden. Dies ist auch nicht ausschlaggebend, denn für die einzelnen Applikationen sind die jeweiligen Bereichsleiter und Sachbearbeiter verantwortlich.

Eine Entscheidung und die damit verbundenen Entscheidungsgespräche, wie sie in den Phasen Vorstudie und Grobkonzeption und Evaluation gezeigt werden, sind hier nicht mehr nötig. Die Weichen für das Projekt als Ganzes sind ja bereits nach der Phase Grobkonzeption und Evaluation gestellt worden.

Diese Phase schliesst ab mit einer Auftragserteilung an die Firma IDEA, die Phase Realisierung in Angriff zu nehmen. Da die nächsten zwei Phasen hauptsächlich eine Sache der Spezialisten sind, schliesst die Fallstudie hier ab.

## Schlusswort zur Fallstudie «Elektra»

Diese Fallstudie betraf die Tochterfirma eines Konzerns, dessen EDV-Strategie sehr zentralistisch ausgerichtet war. Die Lösung soll hier keineswegs als «Musterlösung» interpretiert werden. *Grundsätzlich muss das organisatorische Konzept immer dem betroffenen Unternehmen und seinen Eigenheiten angepasst sein.* EDV von der Stange ist trotz attraktiver Preise meistens die teurere Lösung, wenn sie nicht den Möglichkeiten und Bedürfnissen des Kunden entspricht.

Für den Leser ist daher nicht das Resultat des Fallbeispiels, sondern sind das *phasenweise Vorgehen*, die Tätigkeiten, die Organisation, die verwendeten Techniken und die notwendigen Formalismen von Bedeutung.

Dieses Beispiel und auch das Buch als Ganzes kann den Rat eines Fachmannes nicht ersetzen.

Sollte es Ihnen, sehr geehrter Leser, gelungen sein, die Zeit und die Geduld für die seriöse Durcharbeitung dieser Fallstudie aufzubringen, so werden Sie Ihre zukünftigen EDV-Projekte wirtschaftlicher, speditiver und kompetenter abwickeln können.

# Glossarium

von grundlegenden Begriffen in der

Technologie der automatisierten Datenverarbeitung

ausgearbeitet von M. Reichl, Dipl.-Ing., Dr. techn., Dr. iur.,
W. Lindheim, Dipl.-Ing., Dr. techn.,
A. Großmaier, Dipl.-Ing.,
und ergänzt durch die Buchautoren

Anmerkung: Querverweise auf Stichwörter, die in diesem Glossarium ebenfalls definiert sind, werden durch einen Pfeil (→) gekennzeichnet.

Als Unterlage wurde u.a. verwendet:

Schulze, H.H.: Das rororo Computer Lexikon. Rowohlt, Reinbek, 1988.
Dietzel, W.: Lexikon der PC-Fachbegriffe. WEKA, Augsburg, 1993.
Olivetti (Hrsg.): Computerlexikon. Markt & Technik, Haar, 1988.

## ActiveX
A. sind kleine Programme, die in eine Web-Seite (→ World Wide Web) eingebaut werden können. Mit ihrer Hilfe können z.B. Berechnungen in einer → Homepage ausgeführt werden. Im Gegensatz zu → Java wird die Sicherheit durch einen Herkunftsnachweis jedes Programmes gewährleistet.

## ADA
Höhere Programmiersprache für Real-Time-Anwendungen (→ Real-Time-Verarbeitung). 1980 durch das US-Verteidigungsministerium definiert.

## Adressbus
→ Bus-Architektur.

## Adresse
Standort eines bestimmten Speicherplatzes in einem (adressierbaren) → Speicher. Mit Hilfe der Adresse können → Daten auf einem Speicherplatz gespeichert oder von dort wieder abgerufen werden.

## Adressierverfahren
Bei → Speicherungsverfahren mit → Direktzugriff muss eine physikalische → Adresse angegeben werden, um den → Zugriff zu ermöglichen.
a) Direkte A.: 1:1-Relation zwischen Ordnungsbegriff und Speicheradresse
b) Indirekte A.: (Algorithmusmethode): Aus dem Ordnungsbegriff wird nach einem beliebigen Rechenschema eine Adresse ermittelt.
c) Indizierte A.: Die physikalische Adresse wird über hierarchische (ein- bis dreistufige) Adresstabellen aus dem Ordnungsbegriff ermittelt.

## Agent
Im Zusammenhang mit dem → Internet ein selbständig arbeitendes Programm, das Informationsanbieter und -empfänger bei der Benützung der Dienstleistungen des Internet unterstützt. Solche Programme steuern Änderungen und reagieren auf Wechsel in einem definierten Umfeld (Datenbestand).

## AI
«Artificial Intelligence» → Künstliche Intelligenz.

## alphanumerisch
Codierung von → Daten, die aus numerischen Ziffern und alphabetischen Zeichen (Buchstaben des Alphabets) bestehen, z.B. 025A12; dieser Begriff umfasst im weiteren Sinne auch Sonderzeichen (z.B.: + , . > * usw.).

## analog
Prinzip der Darstellung von quantitativen Grössen durch andere physikalische Grössen. (Z.B.: Uhrzeit durch Winkel der Uhrzeiger dargestellt). Gegenteil: → digital.

## Analog-Rechner
→ Datenverarbeitungsanlage, deren interne Darstellung von Grössen dem → analogen Prinzip entspricht. Gegenteil: → Digitalrechner (→ Hybridrechner). Vorteile: einfache Darstellung bestimmter mathematischer Zusammenhänge, besonders von Differentialgleichungen.

## Analytiker
(auch Systemanalytiker, EDV-Analytiker). Der A. analysiert ein Arbeitsgebiet im Hinblick auf eine EDV-gerechte Lösung. Ergebnis seiner Arbeit sind sogenannte Programmvorgaben, event. auch fertige → Programme (→ Analytiker/Programmierer).

## Analytiker/Programmierer
Der A. erfüllt für kleinere Gebiete sowohl die Aufgaben eines → Analytikers als auch eines → Programmierers. Er ist also ein im Aufgabenbereich spezialisierter Analytiker oder ein Programmierer, der sich auch mit Analyseaufgaben beschäftigt.

## ANSI
(American National Standard Institute) amerikanische Normengesellschaft.

## Anweisung
Arbeitsvorschrift, die in einer beliebigen Sprache (in der → EDV meist: → Programmiersprache) angibt, dass eine bestimmte Operation ausgeführt werden soll. In der EDV handelt es sich dabei um eine präzise Vorschrift, auf Grund welcher ein Rechner entweder unmittelbar (→ Maschinensprache) oder nach Umwandlung (Übersetzung) eine eindeutige Funktion ausführt.

## Anwendersoftware
→ Software, die direkt auf die speziellen Bedürfnissen der Anwender eingeht. Im Gegensatz zu: → Systemsoftware bzw. → Betriebssystem.

## Anwendungsprogramm
→ Programm, das speziell auf Bedürfnisse des Anwenders eingeht. Gegensatz: Systemprogramm.

## APL
(A Programming Language) Höhere mathematisch orientierte, interpretative → Programmiersprache

(→ Interpreter), die vor allem in den USA eingesetzt wird.

**Applet**
(auch: Java-Applet) Kurzes Java-Programm (→ Java).

**Arbeitsspeicher**
(Haupt-, Zentralspeicher) Wichtiger Bestandteil der → Zentraleinheit jeder EDV-Anlage. Bei einer Verarbeitung enthält der Arbeitsspeicher die sich gerade in Bearbeitung befindlichen → Programme (oder Programmteile) und → Daten. Aufbau: miniaturisierte, auf der Technik der → Halbleiter basierende Bauelemente (→ LSI, → MOS) wichtigste Eigenschaft: Adressierbarkeit (→ Adresse) wichtige Kennziffern: → Kapazität, → Zugriffszeit, → Zykluszeit.

**Artificial Intelligence (AI)**
→ Künstliche Intelligenz.

**ASCII**
(American Standard Code for Information Interchange) 7-Bit-Code zur Darstellung → alphanumerischer Zeichen.

**Assembler**
1. Maschinenorientierte → Programmiersprache, die über den gleichen Befehlsvorrat verfügt wie die → Maschinensprache, die aber anstatt der Binärwörter Kürzel und statt der absoluten → Adressen symbolische Adressen verwendet. 2. → Übersetzungsprogramm, das → Programme aus der Assemblersprache in die → Maschinensprache übersetzt und dabei Formalfehler erkennt.

**asynchrone Arbeitsweise**
Die einzelnen Geräte und Operationen bestimmen ihren Zeitablauf selbst (können optimal arbeiten) und geben nach ihrer Beendigung ein Signal an ein Steuerorgan. Besonders vorteilhaft beim Zusammenschluss unterschiedlicher technischer Geräte. Gegenteil: → synchrone Arbeitsweise.

**asynchrone Übertragung**
Bei der asynchronen → Datenübertragung werden Kontrollzeichen (meist für Start- und Stop-Vorgang) mit den zu übertragenden → Informationen mitgesandt. Damit kann man Geräte mit unterschiedlichen Datenübertragungsgeschwindigkeiten aufeinander abstimmen (miteinander synchronisieren). (Gegenteil: → synchrone Übertragung).

**Aufrüsten**
→ Computer werden üblicherweise in einer bestimmten Grundausstattung gekauft. Durch die modulare Bauweise können aber einzelne Komponenten ausgetauscht oder neue Elemente dazugefügt werden. Im Laufe der Zeit können, bedingt durch die wachsenden Anforderungen an den Computer, verwendete Komponenten gegen schnellere oder solche mit höherer Kapazität oder modernerer Architektur ausgetauscht werden. Diesen Vorgang nennt man Aufrüsten eines Computers.

**Ausgabegeräte**
Geräte der → Peripherie, die zur Ausgabe von → Daten bei → Datenverarbeitungsanlagen dienen.

**Band**
Meist: → Magnetband.

**BASIC**
(Beginners All Purpose Symbolic Information Code) Eher mathematisch orientierte, einfache höhere → Programmiersprache, die eine dialog-orientierte Programmierung erlaubt. (→ Interpreter).

**Batch-Verarbeitung**
(Stapelverarbeitung) Schubweise EDV-Verarbeitung, wobei die benötigten → Daten bei deren Anfallen zunächst gesammelt und zu einem bestimmten Zeitpunkt in einem Durchgang verarbeitet werden. Das Gegenteil der Batch-Verarbeitung ist die → Real-Time-Verarbeitung.

**Baud** (Bd)
Baud ist die Schrittgeschwindigkeit bei der Datenübertragung. Ein Schritt ist die kleinste übertragene Einheit. Pro Übertragungsschritt wird häufig ein Bit übertragen. Nur in diesem Fall entspricht die Schrittgeschwindigkeit der → Übertragungsrate.

**BCD**
(Binary Coded Decimal) Dual verschlüsselte Dezimalziffer. (→ Dualsystem). Jede Ziffer einer Dezimalzahl wird als Dualzahl dargestellt (4 → Bits pro Ziffer). Grundlage des → EBCDI-Codes.

**BDE**
→ Betriebsdatenerfassung.

**Befehl**
→ Anweisung.

**Benchmark-Test**
Leistungsvergleich für Rechner. Vergleichskriterien: Ausführungszeiten und Speicherbedarf für ausgewählte Programmbeispiele.

## Benutzeroberfläche
Bezeichnung für die Schnittstelle zwischen Benutzer und Informationssystem. Die Benutzeroberfläche gibt an, in welcher Form das System Informationen an den Benutzer abgibt und von diesem entgegennimmt. Man unterscheidet:
- befehlsorientierte B.: Der Benutzer setzt mit der Eingabe von Befehlen die gewünschten Funktionen in Gang.
- menüorientierte B.: Der Benutzer bewirkt dies mit der Auswahl eines Menüpunktes.
- symbolorientierte B.: Der Benutzer wählt die Funktion durch die Markierung eines Symbols (engl. Icon).

## Bestandesdaten
→ Daten, die der Bestandesführung dienen (z.B.: Lagerbestand).

## Betriebsdatenerfassung (BDE)
Speziell auf Fertigungsbetriebe ausgerichtete Art der → Datenerfassung direkt an den Entstehungsorten.

## Betriebssystem
→ Programme, die den Betrieb einer EDV-Anlage ermöglichen. Das Betriebssystem bildet die notwendige Voraussetzung für den Betrieb von → Anwenderprogrammen. Es übernimmt die Vermittlerrolle zwischen → Hardware, den ablaufenden Anwenderprogrammen und dem Systembenützer, dessen Arbeit das Betriebssystem erleichtern muss. Es besteht aus einer ganzen Reihe verschiedener, meist vom Hersteller gelieferter Programme, die als notwendige Ergänzung der Hardware einen festen Bestandteil jeder EDV-Anlage bilden.

## Bewegungsdaten
→ Daten, die der Veränderung von → Bestandesdaten dienen (z.B. Lagerentnahmen oder -zugänge).

## Bildplatte
Externer Massenspeicher auf optischer Basis. Die Daten werden mit Laser geschrieben und gelesen. Sehr hohe Speicherkapazität. → CD-ROM.

## Bildschirmgerät
Ein-/Ausgabegerät mit Eingabetastatur und Bildschirm, mit dessen Hilfe → Daten und → Informationen im Klartext oder → analog wiedergegeben werden können. Spezielle Bildschirmgeräte können auch Informationen über einen Lichtstift aufnehmen (z.B.: → CAD, graphische Darstellungen) → Terminal.

## Bildschirmtext (Btx)
(Schweiz: Swiss Online). Telekommunikationsdienst für einfachen Dialogverkehr zwischen Endbenützern und Informationsanbietern.

## Binärsystem
→ Zahlensystem auf der Basis 2, auch als → Dualsystem bezeichnet.

## Bit
(Binary digit) Kleinstmögliche Einheit dualer Darstellung der → Information. Ein Bit erlaubt die Darstellung zweier Zustände (Ja-Nein, 1-0), worauf die Funktionsweise der → Digitalrechner aufbaut.

## bit/s
Masseinheit für die → Übertragungsrate von Nachrichtenleitungen.

## Blockfaktor
Anzahl der → Datensätze in einem → Datenblock.

## Blocklücke
(Bandlücke) Speicherraum auf einem → Magnetband, der zum Abbremsen und Wiederanlauf des Bandes zwischen → Datenblöcken benötigt wird und deshalb keine → Daten enthalten kann. Meist etwa 1,5 cm lang.

## Blockschaltbild
Graphische Ablaufdarstellung durch Blöcke und Flusslinien; wird insbesondere beim → Datenflussplan und Programmablaufplan verwendet.

## Blockung
Zusammenfügen von → Datensätzen zu einem → Datenblock. Zweck: Reduktion der → Blocklücken, bessere Speicherplatznutzung.

## Bool'sche Algebra
Auf der Mengenlehre basierende Algebra der Logik. Grundlage der Schaltalgebra.

## Bottom Up
Bei einem Bottom-Up-Verfahren werden zuerst alle Details gelöst, bevor man in höheren Hierarchieebenen weiterarbeitet. Beispiel: Beim Programmieren beginnt man zuerst mit denjenigen Funktionen, die keine kleineren Bausteine verwenden. Dann arbeitet man nach oben weiter. Die → Top-Down-Methode geht umgekehrt vor.

## bpi
(→ bit per inch) Massgrösse für die Aufzeichnungsdichte auf einem → Magnetband (gilt je Spur, entspricht daher auch: → byte per inch).

## bps
(<u>b</u>it <u>p</u>er <u>s</u>econd) → bit/s.

## Bridge
Eine Bridge ist ein Rechner, mit dem in einem Netzwerk-System zwei → Netzwerke verbunden werden, die auf dem selben → Protokoll basieren. Dabei wird für die Steuerung der einzelnen Verbindungswege und für die Weiterleitung der → Daten in die gewünschte Richtung gesorgt (siehe auch → Gateway).

## Browser
Client-Software für die Benützung des → Internet oder eines → Intranet. Ermöglicht das elektronische Durchblättern der Seiten im → World Wide Web.

## Btx
Abkürzung für Bildschirmtext.

## Bus-Architektur
Sammelschienenartig oder ringförmig geführte Leitungen (→ Kanäle), an die mehrere Informationsquellen und -senken angeschlossen sein können. Durch einheitliche → Schnittstellen für alle angeschlossenen Einheiten wird der konstruktive Aufbau einer → Datenverarbeitungsanlage vereinfacht und die Leistung erhöht. Meist gibt es einen eigenen Bus für Steuerinformation (Steuerbus), → Adressen (Adressbus) und → Daten (Datenbus).

## Byte
Masseinheit für die Speichergrösse; besteht meist aus 8 Datenbits; ein Byte erlaubt die Speicherung eines Schriftzeichens aus einem Zeichensatz oder zweier Ziffern.

## Bytemaschinen
→ Datenverarbeitungsanlage, bei der im → Arbeitsspeicher ein → Byte die kleinste adressierbare Einheit ist. Gegenbegriff: → Wortmaschinen.

## C, C++
Die Programmiersprache C wurde 1972 von Dennis M. Ritchie in den Bell-Laboratories entwickelt und von Brian W. Kernighan 1973/74 weiter verbessert. C ist sehr schnell, maschinennah und wird vor allem im Bereich der Betriebssystemprogrammierung (→ Betriebssystem) eingesetzt.
C++ ist eine Weiterentwicklung von C, die auf die Konzepte der → objektorientierten Programmierung aufbaut.

## Cache-Speicher
Pufferspeicher zwischen dem → Arbeitsspeicher und den restlichen Teilen einer → Zentraleinheit zum Verkürzen der → Zugriffszeiten zum Arbeitsspeicher.

## CAD
(<u>C</u>omputer <u>A</u>ided <u>D</u>esign) Computerunterstütztes Entwerfen, bei dem der planende Ingenieur über ein → Bildschirmgerät den Entwurf oder die Änderungen einer Zeichnung eingibt. Die Entwurfs- und Berechnungsalgorithmen sind im → Computer gespeichert, so dass der Konstrukteur nur noch die variablen Parameter eingeben muss und als Ergebnis einen gezeichneten Entwurf (bzw. Änderung), die dazugehörenden Berechnungsgrundlagen und gegebenenfalls sogar die kompletten Fertigungsunterlagen erhält. CAD kann auch als Hilfsmittel zum Erstellen komplizierter Zeichnungen (z.B. Rohrnetzen) bzw. zum Disponieren von Flächen (Layout-Planung, Blechzuschnitte etc.) verwendet werden. Der endgültige Entwurf kann über → Plotter oder → Drucker zu Papier gebracht werden.

## CAI
(<u>C</u>omputer <u>A</u>ided <u>I</u>nstruction) Dabei tritt der Rechner an die Stelle des Lehrers und vermittelt über geeignete Datenstationen (→ Terminal) und entsprechende Lernprogramme den Lernstoff direkt an die Schüler. Durch Abfragen wird der Lernerfolg geprüft und der Schüler auf Fehler aufmerksam gemacht bzw. der weitere Ablauf beeinflusst.

## CAM
(<u>C</u>omputer <u>A</u>ided <u>M</u>anufacturing) EDV- unterstützte Rationalisierung der im Bereich der Produktion anfallenden Tätigkeiten, wie numerische Steuerung von Werkzeugmaschinen (→ NC), Steuerung von Montagevorgängen, Steuerung von Lager- und Transportvorgängen und Messdatenerfassung.

## CASE
Computer Aided Software Engineering. Unterstützung des → Software Engineering mit Tools und Hilfsmitteln durch den → Computer.

## CCITT
(<u>C</u>omité <u>C</u>onsultatif <u>I</u>nternational <u>T</u>élégraphique et <u>T</u>éléphonique) Beratendes Organ der Internationalen Fernmelde-Union.

## CD-ROM
(Abk. für <u>C</u>ompact <u>D</u>isk → ROM) Datenträger zur optischen Speicherung mit sehr grosser Kapazität. Auf einem CD-ROM in Grösse einer Audio-CD lassen sich bis 750 MB (je nach Verfahren) speichern. Dies entspricht dem Inhalt von ca. 600 Büchern wie

dem vorliegenden. Mit CD-ROMs lassen sich grosse Datenbestände einem grossen Empfängerkreis billig zur Verfügung stellen. Anwendung für Enzyklopädien, Telefonverzeichnisse, Kataloge.

### Chip
Baustein, dessen Schaltung auf einem Halbleiterkristall untergebracht ist (→ integrierte Schaltung).

### Chipkarte
→ Smart Card

### CIM
Computer Integrated Manufacturing. CIM bezeichnet die integrierte Informationsverarbeitung für betriebswirtschaftliche und technische Aufgaben eines Industriebetriebs. Die Komponenten von CIM (nach A.-W. Scheer) sind Produktionsplanung und -steuerung (PPS), Computer Aided Design (CAD), Computer Aided Planning (CAP), Computer Aided Manufacturing (CAM), Computer Aided Quality Ensurance (CAQ) und Instandhaltung. PPS entspricht den den betriebswirtschaftlichen Aufgaben, die CA-Komponenten entsprechen den eher technisch orientierten Aufgaben.
Die Entwicklung und Realisation eines CIM-Konzeptes hat zum Ziel, durch Integration und Straffung der Abläufe die Wirtschaftlichkeit des Unternehmens und die Flexibilität der Fertigung zu erhöhen.

### Client/Server (-Architektur)
Ein Server ist ein Prozess (→ Programm), der die Verwaltung von → Daten organisiert, die mehreren anderen Prozessen (Computer-Benutzern) zur Verfügung stehen und auf Anfrage dieser Prozesse die Daten zur Verfügung stellt. Die Prozesse (Programme), die Daten vom Server anfordern, nennt man Clients.
Ein File-Server organisiert die Verwaltung von → Dateien (Files), ein Print-Server organisiert Wünsche der Netzwerkbenutzer (→ Netzwerk), Dateien auf einem oder mehreren Druckern auszugeben.
Vielfach werden die Bezeichnungen Server und Client synonym auch für die → Computer benutzt, auf denen die entsprechenden Prozesse laufen. Für die Computer, auf denen die Server-Prozesse laufen, wird vielfach auch die Bezeichnung → Host verwendet.

### Closed Shop
Betriebsmodus eines → Rechenzentrums, der dem Anwender den Zutritt zu den Anlagen selbst nicht gestattet.

### COBOL
(Common Business Oriented Language) Höhere → Programmiersprache für Anwendung im kaufmännischen Bereich.

### CODASYL
(Conference On Data Systems Languages) Ende der 50er Jahre gegründete amerikanische Arbeitsgemeinschaft, die → COBOL entwickelt hat und heute noch laufend erweitert, vor allem in Richtung auf den verbesserten Einsatz bei → Datenbanken.

### Code
(Schlüsselverfahren) Verschlüsselungsvorschrift. Wichtige Codes in der automatisierten Datenverarbeitung: → EBCDIC, → ASCII-Code, (→ Lochkarte).

### Codieren
im Zuge der Erstellung eines → Programmes: Umsetzen eines Programmablaufplanes in eine Reihe von → Anweisungen unter Verwendung der Syntax einer bestimmten → Programmiersprache.

### COLD
Abk. für «Computer Output on → Laser Disk», engl. für «Computer Ausgabe auf optische Platte».

### COM
(Computer Output on Microfilm) Verfahren zur Ausgabe von → Daten auf Mikrofilm.

### Compiler
Übersetzungsprogramm, das → Programme aus einer höheren → Programmiersprache in die → Maschinensprache übersetzt und dabei Formalfehler erkennt.

### Computer
Rechenanlage, → Datenverarbeitungsanlage.

### Computer-Viren
→ Virus, → Wurm.

### Computerwort (CW)
Kleinste adressierbare Speichereinheit im → Arbeitsspeicher von → Wortmaschinen. Die Wortlänge liegt zwischen 16 und 64 → Bits.

### Corporate WEB
Anwendung im → Intranet. Es bietet dieselben Möglichkeiten, wie das → World Wide Web, ist jedoch auf einen «privaten» Kreis von Benutzern (z.B. von Mitarbeitern eines Unternehmens) beschränkt.

## cpi
Characters Per Inch. Massgrösse für die Dichte der Zeichen (Buchstaben, Ziffern, etc.), z.B. bei der Ausgabe von Text auf einem → Drucker (z.B.: 10 oder 12 cpi).

## CPU
(Central Processing Unit). → Zentraleinheit.

## Cursor
Positionsanzeiger. Lichtzeichen auf dem Bildschirm, das die Stelle angibt, auf der das nächste eingetastete Zeichen erscheinen wird. (Manchmal auch → Pointer genannt).

## CyberCafé
(auch: Internet Café) Restaurant, in dem einige → Netzwerk-Computer installiert sind, mit denen im Internet gesurft (→ surfen) werden kann. Meist muss dafür eine zeitabhängige Gebühr bezahlt werden. Oft werden auch weitere Dienstleistungen wie z.B. Surf-Kurse angeboten.

## Cyberspace
Durch ein globales Netz wie das → Internet wird eine Menge von Information erschlossen, die man sich als einen mit Information gefüllten und zugänglichen (nahezu) unendlichen Raum vorstellen kann. Diesem «Raum» hat man den Namen C. gegeben. Eine andere Auffassung versteht unter C. einen virtuellen Raum, in dem sich ein Benutzer bewegt, der seine Sinnesorgane (Augen/Ohren/Wärmeempfindung/Tastsinn) an Computerschnittstellen angeschlossen hat und diesen mit Hilfe von Ein-/Ausgabesensoren (Joy Stick, Maus, Spracheingabe, Datenanzug) «durchwandert».

## Data Dictionary
Computerunterstütztes Verzeichnis mit Informationen über Umfang, Struktur, Verwendung, Speicherungsform etc. der in einem Datenbestand vorhandenen Daten.

## Datatypist(in)
EDV-Beruf mit der Aufgabe, die anfallenden → Daten von ihren Urbelegen über Tastaturen auf einen maschinell verarbeitbaren → Datenträger zu übertragen oder unmittelbar einer → Datenverarbeitungsanlage einzugeben.

## Data Warehouse
Bei einem D.W. handelt es sich um eine Datensammlung zur Vorbereitung von Managemententscheiden. Die Daten sind subjektbezogen (sie beziehen sich z.B. auf bestimmte Kundenkategorien), verdichtet, unveränderlich (statistischen Werten der Vergangenheit vergleichbar) und zeitabhängig. Sie kommen aus unternehmenseigenen Datenbeständen und auch von aussen (z.B. aus Marktanalysen). Für die Auswertung der Daten benützt man Analysewerkzeuge. Ziel des Einsatzes ist, allen Stufen von Entscheidungsträgern relevante Informationen im notwendigen Umfang zu liefern. Die Methode ist für die Vorbereitung strategischer und taktischer Entscheide geeignet und auch für Frühwarnsysteme einsetzbar.

## Datei
(engl. File) Nach bestimmten Gesichtspunkten geordnete Zusammenstellung von → Daten, die auf einem externen Speichermedium abgespeichert sind. Eine Datei besteht meist aus vielen, gleich aufgebauten → Datensätzen

## Daten
Werte (Zahlen, Worte) in Form von Zeichen oder Zeichenkombinationen als Grundgrössen der → Datenverarbeitung.

## Datenautobahn
→ Information Highway.

## Datenbank
(engl. Database) Zusammenfassung aller Datenelemente eines Informationsbereiches, wobei ihre Speicherungsform Verknüpfungen ermöglichen und unabhängig von → Anwenderprogrammen sein soll. Es muss ein → Zugriff auf die Datenbestände hinsichtlich verschiedener Abfragekriterien möglich sein, um komplexe Verarbeitungen aller Applikationen eines umfassenden Informationsbereiches zu gewährleisten.

## Datenblock
Ein Datenblock ist eine Informationseinheit, die in einem gemeinsamen Schreib- oder Lesevorgang verarbeitet wird. Beim → Magnetband werden durch Blockung mehrere logische → Datensätze zusammengefasst, und durch die Verminderung der → Blocklücken wird eine Erhöhung der Speicherkapazität erreicht (→ Blockung).

## Datenbus
→ Bus-Architektur.

## Datenendstation
Auch Datenendeinrichtung (DEE). Gerät am Ende eines Datenübertragungsweges, von dem aus → Daten gesendet und empfangen werden (z.B.: → Personal Computer).

## Datenfeld
Element eines → Datensatzes.

## Datenfernübertragung
→ Datenübertragung über grössere Entfernungen mit Hilfe spezieller Leitungen oder eines öffentlichen Netzes.

## Datenfernverarbeitung
(engl. Tele-Processing) Von Datenfernverarbeitung wird gesprochen, wenn sich die → Datenverarbeitungsanlage einerseits und die Geräte für die Datenein- und -ausgabe andererseits an geographisch verschiedenen Orten befinden, so dass die → Datenübertragung über spezielle Leitungen oder über ein öffentliches Netz erfolgen muss.

## Datenflussplan
(flow chart, Flussdiagramm) Graphische Darstellung eines Informationsflusses, bei dem die Art der → Datenträger, notwendige Bearbeitungen, beteiligte → Programme u.a. gezeigt werden. Dafür gibt es (in DIN 66001) genormte Sinnbilder.

## Datenkatalog
→ Data Dictionary.

## Datenkompression
Wiederholen sich in einem Datenbestand gleiche Zeichen oder Zeichenfolgen, kann mit der D. Speicherplatz und Übermittlungszeit gespart werden. Man unterscheidet verlustfreie Verfahren, die eine vollständige Rekonstruktion gestatten (Kompressionsraten bis 8:1) und verlustbehaftete Verfahren mit tolerierbaren Rekonstruktionsverlusten (Kompressionsrate bis 100:1). Die Datenkompression wird vor allem in → Multimedia-Anwendungen eingesetzt.

## Datenmodell(ierung)
Ein Datenmodell beschreibt, wie die → Daten in einem Datenbanksystem (→ Datenbank) die Realität abbilden. Datenmodellierung ist der Vorgang, durch den man ein Datenmodell erhält.

## Datenorganisation
Sammelbegriff für alle Verfahren und Vorschriften zur Strukturierung, Speicherung und Wiederauffindung von → Daten auf den externen → Speichern einer → Datenverarbeitungsanlage.

## Datensatz
Ein Datensatz ist eine Einheit innerhalb einer → Datei. Sie kann aus mehreren zusammengehörenden Datenfeldern bestehen. Ist ihr Aufbau durch den Inhalt bestimmt, so ist sie ein logischer Datensatz, während der Aufbau eines physischen Datensatzes durch das Ein-/Ausgabemedium festgelegt ist (→ Datenblock).

## Datenschutz
Schutz vor Datenmissbrauch, speziell bei personenbezogenen → Daten.

## Datensicherung
Gesamtheit aller organisatorischen und technischen Massnahmen, die gegen Verlust, Fälschung und unberechtigten Zugriff bei → Daten durch technische Ursachen, menschliches Versagen und unberechtigte Eingriffe sichern sollen. Sicherheitsmassnahmen können baulicher, personeller, technischer oder organisatorischer Art sein.

## Datenspeicherung
→ Speicherungsverfahren.

## Datenträger
Physische Trägersubstanzen, auf denen → Daten festgehalten werden (z.B. herkömmliches Papier). In der → Datenverarbeitung spielen besonders die maschinell lesbaren Datenträger eine wichtige Rolle. Grundsätzlich unterscheidet man zwischen:
- magnetischen Speichern (→Magnetband, →Magnetplatte, → Diskette)
- optischen Speichern (→ Bildplatte, → CD-ROM)
- Markierungs- und Klarschriftbelegen (Belege mit → OCR-Schrift, Handschrift usw.).

## Datenübertragung
Vorgänge und Techniken, durch die → Daten von → Datenträgern oder Geräten der → Peripherie oder der → Zentraleinheit auf andere Datenträger oder periphere Geräte oder in eine Zentraleinheit gebracht werden.

## Datenverarbeitung (DV)
Erfassen, Übermitteln, Ordnen und Umformen von → Daten zur Gewinnung von → Information. Heute versteht man darunter meist die maschinelle Datenverarbeitung mit Hilfe von → Datenverarbeitungsanlagen.

## Datenverarbeitungsanlage
(Computer, Rechenanlage, Rechner). Maschinelle Einrichtung zur Verarbeitung von → Daten.

## Datex-Netze
Spezielle Netze der Postverwaltungen für die → Datenübertragung im nationalen und internationalen Bereich.

Datex-L-Verbindungen sind Leitungsverbindungen ähnlich dem Telefonsystem (in der Schweiz nicht eingerichtet). Datex-P-Verbindungen arbeiten nach dem System der Paketvermittlung (in der Schweiz: → Telepac). Die Übertragungsraten reichen von 9600 bit/s bis 72 000 bit/s.

**DDP**
(Distributed Data Processing) → Datenverarbeitung mit verteilter Intelligenz. In sich geschlossene Teilproblemlösungen werden aus dem Prozess der zentralisierten Datenverarbeitung herausgelöst und zurückverlagert in die Durchführungsverantwortung der Fachabteilungen. Diese relativ junge Tendenz wird durch die sich rapid reduzierenden Kosten für die → Hardware begünstigt. Die Dezentralisierung wird durch intelligente → Terminals oder kleinere → Computer zusammen (evtl. → Datenfernverarbeitung, → Datenübertragung) mit der zentralen Datenverarbeitung realisiert (→ Client/Server).

**Debugging** (von engl. bug = Wanze)
Suchen von Fehlern in → Programmen; auch: dynamisches Testen bestimmter Teile eines Programmes.

**Dedicated Systems** (DS)
DV-Systeme, die auf einen bestimmten Anwendungszweck zugeschnitten sind. Häufig im Bereich der technisch-wissenschaftlichen Berechnung sowie in der Prozesssteuerung zu finden. → Mikrocomputer werden häufig als DS eingesetzt (→ Programme auf → ROM [Read Only Memories]).

**dezentrale Datenverarbeitung**
→ DDP.

**DFÜ** → Datenfernübertragung

**Dialogbetrieb**
Unterschiedliche Verfahren, bei denen → Daten zwischen Benützer und einer → DV-Anlage ausgetauscht werden. Voraussetzung ist eine Dialogfähigkeit des Systems. Eine klare Benützerführung ist von grösster Wichtigkeit.
Neben verschiedenen Arten der dialogorientierten Benützung von → Programmen (z.B. → Teilhaberbetrieb, → Teilnehmerbetrieb) ist mit sogenannten dialog-orientierten → Programmiersprachen, wie → APL, → BASIC (→ Interpreter), auch eine Programmierung im Dialog möglich.

**Dienstprogramme**
(utilities) → Programme, die als Bestandteile eines → Betriebssystems für die Durchführung ständig notwendiger Arbeiten im Rahmen des Betriebes der → DV-Anlage (z.B. Bibliotheksverwaltung, Speicherverwaltung usw.) zuständig sind.

**digital**
Prinzip der Darstellung von → Daten durch Ziffern (Ziffer = engl. Digit).

**Digitalrechner**
Bei Digitalrechnern erfolgt die interne Zeichendarstellung durch Ziffern, z.B. im binären → Zahlensystem, Gegensatz: → Analogrechner (→ Hybridrechner), Vorteile: hohe Arbeitsgeschwindigkeit, grosse Genauigkeit.

**Digitizer**
Gerät zum Umwandeln von analogen in digitale (= 0 oder 1) Werte (siehe auch → Scanner).

**Direktzugriff**
→ Zugriffsmethoden.

**Direktzugriffsspeicher**
→ Speicher mit Direktzugriff, wie → Arbeitsspeicher, → Magnetplatte u.a. (→ Zugriffsmethoden).

**Disk**
→ Magnetplatte.

**Diskette** (Floppy disk)
→ Datenträger in Form einer flexiblen Magnetplatte, der in speziellen Disketten-Laufwerken sehr leicht ausgewechselt werden kann. Sie ermöglicht es, auch kleinere Rechner mit → Direktzugriff auszustatten. Sie dient auch der → Datenerfassung und eignet sich gut für den Transport. → Kapazität 300 000 bis mehrere Mio. Zeichen.

**Display**
Bezeichnung für → Bildschirmgerät.

**Distributed Processing**
→ DDP.

**DOS**
(Disk Operating System) → Betriebssystem, dessen Module auf → Magnetplatten gespeichert sind und das dem Anwender die einfache Nutzung der Daten- und Programmspeicherung auf Magnetplatte ermöglicht.

**Dot Pitch**
Lochrasterabstand bei einem Bildschirm. Bildschirme, die nach dem Elektronenstrahlprinzip arbeiten, besitzen eine Lochraster-Maske (LCD-Displays ar-

beiten nicht nach diesem Prinzip und besitzen daher keine), durch die die Elektronen auf den Bildschirm treffen. Der Abstand dieses Lochrasters bestimmt massgeblich die Auflösung (siehe auch → Pixel) des Bildschirms.

**Download**
(engl. für «herunterladen») Allgemein: Das Kopieren von Dateien von einem Rechner auf einen anderen. Im → Client/Server-Betrieb: Kopieren von Dateien von einem Server auf eine → Workstation (Client). Das Kopieren von Daten von einem Client auf einen Server nennt man «Upload» (engl. für «hinaufladen»).

**Downsizing**
Damit ist ganz allgemein das «Gesundschrumpfen» von Systemen gemeint. Im speziellen bezeichnet man damit die Ablösung von → Mainframe- durch → Client/Server-Architekturen, die Verkleinerung einer EDV-Abteilung durch → Outsourcing oder die Übertragung von EDV-Aufgaben an die EDV-Benutzer.

**Drag and Drop**
Dieser Begriff bezeichnet bei grafischen → Benutzeroberflächen das Bewegen (Ziehen) eines markierten Objektes über den Bildschirm und das «Fallenlassen» dieses Objektes am gewünschten Punkt. Mit diesem Vorgang wird z.B. ein Objekt auf dem Bildschirm verschoben.

**Drucker**
Gerät zur Datenausgabe auf Papier. Ausprägungen: → Matrixdrucker → Laserdrucker → Tintenstrahldrucker.

**DTP**
Abk. (engl.) für Desktop Publishing. Mit Hilfe spezialisierter Software und geeigneter Hardware können Texte und Grafik auf einem Bildschirm entworfen und zu einem Layout zusammengestellt werden. Dieser wird sodann über einen → Drucker zu Papier gebracht. DTP-Systeme ermöglichen somit Texterfassung, Bilderfassung, Layout, Umbruch, Schriftgestaltung und Druck. Anwendung: Herstellen von Drucksachen aller Art vom Schreibtisch aus ohne Mitwirkung einer Druckerei.

**Dualsystem**
→ Zahlensystem auf der Basis 2; oft auch als Binärsystem bezeichnet.

**Duplexbetrieb (Vollduplex-, Halbduplex-)**
Mit duplex wird ein Datenübertragungsverfahren bezeichnet, das die → Datenübertragung zwischen zwei Stationen in beiden Richtungen zulässt. Bei einem Vollduplex-Betrieb ist Übertragung in beiden Richtungen zur gleichen Zeit möglich, beim Halbduplex-Betrieb zwar in beiden Richtungen, aber nicht gleichzeitig (Gegenteil: → Simplexbetrieb).

**DV**
→ Datenverarbeitung.

**DVA**
→ Datenverarbeitungsanlage.

**EAN-Code**
Abkürzung für «europaeinheitliche Artikelnummer». Er dient zur einheitlichen Kennzeichnung von Waren und besteht aus einem 13stelligen Code in Form einer Strichmarkierung, die direkt auf die Verpackung aufgedruckt wird. Der EAN-Code ermöglicht die automatische Erfassung und Abrechnung des verkauften Artikels an der Kasse.

**EBCDIC**
(Extended Binary Coded Decimal Interchange Code) auf dem → BCD-Code aufbauender → Code für die Zeichendarstellung in → Bytemaschinen.

**Echtzeit-Verarbeitung**
→ Real-Time-Verarbeitung.

**EDI**
Abkürzung (engl.) für «Electronic Data Interchange» (Elektronischer Datenaustausch). EDI ist eine Methode zur einheitlichen, elektronischen Fernübertragung von Geschäftspapieren wie Bestellungen, Lieferscheinen und ähnlichen Dokumenten.

**Editoren**
Editoren sind Softwaresysteme, die den Zweck haben, Texte, Graphiken bzw. Programme aufzubereiten. Man kann demzufolge drei Arten von Editoren unterscheiden (nach Mertens, S. 135).
a) **Text-Editoren** (i.d.R. bildschirmorientiert) unterstützen z.B. folgende Funktionen: Cursorbewegungen, Lese- und Schreiboperationen, Einfügen/Verändern und Löschen von Textteilen bzw. Zeichenketten, Finden/Ersetzen von Zeichenketten, Textformatierung etc.
b) **Graphik-Editoren** unterstützen die Eingabe und Manipulation graphischer Symbole. Dies ist z.B. im Zusammenhang mit → CAD von Bedeutung.
c) **Syntaxorientierte Programm-Editoren** unterstützen die Programmentwicklung, indem sie Benutzereingaben auf Einhaltung von Sprachregeln prüfen.

Sog. *Maskeneditoren* zeigen dem Benutzer vordefinierte Masken, die er z.B. mit Statements füllt. Die syntaktische Richtigkeit wird hierauf geprüft.

*Textorientierte Syntax-Editoren* analysieren mit Hilfe eines dialogfähigen Compilers jeden einzelnen Programmschritt (z.B. Programmzeile) auf erkennbare Syntaxfehler und zeigen diese unmittelbar an. Der betreffende Programmschritt kann korrigiert werden, ohne dass eine neue Übersetzung des ganzen Programms nötig wird.
*Quelle:*
Mertens P. (Hrsg.): Lexikon der Wirtschaftsinformatik.

### EDV
Abkürzung für elektronische → Datenverarbeitung.

### EISA
Extended → ISA. Erweitertes standardisiertes Bussystem für Mikrocomputer, bei dem eine grössere Anzahl an Hardware-Interrupts und ein breiterer → Datenbus zur Verfügung stehen und die → Datenübertragung überdies mit einer höheren → Übertragungsrate als beim ISA erfolgt. Der EISA ist zum ISA voll kompatibel (siehe auch → VL-Bus; → PCI-Bus).

### Electronic Mail (E-Mail)
Übermittlung von Briefen und Mitteilungen in → Netzwerken. Jeder, der eine Mitteilung empfangen will, benötigt einen elektronischen Briefkasten (→ Mailbox), in dem jeder andere Netzwerkbenutzer Nachrichten hinterlegen kann.

### Endlospapier
Papier für → Drucker, das anders als einzelne A4-Seiten aus einem «Papierstrang» besteht. Die einzelnen Seiten können durch eine Perforation aber dennoch leicht getrennt werden.

### Entität (entity)
Bezeichnet ein Element, das ein Objekt der Realität in der → Datenbank abbildet und über das in einem → Datensatz → Informationen gespeichert werden.

### Entscheidungstabelle
Formalisiertes Verfahren zur kompakten und übersichtlichen Darstellung komplizierter Entscheidungssituationen. Dabei wird eine tabellarische Zuordnung von Bedingungen und davon abhängigen Aktionen nach einem fest vorgegebenen Schema getroffen.

### EPROM
(Erasable → PROM) Informationen können gelöscht und neu eingegeben werden.

### Evaluation
(Abschätzung, Bewertung, Auswertung) Vorgehensetappe im Rahmen des → Phasenkonzeptes, die den Zweck hat, von mehreren konkurrierenden Angeboten für → Hard- und → Software das bestmögliche auszuwählen.

### Expertensysteme
Als E. bezeichnet man sog. wissensbasierte Programme, die in einem abgegrenzten Anwendungsbereich eine menschenähnliche Problemlösungsfähigkeit erreichen. Sie sind ein Teilgebiet der sog. → Künstlichen Intelligenz (KI).
Die Grundidee besteht darin, menschliche Experten zu imitieren, die nicht nur über Fachwissen, sondern auch über einen Schatz von Erfahrungswissen verfügen.
Die bisher bekanntesten Anwendungen stammen aus der medizinischen Diagnostik sowie im betriebswirtschaftlichen Bereich aus der Steuerberatung, der Anlageberatung u.ä.
*Quelle:*
Mertens, P. (Hrsg.): Lexikon der Wirtschaftsinformatik.

### FAX
→ Telefax.

### fehlertolerante Systeme
Datenverarbeitungssysteme, die Fehler, die in ihren Komponenten (Hardware und Software) auftreten, aufgrund von → Redundanz erkennen und vermeiden. Der Vorteil fehlertoleranter Systeme liegt in der Tatsache, dass sie seltener «zusammenbrechen» als nichttolerante und damit die Sicherheit der Verarbeitung erhöhen (siehe auch → Fuzzy Logic).

### Feldbus
Digitales, serielles System zur → Datenübertragung für die Prozess-Steuerung und -überwachung in der automatisierten Fertigung (= «Feld»). Diese Feldumgebung stellt hohe Ansprüche an ein Kommunikationsmedium, weswegen der Einsatz von üblichen lokalen → Netzwerken hier nicht in Betracht gezogen werden kann. Insbesondere die Tatsache, dass oft eine grosse Anzahl von Sensoren und Aktoren angeschlossen und in kurzen Zeitabständen abgefragt wird, schliesst die Verwendung von Netzwerkarchitekturen, die alle Ebenen des ISO-Referenzmodelles (→ OSI) vorsehen, aus.

Feldbussysteme sehen nur die 1., 2. und 7. Ebene aus dem Referenzmodell vor.

### Fenstertechnik
Die F. erlaubt die Unterteilung eines Bildschirms in mehrere unabhängige Bereiche (Fenster, engl. Windows). Jedes der Fenster kann für eine andere Anwendung verwendet werden und funktioniert wie ein selbständiger (kleinerer) Bildschirm.

### Fernwirken
Das Fernwirken umfasst alle Verfahren der Datenübermittlung in zentralenorientierten Systemen zur Überwachung und Steuerung räumlich entfernter Objekte. Typische Fernwirkanwendungen sind ein- und Ausschalten von Geräten, zentrale Messwerterfassung, Vorgabe von Stellgrössen usw. (siehe auch → TEMEX).

### Festplatte → Magnetplatte

### Festspeicher
→ ROM.

### File
Englische Bezeichnung für → Datei.

### File Server
→ Client-Server-Architektur.

### Firewall
Zusammenfassung aller Sicherheitsmassnahmen begrenzter Datennetze und Computersysteme gegen unerwünschten Zugriff über Datenkanäle von aussen.

### Firmware
System- und Anwendungsprogramme (→ Systemsoftware, → Anwendungsprogramm), die als → Hardware ausgeführt (z.B. als → ROM) und fest in die → Zentraleinheit eines → Computers eingebaut werden.

### Floppy Disk
→ Diskette.

### FLOPS
(Floating Point Operations Per Second) Massgrösse für die Leistungsfähigkeit einer → CPU. Im Unterschied zu einer normalen Instruktion (siehe auch → MIPS) wird eine Floating-Point-Operation durch die Ausführung mehrerer Instruktionen realisiert und dauert daher länger.

### Flow Chart
→ Datenflussplan.

### Flussdiagramm
→ Datenflussplan.

### Flüssigkristalle
Organisch-chemische Stoffe, die durch Anlegen bestimmter Spannungen vom Zustand der Durchsichtigkeit in den der Undurchsichtigkeit und umgekehrt übergeführt werden können. In Form von Zeichenelementen (z.B. Strichen) werden sie zur optischen Anzeige verwendet.

### FORTRAN
(FORmula TRANslator) Bereits in den 50er Jahren entwickelte, heute eine der am weitest verbreiteten, mathematisch problemorientierten → Programmiersprachen. Die Sprache wird weiterentwickelt und den aktuellen Trends (→ strukturierte Programmierung) angepasst.

### Fraktale
F. sind mathematische Objekte, die sich graphisch oft wirkungsvoll darstellen lassen.

### FTP
(File Transfer Protocol) → Protokoll für die Übertragung von Dateien, u.a. im → Internet zum Laden von Dateien von einem fremden Rechner auf die eigene →Workstation verwendet.

### Fuzzy Logic
Fuzzy Logic wurde 1965 in den USA von Lofti A. Zadeh erstmals entwickelt und ist eine Methode, um von unsichern Ausgangsdaten zu einer plausiblen Entscheidung zu kommen, die dem logischen Denken eines Menschen entspricht. Fuzzy Logic wird mit «unscharfer Logik» übersetzt und kann menschliche Taktiken der Entscheidungsfindung angemessen berücksichtigen, etwa wenn widersprüchliche oder unvollständige → Informationen vorliegen.
Fuzzy Logic ist vom Prinzip eine Verallgemeinerung der bekannten Mengenlehre. Ein Element kann mehreren komplementären Mengen gleichzeitig angehören. (Dieser Fall tritt in der herkömmlichen Mengenlehre nicht auf.) Diese «unscharfen» Zuordnungen lassen das Entscheidungsverhalten robust werden gegen Störgrössen (siehe auch → Fehlertolerante Systeme).

### G (Giga) Faktor $10^9$

### Gateway
Ein G. verbindet Datennetze verschiedener technischer Eigenschaften miteinander (Beispiel: Verbindung LAN-WAN) und ermöglicht den Datentransfer von einem Netz in ein anderes.

## Gatter
(Verknüpfungsglied) Bezeichnung für elementare → Schaltelemente, welche eingehende Schaltimpulse in gewünschter Weise verknüpfen.

## Generator
→ Programmgenerator.

## gestreute Speicherung
→ Speicherungsverfahren für → Speicher mit → Direktzugriff, bei dem sich die → Adresse durch ein Umrechnungsverfahren aus dem Schlüssel eines → Datensatzes ergibt (→ Adressierverfahren).

## GIF
(Graphics Interchange Format) Genormtes Verfahren für die Codierung von Bildern, im → Internet verwendet.

## Grosscomputer (Mainframe)
Spezielle Computerkategorie mit grosser und leistungsfähiger → CPU, vielfältiger → Peripherie-Anschlussmöglichkeiten etc...

## Groupware
Software-Systeme, die eine effiziente Zusammenarbeit von Gruppen fördern. Die bei der Gruppenarbeit wahrzunehmenden Aktivitäten, wie Terminplanung, → Kommunikation, Information und Diskussion werden durch Funktionen der Software-Systeme, wie → Electronic Mail oder Konferenzsysteme, unterstützt.

## Hacker
Person (meist jugendlichen Alters und männlichen Geschlechts), die ihren Drang zur Selbstbestätigung mit Hilfe einiger Informatikkenntnisse durch das Eindringen in nicht öffentlich zugängliche Informationssysteme manifestiert. Durch nächtelanges Hacken auf der Tastatur eines Terminals oder PCs versucht der H. über private oder öffentliche Netze die Zugangskontrollen zu überlisten und eine Zugriffsberechtigung vorzutäuschen. Hat er sein Ziel erreicht, stiftet er im aufgeknackten Informationssystem Unfug (gutmütiger H.) oder Schaden (bösartiger H.).

## Halbleiter
Kristalline Festkörper, bei denen elektrische Impulse durch freie Elektronen der eingelagerten Fremdelemente übertragen werden. Halbleiter werden heute als elektronische → Schaltelemente und → Speicher für → Datenverarbeitungsanlagen verwendet.

## Hardware
Sammelbezeichnung für alle physischen Bestandteile einer → Datenverarbeitungsanlage. Gegenbegriff: → Software.

## Hauptspeicher
→ Arbeitsspeicher.

## Hexadezimalsystem
→ Zahlensystem, auf der Basis 16; es benützt als Ziffern die Zeichen 0 bis 9 und A bis F.

## Homepage
Die erste Seite oder das «Titelblatt» jedes Informationsanbieters im → Internet. Dort stellt er sich und sein Informationsangebot vor. Von der H. aus kann der Benutzer zu weiteren Seiten verzweigen und diese auf seinen Bildschirm holen.

## Host
Jener Rechner in einem → Netzwerk, von dem zentrale Dienste des Netzwerkes zur Verfügung gestellt werden. Diese Dienste reichen vom → Netzwerk-Betriebssystem, über Programme, mit deren Hilfe der Netzwerk-Operator (→ Operator) das Netzwerk steuert und überwacht, bis hin zu → File-Server und Print-Server-Programmen.

## HTML
(HyperText Markup Language) Sprache zum Beschreiben und Erstellen der Seiten im → World Wide Web.

## HTTP
(HyperText Transfer Protocol) Datenübertragungsverfahren (→ Protokoll), das im → World Wide Web verwendet wird.

## Hybridrechner
→ Datenverarbeitungsanlage, die intern sowohl → digitale als auch → analoge Funktionseinheiten enthält und dadurch die Vorteile beider Bauweisen teilweise kombiniert.

## Hypermedia
Multimediasystem (→ Multimedia), das ähnlich wie ein Hypertextsystem (→ Hypertext) durch direktes Ansteuern eines Elementes Verbindungen (→ Link) zu verwandten Informationen herstellen lässt.

## Hypertext
Ein Hypertextsystem bietet die Möglichkeit, durch Ansteuern («Anklicken») spezieller Stellen (Wörter) im Text, weitere Informationen, die diese Stellen betreffen, ohne Zwischenschritte aufzurufen und anzuzeigen (→ Link).

## IC (Integrated Circuit)
Integrierte Schaltung. Mehrere Bauelemente (früher: Widerstände, Kondensatoren, Transistoren u.a.) werden auf einem gemeinsamen → Halbleiter untergebracht und sind dort nicht mehr diskret, sondern nur noch als Eigenschaften in der Gesamtstruktur eines IC enthalten (→ LSI, → Mikroprozessor).

## IE
Abkürzung für (engl.) «Information Engineering» (Informationstechnik). IE umfasst alle Tätigkeiten, die bei der Entwicklung und im Betrieb von Informationssystemen anfallen.

## Impact-Drucker
Alle → Drucker, die Zeichen durch mechanischen Anschlag auf das Papier übertragen.

## index-sequentielle Speicherung
→ Speicherungsverfahren.

## index-verkettete Speicherung
→ Speicherungsverfahren.

## Informatik
I. ist die Wissenschaft, Technik und Anwendung der Informationsverarbeitung und der Systeme zur Verarbeitung, Speicherung und Übertragung von → Information. Sie umfasst Theorie, Methodik, Analyse, Entwurf und Konstruktion, Anwendung und Auswirkung des Einsatzes. (Quelle: Informatik-Spektrum [1991] 14, «Gemeinsame Stellungnahme der Fakultätentage Elektrotechnik und Informatik…»)

## Information
Zweckbezogenes Wissen, das man beim Handeln im Hinblick auf gesetzte Ziele benötigt. «Whatever resolves uncertainty is information» (C.E. Shannon, Begründer der Informationstheorie).

## Information Center
Innerbetriebliche EDV-Beratungsstelle, eingegliedert meist in der EDV-Abteilung. Verantwortlich für Know-how-Transfer bezüglich EDV an die Linienstellen.

## Information Highway
Sammelbegriff für alle Datenkanäle der digitalen Übertragung mit extrem hoher Leistung. Ins Deutsche sonderbar übersetzt als «Datenautobahn».

## Informationssystem
Im weiteren Sinn ein System, das in → Speichern → Informationen zur direkten Abfrage zur Verfügung stellt. Heute wird die Dokumentation (systematische Einordnung und Erfassung) und die Wiedergewinnung der → Daten meist mit Hilfe einer → Datenverarbeitungsanlage durchgeführt, die zweckmässigerweise über die Möglichkeiten der → Echtzeitverarbeitung und über → Direktzugriff zu → Datenbanken verfügen sollte.

## Inkjet
→ Tintenstrahldrucker.

## Input
(engl. für Eingabe) Allgemeine Bezeichnung für die Übertragung der → Daten von → Datenträgern bzw. peripheren Geräten in den → Arbeitsspeicher.

## Instruction
→ Anweisung.

## Integrierte Datenverarbeitung
Einführung der → Datenverarbeitung in immer mehr Bereiche und Funktionen einzelner Organisationseinheiten einer Unternehmung und ihre Zusammenführung in einem geschlossenen Programmsystem, dem ein → Datenbanksystem zur Seite gestellt werden kann (oft auch: → Informationssystem).

## Integrierte Schaltung
(integrated circuit) → IC.

## Interface
→ Schnittstelle.

## Internet
Weltumspannendes, öffentliches → Client/Server-System mit Millionen → Servern und vielen Millionen → Workstations, an dem jeder als Informationsanbieter oder -benutzer im → Dialogbetrieb teilnehmen kann. Als Datenkanäle werden alle Arten öffentlicher Leitungen verwendet. Die Knoten im Netz werden von Servern gebildet, an die wiederum die Workstations der Teilnehmer angeschlossen werden. Alle Teilnehmer im Internet sind gleichberechtigt, es müssen lediglich einige Normen und Anstandsregeln (→ Netiquette) eingehalten werden.

## Interpreter
→ Übersetzungsprogramm, das jede → Anweisung des → Quellen-(Primär-)Programmes sofort in ein → Objektprogramm umwandelt. Wird vor allem für dialogorientierte → Programmiersprachen (→ APL, → BASIC) eingesetzt.

### Intranet
Nicht-öffentliches Computerverbundsystem, das nach dem → Client/Server-Prinzip aufgebaut ist, einem einzigen privaten Anwender (einem Unternehmen) dient und sich der Technik des → Internet bedient. Es wird besonders dann eingesetzt, wenn das private Netz über den Rahmen eines lokalen Netzes (→ LAN) hinausgeht und die kommunizierenden Computer zum Teil räumlich weit auseinander liegen.

### ISA
Industry Standard Adapter. Von IBM für Mikrocomputer entwickeltes Bussystem (→ Bus-Architektur; siehe auch → EISA).

### (Breitband-)ISDN
(Integrated Services Digital Network) Bezeichnung für ein internationales öffentliches (Post-)Netz für digitale (breitbandige) → Datenfernübertragung. Neben den Möglichkeiten der bekannten Telekommunikationsdienste werden auch neue Dienste angeboten (z.B. Bildtelefonieren). Integriert bedeutet, dass Sprache, Texte, Bilder und → Daten über dieselbe Leitung übertragen werden.

### ISO-7-Schichten-Modell
→ OSI

### ISP
→ Provider

### Jackson-Methode
Entwurfsmethode für grössere → Programme im Sinn der → strukturierten Programmierung. Wesentlich ist, dass sowohl eine Programmstruktur, als auch eine Datenstruktur aufgebaut wird.

### Java
Objektorientierte Programmiersprache (→ objektorientierte Programmierung), die sich besonders für die Programmierung von → Client/Server-Systemen (und damit für die Verwendung im → Internet) eignet. Javaprogramme werden als Bytecode zum Client übertragen. Dieser Code wird erst vom → Browser so umgewandelt, dass er auf dem entsprechenden Computer lauffähig ist. Dies ist im → Internet wichtig, da dort unterschiedlichste Rechner eingesetzt werden. In Java wurden einige Sicherheitsmassnahmen getroffen: Javaprogramme können z.B. nicht auf die Festplatte im Client zugreifen.

### Job
Geschlossene Kette von → Programmen, die bei der Verarbeitung durch das → job control zeitlich nacheinander gesteuert wird.

### Job Control
(Aufgabensteuerung) Organisationsprogramm, das den zeitlichen Ablauf der einzelnen → Programme, die auf einer → Datenverarbeitungsanlage laufen (System- oder Anwendungsprogramme), steuert; z.B.: Belegen der peripheren Geräte, Aufruf von Programmen, Nacharbeiten. Dem → Operator bleiben solche Arbeiten, die das System nicht leisten kann.

### K (Kilo) Faktor $10^3$
In der → DV oft als Kilo → Byte verwendet. (1 Kilobyte = $2^{10}$ = 1024 Byte).

### Kanal
Einrichtung zur Übertragung von → Daten von der → Zentraleinheit zur → Peripherie und umgekehrt. Man unterscheidet zwischen Multiplexkanälen (von bzw. zu mehreren langsameren Geräten gleichzeitig) und Selektorkanälen (für die Versorgung schnellerer Geräte; es wird nur jeweils 1 Gerät bedient) → Multiplexverfahren. Im Duplexbetrieb können → Daten in beiden Richtungen, im Simplexbetrieb nur in einer Richtung übertragen werden. Siehe auch → Bus-Architektur.

### Kapazität
Fassungsvermögen. Begriff, der die Aufnahmemöglichkeit von → Speichern und die Übertragungsleistung von → Kanälen angibt.

### Kernspeicher
Früher gebräuchliche Form des → Arbeitsspeichers, aufgebaut aus Ferritkernen, die matrizenförmig auf Drähte aufgefädelt waren.

### Klarschriftbelegleser
Geräte der → Peripherie, die eine Schrift optisch zu lesen imstande sind. (→ OCR – Optical Character Recognition).

### Kleincomputer
→ Mikrocomputer-Systeme, die in bestimmten Bereichen (Arbeitsspeicher, → Peripherie, Befehlsvorrat) bzw. hinsichtlich ihrer Ausbaufähigkeit Beschränkungen aufweisen. Typischer Vertreter: → Personal Computer.

### Koaxialkabel
Technische Ausführung eines Kabels, bei dem zwei Leiter nicht nebeneinander, sondern ineinander geführt werden. Der äussere Leiter besteht aus mehreren Litzen, die über eine Isolierung gewickelt sind. In dieser Isolierung wird der innere Leiter geführt.

## Kommunikation
Austausch von → Informationen

## Kompatibilität
Verträglichkeit. Als Kompatibilität bezeichnet man die Eigenschaft von → Hardware oder → Software, sie ohne Anpassungsarbeiten oder Änderungen mit anderen Systemen zusammen einsetzen zu können.

## Konsole
Bedienungspult eines → Computers zur Systemsteuerung und -überwachung in Form eines → Bildschirmgerätes.

## Kryptographie
Geheimschrift. Kryptographische Verfahren dienen der Verschlüsselung von Daten bei ihrer Speicherung oder Übertragung zum Schutz gegen einen unerlaubten Zugriff.

## Künstliche Intelligenz (KI)
Obwohl es keine anerkannte Definition des Begriffes «Künstliche Intelligenz» gibt, lassen sich folgende anwendungsorientierte Schwerpunkte erkennen:
a) → Expertensysteme oder sog. wissensbasierte Systeme, welche in eng begrenzten Anwendungsbereichen menschenähnliche Problemlösungsfähigkeit erreichen.
b) Erkennen und Verstehen natürlicher Sprache.
c) Bilderkennung im Sinne einer Analyse und inhaltlichen Erfassung von Bildern und Bildsequenzen.
d) Räumliche Orientierung durch Sensoren (z.B. in der Robotertechnologie) etc.
*Quelle:*
Mertens, P. (Hrsg.): Lexikon der Wirtschaftsinformatik Berlin/Heidelberg, Springer-Verlag 1987, S. 206.

## Kybernetik
Allgemeine, formale Wissenschaft von der Struktur, den Relationen und dem Verhalten dynamischer Systeme, die durch das besondere Merkmal der Rückkoppelung gekennzeichnet sind.
Etwa 1948 durch die Thesen Norbert Wieners angeregte Wissenschaft von den Regelungsvorgängen in Maschinen und Organismen, inkl. den damit verbundenen Informationsübermittlungen (Regelkreis).

## LAN (Local Area Network)
Lokale Netze, über die mehrere Rechenanlagen oder deren Komponenten über kurze Entfernungen (z.B. innerhalb eines Firmenareals) miteinander verbunden sind, so dass ein Datenaustausch möglich wird. Anwendung vor allem in der → Client/Server-Architektur.

## Laptop
(auch Notebook) Tragbare Ausführung eines → Personal Computer. Ein Laptop bietet alle wichtigen Komponenten, die auch ein Personal Computer in üblicher Grösse bietet. Die Ausbaufähigkeit (→ Aufrüsten) eines Laptops ist, bedingt durch das begrenzte Platzangebot, gering. Ein Laptop unterscheidet sich von einem Notebook vor allem durch seine Grösse und sein höheres Gewicht (Notebooks sind für den «Aktenkoffer» gebaut und damit kleiner und leichter).

## Laser Disk
Datenträger (Kunststoffscheibe), von dem die Daten berührungslos durch einen refl. Laserstrahl gelesen werden (→ CD-ROM).

## Laserdrucker
Ein Laserstrahl zeichnet die → Information auf eine elektrisch geladene Trommel und entlädt die Stellen, an denen er auftrifft. Die Trommel dreht sich und wird mit einem Farbstoff, dem Toner, benetzt. An den entladenen Stellen bleibt der Toner haften, wird dann auf das vorbeigeführte Papier übertragen und durch Wärmeeinwirkung fixiert.

## LCD
(Liquid Crystal Display) Anzeigen, deren Elemente → Flüssigkristalle sind.

## LED
(Light Emitting Diode) Bauteile aus → Halbleitern, die unter dem Einfluss der angelegten elektrischen Spannung Licht emittieren.

## Link
Als Link bezeichnet man logische Verbindungen zwischen Informationsinhalten. Bei → Hypertextinhalten (z.B. im → World Wide Web) kann ein Link hergestellt werden, wenn man eine speziell gekennzeichnete Textstelle anklickt, wodurch ein anderes Dokument auf den Bildschirm geholt wird.

## Linkage Editor
(Kollektor, MAP-Processor, Binder) Ein → Systemprogramm, das die getrennt übersetzten, als → Objektprogramme vorliegenden Programmteile (Hauptprogramm, Unterprogramme) zu einem einzigen, geschlossenen, ausführbaren → Programm zusammensetzt.

## LISP
(List Processing Language) Funktionale Programmiersprache der 5. Generation. Aufgebaut auf der Theorie linearer Listen stellt sie einen Baukasten von Funktionen für die Programmerstellung zur Verfügung. Besonders geeignet zum Umgang mit Formeln und für Verfahren automatischer Beweise.

## Lochkarte
Ältester maschinell lesbarer → Datenträger in Form einer rechteckigen (meist: Karton-)Karte. Die → Daten wurden durch rechteckige oder runde Lochungen nach Vorschrift eines Lochkartencodes dargestellt.

## Logische Einheit
Teil des → Rechenwerkes einer → Zentraleinheit, das die logischen Operationen ausführt.

## Loop
(Programmschleife) Teil eines → Programmes, der immer wieder durchlaufen werden kann.

## LSI
(Large Scale Integration) Technik zur Unterbringung sehr komplexer Schaltungen auf einem einzigen Kristallplättchen (→ MOS, → SOS, → Chip). Steigerung: → VLSI (Very LSI).

## M (Mega) Faktor $10^9$
In der DV oft als Mega → Byte verwendet (1 Megabyte = $2^{20}$ = 1 048 576 Byte)

## Magnetband
(engl.: tape) Externer → Speicher, in Form eines bandförmigen, flexiblen Kunststoffträgers (etwa wie Tonband) mit einer magnetisierbaren Beschichtung; eignet sich nur für die → sequentielle Speicherungsart. Breite ½ inch (12,7 mm), Länge: verschieden (häufig 730 m), Zeichendichte: zwischen 800 und 6400 → bpi, Kapazität ca. 10 → MB bis 4 → GB (→ Blockung).

## Magnetbandstation
→ Hardware zur Ein-/Ausgabe von Daten von → Magnetbändern. Qualitätsmerkmal ist die mögliche Bandgeschwindigkeit, die eine Schreiblesegeschwindigkeit bis zu 1,2 Mill. Zeichen je Sekunde zulässt. → Peripherie.

## Magnetplatte
Externer → Speicher in Form eines Stapels dünner, beidseitig mit magnetisierbarem Material beschichteter Metallscheiben, bis ca. 40 cm Durchmesser. Als → Direktzugriffsspeicher sind Magnetplatten die wichtigsten externen Speicher moderner → Datenverarbeitungsanlagen (→ Massenspeicher). Die → Daten sind auf konzentrischen Spuren (→ Zylinder) gespeichert. Die → Kapazität eines Plattenstapels kann bis zu 10 Giga-Byte (1 GB = $10^9$ Bytes) betragen.

## Magnetplattenstation
→ Hardware zur Ein-/Ausgabe von → Magnetplatten, die den Plattenstapel in ständiger Rotation hält (1000–2400 U./min). Über einen Schreib-Lese-Kamm, der zu den einzelnen Spuren (→ Zylinder) bewegt wird, wird auf die adressierbaren → Daten zugegriffen. Qualitätsmerkmal ist die → Zugriffszeit, die von der Rotationsgeschwindigkeit und der Mechanik des Schreib-Lese-Kopfes abhängig ist.

## Mailbox
(engl. für «Briefkasten»). Informationssystem, das für den elektronischen Postverkehr zwischen vielen Teilnehmern eingerichtet ist. Jeder Teilnehmer kann über Datenfernverarbeitung für jeden beliebigen anderen Teilnehmer Meldungen in der Mailbox hinterlegen, die der Empfänger zu beliebigem Zeitpunkt entnimmt. Das Postgeheimnis bleibt gewahrt. Es sind auch Meldungen von einem Absender an beliebig viele Empfänger möglich.

## Mainframe
→ Grosscomputer

## Management-Informationssystem
→ Informationssystem, das auf den Bedarf der Führungskräfte an → Informationen abgestimmt ist. Heute schon oft aufbauend auf einer → integrierten Datenverarbeitung werden den Führungskräften verschiedener Ebenen die für sie relevanten, komprimierten → Daten und Rechenverfahren (z.B.: Prognoseverfahren) zur Verfügung gestellt.

## Markierungsbeleg
Maschinell lesbarer Beleg. Markierungsbelege werden in vorgedruckten Feldern markiert. Anwendungen: Volkszählungen, demoskopische Befragungen, Materialbestellungen usw.

## Maschinensprache
→ Programmiersprache, in welcher die Funktionen der → Hardware direkt und mit absoluten → Adressen angegeben werden, so dass sie direkt verarbeitet werden können. Für den menschlichen → Programmierer sehr mühsam und fehleranfällig.

## Maske
Die Verwendung dieses Begriffes ist unterschiedlich:
1. In einem → Programm kann die Auswahl bestimmter Stellen aus einer Zeichen- oder Bitfolge durch Masken geschehen (etwa wie eine Tabellenauswertung durch eine Maske).
2. Druckmaske: Im Sinn der Druckbildgestaltung eine Ausgabehilfe für Ergebnisse auf → Druckern.
3. Bildschirmmaske: graphische und schriftliche Gestaltung eines Bildes auf einem → Sichtgerät im Sinn der Formulargestaltung («Bildschirmvordruck»), auf dem durch einen → Cursor die Eingabe gesteuert wird. Wichtiges Hilfsmittel zur Benutzerführung im → Dialogbetrieb mittels eines → Bildschirmgerätes.

## Massenspeicher
(Grossspeicher) Externe → Speicher für die Aufnahme grosser Mengen von → Daten. Meist nur → Direktzugriffsspeicher, wie → Magnetplattenspeicher.

## Matrixdrucker
M. setzen die Druckzeichen aus einzelnen Punkten zusammen. Die Punkte werden durch Nadeln oder Tintendüsen erzeugt, die in Form einer Matrix im Druckkopf angeordnet sind.

## Maus
Eingabegerät, das meist in Kombination mit der Tastatur, aber auch alleine, angewendet wird. Im Prinzip werden die Bewegungen, die der Benutzer mit der Maus auf einer Unterlage unternimmt, von einer Kugel aufgenommen und durch Elektronik in → digitale, für den → Computer verwendbare Signale umgewandelt. Dabei werden die Bewegungen der Maus von einem Symbol am Bildschirm (z.B. einem Pfeil, der die Maus darstellen soll) nachvollzogen.

## MB
Abkürzung für Megabyte (1 MByte = $2^{20}$ → Byte, ca. $10^6$ Byte).

## Micro Channel Architecture
Der Micro Channel ist eine spezielle, von IBM eingesetzte Bus-Schnittstelle (siehe auch → Bus-Architektur).

## Migration
Bezeichnet die ständige Entwicklung von Hard- und Software-Systemen. Diese Entwicklungsrichtungen sind speziell für Unternehmen oft von grosser Bedeutung, damit nicht in kaum ausbaufähige und nicht aufwärtskompatible (→ Kompatibilität) EDV-Systeme investiert wird.

## Mikrocomputer (MC)
Verbindung eines → Mikroprozessors mit einem (mehreren) → Speicher(n) und → Schnittstellen für die Ein-/Ausgabe. Er kann für spezielle Anwendungen auch → Programme in Festspeichern (→ ROM) enthalten.

## Mikroprozessor (MP)
→ integrierte Schaltung, die alle Funktionen einer → Zentraleinheit ausser dem → Arbeitsspeicher enthält. Es ist eine komplette logische Verarbeitungseinheit, die aufgabenneutral ist.

## Mikrosekunde (μs)
→ Zeiteinheit

## Millisekunde (ms)
→ Zeiteinheit

## Minicomputer
Sie leisten gegenüber Personal Computern ein Mehrfaches und können gleichzeitig von mehreren Benützern verwendet werden. Die Anschlussmöglichkeit reicht bis zu etwa 100 Bildschirmarbeitsplätzen.

## MIPS
(Million Instructions Per Second) Masszahl für die Leistungsfähigkeit einer → CPU. Die MIPS-Rate reicht von ca. 0,1 (Mikrocomputer) bis ca. 50 (Minicomputer) bzw. 100 (Grosscomputer).

## Mischen
(engl.: merge) Zusammenführen zweier oder mehrerer Datenmengen mit gleichen Ordnungsbegriffen zur Neubildung einer gemeinsamen → Datei. Sie spielt u.a. bei → sequentieller Speicherung eine besondere Rolle.

## Modem
(Modulator-Demodulator) → Hardware-Einrichtung zur Signalumsetzung (→ Digitale Stromimpulse in Sinusschwingungen) bei Benutzung des Fernsprech- oder Datennetzes der Post für die → Datenfernverarbeitung.

## MODULA 2
Modular Programming Language. Eine → Programmiersprache, die von Nikolaus Wirth 1979 als Abkömmling von → Pascal entwickelt wurde. Die Grundidee ist die Modularisierung von Program-

men, bei der einzelne Teilprobleme eines Programmes getrennt erarbeitet und dann gemeinsam zu einem gesamten → Programm verbunden werden.

### MOS
(Metal Oxide Semiconductor) Bezeichnung für besonders stromsparende Form der Speicher- und → Schaltelemente auf Basis der Technologie der → Halbleiter.

### MS-DOS
(Microsoft Disk Operating System) → Betriebssystem für → Personal Computer der 80er und frühen 90er Jahre. Heute meist durch Betriebssysteme mit graphischer Benutzeroberfläche (z.B. → Windows) ersetzt.

### MSI
(Medium Scale Integration) Schaltungen mittlerer → Kapazität auf einem Halbleiterkristall (etwas weniger als 100 Funktionen).

### MTBF
(Mean Time Between Failure) → Systemverfügbarkeit.

### Multimedia
Das Zusammenspiel aller derzeit verfügbaren elektronischen → Datenträger für Text-, Bild- und Toninformation. Der Anwender ist aktiv beteiligt und kann den Ablauf nach seinem Wunsch gestalten, z.B. für Information, Aus- und Weiterbildung und Unterhaltung. Multimedia kombiniert und synchronisiert das Aufeinandertreffen von Standbild, Video (Bewegtbild), Audio (Geräusche, Musik, Sprache), Text, Grafik und Animationen. Der wesentliche Unterschied zu Film und Video besteht in der Möglichkeit zur interaktiven Steuerung durch den Benutzer.

### Multiplexverfahren
Verfahren, bei dem eine sehr schnell arbeitende Funktionseinheit mehrere langsam arbeitende Funktionseinheiten in kleinen Intervallen mit schneller Folge reihum bedient. Anwendung: mehrere langsamere Geräte der → Peripherie (Millisekundenbereich) werden von einem → Kanal der → Zentraleinheit (Mikrosekundenbereich) bearbeitet.

### Multiprocessing
Durch besondere → Betriebssysteme gesteuerte Zusammenarbeit von mehreren → Zentraleinheiten in einem Gesamtsystem, wobei die Zentraleinheiten entweder mehr oder weniger gleichberechtigt oder hierarchisch organisiert sind. → Netzwerk.

### Multiprogramming
(Mehrprogrammbetrieb) Während (langsamer) Ein- oder Ausgabeoperationen wird die Ausführung eines → Programmes in der → Zentraleinheit unterbrochen (wartet z.B. auf Peripherie). Diese Unterbrechungen (→ Millisekundenbereich) benützt das → Betriebssystem, um ein zweites (oder ggf. drittes usw.) → Programm in der → Zentraleinheit (Vorgänge im → Mikrosekundenbereich) abzuarbeiten, während die übrigen → Programme durch die → Kanäle- und Gerätesteuerungen simultan gesteuert werden. Auf diese Weise wird es möglich, mehrere Programme innerhalb des gleichen Zeitraumes verarbeiten zu lassen.
Durch das Multiprogramming kann die zeitliche Auslastung der Zentraleinheit gegenüber dem Monoprogramming erheblich gesteigert werden.

### Multitasking
Multitasking bedeutet die gleichzeitige Ausführung mehrerer → Programme auf einem → Computer. Ein → Task ist dabei ganz allgemein ein Vorgang, den der → Prozessor zu bearbeiten hat. Echtes Multitasking ist nur möglich, wenn mehrere Prozessoren zur Verfügung stehen (siehe auch → Parallelverarbeitung). Beim Pseudo-Multitasking laufen die Prozesse nur scheinbar parallel ab. In Wirklichkeit bearbeitet der Prozessor die einzelnen Tasks nacheinander (→ Multiprogramming).

### Multiuser-Betrieb (Mehrbenutzerbetrieb)
Wenn an einem Rechner mehrere Benutzer angeschlossen sind, so wird dies als Mehrbenutzerbetrieb bzw. als Multiuser-Betrieb bezeichnet (siehe auch → Time-sharing; → Teilnehmerrechensysteme).

### Mutation
(Ver-)Änderung, Umwandlung; hier meist: geordnete Änderung des Inhaltes von → Datensätzen bzw. → Dateien.

### Nanosekunde (ns)
→ Zeiteinheit.

### Navigationsdienst
Um sich auf dem → Internet durch den → Cyberspace zu bewegen, oder: damit ein Informationsempfänger die gesuchte Information im Internet bald findet, wird ein N. benötigt. Diese Dienstleistung ist erhältlich und unterstützt den Benutzer auf einem starken Server, einer sog. → Suchmaschine, mit entsprechender Software. (Beispiel: «Alta Vista»).

## NC-Sprache
(Numerical Control-Sprache) Spezielle → Programmiersprache zur numerischen Steuerung von Werkzeugmaschinen (die wichtigsten: APT, EXAPT).

## Netiquette
Anstandsregeln für das Verhalten von Teilnehmern am → Internet.

## Netzwerk
Systeme der → Datenverarbeitung mit mehreren → Zentraleinheiten und einer weitverzweigten → Peripherie meist mit → Datenfernübertragung und → Multiprocessing im Sinne eines → Distributed Processing.

## Netzwerk-Betriebssystem
Ein → Betriebssystem, das den Betrieb eines Computernetzwerkes (Netzwerk) ermöglicht. Im Unterschied zu einem Betriebssystem auf einem einzelnen Computer müssen zusätzliche Funktionen, wie → Kommunikation der Benutzer untereinander, Zugriff auf gemeinsame → Speicher- oder Ausgabemedien, Verwaltung von Zugriffsrechten oder Gewährleistung der Datensicherheit implementiert sein.

## Netzwerk Computer (NC)
Sie sind als besonders preisgünstige Benutzerterminals für den Betrieb in → Client/Server-Systemen, speziell im → Internet, vorgesehen. Sie verfügen über wenig eigene Intelligenz, können in → Java geschriebene Programme ausführen und beziehen ihre Fähigkeiten aus den → Servern des Systems.

## neuronale Netze
Mit künstlichen neuronalen Netzen will man wichtige geistige Fähigkeiten, wie das Lernen aus und das Verallgemeinern von Beispielen oder das Abstrahieren des Menschen, nachbilden und simulieren. Sie sind in ihrer Konzeption und in ihrem Aufbau stark an der Funktionsweise des menschlichen Gehirns orientiert. Neuronale Netze erfordern hohe Rechnerleistungen, die meist durch → Parallelverarbeitung realisiert werden.

## Normalform
Begriff aus der relationalen Datenbanktechnik (→ relationales Datenmodell). Durch das Setzen von Relationen in eine entsprechende Normalform werden redundante (→ Redundanz) Datenhaltung und falsche Datenzuordnungen vermieden, durch die nicht erwünschte und nicht kontrollierbare Effekte (= Anomalien) bei der Bearbeitung auftreten.

## Notebook
→ Laptop.

## Novell
Ein viel verwendetes Betriebssystem für lokale Netzwerke (→ LAN) ist «NetWare» der Fa. Novell.

## Oberon
O. ist eine aus → Pascal und → Modula-2 weiterentwickelte Programmiersprache (ETH Zürich) mit besonderen Möglichkeiten für die → objektorientierte Programmierung.

## Objektorientierte Programmierung
In einer herkömmlichen → Programmiersprache (→ Pascal, → C, → Fortran, ...) werden Probleme gelöst, indem man sich auf eine bestimmte Datenstruktur einigt. Daran anschliessend definiert man → Programme, die in der Lage sind, diese Datenstrukturen zu manipulieren.
Die objektorientierte Programmierung reduziert nun die Datenstruktur und die Programme (Prozeduren) eines Problems auf eine einzige, gemeinsame Struktur. Der Programmierer betrachtet seine Problemumwelt nun als ein Gesamtsystem, das aus miteinander kommunizierenden Objekten besteht.

## Objekt-Programm
Programm in → Maschinensprache im ladefähigen Zustand, wie es von → Assemblern oder → Compilern erzeugt wird.

## OCR
(Optical Character Recognition) Optische Zeichenerkennung. Verfahren zur maschinellen Lesung genormter Schriften (OCR-A-Schrift, OCR-B-Schrift); eignet sich für grosse Datenmengen (z.B. Einzahlungsscheine); Geräte: → Klarschriftbelegleser.

## Off-line
Bezeichnung dafür, dass ein Gerät der → Peripherie (z.B. Datenerfassungsgerät) nicht direkt (nicht momentan) mit der → Zentraleinheit verbunden ist.

## OLE
Objekt Linking and Embedding. Von Microsoft für Windows und dessen Anwendungen entwickelte Methode zum Einbinden (Embedding) von → Daten (Objekten) aus Quell-Dokumenten in Ziel-Dokumente und zum Verknüpfen (Linking) von Daten aus Quell-Dokumenten mit Ziel-Dokumenten. Zum Bearbeiten der eingebundenen oder verknüpften Objekte in den Ziel-Dokumenten werden automatisch jene Anwendungen gestartet, die die Quell-Daten erzeugt haben. Nach dem Bearbeiten werden

die Ziele automatisch aktualisiert. Der Unterschied zwischen Embedding und Linking besteht in der Datenhaltung. Während beim Linking im Ziel-Dokument lediglich Verweise auf die Quell-Daten vermerkt werden, werden beim Embedding die Quell-Daten gemeinsam mit dem Ziel-Dokument gespeichert.

## Online
Bezeichnung dafür, dass periphere Geräte (momentan) direkt mit der → Zentraleinheit verbunden sind.

## On-line-Service
Als O. bezeichnet man Dienstleistungen aller Art, die über ein Datennetz bestellt (und oft auch bezahlt) werden können. Die Angebote umfassen: → E-Mail, Datenbankabfragen, Übertragung von Software, Tagesinformationen, die Teilnahme an Diskussionsgruppen u.a.m. Auch der Anschluss an das → Internet wird geboten. Beispiele: «Swiss Online» und «T Online» als Nachfolger von → Videotext und → Btx, «CompuServe», «America Online (AOL)».

## OOP
→ Objektorientierte Programmierung.

## Open Network
Offenes Netz. Ein → Netzwerk wird als offen bezeichnet, wenn EDV-Anlagen und Geräte verschiedener Hersteller freizügig über allgemein zugängliche Datenübertragungswege kommunizieren können.

## Operator
Bediener einer → DVA, der die Anlage überwacht und steuert. Er ist für die unmittelbare Bedienung der Zentraleinheit, der Ein- und Ausgabegeräte, der Band- und Plattenstationen, die Archivierung von → Datenträgern und einfachere Wartungsfunktionen zuständig.

## Organisator
(EDV-Organisator) Jene Person, die, meist als Leiter einer Projektgruppe, potentielle EDV-Gebiete erkennt und den EDV-Einsatz plant und vorbereitet. Er ist stärker als etwa der → Analytiker auf betriebliche Bedürfnisse und Abläufe ausgerichtet und gewissermassen Bindeglied zwischen EDV- und Fachabteilung.

## OS
Operating-System: englisch für → Betriebssystem.

## OSI
Open Systems Interconnection. Genormtes Modell von → Protokollen (Vereinbarungen) für eine offene Kommunikation in DV-Systemen. Ein Rechnersystem ist aus 7 logischen Ebenen (vom physikalischen Aufbau über die Ebene des → Betriebssystems, bis zur Anwendungsebene) aufgebaut. Für jede dieser Funktionsebenen sind von der International Standards Organisation (ISO) Vereinbarungen (Protokolle) bezüglich der Funktionsweise und -art getroffen worden.

## OS/2
Operating System/2 ist ein von IBM für → Personal Computer entwickeltes, → multitaskingfähiges → Betriebssystem.

## Output
Englischer Ausdruck für Datenausgabe, d.h. für die Übertragung von → Daten aus der → Zentraleinheit mittels eines → Ausgabegerätes in einer dem Verwendungszweck entsprechenden Form.

## Outsourcing
Auslagerung der Informatiktätigkeiten aus einem Unternehmen in einen fremden Dienstleistungsbetrieb.

## Packen
Verdichten der Darstellung von Daten unter systematischem Weglassen von Leerzeichen, Leerplätzen etc.

## Paging
Begriff, der im Zusammenhang mit → virtuellen Speichern von Bedeutung ist. Die → Anwenderprogramme werden in gleich grosse Seiten (pages) zerlegt, die abwechselnd in den → Arbeitsspeicher ein- und ausgelagert werden.

## parallele Übertragung
Im Gegensatz zur seriellen Übertragung werden eine bestimmte Anzahl von Datenbits gleichzeitig (über mehrere Leitungen) übertragen. (Gegenteil: → serielle Übertragung).

## Parallelverarbeitung
Gleichzeitige Verarbeitung von → Daten in einem → Computer. Diese wird meistens durch mehrere vorhandene → Prozessoren in einem Computer geschaffen (siehe auch → Multitasking).

## Partitions
a) Starre Bereiche, in die der → Arbeitsspeicher vom → Betriebssystem aufgeteilt wird, um mehrere → Jobs gleichzeitig im Arbeitsspeicher unterbringen zu können.

b) Eine Festplatte (→ Magnetplatte) kann bei vielen → Betriebssystemen in mehrere Bereiche (Partitionen) aufgeteilt werden, die dann wie separate Laufwerke (Festplatten) ansprechbar sind.

### PASCAL
Nach Blaise Pascal benannte → Programmiersprache. Sie wurde von Nicolaus Wirth 1971 entwickelt. Pascal ist eine sehr übersichtliche Programmiersprache, die zu einem strukturierten Programmaufbau zwingt.

### Passwort
Mit Hilfe eines Passwortes, das über Tastatur eingegeben wird, wird in Computersystemen (-netzen) der Zugriff auf → Dateien oder → Programmen für autorisierte Benutzer eingeschränkt.

### PCI-Bus
(Peripheral Component Interface). Bussystem (→ Bus-Architektur), das bis zu 4 Steckplätze verbinden kann und bei Bedarf auf 64 Datenleitungen verbreitert werden kann. Gegenentwurf von Intel zum → VL-Bus.

### Pentium
Bezeichnung für einen → Mikroprozessor der Fa. Intel. Er enthält ca. 3,1 Mio. Transistoren und arbeitet mit Taktfrequenzen bis zu 200 MHz. Seine Vorläufer waren die Mikroprozessoren 8080 bis 80486.

### Peripherie
Sammelbezeichnung für alle Geräte, die an die → Zentraleinheit anschliessbar sind.

### Personal Computer (PC)
Mit Standard-Mikroprozessoren ausgerüstete Computersysteme für den persönlichen Gebrauch. Heute die am meisten verbreitete Computerkategorie. Wortlänge 8 bis 64 Bit, Leistung 0,1 bis 10 → MIPS. Hauptspeichergrösse 4 bis 32 → MB und mehr. Sehr günstiges Preis-/Leistungs-Verhältnis.

### Pflichtenheft
Im Rahmen eines Projektes zur EDV-Einführung (→ Phasenkonzept) enthält das Pflichtenheft im wesentlichen das gewählte Grobkonzept sowie Anforderungen an → Hardware-Familie, → Software-Angebot, Vertragsbedingungen u.a. und bildet so die Grundlage für die Offertausschreibung.

### Phasenkonzept
Vorgehensmodell für den Ablauf von grösseren Vorhaben, bei dieser Ablauf in zeitlich voneinander abgegrenzte Phasen gegliedert wird. Diese Phasen haben den Zweck, die Entwicklung und Realisierung von Lösungen in überblickbare Teiletappen mit definierten Zwischenzielen, Ausstiegs- bzw. Korrekturpunkten zu gliedern.

### Pixel
Das von einem Computerbildschirm dargestellte Bild besteht aus einer Matrix von Punkten. Diese Punkte (Pixel) sind für den → Computer die kleinsten Einheiten, aus denen er ein Bild zusammensetzt. Je mehr Pixel auf dem Bildschirm dargestellt werden, desto höher ist die Auflösung und um so feiner und schärfer ist das dargestellte Bild.

### Platte
→ Magnetplatte.

### Plausibilitäts-Test
Überprüfung von Informationsinhalten anhand formaler Kriterien durch ein → Programm. Meist wird geprüft auf: Vollständigkeit (alle → Daten vorhanden?), Richtigkeit (existieren die angegebenen Begriffe oder → Codes überhaupt?), Glaubwürdigkeit (sind die Relationen innerhalb von gewissen Grenzen?). Beispiel: → Prüfziffernrechnung.

### Plotter
Zeichengerät zur Datenausgabe in graphischer Form für meist technische Anwendungen (z.B.: Pläne).
Im Vergleich zu einem → Drucker wird ein Zeichenstift über das Papier gezogen.

### Plug & Play
Ein → Personal Computer der mit P&P ausgerüstet ist, kann seine Hardwareausrüstung selbst erkennen und sein Betriebssystem dieser automatisch anpassen. Bei einer Änderung der Konfiguration stellt sich das Betriebssystem von selbst auf die neue Struktur ein.

### PL/1
(Programming Language One) Höhere → Programmiersprache, die die Eigenschaften von technisch-wissenschaftlichen Sprachen mit denen kaufmännisch-orientierter vereint.

### POD
(Pen Oriented Device) Bei diesen Computern erfolgt die Eingabe von → Daten durch Handschrift mit einem Schreibstift (pen) auf einem «Display», das einerseits der Visualisierung dient und andererseits zugleich als Eingabemedium fungiert. Eine (meist selbstlernende) Software für die Erkennung

der Handschrift sorgt für die Verarbeitungsmöglichkeit dieser Eingabedaten durch den → Computer.

**Pointer**
(Zeiger) Der Begriff wird unterschiedlich verwendet: einmal im Sinn eines → Cursors; dann oft als jene Verweisung, die bei verschiedenen → Speicherungsverfahren auf die physische → Adresse zeigt (wie etwa bei Indextabellen oder bei indexverketteter Speicherung).

**Polling**
Sendeaufruf. Von der Zentralstation wird nacheinander an alle → Datenstationen (d.h. an ihre Adressauswahleinrichtung) ein Adresssignal gesendet, worauf sich die jeweils angesprochene meldet. Auf diese Weise wird eine Datenstation nach der anderen aufgefordert, zu senden.

**Portabilität**
Grad der Anpassungsfähigkeit eines Programmes an verschiedene EDV-Anlagen.

**POS**
(Point-Of-Sale) Bezeichnung für → Datenstationen, die beim (meist: Bargeld-)Verkauf eingesetzt werden (z.B.: Kassenterminals in Warenhäusern).

**Primärschlüssel**
Ein Primärschlüssel identifiziert Objekte in einer → Datenbank eindeutig und für ihre gesamte Lebensdauer (siehe auch → Sekundärschlüssel).

**Print-Server**
→ Client/Server-Architektur.

**Programm**
Aus Befehlen zusammengesetzte Arbeitsvorschrift für eine → Datenverarbeitungsanlage. Oder: eine Folge von → Anweisungen zur Lösung eines Problems. Programme werden unter dem Begriff → Software zusammengefasst. Unterschiedliche Formen von Programmen: → Quellenprogramm, → Objektprogramm, → Anwendungsprogramm, → Systemprogramm.

**Programmgenerator**
Schnell erlernbares Programmiersystem, das (mit Hilfe von Parameterangaben) neue → Programme (einer jeweils ähnlichen Struktur) erzeugt. (→ RPG, Sortiergeneratoren).

**Programmierer**
Seine Hauptaufgabe ist die eigentliche Erstellung (Codierung) von → Programmen auf zwei grundsätzlich verschiedenen Gebieten:

Der Anwendungsprogrammierer ist meist auf bestimmte (technische, kaufmännische usw.) Anwendungsbereiche spezialisiert und erstellt die → Quellenprogramme aufgrund der → Programmbeschreibung eines → Analytikers.
Der Systemprogrammierer ist verantwortlich für die Erstellung, den reibungslosen und optimalen Einsatz sowie die Anpassung und Wartung der → Systemsoftware.

**Programmiersprachen**
Künstliche Sprachsysteme mit mehr oder weniger Formalismus für die Erstellung von → Programmen. System von Befehlen und Syntaxregeln, um die → Datenverarbeitungsanlage ganz bestimmte Operationen ausführen zu lassen.
Jene Sprache, die unmittelbar von der Maschine ausgeführt wird, ist die → Maschinensprache. Ihre Darstellungsform ist binär, weshalb ihre Anwendung sehr umständlich ist. Deshalb hat man Programmiersprachen entwickelt, deren Syntax mittels eines eigenen Programmes (z.B.: → Compiler) in die Maschinensprache übersetzt wird. Dabei teilt man in maschinenorientierte (z.B.: → Assembler) und problemorientierte (z.B.: → FORTRAN, → COBOL, → PASCAL, → PL/1, → BASIC, → ADA) Programmiersprachen ein.

**PROLOG**
(Abk. für (engl.) PROgramming in LOGic) Prädikative Programmiersprache der 5. Generation, die das Programmieren als das Beweisen in einem System von Tatsachen und Schlussfolgerungen implementiert. Mit P. wird es möglich, eigenes Wissen zu formulieren und Antworten auf neue Fragestellungen zu finden.

**PROM**
(Programmable → ROM) ROM spezieller Bauart. Die Programmierung erfolgt durch Durchbrennen der Leiterbahnen in der fertigen → integrierten Schaltung.

**Protokoll**
Das Protokoll legt bei einer → Datenübertragung Vereinbarungen fest, an die sich die Kommunikationspartner zu halten haben, z.B. welche Leitungen, Stecker und Codes verwendet werden, in welcher Abfolge die → Daten ausgetauscht werden, wie die datentechnische Verständigung (z.B. Quittierung) zwischen Sender und Empfänger stattfindet u.a.m. (siehe auch → OSI).

**Prototyping**
Vorgehensmodell für die Entwicklung primär selbständiger Software-Systeme. Ein Prototyp des zu-

künftigen Software-Systems wird rasch und mit geringem Aufwand («quick und dirty») erstellt und den Benutzern übergeben. Bei der probeweisen Nutzung erkennbare Verbesserungsmöglichkeiten und notwendige Modifikation werden so lange eingearbeitet, bis der gewünschte Endzustand erreicht ist.

**Provider**
(auch: «Internet Service Provider», abgek. ISP) Das → Internet verbindet eine sehr grosse Anzahl von Knoten miteinander. Diese Knoten werden von Servern gebildet, die eigenständige Computer mit oder ohne Verbindungsstellen zu untergeordneten Datennetzen sein können. Informationsanbieter und -empfänger, die nicht selbst einen Internetserver betreiben, schliessen sich über einen P. an das Internet an. Dieser stellt ihnen geeignete Dienstleistungen zur Verfügung.

**Prozessor**
Andere Bezeichnung für → Zentraleinheit.

**Prozessrechner**
→ Datenverarbeitungsanlagen, die technische Abläufe steuern, indem sie → Daten von z.B. Messeinrichtungen erhalten, aufgrund von → Programmen verarbeiten und die Ergebnisse als Steuerdaten in den Ablauf zurückführen.

**Prüfbit**
Zusätzliches → Bit in einem → Byte oder Wort, das der Fehlerprüfung dient. Es ergänzt die Anzahl der binären Einer auf eine gerade oder ungerade Anzahl (Parity-Bit).

**Prüfziffernrechnung**
Hilfsmittel der organisatorischen Massnahmen der → Datensicherung. Dem abzusichernden numerischen Begriff (z.B.: Kontonummern, Artikelnummern) wird eine sog. Prüfziffer zugefügt, die sich aus der Nummer selbst errechnet. Dadurch wird es möglich, die → Daten auf formale Richtigkeit abzuprüfen.

**Punkt-zu-Punkt-Verbindung**
Eine Verbindung zwischen zwei bestimmten → Datenendstationen in einem → Netzwerk.

**Quellenprogramm**
(Primärprogramm, source-program) → Programm in der Syntax einer symbolischen → Programmiersprache, das vor der Verarbeitung erst durch einen → Compiler (bzw. → Interpreter) in die → Maschinensprache übersetzt werden muss.

**Query Language**
(query: engl. für Abfrage) Einfache Sprache (mit wenigen, alltäglichen Worten) für das Arbeiten mit → Datenbanken.

**RAID**
(Redundant Array of Independent Disks) Die Raidtechnologie wird zur Erhöhung der Ausfallsicherheit und der Datenverfügbarkeit in Computersystemen eingesetzt. Mehrere Plattenlaufwerke werden zu einem Gesamtsystem zusammengeschlossen. Dadurch kann erreicht werden, dass der Ausfall eines Laufwerkes weder zum Ausfall des Gesamtsystems, noch zu einer Betriebsunterbrechung, noch zu einem Datenverlust führt.

**RAM**
(Random Access Memory) Schreib-Lese-Speicher mit direktem → Zugriff zu jeder Speicherstelle. Die → Informationen sind «flüchtig» gespeichert, gehen also bei Ausfall der Stromversorgung verloren (Abhilfe mit Batterien möglich).

**Random Access**
(random: engl. für ziel-, wahllos) wahlfreier → Zugriff, → Direktzugriff.

**Real-Time-Verarbeitung**
(Echtzeit-Verfahren) Eingabe und Verarbeitung fallen zeitlich zusammen, im Gegensatz zur → Batch-Verarbeitung. Dadurch wird auch ein sofortiger → Plausibilitäts-Test möglich. Es gibt verschiedene Komfortstufen: Abfragebetrieb (Abfragezugriff auf Stamm- und Bestandsdaten), → Dialogbetrieb, eigentliche Real-Time-Verarbeitung (zusätzlich zum Dialog- und Abfragebetrieb laufendes → updating der → Dateien).

**Recheneinheit**
(Rechenwerk) Teil der → Zentraleinheit, die die im Arbeitsspeicher gespeicherten arithmetischen und logischen Operationen eines → Programmes auf Anweisung der → Steuereinheit durchführt. Aufbau: miniaturisierte Halbleiterelemente; → Register; Grundoperationen: Addition und logische Funktionen (→ Bool'sche Algebra).

**Record**
engl. für → Datensatz.

**Redundanz**
Differenz zwischen mittlerer Wortlänge und mittlerem Informationsgehalt. Einheit: Bit. im weiteren Sinne bezeichnet man mit Redundanz jenen Bestandteil einer Nachricht, der keinen Beitrag zur Information leistet. Unter redundanter Datenhaltung

versteht man eine Situation, in der identische Daten an verschiedenen logischen oder physischen Orten gespeichert und verwaltet werden (z.B. in verschiedenen Dateien, verschiedenen Computern). Eine redundante Datenhaltung erhöht die Sicherheit, erschwert aber auch die Aktualisierung und Wartung in Datenbeständen.

### Register
Spezielle, sehr schnelle Speichereinheiten für die kurzfristige Aufnahme kleinerer Informationsmengen. Sie dienen z.B. zum Adressrechnen (Adressregister), schnellen Rechenoperationen, zur Befehlsausführung in der → Recheneinheit oder der → Steuereinheit.

### rekursiv
bezeichnet man Prozeduren in einem → Programm, die sich selber aufrufen.

### relationales Datenmodell
Beim relationalen Datenmodell werden Objekte (→ Entities) der Realität und ihre Beziehungen zueinander in einer → Datenbank festgehalten. Jedes Objekt wird dabei durch bestimmte Merkmale beschrieben. Diese werden in Form von Relationen gespeichert – Zusätzlich werden die Beziehungen der Objekte untereinander durch Relationen gespeichert. Eine Relation ist als Tabelle vorstellbar.

### Repository
→ Datenbank der Applikations-Software, die → Informationen über Autor, Datenelemente, Eingaben, Prozesse, Ausgaben und wechselseitige Beziehungen der Software enthält. Ein Repository ist meist der zentrale Kern eines CASE-Systems (→ CASE).

### RISC
RISC steht für Reduced Instruction Set Computer, im Gegensatz zum herkömmlichen CISC (= Complex Instruction Set Computer).
Der Instruktionssatz eines RISC-Computers (entsprechend dem auf Assembler-Niveau angebotenen Befehlssatz) beträgt mit ca. 80 bis 140 nur etwa ein Drittel bis die Hälfte der Befehle eines CISC-Computers. Nur wenige Befehle greifen auf den Hauptspeicher zu, sie sind überwiegend fest verdrahtet.
Aufgrund kleinerer Baugruppen und der Möglichkeit der Befehlsausführung in wenigen Prozessorzyklen sind damit rechenintensive Programme sehr schnell ausführbar.

### Robotics (Robotik)
Wissenschaftliche Disziplin, die sich mit der Konstruktion und Nutzung von Robotern befasst. Roboter sind alle programmierbaren Einrichtungen, die zur Handhabung von Materialien aller Art eingesetzt werden und ihre Aufgaben aufgrund der Programmierung selbsttätig ausführen. Robotics ist ausserdem eine Teildisziplin der → künstlichen Intelligenz.

### Roll-out, Roll-in
Verfahren zum Freimachen grösserer Bereiche des → Arbeitsspeichers. Der Inhalt des Bereiches wird auf eine → Festplatte übertragen und später bei Bedarf wieder eingelesen. In der Zwischenzeit kann der Bereich andere → Daten oder → Programme aufnehmen. Der Vorgang wird vom → Betriebssystem gesteuert.

### ROM
(Read Only Memory) Frei adressierbarer Festspeicher, der eine eingegebene → Information unabhängig von einem Ausfall der Stromversorgung festhält.
Die einmal eingegebene Information kann allerdings nicht mehr geändert werden. Sie wird durch die Ausführung der letzten → Maske, bei der Herstellung der → integrierten Schaltung festgelegt. ROMs werden für die Speicherung von Betriebs- und → Anwenderprogrammen verwendet.

### Routine
Folge von → Anweisungen, die eine bestimmte Aufgabe behandeln und sowohl ein in sich geschlossenes → Programm als auch ein Teil eines grösseren Programmes sein könnnen.

### RPG
(Report Program Generator) Bekanntester → Programmgenerator aus dem Bereich der kommerziellen → Datenverarbeitung.

### Scanner
Mit einem Scanner können vorhandene Dokumente (auch Bilder) digitalisiert werden. Mit einer geeigneten Textverarbeitungs- oder Grafiksoftware (→ Textverarbeitung) können die «eingescannten» Bilder verarbeitet werden.

### Schaltelemente
Heute meist durch Aufdruck isolierender Schichten hergestellte Elemente, in denen die Operationen in der → Zentraleinheit, vor allem in der → Steuereinheit abgewickelt werden, wie z.B. die Operationen der → Bool'schen Algebra.

### Schaltung, integrierte
→ integrierte Schaltung

## Schnittstelle
(engl.: Interface) Übergangsstelle zwischen zwei Bereichen, (z.B.: Bereichen der → Hardware, der → Software, Arbeitsbereichen der → Datenverarbeitung).

## Sekundärschlüssel
Neben dem → Primärschlüssel können in → Datenbanken auch Sekundärschlüssel verwendet werden. Anwendung finden diese, wenn man sich für Teilmengen von → Entities mit gewissen Eigenschaften interessiert. Mit einem Sekundärschlüssel kann diese Gruppe von Entities aus der gesamten Menge «herausgefiltert» werden.

## sequentielle Speicherung
Fortlaufende Speicherung der → Daten in einer Kette (→ Speicherungsverfahren); meist ist damit die physische Anordung der → Datensätze gemeint. (→ Magnetband).

## seriell
Art des → Zugriffs: Auf sequentiell gespeicherte → Daten wird seriell zugegriffen, d.h. die Datenelemente werden in der Reihenfolge ihrer Speicherung gelesen.

## serielle Übertragung
Übertragung von → Daten nacheinander. Bei einer seriellen → Schnittstelle werden die Daten → Bit für Bit übertragen (Gegenteil: → parallele Übertragung).

## Server
→ Client/Server Architektur

## Sichtgerät
→ Bildschirmgerät

## Simplexbetrieb
Verfahren in der → Datenübertragung. Beim Simplexbetrieb ist die Übertragung von Daten immer nur von einem bestimmten Gerät (Sender) zu einem anderen Gerät (Empfänger) möglich (Gegenteil: → Duplexbetrieb).

## SMALLTALK
ist eine → Programmiersprache und ein Softwaresystem (→ Software), das auf dem Grundkonzept der → objektorientierten Programmierung basiert. Smalltalk wurde 1971 bis 1980 vom Xerox-Palo Alto Research Center entwickelt.

## Smart Card
«Intelligente» Karte im Scheckkartenformat, die über einen Mikroprozessor sowie über entsprechende Speicher verfügt: → ROM (für Programme) → RAM (für Zwischenergebnisse). → PROM (z.B. für die Speicherung aller mit der Karte durchführbarer Transaktionen).
Anwendungen: elektronisches Geld; Ausweis; Passierschein; Gesundheitspass (gestaffelter Zugriff); Benutzerberechtigung für Geräte, Terminals; Software-Schutzsystem (Schlüsselteile der Software befinden sich z.B. auf der Karte. Ausführung des Programmes nur in Verbindung mit der Karte möglich. Kopieren des Programmes zwecklos).

## Software
Sammelbegriff für alle Befehls- und Steuerdaten (→ Programm) für die Verarbeitung. Gegenbegriff: → Hardware.

## Software-Engineering
Überbegriff für methodisches Vorgehen bei der Software-Entwicklung bzw. die Entwicklung und Anwendung von Prinzipien, Methoden und Werkzeugen für die Technik und das Management der Software-Entwicklung und -Wartung.

## Sortieren
Herstellen einer Reihenfolge in einer Menge von → Daten nach einem fortlaufenden Ordnungsbegriff. Bei → sequentieller Speicherung spielt das Sortieren eine zentrale Rolle.

## SOS
(Silicon On Saphire) Technologie vieler Halbleiterkristalle.

## Source Program
Englisch für → Quellenprogramm.

## Speicher
Bezeichnung für alle Medien, auf denen zur Verarbeitung bestimmte → Daten in maschinengerechter Form festgehalten werden (z.B.: → Magnetband, → Magnetplatte, → Arbeitsspeicher). Oft kann man über eine → Adresse auf → Daten zugreifen (adressierbare Speicher, → Zugriff); siehe auch: → Datenträger. Ein Speicher wird als extern bezeichnet, wenn er nicht zur → Zentraleinheit gehört.

## Speicherungsverfahren
Verfahren zur Unterbringung von → Daten auf einen → Speicher; es lassen sich vier Grundformen unterscheiden:
a) fortlaufende (→ sequentielle) Speicherung, für nicht adressierbare und adressierbare Speicher; kein Zusammenhang «Ordnungsbegriff/Speicheradresse».

b) index-sequentielle Speicherung (nur adressierbare Speicher; Verwendung von Indextabellen für den Zusammenhang «Ordnungsbegriff/Speicheradresse»).
c) index-verkettete Speicherung (engl.: chain; die lückenhaft abgespeicherten → Datensätze auf adressierbaren Speichern werden durch Zeiger (→ Pointer) zu einer Kette (chain) verbunden).
d) gestreute Speicherung (mit Hilfe eines Umrechnungsverfahrens wird aus dem Schlüssel des → Datensatzes seine → Adresse ermittelt).

**Spool-Betrieb**
(simultaneous peripheral operations on line) Bei der Eingabe bzw. Ausgabe (Spoolin- bzw. Spoolout-Betrieb) der → Daten werden diese vor bzw. nach der Verarbeitung zwischengespeichert. Damit wird der Verarbeitungsvorgang zeitlich von den Ein-/Ausgabegeräten unabhängig. Voraussetzung ist ein entsprechendes → Betriebssystem.

**Sprachen der 4. Generation**
Maschinen-, Assembler- und die sog. höheren Programmiersprachen der 3. Generation (COBOL, FORTRAN, PL/I, PASCAL, C etc.) werden als prozedurale Sprachen bezeichnet. Der Programmierer muss sowohl das WAS als auch das WIE der Ausführung festlegen. Dazu muss der Programmfluss und die Manipulation der Daten (Einlesen, Formatieren etc.) beschrieben werden.
Die sog. 4-GL-Sprachen (4th-Generation-Languages, VHLL = very high level languages) erfordern lediglich die Festlegung des WAS.
Derartige Sprachen haben Vorteile in zweifacher Hinsicht:
– Sie ermöglichen dem Benützer, Datenbankabfragen bzw. kleinere Programme selbst zu erstellen (Endbenutzersprachen).
– Sie erhöhen die Produktivität professioneller Programmierer nachhaltig.
Meist sind 4-GL-Sprachen in Verbindung mit (relationalen) Datenbanksystemen zu sehen.
Typischen Produkte sind: FOCUS, NATURAL, SQL, MANTIS.
*Quelle:* Hansen, H.R.: Wirtschaftsinformatik Fischer, Stuttgart 1986.

**Spread Sheet**
(engl. für Arbeitsblatt) Arbeitsbereich eines Tabellenkalkulationssystems, der auf dem Bildschirm angezeigt wird (→ Tabellenkalkulation).

**Spur**
Sequentiell angeordnete Kette von → Bits auf einem → Datenträger, die von einem Schreib-Lese-Kopf überstrichen werden kann.

**SQL**
(Structured Query Language) Datenbank-Abfragesprache, die einem Nicht-Programmierer (Benutzer) die Arbeit mit einer → Datenbank ermöglichen soll.

**SSI**
(Small Scale Integration) Es können nur ca. 1–10 → Gatter-Funktionen auf einem Halbleiterkristall untergebracht werden (→ LSI).

**Stammdaten**
→ Daten, die sich gar nicht oder nur selten ändern (zeitunabhängig) z.B. bei Personen: Name, Geburtsdatum, Geschlecht. → Bewegungsdaten, → Bestandesdaten.

**Standardsoftware**
→ Anwendungssoftware, die von Computerherstellern und Softwarehäusern für spezielle, häufig wiederkehrende Anwendungen angeboten wird (z.B. Programme für die Lagerbewirtschaftung).

**Stapel-Verarbeitung**
→ Batch-Verarbeitung.

**Steckplatz**
Bei → Personal Computern sind → Adress- und → Datenbus meist auf mehreren Steckern im → Computer zur freien Verfügung gestellt. Diese Stecker werden auch als Steckplätze bezeichnet und ermöglichen die → Aufrüstung eines PC, indem sie für verschiedenste Erweiterungskarten (z.B.: Speichererweiterungskarte) verwendet werden können.

**Steuerbus**
→ Bus-Architektur.

**Steuereinheit**
Teil der → Zentraleinheit, der das Zusammenspiel der einzelnen Komponenten (→ Arbeitsspeicher, → Recheneinheit, E/A-Geräte usw.) steuert.

**Streamer(tape)**
Magnetband- oder Kassettenspeicher (→ Magnetband, Kassette), der für kontinuierliche Aufzeichnungen (sequentieller Zugriff erforderlich, keine wahlfreien Zugriffe möglich) konzipiert ist. Der → Speicher zeichnet sich durch hohe Speicherkapazität aus und wird speziell zum schnellen Sichern grosser Datenbestände verwendet.

## Strichcode
Verschlüsselung von Zeichen für die optische Lesung durch schwarze Striche (Hell-Dunkel-Kontrast), die mit einem Lesestift (Lesepistole) erfasst werden. Erhält zunehmend Bedeutung in der → Datenerfassung, etwa bei der Artikelkennzeichnung (→ POS, → EAN-Code).

## Struktogramm
(Nassi-Shneiderman-Diagramme) Graphische → Darstellung von Programmabläufen, die die Übersicht über die Struktur von → Programmen verdeutlicht. Die Strukturbedingungen entsprechen dabei genau den methodischen Forderungen der → strukturierten Programmierung. Ein Struktogramm ist aus sog. Strukturblöcken zusammengesetzt, die ihrerseites wieder zusammengesetzt oder auch elementar sein können. Es gibt einfache, Auswahl-, Wiederholungsstrukturblöcke und Klammerung.

## strukturierte Programmierung
Methode des Programmentwurfes, der Programmdokumentation und der Programmierung unter stufenweiser Verfeinerung (Strukturierung) des Problemsystems in immer detailliertere Untersysteme (Module, Strukturblöcke), bis schliesslich codierbare → Anweisungen erreicht werden.
Vorteile: modularer Aufbau, Mehrfachverwendung von Modulen möglich, übersichtlichere → Programme, vereinfachte Fehlersuche und Programmanpassung usw.; besonders geeignet → Darstellungstechniken: → Struktogramm, → Jackson-Methode.

## Suchdienst
→ Navigationsdienst.

## Suchmaschine
(engl.: search engine) Eine S. gibt dem Benutzer die Möglichkeit, im → World Wide Web mit einem beliebigen Stichwort nach Informationen zu suchen. Die S. liefert Hinweise auf alle auffindbaren Dokumente, die das Stichwort enthalten. Die Hinweise sind als → Links ausgebildet, sodass der Benutzer ohne Umwege das Originaldokument ansehen kann.

## Surfen
Das Abrufen von Information im → World Wide Web mit Hilfe eines → Browsers.

## synchrone Arbeitsweise
Totale zeitliche Kopplung aller Geräte einer → Datenverarbeitungsanlage auf einen bestimmten Takt (→ Taktgenerator). In der Datentechnik spielen synchrone Abläufe vor allem beim internen Arbeitsakt von Datenverarbeitungsanlagen und bei der → Datenfernübertragung eine Rolle. Gegenteil: → asynchrone Arbeitsweise.

## synchrone Übertragung
Bei der → Datenübertragung wird die zeitliche Anpassung der unterschiedlichen Geräte durch einen einheitlichen Zeittakt realisiert. Dieser Takt wird beim Datenaustausch mitübertragen. (Gegenteil: → asynchrone Übertragung)

## Systemprogramm
→ Systemsoftware.

## Systemsoftware
Gesamtheit aller → Programme, die zum Betrieb einer EDV-Anlage notwendig sind. (→ Betriebssystem).

## Systemverfügbarkeit

$$R = \frac{MTBF}{MTBF + MTTR}$$

wobei MTBF = Mean-time between failure (mittl. Zeit zwischen Fehlern)
MTTR = Mean-time to repair (mittl. Reparaturzeit)

**T** (Tera) Faktor $10^{12}$

## Tabellenkalkulation
In die Zeilen und Spalten einer auf dem Bildschirm ersichtlichen Tabelle werden Bezeichnungen bzw. numerische Werte eingetragen. Numerische Operationen, wie z.B. Summenbildung einer Spalte, Verlagerungen von Werten in eine andere Spalte mit neuerlicher Summenbildung u.ä. können leicht durchgeführt werden.

## Taktgenerator
(Taktgeber) Erzeugt einen elektronischen Takt, der für die Steuerung der Zusammenarbeit von Geräten bei → synchroner Arbeitsweise sorgt.

## Tape
engl. für → Magnetband.

## Task
Aufgabe; Programmteil, → Programm, Programmfolge. Die Terminologie ist nicht einheitlich. Oft auch wie → Job verwendet.

## TCP/IP
(Transmission Control Protocol/Internet Protocol) → Protokoll für Datenübertragungen, u.a. im → Internet verwendet.

## Teilnehmerrechensysteme
(Time-sharing) Jeder Benützer einer → Datenverarbeitungsanlage verkehrt mit ihr, als ob sie ausschliesslich ihm zur Verfügung stünde (unterschiedliche Probleme). Die Zuteilung der Rechenzeit erfolgt im → Time-sharing (Zuordnung von Arbeitszeit der → Zentraleinheit), die Zuteilung von Platz im → Arbeitsspeicher u.a. durch → Paging (→ Partitions); → Mulitprogramming.

## Telefax
auch Fernkopierer. Eine, auf Telefonleitungen basierende → Datenübertragung, bei der Dokumente durch das Telefax-Gerät eingescannt (→ Scanner) und über die Telefonleitung gesendet werden.

## Telepac
(In Deutschland und Österreich: Datex-P) Netz zur Datenfernübertragung nach dem Paketvermittlungsprinzip.

## Tele-Processing
→ Datenfernverarbeitung.

## Telnet
(engl.: teletype network) → Protokoll für eine Terminalemulation. Gestattet den Zugriff von einem → Computer/→ Workstation auf jeden beliebigen anderen Computer/→ Server in einem Datennetz. Der angesprochene Computer/Server behandelt den Fremdcomputer wie ein zusätzlich angeschlossenes → Terminal/→ Bildschirmgerät.

## TEMEX
Der Mehrwertdienst TEMEX (Telemetry Data Exchange) wurde für das spezifische Anforderungsprofil des → Fernwirkens, gekennzeichnet durch ein relativ geringes Datenaufkommen und seltene Transfers, entwickelt.

## Terminal
(Datenstation, Datenendstation) Gerät der → Peripherie, mit denen ein Datenaustausch zwischen der → Zentraleinheit und den (meist) dezentralen Sachbearbeitern möglich ist.

## Textverarbeitung
Die T. dient der Rationalisierung der Routineschreibarbeit durch Einsatz eines Computers (meist ein PC) und eines T.-Programmes. Texte können eingegeben, am Bildschirm angezeigt, beliebig verändert, gespeichert und schliesslich ausgedruckt werden. Die Verwendung von Adressdateien und Textbausteinen bringt weitere Vorteile.

## Time-sharing
Verfahren zur Zuteilung der Zeit der → Zentraleinheit beim → Teilnehmerrechensystem (eventuell auch beim → Teilhaberbetrieb). (siehe auch → Multiuser-Betrieb).

## Tintenstrahldrucker
Beim Druckvorgang werden von einem Druckkopf (Düsen) ohne mechanischen Anschlag winzige Tintentröpfchen auf das Papier gespritzt. Damit können mit geringer Geräuschentwicklung ein- oder mehrfarbige Texte oder Grafiken gedruckt werden.

## Token-Verfahren
Spezielles → Übertagungsverfahren in einem ringförmigen → Netzwerk (→ LAN). Ein als Token bezeichnetes Kennzeichen wird in einer Ringleitung in Umlauf gesetzt. Eine Sendestation darf nur dann ihre Nachricht senden, wenn dieses Token bei ihr vorbeiläuft. Sie setzt die Nachricht an die Stelle des Token und dahinter wieder das Token. So wird vermieden, dass mehrere Sender zugleich tätig werden. Mit dem Token wird also die Sendebefugnis erteilt.

## Top Down
Im Top-Down-Vorgehen wird das Umfassende zuerst behandelt und erst danach das Detail. Beispiel: Beim Programmieren werden zuerst die hierarchisch höchsten Module kodiert und getestet und erst danach die tiefer liegenden Module. Die → Bottom-Up-Methode geht umgekehrt vor.

## tpi
(tracks per inch) Massgrösse für die Aufzeichnungsdichte (Spurdichte) auf einer → Magnetplatte.

## Transaktion
Bezeichnung für einen Vorgang bei der Dialogverarbeitung (→ Dialogbetrieb). Eine Transaktion besteht aus einem Eingabevorgang, bei dem der Benutzer die → Daten dem Computersystem zur Verfügung stellt, einem internen Verarbeitungsschritt und einem Ausgabevorgang, bei dem der Benutzer die bearbeiteten Daten zurückerhält.

## Transputer
Eine Gruppe von → Mikroprozessoren, die speziell für Systeme, in denen mehrere → Prozessoren zum

Einsatz kommen, entwickelt wurden. Ihre Architektur unterstützt mit mehreren Datenkanälen den intensiven und schnellen Datenaustausch in Prozessornetzwerken.

### Tuning
Tuning bedeutet, vorhandene Komponenten aufeinander abzustimmen. Im allgemeinen wird damit eine bessere Funktionserfüllung (z.B.: höhere Leistungsfähigkeit) angestrebt. Diese Abstimmung kann auch ein → Aufrüsten einschliessen.

### Turingmaschine
Universelles (gedankliches) Automatenmodell, das im Jahr 1936 vom britischen Mathematiker A.M. Turing (1912–1954) entworfen wurde. Von grosser Bedeutung für die Entwicklung der Informatik.

### Turn-around-time
Zeitspanne von der Abgabe eines → Batch- → jobs bis zum Erhalt des → Outputs beim → closed-shop-Betrieb eines → Rechenzentrums.

### Übersetzungsprogramm
→ Compiler

### Übertragungsrate
Sie gibt an, wieviele Bits pro Sekunde übertragen werden. Einheit: bit/s. Das öffentliche Telefonnetz stellt Verbingungen zur Verfügung, über die 9600 bit/s bis 72 000 bit/s (Telepac, Datex-P) übertragen werden können (→ Baud).

### UNIX
→ Betriebssystem für → Computer; vom leistungsfähigen → Personal-Computer bis zum Grossrechner (→ Grosscomputer), das 1973 von D.M. Ritchie und K. Thompson in den USA (Bell Laboratories) entwickelt wurde. UNIX kann auf sehr unterschiedlichen Rechnern eingesetzt werden, zeichnet sich durch hohe → Portabilität aus und ist in vielen verschiedenen Abarten verfügbar. UNIX ist ein → Multiuser- und → Multitaskingfähiges Betriebssystem und im wesentlichen in der → Programmiersprache→C programmiert. Bemerkenswert ist, dass Geräte wie → Dateien angesprochen werden. Dadurch ergibt sich für Programme kein Unterschied, ob Ergebnisse auf dem Bildschirm, auf einem → Drucker oder in eine Datei ausgegeben werden.

### Unterprogramm
(Subroutine) Abgeschlossener Teil eines → Programmes, der durch Aufruf aktivert wird.

### Update
ändern; gespeicherte → Bestandsdaten werden auf den neuesten Stand gebracht; → Bewegungsdaten.

### Upgrade
→ Hardware-Erweiterung (Ausbau) oder eine installierte → Software wird auf den neuesten Stand gebracht (neue Version).

### Upload
→ Download.

### USV
Abk. für «unterbrechungsfreie Stromversorgung». Sie ist wichtig für den sicheren Betrieb der Informatiksysteme. Realisiert durch Akkumulatoren in Verbindung mit Stromrichtern.

### Utilities
(Dienstprogramme) Bestandteile eines → Betriebssystems, die für die Durchführung ständig notwendiger Arbeiten im Rahmen des Betriebes einer → Datenverarbeitungsanlage (Verwaltung externer → Speicher, → Linkage Editor usw.) zuständig sind.

### verteilte Datenbanken
V.D. führen die Datenbestände nicht zentral, sondern verteilen sie auf geographisch auseinanderliegende Orte. Bei Unternehmen mit dezentraler Struktur kann dies wegen niedrigerer Übertragungskosten und lokal schnellerem Zugriff sinnvoll sein.

### VESA Local Bus
→ VL-Bus.

### Videokonferenz
Bei einer Videokonferenz sind die örtlich voneinander getrennten Teilnehmer zu einer gemeinsamen Konferenz durch gleichzeitige Bild- und Tonübertragung miteinander verbunden.

### Videotext
(In Deutschland und Österreich: Teletext) Telekommunikationsdienst, bei dem Endbenützer mit Hilfe eines Decoders und eines Fernsehgerätes Informationen aus dem Angebot verschiedener Lieferanten abrufen können.

### virtuelle Speicher
Sind reale → Speicher (z.B.: → Arbeitsspeicher) kurzfristig nicht genügend gross, so wird der Inhalt auf externe Speicher (z.B. → Magnetplatten) ausgelagert (→ Paging), ohne dass es der Anwender merkt. Der Arbeitsspeicher ist dadurch virtuell (scheinbar) grösser.

## Virus
(synonym: Computervirus; Plural: Viren). Programmteil, der sich vervielfachen, verbreiten und bestimmte Funktionen in einem Informationssystem ausüben kann. Viren sind meist Bestandteil eines anderen Programms (Wirtsprogramm) und führen ihre Befehle vor oder während des Ablaufs des Wirtsprogrammes aus. Viren bestehen aus etwa 100 bis 300 Befehlen. Sie sind gefährlich, da sie nicht ohne weiteres zu entdecken sind und grossen Schaden durch die Lahmlegung von Computersystemen stiften können. Zur Abwehr sind zahlreiche Softwarehilfsmittel entwickelt worden. Viren sind besonders im PC-Bereich verbreitet und werden vielfach durch Raubkopien oder Spielprogramme «eingeschleppt». Mit zunehmender Vernetzung (LAN, WAN) nimmt die Bedrohung durch Viren zu und es sind sorgfältigere und wirksamere Vorsichts- bzw. Schutzmassnahmen erforderlich.

## Visual Basic
Teilweise → objektorientierte, anwendungs- und plattformübergreifende graphische («visual») Programmiersprache, speziell geeignet für Software-Entwicklung unter → Windows (mit graphischer → Benützeroberfläche).

## VL-Bus
Auch VESA (Video Engineering Standards Association) Local Bus. Weil → ISA und auch → EISA-Bussysteme (→ Bus-Architektur) bei schnellen Rechnern einen «Flaschenhals» darstellen, wurde mit dem VL-Bus ein neues System definiert, das eine direkte Adress- und Datenverbindung zwischen 3 → Steckplätzen im → Computer und dem → Prozessor bietet. Der VL-Bus arbeitet mit derselben Taktgeschwindigkeit wie der Prozessor und stellt sowohl für Daten als auch für Adressen je 32 Leitungen (→ Datenbus; → Adressbus) zur Verfügung (siehe auch PCI-Bus).

## VLSI
(Very → LSI) Es können mehr als 10 000 → Gatter auf einem Kristallplättchen untergebracht werden.

## WAN
(Wide Area Network) Netz zur Datenfernübertragung, z.B. über → Datex-Netze.

## Winchester-Disk
Ursprüngliche Bezeichnung für Festplattenspeicher (Magnetplattenspeicher) im Personal Computer. → Magnetplatte und Schreib-/Leseköpfe sind in einem geschlossenen Gehäuse untergebracht, ein Wechseln der Platten ist nicht möglich.

## Windows NT
→ Betriebssystem (32 Bit) für → Personal Computer, → Workstations und → Server. Gleicht äusserlich dem Betriebssystem → Windows 95, da es dieselbe graphische → Benutzeroberfläche einsetzt. Es benötigt grössere Ressourcen als Windows 95, bietet dafür höhere Leistung, mehr Sicherheit, ist nicht auf Intel-Prozessoren beschränkt. Multitasking ist auch für 16-Bit-Anwendungen möglich. → Multiprocessing wird unterstützt. Windows NT wird im professionellen Bereich dort eingesetzt, wo es auf hohe Rechengeschwindigkeiten und sehr hohe Sicherheit ankommt. Das System *Windows NT Workstation* ist ein Betriebssystem für → Personal Computer und → Workstations in Datennetzen, *Windows NT Server* ist ein Betriebssystem für → Server zur Verwaltung von Netzen und Datenbeständen sowie für den Betrieb der Drucker im Netz. Besonders wichtig sind seine komfortablen Kommunikationseigenschaften für die Verbindung zum → Internet und zu anderen Datennetzen.

## Windows 95
→ Betriebssystem (32 Bit) für → Personal Computer mit → Prozessoren der Fa. Intel, → Multitasking für 32-Bit-Anwendungen, graphische → Benutzeroberfläche. Anwendungen für → MS-DOS werden unterstützt. Energiesparautomatik, → Multimedia- und → Datenfernübertragungsfunktionen, einfache Installation durch dynamische Erkennung, Konfiguration und Unterstützung der → Hardware (→ Plug&Play).

## Workstation
Leistungsfähiger → Kleincomputer, der einem Benützer an dessen Arbeitsplatz zur alleinigen Verfügung steht, meist an ein Datennetz oder einen Grosscomputer angeschlossen. Gleicht einem → Personal Computer, ist aber leistungsfähiger und verfügt oft über besondere Peripheriegeräte, z.B. Grossbildschirme für CAD.

## World Wide Web (WWW)
Anwendung und erweiterter Dienst des → Internet. Das WWW bedient sich der Hardware des Internet und basiert auf den Prinzipien von → Hypertext und → Hypermedia. Die Informationen werden mit Hilfe der Sprache → HTML in einem → Browser dargestellt. Inhalte können durch → Links verbunden werden. Sie werden mit dem Protokoll → HTTP übermittelt. HTML und HTTP sind die wichtigsten Bestandteile des WWW.

## Wort
→ Computerwort

Glossarium

## Wortmaschine
→ Datenverarbeitungsanlage, bei der der → Arbeitsspeicher in → Computerworte als kleinste adressierbare Einheiten eingeteilt ist. → Bytemaschinen.

## Wurm
Verwandter des → Virus. Vollständiges Programm, das sich in Rechnernetzen selbständig ausbreitet. Ursprünglich als Nützling entwickelt, um Kontrollfunktionen in Rechnernetzen auszuführen. Würmer verteilen sich willkürlich über das Rechnernetz und werden in einem beliebigen Rechner immer dann ausgeführt, wenn er nichts anderes zu tun hat. Von missgünstigen Spezialisten werden Würmer dazu verwendet, den Verkehr auf Rechnernetzen zu verlangsamen, zu stören oder zu verhindern. Würmer haben eine Grösse von etwa 1000 Befehlen.

## WYSIWYG
«What you See Is What You Get». Diese Aussage bedeutet, dass das Ergebnis auf dem Papier jenem auf dem Bildschirm erarbeiteten, und dort sichtbaren, entspricht.

## Zahlensysteme
Systematische Ordnung zur Darstellung von Zahlen. Dabei wird eine natürliche Zahl als Basis gewählt:
 2 für das → Dualsystem
10 für das Dezimalsystem
16 für das → Hexadezimalsystem.
Die Grösse der Basiszahl gibt dem System den Namen. n Ziffern für die erste Stelle werden definiert (1 ... n-1) und weitere Zahlen werden durch mehrere Stellen realisiert.

## Zebrapapier
→ Endlospapier.

## Zeiteinheit
In der → Datenverarbeitung werden häufig Bruchteile von Sekunden verwendet:
ms = $1/10^3$ Sekunden (Millisekunde)
µs = $1/10^6$ Sekunden (Mikrosekunden)
ns = $1/10^9$ Sekunden (Nanosekunden)
In 1 ns legt das Licht im Vakuum 0,3 m zurück (Lichtgeschwindigkeit = 300 000 km/sec).

## Zentraleinheit
Die Zentraleinheit (CPU = Central Prozessing Unit) ist das Kernstück einer elektronischen → Datenverarbeitungsanlage. Sie umfasst:
- die → Steuereinheit (das Steuerwerk, Leitwerk) für die Programm- und Ein-/Ausgabesteuerung
- die → Recheneinheit (das Rechenwerk) für die arithmetischen und logischen Verknüpfungen
- die Speichereinheit (→ Arbeitsspeicher, Hauptspeicher, Zentralspeicher) zur Speicherung des → Programmes, der Ein- und Ausgabedaten.

## Zugriff
(access) Lesen und Schreiben der Inhalte von → Speichern, einschliesslich Suchen der → Adresse dieser Inhalte.

## Zugriffsmethoden
Man unterscheidet grundsätzlich zwei Arten von → Zugriffen:
a) direkter oder wahlfreier Zugriff (→ random access): erlaubt adressierbare Teile gespeicherter → Daten direkt aufzufinden (z.B. auf Magnetplatte möglich)
b) sequentieller oder serieller Zugriff: Daten können nur in der Reihenfolge ihrer physischen Speicherung verarbeitet werden (z.B.: → Magnetband);
→ Speicherungsverfahren hängen von den jeweils möglichen Zugriffsmethoden ab.

## Zugriffszeit
Zeit, die für den → Zugriff auf Speicherplätze benötigt wird, um → Daten aus einem → Speicher zu lesen oder auf einen Speicher zu «schreiben». Die durchschnittlichen Zugriffszeiten sind je nach Art des Speichers sehr unterschiedlich. Sie variieren von Bruchteilen einer Mikrosekunde (beim → Arbeitsspeicher) über die Grössenordnung von 10 bis 100 Millisekunden (→ Zeiteinheit) bei externen Direktzugriffsspeichern (→ Magnetplatten) bis zu Minuten bei → Magnetbändern (→ sequentieller Speicher).

## Zykluszeit
Kürzestmöglicher Zeitraum zwischen dem Beginn von je zwei unmittelbar aufeinanderfolgenden Lese- oder Schreibvorgängen in → Arbeitsspeichern.

## Zylinder
Die übereinanderliegenden konzentrischen Spuren einer → Magnetplatte werden als Zylinder bezeichnet.

# Literaturverzeichnis

ANTHONY, R.N., REECE, J.S.: Accounting. R.D. Irwin Inc., Homewood Ill., 1983.
BACHMANN, K.F.: Personal Computer im Büro. Oldenbourg, München, 1987.
BALCK, H.: Neuorientierung im Projektmanagement. Köln, 1990.
BALZERT, H.: Die Entwicklung von Software-Systemen. Wissenschaftsverlag, Mannheim, 1992.
BARTH, G. et al.: 4. Software-Generation. Handbuch der modernen Datenverarbeitung, Heft 137. Forkel, Wiesbaden, 1987.
BARZ, H.W.: Kommunikation und Computernetze. Hanser, München, 1991.
BAUKNECHT, K., ZEHNDER, C.A.: Grundzüge der Datenverarbeitung. Teubner, Stuttgart, 1985.
BECKER, M.: Alles unter Kontrolle. Output 5/1996.
BECKER, M., BÖGERSHAUSEN, W.: Benutzerhandbuch des Programmpaketes «System PRIO», Bestandteil des Softwarepaketes System PRIO. imcz-Unternehmensberatung, Zürich, 1997.
BECKER, M., MÄDER, D., AMMANN, J.: EDV-gestütztes Planungsverfahren für die Informatik. IO-Management Zeitschrift 63(1994)12.
BENNIS, W.G. et al.: Änderung des Sozialverhaltens. Klett, Stuttgart, 1975.
BEUTELSBACHER, A.: Kryptologie. Vieweg, Wiesbaden, 1993.
BIBERSTEIN, T.: CASE-Tools, Auswahl, Bewertung, Einsatz. Hanser, München, 1993.
BLEICHER, K.: Leitbilder. Orientierungsrahmen für eine integrative Managementphilosophie. Schäffer-Poeschel, Stuttgart, 1994.
BÖHM, R., FUCHS, E., PACHER, G.: System-Entwicklung in der Wirtschafts-Informatik. VdF, Zürich, 1993.
BRECHT, W.: Verteilte Systeme unter Unix. Vieweg, Wiesbaden, 1992.
BÜCHEL, A.: Betriebswissenschaftliche Methodik. Lehrschrift des BWI/ETH, Zürich, 1990.
BURGHARDT, M.: Projektmanagement. Leitfaden für die Planung, Überwachung und Steuerung von Entwicklungsprojekten. Siemens AG, München, 1988.
BURRUS, D.: Technotrends. 24 Technologien, die unser Leben revolutionieren werden. Ueberreuter, Berlin, 1994.
CATTELL, N.: Object Data Management: Object Oriented and Extended Relational Database Systems. Addison Wesley, New York, 1991.
CONRADS, D.: Datenkommunikation. Vieweg, Wiesbaden, 1989.
CURTH, M., LEBSANFT, E.: Wirtschaftsinformatik in der Praxis. Hanser, München, 1992.
CYRANEK, G., BAUKNECHT, K. (Hrgs.): Sicherheitsrisiko Informationstechnik. Vieweg, Wiesbaden, 1994.
DAENZER, W.F., HUBER, F. (Hrsg.): Systems Engineering. Industrielle Organisation, Zürich, 1992.
DAHL, O.J., DIJKSTRA, E.W., HOARE, C.A.R.: Stuctured Programming. Academic Press, London, 1972.
DENERT, E.: Software-Engineering. Springer, Berlin, Heidelberg, New York, 1991.
DIN DEUTSCHES INSTITUT FÜR NORMUNG E.V. (Hrsg.): Software-Entwurf, Programmierung, Dokumentation, Schaltzeichen: Normen Informationsverarbeitung 4. Beuth, Berlin, Köln, 1985.
DIN DEUTSCHES INSTITUT FÜR NORMUNG E.V. (Hrsg.): DIN 66234: Bildschirmarbeitsplätze, Teil B. Beuth, Berlin, Köln, 1988.
DUMKE, R.: Softwareentwicklung nach Maß. Vieweg, Braunschweig, 1992.
ELZER, P.F.: Management von Softwareprojekten. Informatik-Spektrum 12(1989)4, Springer, Berlin, 1989.
ENGESSER, H. (Hrsg.): Duden Informatik. Dudenverlag, Mannheim, 1992.
EWALD, P.: Software richtig eingekauft. Markt und Technik, Haar, 1983.
FINE, N., HAX, N.: Designing a Manufacturing Strategy. Robotics and Computer Integrated. Manufacturing (1984)1, S. 423–439.
FRANK, J.: Standard-Software. Kriterien und Methoden zur Beurteilung und Auswahl von Software-Produkten. Müller, Köln-Braunsfeld, 1977.
FRANK, W.L.: Critical Issues in Software. A Guide to Software Economies, Strategy and Profitability. John Wiley, New York, 1983.
FRÜHAUF, K., LUDEWIG, J., SANDMAYR, M.: Software-Projektmanagement und Qualitätssicherung. VdF, Zürich, 1988.
GANZHORN, K., WALTER, W.: Die geschichtliche Entwicklung der Datenverarbeitung. IBM, Stuttgart, 1975.
GARTNER GROUP: Conference Presentation. 1993.

GERKEN, W.: Datenverarbeitung im Dialog, Wissenschaftsverlag, Mannheim, 1986.
GILB, T.: Software Metrics. Studentlitteratur, Lund, 1976.
GLASL, F.: Organisationsentwicklung. Haupt, Bern, 1975.
GREIPEL, P.: Strategie und Kultur. Haupt, Bern, 1988.
GRUNER, H.: Methoden zur forschungspolitischen Rahmenplanung und Prioritätensetzung. Dissertation. Hausdruckerei Zürcher Kantonalbank, 1983.
GRUPP, B.: Methoden der Ist-Aufnahme und Problemanalyse. Forkel, Wiesbaden, 1987.
HABERFELLNER, R., NAGEL, P., BECKER, M. u.a.: Systems Engineering, Methodik und Praxis. Industrielle Organisation, Zürich, 1992 (siehe auch Daenzer W.F.).
HACKSTEIN, R. (Hrsg.): Produktionsplanungs- und -steuerungssysteme. Auswahl und Einführung im Klein- und Mittelbetrieb. Verlag TÜV, Köln, 1985.
HAHN, D. (Hrsg.): Planungs- und Kontrollrechnung. Gabler, Wiesbaden, 1985.
HAMMER, M., CHAMPY, J.: Reengineering the Coporation. Nickolas Brealey, London, 1993.
HANSEL, J., LOMNITZ, G.: Projektleiter-Praxis. Springer, Berlin, Heidelberg, New York, 1993.
HANSEN, H.R.: Wirtschaftsinformatik I. Fischer, Stuttgart, 1987.
HEILMANN, H., REUSCH, N.: Datensicherheit und Datenschutz. Forkel, Wiesbaden, 1984.
HEINRICH, L.J., BURGHOLZER, P.: Systemplanung. Oldenbourg, München, 1991.
HERING, E.: Software Engineering. Vieweg, Wiesbaden, 1992.
HOFER, H.: Datenfernverarbeitung. Springer, Berlin, 1984.
HORVATH, P., PETSCH, M., WEIHE, M.: Standard-Anwendungssoftware für das Rechnungswesen. Vahlen, München, 1986.
HRUSCHKA, P.: Mein Weg zu CASE. Hanser, München, 1991.
JACKSON, M.A.: Principles of Program Design. Academic Press, London, 1975.
JÄGER, H.: Darstellungstechniken für EDV-Informationssysteme. Industrielle Organisation, Zürich, 1978.
KÄLIN, K., MÜRI, P.: Führen mit Kopf und Herz. Ott, Thun, 1988.
KÄLIN, K., MÜRI, P.: Sich und andere führen. Ott, Thun, 1985.
KANE, P.: Keine Macht den Viren. Vieweg, Wiesbaden, 1990.
KLEBERT, K., SCHRADER, E., STRAUB, W.G.: KurzModeration. Anwendung der ModerationsMethode in Betrieb, Schule und Hochschule, Kirche und Politik, Sozialbereich und Familie bei Besprechungen und Präsentationen. Windmühle, Hamburg, 1987.
KNÖLL, H.-D., BUSSE, J.: Aufwandschätzung von Software-Projekten in der Praxis. Wissenschaftsverlag, Mannheim, 1991.
KOCH, M.: Grundkurs Internet. Beluga Verlag, Wettingen, 1996.
KOELLE, H.M.: Ein Beitrag über den Wandel von Prioritäten. Technische Universität Berlin, Forschungsreihe Systemtechnik 13/1978.
KOHLAS, J., WALDBURGER, H.: Informatik für EDV-Benützer. Uni Taschenbücher, Stuttgart, 1989.
KOREIMANN, D.S.: Leitfaden für das Datenbankmanagement. Forkel, Wiesbaden, 1987.
KROSCHEL, K.: Datenübertragung. Springer, Berlin, 1991.
KRÜGER, W.: Problemangepasstes Management von Projekten. Zeitschrift für Organisation 56(1987)4, S. 207–216.
KRUSCHWITZ, L.: Investitionsrechnung. Springer, Berlin, 1978.
KUPPER, H.: Die Kunst der Projektsteuerung. Qualifikation und Aufgaben eines Projektleiters für DV-Anwendungssystementwicklungen. Oldenbourg, München, 1985.
KÜPPER, H.U.: Ablauforganisation. UTB, Stuttgart, 1981.
KURBEL, K.: Programmentwicklung. Gabler, 1990.
LATTMANN, CH.: Die verhaltenswissenschaftlichen Grundlagen der Führung des Mitarbeiters, Haupt, Bern, 1981.
LEWIN, K.: Frontiers in Group Dynamics. Human Relation (1947)1.
LIEBETRAU, G.: Die Feinplanung von DV-Systemen. Vieweg, Braunschweig, Wiesbaden, 1994.
LINDEMANN, B.: Lokale Rechnernetze. VDI-Verlag, Düsseldorf, 1991.
LOCHER, R., MAURER, T.: Einsatz von Projektmanagementsoftware auf Personalcomputern. Schweizer Ingenieur und Architekt, Zürich, (1988)26, S. 793–797.
LÖFFLER, H., MEINHARDT, J., WERNER, D.: Taschenbuch der Informatik. Fachbuchverlag, Leipzig, 1992.
MARTIN, J.: Einführung in die Datenbanktechnik. Hanser, München, 1987.

MASLOW, A.: Motivation und Persönlichkeit. Walter, Olten, 1977.
MEFFERT, TH.: Prototyping. Weg aus dem Projektdilemma. Computerwoche, 2.11.1984.
MERTENS, P.: Aufbauorganisation der Datenverarbeitung. Gabler, Wiesbaden, 1985.
MERTENS, P.: Integrierte Informationsverarbeitung. Band I: Administrations- und Dispositionssysteme in der Industrie. Gabler, 1993.
MERTENS, P.: Integrierte Informationsverarbeitung. Band II: Planungs- und Kontrollsysteme in der Industrie. Gabler, 1993.
MERTENS, P. (Hrsg.): Lexikon der Wirtschaftsinformatik. Springer, Berlin, Heidelberg, New York, 1990.
MICROSOFT (Hrsg.): Microsoft Project, Anwender Manual.
MÜLLER-ETTRICH, G.: Effektives Datendesign. Müller, Köln, 1989.
MÜLLER, S.: Lokale Netze – PC-Netzwerke. Hanser, München, 1991.
MÜRI, P.: Ab morgen gilt zweidimensionales Führen. IO-Management Zeitschrift, 56(1987)12.
MÜRI, P.: Am Beginn des neuen Kulturzeitalters. IO-Management Zeitschrift, 54(1985)4.
MÜRI, P.: Chaos-Management. Kreativ Verlag, Egg, 1985.
MÜRI, P.: Das Führungsverständnis der 90er Jahre. IO-Management Zeitschrift, 57(1988)2.
MÜRI, P.: Der Chef als Konfliktlöser. IO-Management Zeitschrift, 55(1986)11.
MÜRI, P.: Der Chef – viele Rollen. IO-Management Zeitschrift, 55(1986)7/8.
MÜRI, P.: Dreidimensional führen mit Verstand, Gefühl und Intuition. Ott, Thun, 1990.
MÜRI, P.: Erfolg durch Kreativität. Kreativ Verlag, Egg, 1984.
MÜRI, P.: Organisationsentwicklung. Die Unternehmung 33(1979)2.
NAGEL, K.: Nutzen der Informationsverarbeitung. Hanser, München/Wien, 1990.
NAGEL, K.: 200 Strategien, Prinzipien und Systeme für den persönlichen und unternehmerischen Erfolg. Moderne Industrie, Landsberg/Lech, 1990.
NOMINA (Hrsg.): ISIS-Software-Report. Infratest, München.
NORTON, P.: Die verborgenen Möglichkeiten des IBM-PC. Teubner, Stuttgart, 1986.
NOTH, TH., SCHWICHTENBERG, TH.: PPS-Systeme auf dem Prüfstand. Computerwoche 28.6.1985 und 5.7.1985.
ORGAMATIC (Hrsg.): Projektmanagement für Profis. Orgamatic, Zürich, (1989)10, S. 34–43.
ÖSTERLE, H. (Hrsg.): Integrierte Standardsoftware. Entscheidungshilfen für den Einsatz von Softwarepaketen. Angewandte Informationstechnik, 1990.
ÖSTERLE, H., BRENNER, W., HILBERS, K.: Unternehmensführung und Informationssystem. Der Ansatz des St. Galler Informationssystem-Managements. Teubner, Stuttgart, 1991.
PARKINSON, J.: Making CASE Work. NCC Blackwell Ltd., 1991.
PEST, W.: Hardware-Auswahl leicht gemacht. Markt und Technik, Haar, 1984.
PETERS, T.J., WATERMAN Jr., R.H.: In Search of Excellence. Harper & Row, New York, 1982.
PETERS, T.: Liberation Management. Fawcett Columbine, New York, 1992.
PLATZ, G.: Methoden der Software-Entwicklung. Hanser, München, 1988.
POMBERGER, G., BLASCHEK, G.: Grundlagen des Software Engineering. Hanser, München, 1992.
PORTER, M.E.: Wettbewerbsstrategie. Campus, Frankfurt, 1992.
PORTER, M.E.: Wettbewerbsvorteile. Campus, Frankfurt, 1992.
PORTER, M.E.: Wettbewerbsvorteile – Spitzenleistungen erreichen und behaupten. 1985.
PRESSMAN, R.S.: A Manager's Guide to Software Engineering. Mc-Graw-Hill, New York, 1993.
PÜMPIN, C.: Management strategischer Erfolgspositionen. 1986.
RAMM, F.: Recherchieren und Publizieren im World Wide Web. Vieweg, Wiesbaden, 1995.
RANDELL, B.: The Origin of Digital Computers. Springer, Berlin, 1973.
RECHENBERG, P.: Was ist Informatik? Hanser, München, 1991.
RESCHKE, H., SVOBODA, M.: Projektmanagement. Konzeptionelle Grundlagen. München, 1984.
ROCKART, N.: The Changing Role of the Information Systems Executive. A Critical Success Factors Perspective. Sloan Management Review, 24(1982).
ROCKART, N., GRESCENZO, N.: Engaging Top Management in Information Technology. Sloan Management Review 25(1984)4.
ROSENSTIEL, L.V.: Grundlagen der Organisationspsychologie. Poeschel, Stuttgart, 1980.
SCHEER, A.-W.: Standard-Anwendungs-Software. Ein zu wenig genutztes Rationalisierungsinstrument zum Beheben der Software-Probleme. data-report 17(1982)2.
SCHICKER, P.: Datenübertragung und Rechnernetze. Teubner, Stuttgart, 1988.

SCHIERENBECK, H.: Grundzüge der Betriebswirtschaftslehre. Oldenbourg, München, 1988.
SCHIFFMANN, W., SCHMITZ, R.: Technische Informatik. Springer, Berlin, 1992.
SCHMITZ, P., BONS, H., VAN MEGEN, R.: Software-Qualitätssicherung – Testen im Software-Lebenszyklus. Vieweg, Braunschweig, Wiesbaden, 1983.
SCHNEIDER, H.J. (Hrsg.): Lexikon der Informatik und Datenverarbeitung. Oldenbourg, München, 1991.
SCHREIBER, J.: Beschaffung von Informatiklösungen. Haupt, Bern, 1994.
SCHULZE, H.H.: Computereinsatz in Mittel- und Kleinbetrieben. Rowohlt Taschenbuchverlag, Reinbek, 1993.
SCHUPPENHAUER, R.: Grundsätze für eine ordnungsmäßige Datenverarbeitung. IdW-Verlag, Düsseldorf, 1984.
SCHWEIZERISCHE VEREINIGUNG FÜR DATENVERARBEITUNG (Hrsg.): EDV-Pflichtenhefte. SVD, Zürich, 1984.
SCHWEIZERISCHE VEREINIGUNG FÜR DATENVERARBEITUNG (Hrsg.): Evaluation von Informatiklösungen. Haupt, Bern, Stuttgart, 1985.
SELIG, J.: EDV-Management. Springer, Berlin, 1986.
SEMMEL, M.: Die Unternehmung aus evolutionstheoretischer Sicht. Haupt, Bern, 1984.
SIEMENS AG (Hrsg.): Organisationsplanung. Planung durch Kooperation. Siemens, München, 1990.
SIEMENS AG (Hrsg.): Sicherheitsvorkehrungen für Rechenzentren, Infrastruktur – Organisation – Versicherungsschutz. Siemens, Erlangen, 1981.
SQS GESELLSCHAFT FÜR SOFTWARE-QUALITÄTSSICHERUNG MBH. (Hrsg.): Test-Konventionen. Produktinformation, Köln, 1982.
STAHLKNECHT, P.: Einführung in die Wirtschaftsinformatik. Springer, Berlin, 1986.
STAHLKNECHT, P., NORDHAUSS, N.: Fallstudie – Methodik der Hardware- und Softwareauswahl in kleinen und mittleren Unternehmungen, dargestellt am Beispiel eines Fachverlages. Oldenbourg, München, 1981.
STRASSMAN, P.A.: The Business Value of Computers. The Information Economics Press, New Canaan, Connecticut, 1990.
TANNENBAUM, A.S.: Betriebssysteme. Hanser, München, 1990.
THALLER, G.E.: Computersicherheit. Vieweg, Wiesbaden, 1993.
TORNSDORF, H., TORNSDORF, M.: PC für Einsteiger. Becker, Düsseldorf, 1992.
TWIEHAUS, H.J., DOSTAL, W.: Computerberufe – Berufe und Bildung in der Datenverarbeitung. Droemer, München, 1985.
TWIEHAUS, J.: Der Schlüssel zur Computer Software. Econ, Düsseldorf, 1988.
VAN STEENIS, H.: Informationssysteme – wie man sie plant, entwickelt und nutzt. Hanser, München, 1992.
VERBAND DER DATENVERARBEITUNGSFACHLEUTE: Berufe der Wirtschaftsinformatik in der Schweiz. VDF, Zürich, 1993.
VETTER, M.: Aufbau betrieblicher Informationssysteme mittels konzeptioneller Datenmodellierung. Teubner, Stuttgart, 1990.
VORNDRAN, E.P.: Entwicklungsgeschichte des Computers. VDE-Verlag, Offenbach, 1982.
WARD, J., GRIFFITHS, P., WHITEMORE, P.: Strategic Planning for Information Systems. Wiley, Chichester, 1990.
WARNECKE, H.-J., BULLINGER, M.-J., HICHERT, R.: Wirtschaftlichkeitsrechnung für Ingenieure. Hanser, München, 1980.
WATERMANN, P., ALBACH, N.: Auf der Suche nach Spitzenleistungen. Moderne Industrie, Landsberg/Lech, 1993.
WEINERT, A.: Lehrbuch der Organisationspsychologie. Urban & Schwarzenberg, München, 1981.
WEISS, R. (Hrsg.): Mit dem Computer auf «Du». Weiss, Männedorf, 1993.
WEIZENBAUM, J.: Kurs auf den Eisberg. Pendo, Zürich, 1984.
WELZEL, P.: Datenfernübertragung. Vieweg, Wiesbaden, 1990.
WERNER, G.: Das Mikrocomputer-System. Siemens, München.
WESTERLUND, G., u.a.: Organisationsmythen. Klett-Cotta, Stuttgart, 1981.
WEYER, N., PÜTTER, N.: Organisation und Technik der Datensicherung. Datakontext, Köln, 1983.
WINTSCH, E.: Die Analyse des Entscheidungsprozesses beim Kauf von Computern als Grundlage für die Marktbearbeitungsmassnahmen der Hersteller. Dissertation Hochschule St. Gallen, St. Gallen, 1979.
WIRTH, N.: Systematisches Programmieren. Teubner, Stuttgart, 1985.
ZANGENMEISTER, Ch.: Nutzwertanalyse in der Systemtechnik. Wittemann, München, 1976.
ZEHNDER, C.A.: Informatik-Projektentwicklung. Teubner, Stuttgart, 1991.

ZEHNDER, C.A.: Informationssysteme und Datenbanken. Teubner, Stuttgart, 1990.
ZEMANEK, H.: Das geistige Umfeld der Informationstechnik. Springer, Berlin, 1992.
ZEMANEK, H.: Weltmacht Computer. Bechtle, Esslingen, 1991.
ZIMMERMANN, G.: Bewähren sich Phasenmodelle in der Praxis? ÖVD/Online 8/1983.
ZOLLER, E.C.: Einführung in die Großrechnerwelt. Oldenbourg, München, 1992.
ZUSE, K.: Der Computer mein Lebenswerk. Springer, Berlin, 1984.
ZWEIFEL, N.: Buchführungsdelikte mittels EDV und Massnahmen zu deren Verhinderung. Schulthess, Zürich, 1984.

# Index

Abfrage 45, 106, 116, 128
Ablaufdiagramm 424 ff.
Ablauforganisation 464
Abnahmetest 56, 237
Abtastung 124
Abteilungsrechner 142, 480
ActiveX 673
ADA 44, 673
Adapter 129, 131
Adresse 102, 103, 148, 160, 673
Adressenbus 144, 147, 673
Adressierverfahren 673
Agent 673
AI 673
AIX 156
ALGOL 44
allgemeine Geschäftsbedingungen 367 ff.
alphanumerisch 673
ALU 146, 147
analog 673
Analog-Digital-Umsetzung 124
Analogrechner 673
Analyse 13, 50, 51
Analytiker 550, 673
Analytiker/Programmierer 550, 673
Anbieter 365, 377, 379
Angst vor der EDV 404 ff.
Anlagechef 552
ANSI 673
Antwortzeit 66
Anweisung 59, 673
Anwender 239, 243, 286, 366, 377, 379, 424, 549
Anwendersoftware 673
Anwendung
– dispositive 507
– in Wissenschaft und Technik 42 ff., 478
– kommerziell-administrative 41 ff., 170, 478
– operationelle 507
– strategische 503, 507
Anwendungsgenerator 45
Anwendungsprogramm 16, 41, 65 ff., 673
Anwendungssoftware 40, 230
– Individual- (IASW) 193
– Standard- (SASW) 193
APL 44, 673
Applet 674
Application Layer (ISO/OSI) 136
Arbeitsauftrag 294, 448
Arbeitsgruppe 232, 286
Arbeitsplatzrechner 140, 175, 177

Arbeitsspeicher (siehe auch Hauptspeicher) 674
Arbeitsvertrag 386
Architektur, integrierte 174 ff.
Arithmetik-Logik-Einheit (ALU) 146, 147
Artificial intelligence (AI) 674
ASCII 121, 122, 674
Assembler 44, 182, 674
Assoziation 108
asynchrone Arbeitsweise 674
asynchrone Übertragung 674
Atomizität 118
Attribut 108, 109
Aufbauorganisation 464, 469
– Fallstudie «Elektra» 610 ff.
Aufrüsten 674
Aufwand und Kosten Ist/Soll, Formular 444, 445
Ausbildungsmöglichkeiten 555
Ausgabe 9, 233
Ausgabegerät 16, 19, 33 ff., 674
Ausprägung 108, 109
Ausschreibung, Fallstudie «Elektra» 633 ff.
Ausserbetriebsetzung 50, 57
Ausweisleser 21
Autorensprache 157

Balkendiagramm 287, 299, 300, 306
Band 674
BASIC 45, 156, 674
Basisanschluss 133
Basisband 123, 127, 128, 130
Batchverarbeitung 68, 77, 632, 674
Baud 674
BCD 674
BDE 674
Bedarfsarten 478 ff.
Bedienungsanleitung 66, 240
Bedienungsverteiler 72
Befehl 13, 674
Befehlsregister 146
Befehlstaste 9
Belastungsprofil «Machbar» (Priorisierung) 392
Belastungsprofil «Wunsch» (Priorisierung) 392
Belegleser 19, 21
Benchmark-Test 333, 674
Benützer 198, 220, 231, 232, 254, 255, 543, 548
Benützerfreundlichkeit 239
Benützerhandbuch 241
Benutzeroberfläche 675
Benützerschulung 241
Berufe 547 ff.

Bestandesdaten 675
Betriebsarten 75 ff.
Betriebsdatenerfassung (BDE) 22, 675
Betriebssoftware 40
Betriebssystem 13, 16, 40, 64, 70 ff., 102, 675
– herstellerneutrales 74
– herstellerspezifisches 74, 169
– produktespezifisches 74
Bewegungsdaten 675
Bewertung der Projekte (Priorisierung, System PRIO) 394
Beziehung (Datenbank) 108
Bibliotheksverwaltung 73
Bilderkennung 184
Bildplatte 675
Bildschirmgerät 9, 33, 34, 36 ff., 182, 675
Bildschirmmaske 233
Bildschirmtext (Btx) 133, 484, 675
Binärsystem 675
Binden 50, 54, 73
Biochip 184
Bit 24, 121, 675
bit/s 675
Bitübertragung, serielle 121
Blockfaktor 675
Blockierung, Blockung 86
Blocklücke 675
Blockschaltbild 675
Blockung 675
Bool'sche Algebra 675
Botschaft 63
Bottom up 236, 675
bpi 675
BPR 462 ff.
bps 676
Break even point 359
Breitband 127, 128
Bridge 676
Browser 137, 138, 676
Btx 133, 484, 676
Büroautomation 478, 483 ff.
Bürokommunikation 478, 483 ff.
Bus 24, 127, 130, 143, 144
Bus-Architektur 676
Business graphics 157
Business process reengineering (BPR) 462 ff.
– Fallstudie «Elektra» 571, 572
Byte 24, 90, 676
Bytemaschinen 676

**C**, C++ (Programmiersprache) 45, 64, 119, 156, 676
Cache memory, Cache-Speicher 26, 676
CAD 160, 483, 676
CAE 483
CAI 483, 676
CAM 483, 676
Cambridge ring 127
CAP 483
CASE 234, 399 ff., 676
– Kosten 402
– Lower 400
– Nutzenaspekte 402
– Phasenkonzept 399
– Prototyping 399
– Upper 400
– Workbench 401
CCITT 132, 135, 164, 676
CD-ROM 32, 676
Chat 138
Chiffrierung 539
Chip 25, 143, 677
Chipkarte 677
CICS 162
CIM 482 ff., 677
Circuit switching 128
CISC 27
Client/Server 137, 161 ff., 480, 677
– Anwendungssoftware 163
– Betriebssoftware 163
– Einsatz 166
– Hardware 163
– Vorteile 164
Closed shop 541, 677
COBOL 45, 677
CODASYL 677
Code 18, 121, 677
CODEC 125
Codieren, Codierung 13, 14, 50, 54, 235, 677
COLD 677
COM 36, 677
Commit-Steuerung 118
Compiler 47 ff., 54, 677
Complex instruction set computer (CISC) 27
CompuServe 485
Computer 8 ff., 38, 140 ff., 174 ff., 677
– aided design (CAD) 160, 483
– aided engineering (CAE) 483
– aided instruction (CAI) 483
– aided manufacturing (CAM) 483
– aided production planning (CAP) 483
– aided software engineering (CASE) 234, 399
– aided systems engineering (CASE) 399
Computergenerationen 182 ff.
Computer integrated manufacturing (CIM) 482 ff.
Computerkriminalität 387, 389
Computer output on microfilm (COM) 36
Computerraum 539

Computertypen 140 ff.
Computerverbund 174 ff.
Computerviren (Viren) 387, 537, 544 ff., 677
Computerwort (CW) 677
Controlling 528
Corporate Web 167, 677
cpi 678
CPM 304
CPU (siehe auch: Zentraleinheit) 143, 678
Critical success factors (CSF) 495 ff., 500
CSF 495 ff., 500
CSMA-CD 128, 130
Cursor 678
Cyber Café 678
Cyberspace 678

**D**arstellungstechnik 424 ff.
- Ablauforganisation 424 ff.
- Datenbestände 429
- Funktionen 430
- Hardware 432
- Hilfsmittel 432
- Informatiksystem 425 ff.
- Informationsfluss 427 ff.
- Konfigurationen 434
- Prozesse 431, 433
- Relationenmodell 429, 430
- Transaktionen 431
Data dictionary 233, 678
Data management 72, 73
Datatypist(in) 678
Data Warehouse 678
Datei 86 ff., 90, 678
- direkt adressierbare 87, 95 ff.
- gestreute 95
- index-sequentielle 96, 97
- sequentielle 87, 91 ff.
Dateiaufbau 224
Dateientwurf 90
Dateiorganisation 87
- virtuelle 101 ff.
Daten 10 ff., 63, 678
- alphabetische 12
- alphanumerische 90
- analoge 10
- Änderungs- 12
- deskriptive 12, 90
- digitale 10
- identifizierende 12, 90
- numerische 12, 90
- quantifizierende 12, 90
- replizierte 117, 118
- Stamm- 12
- Umsetzen von 69

Datenadministrator 552
Datenautobahn 678
Datenbank 104 ff., 143, 161, 230, 484, 678
- Baumstruktur 111
- bibliographische 484
- Fakten- 484
- hierarchische 110 ff.
- ideale 104, 106
- Netzwerkstruktur 111 ff.
- objektorientierte (ooDBS) 118 ff.
- relationale 108, 112, 118, 632
- Volltext- 484
Datenbankserver 480
Datenbankspezialist 551
Datenbankstruktur 107, 110 ff.
Datenbanksystem 104 ff.
- objektorientiertes (ooDBS) 63
- verteiltes (VDBS) 117
Datenbasis 115
Datenbestandskontrolle 72, 73
Datenblock 678
Datenbus 144, 147, 678
Datendienste 484 ff.
Datenelement 10, 85, 86, 90, 233
Datenendstation 81, 678
Datenerfassung, mobile 486
Datenfeld 85, 86, 233, 679
Datenfernübertragung (DFÜ) 37 ff., 233, 679
- Netze zur (WAN) 120
Datenfernverarbeitung 120 ff., 679
Datenflussdiagramm 427, 428
Datenflussplan 51, 233, 424, 679
Datenhierarchie 86
Datenkanal 140
Datenkatalog (Data dictionary) 233, 679
Datenkommunikation 120 ff.
Datenkompression 679
Datenkonzept 233
Datenmanipulationssprache (DML) 116
Datenmodell 109 ff., 222, 231, 232, 429, 638, 679
Datenmodellierung 107 ff., 679
Datennetz 37, 80, 544
- lokales siehe LAN
- mit Paketvermittlung 132, 134, 135
- Normung 135
- öffentliches 133
- zur Fernübertragung (WAN) 132
Datennetzdienste 484 ff.
Datennetze, Verbindung 130 ff.
Datenorganisation 85 ff., 679
Datenpaket 134
Datenreorganisation 70, 73
Datensatz (Record) 85 ff., 90, 224, 679
- feste Länge 88

– logischer 85, 90
– physischer 85, 90
– variable Länge 88
Datenschutz 116, 554, 679
Datensicherung 94, 101, 102, 538, 542, 679
Datenspeicherung 679
Datenträger 11, 32, 233, 542, 679
– adressierbarer 95
Datentyp, abstrakter 63
Datentypist 553
Datenübernahme 233, 244
Datenübertragung 120 ff., 679
Datenunabhängigkeit 116
Datenverarbeitung (DV) 679
– integrierte 41
Datenverarbeitungsanlage 679
Datenverwaltung 69, 157
Datenverwaltungssystem (DBMS) 115
Datex-Netze 679
DATEX-P 132, 134, 679
DBMS 115
DDP 680
Debugging 680
Dedicated system (DS) 680
Demodulation 123 ff.
Desk top publishing (DTP) 160
Detailkonzept 196, 252, 291, 422
– Fallstudie «Elektra» 657 ff.
dezentrale Datenverarbeitung 680
Dezentralisation 183
– koordinierte 518 ff., 523, 528
DFÜ 37 ff., 233, 680
Dialog 182, 233
Dialogbetrieb 66, 82, 680
Dialoggerät 129
Dialogprogramm 66
Dialogsystem 79
Dialogverarbeitung 77, 632
Dienstprogramm 16, 40, 64, 69 ff., 72, 73, 680
Dienstprotokoll 137
digital 680
Digital-Analog-Wandler 37
Digitalisiertablett 22
Digitalnetz, integriertes (ISDN) 132, 133
Digitalrechner 680
Digitizer 680
Direktzugriff 680
Direktzugriffspeicher 680
Disk siehe Magnetplatte
Diskette (Floppy disk) 31, 32, 33, 36, 680
Disk operating system (DOS) 75, 680
Display 680
Distributed processing 680
DML 116
Dokumentation 14, 50, 55 ff., 539

Domäne 113
Doppelboden 539
DOS 75, 680
Dot pitch 680
Download 137, 681
Downsizing 161, 165, 167, 481, 681
Drag and drop 681
drei Säulen (Priorisierung) 394
Drucker (Printer) 36, 129, 681
DTP 160, 681
Dualsystem 24, 681
Duplexbetrieb 681
DV 681
DVA 681

**E**AN-Code 681
EBCDIC 681
Echtzeitverarbeitung 77, 78 ff., 82 ff., 681
ECMA 164
EDI 681
Editor 54, 681
EDV 682
– autonome 486 ff.
– Bedarfsarten und -Möglichkeiten 485
– Beschaffung 512
– Betrieb bei einer dezentralen Informatikstelle 518 ff.
– Chef 553
– Einsatz 344
  – Melioration 344
  – Neuausrichtung 344
  – zusätzliche Dienste 344
– Einsatzkonzept 505
– Führung/Ablauforganisation 512
– Jahresstatistik 533
– Kommission 271, 273, 282, 283, 284, 286
– Konfiguration 224
– Konzept 205
– Koordinator 554
– Management 239
– Möglichkeiten 478 ff.
  – und Bedarfsarten 485
– Organisator 548 ff.
– Personal 542
– Planung auf der grünen Wiese 191
– Plattform 222, 223 ff.
– Projekt 496
  – Erfolgskomponenten 294 ff.
  – Grob-Netzplan 301 ff.
  – Netzplantechnik 313
  – Projektmanagement 270
  – Qualitätssicherung 290 ff.
– Revisor 554
– Spezialbedürfnisse 479

- Spezialist 198, 220, 231, 239, 286, 424, 548
- Spezialsysteme 482 ff.
- Stelle 243
- Strukturorganisation 513
- System 8 ff., 14 ff., 19, 549
  - Struktur 15, 16
- Unterstützung am Arbeitsplatz 478
- Verantwortlicher, Aufgaben 468

EDV-Evaluation siehe Evaluation
EDV-Kosten siehe Kosten
EDV-Nutzen siehe Nutzen
EDV-Strategie siehe Informatikstrategie
Einbaucomputer 143
Einführung 196, 291, 422
Einführungsmodule (Priorisierung, System PRIO) 397 ff.
Einführungsunterstützung 244
Eingabe 9, 233
Eingabe-/Ausgabebaustein 144
Eingabe-/Ausgabepufferung 70
Eingabegerät 16, 18, 19
Einkapselung 119
Einzahlungsverfahren 20
Einzeltest 236
EISA 682
Electronic mail (E-Mail) 130, 138, 682
elektronische Post s. Electronic mail
Element 14
Empty slot 128
Endlospapier 34, 682
Engpassressourcen (Priorisierung) 392
ENIAC 181
Entität 108, 682
Entitätsmenge 108
Entitätstyp 108
Entity-Relationship-Modell (ERM) 108 ff., 429
Entscheid, logischer 9
Entscheidungsanalyse 326 ff.
Entscheidungsfindung 205
Entscheidungsgespräch, Fallstudie «Elektra» 601 ff., 653 ff.
Entscheidungstabelle 51, 52, 433, 435, 660 ff., 682
Entscheidungsträger 424
Entwicklung von Rechenhilfsmitteln 185
Entwurf, strukturierter 58
EPROM 682
Ereignis, bedingtes 59, 60
Erfassungsbeleg 233
Erfolgskontrolle 528 ff.
- anlagenorientierte Überwachung 532
- benutzerorientiert 530 ff.
- Fehlerrapport 532
- Funktionskontrolle 530
- Imponderabilien 529

- «Informatik F» 533 ff.
- Jahresstatistik 533
- Kennzahlen 535
- Kontrollebenen 529
- Kosten-/Nutzenangaben 529
- Leistungskontrolle 532 ff.
- Massnahmen 529
- Schätzungen 529
- softwareorientierte Überwachung 533
- Verfügbarkeit 531
- Zielerreichung 529

ERM 108, 429
Ersatzbetrieb 544
Ertrag 345
Etappenplan 231
Ethernet 127, 130
Etikettenleser 21
Evaluation 195, 196, 247, 322 ff., 682
- diverse Kriterien 334, 336
- Entscheidungsanalyse 326 ff.
- Fallstudie «Elektra» 604, 620 ff., 633 ff., 641
- Feinfilter 322, 324, 326
- Grobfilter 322, 324, 325 ff.
- Hardware 332, 333
- hierarchischer Kriterienbaum 337
- im Phasenablauf 323
- Kostenkriterien 331, 340, 341
- Kosten-Wirksamkeitsanalyse 330 ff.
- Kundendienst 334, 335
- Mussziele 326, 328
- nachteilige Auswirkungen 328 ff.
- Nutzwertanalyse 326 ff.
- Restriktionen 326
- Sensitivitätsanalyse 340
- Software 332, 334
- Variantenvergleich 645
- Vertragsbedingungen 334, 336
- Vorfilter 322 ff., 324
- Wirksamkeit 330 ff.
- Wunschziele 326, 328

Evaluationsblatt 326 ff., 338, 339
Evaluationsergebnisse 340, 341
Evaluationskriterien 325
Evaluationsverfahren, dreistufiges 322 ff.
evolutionäre Systementwicklung 253
Expertensystem 46, 47, 184, 682

Fachgremium «Organisation und Informatik» 471, 475
Fallstudie «Elektra» 557 ff.
- Aufbauorganisation 610 ff.
- Aufgaben und Lösungen 560
- Ausgangslage 569
- Ausschreibung 633 ff.

- Bericht «Grobkonzeption und Evaluation» 627
- Detailkonzeption 657 ff.
- Entscheidungsgespräch 601 ff., 653 ff.
- Evaluation 620 ff., 633 ff., 641
- Fallschilderung 562 ff.
- Grobkonzept, Projektantrag/-auftrag 600
- Grobkonzeption und Evaluation 604 ff.
- Informationsfluss 567, 581 ff., 594, 613, 616, 637
- Kennzahlen Wirtschaftlichkeit 650
- Konfiguration 651
- Lösungsmöglichkeiten 596 ff.
- Mängel-/Ursachenbetrachtung 573
- Material- und Informationsfluss 567
- organisatorische Massnahmen 596 ff.
- Pflichtenheft 631 ff.
- Projektabgrenzung 608
- Strategie und Initialisierung 568 ff.
- strategischer Einsatz 572, 574, 596
- Vorstudie 578 ff.
  - Definitionen 593
  - Projektantrag/-auftrag 577
  - Situationsanalyse 594 ff.
  - Ziele 593
- Vorstudienbericht 591 ff.
- wettbewerbsorientierte Dienstleistungen 630
- Wirtschaftlichkeitsrechnung 624 ff.

FAX 133, 682
Fehlerfreiheit 55
Fehlerrapport 532
fehlertolerante Systeme 682
Feld 85
Feldbus 682
Fenstertechnik 683
Fernschreibnetz 132
Fernverarbeitung 80
Fernwirken 683
Festplatte siehe Magnetplatte
Festspeicher 683
Feuerlöscher 539
Feuermeldesystem 539
Fiche 36
File 87, 90, 683
Fileserver 683
Finanzierungsvertrag 386
Firewall 683
Firmware 380, 683
Flash memory 33
Fliessbild 424
Floppy disk siehe Diskette
FLOPS 683
Flow Chart siehe Datenflussplan
Flussdiagramm (Flow chart) siehe Datenflussplan

Flüssigkristalle 683
FOCUS 46
Folge 58
Formulare 233
- Evaluation 329, 436 ff., 642 ff.
- Kosten/Nutzen/Wirtschaftlichkeit 436 ff., 646 ff.
- Personal 436 ff., 666
- Projektmanagement 436 ff., 577, 600
- Terminplanung 436 ff., 652
Formularsammlung 436 ff.
Formularvertrag 367
FORTRAN 45, 182, 683
Fortschrittsbericht 290, 449
Fraktale 683
FTP (File Transfer Protocol) 683
Führungsinformation 534
- Priorisierung, System PRIO 396
Function point analysis 68
Funktion 63, 222
Funktionenmodell 633
Funktionsablauf 222, 633, 640
- Diagramm 432
Funktionserfüllung 239
Funktions-Hierarchie-Diagramm 431
Funktionsmodell 639
Funktionstaste 9
Fuzzy logic 683


**G** (Giga) 683
Gantt-Chart 299
Gap 86
Gateway 126, 130 ff., 132, 683
Gatter 684
Gebrauchtcomputer 489 ff.
Gefährdungsobjekte 537
Gefahren 536 ff., 540
Gefahrenquellen 536
Generalunternehmervertrag 366, 382 ff.
- Abnahme 384 ff.
- Innominationsvertrag 384
- Projektmanagement 383
- Rahmenvertrag 383 ff.
- Werkvertrag 384
Generator 684
Gerechtigkeit (Priorisierung, System PRIO) 393
Gerechtigkeitsfaktor (Priorisierung, System PRIO) 394
Geschäftsgeheimnis 373
Geschäftsleitung 284, 541, 601
Geschichte der Informatik 179 ff.
gestreute Speicherung 684
GIF (Graphics Interchange Format) 684

Glossarium 671 ff.
Graphic user interface (GUI) 467
Grobkonzept 195, 196, 199, 290, 291, 314, 371, 422
– Fallstudie «Elektra» 604 ff.
– Bericht 627
Grosscomputer 142, 172 ff., 684
– Charakteristik 173
– Einsatzgebiete 173
– und Individualsoftware 481
– und Standardsoftware 481
Groupware 684
grüne Wiese 191
GUI 467

Hacker 387, 684
Haftung des Softwareherstellers 391
Haftung, verschuldensunabhängige 389
Halbleiter 684
Halbleiterspeicher 32, 33
Hard disk 32
Hardware 15, 16, 18 ff., 230, 246, 380, 684
Hauptprogramm 60, 61
Hauptspeicher 19, 23, 102, 140, 684
Hexadezimalsystem 684
Hilfetext 66
Hilfsmaterial 241
Hintergrundspeicher 102
Homepage 684
Host 684
HTML (HyperText Markup Language) 684
HTTP (HyperText Transfer Protocol) 684
Hybridrechner 684
Hypermedia 684
Hypertext 684

IASW 193, 235, 246
IC 159, 477, 685
IDV 471, 477, 478
– Einzelplatz 479 ff.
– LAN 480
IE 685
IEM-Darstellung 429
Imaging 464
immaterielle Güter 372
immaterielle Rechte 372
Impact-Drucker 685
Imponderabilien 529
Inbetriebnahme 14, 50, 56
Index 96
Indexdatei 98
index-sequentielle Speicherung 685
index-verkettete Speicherung 685

Individual-Anwendungs-Software (IASW) 193, 235, 246
Individualprogramm 65
Individualsoftware 377
individuelle Datenverarbeitung (IDV) 471, 477, 478
individuelle Informationsverarbeitung 483
Informatik 685
– Aufbauorganisation in einer Grossunternehmung 469 ff.
– Geschichte 179 ff.
– Kompetenzstelle 471
– dezentrale 461
– Positionierungsdiagramm 500 ff.
– Potentiale 466 ff., 498 ff.
– Sollstellenwert 500
– zentrale 473 ff.
   – Abt. Gesamtplanung und Koordination 475
   – Abt. Informatikdienste 476
   – Abt. Organisation und Entwicklung 476
   – Abt. Produktion 476
   – Abt. Systemtechnik 476
   – Aufbauorganisation 476
   – Aufgaben 473 ff.
   – Dienstleistungen 474
   – Gliederung 475
   – Produkte 474
Informatikbeauftragter 475
Informatiker 424
«Informatik F» 461, 471 ff., 518 ff.
– Aufgaben 519 ff.
– Bedarfermittlung 519
– Benutzerunterstützung 521
– Datenbankunterhalt 521
– EDV-Plattformen 525
– Entwicklung und Einführung 520 ff.
– Fallstudie «Elektra» 576
– Inventar und Dotierung 524 ff.
– Leitung 471, 518
– personelle Ressourcen 526
– Rahmenkonzept 519
– Richtlinien 525
– Schnittstellen 521
– Softwareunterhalt 521
– Systemsoftware 525
– Umfeld 518, 519
– Wissensinventar 526
– Zusammenwirken mit «Informatik Z» 523 ff.
Informatikkosten siehe Kosten
Informatikleitbild 506, 514, 515
– Fallstudie «Elektra» 569 ff., 575
Informatikleiter 475
Informatikplan 506, 514, 515
Informatikprodukt 221 ff.
– Betrieb/Unterhalt 192

- Einführung 192
- Komponenten 192
- Organisation 192
- Qualität 290
- Technik 192
Informatikprojekt 383
Informatikstelle, Führung 461
Informatikstellen, Aufgabenverteilung 472
Informatikstrategie 177, 283, 491, 505 ff.
- Applikationsportfolio 505 ff.
  - Fallstudie «Elektra» 575
- Bestimmung 501
- Bezug zum Phasenkonzept 516
- Dimensionierung und Technik 509 ff.
  - Fallstudie «Elektra» 576
- EDV-Plattformen 513
- Einflussgrössen 510 ff.
- Fallstudie «Elektra» 572, 575
- Finanzen 513
- Gestaltung und Organisation 510 ff.
  - Fallstudie «Elektra» 576
- Infrastruktur 514
- Personal 513
- Umsetzung, Fallstudie «Elektra» 576
- Umsetzungsstrategie 513 ff.
- Vorgehen 514 ff.
- Zeitplanung 514
Informatiksystem 462, 467
«Informatik Z» 461, 471 ff., 518, 519
- Fallstudie «Elektra» 576
Information 10 ff., 104, 685
Information center (IC) 159, 477, 685
Information engineering method (IEM) 429
Information highway 685
Informationsbeschaffung 479
Informationsbit 123
Informationsfluss 233
- Fallstudie «Elektra» 567, 581 ff., 594, 613, 637
Informationssystem 13, 17, 183, 685
- prozessorientiertes 465
Inhaltsverzeichnis (Dateizugriff) 96
Initialisierung 195, 196, 422
- Fallstudie «Elektra» 568 ff.
Ink jet printer 35, 685
Innominatskontrakt 372, 377, 382, 384
Input 685
Instruktion 13, 685
Integrationstest 236
integrierte Architektur 174 ff.
integrierte Datenverarbeitung 685
integrierte Schaltung 685
Interessenkonflikte (Priorisierung) 392
Interessenten (Priorisierung) 392
Interface 37, 685

interner Zinsfuss 344
Internet 134, 137 ff., 685
- Probleme 139
- Sicherheit 139
Interpreter 47, 48 ff., 685
Interrupt 72
Interview 212
Intranet 138, 167, 686
ISA 686
ISDN 132, 133, 184, 686
ISO 136, 163, 164
ISO/OSI-Referenzmodell 136, 686
ISO-7-Schichten-Modell 686
ISO-7498 136
ISO-9000 290
ISP siehe Provider
Istzustand 203
Istzustandsaufnahme 199
Item 90

**J**ackson-Methode 686
Java 686
Job 686
- control 686
- management 72, 73
- scheduler 72
- Verteiler 72, 73
Join 114, 115, 118

**K** (Kilo) 686
Kalkulationsschema, einmalige Kosten 437
Kalkulationsschema, jährliche Kosten 438
Kanal 24, 686
Kapazität 686
Kapazitätsplanung 234
Kapsel 63
Katastrophe 543 ff.
Katastrophenplan 541, 544
Kaufvertrag 366
- vs. Werkvertrag 370
KEF 344, 462, 464, 495 ff., 500
Kennsatz (Magnetband) 95
Kennung 124
Kennzahlen Wirtschaftlichkeit, Formular 441
Kernprozesse 464, 465
- Fallstudie «Elektra» 601
Kernspeicher 686
Kettendrucker 35
Kettentest 236
Key 85, 86
Klarschriftbelegleser 686
Klasse 63, 64, 119
Kleincomputer 686

Klimaanlage 539
Know-how 373
Koaxialkabel 130, 686
Kommunikation 687
Kompatibilität 687
Konfiguration 635, 651
Konfigurationsschema 434
Konsole 687
Konventionalstrafe 376
Konzentrator 38
koordinierte Dezentralisation 471 ff., 518 ff., 523, 528
– Fallstudie «Elektra» 576
Kosmetik 244
Kosten 347 ff., 362 ff.
– Amortisation 351
– Anlage 351
– Betriebskosten 351
– Checkliste 347 ff.
– Datenübertragung 351
– drei Ansätze 363
– einmalige 340, 347, 349, 646
– Entwicklung und Einführung 348 ff.
– Fallstudie «Elektra» 625
– Hardware 347
– Investition 347 ff.
– jährliche siehe wiederkehrende
– laufende 347
– Materialkosten 347 ff., 351
– Personalkosten 348
– Raumkosten 351
– Software 348
– sonstige externe Dienstleistungen 348, 351
– Verzinsung 351
– wiederkehrende 340, 341, 347, 348 ff., 647
Kosten-/Nutzen-Rechnung 344, 354 ff.
– Amortisationsrechnung 345, 359
– Aufwand-/Nutzenverlauf 358
– Barwertmethode 345, 359
– dynamische Verfahren 359 ff.
– Imponderabilien 361
– interner Zinsfuss 360
– Kostenvergleichsrechnung 345, 357
– Rechnerunterstützung 362
– Rentabilitätsrechnung 345, 357 ff.
– Return on Investment (ROI) 357
– statische Verfahren 357 ff.
– Zeitwert des Geldes 345
Kosten/Nutzen/Wirtschaftlichkeit 343 ff.
Kostenplanung und -kontrolle, Formular 446, 447
Krisenstab 544
kritische Erfolgsfaktoren (KEF) 344, 462, 464, 495 ff., 500, 503
Kryptographie 539, 687

Kundenorientierung im Wettbewerb 493
Kundenziele 214
Künstliche Intelligenz (KI) 46, 184, 687
Kybernetik 687

Label (Magnetband) 95
LAN 25, 80, 120, 125 ff., 131, 142, 161 ff., 175, 480, 539, 544, 687
– Standards 164
Laptop 142, 152, 486, 687
Laser Disk 687
Laserdrucker 35, 37, 687
LCD 687
Leasingvertrag 366
Lebenszyklus von Produkten, Unterstützung durch Informatik 499
LED 687
Leerstellen-Methode 128
Leistungskennzahlen von EDV-Anlagen 333
Leistungskontrolle 532 ff.
Leitbild 463
Leiter EDV 553
Leiter Produktion 552
Leitungsvermittlung 128
Lese-/Schreibkopf 27, 29
Lesegerät, optisches 22
Lichtstift 22
Lieferung 230
Link 138, 687
Linkage editor 54, 687
Link Layer (ISO/OSI) 136
LISP 47, 688
Literaturangaben 17, 39, 84, 119, 139, 178, 186, 259, 297, 313, 321, 342, 364, 398, 403, 422 ff., 435, 467, 477, 490, 504, 517, 527, 535, 546, 555
Literaturverzeichnis 705
Lizenzvertrag 366, 372 ff.
Local area network siehe LAN
Lochkarte 11, 179, 182, 688
Lochkartentechnik 180
logische Einheit 688
lokale Datennetze siehe LAN
lokale Netze siehe LAN
Loop 688
Lösungssuche 213
LSI 688

M (Mega) 688
Magnetband 15, 27 ff., 33, 36, 86, 182, 688
Magnetbandkassette 28, 33, 36
Magnetbandstation 688
Magnetplatte (Disk) 29 ff., 33, 182, 183, 688

Magnetplattenstation 688
Magnet tape cartridge (MTC) 28
Mailbox 688
Mainframe 140, 141, 142, 173, 177, 688
Management 243, 284, 463 ff.
– Informationssystem 688
Managementrapport 534
Mängelkatalog 203
Mängel-/Ursachenbetrachtung, Fallstudie
   «Elektra» 573
MANTIS 46
Markierungsbeleg 688
Maschinensprache 43, 54, 688
Maske 689
Massenspeicher 689
Master scheduler 72
Materialfluss, Fallstudie «Elektra» 567
Matrixdrucker 35, 37, 689
Maus 22, 689
MB 689
Mehrfachspeicherung 88 ff.
Mengengerüst 212, 221, 224
Methode 63
Micro channel architecture 689
Mietleitung 124
Mietvertrag 366
Migration 689
Mikrocomputer (MC) 25, 26 ff., 143 ff., 689
Mikrofilmausgabe 36
Mikroprogramm 24
Mikroprozessor (MP) 25, 142 ff., 183, 689
Mikrosekunde 689
Millisekunde 689
Minicomputer 140, 141,167 ff., 175, 177, 480,
   689
– Betriebssystem 169
– Charakteristik 168
– Einsatzgebiete 170 ff.
– Konfiguration 169 ff.
– Standardsoftware 172
Minisupercomputer 141, 143
MIPS 24, 689
Mischen 69, 689
Mixed hardware 126
Mixkennzahlen 333
Modell, mathematisches 43
Modem 38, 124, 689
Modul 233
Modularität 40
Modulation 123 ff.
MODULA-2 45, 156, 689
Mondlandung 182
Monitor 17
Monoprogramming 76, 82 ff.
MOS 690

MPM 304
MS-DOS 74, 156, 163, 690
MSI 690
MTBF 380, 690
MTC 28
MTTR 380
Multimedia 138, 161, 466, 486, 690
Multimomentaufnahme 212
Multiple virtual storage operating system (MVS)
   75
Multiplexverfahren 690
Multiprocessing 77, 82 ff., 173, 690
Multiprogramming 76, 82 ff., 690
Multiprozessor 26
Multi task 74, 76, 142, 173, 690
Multi user 74, 173
– Betrieb 690
Mussziele 199
Mutation 690
– sequentieller Daten 91
MVS 75, 162

Nachricht 63
Name 85
Nanosekunde 690
NATURAL 46
Navigationsdienst 690
NC-Sprache 691
Netiquette 137, 691
Network Layer (ISO/OSI) 136
Netzplan 287
Netzplandarstellung, Elemente 301
Netzplantechnik 299 ff.
– Critical path method (CPM) 304
– Detailnetzplan
   – «Detailkonzept» 311
   – «Einführung» 311
   – «Evaluation» 309
   – «Grobkonzept» 309
   – «Initialisierung» 308
   – «Nutzung» 312
   – «Realisierung» 311
   – «Vertragsverhandlungen» 310
   – «Vorstudie» 308
– EDV-Projekt 301 ff.
– kritische Tätigkeit 303
– kritischer Weg 303
– Methoden 303 ff.
– Metra-Potential-Methode (MPM) 304
– Microsoft Project 305
– PERT 304
– Pufferzeit 303
– Stolpersteine 307
– Vorgangsknotennetz 299

– Vorgangspfeilnetz 299
– Vorteile 307
Netzwerk 691
– Betriebssystem 691
Netzwerkcomputer (NC) 691
Netzwerkverwalter 555
neuronale Netze 691
News Groups 138
Normalform 691
Normen 233
Notebook 32, 153, 691
Novell 691
Numerierungssystem 233
Nutzen 352 ff.
– direkte Einsparungen 352 ff.
– Erhöhung der Einnahmen 353 ff.
– Imponderabilien 354, 356
– quantifizierbare Faktoren 355
– Sachzwänge 352
– vermeidbare Kosten 353
– Wettbewerbsfaktoren 353 ff.
Nutzenanalyse 648 ff.
– Ausgangssituation 344
– Formulare 439, 440
Nutzung 422
Nutzungsdauer 352
Nutzwertanalyse 326 ff., 364, 642 ff.
– Formular 450

Oberon 691
Objekt 63, 64
Objektidentifikator (OID) 119
Objektidentität 119
objektorientierte Programmierung (ooP) 61 ff., 691
Objektorientierung 118
Objektprogramm 48, 691
OCR 20, 691
Offerte 205, 367
Off line 18, 691
OID 119
OLE 691
On line 18, 692
On line service 692
ooDBS 63, 118
ooP 61 ff., 692
Open network 692
Operator 543, 552, 692
Optimierung 43
Oracle 162
Ordnungsbegriff 85, 86, 91, 94
Organisationsprogramm 72, 73
Organisator 692

organisatorische Massnahmen, Fallstudie «Elektra» 596 ff.
organisatorische Voraussetzungen 235
Orgware 380
OS 692
OSI 136, 163, 692
OSLAN 129
OS/2 74, 156, 692
Output 692
Outsourcing 692
– vs. autonome EDV 486 ff.

Packen 692
Page 102
Paging 692
Palmtop 32, 142, 486
PAM-Signal 124, 125
parallele Übertragung 692
Parallelverarbeitung 692
Paritätsprüfung 18
Partitions 692
PASCAL 45, 156, 693
Passwort 115, 124, 538, 693
Pay back 344, 359
PC-DOS 74, 156
PCI-Bus 693
PCM 124
PCMCIA 33
Peer to peer 129, 162
Pentium 693
Peripherie 693
Peripheriegerät 9
Personal Computer (PC) 25, 26, 32, 35, 74, 76, 140 ff., 161, 184, 477, 479, 484, 539, 542, 543, 544, 693
– Anschaffungskriterien 158 ff.
– Betriebssystem 155 ff.
– Beurteilung der Hardware 158
– Beurteilung der Software 159
– Einsatz 160 ff.
– Hardware 150 ff.
– Konfiguration 150 ff.
– Standardprogramme 160
Personalziele 214
PERT 304
Pflichtenheft 195, 196, 225, 226, 247, 314 ff., 322, 367, 693
– Arbeitsgebiete 316
– Aufgabenstellung 316 ff.
– Beilagen 317
– Detaillierungsgrad 315
– EDV-Lösungsmöglichkeiten 316
– Fallstudie «Elektra» 631 ff.
– Fragenkatalog 318 ff.

- Gliederung 315
- Konfiguration 317
- Leistungsanforderungen 317
- Mengen und Häufigkeiten 317
- Positionierung 314
- Sicherheitsanforderungen 317
- Situationsanalyse 316
- Unternehmensbeschreibung 316
- Zielgruppen 315

Phasengrenzen 252
Phasenkonzept 193, 195 ff., 272, 693
- Arbeitsergebnisse 202
- Arbeitsschritte 202
- Dokumentation 202
- Entscheidung 202
- für die Entwicklung von Individual-Anwendungs-Software (IASW) 246 ff.
  - Detailkonzept 248 ff.
    - Ausgabe 249
    - Datenorganisation 248
    - Eingabe 249
    - Verarbeitung 249
  - Grobkonzept 247 ff.
    - EDV-technischer Entwurf 248
    - fachinhaltlicher Entwurf 248
    - Präsentation 248
    - Wirtschaftlichkeitsüberlegungen 248
  - Vorstudie 247
- für die Entwicklung von Standard-Anwendungs-Software (SASW) 250
- für die simultane Planung von Hard- und Software 205 ff.
  - Detailkonzept 230 ff.
    - Charakteristik 231
    - Dokumentation 234 ff.
    - Programmspezifikation 233 ff.
    - Projektorganisation 232
    - Tätigkeiten 231
    - Zweck 230 ff.
  - Einführen 242 ff.
    - Charakteristik 242
    - Checkliste 243
    - Dokumentation 245
    - Tätigkeiten 244 ff.
  - Grobkonzept 218 ff.
    - Ausschreibung 226 ff.
    - Beschlussfassung 225
    - Bewertung 225
    - Charakteristik 220
    - Dokumentation 225
    - Entscheidung 228
    - Evaluation 227 ff.
    - Gliederung 218 ff.
    - Konzepterarbeitung 219
    - organisatorische Änderungen 224
    - Pflichtenheft 226 ff.
    - Projektorganisation 220
    - Sofortmassnahmen 221
    - Tätigkeiten 220
    - Teilschritte 219
    - Wirtschaftlichkeitsrechnung 225
  - Realisieren 235 ff.
    - Dokumentation der Rahmenorganisation 241
    - Informationspolitik 242
    - Programmdokumentation 238 ff.
    - Programmierung 235 ff.
    - Rahmenorganisation 240 ff.
    - Testen 236 ff.
  - Vertragswesen 228 ff.
    - Abschluss 230
    - Charakteristik 229
    - Dokumentation 230
    - Entscheidungsantrag 229
    - Präsentation 229
    - Tätigkeiten 229
    - Zweck 228
  - Vorstudie 206 ff.
    - Beschlussfassung 218
    - Bewertung 215 ff.
    - Charakteristik 206
    - Dokumentation 216 ff.
    - Entwicklungstendenzen 208, 210
    - Informationsbeschaffung 211
    - Lösungsansätze 208, 211, 217
    - Mängel-/Ursachenbetrachtung 210, 217
    - Präsentation der Ergebnisse 218
    - Problemstrukturierung 208 ff.
    - Projektorganisation 207
    - psychologische Probleme 212
    - Randbedingungen 208, 211
    - Schwachstellen 208
    - Schwachstellenanalyse 209 ff.
    - Situationsanalyse 207
    - Sofortmassnahmen 215, 217
    - Tätigkeiten 207
    - Vorgehen 207
    - Wirtschaftlichkeitsvorschau 215 ff., 217
    - Zielformulierung 213 ff., 217
    - Zweck 206
- Für und Wider 251 ff.
- Gründe 197 ff.
- in Bezug zur Informatikstrategie 516
- Initialisierung 202 ff.
  - Charakteristik 203
  - Ergebnis 204
- organisatorische Vorkehrungen 202
- Präsentation 202
- Projektorganisation 202
- und Prototyping 256, 257

Physical Layer (ISO/OSI) 136
Pilotsystem 253
Pipelining 26
Pixel 20, 693
Platte siehe Magnetplatte
Plattenspeicher, optischer 32, 33
Plausibilität 61, 79, 233
Plausibilitätstest 693
Plotter 35, 36, 693
Plug & Play 693
PL/1 45, 693
PMS 304 ff.
POD 693
Pointer 694
Polling 128, 694
Pop 150
Portabilität 50, 239, 694
POS 694
PPS-System 483
Presentation Layer (ISO/OSI) 136
Primärschlüssel 113, 694
Printer siehe Drucker
Print server 694
Priorisierung 392 ff., 535
– Belastungsprofil «Machbar» 392
– Belastungsprofil «Wunsch» 392
– drei Säulen 394
– Engpassressourcen 392
– Interessenkonflikte 392
– Interessenten 392
– Literatur 398
– System PRIO 393 ff.
  – Bewertung der Projekte 394
  – Einführungsmodule 397 ff.
  – Führungsinformationen 396
  – Funktionalitäten 395 ff.
  – Gerechtigkeit 393
  – Gerechtigkeitsfaktor 394
  – Lösungsansatz 393 ff.
  – Positionierung der Projekte 396
  – Ressourcenmanagement 396
  – strategische Vorteile 393
  – strategischer Faktor (SF) 394
  – wirtschaftlicher Faktor (WF) 394
  – Wirtschaftlichkeit 393
  – Zusammenfassung 398
– Wertmassstäbe 392
– Zielkonflikte 392
Priorität 77, 231, 252, 253, 283, 286
Problemanalyse 247
Problemlösungszyklus 199 ff., 206
– Analyse 201, 202
– Auswahl 201, 202
– Bewertung 201
– Entscheidung 201

– Lösungssuche 200, 202
– Situationsanalyse 199
– Synthese 200, 202
– Varianten 201
– Zielformulierung 199
– Zielkonkretisierung 199
– Zielsuche 199, 202
– zyklischer Ablauf 202
Problemumgebung 214
Process engineering 464
Produktehaftpflicht 389
Produktion 50, 56
Programm 9, 13 ff., 40 ff., 63, 694
– Anwendungs- 13
– System- 13
Programmablaufplan 52, 53
Programmaufbau 61
Programmbibliothek 14, 70
Programmentwurf 14, 50, 52, 58
Programmgenerator 694
Programmieraufwand 68, 234
Programmieren 13 ff.
Programmierer 550, 694
Programmierrichtlinien 61, 234
Programmiersprache 13, 43 ff., 694
– ADA 44, 673
– ALGOL 44
– APL 44, 673
– BASIC 45, 156, 674
– C, C++ 45, 64, 119, 156, 676
– COBOL 45, 677
– der 1. Generation 43
– der 2. Generation 44
– der 3. Generation 44
– der 4. Generation 45, 698
– der 5. Generation 46
– FOCUS 46
– FORTRAN 45, 182, 683
– funktionale 47
– höhere 44
– imperative 43, 47
– Java 686
– LISP 47, 688
– MANTIS 46
– maschinenorientierte 44
– MODULA-2 45, 156, 689
– NATURAL 46
– Oberon 691
– PASCAL 45, 156, 693
– PL/1 45, 693
– prädikative 47
– problemorientierte 44
– PROLOG 46, 47, 694
– SMALLTALK 45, 64, 119, 697
– symbolische 44

- VISUAL BASIC 702
Programmiertechnik 50 ff.
Programmierung 196, 235, 291
- modulare 57 ff.
- objektorientierte (ooP) 61 ff.
- strukturierte 58
Programmkompatibilität 49, 50
Programmtest 14
Programmunterbrechung 72
Programmvorgabe 233 ff.
Projekt 270
- Arbeitsebene 273, 282
- Aufwandschätzung 273, 287
- Ausgangssituation 273
- Entscheidungsgremium 282 ff.
- Positionierung der Projekte (Priorisierung, System PRIO) 396
- Problembeschreibung 273
- Steuerungsgremium 282 ff.
- Terminplanung 287
- Terminvorgabe 273
- Willensbildungsebene 273, 282
- Ziel und Zweck 273
Projektabgrenzung, Fallstudie «Elektra» 608
Projektabwicklung 512
Projektantrag/-auftrag 203, 204, 216, 272 ff., 286, 294, 442
- Fallstudie «Elektra» 577, 600
Projektausschuss 282, 283, 284, 286
Projektbegriff 270
Projektgenehmigung 272 ff.
Projektgruppe 271, 280 ff., 284
Projektierung, Rahmenkonzept 508
Projektierungskosten 287
Projektinformationswesen 286, 291 ff.
- Arbeitsauftrag 294
- Auftragsgeber 292
- Balkendiagramm 294
- Berichtswesen 291, 294
- Dokumentation 291, 292
- dynamische Dokumente 294
- Fortschrittsbericht 294, 295
- Instruktion der Benützer 291
- Netzplan 294
- Phasenkonzept und 293
- Projektantrag 294
- Projektgruppen 292
- statische Dokumente 294
Projektion 114, 115
Projektkontrolle 289 ff., 529 ff.
Projektkoordinator 276, 277
Projektleiter 271, 277, 279, 282, 284, 287
- Anforderungsprofil 282
Projektleitung, Übergabe 280
Projektmanagement 160, 270 ff.

- Antrags- und Genehmigungsverfahren 271
- Aufwand 270
- Berichtswesen 271
- Dokumentation 271
- EDV-Projekte 270
- Entscheidungsinstanz 271, 273
- Formalistik 296
- Grundsätze 271
- Steuerungsausschuss 271
Projektmanagementsysteme, EDV-unterstützt (PMS) 304 ff.
Projektmitarbeiter 284
Projektorganisation 271 ff.
- Einfluss- 276 ff.
- Fallstudie «Elektra»
  - Grobkonzeption 609
  - Vorstudie 579 ff.
- Formen 273 ff.
- Gremien und Instanzen 283, 284
- Matrix- 277 ff.
- Mischformen 279 ff.
- reine 275 ff.
Projektplanung, Ergebnis 287
Projektplanung und -steuerung 286 ff.
- Arbeitsauftrag 287 ff.
- Arbeitsrapport 290
- Auftragsabschlussmeldung 290
- Aufwandserfassung 179
- Kosten 287
- Kostenplan 287
- Personalplan 287
- Projektüberwachung 289 ff.
- Qualitätsprüfung 289
- Tätigkeiten 287
- Terminplan 289
- Vorgehensplan 287
Projektsituationen 191 ff.
- und Vorgehensweisen 193 ff.
PROLOG 46, 47, 694
PROM 694
Protokoll 81, 130, 233, 694
Prototyping 64, 193, 194, 253, 254 ff., 694
- als Entwurfshilfe 254 ff.
- Ansätze 255
- exploratives 255
- und Phasenkonzept 256, 257
- vom Typ „rasche Lösung" 255 ff.
Provider 138 ff., 695
Prozedur 63
Prozessdatenerfassung 22
Prozessor 129, 140, 141, 695
Prozessrechner 43, 695
Prozessregelung 43
Prüfbit 695
Prüfziffernrechnung 695

# Index

Psychologische Aspekte der EDV 404 ff.
- Angst 404 ff.
- Anpassungsprozess 409
- Arterhaltung 415
- dreidimensionale Projektarbeit 421
- dreidimensionales Vorgehen 422
- Drei-Phasen-Konzept 418
- Erfahrung 406
- Fachpromotor 413
- Fehlerliste 414 ff.
- Furcht 406
- Gefühle 408, 409
- Grundregeln psychologischen Vorgehens 412 ff.
- konstante Grundängste 408
- Managementverständnis 408
- Massnahmen 413
- Menschenbild 409
- Namengebung 407
- Neuerungswiderstand 409
- Problemlöse-Zyklus 419
- Projektarbeit 410 ff.
- Projektphasen 414
- Prozessanalyse 420
- psychologische Dimension der Projektphasen 418 ff.
- psychologische Phasen 420 ff.
- Selbsterhaltung 415
- Sicherheitsbedürfnis 415
- Sozialpromotor 413
- Überzeugungsarbeit 409
- Unternehmensverständnis 409, 411
- Veränderungswiderstand 415 ff.
- Verhaltenskodex 414
- Verhalten und Haltung 412
- Verringerung von Widerständen 417 ff.
- Vorteile der EDV 407
- zweidimensionales Management 412
Pulsecodemodulation (PCM) 124 ff.
Punkt-zu-Punkt-Verbindung 124, 695
Push 150

Quantisierung 124, 125
Quellenprogramm 47, 54, 55, 695
Query language 695

Rahmenorganisation 196, 235, 291
RAID (Redundant Array of Independent Disks) 695
RAM 143, 144, 695
Random access 695
Random access memory (RAM) 143, 144, 695
Rationalisierungs- und Kostenziele 214

Read only memory (ROM) 24, 143, 144, 696
Realisierung 196, 422
Real time 77, 695
Rechenautomat 179
Recheneinheit 143, 695
Rechenwerk 19, 23, 146
Rechenzentrumslösung 488 ff.
Rechnerverbundsystem 163
Rechtsverhältnisse 365 ff.
Record siehe Datensatz
Recovery management 72, 73
Reduced Instruction Set Computer (RISC) 27
Redundanz 90, 104, 106, 115, 695
- kontrollierte 104, 116
Redundanzfreiheit 110
Regelung 43
Register 696
Registermatrix 148
Reihenfolgezugriff 87
rekursiv 696
Relation 113
relationales Datenmodell 696
Relationenmodell 429, 430
Relationship 108
Remote batch 78, 82 ff.
Reorganisation 101
Reparatur 544
Repetition 59, 60
Repository 400, 696
Ressourcenmanagement (Priorisierung, System PRIO) 396
Ressourcenverteilung 471
Return on investment (ROI) 215, 344, 357 ff.
Revisionsstelle 233
Ring 127
RISC (Reduced Instruction Set Computer) 27, 696
Risikobewertung, Formular 451
Robotertechnik (Robotics) 184, 696
ROI 215, 344, 357 ff.
Roll-out, Roll-in 696
ROM 24, 143, 144, 696
Routine 696
RPG 696
Rückruf 124

SASW 193, 246
Scanner 20, 696
Schadenersatz 367, 376, 391
Schadenfall 537 ff., 541 ff.
Schaltelemente 696
Schaltung, integrierte 25, 696
Schätzungstoleranz 216
Schichtprotokoll 137

Schlüssel (Key) 85, 86
Schlüsselattribut 109
Schnelldrucker 34 ff.
Schnittstelle 697
Schreibmaschine 36
Schutz von Computerprogrammen 387, 388
SDLC (Synchronous data link control) 127
Seite 102
Seitendrucker 35, 37
Sektor 29
Sekundärschlüssel 113, 697
Selbstaufschreibung 212
Selektieren 69
Selektion 59, 60
SEP (strategische Erfolgsposition) 495
sequentielle Speicherung 697
Sequenz 58, 59
seriell 697
serielle Übertragung 697
Server 129, 137, 161, 162, 164, 697
Session Layer (ISO/OSI) 136
Sicherheit 18, 115, 239, 536 ff.
– im Internet 139
Sicherheitsanforderungen 317
Sicherheitsbeauftragter 541, 554
Sicherheitshandbuch 541, 544
Sicherheitskonzept 233, 541
Sicherheitsmassnahmen 538 ff.
– bauliche 539 ff.
– EDV-technische 538 ff.
– organisatorische 541 ff.
– Sofortmassnahmen 545 ff.
– vorbeugende 543
Sicherheitszone 541
Sichtgerät siehe Bildschirmgerät
Signal 121
– analoges 121
– digitales 121
Signallampe 36
Signalprozessor 26
Simplexbetrieb 697
Simulationstechnik 333
Single task 74, 76, 142
Single user 74, 142
Situationsanalyse, Fallstudie «Elektra» 594 ff.
Slowly growing system 258
Small business systems s. Minicomputer
Small scale integration (SSI) 25, 698
SMALLTALK 45, 64, 119, 697
Smart card 697
Software 15, 16, 40 ff., 183, 184, 246, 377, 380, 697
– Beschaffung 193
– engineering 697
– Erstellungsvertrag 366

– Fehlerarten 237
– Haftung des Herstellers 391
– integrierte 157
– make or buy 225
– Metrik 68
– Qualitätssicherung 237 ff.
– Wartungsvertrag 366
Softwareentwicklung 399
Softwarequalität 257
Softwareschutz 387, 388
Softwarewartung 380
– adaptive 380
– korrigierende 381
– perfective 381
Sollziele 199
Sollzustand 203
Sortieren 69, 101, 697
SOS 697
Source program siehe Quellenprogramm
Spannungsversorgung 144
Speicher 9, 129, 144, 697
– externer 16, 19, 27 ff., 140
– virtueller 101 ff.
Speicherbedarf 233
Speichergrösse 24
Speicherplatte, magneto-optische 32
Speicherung 233
– redundanzfreie 90
Speicherungsverfahren 697
Spezialisten, Herkunft 281
Spezialsysteme 482 ff.
Spool-Betrieb 698
Spooling 70
Sprachausgabe 37
Sprachen der 4. Generation 698
Spread sheet 698
Spur 29, 698
SQL 116, 698
SSI 25, 698
Stack pointer 148
Stack-Speicher 148, 149
Stafetten-Methode 128
Stammdaten 698
Stammdatenübernahme 241
Standard-Anwendungs-Software (SASW) 184, 235, 246
Standardprogramm 65 ff.
– anwendungsorientiert 66
– branchenorientiert 66
Standardsoftware 698
Standardvertrag 367
Stapelverarbeitung 68, 77 ff., 82 ff., 182, 240, 698
Stapelzeiger 148
Startbit 123

Start-Stop-Betrieb 123
Start-Stop-Zeit 29
Statistik 160
Steckplatz 698
Steering committee 283
Stellenbeschreibung 664 ff.
– Formular 453
Stern 127
Steuerbus 145, 147, 698
Steuerdaten 90
Steuereinheit 76, 698
Steuerlogik 146
Steuerungsausschuss 283
Steuerwerk 19, 23
stochastische Methode 128
Stopbit 123
strategische Analyse 344
strategische Anwendungen, Fallstudie «Elektra» 630
strategische Dienstleistungen 503
strategische Erfolgsposition (SEP) 495
strategischer Einsatz der Informatik 491 ff.
– Fallstudie «Elektra» 572, 574, 596
strategischer Faktor (Priorisierung, System PRIO) 394
strategisches Applikationsportofolio 502 ff.
strategische Vorteile 494
– Priorisierung, System PRIO 393
Streamer tape 28, 698
Strichcode 22, 699
Structured query language (SQL) 116
Struktogramm 699
strukturierte Programmierung 56, 699
Subroutine (siehe auch: Unterprogramm) 60
Suchdienst 138, 699
Suchmaschine 138, 699
Supercomputer 140, 141, 143, 174
Superminicomputer 141, 142
Superserver 129, 131, 141, 142, 162, 164
Supervisor 16, 17, 72, 73
Surfen 699
Swissnet 133
Swiss Online 133, 484
synchrone Arbeitsweise 699
synchrone Übertragung 699
Synchronisation 123
System 14
– natürlichsprachliches 184
– objektorientiertes 63, 118
– offenes 163
– proprietäres 480
Systementwicklung, evolutionäre 253
Systemhandbuch 234
Systemprogramm 70 ff., 699
Systemsoftware 699

Systemspezialist 551
Systemtest 237
Systemverfügbarkeit 699

**T** (Tera) 699
Tabellenkalkulation 157, 699
Tabelliermaschine 180
Taktfrequenz 123
Taktgenerator 699
Tape (siehe auch: Magnetband) 699
Task 699
Task force 279
Tastatur 9, 19
TCP/IP 137, 700
Teamarbeit 280 ff.
Teilnehmerrechensystem 700
Telefax 133, 700
Telefonkanal 132
Telefonnetz 132
TELEPAC 80, 132, 134, 135, 700
Teleprocessing (siehe auch: Datenfernverarbeitung) 700
Teletex 134
TELETEXT 134, 484
Telexnetz 132
Telnet 138, 700
TEMEX 700
Terminal 9, 38, 140, 141, 477, 700
– grafikfähiges 142
– intelligentes 141, 142
Terminplan 635
Terminplanung 234, 298 ff.
– Balkendiagramm 299, 300, 306, 443
– Gantt-Chart 299
– Netzplantechnik 299 ff.
– tabellarische Übersicht 298 ff.
Terminüberwachung 234
Test 14, 50, 53, 54, 235, 236, 244
Testhilfe 69
Textverarbeitung 157, 700
Time sharing 700
Tintenstrahldrucker 35, 37, 700
Token 128, 700
– passing 128
– ring 127
Top down 236, 700
Touch screen 22
tpi (tracks per inch) 700
Transaction monitor 162
Transaktion 66, 223, 700
Transaktionsbeschreibung 221, 223
Transceiver 130
Transceiver-Controller 129
Transistor 182

Transport Layer (ISO/OSI) 136
Transputer 700
Treu und Glauben 367
Tuning 701
Tupel 113
Turingmaschine 701
Turn around time 701
Typenstange 35

Überlaufspur 96
Übersetzer 16, 43 ff., 47 ff., 54, 72, 73
Übersetzungsprogramm siehe Compiler
Übertragung, asynchrone 123
Übertragungsgerät 16
Übertragungsrate 701
Übertragungstechnik im LAN 127 ff.
Übertragung, synchrone 123
Umwandlung 50, 54
UNIX 74, 156, 162, 169, 701
Unternehmensführung 462 ff.
Unternehmensstrategie 464, 491, 506, 515
Unternehmensvision 462 ff.
Unternehmensziele 463
Unterprogramm (siehe auch: Subroutine) 61, 701
Unterprogrammbibliothek 16
Update 701
Upgrade 701
Upload siehe Download
Urheber 372
Urheberrecht 373
USV (unterbrechungsfreie Stromversorgung) 701
Utility 69 ff., 701

V.24 129
Variantenvergleich, Formular 452
VDBS (verteiltes Datenbanksystem) 117
Verarbeitung 9, 233
– dezentrale 81
– lokale 80
Verarbeitungsformen 77 ff.
Verarbeitungspriorität 83
Verarbeitungsschritt 233
Verbund der Geräte 177
Vererbung 63
Vernetzung 469
Verschlüsselung 539
Versicherung 543
Versicherungsvertrag 386
Versionenkonzept 193, 194, 258
verteilte Datenbank 701
Vertrag für Software 372 ff.
– Checkliste 376
– Mehrfachlizenz 374
– Pflichten des Lizenznehmers 375
– Rechtsnatur 372 ff.
– Standardsoftware 374
– Umfang der Lizenz 373 ff.
Vertrag für Software-Erstellung 376 ff.
– Checkliste 378
– Rechtsnatur 377
Vertrag mit Rechenzentrum 386
Vertrag, Qualifikation 368 ff.
Vertragsarten 366
Vertragsbedingungen 367
Vertragsbezeichnung 368 ff.
Vertragspartner, Pflichten 366
Vertragsrecht 365 ff.
– Checkliste über den Erwerb von Computern 371 ff.
– Erwerb Informatiksystem 370
– Erwerb von Hardware 369 ff.
– Erwerb von Hardware, Rechtsnatur 369 ff.
Vertrag über Informatik-Beratung 386
Vertrag über Informatik-Systemanalyse 385 ff.
– Rechtsnatur 385 ff.
– Werkvertrag 385
Vertragsverhandlungen 366 ff., 371
Vertragswesen 196
Very large scale integration (VLSI) 25, 702
VESA local bus siehe VL-Bus
Videokonferenz 701
VIDEOTEXT 134, 701
Vielsprachigkeit 48, 49
Viren 387
Virensuchprogramm 539
Virtual machine (VM) 75
virtuelle Speicher (virtual storage) 101, 701
Virus (Computerviren) 537, 544 ff., 702
Visual Basic 702
VL-Bus 702
VLSI 25, 702
VM 75
Vorgehenskonzepte 246
Vorgehen, überlapptes 252
Vorstudie 195, 196, 199, 203, 290, 291, 422
– Fallstudie «Elektra» 578 ff.
Vorstudienbericht, Fallstudie «Elektra» 591 ff.
Vorvertragsstadium 367

WAN 120, 131 ff., 175, 702
Wartung 50, 57
Wartungsaufwand 252
Wartungsfirma, unabhängige 379
Wartungsfreundlichkeit 239
Wartungsvertrag 366, 379 ff.

- Checkliste 382
- Formen 379
- Funktionstüchtigkeit 379
- Hardware 380
- Innominatsvertrag 382
- Mixed Hardware 380
- nach Aufwand 379
- On call Wartung 379
- Pauschale 379
- Rechtsnatur 381 ff.
- Software 380 ff.
- Werkvertrag 382
Werkvertrag 370, 377, 382, 384, 385
Wertmassstäbe (Priorisierung) 392
Wertschöpfungskette 498 ff.
Wettbewerbsarten 491
Wettbewerbsfähigkeit 491
Wettbewerbsvorteile 500, 505
Wide area network (WAN) siehe WAN
Wiederbeschaffung 544
Winchester disk 31, 702
Windows 156, 163
– NT 702
– 95 702
wirtschaftlicher Faktor (Priorisierung, System PRIO) 394
Wirtschaftlichkeit
– Kennzahlen, Fallstudie «Elektra» 650
– Priorisierung, System PRIO 393
Wirtschaftlichkeitsrechnung, Fallstudie «Elektra» 624 ff.
Workbench 401
Workstation 25, 137, 140, 141, 142, 161, 162, 164, 175, 477, 702
World Wide Web (WWW) 137, 702
WORM 32
Wortlänge 140
Wortmaschine 703
Wunschziele 199
Wurm 703
WWW siehe World Wide Web
WYSIWYG 703

**X**.25 135, 164
XENIX 156

**Z**ahlensysteme 703
Zebrapapier 703
Zeichen 10, 90
Zeichenmaschine 35, 36
Zeilendrucker 34 ff., 37
Zeiteinheit 703
Zeitziele 214
Zentralcomputer 142
Zentrale Abteilung «Organisation und Informatik» 468 ff.
– Aufbauorganisation 468 ff.
– Aufgaben 468 ff.
– organisatorische Einbindung 469, 470
– in Klein- und Mittelbetrieben 468
Zentraleinheit (siehe auch: CPU) 16, 19, 23 ff., 703
Zentralisation 183
Zentralisation/Dezentralisation 511
Zentralisierung, logische 117
Zielkatalog 214
Zielkonflikte (Priorisierung) 392
Zielstrukturierung, Fallstudie «Elektra» 571, 574
Ziffer 10
Zugriff 91, 703
– direkter 29, 87, 96
– direkt-serieller 96
– index-sequentielle Methode 96
– index-serieller 98 ff.
– logisch-serieller 96
– nach Hash-Methode 96
– physisch-serieller 96
– serieller 29, 87
– wahlfreier 87, 95
Zugriffsart 87
Zugriffsberechtigung 233
Zugriffskontrolle 115
Zugriffsmethoden 703
Zugriffsroutine 72, 73
Zugriffssicherung 538
Zugriffszeit 96, 703
Zusammenarbeit, Probleme 285 ff.
Zykluszeit 24, 703
Zylinder 703